中央民族大学2017年度"建设世界一流大学（学科）和特色发展引导专项资金"之民族学学科经费资助

Northeast Asia National
Culture Review

祁进玉　主编

东北亚民族文化评论

第6辑

学苑出版社

图书在版编目（CIP）数据

东北亚民族文化评论. 第6辑/祁进玉主编. —北京：学苑出版社，2018.12
ISBN 978 – 7 – 5077 – 5614 – 2

Ⅰ. ①东… Ⅱ. ①祁… Ⅲ. ①民族文化 – 东北亚 – 国际学术会议 – 文集 Ⅳ. ①K310.03 – 53

中国版本图书馆CIP数据核字（2018）第280709号

出 版 人：	孟 白
责任编辑：	洪文雄
编 辑：	张佳乐
编辑助理：	郭 跃
封面设计：	徐道会
出版发行：	学苑出版社
社 址：	北京市丰台区南方庄2号院1号楼
邮政编码：	100079
网 址：	www.book001.com
电子邮箱：	xueyuanpress@163.com
销售电话：	010 – 67601101（营销部）、010 – 67603091（总编室）
印 刷 厂：	北京虎彩文化传播有限公司
开本尺寸：	787×1092 1/16
印 张：	24.5
字 数：	520千字
版 次：	2018年12月北京第1版
印 次：	2018年12月北京第1次印刷
定 价：	88.00元

学术编辑委员会

（按姓氏笔画为序）

丁　宏　　　　中央民族大学（中国）
山下晋司　　　日本东京大学（日本）
尹大奎　　　　韩国庆南大学（韩国）
白嘎力赛汗　　蒙古乌兰巴托大学（蒙古国）
朴光星　　　　中央民族大学（中国）
达奇升·弗拉基米尔·格里戈里耶维奇
　　　　　　　俄罗斯克拉斯诺亚尔斯克国立师范大学（俄罗斯）
伊藤亚人　　　日本早稻田大学（日本）
色　音　　　　中国社会科学院（中国）
祁进玉　　　　中央民族大学（中国）
孙春日　　　　延边大学（中国）
苏发祥　　　　中央民族大学（中国）
李　文　　　　中国社会科学院（中国）
李晟文　　　　拉瓦尔大学（加拿大）
李稚田　　　　北京师范大学（中国）
李娜仁高娃　　澳大利亚国立大学（澳大利亚）
杨圣敏　　　　中央民族大学（中国）
佐佐木史郎　　日本国立民族学博物馆（日本）
宋成有　　　　北京大学（中国）
张　娜　　　　中央民族大学（中国）
张　曦　　　　中央民族大学（中国）
金永洞　　　　韩国仁荷大学（韩国）
金泰虎　　　　甲南大学（日本）
周　星　　　　日本爱知大学（日本）

波波科夫　　俄罗斯西伯利亚科学院（俄罗斯）
宝木奥其尔　蒙古国立大学（蒙古国）
须藤健一　　日本国立民族学博物馆（日本）
麻国庆　　　中央民族大学（中国）
韩道铉　　　韩国韩国学中央研究院（韩国）
韩湘震　　　韩国首尔国立大学（韩国）
朝　克　　　中国社会科学院（中国）

编者序

鼎力打造东北亚研究学术共同体，
推动东北亚区域的文化交流、对话与合作

"全球化"如同人类历史发展长河中其他历史发展阶段一样，具有自己典型的时代特征和基本内涵，世界经济的一体化、国际政治的多元化、文化全球化和世界公民身份认同等便是其显著的特点。在全球化的背景下，为充分发挥东北亚地区丰富的文化资源和文化历史传统的作用，增进区域内族群/民族间彼此的接触和交流，增强跨国文化认同的感召力，构建东北亚"文化经济共同体"有着十分重要的理论和现实意义。

东北亚地区位于欧亚战略中轴线的东部，是世界主要大国中、美、日、俄势力并存与矛盾交汇的地区，在国际关系的历史上，东北亚局势的任何变动往往都影响整个亚太地区，触及大国敏感的利益神经，从而牵动整个世界。正因如此，在欧洲、东南亚以 OSCE（欧洲安全与合作组织）和 ARF（东盟地区论坛）为推动的地区一体化机制日趋成熟且渐收成效的今天，东北亚地区仍然无法完全走出冷战阴影，而呈现出合作与冲突并存、缓和与对抗同在的特点。为此，研究区域内国家间关系的现状，分析其发展的动态，预测其战略的走势，重构地区秩序，建立有利于持久发展的新机制，不但对域内各国是必要的，而且对全球性的新秩序的探索也富有深远的影响。

"东北亚共同体"的构建，是东北亚区域民族国家之间因资源的竞争和博弈的结果，是追求一种区域内结构性均衡的体系，如果不考虑该区域民族文化多样性的事实与族际、区域性的差异，有时会对国家造成危机或使其面临解构的威胁。所以，尝试将传统的民族学研究对象纳入政治学的视野，探讨民族这一客观现象在国家政治系统中的结构与功能，以及通过政治途径消弭族际间的利益冲突、观念分歧，进而达成国家共同体的持久聚合。从文化发生学的角度而言，东北亚"文化经济共同体"的各国有着千丝万缕的历史联系，人类种群的密切关系以及民族互动、文化彼此接触与有效交流的历史，自然拉近了区域内各国间的文化、经济以及人员的频繁交流。所以，用"文化"这一较为温和型的概念作为构建东北亚共同体的理论基础是颇有说服力的，也符合东北亚共同体各参与国的长远发展目标和利益诉求。

在全球化的今天，"区域互助、全球协作"已经成为政治家、学术界公认的准则。从这个角度而言，应充分发挥东北亚地区丰富的文化资源和文化历史传统的作用，增进区域内族群/民族间彼此的接触和交流，增强跨国文化认同的感召力。因此，如何合理引导该区域众多跨国民族的民族认同与国家认同，建立超越民族国家的跨国文化认同，就成为重要而紧迫的研究课题。

20世纪末，随着全球化和区域化的盛行，以及东北亚地区的经济迅速发展，人们逐渐把东北亚作为一个区域看待。这是基于如下几方面的因素：首先，自冷战结束以来，东北亚地区的国家间的关系有所缓和、改善，来自政治和安全方面的压力大大减轻，各国间的经济、文化和人员交流逐渐频繁，客观上刺激了区域内各国间的文化和经济交流。其次，区域的政治、经济、安全以及文化交流等现实政策的需要，也是促进国家间交流和贸易往来的主导因素。尤其是中日韩各国经济的发展需要各国的通力合作，有助于促进区域合作的构想与模式的出台，如图们江共同开发计划、环渤海黄海经济圈、东北亚经济圈设想等区域合作模式相继推出。此外，东北亚地区敏感的政治问题和战略位置，也是促进区域各国密切加强交流与合作的推进剂。如朝鲜半岛问题、核危机以及石油战略等国际政治经济格局当中的敏感话题，无疑增加了区域频繁交流与合作的频率。

从事民族学人类学研究的学者，往往仅限于了解本学科研究领域的学术研究进展，而忽略其他学科的学者们在做什么、想什么。这种学科区隔和学科本位意识，在一定程度上削弱了学科发展的生命力。所以在很多学术研讨会上，很难撞出学术争鸣的"火花"。每次研讨会都平淡无奇，主要原因在于学者们相互不了解，因而学科区隔成为中国社会一个严重的痼疾。除却这种学科本位和学科区隔的二元划分带来的危害之外，学者们往往画地为牢，人为设立诸多的边界。这些人为的边界，有的属于民族范畴，有的属于意识形态范畴，有的属于地域范畴，还有的属于宗教范畴，等等，不一而足。

学界对于东北亚区域的各国民族文化的研究，缺乏比较研究和人类学的田野研究，也缺乏基于实证研究基础上的民族志文本。所以，我们很少知道东北亚共同体内部各国民众的真实想法和对彼此的看法，甚至，我们根本就不关心他们想什么。我们只是我行我素，只对自己的想法感兴趣。换而言之，我们只有自我，没有他者；我们只有民族和国家的共同体，没有区域的共同体，更谈不上共享的价值和观念，有的只是误解与相互拆台、相互防范、相互谩骂、相互推诿。基于如上的缘由，我们特意联合中国和韩国的相关学术研究机构，共同举办"东北亚民族文化论坛"学术研讨会，并将论坛的会议论文集结集为《东北亚民族文化评论》系列出版物，以期通过搭建"东北亚民族文化论坛"这个学术交流平台，进一步加强中国与我们近邻的韩国、日本、俄罗斯、朝鲜、蒙古国等国家的学术界的学术交流与文化互动，从学术交流构建一个东北亚区域各国知识精英广泛参与的"学术共同体"，初步在学术界达成共识，对一些存有较大争议的议题开展学术对话与讨论，避免造成较大范围的政治争端，尽量用学术议题避免引发政治与军事冲突。知识精英们参与讨论后达成的初步共识，可以援引成为各国政府资政的智库资源之一，同时，精英们的想法总会对普通民众产生较大影响，反过来又会对政治产生副作用。所以，有必要构建一个致力于东北亚共同体研究的"学术共同体"，这个共同体从长远来看能够发挥非常重要的作用。

构建东北亚文化经济共同体也远非我们所想的那么简单，它所需要的历程也并非我们所想的那么触手可及，这是一条漫长的充满坎坷的道路，然而它并非遥不可及，也不尽是我们的想象。目前最紧迫的是，如何构建一个有助于推动东北亚民族文化交流与合作的平台，促进东北亚各国的学术精英们对话与交流。较为有效的途径应该是，首先构建一个充满生机和活力的东北亚"学术共同体"，致力于共同推动东北亚民族文化研究与交流对话。这就需要一批著名华裔学者杜维明（《儒家传统与文明对话》，2010年）所谓的"公共知识分子"，意指对于政治有强烈的关切、对于社会有参与感、对于文化有研究和发展意愿的知识人。这种知识分子不仅在学术界，而且在政府、媒体、企业，在各种不同的社会组织和社会运动中，也发挥积极的作用。通过各种类型的公共知识分子的共同努力，把人类文明、现代世界文明所碰到的重大议题提到公共领域，让大家一起讨论、共同协商，这就是公共知识分子的角色和作用。

其次，在搭建东北亚"学术共同体"这样一个对话与交流平台的同时，积极探讨多种模式的民间合作研究机制，这对于推动东北亚研究和达成共同体的终极目的极为关键。目前情况下，首先开展多边合作研究存在一定的困难，但是我们可以尝试进行双边合作研究，如中韩、中日、中俄、韩日、中蒙、中朝、俄韩、俄日等国之间的双边合作学术研究和对话就有一定的可能性和较强的操作性，同时也有很强的示范效应。在此基础上，在条件成熟时，有必要逐步推动三边或多边合作研究。

正如杜维明所希望看到的，从事人文学研究的学者能够共同努力，让东亚的地方知识、学者们的特殊经验，譬如文学艺术的、音乐的、哲学的、历史的知识能够不仅有我们自己传统中的本土意义，而且也具有全球意义。今天，来自东北亚的一些学者们在"东北亚民族文化论坛"这个国际学术交流与对话的平台上对相关重大议题进行深度探讨，致力于共同探讨东北亚区域民族文化的共同性和差异性，也致力于找寻如何从学术共同体达成一个真正意义上的地域共同体，并找到共同体内部共享的价值观和道德伦理，从而将这种来自东北亚的区域性本土性知识推及全人类共享的全球伦理和普世的价值观，这才是东北亚"学术共同体"以及全体"公共知识分子"的共同使命。

由中央民族大学"985"工程中国当代民族问题战略研究哲学社会科学创新基地之民族发展与民族关系问题研究中心、中央民族大学东北亚民族文化研究所、延边大学民族研究院、（韩国）韩国学中央研究院等相关学术研究机构联合举办"东北亚民族文化论坛"国际学术研讨会有着重要的现实意义，也符合本论坛的主旨与长远发展目标：加强与东北亚地区各国的睦邻友好关系，发展平等互利的经济合作，维护地区的和平与稳定，促进地区的经济发展与繁荣，为实现东北亚共同体的发展战略创造良好的地缘政治环境和人文社会环境。

我们于2016年12月，在中央民族大学召开了"第七届东北亚民族文化论坛"国际学术研讨会，之后编辑出版会议论文集《东北亚民族文化评论（第6辑）》（*Northeast Asia National Culture Review*, Volume 6），由学苑出版社（北京）出版刊行，致力于打造有关东北亚研究领域的一流出版物。

编　者

2018年3月10日

目 录

·东北亚共同体研究·

全球化时代的群体身份与多元认同 …………………………………… 祁进玉 / 3
文学文本与社会真实——"千代"与"アイ（Ai）" ………………… 张曦 / 13
"九一八"事变前朝鲜货币"金票"在延边地区流通及其危害 ……… 全国 / 26
从跨国民族朝鲜族的视角看朝鲜半岛南北之间的沟通与和解 ……… 全信子 李玉花 / 34
邻国文化对东北的影响与东北跨境民族文化研究 ……………… 曹萌 张剑钊 / 41
中俄蒙经济走廊建设中的国际区域旅游合作 …………………………… 杨勇 / 48

·公民社会与族群关系研究·

关于朝鲜族社会文化的理性思考 ………………………………… 李梅花 殷方舟 / 57
论匈奴"左臂"与相关问题——燕秦汉时期东北亚走廊系列研究之二
…………………………………………………………………… 王海 刘俊 / 67
论辽南地区汉代社会发展——燕秦汉时期东北亚走廊系列研究之三 … 宋薇薇 王海 / 78
塔吉克斯坦帕米尔地区灾后重建和发展经历启示 ……………… （越南）阮氏芳簪 / 89
韩国社会排外现象及影响因素研究 ………………………………………… 李翔宇 / 105
辽东属国新论——以东汉"北边"民族关系为视角 ……………… 刘俊 王海 / 112

·全球化、地方性与跨文化交流·

成吉思汗崇拜与蒙古族民族认同 …………………………………………… 色音 / 125
ON THE RESEARH OF SOUTHERN SIBERIA, THE HEARTLAND OF
 NORTH – EAST ASIA ………………………………… （Russia）Maxim Mikhalev / 135
从南亚到东北亚：尼泊尔菩提的跨国流动 ……………………………… 李静玮 / 148
金代修史机构与史注纂辑 ………………………………………… 牛润珍 卢鹏程 / 161
俄罗斯埃文基民族文化研究述评 ………………………………… 张娜 王雪梅 / 180
俄罗斯雅库特埃文基人的宗教与信仰 …………………………………… 刘晓春 / 190
延边地区集贸市场的历史及现状调查研究——以延吉西市场为例
…………………………………………………………………… 高承龙 朴昭洪 / 194
声音拟态的体验：图瓦宇宙观 ……………………………… （美国）安迪·保尔 / 204

·生态、文化与社会变迁研究·

中国非物质文化遗产（秦腔）何去何从——基于电影《大丑》的现实困境
.... 张祖群 / 225
历史文化名村保护现状与对策——以黄南藏族自治州同仁县郭麻日村为例
.... 格日措 / 235
公共文化服务保障法立法研究评析——以《公共文化服务保障法（草案）》为视点
.... 石东坡 周西西 / 245
人类学视野下的中国冰雪民俗文化类型与特征研究述略 .... 李芳 / 256
蒙古族服饰的市场化对传统文化的影响 .... 白晓梅 / 268
"一带一路"背景下文化创意旅游产业发展模式研究——基于辽西走廊的
  实证研究 .... 吕俊芳 翟孝娜 / 273
内蒙古区域农业文化圈的形成——兼谈清代部分蒙古族生计方式的重构 .... 邢莉 / 282
鄂伦春自治旗文化产业发展的路径与对策 .... 方征 刘晓春 / 291
2017 年湖南省湘西土家族苗族自治州龙山县洗车河镇土家族舍巴日调查报告
.... 李芳 / 296
空间体验在图书馆建设中的作用——以韩国道奉奇迹图书馆为例 ...... 李墨文 / 314
少数民族地区古村寨保护研究——以青海省互助县张家村为例 .... 叶妙春 / 324
重庆民族地区民间戏剧及其艺术价值探析 .... 袁娅琴 徐伟广 / 332
金上京会宁府遗址调查报告 .... 忻琳 / 341
2017 年湖南省湘西土家族苗族自治州永顺县芙蓉镇土家族舍巴日调查报告 ...... 周鼎 / 348

·文化专题论坛·

明清时期的中西文化交流 .... 高婉婷 / 361

·会议简讯·

第七届"东北亚民族文化论坛"国际学术研讨会成功举办 .... 郭跃 / 367
2016 年第七届东北亚民族文化论坛述评 .... 张祖群 / 370

稿约 377

·东北亚共同体研究·

全球化时代的群体身份与多元认同[①]

祁进玉　中央民族大学

一

在国际学术界以及中国的民族学界、历史学界、社会学界,对于社会认同问题,其实非常关注。所谓的社会认同问题,其实反映的不单单是学术的思考,同时与人类群体的生存现实密切相关。目前,我们所看到的发生在世界局部地区的一些热点问题:民族分裂运动,如苏联的解体和独联体国家的民族独立运动、俄罗斯的车臣问题、北爱尔兰问题和西班牙的巴斯克问题等,这些问题都牵扯到一些敏感的民族主义和民族认同以及国家认同问题。其中有的可能是民族认同问题,也有的却反映在不同宗教之间或宗教流派之间的纷争与冲突。

笔者近年来主要致力于研究全球化背景下复杂的社会认同问题。当然,按照人类学研究的惯例,笔者的研究也是遵循田野研究的规范以深度访谈的个案来描述民族认同或民族志写作,主要考察民族或族群视野下少数民族社区的复合认同及其变迁的情况。认同是一种心理的活动,往往以族群、民族或区域、族属身份、宗教认同、政治认同等变体外显,这种认同通常会随着情景的变化会相应地发生转变。群体的文化认同、宗教的认同这种身份是如何转化的?又有哪些重要的影响因素?这些综合的考量是笔者研究社会认同的重点。

"认同"(identity)自古有之,自从有了人类就有认同问题。古希腊哲学三个最基本的命题:我是谁?我来自哪里?我要去往哪里?这三个经典命题对我们的思考非常关键。从该命题提出以后到现在,这些最本源的追问始终没有得到解决,地理学、生物学、考古学、人类学、历史学、生物学、物理学、心理学等,几乎所有的学科都在试图解答认同问题。心理学科可能更多的是关注个体与自我,解决的是"我是谁"的经典话题;哲学从更多层面回答人为什么要生存以及生命的意义何在,也就是说人为什么要活着;宗教学试图解答人类的起源和上帝造人的合法性与正当性,并试图证明和解释上帝是存在的;历史学与考古学从历史文献和史前遗迹以及出土文物的诠释中找寻人类的历史以及文明的历程,

---

[①] 本文系2017年度国家社科基金重大项目:"一带一路"沿线各国民族志研究及数据库建设(课题编号:17ZDA155)的阶段性研究成果。

也是想试图解决"我从哪里来"的经典命题;人类学的研究更多关注群体的处境以及文化间的差异。

笔者研究的不是个体的认同问题,更多侧重考察群体的文化差异和文化多样性的事实,也即重点关注于"我群"(the same)和"他者"(the other)的差异与区分。不同群体之间为什么会产生彼此的族群或民族矛盾,或者是发生人类不同种群之间的各种各样的冲突,可能就是因为情境的变动而认同意识发生选择性的变化,抑或是由于他们看待民族、宗教问题的价值观和世界观的方式有异。

因为我们每一个个体或群体都会产生各种各样的认同,在全球化的背景下跨国人口流动越来越频繁,人口流动波及的范围也越来越广,人类不同种群之间的交往与通婚也是越来越频繁,从这个意义上说,跨国人口流动促进了人类种群生物体质上的种族融合,增加了人类种群多样性的可能。从文化的意义而言,其意义重大且影响深远。全球化进一步推动了人类文化多样性以及文化涵化或互融的可能前景,加速的跨国人口流动便利了不同族群、不同民族以及不同国家间的有效交流,也使得不同文化间的群体交往与相互了解有了可能,这种全球化的发展趋势进一步推动了各群体、各民族和各个国家间的交往与合作,那么正如德国学者尤尔根·哈贝马斯所提到和希望的——全球化时代的公民身份认同以及跨国认同时代的到来将不会太远。然而,现实也在不断教导我们不要过于自信,甚至不断强化这样一个认识:即全球化不仅仅是单向度的发展趋势,"文化全球化"也已遭遇地方性知识的顽强抵制。近年来从美国爆发的金融危机已经深刻地影响到世界经济的发展步伐,各个国家无一幸免,诚所谓"城门失火,殃及池鱼"是也。学者们经常提到的"蝴蝶效应"已经应验或被印证了,全球化不是空穴来风。但是美国应对金融危机的种种做法却在抵消人们刚刚建立起来的一点点关于全球化的共识,即地方主义的复兴以及贸易保护主义在美国的重新抬头。为了拯救美国人民,美国政府宁愿以牺牲全球化以及自由贸易的共识,胁迫中国政府启动人民币升值,美国政府的智库也纷纷表态人民币以及亚洲其他国家的货币被大大低估。所以从这个角度而言,经济全球化与文化全球化似乎不是一帆风顺的将来历程,但是我们不能仅仅借此就低估全球化的威力以及影响。全球化的进展,推动和促生了一些新的社会认同,多种国籍所伴随的多重认同就是其最有说服力的表现之一。所以,我们就要不断地思考:随着全球化进程的加快,在渐渐放大的场景中,为什么一个人的身份会变得越来越复杂?个体身份的这种复杂性促使我们都要思考下列问题:为什么会产生各种各样的认同,为什么会产生各个群体之间的冲突抑或竞争。

二

为什么会产生各种认同问题?学术界有三种说法:

第一种解释是从生物学角度,即自我认同理论、自我分类理论、生物学角度的认同理论,认为对每一个个体来说,区分你我或者产生团体的归属感可能是人的本能。

第二种解释,人从本质上说是社会性的动物,既然是社会性的动物,人就离不开群体，所以无论从物质、生理、精神或者是心理层次都需要归属感，归属于某一个组织或者团体。这个观点非常有启发，美国著名的心理学家马斯洛的"需要层次理论"就认为，人有基本的生理、性的需要，建立在基本需要基础上的较高级的需要，如安全的需要、爱与归属的需要、尊重的需要以及自我实现的需要等。马斯洛认为的"需要层次理论"有五个层次，其中归属性的需要也是人较高层次的需要，他认为最高层次的需要是自我实现，但是真正能够做到自我实现的可能性比较小。

第三种解释是资源竞争理论。因为资源分配的不均，所以会产生群体之间的资源竞争或者是冲突。资源竞争是造成人类分权的主要原因。人类社会在其漫长的历史当中，群体间的斗争在历史当中主要是归于资源的不均，所以会导致冲突和纷争，而这种纷争或竞争势必会强化不同群体之间的差异，所以个体就会归属于某一个团体，从而产生群体认同和归属感。

这是对认同问题的大概解释。在国外有关认同问题的研究中，主要是社会认同研究领域，其中一个重要的研究领域便是族群认同（ethnic group identity）研究。西方的人类学、民族学界非常关注族群理论的研究。当然，"族群"一词在现代意义上使用较广泛，往往在不同情景中加以使用，它通常指的是有着共同的文化特点的人群共同体。西方的族群研究从20世纪30~40年代发端，60~80年代达到其鼎盛时期。我国大陆的族群研究始于20世纪90年代初，从台湾学术界传入大陆学界。

中华民族是由55个少数民族加上汉族组成的，高山族也包括在其中，但是台湾学术界在探讨族群认同理论时，将一种文化分类体系的族群概念用于替代民族（nation）话语，其实，其深层用意就在于将族群问题政治化——在一些台湾学者看来，他们觉得族群是文化型的，故将台湾土著划分为若干族群，并强调他们的政治诉求和相应的权益。我们将话题转回到正题上，国外对社会认同研究极为重视与关注。尤其在美国，表现尤为抢眼，这是因为美国是一个移民社会、移民国家，所以美国最主要的问题，就是移民群体的文化融入抑或同化问题。不同国家的移民群体来了以后，怎么样把他们同化为美国人并融入美国文化当中，这是摆在美国政府与学界面前最棘手的问题之一。当然我们现在也知道对文化同化问题有着各种各样的解释，怎么把移民群体同化成为真正的美国人，或者认同美国文化（盎格鲁-撒克逊文化和基督教）或者成为美国公民，在这方面有很多的相关研究。

人类学的族群认同研究和社会学认同理论研究又有所不同。比较有名的几个理论，如瑞典人类学家弗里德里克·巴斯（Fredrik Barth）在20世纪60年代提出"族界理论"，认为族群是有边界的，族群是一个文化细分的单位，族群之间为什么形成一个共同体，可能基于共同的世系或者共同的起源而产生的归属感。他认为族群之间有着无形的社会边界。第二个著名的理论就是克利福德·格尔茨（Clifford Geertz）和范·登·伯格（Pierre L. Van Den Berghe）等人提出的所谓"原生论"或"根基论"，指出之所以会产生各种各样的认同感就是因为这种认同感或族属身份是与生俱来的。个体对于某一个团体、民族或群体认同的归属感是与生俱来的。一些根基性的纽带或联系，诸如血缘、家族、氏族、族群身份等都是一经出生便不可更改的，是有一个共同的历史记忆的。我们一出生就是蒙古族、汉族、满族或藏族,对于这种并非出自血缘关系的族属身份往往也有着高度的认同感,正是基于历史的、文化的情感联系。第三个理论是由阿伯乐·库恩（Abner Cohen）和保罗·布拉斯（Paul Brass）等人提出的"工具论",就是族群理论并不像格尔茨或范·登·伯格所认为的是一种文化记忆或者是情感上的联系,它是一个"社会建构"的概念,社会建构中可能出于选择性的认同。笔者的理解,就是对我有利的时候,我会选择这种身份,如果无利的时候会抛弃这种身份。在库恩的解释中更多强调族群精英工具性的选择性认同,他特别强调族群精英的作用,族群的精英人物们有着更强的文化自觉意识和族群使命感,他们更能唤起本族群民众的族群认同和民族认同的意识,并以之为筹码争取或获得更多政治上的利益和诉求。第四个理论是查尔斯·凯斯（Charles Keyes）提出的"辩证阐释理论",他认为我们在判定群体归属感的时候,不要特别强调这种认同就是人类规避性的选择,就是对我有用了我才会认同,并不是那样的。现实也是这样,可能是有这种出于理性的选择,但是也有出于情感上的选择。笔者在研究当中也发现,我们在选择认同的时候,不单单是对我有用就能改变,有的时候影响因素是很多的。

20世纪80年代,西方一些学者开始将研究兴趣专注于中国的民族问题研究,尤其侧重对中国少数民族的历史、文化及其身份认同研究。他们的研究致力于中国西南、西北的一些少数民族如回族、维吾尔族、藏族、彝族和苗族等。在这些研究者中,较有代表性的是美国学者凯特林·尼尔斯·康曾（Kathleen Neils Conzen）和戴维·格伯（David A. Gerber）等人。他们提出一个新的概念——"族裔的发明",也就是说族群身份或族裔不是原生的,不是一出生就自然而然获得的,而是历史或者是社会发展进程中的一个建构,就是所谓的文化建构。

中国民族的识别开始于20世纪50年代初,一些从事历史学、民族学和语言学教学与研究的学者响应政府倡议,在少数民族地区进行了少数民族社会历史大调查和民族识别工作,取得较为丰硕的成果。西方研究中国民族问题的学者认为,中华人民共和国成立后进行的民族识别工作是一个"民族建构"的过程,他们所谓的"建构"就是把很多不是一块的少数民族拉到一块,或者把同属一个民族的不同部分划分为不同民族,譬如中国西北的同属信仰伊斯兰教的撒拉、保安、东乡、回族等的区别就认为是中央政府出于"分而治之"的策略而已,这样就有了彝族、苗族、瑶族、白族、侗族、水族等众多被"建构"的民族。持上述观点的比如美国学者莫斯理（George V. H. Moseley）、金德芳（Teufel Dreyer）、斯蒂文·郝瑞（Steven Harrell）、杜磊（Dru C. Gladney）等人。然而,对此观点中国从事民族问题研究的学者并不认同,他们更多从民族形成的历史文化特色入手加以考察和判断该群体是否是一个民族。譬如土家族的识别就非常有说服力。著名学者潘光旦先生从历史辩证的角度进行全方位考察,认为土家族就是古代巴蜀地区的巴人的后裔。历史学家通常认为,以河南、陕西小范围地区为中心属于中原汉文化的发祥地,是文明较为发达的区域,中原之外都是一些化外的蛮荒荆棘之地,如西夷、东胡、北狄、南蛮,凡此等等。巴人也算是当时巴蜀之地的少数民族,他们与汉、苗杂糅而居。即便对于汉族的进一步研究也表明,中国的汉族基本上是杂糅和多民族融合而成,汉族就是在历史发展进程当中不断融合其他民族类似于滚雪球一样成为一个越来越大的民族，其中当然有各式各样的成分，其实有很多少数民族融合到汉族中的情况，也有很多汉族融合到少数民族中的情况。另外，就是中国的各个少数民族的形成发展过程中也是不断吸收和融入汉族或周围的其他民族，比如像藏族、维吾尔族、土族、蒙古族、满族等各个民族中都融入与他们密切接触过的其他民族成分，这种现象较为普遍，而纯粹单一的民族却是很少有的。

美国学者杜磊在20世纪80年代在中国从事了一段时期的实地调查研究发现，中国的回族作为一个民族共同体根本不符合民族的特点，他们没有自己的语言而是说汉语，更多由于穆斯林信仰的宗教认同而把他们聚拢在一起，经过对西北甘、宁、青、新地区的回族，云南的回族，福建泉州的回族，山东青州等地回族的考察，发现回族内部的差异性很大，各地区回族的文化也没有较强的同质性。杜磊认为，更多的是伊斯兰教的宗教认同将他们联系和聚拢起来。他的研究也是有一定的学术价值，而且在国外的影响也比较大。美国学者斯蒂文·郝瑞主要注意力倾注于中国西南的彝族及其族群性研究，他认为彝族看起来民族凝聚力很强，其实彼此之间、相互之间并不认同。笔者觉得他们的研究中，更多强调民族现代"建构论"的观点，强调中国的民族识别有一个政治建构的过程，是国家政治整合的结果。

关于中国少数民族的族群性研究，较有代表性的是中国台湾学者王明珂博士的历史人类学研究，他对于"华夏边缘"和"族群边界"的研究独具特色。他的华夏边缘研究主要从"边缘"与"中心"的话语审视"中华民族"及其形成。例如"羌在汉藏之间"的叙事就是以汉、藏之间的羌族史流变及其近代建构为重点考察议题，通过规范的羌族人类学田野研究，在一个较长时间段内观察羌族自汉代到现代的历史脉络及其历史记忆。羌族分布在四川、甘肃、西藏交界，地域范围较小。历史文献记载，古代势力强大、支系众多的羌人群体突然消失或隐匿了，然而却从"羌"的历史变迁当中发现汉人从中原不断向四夷扩张，在历史的长河中羌族的民族身份不断被杂糅被混合被同化和互融的情形。羌人处于汉藏之间的叠压、缓冲地带，身份其实非常敏感，内部也更容易产生混乱甚至混淆群体的自我意识。王明珂主要从族群历史记忆与近代建构的实质进行深层理论反思，强调族群间的资源竞争以及围绕这种竞争而产生的权力与合理化"命名权"话语的本质。理解中华民族或者是中国民族，要看长远的历史脉络或是历史记忆，从历史脉络中挖掘或梳理出细微的人群互动的关系来理解中华民族的现在，所以笔者觉得王明珂的观点还是比较令人欣赏的。通过这种研究，笔者想提出以往国内外的一些研究当中，一些建构论所忽视的观点：以往研究多认为中国的民族问题或中国的民族关系是有问题的，之所以有问题，是因为民族是被建构的。在这个假设的前提下，认为不同的民族之间有差异，彼此之间不和睦。

笔者试图通过田野个案研究回应如下问题：以往西方的传统理论研究，其特点是否认民族传统的延续和族群的历史记忆，他们认为民族是被政治建构的产物，而不是在历史发展过程中自然而然形成的。我们知道"中华民族"的形成史是多民族的融合史，费孝通先生提出的"中华民族多元一体格局理论"着意强调"合而不同，多元一体"。笔者所研究的土族史也是一样，近代史上的土族也是一个多源融合的民族共同体，其内部有很高的异质性，充满了差异。如果要考察现代土族的社会认同意识，我们无法忽略国家力量的在场以及近半个世纪的政治整合的努力。不同的人为什么会有不同的认同呢？笔者主要围绕地缘意识、民族认同、文化认同、宗教认同和国家认同等议题进行阐述。

首先，我们考察一下"族群认同"（ethnic group identity），为什么会有族群之间的差异，我族和他族的区分？族群的边界在哪里？挪威人类学家弗雷德里克·巴斯认为，族群的社会边界是固定的，虽然不被我们看见，但它确实存在。族群的边界并不是固定的，而是不断流动的，也即社会认同在特定情境下会发生选择性的改变，这就说明了认同的复杂性。笔者的研究对象是土族，土族主要分布在青海、甘肃，据2000年第五次全国人口普查数据，土族近25万人。史书对于土族有明确的记载，如在《元史》《明实录》等史料中有较为确切的记载：元末明初，在河、湟、洮、岷地区的"土人"作为一个民族共同体已经出现了。青海、甘肃一带自元以来就有大量蒙古部驻扎，和硕特部蒙古的实力最强，所以，从前人研究中发现土族的语言、习俗、服饰与蒙古族文化有密切的联系。从语言学的角度看，土语是属于阿勒泰语系蒙古语族，土语与蒙古语、东部裕固语、东乡语、保安语同属一个语族，说明这些民族之间有着较大范围的接触与联系的可能。

本个案主要分析青海省黄南藏族自治州同仁县的"五屯"土族及其社会认同变迁情况。他们主要分布在安多藏族地区，这里的主要人口是藏族，然后是土族、汉族、撒拉族、回族。这一地区地理位置十分重要，西北接连河湟流域和河西走廊，西南联通了"藏彝走廊"，属于多民族起源的重要地带，也是多族群或民族融合、多民族叠加的地方。关于当地"五屯"土人群体最早的历史记载可以追溯到明朝初年，朱元璋从南方江淮地区招募一些汉人士兵、壮丁到这个地方屯兵驻扎，这是这一群人最早的记载。对于这一群人的历史文化进行系统的研究始于1983年，由青海民族学院的一些学者，从同仁土族的语言、历史、文化和风俗以及民间信仰入手加以研究，认为这些所谓的土人其族源成分十分复杂。其中"吴屯"（同仁土族四村子之一）土族的语言非常有特色，是典型的汉语、藏语和土语的混合语。然而，同仁土族的族源研究困难重重，自然让我们非常好奇——这些土族人到底是从哪里来的？汉族因为保存了较为完整的家谱，所以其家族或族群迁徙的线索较为明确，而土族因为只有语言，没有文字，也没有家谱传承的习惯，他们的迁徙史只能借助于坊间代代流传的家族口述史为凭证，但是口述史的文本值得商榷。也有很多研究者认为，"吴屯语"（桑格雄语）类似于藏语、汉语和土语的混合语，据说是来自内地。但是当地村民认为他们是来自西藏的，是松赞干布手下大将噶尔·禄东赞的后裔。

一个社会中群体身份的认同可能的路径有两条：一是"自我认同"，一是"获得性认同"。在周围藏族人的眼里，当地的这些人都是土族，他们之间有清晰的区分。在强大的藏文化核心地带，这部分土族人主要从事农业，能把最好的水浇地完全占有并非偶然——当地的藏族村庄都在山上或是半山上，主要从事游牧——笔者认为其主要原因在于，这些人以前就是屯兵，清道光和乾隆年间，由于和硕蒙古部的力量减弱了，在这里屯田屯兵就失去了意义，所以朝廷将"保安四屯"的屯兵解甲归田或就地安置，而这些屯兵与周围其他少数民族的妇女通婚，逐渐形成现在的同仁土族。

关于同仁土族，坊间流传的不同口述史文本也颇有趣味：

> 版本一：以前有三兄弟，从民和三川土族地区或者互助地区迁来的，然后分住在不同的村子，就形成现代土族的最早来源。
> 版本二：来自西藏的三个亲兄弟，三兄弟分居：保安下庄是土族，尕队和哈拉巴图却是藏族村子，以前三兄弟的身份到后来民族或族群身份却发生了转化，让人值得玩味。

因为土族只有语言没有文字，加之相关藏文和汉文的史料记载也是寥寥可数，所以从口述史的方式挖掘其历史记忆也是一种较为可信的做法。在历史上土族是游牧民族，后来转为农业民族。另外较为关键的是，民族认同往往会产生分化，当然其影响因素是多重的。研究发现，同仁土族各族群间的认同出现分化现象，较为重要的原因是宗教认同。藏传佛教在这一地区的影响很大，同仁土族生活在藏文化的包围圈，这几个土族村子成为一个文化的孤岛，想要保存和传承本民族文化传统实属困难，但是除了服饰和习俗发生较大改变以外，他们的语言保存得较为完整，没有完全被藏文化所同化，确属可贵，更值得进一步研究。同属黄南藏族自治州的河南蒙古族自治县的情况却是另一种情形：当地蒙古族已经完全被藏化，服饰、语言、习俗等毫无保留。现实中这种文化孤岛现象很多，例如贵州的"屯堡文化"也是保存较好的一个特例。

在研究中关注到宗教对族群认同的影响较为关键，同仁地区是一个典型的多元宗教认同的复合叠加地带，当地土族信奉藏传佛教、萨满教、道教的二郎神信仰、自然崇拜等，这些多重的信仰体系构成了土族群众的精神层面的重要支柱，并在实践中发挥了重要的调节和适应作用。正是宗教的重要影响，使得同仁土族中"吴屯人"的族群身份认同出现较大的偏差，很显然他们的民族认同发生了变化：不认为自己是土族，认为自己根子上是从西藏来的，是藏族。笔者认为藏文化以及宗教认同对他们产生了很大的影响。

除了藏传佛教的强大影响力之外，道教在当地也有着较大的影响。当地土族村庄有几个"二郎神庙"，我们知道二郎杨戬是汉地道教体系的一位神仙，也有流传较广的神话传说。但是，青海省同仁地区的"二郎神"应该是文化传播与文化交流的产物，传到了此地以后可能发生变化了，服饰和形象适应当地"藏化"。藏族地区民众信仰"万物有灵论"和自然崇拜，在他们的民间宗教信仰体系中一草一木、一个石头都是有生命的，都是很神圣的，于是乎就有很多的神山、神水被顶礼膜拜。随之，民间也有了很多的禁忌规则，像长江发源地（三江源地区）的扎陵湖和鄂陵湖，听当地的喇嘛说，那个湖里不能随便打水，不能洗脚、不能洗脸，你要舀水不能用金属的盛水用具，他说那样会玷污了神圣或者会污染湖水，所以他们拿木制的瓢盛水。他们有好多的山神，有很多的故事，某一个山就是一个山神，另外一个小山堆是山神的老婆，他们都有这样的记载。二郎神是当地非常有名的一个山神，说他法力非常高强，香火也比较旺。二郎神是民间性的，民间有民间的习俗，民间信仰与藏传佛教这两个体系是各自独立的，并行不悖。二郎神信仰属于道教体系，二郎神本身是道教的神。但是当地人可能不知道二郎神究竟是本地神还是汉地道教信仰体系的神，他们就知道信仰"二郎神"和到庙宇去祭祀、拜神或打卦。只有做学术研究的才能够区分清楚，比如说"萨满教"，当地人就知道萨满法师，至于什么叫萨满教他不懂，只有学者、研究人员才知道，又比如说原始宗教当中的那些神灵体系。

对于本地人而言，他们出生和成长于那个环境中，在他们看来，本地的"二郎神"很灵验，是保护他们的，至于"二郎神"到底是道教的，或者是藏族的神，他没有这个观念。现代宗教的概念，包括宗教的分类，是从西方来的，当地民众不在乎这种分类。宗教为什么存在，已经有各种各样的解释，人类学家马林诺夫斯基就认为，为什么要产生宗教意识，就是加强群体的凝聚力的需要。西方对中国民族问题的研究中存在着较大的认识上的偏差，认为中国的少数民族是被政治建构的。其实不尽然，如果你深入考察这一问题你会发现非常有意思。我国的民族识别如果是国家行为，国家为什么要这样做？国家为什么要把某一群体认定为汉族、回族、彝族、土家族、满族、苗族等众多的族属体系，这种分类的标准又是什么？中华人民共和国成立后，国家进行少数民族社会历史调查与民族识别工作，是基于全方位的考察和审慎考虑。

三

研究发现，"社会认同"是有差异和分化的。为什么有差异和分化呢？这会引发一些关于到底谁是土族的思考。在当地的藏族眼里，"五屯土族"都是土族。而部分当地土族认为他们自己是藏族，但是当地的藏族并不认同他们。笔者觉得"五屯土族"的族群或民族认同出现了较大的反差。谁是纯粹的土族或者是真正的土族？这就会产生纯和不纯之争。上述争论涉及日常生活中的一些边界，如族群之间的边界，它是社会边界，不是地理上的边界。地理上的边界也存在，但非常简单，就是村庄之间的边界。村子的边界是地理上的，社会边界显示的是语言和文化上的。语言是社交网络当中的重要载体，因为语言上的通用使得村庄之间民众的沟通、交流有了可能。同仁土族中部分民众之所以要求更改民族身份，经实地调查发现，精英意识及理性选择是重要的原因。藏文化对他们的影响不可小觑，因为在他们的画作中，藏传佛教的唐卡及其文化背景对他们的影响很深；此外，他们日常生活中说的是藏语，念的经是藏文的经，藏文化对他们的影响很深，以至于影响到他们的文化认同与民族认同意识。不同民族之间的频繁接触以及文化的影响可促成文化认同的转向，他们的身份认同、文化认同也是选择性地发生了改变。另一部分土族人，祖上确实是从土族地区来的，他们的语言和生活与土族充分地交流，他们更多的感觉自己是土族。尤其是在民族聚居的地方，有的人根本不知道自己是什么民族，民族意识不是特别强。民族意识最强的就是边缘交叉的地方，尤其是不同群体或不同民族间接触交流的时候会产生这种区分。

所以笔者认为，研究民族认同或者是谈及民族认同意识时，不能盲目地遵从西方的理论，想当然地认为"民族"就是被建构的，是一个社会建构的概念和过程，而应该更多地从历史形成和历史脉络加以考察，在科学研究中尽可能从纵向（历时性）和横向（共时性）两个维度结合开展，这样才便于我们掌握民族区域的关系格局。结合历史脉络或者是历史记忆考察历史文化认同时，他们（"吴屯人"）其实是汉族，但是后来为什么国家把他们划成土族，笔者觉得这并不是一个政治建构过程，而是一个自然建构的过程。在这个建构过程中，通过族际通婚和民族间持续、频繁的接触而导致语言慢慢发生变化，文化认同和宗教认同都会随之发生变化。

如果我们加以考察就会发现，"中华民族"这个概念也是变迁性的，如果从单一角度说，它是排满，那是前期，后来其内涵和外延也在不断地发展。孙中山有关"民族国家"的构想始终是"大汉族主义"的思想，包括后期的汪精卫、蒋介石等人关于中华民族的界定，始终是一种社会进化论的同化意识。

当地民族之间的通婚和居住格局都会影响到民族认同意识，其中最重要的一点就是国家力量的政治整合。国家的政治整合是把历史上觉得自己是藏族，或者是从汉族地区来到这里的这些人整合到土族里，这样身份认同也会慢慢地发生变化。因为在以前没有民族识别时，民族之间的边界非常模糊，例如你是藏族，但藏文化方言区中的康巴话、安多话、拉萨话彼此之间一开始根本无法交流，他们之所以认为自己是藏族，笔者觉得是因为民族识别以后对民族身份的认同有所强化，所以，经过国家的政治整合努力并不断强化民族认同意识，使得原本分散四处的各个族群间产生了较大的凝聚力和内聚力，并进而影响到文化认同与民族身份认同。另外，在各民族精英们的努力下，基于工具理性和族群原生性情感的感召，民族认同意识在较短的时期内会有较大的膨胀的空间。

在民族认同意识和民族身份的塑造中，国家在场及其力量是不可忽视的。一般而言，国家的整合作用可以强化认同或者是削弱认同。此外，现代学校教育的作用不可小觑。现代学校教育体系对文化认同的改造和形塑，就是指弱势群体在主流社会当中接触的主流社会文化，与主流社会的文化持续、频繁接触并期望得到主流社会承认而产生文化认同的选择性转向。法国学者布迪厄提及的"文化再生产"概念以及主流社会为了确保其社会地位的稳固，在学校教育中不自觉地实行精英教育的理念并确保该群体的"文化再生产"尝试，其本质就是复制和再生产一种体制优越性和文化身份，在这一过程中弱势群体往往会处于下风，甚至遭致被同化和被边缘化的尴尬处境。

少数群体也是需要被承认的。在我们从事研究的过程中，总是带有研究者主体的意识，尤其是我们在研究少数族群的认同之后，无法回避研究者自身带来的认同差异与认知偏见。尤其是研究复杂的认同问题，并不是来源于老百姓的认识和大家的日常生活，而是来自于精英们的一种焦虑。事实上笔者认为，民间和底层是精英们开发出来的，是精英去发现个体化的东西。此外，我们在讨论中忽略了一个背景，那就是全球化的背景。如果我们加入这一背景，那么全球化必然会产生民族主义的反弹。在这种全球化的背景下，中华民族的认同或者是凝聚力的构建会变得更加困难。

"认同"的确是有层次的。笔者的思考基于如下框架：最普遍的认同就是地域认同，譬如祖籍地和籍贯。你可能出生在北京，但是祖籍地就是你的籍贯，尽管你和那个地方没有任何联系，却与你父亲或祖父的出生地有关联，因此籍贯是无法更改的。其次，民族认同和族群认同也是人类群体间分类的一种重要方式。同时，还有宗教认同的因素，全世界80%的冲突都是由民族或宗教信仰差异引起的。此外，国家认同是一种政治认同，应属社会认同的较高层面。国家认同主要体现在国民身份认同和公民教育，那就必然牵涉到中国人的认同和中国人是怎么形成的以及"中华民族"概念的变迁。另外，刚才提到的不单单是人类学对认同问题的研究专利，应该叫跨学科的认同研究，因为现在认同问题是非常重要的。其实研究社会认同问题，笔者觉得最重要的就是如何看待多民族国家的合法性问题。

认同问题十分复杂，牵涉面也较广，是一个跨学科的研究领域。另外，社会认同问题也是多层次的，对它的认识要很清晰，诸如国家认同、民族认同等已经涉及中国历史的作用，不能简单把认同作为一个因素来考虑，要考虑到认同是多元的。其次，对社会认同的影响因子是多因素的，这样认识认同问题的多元性、多因素就会更清楚。不管是文化认同、地域认同还是国家认同，一旦这个问题进入我们的视野，一定会对特定的人群和社会产生影响，甚至会影响到社会稳定与政治安定。对于多民族国家来说，认同多元与文化多样性问题就会更加突出，所以需要我们对之引起足够的关注，尤其是社会科学研究者必须对社会认同问题引起高度关注，并加以系统性研究。

文学文本与社会真实

——"千代"与"アイ（Ai）"

张曦　中央民族大学

2005 年，广岛大学比较文学学者西原大辅的《谷崎潤一郎とオリエンタリズム。大正日本の中国幻想》（中央公論新社，2003 年）的中文版《谷崎润一郎与东方主义》在中华书局出版，为中国的日本文学研究带来了新的日本本土研究视角。谷崎润一郎在 1918 年、1926 年两次来到中国东北（满洲）、上海，留下《上海见闻录》《上海交游记》等十余篇所谓"中国趣味"的作品，西原大辅也认为谷崎润一郎的创作思想中存在着"东方主义"式的观念及表现。日本明治时代，伴随着倒幕运动以及明治政府的政体转换，日本的政治、经济、社会、文化、思想界掀起了一系列的改革。改革的结果是立宪体制的确立，以及富国强兵政策的推进。这也使得日本国力增强，逐渐步入了世界列强的行列。1894—1895 年的甲午战争（日本称日清战争）因清朝的失利，使得日本在东亚获得优位，随后完全变身为新兴帝国。10 年后，1904—1905 年的日俄战争中日本的胜利，更是确立了日本的列强地位。在日本的这种"华丽变身"中，借助近代西方工业文明诸制度的引进及发展，日本自身成了"文明"的化身以及"文明"的代言人。而周边的中国、朝鲜也就顺理成章地成了文明的"他者"及文明的"周边"。所谓"野蛮与文明""周边与中心"的对立构造也得以成立并且固化。1895 年从清王朝手中获取的台湾，是近代日本第一个真正意义上的"殖民地"，而台湾原住民"生蕃"的存在，更加坐实了日本"文明"的一面。单就文化而言，在刻意摒弃了台湾的汉文化以后，台湾原住民文化不仅仅作为"野蛮与文明"的对立的一个侧面，而且还因其文化的异质性而成为日本人类学草创期研究的绝好对象，也成就了诸如伊能嘉矩、鸟居龙藏、森丑之助、移川子之藏、宫本延人、马渊东一等学者的人类学研究。

对台湾的殖民统治自然是日本帝国的"荣耀"，也成为日本帝国向本国人民及世界人民展示、宣传"皇威"的绝好对象。明治四十一年（1908 年）森鸥外（1862—1922 年）所撰的《能久亲王事迹》就是一例。北川宫能久亲王是明治天皇的叔父，本来率领日本近卫师团驻守在中国辽东半岛，《马关条约》签订后接受首任台湾总督之命驻守台湾，于是率军南下，到台湾不久就因感染疾病死于台南，算是为日本帝国的隆盛贡献了生命。能久亲王在森鸥外的笔下也是以被讴歌的对象出现的。台湾被日本全面殖民统治以后，台湾总督府还修建了台湾神社来敬奉他。①

日据时期，有不少的日本文艺界人士赴台，为日本在台湾的殖民统治鼓噪声势。1929年，日本新闻评论家德富苏峰（1863—1957年）在台湾逗留月余，在其创作的《台湾游记》②中，除对南岛风光、原住民风情进行描述以外，对台湾的产业发展也期待颇深。但其实这也是日本帝国殖民地经略的延长线上的考量。除此之外，有计划的日本在台湾的殖民统治宣传也在进行，如日本右翼国民诗人北原白秋（1885—1942年）于1934年7月由台湾总督府亲自出面邀请赴台，在台湾旅行了40多天，几乎完成了环台湾一周游。其在旅行记《华丽岛风物志》中对于台湾原住民的认识大多是积极的，诸如"所给予我的牛马发出的奇妙声音与盛装的阿美族发自内心的欢迎的舞蹈，会作为我一生的回忆并在我的琴弦上不断地奏出新的篇章"③，"至于与我等血脉相同的土蕃的民俗及性情，非常清晰地唤醒了我心中的古代日本的幻影，他们的合唱、舞蹈以及节拍，更是像日本纪元前的歌谣在我眼前摇荡"④，都是对异质性的原住民文化的赞赏。而其对于中国文化却持有强烈的否定倾向，诸如"功利性的支那系庶民""支那臭（此处的"臭"是含贬义的气味之意）"等等。在"野蛮与文明"的结构中，文明常常是以男性来隐喻的，女性则多是情感的暗喻，但日本女性作家也作为文明的代言者积极参与了殖民统治的宣传。在日本内地（朝鲜半岛及中国台湾常常被称作日本"外地"），颇受欢迎的野上弥生子、窪川（佐多）稻子也都赴台周游，其文笔中大都呈现出对台湾原住民所处的与日本迥异的自然环境，以及对原住民本身的关心⑤。然而真正以台湾殖民统治为背景的文学作品，却是日据台湾20年后的1915年，宇野浩二在远离台湾的日本本土所创作的，虽然是一篇童话性质的作品，其"野蛮与文明"的二元论，却引发了诸多超越文学本身的讨论，同时也应该是文学人类学研究的绝好材料。

一、文学的转回与文学人类学

20世纪60年代，结构主义在法国社会科学界掀起了新的浪潮，随后波及欧美及其他地区。70年代随着结构主义理论在社会科学中的渗透，与文学创作密切相关的符号、象征理论也被引入结构主义理论的分析框架中，在西方逐渐出现了文化人类学（literary anthropology）性质的探讨，诺贝尔文学奖获得者、墨西哥诗人兼文学评论家奥克塔维奥·帕斯（Octavio Paz 1914—1998年）与博阿斯（Franz Boas 1858—1942年）的弟子詹姆斯·布

---

① 森鷗外．能久親王事蹟［M］//鷗外全集（第3卷）．東京：岩波書店，1987：536.
② 德富蘇峰．臺灣遊記［M］．東京：民友社，1930.
③ 北原白秋．華麗島風物誌［M］．東京：彌生書房，1960：25.
④ 北原白秋．華麗島風物誌［M］．東京：彌生書房，1960：25，27.
⑤ 野上弥生子．「台湾游記」「蕃界の人々」中島利郎，河原功編．日本統治期台湾文学日本人作家作品集·別卷［M］．東京：綠蔭書店，1998：411—432，433—452.
　窪川（佐多）稻子．「台湾の旅」（1、2、3、完），中島利郎，河原功編．日本統治期台湾文学 日本人作家作品集　別卷［M］．東京：綠蔭書店，1998：453—480.

恩（James Boon）都曾从文学的角度审视过法国结构主义人类学，并尝试将结构主义理论引入文学领域，完成人类学理论的跨界。①

无疑，文学人类学与人类学的民族志写作首先都得面对"社会事实"（social fact）或所谓的"真实世界"（real world），在创作及调查后，文学及人类学两类文本才会有自身"呈现出的世界"（world of representation）。文学及人类学两类文本都需经历社会文化的认知，以及将认知结果文本化的过程。对于"真实世界"与"呈现出的世界"，1975年康纳尔大学的卡勒（Jonathan Culler）更是从"拟真"（vraisemblable）的角度出发，提出了五个分析手段，即"真实"（the "real"）、文化拟真（cultural vraisemblance）、类型模式（modes of a genre）、惯例（the conventionally）以及模仿与讽刺（parody and irony），并以此来印证"真实世界"与"呈现出的世界"之间的关系。② 其实，对于"真实世界"与"呈现出的世界"，中国古代的艺术家也曾有相近的思考。清代书画家郑燮（1693—1765年）曾在画中题言："江馆清秋，晨起看竹。烟光、日影、露气，皆浮动于疏枝密叶之间。胸中勃勃遂有画意。其实胸中之竹，并不是眼中之竹也。因而磨墨展纸，落笔倏作变相，手中之竹又不是胸中之竹也。总之，意在笔先者，定则也；趣在法外者，化机也。独画云乎哉！"③ 其中的"定则""化机"就相当于卡勒的"拟真"。而在这里的"眼中之竹""胸中之竹"以及"手中之竹"，其实也是"真实世界"与"表现世界"的贴切描述，"独画云乎哉"更是强调出了艺术创作的普遍性。

90年代后，随着认知语言学研究以及文学心理学研究的发展，出现了从人类的认知侧面研究文学的尝试。以色列特拉维夫大学的瑞文·楚尔（Reuven Tsur）认为，结构主义理论在引入文学创作及文学批评的研究以后，虽然在阐释文学文本的结构上有很强的解释力，但是并不能对文学效果（literary effct）进行展开解读。楚尔认为，概念隐喻、印象都是人类构成知识结构认知过程的基本性存在，在这里，具象化的语言表现与日常生活中的语言以及诗性语言相同，也可以被观察到。然而诗性语言虽与日常语言不同，却没能成为语言研究的对象。所有的诗性语言、文学表现及文学都可以用基于知识构造的身体经验来说明。④ 这样的认识直接导致人类学者丹·斯佩伯（Dan Sperber）与语言学者迪尔德利·威尔逊（Deirdre Wilson）的关联性理论（Relevance Theory）的成立。所谓关联性理论，也就是认知活动的认知者与认知过程、结果的关联性原则（maxim of relevance），简而言之，即人类的认知过程是一种在努力达成最大的关联性，并且会以与行为者自身的最适宜关联性（optimal relevance）来传达，⑤ 而关联性的传达原则是所有的意图明示推论的传达

---

① Octavio Paz: *Claude Levi-strauss, An Introduction* [M]. New York: Coenell University Prees, 1970.
   James Boon: *From Symbolism to Stucturalism: Levi-Strauss in a Literary Tradition* [M]. New York: Harper and Row, 1972.
② Jonathan Culler: *Structuralist Postics: Structuralism, Linguistics and the Study of Literature* [M]. London: Routledge&Kegan Paul, 1975.
③ 王锡荣. 郑板桥集详注 [M]. 长春：吉林文史出版社，1986：373.
④ Tsur R: *Toward A Theory of Cognitive Poetics* [M]. Amsterdam: North Holland, 1992.
⑤ D Sperber, &D Wilson, *Relevence: communication and cognition* [M]. Oxford: Blackwell, 1995, p.318.

（ostensive – inferential communication）行为，是以与行为者自身的最适宜关联性来传达的。信息的传达者，诸如人类学者与文学创作者，首先将自己的认知结果创造出一种文字符号的刺激，有意图地向信息接收方（即读者）中某个群体传输。①

简单而言，文学人类学（literary anthropology）最先关注的是写作（writing）与人类学学科自身的民族志（ethnography）完成的关联性。人类学学者在进行长期田野调查（field work）以后，利用到手的直接、间接材料，建构出调查地的民族志，这是最为基本的一项工作。这个工作的过程也像文学创作中素材与作品的关系过程。人类学者甚至可以用小说的方式来完成民族志写作，1944年出版的中国著名人类学学者林耀华的《金翼》（*The Golden Wing: A Sociological Study of Chinese Family*）就是一例。换言之，文学人类学首先从民族志写作角度关注两点具体问题。第一，写作对于民族志的文本形成有着怎样的关联性，田野中所获取的质性、量性材料如何顺利地建构出民族志的文本。第二，因人类学学科的特点，人类学民族志是否存在着一种不同于文学创作的特定类型的写作方式。除民族志以外，文学人类学自然是要通过文学文本探索文学在历史、社会、文化中的角色扮演，当然需要直接关注文学为何的基本命题。

承接20世纪80年代社会科学更加重视语言本身的语言论转回（linguistic turn）理论的展开，人类学中也出现了文学转回（literary turn）的讨论，最有代表性的学者应该就是詹姆斯·克利福德（James Clliford）。在80年代后期，其两部著作 *Writing Culture*（《写文化》1986年）、*The Predicament of Culture*（《文化的困境》1988年）就曾从理论分析上完成了文学领域与人类学领域的横跨②。其实在1985年，格尔茨（Clliford Geertz）也已经认识到随着社会科学中三种类似（game, drama and text）的普及，社会流派之间的界限已经变得模糊不清了③。如前述的布恩所思考的人类学的民族志写作是否为写作者自身的地方和民族文学传统的组成部分，文学转回可以认作是人类学将其注意力转向自己的民族志写作的（inscription）过程。具体而言，海默斯（Dell Hymes 1927—2009年）则认为文学转回可以用来证实文学作品的普遍性④。依照坎贝尔（A. T. Campbell）所见，文学转向为重新评价人类学写作的可能性提供了机会⑤，而拉坡特（Nigel Rapport）则认为文学转回可以用以审视普遍创作过程以及"描写社会真实"（writing social reality）的普遍性⑥。

---

① D Sperber, &D Wilson, *Relevence: communication and cognition* [M]. Oxford: Blackwell, 1995, p. 75.
② James Clliford and George Marcus eds: *Writing Culture: the Poetics and Politics of Ethnography* [M]. California: University of California Press, 1986. James Clliford: *The Predicament of Culture: Twentieth – Century Ethnography, Literature, and Art* [M]. Cambridge: Harvard University Press, 1988.
③ Clifford Geertz: *Local Knowledge: Further Essays In Interpretive Anthropology* [M]. B New Yorkasic Books, 1985, p. 16.
④ Dell Hymes: *Foundations in Sociolinguistics—An ethnographic perspective* [M]. Philadelphia: University of Pennsylvania Press, 1973, pp. 431—457.
⑤ Alan Tormaid Campbell: *To square with Genesis: Causal statements and shamanic ideas in Wayapi* [M]. Edinburgh: Edinburgh Univ. Press. 1989.
⑥ Nigel Rapport: *The prose and the passion: Anthropology, literature, and the writing of E. M. Forster* [M]. Manchester: Manchester Univ. Press. 1994.

日本成蹊大学的英国文学研究者大熊昭信在 1997 年出版了《邀进文学人类学——探求生的构造》(《文学人類学への招待一生の構造を求めて》)① 一书，他认为文学的核心也存在着人类学性质的人类生活、生存的形态，而这些形态正是文学感动读者的源头所在。当然，大熊昭信的研究是以日本民俗学、人类学仪式理论研究以及知识社会学的概念构造为中心展开的，尝试着在文学的核心中找出文化人类学所主张的某一时代中的生命样态，并认为这种生命样态就是引发读者感动的源头。如日本民俗学所认识到的"Ke"（ケ：日常）、"Kegare"（ケガレ：非日常的不洁）、"Hare"（ハレ：非日常的洁净作用）概念与人类学仪式研究中的分离（separation）、过渡（transition）、重聚（incorporation）概念以及知识社会学中的"ノモス"（nomos：世俗秩序）、"カオス"（chaos：混沌）、"コスモス"（cosmos：规范世俗秩序、使之正当化的次元）的概念非常近似，他认为这也是人类共通的符号化过程，由此出发能够开发出新的研究领域。大熊所论其实是在文学领域的内部世界中找寻人类学的影子，同时也明确化了诸多前述的文学人类学的内容。

民族志（ethnography）既是一种文字产出（product），也是一种过程或方法（process or method）。总体而言，民族志是一种拥有自身学科理论指向及特定文本化过程的综合社会、文化事象的呈现。因此，民族志与文学作品及文学创作关系还较为复杂。直至 2016 年，苏格兰赫瑞·瓦特大学（Heriot – Watt University）的克雷斯（M. N. Craith）与法国艾克斯 – 马赛大学（Aix – Marseille Université）的富尼耶（L. S. Fournier）也只能将文学人类学定位为"亚学科文脉"（The Sub – disciplinary Context），也还在追问文学在人类学中扮演什么样的角色，文学能够被作为民族志来认识吗，过去与现在人类学与文学有着怎样的关系，人类学及人类学的动机是否可用在文学中这样的四个基本问题，并尝试寻求答案②，其实他们所提示出的答案也只是暂时性的，文学人类学仍有诸多空白需要填补。

二、宇野浩二的"千代"：文学文本的叙事

在台湾被殖民统治的 50 年间，日本文学界对于台湾的关心，基本上是出于对异域的想象，对殖民推进的热盼，以及出于同化台湾原住民文化的愿望。这样的关心自然能够刺激并引发了诸多当时日本作家的创作欲望。然而在这样的创作热潮期间，宇野浩二（1891—1961 年）的文学作品《搖籃の唄の思い出》（《摇篮曲的回忆》）不仅是第一篇以台湾为背景的文学作品，激发出了当时日本本岛对于台湾原住民更多的想象及思考，还在后来引发了诸多殖民与文学的更为深刻的讨论。宇野浩二是出身于九州福冈县的日本作家，少时聪慧，1913 年 22 岁时以《清二郎——有梦的孩子》（《清二郎――夢見る子》）小说集的出版成名，随后创作出了大量作品，1961 年以自己为模特的《人类同志》（《人

---

① 大熊昭信. 文学人類学への招待一生の構造を求めて [M]. 東京：NHKブックス、1997.
② M. N. Craith & L. S. Fournier: "Literary Anthropology: The Sub – disciplinary Context" [J]. *Anthnopological Jouural of European Cultures*, Vol. 25, no. 2 (2016).

間同士》）成为了最后的未完成遗稿。

图 1　摇篮曲童话首页（1915 年）①

　　1915 年（日本大正四年）5 月，宇野浩二在《少女の友》杂志上发表了童话小说《摇篮の唄の思い出》（《摇篮曲的回忆》），引发了日本文学界对台湾更多的关注。《摇篮曲的回忆》其描述内容是：靠近台湾"蛮地"的仅有 20 户人家的日本人殖民村在某年的 11 月末，被台湾原住民"生蕃"袭击，因情况紧急，父母慌忙逃走，他们的三岁的女孩千代被"生蕃"掳走。这个故事为了使父母不能舍弃自己孩子的道德脉络成立，还特意交代了其他的带着孩子跑的人因为耽误了时间几乎都被杀掉了。15 年后的初冬，殖民村附近的其他日本人殖民村庄频繁地遭受到"生蕃"的袭扰。其中有一队"生蕃"虽然人数少，却十分彪悍。其首领是一位骑马的少女，传言说她是日本人。终于在一个晚上，这支"生蕃"来攻击千代家所在的殖民村。由于早有准备，村民们用代表文明的枪支打败了"生蕃"。"生蕃"女首领骑的马被子弹击中，女首领摔下后被村民活捉了。

　　在故事描述的展开中，村民们都认为这个被活捉的女首领像是 15 年前被掳走的日本女孩千代，然而女首领却坚持说自己是"生蕃"，不是日本人，而且声称讨厌日本人。由于她态度坚决，千代的母亲虽然坚信她是自己的女儿，但也无法使其回心转意。村民无奈，有主张杀了的，有主张放了的，也有向她扔石头的。最后，千代的母亲拿来千代小时候睡过的摇篮，唱起了摇篮曲。这时候，女首领才通过翻译说，这是妈妈的声音，随后千代想起了原来这里才是自己的家，最后以千代醒悟后的哭泣结束了故事。

　　故事并不曲折，考虑到主要是写给少女们，表述反而有些直白，所呈现的主旨即是已经野蛮化的千代被母亲所唱的摇篮曲唤醒，重新回归了所谓的"文明社会"。为了使千代顺利地回归文明社会，宇野浩二甚至没有给"女首领"起一个"生蕃"的名字。野蛮的女首领千代身上的，作为日本人的"潜在的理性"被唤回，便是这篇童话的最大卖点。为

---

① 河原功编.日本統治期台湾文学　日本人作家作品集　別巻「内地作家」[M].東京：緑陰書店，1998：7.

了彰显日本文化的文明性,作品的人物插图也特意呈现出了欧式风格,这样的欧式村民形象与日本的入殖农民其实是存在很大区别的。如前述的丹·斯佩伯（Dan Sperber）等的关联理论,作品插图的作者也存在着"意图性的"在向日本的少女读者们传输着文明进步的信息。

图 2 宇野浩二作品中的1915年插图（其父已是代表文明化后日本人的西洋装扮）

宇野浩二虽然是早稻田大学英文预科出身,但他在创作《摇篮曲》时,自然读不到1927年才会出版的黑尔曼·莱曼（Herman Lehmann）的回忆录《Nine Years Among the Indians, 1870—1879》（《九年印第安部落生活》）①。如果说宇野笔下的千代完全是为了"野蛮与文明"构图的成立而空想出来的话,莱曼则是北美所谓文明人被野蛮人掳走的真实例子。1870年5月16日,11岁的莱曼与8岁的弟弟威利（Willie）被印第安阿帕奇（Apache）部族掳走,威利四天后在一次与白人的遭遇战的混乱中顺利逃跑,莱曼未能脱逃,辗转在阿帕奇社会中待了9年。阿帕奇人称其为"En Da"（white boy）,6年后17岁的莱曼因为杀了阿帕奇部族的医生,害怕阿帕奇人报复,又出逃加入了科曼奇（comanche）部族。莱曼在9年的与印第安人共同生活中完全习得了印第安文化,并因争强好胜升到了小头目位置（petty chief）。最后与科曼奇部族一起放弃与白人的抗争,生活在得克萨斯印第安Kiowa科曼奇部族保留地,成为当地人人皆知的蓝眼睛、白皮肤印第安人。由于莱曼母亲坚信这个印第安人就是自己的儿子,1878年5月12日,莱曼才回到了出生地他自己家,重归了白人社会。莱曼在回归白人社会后,体现出诸多白人文化的不适应,他也认为自己是印第安人,不习惯白人食物、不喜欢睡床。1925年他还为大家表演过骑着马用箭射杀一头小牛,然后跳下马,用刀刨开牛肚,取出肝脏生吃掉。

若论"野蛮与文明"构图,所谓掠夺文明社会的人口充当自己奴役对象的例子,在中国经常被提及的就是凉山彝族社会的汉人娃子或傈僳族等其他民族的娃子。1914年最早进入凉山彝族地区的地质学家丁文江是中国学者第一次接触到彝族抢汉人卖娃子的事②。

---

① J. Marvin Hunter. *Nine Years Among the Indians*, 1870—1879 [M]. Albuquerque: *University of New Mexico Press*, 1993.
② 丁文江. 漫游散记（16）[J]. 独立评论, 1933（42）: 15.

1943 年夏天，林耀华先生在凉山做调查时的所闻所见"作者住雷波时，每于深夜闻城外枪声连续，即系夷匪来临。夷人的战略多系十余人结队，先在屋外埋伏，及至夺门而入之时，则击毙一二人，然后掳去一家男女。被掳之人口中塞上草木泥土，不许叫喊"[①]，林先生的文字更是活生生的抢掠人口的描述了。

通常而言，儿童文学大致有三类创作方法，一是基于事实性的（factual）基础，二是情境性的（situational）基础，三是情感性的（emotional）基础，甚至还可以加上社会分化的（social-divied）的创作性策略。宇野浩二的《摇篮曲》应该属于第二类。正如台湾屏东大学日本文学研究者简中昊所言，没有去过台湾的宇野浩二将日本完成明治维新的重要理论支撑"适者生存·优胜劣败"这样的社会进化论作依据，设定了"野蛮与文明"的二元论构图，并尝试着解消这个结构。自《摇篮曲》起，"野蛮与文明"的构图为以后的有关台湾题材的日本文学创作提供了不可回避的问题意识[②]。宇野浩二所"呈现出的世界"虽然不是日本台湾殖民的真实，然而却是殖民地诸问题的"拟真"（vraisemblable），这样的"拟真"反而为深入理解殖民——人类的历史现象提出了更为深刻的思考。

日本金泽学院大学的中山际子则进一步认为宇野浩二的这篇作品其实是以自身的喜好对现实社会做了取舍选择，建构了野蛮·文明二元对立的基本构造，并将这种对立进行了修辞性改造（"parady 化"）[③]。大阪经济大学日本文学研究者小川直美更是认为宇野浩二其实是在怀疑近代以来形成的"支配＝男性·被支配＝女性"的二元构造，并企图超越这个构造。但是最终被日本憧憬"野生"的读者将"野蛮"罗曼蒂克化了[④]。从以上的日本文学评论界的评论中可以看到，无论从怎样的文学研究角度来看，宇野浩二这篇短短的童话作品在日本文学史上的重大影响，同时也能活用在文化人类学的后殖民（post-colony）理论研究中。

三、アイ（Ai）与伊能嘉矩的人类学叙事

日本著名的人类学家及历史学家伊能嘉矩（1867—1925 年）出生于岩手县远野市，江户时代其家族文武双全，是南部藩藩主的重要侍从。明治维新后，藩政因失败而凋落，伊能家族蜕变为地方士族，但在地方仍然保持着一定的影响力。伊能嘉矩从小就跟随祖父学习汉学，奠定了很好的汉文化基础，在当地横田小学读书时就已经开始崭露才华，已经能够自如地撰写文章。1880 年左右，日本掀起自由民权运动，伊能嘉矩也积极投身其中，并因此第一次前往东京，就读于二松学社。后以公费生资格返回岩手县，就读于培养小学

[①] 林耀华. 民国丛书 第三编 凉山夷家 [M]. 上海：商务印书馆，1947：9.
[②] 简中昊. 近代日本の台湾原住民に関する二元的思考の提起：宇野浩二《摇籃の唄の思ひ出》を例にして [J]. 総研大文化科学研究，2015（11）：71—84.
[③] 中山際子. 宇野浩二の童話―再話の方法 [J]. 東京工業大学人文論叢，1989（15）.
[④] 小川直美. 人さらいの系譜―宇野浩二《摇籃の唄の思い出》[J]. 大阪経大論集（第62卷），2011（3）：177—182.

教师的岩手县立师范学校。在校期间，因鼓动学潮被强制退学后，第二次前往东京，在东京帝国大学教授重野安绎开设的成达书院里学习汉学、历史，因文字功夫出色，开始在报社工作。1893 年 10 月，伊能加入东京人类学会，跟随坪井正五郎学习了当时最新的人类学进化主义理论以及民族志比较方法，还与鸟居龙藏一起创办了“人类学讲习会”“土俗会”等学习研讨组织，通过一系列的学习、研讨，奠定了人类学学科基础。

1895 年台湾被日本割据后，因急需各类研究人才，11 月 3 日他以日本陆军雇员的身份到了台湾，随后转为了台湾总督府的雇员，在文书科任职。伊能嘉矩就是以这样的低级别雇员的身份展开了台湾人类学研究。借助台湾总督府的行政、安全保障能力，以及自身几近完美的汉文阅读能力、人类学知识基础“从事了全岛原住民调查，并出版了台湾历史研究专著，很快就变成了当时台湾日本人的‘蕃通’与‘台湾通’，成为台湾研究的知识权威”①。

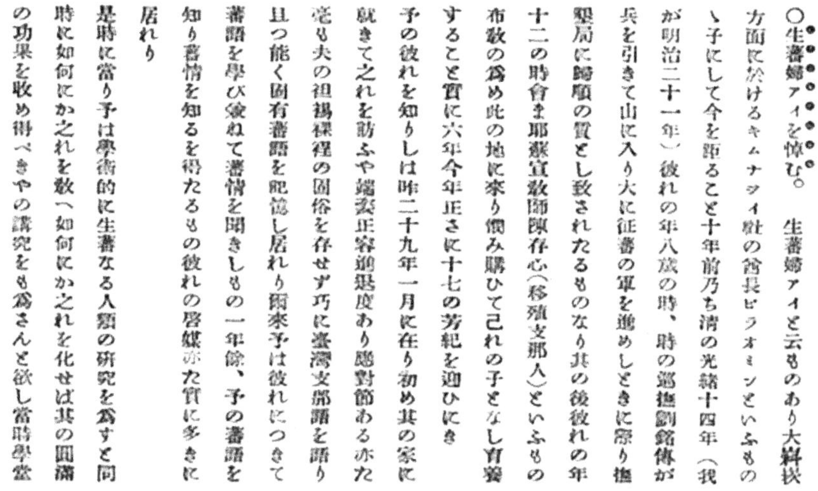
○生蕃婦アイを悼む。　生蕃婦アイと云ものあり大嵙崁方面に於けるキムナタイ社の酋長ピラオミンといふものゝ子にして今を距ること十年前乃ち清の光緒十四年（我が明治二十一年）彼れの年八歳の時、時の巡撫劉銘傳が兵を引きて山に入り大に征蕃の軍を進めしときに際り撫墾局に歸順の質とし致されたるものなり其の後彼れの年十二の時會ま耶蘇宣教師陳存心（移殖支那人）といふもの布教の爲め此の地に來り憫み購ひて己れの子となし育養すること實に六年今年正さに十七の芳紀を迎ひにき予の彼れを知りしは昨二十九年一月に在り初め其の家に就きて之れを訪ふや端姿正容適堪度あり應對節ある亦た毫も夫の袒裼裸裎の風俗を存せず巧に臺灣支那語を語り且つ能く固有蕃語を記憶し居れり爾來予は彼れにつきて蕃語を學び兼ねて蕃情を聞きしもの一年餘、予の蕃語を知り蕃情を知るを得たるもの彼れの啓媒亦た實に多きに居れり

是時に當り予は學術的に生蕃なる人類の研究を爲すと同時に如何にか之れを教へ如何にか之れを化せば其の圓滿の功果を收め得べきやの講究をも爲さんと欲し當時學堂

图 3　伊能嘉矩在《东京人类学》杂志上发表的悼念アイ（Ari）的文章②

日本殖民台湾的次年，也就是伊能嘉矩在调查平埔族原住民时，アイ（Ai）第一次进入了伊能嘉矩的视线。而且アイ的例子是用来印证“平埔蕃”与“生蕃”是存在着相互来往的关系的。1896 年当时，平埔蕃位于高地生蕃与平地汉人社区之间，按理应该存在着与生蕃、汉人的交流，但是在伊能嘉矩的调查中，平埔蕃与生蕃的交流互动很少，但有一个特殊的例子就是アイ的存在。“但仍然见到了在里族社养育着一位从大嵙崁蕃社买来的生蕃女子（今年十六七岁）。蕃女名叫 Ari，四岁时就已经从山里出来了，但前额上已有横线条的刺青，还能记住一些固有的母语，完全与大嵙崁方面的生蕃语相同。”③

① 陈伟智．伊能嘉矩：台湾历史民族志的展开［M］．台北：国立台湾大学出版中心，2014：21.

② 伊能嘉矩．生蕃婦アイを悼む［J］．東京人類学雑誌（第 12 巻），1896：138.

③ 伊能嘉矩．臺灣通信第十一回 淡北方面における平埔蕃實查二［J］．東京人類学雑誌（第 11 巻），1896（128）：40. 此时的アイ的名字的发音被记录为“Ari”，如果换成日语片假名的话，应该是“アリ”，其后都被记为“Ai”的发音了，大概是最初的平埔族调查时的记音有误。

其后在伊能嘉矩的"生蕃婦アイを悼む"（《悼念生蕃女アイ（Ai）》）一文中，才有了有关アイ（Ai）的更为详细的介绍。原来，アイ（Ai）是大嵙崁基那吉（Kimnashi）社酋长Piraomin的女儿，1888年（清光绪十四年、明治二十一年）台湾巡抚刘铭传征讨平埔蕃的原住民时，Piraomin战败归顺清朝，作为归顺的条件之一，其女儿8岁的アイ（Ai）成为了清朝归顺抚垦局的人质被带到了大嵙崁（归顺抚垦局所在地），离开自己的部族的アイ（Ai）独自一人，生活处境也极其艰难。12岁时，在台湾传教的耶稣会传教士陈存心见其可怜，出面、出资收养了她，并给予了相应的教育。伊能嘉矩第一次见到アイ（Ai）时，アイ（Ai）已经17岁了。在伊能嘉矩的描述中，其"端姿正容、进退有度、应对有节"，丝毫没有泰雅族的旧俗，说一口流利的中文，而且还没忘自己的母语。伊能嘉矩也向她学习泰雅语、了解泰雅族的风俗。在这样的过程中，伊能嘉矩觉得她是可造之才，于是与陈存心商议后，自己出资让アイ（Ai）进了台北大稻埕街兼松矶熊开的日本学校学习。アイ（Ai）的日语学习领悟也快，伊能嘉矩每次去见她都会发现她的进步。然而非常可惜的是，1896年3月14日伊能还见到她，但3月15日却突然发病，19日就死去了。伊能嘉矩对其正值年轻有望之年不幸死去十分遗憾。又感陈存心的博爱及侠义，陈存心将アイ（Ai）从近似于奴隶身份的穷苦状况中拯救出，又精心养育了6年。在陈存心与アイ（Ai）的关系上，也可以看到传教士、汉族的双重身份与原住民的关系。

如果说陈存心对アイ（Ai）是心存怜悯的话，那么伊能嘉矩对于アイ（Ai）的汉语及日语学习水平的评价其实就是"他者"中的潜在理性的承认。此时在一般日本人眼中，"文明·野蛮"具有双重构造，一是"汉文化（文明）·生蕃文化（野蛮）"，二是"日本文化（文明）·汉文化＋生蕃文化（野蛮）"。アイ（Ai）自然处于野蛮文化的最底层中，但是她却能够很快地接受汉文化以及后来的日本文化，伊能嘉矩对她的早夭表示哀悼的背后，其实还有未能看到她完全文明化即完全日本化的样态所引发的极大的遗憾。同时因为アイ（Ai）的人质的悲惨经历，这里也暗含了与"千代"的遭遇不一样的另一种野蛮性，也即是汉文化的人质获取的野蛮性。

日本殖民地文学的研究者河原功曾指出，在日本的以台湾为背景的文学作品中存在三个特点。第一是描述对象集中在只有5%人口数的台湾原住民；第二是原住民的对殖民的抵抗被认作是野蛮的性情的表现，同时殖民、支配原住民的日本山地警察也存在着野蛮性。而这种野蛮性即讨伐、杀戮等是作为同化政策而被肯定的；第三是原住民与日本人之间总会出现"蕃妇问题"。因为台湾总督府在推进"理蕃政策"时，一再鼓励山地日本人警官与原住民女性结婚，企图通过姻亲关系推动怀柔政策，然而正是这一政策使得台湾山地的"生蕃"社会的实际殖民支配情况变得更加复杂[①]。

日本作家大鹿卓的两篇以台湾"生蕃"为背景的作品《野蛮人》与《蕃妇》就是河原功所论的最好依据。大鹿卓（1898—1959年）是日本爱知县人，本名为大鹿秀三，是

---

① 大鹿卓.野蛮人[G]//河原功监修.野蛮人 臺灣植民地文學精選集18（臺灣編）6[M].東京：ゆまり書房，2000：2.

日本著名诗人金子光晴（1895—1975年）的亲弟弟。大鹿家原来经营酿酒业，同时也兼营租船业，家业颇丰。1891年在月浓尾大地震中损失惨重，失去几乎所有的船及藏酒。大鹿卓出生时，家道中落。1900年两岁时随父母迁至东京，小学时又迁去台湾居住过一段时间。大鹿卓在1916年进入秋田矿山专科学校学习冶金专业。1921年考入京都帝国大学经济学部，但马上就退学了。后在东京的女子中学里一边教化学一边写诗。1933年发表了作品《蕃妇》，《蕃妇》是以新竹州大溪的Gaogan原住民的讨伐为背景，日本警察与原住民的冲突中因蕃妇问题而复杂化。山地警察富永被原住民的头目灌醉，然后让他与自己的女儿Yagotsubasu发生了关系。尽管在当时的台湾山地警察中"如果娶蕃妇为妻就会得到升职，这是谁都知道的政策"①，然而富永真实的想法却在痛感因为自己的疏漏搅乱了自己的人生。

1935年以作品《野蛮人》获《中央公论》杂志小说征文第二名，《野蛮人》是以1920年9月台中中州能高郡发生的"Saramao蕃事件"为背景的作品。小说中描写了原住民的野蛮性、山地警察的野蛮性，直接批判了殖民总督府的"理蕃政策"，因此在出版时，删去了猎头、强奸等描述，而在日本投降后的1949年白凤书院才重新出版了完整版。《野蛮人》的主人公田泽是筑丰煤矿老板的儿子，但是却加入煤矿工人的反抗压迫的抗争中。在示威的过程中，其自我主张让煤坑进水，不仅使其父蒙受了重大的损失，因失去了工作场地也让反抗团不高兴，由此自暴自弃。后遵其父命去台湾，在白狗驻在所任警备员。在讨伐Saramao生蕃时，斩杀了一名原住民，此时他发现了自己身体中潜藏的野蛮性。其后，娶了白狗原住民Taimorikaru为妻，Taimorikaru本来正努力着依照日本文化的方式成为日本人的妻子，而田泽却决心变成蕃人，在日常生活中穿着蕃衣、纹身、腰间插刀，田泽从外形上变成了野蛮人。大鹿卓创作这篇小说的1934年，正是文化（德文Kultur）概念在日本知识界流行的时代，然而大鹿卓的小说里没有使用一次文化、文明（civilization）的概念。大鹿卓在《野蛮人》的后记中说："有关蕃地的数篇作品都是我自己早期的作品，其中创作《野蛮人》时已经有了我自身的认识，也是希望这篇作品问世后的野心作品，并非是简单的'Barbarism'。"② 可以看出大鹿卓也在撇清与简单的"野蛮·文明"二元构图的关系。的确是在大鹿卓作品中，或多或少带有对日本台湾殖民统治的批判。

四、余 论

日本对于台湾原住民的文化人类学的研究被台湾研究者笠原政治分为了三个时期："清国时代（—1895年）""日本统治时代（1895—1945年）""第二次大战后（1945年至

---

① 大鹿卓. 野蛮人［G］//河原功监修. 野蛮人 臺灣植民地文学精選集18（臺灣編）6［M］. 東京：ゆまに書房，2000：67.
② 宇野浩二. 宇野浩二全集（第九卷）［M］. 東京：中央公論社，1968：303.

现在)"。① 其实，日本的真正意义上的台湾研究应该是日据以后。而以台湾为背景的文学创作除过游记以外则还要晚一些。宇野浩二的作品虽然是一则童话性质的创作，但的确是台湾原住民在日本文学中的第一次的登场。虽然准确而言，作品除了"生蕃"的表述以外，没有真正的原住民形象出现，而只有"生蕃"化了的日本少女"千代"。这跟宇野浩二缺乏台湾原住民知识有关，宇野的台湾认知大概还停留在1871年54名琉球渔民漂流至台湾，误入排湾族的高士滑社后全部被杀的事件上，台湾原住民还被认作是野蛮民族的代表者。

"千代"被原住民掳走的描述与台湾原住民地区的实际情况也不相符。包括排湾族在内的台湾原住民虽然有过所谓残忍的"出草"的猎头习惯，但是却没有抢夺人身的习惯。而1896年伊能嘉矩所见到的"アイai"却反而是所谓"文明"社会清王朝作为政治手段之一，在堂堂正正地扣押原住民人质，而且给予了极其糟糕的待遇。如果说宇野浩二的作品中"千代"的母亲通过摇篮曲唤醒了"生蕃"化后"千代"的被台湾原住民的"野蛮性"所掩盖了的"潜在的理性"的话，那么伊能嘉矩则是发现了原住民"アイai"本身所具有的"潜在的理性"，也即是，被"文明"所认定的"野蛮"中也富于理性，这虽然还达不到文化相对主义（cultural relativism）的地步，但是，伊能嘉矩的"アイai"的才能的发现、合乎礼仪的待人接物姿势的肯定，才应该是真正意义上的"野蛮与文明"的构造的打破。"千代"与"アイai"，一个是被原住民掳走的日本人，一个是真正的作为人质的原住民；一个是童话中的人物形象，一个是人类学者在调查中遇到的原住民少女，从这里我们也能直观地感受到文学文本与社会真实的不同。大鹿卓作品中的山地警察富永的形象则是"文明"背后野蛮性的体现。

日本人类学家川田顺造在论及"野蛮人"社会时指出："'欧洲世界的独自性之一'是从人类的空间的展开与时间的深度的两个方面，作为实体被认识到的。"② 同样的道理，日本及日本文化的独自性也是因为周边，特别是台湾原住民的存在而被实体化，或者说是逐步实体化的。无论是台湾被殖民侵占时期的日本文学创作还是日本人类学草创期的调查研究，也都是在促进这个实体化的过程。在川田顺造的野蛮文化理解的四阶段论中，由17世纪非欧洲世界与与观念性欧洲世界对比，到18世纪实践性"野蛮人"与"欧洲人"对比，再到19—20世纪前期以欧洲为顶点的"文明"与"原始"概念形成，最后是第二次世界大战以后殖民地的独立以及"原始"文化的赋权③。考虑到日本资本主义的后发性，由此四阶段论大致可知，日本的"野蛮·文明"二元构图的形成也就是在川田所称的第三个时期，即"文明"与"原始"概念形成期。正值此时的日本殖民台湾时期的文学创作

---

① 笠原政治. 研究史の流れ——文化人類学を中心に [G] //日本順益台湾原住民研究会編. 台湾原住民研究への招待. 東京：風響社，1988：29—49.
② 川田順造.《善き野蛮人》から《野生の思考》へ—未開社会とヨーロッパの意識— [G] //二宮宏之編. 民族の世界史9：深層のヨーロッパ. 東京：山川出版社，1990：194.
③ 川田順造.《善き野蛮人》から《野生の思考》へ—未開社会とヨーロッパの意識— [G] //二宮宏之編. 民族の世界史9：深層のヨーロッパ. 東京：山川出版社，1990：194，195—196.

自然也就不能回避这个重要的主题，一如西原大辅在谷崎润一郎的有关中国的作品中能够解析出"东方主义"一样，宇野浩二以及大鹿卓的作品中呈现出的"野蛮·文明"论也是十分明了。也因此，宇野浩二的作品以及大鹿卓的作品就成了文学人类学研究的绝好的材料。

半个世纪以前，人类学者弗思（Raymond Firth，1901—2002 年）曾言："在野蛮人与他被强制的文明之间可以搭建一座桥梁，另外，人类学者能够在这个社会工程中扮演一部分角色"①。虽然弗思的"野蛮人"的概念还值得商榷，但是从"アイ ai"的社会事实（fact）的存在看来，作为人类学者的伊能嘉矩正是扮演了这样的角色。

---

① Raymond Firth. *Human Types* [M]. London: Thomas Nelson and Sons, 1950, p.379.

"九一八"事变前朝鲜货币"金票"在延边地区的流通及其危害

全国　　延边大学

早在"九一八"事变以前，日本就开始以朝鲜半岛为跳板对我国东北地区进行经济侵略活动，"朝鲜银行龙井出张所"就是日本早期对我国东北进行经济侵略的产物。朝鲜银行龙井出张所具有的殖民银行基本特征及其在延边地区进行的非法经济活动，是日本对东北地区进行经济侵略的一种大胆尝试。

1917年3月，朝鲜银行龙井出张所在延边建立，逐渐取代了原中国邮政所的业务，并拓展业务范围，通过流通朝鲜货币"金券"来控制延边地区货币市场，遏制了地方经济的正常发展。特别是其开展的储蓄业务和不平等贷款政策，因采取不同的信用评估体系，蓄意制造民族对立，大肆压榨延边各族人民的财富，为日本商人和资本在延边乃至在东北地区的势力扩展创造了条件。结果，"九一八"事变以前，延边地区在东北首先被纳入日本殖民经济体系之下，成为日本的原料加工厂和商品倾销地。

一、日本商业资本渗透与朝鲜银行龙井出张所的设立

1905年11月，日本与朝鲜签订《乙巳保护条约》，确立日本在朝鲜的统治地位，朝鲜开始沦为日本的殖民地。此后，日本以朝鲜半岛为跳板，加快了对中国东北地区的侵略活动。日本在侵略中国东北的过程中，延边地区首当其冲。日本把大连作为打开"满蒙"的正门，把延边当作后门。因此，1906—1907年间，日本派众多军警、间谍、密探，伪装成商人、学者、医生等，在延边地区局子街、东盛涌、老头沟、铜佛寺、天宝山、头道沟等地搜集情报，进行缜密的勘测活动，获取了大量的资源与人文相关的情报。之后，1907年8月，由陆军中佐斋藤季治郎率61名军警非法越境来到龙井村（今龙井市），挂出所谓"朝鲜统监府间岛派出所"牌子，主张"间岛"（即现延边）领土归属权问题尚未得到解决，并发布五条"训令"，要求在"间岛"的朝鲜移民勿听从清国的裁判和行政命令。[①]这一时期，已有大量的朝鲜移民在延边居住生活，形成新的民族共同体。早在1894年，清政府在延边设有镇远堡、宁远堡、安远堡和绥远堡四个堡，下有39个社，其中绝大部分居民就是朝鲜移民。他们主要分布在图们江、海兰河、布尔哈通河、嘎呀河、珲春河等流

---

① 杨昭全，车哲九. 中国朝鲜族革命斗争史 [M]. 长春：吉林人民出版社，2007：84.

域。据统计，1907年，延边总人口达94600人，其中朝鲜移民占71000人，占75%以上。① 这一时期，龙井村、百草沟等地成为朝鲜移民的主要聚居地，而局子街（今延吉）则成为汉族的主要聚居地。

但是，1909年在中日《间岛协约》中指定龙井为开放商埠地后，各种中国商号逐渐增加，同时出现了集贸市场。据载，1911年在龙井地区资金达到1000吊的商号就有7家，即东盛栈、福增源、东升东、隆兴商店、林文弘、金京后、金禹店等商号。② 当然，这些商号由于资金少，还停留在小本生意的程度，经营的项目仅限于日用杂货等零售项目。20世纪初，龙井村的市场中基本上都是朝鲜商人或日商，但是至1910年以后，汉族商人也逐渐增多。他们在买卖形式上以现金买卖和物物交换为主，个别存在以信用为依据的逾期付款。

这一时期，日本侵略中国东北的另一个特点是在延边大力发展地方通信和交通建设。1910年，日本在局子街设立通讯代办处，与龙井村进行一日一次的邮件运送，与百草沟进行三日一次的邮件运送。另外，又加快交通建设。20世纪初，延边地区公路比较落后。至民国初期，延吉境内只有两条长途大车道：其一吉林街道，其二宁古塔街道。当时局子街通往他县的重要道路有：局子街至百草沟、局子街至天宝山、局子街至头道沟、局子街至八道沟、局子街至珲春至海参崴、局子街至八道沟至朝鲜上三峰。③ 由珲春为中心通往各地的道路主要为：珲春到局子街，珲春至汪清至宁古塔，珲春至烟秋至海参崴，珲春至土门子至蒙古街及三岔口，珲春至训戎里，珲春至庆源，珲春至新河山至雄基。④ 比起公路，铁路还算在延边发展较早。日本在"满蒙拓殖政策"中说："延吉道是日本势力范围，为朝鲜的延长，作新领土的获得，有保全的必要。经由大连和安东进入满洲非通过沈阳不可，因此必惹起中国人的注意，有莫大的障碍，由延吉道进入是可免前项的不利。""九一八"事变以前，延边地区已开通的铁路为天图轻便铁路、敦图铁路。天图轻便铁路是延边地区开通的第一条铁路，该铁路自天宝山（老头沟）起，经铜佛寺、朝阳川、龙井村，到图们江岸（今开山屯）为止。⑤ 敦图铁路实为吉会铁路延边段，自敦化起，途经大石头、哈尔巴岭、明月沟，沿原天图铁路老头沟、朝阳川、延吉、龙井村直达中朝边境图们，与图们江国际铁路大桥—朝鲜铁路相连接，铁路全长191.9公里。吉会铁路是中日签订《图们江中韩界务条款》后，由日本修建从吉林直达朝鲜会宁的铁路。

随着通信和交通的发展，延边商业逐渐繁盛、各种商号在增加，大洋、小洋等五种货币大量流通。吉林永衡官银钱号延吉分号，是延边地区中开办最早、经营时间最长的官办金融机构。吉林永衡官银钱号是清末吉林地方政府较早建立的地方银行。1902年，吉林永衡官帖局鉴于延边地处边陲，金融业不活跃，拟文报吉林巡抚准许派员赴延吉开设永衡官

---

① 珲春及间岛事情[M]．(出版社不详)，1929：12．
② 禹英兰．日帝的经济侵略与间岛的对日贸易[D]．大邱广域：韩国庆北大学，2001：138．
③ 吉林省延吉市地方志编纂委员会．延吉市志[M]．北京：新华出版社，1994：251—252．
④ 延边朝鲜族自治州档案馆．延吉道概况（初稿）[M]．1984：56—57．
⑤ 沈茹秋．延边调查实录[M]．延吉：延边大学出版社，1987：21．

帖分局。后来，吉林永衡官帖局更名为吉林永衡官银钱号，所属的延吉永衡官帖分局也更名为延吉永衡官银钱号分号。吉林总号委派冯崴歧为延吉永衡官银钱分号经理，并派执事7人来到延吉永衡官银钱号，同时在延吉当地招收6名雇员和3名学徒，全分号人数达到26人。① 1910年12月以金帖钱20万吊为资本，在珲春另成立珲春分号。永衡官银钱号发行的货币主要有：永衡官帖、吉大洋票、吉小洋票、哈大洋票、铜元票，各类货币有不同的面值。延吉永衡官银钱号经办永衡官银钱号5种货币在延边地区的发行和收付，延吉官署衙门及商家百姓都可以到官银钱号收兑以上5种货币。民国初期永衡官银钱号与发行的官帖，基本维护了地方金融安全，几乎控制了延边地区的货币流通，促进了延边地区的经济发展。应该说，吉林永衡官银钱号在客观上为延边地方经济发展起到了抵抗外来金融侵略的作用。但是，民国初年军阀混战，局势动乱，吉林永衡官银钱号滥用自身的财力和实力，肆意扩张，导致货币贬值，扰乱了地方经济的有序发展，为帝国主义的入侵提供了可乘之机。

《间岛协约》签订后，日本向延边地区输出大量日本商品，并在延边的主要城镇都设立了日本商铺和商业点。据统计，1910—1914年日本一共在延边设立了118家商铺，主要经营日本棉布、纺织品、烟草、海产品、石油和少部分的机械零件的销售。1911年延边地区从日本进口的布匹数量为3168匹，1912年猛增为69506匹，在海产品方面，之前主要从朝鲜的清津和京城方面进口，20世纪前十年，延边地区的主要海产品供应地区变为日本的大阪、名古屋等地。烟草是日本大量向延边地区输出的产品之一，所占份额位居各类商品比重的前列。日本在龙井村设立烟草贩卖点，逐渐将在当时势力颇为强大的美烟草会社挤出该地区。到1916年，日本帝国主义在龙井村设立日本东亚烟草会社，独占整个市场。② 这些通过日本商人，从日本、朝鲜进口到延边地区的纺织品、副食品、日用品及烟草的主要购买者是朝鲜移民和少数的中国人。

另外，日本早在龙井设立"间岛邮便局"，令其同时处理金融业务，大大加快了日本商品和资本在延边的流通。1907年9月，日本决定在龙井村设立"间岛邮便局"，暂时代理日本在延边地区的金融事务。1910年9月，又在局子街日本领事馆辖区内设立邮便分局。从此，从朝鲜会宁、清津港及日本大阪往来延边地区从事经营活动的日本商人及朝鲜商人都选择使用间岛邮便局进行汇款等金融活动。由于间岛邮便局的设立促进了在延边中日贸易总额的增加，日本货币逐渐在延边地区流通开来。据统计，1911年日本货币在延边的流通率仅为20%～21.8%。1913年龙井村的出口总额约合85万元日币，其中，由间岛邮便所进行代理的汇款高达52万元日币，占龙井村出口总额的62%。③

间岛邮便局尽管在延边地区起到了了代理金融机构的作用，但因为缺少正规的金融机构体系和中央银行的支持，所进行的业务有限，只能进行在人与人之间的一般信用信贷，

---

① 金泽主编. 昔日延边经济 [M]. 延吉：延边人民出版社，1995：250.
② 禹英兰. 日帝的经济侵略与间岛的对日贸易 [D]. 大邱广域：韩国庆北大学，2001：83、86、87.
③ 金周溶. 日帝对间岛金融侵略政策和汉人的抵抗运动研究 [D]. 首尔：东国大学，2000：126. 南满洲铁道株式会社庶务部调查课编. 满铁调查资料 [G]. 第44篇，1925：77.

无法介入商业资本融通和资本流通领域。为此，1917 年 3 月在龙井村开设了朝鲜银行龙井出张所，其主要职能是"执商业金融之牛耳，握间岛贸易之全权"。① 朝鲜银行龙井出张所设立后，延吉道伊张世铨多次向朝鲜银行龙井出张所所长竹岛清索要朝鲜银行龙井出张所的营业章程，均未得到竹岛清的答复。

可以说，朝鲜银行龙井出张所在龙井处理金融业务，为日本商人、商号、商业银行及商业机关提供了资金保障，扰乱了延边正常的金融秩序，打击了地方工商业和银行业的发展，逐步控制了延边地区的经济社会发展。

二、朝鲜银行龙井出张所非法经营活动

朝鲜银行是日本殖民统治时期在朝鲜开设的金融机关。1910 年日本吞并朝鲜，翌年 3 月颁布《朝鲜银行法》，规定朝鲜银行有发行货币、经营兑换、贴现等业务。1913 年起，朝鲜银行在我国东北安东、沈阳、大连、旅顺、长春等地方开设分行。朝鲜银行券以日本金元为单位，俗称"金票"，与日本银行发行的金元纸币相同，但日本银行纸币可以用于朝鲜，而朝鲜银行券则不能通行于日本本土。朝鲜银行券有 10 钱、20 钱、50 钱、1 元券、5 元券、10 元券、100 元券、1000 元券八种面额，多个版别，票券设计风格与日本银行纸币较为相似，大部分由日本内阁印刷局印制，不同之处只是在元以上票券正面印有白胡子老人的头像，因此在我国东北被俗称为"老头票"。

延边由于进行中朝、中日之间贸易较早，因而成为我国使用朝鲜银行券"金票"最早的地区之一。随着朝鲜移民的大量迁入以及《间岛协约》指定龙井为开放商埠地后，延边地区的贸易总额逐年增加，特别是在珲春、龙井村、局子街等地形成了商贸中心后，"金票"开始流通起来。

1917 年，日本在龙井村正式开设朝鲜银行龙井出张所，抢占和控制了延边地区的金融市场。虽然，中国方面为抵抗日本资本对延边地区的入侵，开设了官方金融机关，并推行官方货币，如吉林永衡官帖局延吉分号和永衡官帖、中国银行延吉支行发行的中国银行券和大洋兑换券等，试图与朝鲜银行发行的朝鲜银行券"金票"争夺在延边地区的货币主导权。但是，中日两国在综合国力方面差距较大，中国方面开办的官方银行由于资金不足、货币不稳定及内部管理不善等原因，无力与实力雄厚的朝鲜银行龙井出张所相抗衡。随着朝鲜银行券"金票"在延边地区确立货币主导权，"金票"流通量也逐年增加。例如 1917 年延边地区"金票"的流通总额大致为 30 万元日币，到 1926 年迅速增至 300 万元日币，在不到 10 年的时间里，几乎增长了 9 倍。1926 年，朝鲜银行龙井出张所的汇兑、汇款总额为 7001 万元，相比 1921 年净增 2200 万元，增长了 45%，在延边地区形成了绝对的优势和主导权。②

---

① 吉林省龙井县地方志编撰委员会编. 龙井县志 [M]. 延吉：东北朝鲜民族教育出版社，1989：315.
② 日本朝鲜银行内部发行. 朝鲜银行二十五年史 [M]. 1934：23.

特别是随着日本侵略势力的扩张，朝鲜银行券"金票"流通量激增，金票价值也日趋稳定。1929年7月，朝鲜银行龙井出张所升格为支点，加快了发行金票的速度，同时与日商勾结，完全实现了对延边地区的金融控制。朝鲜银行券"金票"为打击中国货币，不断提高朝鲜银行券价值，随之中国官帖、大洋券的价值不断跌落，到20世纪30年代，"金票"已经牢牢控制了延边地区的货币市场。朝鲜银行龙井支店在极力推行朝鲜银行券"金票"的同时，还经办汇兑票据、商业票据贴现、为有交易往来的会社、银行、商人催收结算款；办理存款和有把握的担保贷款；受托保管金银等贵重金属及有价证券；办理金银买卖等业务。结果，朝鲜银行龙井支店获取了惊人的效益——1930年朝鲜银行龙井支店的资本金达到2500万元，是当时在延边地区设立的东三省官银号延吉分号的18倍，是吉林永衡官银钱号延吉分号的33倍。1933年，为了进一步扩大朝鲜银行券"金票"在延边地区的发行量和流通量，朝鲜银行龙井支店在图们增设派出所。至此，朝鲜银行龙井支店成为延边地区的货币发行者和商业金融寡头，垄断了延边地区的货币市场。

另外，通过存款、贷款业务，朝鲜银行牢牢地控制了延边货币流通。朝鲜银行存款业务主要有：活期存款、特别存款、通知、定期存款和国债储蓄、特别储蓄、纳税准备储蓄、过敏储蓄组合存款、信托存款等项目。营业对象主要包括在延边地区的日本人和朝鲜移民，而对中国人只办理普通存款业务，就此可以看出朝鲜银行的殖民本质。朝鲜银行龙井出张所设立之前，在龙井村及延边其他地区的日本商人主要利用间岛邮便所实现汇兑，将商业资金存款转存到朝鲜罗南的朝鲜银行进行存款。朝鲜银行龙井出张所的设立改变了这一现状，几乎所有的日本商人和朝鲜移民商人都利用朝鲜银行龙井出张所进行资本的活期储蓄。特别是随着日本在延边地区大量倾销本国商品，并从延边地区大量输出农副产品，中日贸易总额迅速增长，同时与朝鲜银行龙井出张所合作的日商及朝鲜商人人数激增，朝鲜银行龙井出张所储蓄额增长很快。根据1917年上半年的统计数据看，朝鲜银行龙井出张所活期储蓄额达到284687.70元日币，截至1917年11月，储蓄额则增长为1376000元日币，在不到一年时间里，实现了存款额近4倍的增长；至1919年储蓄总额增至6599272元日币，1922年为48977623元日币，1935年朝鲜银行龙井支店存款总额为6865万元（"金票"）。① 朝鲜银行龙井出张所的存款总额不断增长，标志着朝鲜银行券"金票"的流通量不断增长，也就意味着朝鲜银行券在延边地区的货币市场控制力得到提升。特别是朝鲜银行龙井出张所升格为支店以后，仅一年的存款总额相当于当时伪满中央银行在延边四支行（延吉、龙井、图们、珲春）存款总额的52倍。

关于朝鲜银行的贷款业务，《朝鲜银行法》规定："汇票及其他商业票据之贴现，有确实担保之贷款及货期透支等，并包括对各种金融机关之贷款或贴现。"对于普通商户的贷款，仍未脱离商业金融性质，例如朝鲜大米、大豆、蚕、棉花、肥料等商品贷款；或由东北地区出口的棉布、机械、载货等。然而，朝鲜银行龙井出张自设立至1917年的11月的贷款总额合计为324000元日币，与同时期中国方面的银行贷款业务相比，经营不够活

---

① 牛丸润亮. 最近间岛事情［M］. 朝鲜及朝鲜人民社，1927：257—258.

跃，原因有二：一是朝鲜银行在龙井村设立之初，主要放贷对象为日本商人及少数朝鲜移民商人，当时的经营活动以农作物贸易或土地买卖为主，因此营业对象较单一；二是在设立之初，贷款业务的担保或抵押形式主要是信用担保或商品担保，没有涉及土地的担保，同时在信用担保方面，日商比朝鲜商人或汉商信誉较高，而朝鲜商人及汉商方面在审核方面极为苛刻，几乎很难达到放贷标准，因此放贷的总额不高。然而，随着日商及商业资本集中到延边地区，大量日本商品的倾销，需要提高当地居民的购买力。同时，日本借此机会从延边地区大肆掠夺农副产品、矿产及森林资源运送回国，扩大了延边地区中日韩之间贸易总额。更为重要的是，日币在延边地区获得控制权和主导权，流通量和流通范围急速扩张。在这样的条件下，朝鲜银行龙井出张所的贷款业务也随之扩大。据统计，1925年和1926年，朝鲜银行龙井出张所的贷款额有了井喷式的增长，这是因为在这两年延边地区农副产品的产量增长了近20%，相应的带动了贷款总额的增长。①

结果，延边的货币流通出现了日币一体化的现象。原来羌帖（俄币）、官帖、哈大洋等曾流通于延边市场的货币被挤出市场，形成"金票"独占的局面。因为自从1917年龙井村设立朝鲜银行龙井出张所以来，延边原有两大商贸圈——珲春商贸圈和局子街商贸圈逐渐转移到龙井村，形成了以龙井村为中心的龙井商贸圈。换言之，沙俄和中国对延边市场失去控制，日本在延边地区依仗贸易圈的建设，形成了一家控制的局面。随着中国官方货币——官帖的急速贬值，居住在延边地区的中国人普遍使用朝鲜银行券"金票"。可以说，朝鲜银行券"金票"已经渗透到延边地区生产和生活的各个环节，对延边地区的经济社会实现了全面控制。这样，日本在延边地区几乎实现了"统一"的单一货币市场，成功推行了"日币一体化"，将延边地区的经济体系纳入了日本殖民经济体系。

三、朝鲜银行龙井出张所给延边地区带来的影响

1917年朝鲜银行龙井出张所的建立，使"金票"大量流通，为日本资本独占延边商业资本和流通资本起到了重要作用，最终使延边经济纳入日本殖民经济体系之下，大部分朝鲜移民从此也受到中国封建地主和日本商业资本家的双重迫害。

首先，朝鲜银行龙井出张所利用不同的金融借贷评估体系，加深了民族矛盾。朝鲜银行龙井出张所设立的宗旨是"执商业金融之牛耳，握间岛贸易之全权"。因此，朝鲜银行龙井出张所在延边地区设立诸多金融贸易会社，如1917年设贸易兴业株式会社、1918年设间岛信托株式会社、1918年设间岛商业金融株式会社、1919年设间岛兴业株式会社、间岛公益株式会社等。这些金融贸易会社，都是依托出张所的强大资本进行贸易活动。朝鲜银行龙井出张所初期借贷对象主要是日本人，其次是朝鲜移民。当然，对朝鲜移民的借贷额高于中国人，无疑是借贷信用考核中民族差异所造成的结果，这必然导致民族矛盾和民族对立。聚居在延边地区的朝鲜移民多为贫农，无力购买基本的生产资料，在朝鲜银行

---

① 牛丸润亮. 最近间岛事情[M]. 朝鲜及朝鲜人民社，1927：257—258.

的支持下,诸如"东劝会社"等机构以"济贫"为名,资助朝鲜贫农购买土地和其它农业生产工具。但是,这些贷款必须以土地做担保,届时朝鲜农民无力偿还贷款,只能放弃土地所有权。这样,日本资本借朝鲜移民之手大肆掠夺延边地方土地。被日本利用为侵略工具的朝鲜移民,引起了地方满、汉居民的强烈不满,朝鲜移民被认为是日本帝国主义侵略中国的帮凶和先遣部队,进而对其敌视,出现民族隔阂。特别是朝鲜银行龙井出张所实行的是以信用和商品作为担保的借贷。在信用评估时,日本对朝鲜移民有意较为宽松,保证朝鲜移民获得信用借贷。与此相反,对中国人贷款手续苛刻,信用评估很低,导致中国商人无法获得有效的信用借贷,无法与日商在市场上相抗衡。另外,朝鲜银行龙井出张所设立以后,延边地区的经济完全由日本把持,龙井村形成了以日本商人和朝鲜商人为中心的商贸圈,中国商人在与日商或朝鲜商人的贸易竞争中不断遭到失败。

其次,使延边经济纳入日本殖民经济体制之下。20世纪初,在延边地区形成了以地主与佃农之间的封建农业依附关系。当时的中国政府只允许归化入籍的朝鲜移民才能拥有土地所有权,而大部分朝鲜移民没有自己的土地,只能依附于地主生活,形成庞大的佃农群体。在此时期,延边地区的农业生产主要以种植自然经济作物为主,生产的主体是朝鲜移民,主要种植大豆、粟、高粱、大麦、小麦、小豆等作物。其中粟的种植面积最大,其次是大豆和高粱。农业生产模式基本保持自产自足的自然经济状态,商品率不高。1917年后,延边地区因交通网的逐渐完善及各类金融资本的成型,在日本商业资本压力下,走上了农业商品化的道路。特别是朝鲜龙井出张所设立以后,日本资本大量流通,保证了日资企业在贸易期间的融资,加快了对延边地区农副产品的收购和出口。众所周知,一战结束后,世界经济开始复苏,国际市场对大豆的需求量暴增。朝鲜境内的物价飞涨,延边地区低廉的农副产品受到日本帝国主义的关注。在日本的大力收购下,自1917年开始,延边地区的大豆产量和出口量一路飙升,直到1925年,大豆的出口总量高居各农产品出口比重的榜首。随着经济作物种植面积的增加,相应的小麦、玉米、高粱等作物的产量开始下降,大部分朝鲜移民开始大面积种植大豆。延边地区的农业由自给自足的生产模式转变为商品经济作物的模式,依附于日本沦为世界殖民经济体系下的一环,成为日本帝国主义重要的原料厂。① 日本商业资本侵入延边地区,扩大了农业生产的商业化,把农业生产和出口都纳入日本经济圈体系。金融资本不仅投入到商品市场中,推动农作物的商品化,同时以信贷形式控制了延边地区的土地市场,从农业生产的源头开始控制,压榨农民,实现利益最大化。对朝鲜移民来讲,因农产品的商业化,导致其他商品也纳入资本主义殖民经济体系中,物价飞升,加大农民生活成本。朝鲜移民向地主交完当年的粮食后,剩余粮食勉强能维持到第二年春季,但他们缺乏基本的农业生产资料,只好再向地主借粮或向日本金融机构借高利贷,因而形成恶性循环,逐渐失去人身自由。

再次,遏制地方工商业的发展。延边华商大多从事服务业,多为杂货、铁器贩卖、鞋帽、布匹、东北特产、豆腐、牛肉贩卖、裁缝、理发、化妆品、洗浴、旅社、皮革制品、

---

① 禹英兰. 日帝的经济侵略与间岛的对日贸易 [D]. 大邱广域:韩国庆北大学,2001:162.

餐馆、木铺、钱庄、典当等。华商企业的一般特征是资金积累少，规模较小、利润低，无论是经济实力，还是技术和经营理念上都很难扩大再生产，无法与日本资本相竞争。这一时期，延边地区的主要经济模式还停留在前资本主义时代，即传统的小农经济，土地以小块规模耕种，手工业以零散作坊式进行。在农业生产中，最主要的劳动力为人力和畜力，牛车是主要的交通工具。日本资本大量流通后，延边地区传统经济迅速被打破，走向资本主义化。牛车被火车和汽车取代，土地被大量兼并。失地农民被迫走向城市，成为廉价劳动力。当然，从客观上来讲，日本资本运作为延边地区的发展提供了机遇，但是这种发展是以牺牲延边经济利益为代价的，从而阻碍了民族经济的发展。

综上所述，朝鲜银行龙井出张所在延边地区设立后，朝鲜银行券"金票"在延边大量流通起来，使日本商业资本垄断延边经济和市场，民族工商业和地方经济受到很大打击。延边地区由此沦落为日本原料供应地和商品倾销地，延边经济被纳入日本殖民经济体系。

从跨国民族朝鲜族的视角看朝鲜半岛南北之间的沟通与和解①

全信子　李玉花　延边大学

朝鲜半岛的分裂已时隔半个世纪。作为同一个民族，由于理念和体制等多种原因，导致如此漫长的分裂，这种现象在国际社会中也非常罕见。尤其令人担忧的是，南北之间的关系不但没有改善，彼此仍存在误会和不信任，相互间很难沟通。如今的全球化时代，国家间的体制和发展水平虽然存在着差距，但各国在拥有自己尊严和特色的同时，追求共同和平与发展的"求同存异"，已成为超越矛盾及障碍的合理价值。遗憾的是，朝鲜半岛南北双方至今仍与这种价值相差甚远。

基于这种情况，因中国朝鲜族为跨国民族，所以其在朝鲜半岛具有一定的优势——在僵化的南北关系中可以发挥某种程度的中间作用。因中国朝鲜族是朝鲜半岛之外的韩民族，并且与朝韩两国人民具有共同的历史文化背景，所以其立场比较客观，能够理解相互之间的立场、思维方式及价值观，并以较为客观和真实的立场向对方转达其观点和立场。

有鉴于此，本文以跨国民族中国朝鲜族的视角，探讨朝韩双方在沟通与和解中存在的问题，在民间合作的层面上讨论朝鲜族的作用，并为构建朝韩对话沟通的平台及和平体制，提出一些可供参考的建议，为民族和解贡献一份微薄之力。

一、中国朝鲜族与朝鲜半岛

众所周知，中国朝鲜族作为跨国民族，② 与其他民族不同，具有多种认同，即对中华

---

① 本文系2017年度国家社科基金重大项目："一带一路"沿线各国民族志研究及数据库建设（课题编号：17ZDA155）的阶段性研究成果。
② "离散"一词来自于希腊语，原先指的是犹太人和亚美尼亚人被逐出家园后那种流离失所的状况。（范可. 迁徙与离散 [C] //族群迁徙与文化认同人类学高级论坛. 2011：101）。进入七八十年代后，随着全球流动在人数、规模和距离等方面的空前拓展，跨境生存逐渐呈现出常态化的趋势，由此，包含着迁徙、别离、故乡、记忆等诸多丰富内涵的"离散"概念，成为了一个表征这种人群大规模跨境流动状态及其生存方式的极具涵盖力的学术术语。（朱敬才. 流散研究的兴起及其基本动向 [J]. 社会，2012（4）：195.）中国朝鲜族属于这种集团，但中国不使用离散一词，而是使用跨境民族。对此也有不同说法。如"跨界民族""跨境民族""跨国民族""跨国界民族"等。本文中暂定为跨国民族，是因为"国"表示民族的政治性、认同和归属。大部分学者强调，这种特殊集团是不同的政治认同和国家归属，即强调政治的分离性。其基本的含义是，相异国家认同的人们内在的具有民族文化联系。事实上，跨国民族是一个文化民族的概念。

民族的认同、中国少数民族的认同和对世界朝鲜民族的认同。① 民族认同是民族心理的核心内容,是社会成员对自己民族归属的认知和感情依附②。这种归属的认知成为民族命运共同体和对同胞爱的基础。如今中国朝鲜族把朝鲜半岛的南北统一视为自己的使命和任务就是出自于这种民族意识。

中国朝鲜族作为中华人民共和国的公民,是55个少数民族之一,而对于韩国来讲是海外同胞,从某种意义上被韩国人或朝鲜人视为是异质的存在。而追踪这种身份的转换根源也是朝鲜半岛痛心疾首的历史遗留产物,外部势力对朝鲜半岛的践踏和掠夺使众多朝鲜人为谋生不得不离开具有深厚感情的故土。如今,朝鲜族移民到中国东北的历史已超过数百年。③ 从明末清初的"战争移民"、19世纪中叶为摆脱贫困的"难民"、1910年"日韩合并"后的"亡国之民"、"九一八"事变后日本帝国主义强行的"集团开拓民"等,经过不同历史阶段,移民形式虽有差异,但都不过是生计移民而已。经过如此心酸悲痛的移民历史,朝鲜族顽强地生活在中国,并形成如今的延边朝鲜族聚居地,成为这片土地的主人。特别是中华人民共和国成立以后,在中国反封建反殖民的斗争中,朝鲜族所做的贡献得到中央政府的认可。于是,1952年成立延边朝鲜族自治州,授予民族自治权力,在中国确定其地位,形成了中国朝鲜族民族共同体。在这一过程中,中国朝鲜族与中国的命运相连,认为自己是中国朝鲜族,而不是在中韩人,其国家意识很强。朝鲜族在坚守着本民族传统文化的同时,还接受中华民族的其他优秀文化,发展融合成为新的朝鲜族文化,自然具有多种认同。

对于中国跨国民族而言,具有多种认同是其共性,尤其朝鲜族是典型的跨国民族,因为中国朝鲜族具有"韩国""朝鲜"这样的故国。也就是说,中国朝鲜族无论是血统还是文化都与朝鲜半岛密不可分,因而成为跨国民族。

中国朝鲜族的特性在朝鲜半岛与对华关系的发展中成为非常宝贵的资源。1992年中韩建交以后,韩国资本的对华输出、经济贸易、文化交流等方面之所以取得重大成果,都与朝鲜族的作用相关。当然,其间中国朝鲜族与韩国有很多不愉快的事情,但这并不妨碍韩国企业充分利用中国朝鲜族具有的相同语言和文化背景。目前,中国朝鲜族大学生的就业率明显高于其他民族大学生,原因就是朝鲜族大学生主要被韩国企业雇用。

朝鲜也如此。如今在朝鲜内部掀起市场经济热潮,使市场经济能够维持朝鲜百姓的日常生活所需,这也是得益于中国朝鲜族企业家和商人们的帮助。中国朝鲜族曾与朝鲜进行贸易往来,特别是朝鲜粮食供给制被取缔后,很多朝鲜族企业家、商人进入朝鲜,向市场提供了商品。同时很多朝鲜人访问中国的朝鲜族亲属,并带走所需的物品。

---

① 朴庭姬. 试论跨国民族的多重认同——以对中国朝鲜族认同研究为中心 [J]. 东疆学刊, 2008 (7).
② 王希恩. 民族认同与民族意识 [J]. 民族研究, 1995 (6).
③ 目前关于朝鲜族移民历史的起点,虽然学界有很多纷争,但明末清初为移民起点的说法具有很大的影响力。我们根据对民族的识别原则,在明末清初移民的部分后代,于1982年更改民族成分,曾经是满族和汉族的人再次申报为朝鲜族。其中最重要的依据就是他们的民族意识。因此,移民历史起点和共同体的形成应该另当别论。

总之，中国朝鲜族对于朝鲜半岛而言是非常必要的人力资源，因而有必要相互信任和尊重，使其关系更加牢固。

二、朝鲜半岛的南北对于朝鲜族而言是"离婚"的"父母"

中国朝鲜族从朝鲜半岛移民到中国，在这片土地上与其他民族一道进行反日独立运动的同时，为了赶出朝鲜半岛内的日本帝国主义，也付出了很多血汗。目前，延边和东北三省各地都有很多名胜古迹，如凤梧洞战斗纪念碑、青山里大捷纪念碑等每年都有很多游客前来参拜。不仅如此，在上海的大韩民国临时政府旧址，每年都有很多韩国人前来参观。这些古迹是1910年日本帝国主义吞并朝鲜后，民族主义反日志士与日本帝国主义斗争的现场。不仅如此，在中国东北地区，社会主义阵营的朝鲜反日部队与日本帝国主义斗争的遗址也很多。以延边为例，有小汪清、王隅沟、八道沟、三道湾、渔浪村、大荒沟、车厂子、罗子沟、奶头山等抗日游击根据地。这些遗址都是朝鲜人用武力抵抗日本帝国主义的见证。不仅如此，仅延边就有革命烈士纪念碑600多座。

换言之，20世纪二三十年代，在中国东北地区，朝鲜武装部队与日本帝国主义斗争，无论是民族主义阵营还是社会主义阵营，都是为了一个纯粹的目的，即朝鲜独立和民族解放。朝鲜人历经30多年不屈不挠的斗争，直到1945年，在国际社会的帮助下，终于赶走了朝鲜半岛的日本帝国主义。但令人遗憾的是，光复后的朝鲜半岛，因美国、苏联的策划和朝韩政治势力的理念斗争，最终分裂为南北两个国家。这种情况于朝韩和中国朝鲜族而言是非常震惊和遗憾的。

从中国朝鲜族的立场来看，无论是韩国还是朝鲜，都是自己祖先的故乡，可谓母国。有人说，朝韩分裂对朝鲜族来说犹如离婚的父母，如同"就像远嫁的女儿回到娘家后，互相成为冤家的父母各自向女儿诉苦。因此，朝鲜族不得不看朝鲜、韩国的眼色，另外还得考虑我们生活的中国立场，很多情况下处于尴尬的局面"①。

当然，由于政治、地理上的关系，中国朝鲜族自朝鲜半岛分裂以来，更为关心朝鲜。特别是朝鲜族聚居的延边是朝鲜民主主义人民共和国金日成主席曾经进行了很多抗日运动的根据地，同样也是他的战友们生活的故乡。于是在1948年朝鲜民主主义人民共和国建立政权时，以朱德海为团长的"东北朝鲜人民代表团"访问了平壤，并庆祝了朝鲜民主主义人民共和国的建立。② 1950年朝鲜战争时，中国朝鲜族向朝鲜派遣了大规模的人民志愿军，并在内部展开了"捐献武器运动"。另外，朝鲜战争结束后，在朝鲜进行经济建设时，很多朝鲜族人民成为朝鲜经济建设的主要力量。例如，1958年，金日成利用访问中国的机会，向中国政府要求将拥有中国国籍的朝鲜族派往朝鲜，帮助他们进行经济建设。经中国

---

① 郑判龙. 中国朝鲜族与南北关系 [J]. 韩国《东北亚研究》，1996 (1)：11.
② 金强一. 朝鲜半岛南北关系与朝鲜族社会 [G] //中国朝鲜族社会的文化优势与发展战略. 延吉：延边人民出版社，2001.

政府的同意，在吉林省、黑龙江省、辽宁省和内蒙古自治区等三个省和一个自治区的朝鲜族10297户、52014名，再具体来说，即吉林省7127户、36274名，黑龙江省2000户、9817名，辽宁省1071户、5583名，内蒙古自治区99户、340名朝鲜族移民到朝鲜。这些人到朝鲜后，三分之一的人被安排到劳动力极其缺乏的黄海南道、黄海北道、平安南道的农村，其余三分之二被安置在工厂或企业。①

到了90年代也如此。金日成去世后，朝鲜面临粮食困难，几乎每个朝鲜族成员无论从粮食、衣服、金钱等物质上，还是在精神上，都对朝鲜进行支持。可以说，如果没有中国朝鲜族的支援，朝鲜可能无法克服其经济困难。

事实上，即使朝鲜存在种种问题，但朝鲜族仍对朝鲜具有很大的好感。根据2005年的一个问卷调查，考察朝鲜族对朝鲜的关注度显示：19.6%的人回答"很关注"，41.9%的人为"较多关注"，31.6%的人为"一般"的态度。"很关注"和"较多关注"合起来，有61.5%的人关注朝鲜。②

与关注朝鲜一样，朝鲜族也很关注韩国。1992年中韩建交初期主要对韩国经济产生兴趣，但目前在政治、文化、体育等很多领域，韩国社会对中国朝鲜族社会产生了巨大影响。现在，不论城市还是农村，朝鲜族几乎家家户户都有进出到韩国的人员。根据韩国法务部统计，截至目前，移民韩国的朝鲜族达70~80万人。③ 目前在朝鲜族社会的经济、文化发展中，不可否认受到韩国的影响和援助。

总之，对于中国朝鲜族而言，朝鲜和韩国都是故国，都是宝贵的存在，同时也是无法分割的血肉。犹如不和睦家庭的"孩子"也不会好好发展一样，如果朝韩双方相互沟通、和解、和平地自由交往，就会有利于朝鲜族社会的发展。相反，将会对朝鲜族社会的发展产生不利影响。

三、朝鲜和韩国双方沟通、和解中的朝鲜族角色

目前，朝鲜半岛南北关系比任何时候都僵持对峙，在南北双方交流与和解的过程中，中国朝鲜族可以发挥非常重要的作用。但朝鲜族的作用也有一定的局限性，因此朝鲜族在把握好自己的作用的同时，应了解自身的局限性。以往的经验表明，中国朝鲜族之所以较为容易地发挥作用，是因为可以为南北双方提供相互接触的场所，起到中间人作用，从而促进民族和解与相互信任。

从20世纪90年代后期开始，笔者多次参与组织召开南北学者参与的国际学术会议。

---

① 孙春日．朝鲜战争后中国政府对脱北朝鲜人的政策［J］．世宗研究所《国家战略》，2015，21（3）：185—186．
② 金载基．中国朝鲜族的跨界民族特性与朝鲜及统一观［G］//韩国《东北亚研究》，2006（38）．
③ 李华．家庭视域下的中韩跨国家庭研究——以延边朝鲜族为例［J］．延边大学学报，2017（3）．转引：据统计，截至2017年3月，在韩朝鲜族合法滞留者625039人（韩国法务部出入国外国人政策本部、《出入国对外政策统计月报》，2017年3月），再加上非法滞留者、已获取韩国国籍者，在韩朝鲜族已超过70万人。

南北学者参加国际学术会议的最主要目的，是通过学术交流平台进行面对面的交流。从这种层面上召开的南北学术会议，使两国学者互相交流，分享感情，克服异质性，缩小双方距离。在南北多次会面中，朝鲜族学者发挥了如下重要作用。

首先，朝鲜族学者灌输南北学者感情交流为先、学术交流为次的原则。南北双方因分裂时间较长，在理念和体制上凸显异质性。在这种情况下，如果过分强调自己的主张，就会产生矛盾。特别是南北学者在知识结构上存在着很大差异，所以学术交流时产生很多障碍。韩国的学者们有很多参加国际学术会议的经验，论文内容和发表时间比较规范。但朝鲜却很少有这样的国际交流，而且专业也没有细分，经常出现不规范的情况。因此，南北学者们很难进行讨论，提出质疑可能会带来冲突，调节这些矛盾主要靠朝鲜族学者的作用。朝鲜族学者们曾经历过朝鲜的体制，因此能较好地理解他们的立场，对韩国学者也能够进行合理解释，从而消除相互之间的矛盾。总之，强调感情交流为主的观点更有助于学术交流。

其次，承认彼此之间的差异，并通过沟通促使其发生变化。南北双方各有很多不同之处，各自持有自己的主张是必然的，因此面对现实、承认事实、尊重差异、包容差异，就显得尤其重要。例如，学术会议有会议规则、发表时间和讨论时间，在首次举行的南北学术会议上，就发表时间、发表顺序、发表内容、使用单词等方面都出现了纠纷和冲突。不仅如此，南北双方由于论文格式和视角的不同，很难进行学术交流，但是朝鲜学者固守着自尊心并坚持自己的主张。在这种情况下，朝鲜族学者与这些人员一同参加学术会议，并告知学术会议的基本常识，从而避免了难堪的局面。这些事情在重复多次之后，现在已带来明显变化。朝鲜学者也逐渐在会议规则、论文格式、论文主题、论文质量等方面产生了很大的变化。

再次，面对学术纷争，主张让步与照顾对方。这实际上是诱导韩国学者包容和关心朝鲜学者。虽然南北学术交流是学者之间的会面，但朝鲜学者非常在乎他人对自身的评价。朝鲜学者强调尊重他们的立场，并希望韩方多让步朝鲜。这种情况，韩国学者普遍包容朝鲜学者。例如有一年，在北京大学以谋求东北亚和平发展的主题召开南北学者共同参加的学术会议。在相关的主题中，不仅要重新关注东北亚各国的历史经验，还应讨论各国的经济、文化、安保等各种问题，并提出面向未来的展望。但当时朝鲜因经济困难不愿意选择相关主题。在经济建设相对落后、人民生活困难的情况下，朝鲜学者想回避有关经济的问题。于是，中方和韩方尊重朝鲜的意见，回避讨论经济问题。从这一点看，朝鲜族似乎只考虑了朝鲜的立场，但实际上是为南北双方的和解，以更加包容和关照朝鲜的立场出发，目的是谋求沟通。2017年8月，在新西兰奥克兰大学举办的第十三届国际高丽学会上，韩国学中央研究院的一位教授放了一张抱着朝鲜儿童的照片。但照片中该教授只睁了一只眼睛。他解释道，该照片意味着："要想实现南北统一，就不能都睁一双眼，而应当睁一眼、闭一眼，意为多包容对方。"

四、探索南北双方沟通、和解与共存的模式

　　人们都是在各自的社会文化氛围中生活,所以经常会以自己的社会价值和伦理标准来评价对方。这种评价标准以自我为中心,只有对方的言行符合自己的评价标准才会产生认同感,并认可对方。因此,从文化人类学视角看,这种现象背离了人类常理。文化人类学是在不同的文化中摸索着沟通、和解、共存的方案,采取文化相对主义的接近方式。换言之,在全球多元文化时代,应放弃以自我为中心的视角,相互尊重、理解和认可。从这一点来看,为了使南北关系恢复正常,需要对自身进行反省。当然,不能容忍朝鲜拥有核武器,但南北双方应反思过去是否真正理解和尊重对方?彼此的言行是否伤害过对方?特别是韩国在制度、经济上发展迅速,而朝鲜是否存在用核武器来压制对方的意图?只有对诸多问题进行反省,才能促进朝韩关系的正常化。

　　当然,目前南北关系比任何时候都僵化对峙,所以对话和沟通并不是一件容易的事情。回首过去,这是相互之间不信任的产物。俗语道"冰冻三尺非一日之寒",大冰块不是一两天冻成的,相互间的不信任持续很长时间,最后变成"冰块",很难溶解。反之要想把大冰块融化,也不是一两天的工夫,而是需要不懈的努力。

　　在这种情况下,应充分发挥中国朝鲜族的作用,缓解和改善目前僵化的南北关系。因为中国朝鲜族可以比较自由地出入南北双方,并且很好地了解南北双方的政治、经济、文化等。不仅如此,朝鲜族背后有强大的中国,会对朝鲜产生重大影响。但更重要的是,朝鲜族生活在多民族国家中,对多元文化和边缘文化①的理解较为深刻。因此,很好地理解对方并具有包容心,这一点是南北双方不具有的,可谓是朝鲜族的文化优势。目前国家间的壁垒逐渐倒塌,民族间的联系得到强化。因此,除国家边界之外,也出现"文化边界"的现象。中国朝鲜族作为跨国民族,无论是从地缘还是从历史的角度而言,都具有边缘文化的特点。这种文化产生的理论根据就是共生思想和边缘效应,②其特征就是拥有共生的基本价值,并成为创造新文化价值的基础。从这种意义上看,中国朝鲜族是朝鲜半岛南北统一中的重要资产,有必要充分利用其文化资源。

　　首先,利用中国朝鲜族作为跨国民族的优势,继续创造南北学者会面的场所和机会。

---

① 边缘文化,具有两种含义。一种是相对于主流文化的,相对来说处于非主流地位的未发达、少数的文化,是非主流意识形态的文化。另一种是在不同的文化交流中,一个文化在吸收其他文化的成分后,创造出很多新的文化。在这种意义上,边缘文化是文化交流的产物,是杂交文化、共生文化,也叫复合型文化。

② "共生"是指"不同生物一起生活的状态"。"多样共生"是指"生物之间的一种互利的关系,同时也是指人与人之间及人与自然之间相互依存和协统一的共存关系"。佛教中的"众生平等"和儒教的"和而不同"都包含多样共生的思想,并且都把"和协"视为多样共生的主要特征。"和"与"异"是共生的两个侧面,"协"是共生的主要导向层面。唯有共生中相互交流,才能减少冲突和矛盾。"边缘效应"(edge effect)是产生边缘文化的一种自然科学的依据。以地形为单位的生物群体相互作用的地方,结构比较复杂,不同的物种在这里共生,密度增大,一些物种特别活跃,生产水平相对提高。这种现象称为边缘效应。边缘地带有利于生物多样性的发展。

在朝鲜半岛的统一中,中国朝鲜族学者的作用不可忽视。因此,应通过朝鲜族学者与中国高校学者一起召开南北学术会议的方式,进一步拓宽和平统一的沟通与交流的途径,在南北双方沟通与交流中不断构筑交流平台,尤其是充分利用作为第三方的中国作用。当然,朝鲜族在朝鲜半岛的统一中也存在局限性,但东北亚和平发展是共同关注的主题。

其次,朝鲜族的文化特点是既可以包容朝鲜又可以包容韩国,因此可以充分利用文化相对主义的观点,提出南北双方能够沟通的主题。对于民族文化发展,朝鲜族以及南北双方都能引起共鸣。但如果互不来往和交流,将不可能实现民族文化的发展。所以应强调这一点,并创造南北双方自由来往的条件。

再次,在目前情况下,中国朝鲜族有必要帮助引导朝鲜的改革开放。正如中国、韩国过去的经验所示,开放和国际社会交流与一个国家的发展和命运有着直接的关系。虽然目前朝鲜拒绝改革开放,但通过朝鲜族企业或商人,朝鲜的市场经济正逐渐发展,更重要的是,朝鲜已无法阻止自下而上的商品经济的潮流,朝鲜总有一天要进行改革开放。基于这种情况,体验过社会主义市场经济的中国朝鲜族可以为朝鲜提供经验,同时朝鲜也喜欢这样的朝鲜族。因此,为提高朝鲜人民的生活水平,应制定更多的方案并进行研究。

最后,韩国应更加包容朝鲜。在目前情况下,南北双方差距悬殊,只强调过分的平等原则,反而会对朝鲜造成压力。因此对于朝鲜半岛的统一,韩国应以较低的姿态和宽容的心接近朝鲜。实际上,仅从韩国和中国朝鲜族相互交流的经验来看,也是如此。朝鲜族和中国人普遍认为,韩国缺乏包容心,对弱者的照顾和宽容也比较少。例如,最近上映的《青年警察》在朝鲜族社会掀起了轩然大波。在影片中,中国朝鲜族犹如是犯罪分子的代名词,在韩朝鲜族所居住的大林洞被描写成犯罪分子的巢穴。而且很多韩国人在接触朝鲜族社会时,经常以教育者或领导的姿态对待。这种傲慢的态度不仅不会理解对方,而且容易造成误会及误解。这样的态度最终成为中国社会厌韩情绪的根本原因。韩国在与朝鲜沟通的过程中,需要认真反省,是否存在这种姿态和情绪。

结　　语

总之,中国朝鲜族作为跨国民族,在中国具有多种认同。也就是说,具有对中国的国家认同和对中华民族的认同,但同时还具有对韩民族的认同和同质性。正是因为这种认同,朝鲜族非常关注朝鲜半岛的统一,并愿付出一份微薄之力。

回首过去,朝鲜半岛的分裂给中国朝鲜族带来了很多伤痛,这种痛苦至今仍未痊愈。因此,对于朝鲜半岛的统一,中国朝鲜族应起到和解的作用,并积极探索南北双方相互理解、相互尊重的共存和共生之路。虽然中国朝鲜族在南北双方交流中起到了中间人的作用,但仍存在很多不足之处。今后应超越意识形态,达到克服南北双方异质性的一种新的境界,即为探寻"各美其美,美人之美,美美与共,天下大同"的共存之路而努力。

邻国文化对东北的影响与东北跨境民族文化研究[①]

曹萌　张剑钊　沈阳师范大学

我国东北地区与朝鲜半岛、俄罗斯、蒙古国相邻，同时，在中国东北漫长的边境线两边居住着六个民族，从南向北再从东向西依次是：朝鲜族、赫哲族、鄂伦春族、鄂温克族、俄罗斯族和蒙古族，这就是中国东北的跨境民族。东北跨境民族的形成有非常复杂的历史、政治和军事原因。时至今日，它们和上述邻国有着多方面的交流交往，尤其是在跨境民族之间存在和发生着更多的交融和影响。易言之，朝鲜族、赫哲族、鄂伦春族、鄂温克族、俄罗斯族和蒙古族的跨境而居已经成为历史的事实，在政治和社会形态以及文化生活方面已经因为所属国家的不同而有了明显差异，但在文化传统、民族习俗以及文化发展传承上，它们却有着不可分割的血缘联系和相同的文化 DNA。随着中国改革开放的深化与拓展，东北跨境民族之间的交往和影响也在日益频繁，而且这种影响更多地体现为邻国文化的影响。撰写此文的目的在于从东北跨境民族文化研究的视角，描述和思考我国东北地区与邻国之间的相互影响，论述开展东北跨境民族文化研究的重要性：既是传承保护和开发东北少数民族文化资源的需要，同时涉及国家文化边疆建设与巩固，以及跨境民族的和谐相处与共同发展。

一、朝鲜半岛文化对东北地区的影响

朝鲜半岛文化对我国东北地区的影响，最突出地体现在韩国文化对东北地区的直接影响上，这也就是民间习惯上称之为"韩流"的冲击。"韩流"源于围棋，由于韩国棋手频频在国际大赛上夺冠而得名。随着中国改革开放日趋深入，包括韩国服饰、饮食、电视剧、电影、音乐等在内的韩国文化贸易输出不断加强，影响了中国原有文化。特别是 20 世纪 90 年代中后期开始，韩国文化以其丰富的内容迅速占领了中国文化市场，得到了中国老百姓的认可，面对韩国文化的日益流行得到了中国媒体的密切关注，并把这种现象称为"韩流"。这个名词也得到韩国媒体及学术界广泛使用和认可，并成为用来宣传本国文化和韩国文化产业输出的代名词。1993 年，韩国电视剧《嫉妒》第一次登陆内地，在中央电视台播出。1997 年，电视剧《爱情是什么》的热播带动韩国娱乐文化涌入中国。从

[①] 辽宁省社科基金项目：辽西文化资源跨市县整合与东北亚旅游金三角构建战略研究；项目号：L13AWJ004。

此，以韩国电视剧、电影、音乐等娱乐事物为内容的"韩流"逐渐在中华大地流行起来，进入21世纪以来，"韩流"已经成为促进韩国文化等产业出口的桥梁。当然，"韩流"现象不仅仅是一种文化传播效应，也与国家政治、经济等因素密切关联。"韩流"已经成为一种品牌，不仅增强了韩国文化在中国地区的影响力，也为韩国创造了大量的经济财富，为韩国影视作品、韩国服饰、化妆品等扩大了市场，另外，也增强了韩国的知名度，促进了韩国旅游业的发展。以韩剧《冬季恋歌》为例，该剧播出后，使得南怡岛由一座人迹罕至的私人小岛变身为旅游胜地。可以说，韩流现象不仅塑造了韩国文化的形象，也扩大了韩国的影响力。

另外，韩国服饰以其大胆夸张的设计风格，使个性得到了充分的张扬，大受人们欢迎。例如不对称设计就是"韩流"中典型的设计风格，我们所看到的裸露一侧肩部的单肩设计，就具有典型的韩风，时尚、大胆、不拘一格，大大满足了女孩子们追求时尚的要求。近来由于韩国偶像团体的影响，有越来越多的人追求紧身衣（Skinny Jean），来凸显自身曲线。这一点在中国东北地区尤其明显。

目前，"韩流"作为文化传播的品牌得到韩国政府的高度重视，并将其上升到打造国家文化软实力的重要内容。韩国已经建立了较为完善的文化产业链，而韩国政府则宣称，要将韩国文化产业在市场上的份额由1%增加到5%，而且还要把韩国打造成为世界五大文化产业强国之一，最终实现21世纪文化大国和知识经济强国的目标。

韩流在中国如此盛行，其原因包括以下几方面：一是相似的文化传统。无论在历史上还是地缘上，韩国和中国有着相似的文化传统，同属东亚文化圈，特别是儒家文化影响根深蒂固，因此，韩国文化很容易被中国百姓所认同和接受。二是韩国重视专业教育。为了加强文化传播，促进本土文化发展，韩国政府高度重视文化教育工作，并给予一定扶持政策。随着"韩流"的盛行，韩国境内众多高校都陆续开设了文化研究课程，不断加强对文化资源的挖掘和保护，为文化发展和输出培养了大量人才。三是经济发展的影响。韩流的盛行，也与国家综合实力具有密切关系。韩国号称"亚洲四小龙"之一，为亚洲各国的发展树立了榜样，特别是改革开放以来，随着韩国文化的大量引进，使得中国百姓越来越了解韩国，对于韩国的生活方式和经济发展成果充满了渴望。因此，韩国文化、服饰等产品大受欢迎，被老百姓所接受，促进了韩国文化的传播，也引领服装、电子产品等产品的大量出口。四是韩国进入文化载体的思想内涵丰富。韩国的影视文化中蕴含着丰富的情感，注重个性的发展，符合改革开放后中国广大青年人的心理，因此，大受中国青少年欢迎。不过，自2005年开始，"韩流"文化放慢了发展的脚步，开始出现了萧条的局面，其原因主要包括：受经济等因素的影响，韩国本土文化市场出现了萧条的现象；文化发展模式缺乏创新，影视剧作品过于俗套，无法满足观众的要求；韩国明星耍大牌事件层出不穷，导致观众的反感；文化传播中掺杂民族主义内容，伤害了中国观众的民族感情。

朝鲜半岛文化对东北地区的文化影响中，"韩流"仅是其中之一，随着中国对外开放的深化和拓展，韩国和朝鲜其他方面文化的影响也在或突出或潜滋暗长地影响着中国东北。比如朝鲜族饮食文化中以泡菜、火锅、狗肉、冷面、打糕等为代表的韩式餐馆遍布东北各地，韩国化妆品在东北的市场占有极大的份额。此外，在东北地区还有像满融、西塔这样的完全以朝鲜族文化为主要构成的社区。

二、俄罗斯文化对中国东北的影响

自近代以来，俄罗斯文化在中国东北地区得到了有效的传播，对于两国文化的交流和发展产生了重要的推动作用。早在 20 世纪中东铁路建成后，大批俄国人来华工作，尤其是十月革命后，大批俄国难民涌入中国的哈尔滨、新疆、上海等地。这些俄侨民把俄罗斯文化引入哈尔滨。俄罗斯文化包含了生活、语言、文学、艺术等多个方面，并在东北地区产生了巨大的影响。

俄罗斯文化有近千年的历史，并且深受东西方文化的影响，自 13 世纪开始，俄罗斯民族不断借鉴和吸收东方文化中的服饰文化、饮食文化、音乐文化、民俗文化和建筑文化精髓。直到 18 世纪时，彼得大帝积极实行西化改革，又借鉴了西方各民族文化的特点，实现了俄罗斯文化的快速发展，终于形成了自身独立的文化特色。鉴于中俄地理上互为邻国，在当今全球化的大趋势下，异国间文化的碰撞不可避免，对于东北来说，一马当先。当然，一种文化能否被其他文化所吸收，需要的是看这种文化是否被对方所理解和接受。近代以来，中国的科技、军事文化等受苏联影响深刻，这也为中国接受俄罗斯文化提供了心理基础，也很容易被中国大众所接受。历史上，俄罗斯文化的传播主要依赖三种形式，即通过军事入侵、传播教义和进行移民。其中，军事入侵手段具有强制性，直接带来文化之间的剧烈碰撞；传教方式具有一个过渡的过程，对于文化传播具有潜移默化的作用；而移民带来的则是直接的示范作用，这些都有效地促进了俄罗斯文化在中国东北地区扎根、发展起来。当然，文化的传播与国家的政治经济密不可分，以俄罗斯修建的中东大铁路为例，在工程施工过程中，促进了俄罗斯科技文化的传播，给东北地区的经济、文化带来了很大的影响。从传教方面看，以哈尔滨为例，从 1898 年至 1923 年，共修建了包括圣尼古拉教堂在内 38 座东正教教堂；同时，俄国人还广传教义，广收门徒，据统计，门徒数量已经由 1898 年的几百名发展到 1922 年的 30 万人。另外，移民方式也促进了俄罗斯文化的传播，移民主要包括生活在中国东北地区的俄罗斯人和华侨组成。根据史料，在 1910 年前后，以华工身份分布在俄罗斯远东地区的人数已经达到 11 万多人，一战爆发至十月革命之前，华工数量已达 40 万人（张福山、周淑珍，2001 年）。他们中的一些人已经学会俄语，逐渐适应俄罗斯族的生活，甚至与俄罗斯族人联姻、娶妻生子。十月革命后，这些人中的一部分回到了中国东北，由此促进了俄罗斯文化的传播。

另外，伴随着贸易发展，特别是中东大铁路的修建，使得一些俄罗斯人来到中国东北地区，并在这里定居了下来，他们也成为传播俄罗斯文化的主要力量。东北名城哈尔滨至今保留着众多俄罗斯风格的建筑，也是当时俄罗斯侨民最大的聚居区。据史料记载，在哈尔滨成为中东铁路中心枢纽后，来到这里的俄罗斯人规模更加庞大，至 1922 年，居住在哈尔滨的俄罗斯人达到 15 万人。总的来看，中国东北地区以其独特的地理位置和复杂的历史背景，成为俄罗斯文化传播的缓冲区。东北地区人民承受了沙俄入侵带来的伤害，也逐渐接受了俄罗斯文化对我国东北地域的教育、服饰文化、城市建筑文化等方面产生的深刻影响，这些在如今的哈尔滨等城市得到了具体体现。

在教育方面，俄罗斯人 I. S. 斯捷帕诺夫（Ste - panov）等人于1898年开办了哈尔滨的第一所小学，这个学校实行免费教育，在中东铁路的大力支持下，学校设施日益完善。开办伊始，学生只有11人，后来学校向中国人开放，从此以后，中国学生有了学习俄语的课堂。另外，1903年也是在哈尔滨，第一所中俄学校开办起来，该学校实行六年制教育，除了俄语之外，还有数学、历史和地理等课程。教育学校的建立，为文化的传播奠定了基础。

在语言传播过程中，越来越多的俄语音译词传入中国，被老百姓熟练地运用到生活中，丰富了日常词汇，并出现在越来越多的作品中。在饮食习惯上，俄罗斯饮食文化业受到东北地区的居民欢迎。在哈尔滨，俄式西餐厅、俄式咖啡屋和冰淇淋店遍布于大街小巷之中，到处充满了俄罗斯风情。红肠、啤酒、面包、鱼子酱、黄油等食品已成为东北居民日常饮食的重要组成部分。如今，享誉大江南北的哈尔滨啤酒就是俄商乌鲁布列夫斯基为满足俄侨生活的需要，在1900年开办起来的。在建筑风格上，作为跨境民族的聚居地，哈尔滨的城市建筑也充满着俄罗斯的风韵，洋溢着异域风情。自哈尔滨成为中东铁路的中心枢纽后，越来越多的俄罗斯人来到哈尔滨，为这个城市的建设贡献了智慧，在1900年前后，在中东铁路工程局的支持下，以 A. K. 列夫杰耶夫为代表的团队对哈尔滨进行了重新的规划，将俄罗斯首都莫斯科城市规划巧妙地运用到这里（张抗抗，2003年）。如今，在十二道街、中央大街、尚志大街等街道上，几乎全是西方古典式或俄罗斯式的商业建筑群。这里还有建于1907年的圣索菲亚教堂，使得哈尔滨有了"东方莫斯科"的美誉。

发展到今天，俄罗斯对东北地区的影响已经不是单向的，尽管在东北边境线上的满洲里、抚远、黑河、漠河等地，俄罗斯文化的影响仍然突出，俄罗斯商品甚至成为这些城市的主要商业物资，而与之相关的文化也日甚一日地影响着这些地区。与此同时，中国的轻工产品和食品以及其他文化产品也通过东北边境的诸多口岸涌入俄罗斯市场，很多东北人也在俄罗斯以自己的生活文化特点在那里工作和贸易。

三、蒙古国与中国内蒙古地区之间的文化交流

蒙古国处于中俄两国之间，属于典型的内陆国家，素有"亚洲的心腹地带"之称。在成吉思汗统一蒙古前，蒙古人尚没有属于自己的文字。成吉思汗统一蒙古后，蒙古语言才第一次得到统一。1204年诞生了以畏兀儿语的回鹘文为书写符号的蒙古文字，忽必烈统治时期创制出了八思巴文，经过元、明、清数百年的发展，在不断吸收汉语、藏语等语言的基础上，蒙古语日益丰富，如今共有三种蒙古文形式，即传统回鹘式蒙古文、托忒蒙古文和新蒙古文。经过数百年的发展，传统的回鹘式蒙古文已经发展成为中国蒙古民族法定的通行文字，1990年以后，蒙古政府重新确定了传统的回鹘式蒙古文为官方法定文字，并

在大专院校开设了相关课程,由此,中国的内蒙古自治区和蒙古国在语言文字方面实现了互通。

当然,虽然蒙古国和中国内蒙古地区在风俗习惯和语言等方面相近或相同,但由于分属不同国家,而蒙古国一向强调自己民族的独立性,渴望与中国划清界限与联系,于是在树立民族文化独立性的助推下,文化民族主义思潮泛起。尤其是冷战之后,重新总结历史,以全新的基调改写了成吉思汗在蒙古和世界历史上发挥的作用,从不同的角度论证成吉思汗是蒙古国的缔造者、蒙古民族的常胜英雄,以强调本民族文化的蒙古文化民族主义的新思潮开始出现。在这种思想的影响下,在蒙古国已经出现了不同的声音。与此同时,我国内蒙古自治区所营造出的国内蒙古族文化已经成为蒙古国文化的重要组成部分,内蒙古的社会生活和文化发展,已经强烈地影响着蒙古国的生活和文化。

四、跨境民族文化视角的东北邻国影响研究

随着我国与东北亚地区的俄罗斯、蒙古、朝鲜、韩国、日本等邻国在政治、外交、经济、民族诸方面交流合作的发展,东北亚邻国文化对我国东北地区的影响更为深刻和广泛。同时,我国东北地区的民族文化也在以厚重的传统和创新性发展等方面与邻国民族文化展开多方面的交流和融合。这种伴随着宏大范围的民族交往而出现的民族文化交流影响,作为一个新的领域,必将引起学术的关注和研究的实施。如何从日益纷繁复杂的邻国与我国东北地区文化互相影响中理出头绪、找到学术切入点,成为一个值得思索的问题。在此,我们提出以东北跨境民族文化研究微视角,进行宏观上的描述或微观上的分析,是本领域研究值得借鉴的方法。

跨境民族也称跨界民族或跨国界民族,主要是指跨国境线、分布在不同国家的同一民族。从世界历史的角度看,跨境民族问题一直是政权更迭、国家内乱、地区冲突的重要根源之一,诸如苏联解体、东欧剧变、恐怖主义袭击事件、泛民族主义思潮的泛滥和民族分裂势力的产生等,都与跨境民族有密切关系。中国拥有两万余公里的国境线,是一个典型的多跨境民族国家,具有跨境民族数量多、人口数量大、地域广、民族关系复杂等特点,因此,跨境民族给中国边疆文化带来了复杂性和多样性。同时,跨境民族产生后,在与所在国进行文化交流融合的过程中,会产生具有本民族特色的跨境民族文化,包括生活习惯、生活方式等在内的多个方面会产生不同程度的差别。从某种程度上说,对跨境民族文化进行探讨和研究,在有助于为文化研究提供新视角的同时,可以为跨境文化的相互交流和影响提供考察视野和研究途径,同时其研究成果也能更好地为跨境民族的发展提供新的内容,有助于跨境文化理论的建立和发展。

文化是一个国家、社会发展的重要支撑力量,也是文明发展的重要载体,更是一个国家综合国力和国际竞争力的重要组成部分,传递着国家民族的价值观和文明,具有多元性、传承性等诸多特点。在东北亚邻国与我国东北地区的文化相互交流和影响上,因为参与交流和受到影响的主体是东北跨境民族,所以在相互交流和影响中占据主导地位的是中

华文化。中华文化博大精深，源远流长，中华各民族在长期的历史发展过程中，呈现出多元一体的特点，形成了统一的文化整体，有着共同的文化认同。这里所说的文化认同是指承认某种文化并产生归属感的社会心理过程。从狭义上讲，文化认同包括文化艺术、宗教信仰、价值体系、风俗习惯等，从广义上讲，还包括对国家文化、民族文化、社会文化、精神文化、制度文化等方面的认同。文化认同影响着每一个自然人，每一个群体，是增强国家和民族凝聚力和向心力，实现国家团结稳定、不断发展的重要基础和精神支柱。中国拥有56个民族，各族人民对于祖国大家庭的认同，对于中国特色社会主义道路的认可以及对于中华文化的自豪感都源于对中华文化的认同。因此，在研究东北亚邻国与我国东北地区的文化相互交流和影响中，首先是对中华文化认同的建设，认同这种文化不仅有利于跨境民族文化的发展，更有利于跨境民族的和谐相处。

文化安全也是东北跨境民族文化研究中的重要考量因素。对于跨境民族来说，由于地跨两国或多国，是不同国家间文化的交锋和缓冲地带。由于生活在不同的社会制度和经济文化条件下，由此产生了不同的国家意识形态和价值观念，形成了各自的文化传统，产生了不同的民族自尊心和凝聚力，久而久之，产生了各自的国家共同文化认同。在漫长的民族融合和发展过程中，各民族形成了各自特色的文化，既产生了对本民族文化的认同和归属感，并以作为民族家庭的一员而出现。这样研究东北方面邻国与我国东北地区的文化相互交流和影响，应该基于维护国家统一和民族团结，保障领土完整，增强民族凝聚力和向心力作为重要的学术准则。

在东北亚邻国和我国东北地区，诸多民族在这里世代生息繁衍。在历史长河的变迁中，每个民族都形成了各自独特的文化系统和文化认同标准，但是随着漫长历史发展过程的推进和民族之间的融合与交流，各个民族之间潜移默化地形成了一些共有的文化特质，最终形成了相互依存、相互影响、相互促进的文化心理，虽经历了战争、自然灾害、瘟疫等灾难的洗礼却依然保持着强大的生命力，这里所说的文化特质主要包括各民族在发展过程中形成的共同的文化信仰和传统。而在我国东北地区的民族中则包括国家统一、民族团结和独立的自信心、华夏民族的自尊心和凝聚力、悠久的历史文化和传统等，这些可统称为文化认同范畴的内容，是对某种文化的一种无形的、潜意识的认可。因此在东北跨境民族文化研究中，无论何种课题，文化认同都是一道学术实施的防线。

随着经济全球化的到来，各国文化交流活动日益频繁和深入，但由于国家间意识形态、文化传统的差异，影响了国家间文化的传播，一些国家在输出文化及其产品的同时，也必然夹杂着一些带有负面文化元素的文化形式和精神产品。与此同时，国家为了实现自身利益，也会在文化交流和影响中，利用包括网络在内的各种媒体，传播一些有利于自身利益而不利于我国文化安全、民族团结和独立，以及边疆地区安全稳定和文化认同方面的信息。这些，也是在研究东北跨境民族文化交流和相互影响中值得注意的。

参考文献

[1] 曹萌. 东北跨境民族文化传承研究及其战略实施 [J]. 民族教育研究, 2013 (12).

[2] 李晓莹. 浅析俄罗斯文化对中国东北地区的影响 [J]. 西伯利亚研究, 2009 (8).

[3] 姜宏强. 贯彻"七一"讲话精神 推进"兴边富民行动" [N]. 中国民族报, 2001-08-28.

[4] 逯忠华. 浅议俄罗斯文化对中国东北文化的影响 [J]. 前沿, 2010 (2).

[5] 图门其其格. 转轨时期蒙古国的民族主义思潮 [J]. 当代亚太, 2006 (3).

[6] 李晓莹, 张青云. 20 世纪上半叶苏俄音乐对中国音乐文化的影响 [J]. 俄罗斯中亚东欧研究, 2011 (10).

[7] 刘齐. 发挥民俗积极作用与强化国家软实力建设 [J]. 中共云南省委党校学报, 2010 (6).

中俄蒙经济走廊建设中的国际区域旅游合作

杨勇　　内蒙古鄂尔多斯学研究会

"中俄蒙国际区域旅游合作"作为一个研究课题，是中俄蒙经济走廊建设中的重要组成部分，它将为中俄蒙三国的文化繁荣起到积极的带动作用，也必将为中俄蒙三国人民提供绚丽多彩的文化旅游与文化交流发展的机会。"中俄蒙国际区域旅游合作"，必将会纳入全球化旅游平台，形成世界级旅游目的地。

从历史上的丝绸之路到今天提出的"一带一路"倡议，这些举措体现出的共同特点和目标就是国际区域合作。中俄蒙经济走廊建设，作为"一带一路"倡议的重要组成部分，其核心意义就在于将三个地理相邻、文化相近、经济相通的国家以互联互通、互惠互利、互相依存的方式，以中俄蒙经济走廊平台建设的作用，实现国际区域合作。本文仅以旅游领域的合作，探讨中俄蒙经济走廊建设中国际区域旅游合作的历史使命、重要意义、合作优势、重大任务等。

一、中俄蒙经济走廊建设是时代赋予我们的历史使命

（一）国内外形势发展迫切需要国际合作

进入21世纪，全球变化深刻而复杂，世界经济在缓慢复苏和发展分化的过程中，国际金融危机依然存在，国际贸易方式多变，国际经济发展依然面临着重大考验，急切地呼唤着国家与国家、地区与地区之间的合作共赢。改革开放使中国国内经济在经历了长期高速发展之后，处于理性的中高速发展区间。产业发展转型，正在积极地适应新科技产业化应用、新信息产业化需求。经济发展转型，正在顺应世界多极化、经济全球化的变化。当今的世界需要"大力开展更大范围、更高水平、更深层次的区域合作，共同打造开放、包容、均衡、普惠的区域经济合作架构"。共建"一带一路"既是中国扩大和深化对外开放的需要，也是加强和亚欧非及世界各国互利合作的需要。"一带一路"建设"将推动沿线各国发展战略的对接与耦合，发掘区域内市场的潜力，促进投资和消费，创造需求和就业，增进沿线各国人民

---

① 本文系2017年度国家社科基金重大项目："一带一路"沿线各国民族志研究及数据库建设（课题编号：17ZDA155）的阶段性研究成果。

的人文交流与文明互鉴，让各国人民相逢相知、互信互敬，共享和谐、安宁、富裕的生活"，彰显人类社会共同理想和美好追求。共建"一带一路"符合国际社会的根本利益，是国际合作以及全球治理新模式的积极探索，将为世界和平发展增添新的正能量。

（二）中俄蒙经济走廊是"一带一路"倡议的重要组成部分

中国提出的"一带一路"倡议得到沿线国家积极响应，已成为兼顾各方利益、反映各方诉求的共同愿望。中国正与"一带一路"沿线国家一道，积极规划中蒙俄、新亚欧大陆桥、中国—中亚—西亚、中国—中南半岛、中巴、孟中印缅六大经济走廊建设。建设中蒙俄经济走廊，将正式纳入国际级战略版图。国家发改委确定中俄蒙经济走廊分为两条：一是从华北京津冀到呼和浩特，再到蒙古和俄罗斯；二是东北地区从大连、沈阳、长春、哈尔滨到满洲里和俄罗斯的赤塔。两条走廊互动互补形成一个新的开放开发经济带，统称为"中俄蒙经济走廊"。中国国际问题研究所研究员夏义善向《经济参考报》记者透露说，该经济走廊涉及的项目主要以交通、能源等基础设施建设为主，在六个经济走廊中条件是比较有利的，对整个丝绸之路经济带的发展都将起到重要引领作用，是"一带一路"倡议的重要组成部分。

（三）中俄蒙经济走廊建设的重要任务和目标

2014年9月11日，中国国家主席习近平在中俄蒙三国元首首次会晤时强调，中俄蒙三国是好邻居、好伙伴。习近平指出，我们可以把丝绸之路经济带同俄罗斯跨欧亚大铁路、蒙古国草原之路倡议进行对接，打造中蒙俄经济走廊，加强铁路、公路等互联互通建设，推进通关和运输便利化，促进过境运输合作，研究三方跨境输电网建设，开展旅游、智库、媒体、环保、减灾救灾等领域务实合作。三方可以深化在上海合作组织框架内合作，共同维护地区安全，实现共同发展。三方还要加强国际合作，共同维护国际关系基本准则，共同倡导互信、互利、平等、协作的新安全观，共同推动以和平方式，通过对话谈判，政治解决国际争端和热点问题。俄罗斯总统普京表示，俄中蒙三国地理相邻，要加强交往、对话、协调。中方共建丝绸之路经济带的倡议为三国合作提供了新的重要机遇。三方要把各自发展计划结合起来，在能矿、交通基础设施建设等领域建立长期稳定合作关系。蒙古国前总统额勒贝格道尔吉表示，蒙方希望加强同中俄合作，拉动交通基础设施互联互通和跨境运输。

中国外交部部长王毅说，从互联互通入手、打造经济走廊是中方推进"一带一路"倡议的基本主张。建设中蒙俄经济走廊就是把中方倡议的"一带一路"同蒙方的"草原之路"倡议、俄方正在推进的跨欧亚大通道建设有机结合起来。中俄蒙经济走廊将建立横跨欧亚大陆的"合作新走廊"，这将为"三个国家的发展提供新的平台"。王毅说："我们相信，这不仅将给三国人民带来实惠，推动三国发展，还必将为亚欧大陆的振兴注入新的强劲动力。"他表示，中方将与蒙方和俄方加强沟通，制定规划，确定路线图，推进走廊建设。

二、旅游合作是中俄蒙经济走廊建设的重要领域

(一) 文化旅游是中俄蒙经济走廊建设的重要领域

中俄蒙经济走廊建设，依托三国地理相邻、交通相连、文化相近的互联互通、互惠互利、互相依存的基本条件，在多样化发展的大背景下，在"合作新走廊"建设中，突出能源、交通等基础设施建设，共同主张建立维护稳定、互联互通的全新合作机制。习近平主席也指出要"开展旅游、智库、媒体、环保、减灾救灾等领域务实合作"，这就为中俄蒙经济走廊建设中开展文化旅游领域的合作奠定了坚实的基础。

中俄蒙经济走廊建设虽然是以经济发展为核心，但人类社会任何一项活动都存在着物质与精神的双重性质，在物质行为活动的同时，永远都伴随着精神世界的表达，存在着文化意识形态的展示。所以，在中俄蒙经济走廊建设的过程中，无疑离不开灵魂般存在的文化支撑与互动，离不开文化旅游这一重要领域。

文化是魂，旅游是形，文化旅游无论在任何一个国家或地区，都不可替代的具有促进交往、加强联系、增进了解、传播情感、传递友谊的特殊作用。任何形式的合作在历史上都是以文化合作的先行作为重要前提，以文化旅游作为重要手段开始最为美丽的民族与民族、国家与国家之间的合作旅程的。

(二) 国际区域旅游合作将带动三国文化繁荣旅游发展

旅游是流动的文化，也是最需要合作的项目，中俄蒙经济走廊建设为国际区域旅游合作创造了机会。按照正在制定的中俄蒙经济走廊建设规划，中俄蒙三国计划在能矿、交通基础设施建设等领域建立长期稳定合作关系，三国将加强铁路、公路等互联互通建设，推进通关和运输便利化，促进过境运输合作，拉动交通基础设施互联互通和跨境运输。研究三方跨境输电网建设，开展旅游、智库、媒体、环保等领域务实合作。

因此，中俄蒙经济走廊建设全方位的国际区域合作，将为中俄蒙三国文化繁荣和旅游发展起到极大的促进作用。首先，将为国际区域旅游合作开辟十分便利而发达的现代立体化交通运输大通道，为旅行节省时间和成本会成为很大的可能性；其次，将会吸引众多的文化旅游投资者在欧亚大草原进行文化旅游投资，在中俄蒙边境和沿线以及重大项目地区将会出现一批大型文化旅游项目和设施；再次，将迅速地扩大和加强文化艺术交流，促进传统文化传承保护，促进地区就业扩大和居民收入增加，带动民族艺术和经济建设的规模化发展。

三、国际区域旅游合作在中俄蒙经济走廊建设中主要优势

第一，自然与文化条件构成了旅游合作的最大亮点。中国与俄罗斯、中国与蒙古国在

千百年历史发展的长河中，建立了不间断的交往。在历史与考古方面我们发现了三国间大量共性的历史文化特征和早期民族文化交流的史实，从蒙古高原及其周边民族迁徙极富变化的路线上，我们也发现欧亚草原民族数千年来在一个较大范围的草原文化圈内自由自在地徘徊飘动。时间虽然将他们推上推下、移东移西，但大多数古老的民族没有离开以中俄蒙三国为核心的文化地理区域，这就在古往今来的历史上形成了欧亚大陆游牧草原文化特征。同时，三国地域辽阔，地质特征区别鲜明，相互发展的历史依然存在差异，特别是在中世纪以后形成了极具地域特色的民族文化色彩，这样的地理地貌、自然景观、历史文化成为今天人们渴望看到和体验到的自然与文化遗产，成为中俄蒙国际区域旅游合作的基础和保障。

第二，民俗风情的差异性形成了最值得期待的旅游愿望。在中俄蒙经济走廊，以三国文化为特点形成的民族风情、民俗体验差异性非常强烈，正好像俄罗斯民族热情奔放，像火一样烈焰的民族性格极具感染力；蒙古国游牧民族豪放宏厚，像万马奔腾般排山倒海的气势无与伦比；中华民族庄重典雅，像一出龙凤呈祥的历史话剧演绎出五千年锦绣大地的文明盛景。中俄蒙三国位居地球北半球，横跨欧亚大陆，特别是三国相邻区域和边境相当漫长，在这里居住的民族不同、从事的劳动不同、所受的文化传承影响不同，因而拥有的文化旅游资源也不尽相同，民族风情、民俗礼仪的丰富多彩与异彩纷呈在旅游者中将产生最值得期待的旅游愿望。

第三，布局与线路的统筹形成了最合理的旅游目的地。中俄蒙国际区域旅游合作最重要的是形成中俄蒙经济走廊旅游目的地，这一目的地形成的关键体现在两个方面，即旅游布局与旅游线路。旅游布局，对于中俄蒙旅游合作来讲，主要是以旅游资源为主体的旅游布局，在这一国际区域合作范围内分布着大量的自然与人文类别的旅游资源，包括森林草原、湖海江川、高山平原、沙漠戈壁以及在不同自然资源条件下的不同的民族历史和民俗文化资源。这样的旅游资源横跨北半球的东西，又包括了中国的东中西部、蒙古国的全部和俄罗斯的大部，在这样大的范围形成的旅游资源和旅游项目在世界上有着相当的代表性。旅游线路，目前，中俄蒙已经形成了多条旅游线路，有传统的自然景观和民族风情、民俗旅游线路，也有现代城市化景观、休闲度假旅游线路，特别是连接中俄蒙、连接世界各地的旅游线路，使得中俄蒙旅游线路既有特色，又有吸引力。就中国而言，历史上已经形成了中俄蒙文化旅游线路，一是从华北京津冀到呼包鄂榆城市群，再到蒙古和俄罗斯；二是东北地区从大连、沈阳、长春、哈尔滨到满洲里和俄罗斯的赤塔。从这两条线路再延伸到三国的各个地区，与当地国家和地区的旅游线路契合在一起，形成中俄蒙国际区域旅游线路与三国旅游线路的结合。

四、中俄蒙国际区域旅游合作的重大任务

(一) 签订中俄蒙国际区域旅游合作框架协议

在"一带一路"倡议与中俄蒙经济走廊建设规划的总体思想指导下，中俄蒙三国的国际区域旅游合作需要签订框架性合作协议，将旅游合作主动地纳入到"一带一路"倡议，纳入到中俄蒙经济走廊建设的范畴，从而得到各国政策和经济保障。同时在协议中需要明确合作的基础条件、主要目的、基本要求和基本方法以及保障措施等，还要阐明三国在旅游合作方面的基本权利与义务，阐明国家与地区、国有与民营在旅游合作领域投资建设、运营管理、市场分配等方面的原则问题。此外，还需要统筹制定文化旅游投资建设与经营管理过程中的优惠政策、落实措施、优惠条件等。在协议中也应当明确规定成立中俄蒙经济走廊国际区域旅游合作一体化机构，以三国政府旅游部门共同组成联合机构，实现一体化宏观管理。

(二) 成立中俄蒙国际区域旅游合作民间联盟

文化旅游遍及社会大众，建立中俄蒙国际区域旅游合作在政府政策性宏观管理的基础上，需要在民间发挥较大的作用。文化旅游在民间投资建设的热情非常高，民营企业在文化旅游产业方面的经营管理灵活多变，拓展市场能力强方法多，所以，在三国旅游合作领域建议成立"中俄蒙国际区域旅游合作民间联盟"。民间联盟要求制定联盟章程，健全组织机构，明确权利和义务，遵守三国共同的法律法规和民风民俗等。民间联盟要定期召开会议，协商重要决策，统筹重大事项，民间联盟的盟主由三国民间领袖级旅游人物轮流担任，选举产生。这样，在中俄蒙政府层面一体化管理部门的基础上，由民间旅游联盟进行补充，形成自上而下的合作机制与管理体系，将有助于中俄蒙国际区域旅游合作加快步伐，迅速壮大，辉煌发展。

(三) 中俄蒙国际区域旅游合作的着力点与突破点

中俄蒙国际区域旅游合作是一项战略性工程，是中俄蒙经济走廊建设中具有实质性意义的文化旅游项目，围绕这一目标其着力点与突破点有以下四个方面：

第一，打造国际区域合作黄金旅游线路。为了加强三国协同发展旅游，需要打造出中俄蒙国际区域合作黄金旅游线路。黄金旅游线路必须具备的条件，一是线路要突出自然或文化旅游主题，二是线路要有丰富的旅游产品，三是线路要有便捷的进出交通和网络通信。中俄蒙三国首先在现有旅游线路的基础上梳理出若干条最佳旅游线路，其次以战略的眼光规划新的黄金旅游线路。中俄蒙国际区域黄金旅游线路的建成，将融合三国最优质的旅游资源，最灿烂的文化特点，最绚丽的民族风情，从而构建世界上别具一格的自然和人文旅游黄金线路。

第二，打造国际区域旅游节庆品牌。在文化旅游合作中，旅游节庆活动尤为重要。旅游节庆具有准确的时效性、鲜明的主题性、活动的集中性和项目的吸引力，国际合作的旅游节庆又形成了民族文化的融合、旅游特色的荟萃、丰富多彩的内容和异彩纷呈的展示。目前，我们可以对中俄蒙三国已经形成的旅游节庆品牌选择性地确定为国际区域旅游合作节庆品牌项目，如中国的内蒙古国际那达慕、成吉思汗旅游文化周、内蒙古昭君文化节等，从国际化旅游合作的角度予以重新包装，打造成为国际区域性旅游景区品牌。与此同时，我们按照旅游合作规划意见和中俄蒙黄金旅游线路的实际情况，提出新的旅游节庆活动，策划新的节庆活动项目，打造全新的中俄蒙国际区域旅游合作节庆品牌。

第三，建立边境旅游特区合作项目。中俄蒙国际区域旅游合作，不仅是在每个国家内地的旅游合作，更多的是在三国边境上的旅游合作，而且，在边界线上通常有着不可多得的自然景观和民族风情，也是以往一般游客难以亲历的地区，为此，中俄蒙旅游合作，需要在漫长的三国边境线上，开辟不受国界限制的旅游活动范围，划设旅游项目特区，简化通行手续，方便游客出入。建立边境旅游特区，形成真正意义上的国际旅游合作项目，是中俄蒙经济走廊建设的一项重要工程，需要三国政府与民间的共同努力和充分协调。

第四，成立中俄蒙国际区域旅游合作运营中心。中俄蒙国际区域旅游合作重在落实，如何落地是一项复杂工程，在旅游合作战略规划制定完成之后，决定成败的关键是运营管理。成立中俄蒙国际区域旅游合作运营中心，可以有效地落实旅游合作各项具体事宜，比如与三国政府部门的对接、具体政策的执行、一体化管理模式的建立和利用、与旅游景区、旅行社及游客市场的沟通协调、旅游服务标准提升统一与旅游市场管理的计划统筹等。旅游合作运营中心的核心是一体化，最主要的问题是统筹协调，如果将旅游合作运营中心的平台打造成功，标志着为中俄蒙国际区域旅游合作奠定了最坚实的基础。

"中俄蒙国际区域旅游合作"是一个重要课题，这是在当今世界瞩目的"一带一路"倡议和中俄蒙经济走廊建设的背景下，开展的一项国际区域性文化旅游合作，是中俄蒙经济走廊建设的一个重要组成部分，它将为中俄蒙经济走廊建设起到极大的推动作用，为中俄蒙三国的文化繁荣起到积极的带动作用，也必将为中俄蒙三国人民提供绚丽多彩的文化旅游与文化交流发展的最大机会。我们相信，中俄蒙国际区域旅游合作必将会形成更具实力、更具影响力的世界级旅游目的地，必将会纳入全球化旅游平台。

·公民社会与族群关系研究·

关于朝鲜族社会文化的理性思考①

李梅花　殷方舟　延边大学

以习近平主席为首的新一届中国政府在外交政策上，由此前的"大国外交"一个重心调整为两个重心，即"大国外交"和"周边外交"，并先后在东南亚、中亚、南亚地区推出"一带一路"和"两个经济走廊"的倡议。这些政策和措施的出台，与我国经济高速发展、综合国力稳步提升、周边环境较为安全密切相关。其中，沿路地区较为和谐的民族关系和稳定的边疆局势，为"一带一路"等重大政策和措施的出台提供了良好的外部环境。与此同时，"一带一路"倡议也给跨界民族地区的社会发展带来了前所未有的机遇。在这种背景下，跨界民族必须而且也能够在"一带一路"建设中发挥其不可替代的作用，成为"一带一路"建设中的沟通桥梁、建设动力和优势资源。不过，我们应该注意到，如果仅有国家层面的政策倾斜、资金和技术的投入等外部条件，而没有跨界民族社会内部的改造和跟进，极有可能错失这一难得的战略机遇。

"一带一路"倡议构想，实质上是理念的变革、模式的转型以及路径的创新，其着力解决的应该是制约经济持续健康发展的结构性问题。所以，"一带一路"要着力落实、扎实跟进，必须要有与之相应的、可持续性的社会发展机制。换言之，跨界民族要在"一带一路"建设中发挥能量，不仅要在经济、机制体制上做文章，还要在民族地区社会结构改造和民族文化创新上做文章，要在经济建设的同时，构筑适应持续发展所需的社会结构支撑和文化理念支持。迄今为止，东北亚地区还没有被纳入丝路国家的范围。不过，"一带一路"一端连着前景广阔的东北亚经济圈，另一端系着繁荣发达的欧洲经济圈，特别是在东北亚这一端，中国非常需要构建和平、稳定的经济合作和安全机制，需要这一区域内发达国家和地区的理念、技术、资金、人才等。朝鲜半岛处于东北亚的核心地带，是影响目前东北亚经济合作的重要因素。在未来构筑"东北亚海上丝绸之路"的倡议中，朝鲜半岛占据着非常重要的地位。

位于中朝边境的延边朝鲜族自治州，素有东北亚"金三角"之称，这里生活着约占全国朝鲜族总人口43%的朝鲜族，其潜能与战略地位的重要性不可估量。延边地区曾迎来了几次历史性发展机遇，如"西部大开发战略"（2000年）、"东北老工业基地振兴战略"

---

① 吉林省民族事务委员会民族问题研究项目"北方丝路经济带与吉林省民族文化传承与保护研究"（JM-2015-01）阶段性成果。

(2004年)、"中国图们江区域合作开发规划纲要——以长吉图为开发开放先导区"(2009年)。但是,这一地区的社会经济发展并没有像预期的那样有了根本性突破和显著转变,"人力物继续流失,社会缺乏活力,产业基础薄弱,市场竞争力不强,民营经济发展滞后"[1]等问题仍然存在。究其原因,一方面与整个东北亚区域合作与发展中存在的结构性制约因素有关,另一方面也不排除延边朝鲜族社会结构和文化特性中存在需要改造和调整的地方。那么,哪些地方需要调整和改造?如何进行调整和改造?这是我们不能回避的现实问题。为此,本文拟通过考察延边朝鲜族的社会文化特性,从中找出其中存在的结构性问题,为延边朝鲜族社会实现自主、持续的历史性飞跃提供对策性参考。

一、流动的延边朝鲜族社会

延边朝鲜族社会具有很强的移民性和流动性,这种特性从其跨境而来的那一天起,直至今天仍没有停止。

延边朝鲜族跨境而来,始于明末清初。起初,他们"冒禁潜入",主要是来挖人参、打猎和从事农耕。清朝统一中国后,长白山、鸭绿江和图们江以北一千多里的地区被划为"龙兴之地",严禁边民和朝鲜人潜入,但朝鲜人的"冒禁潜耕"始终不绝如缕。至19世纪60年代末,朝鲜北部连年遭受水旱灾害,民不聊生,大批朝鲜流民不顾"犯禁招罪"的危险,开始迁入到延边地区。光绪十一年(1885年),清政府在图们江北岸长约七百里、宽约四五十里的地带划出"韩民专垦区",正式承认了朝鲜移民的合法开垦权,又设"越垦局",专管朝鲜和其他垦民事务。1889年至1894年,清政府对朝鲜流民在图们江以北开垦的土地进行清丈,并将朝鲜流民"编甲升等",全部编入到"四堡三十九社"这一行政组织中。据统计,当时编入到四堡的朝鲜人共有5990户。[2]

1910年,日本强迫朝鲜政府签订《韩日合并条约》。此后,朝鲜人移居图们江以北地区形成了前所未有的高潮。1911年,安奉铁路(今丹东—沈阳)改铺宽轨通车;1913—1914年和1920—1921年,南满一带发生严重的水旱灾害,这些都促使鸭绿江下游和辽宁省境内的朝鲜移民向辽沈腹地和吉林、长春地区以北甚至更远的地域迁移。1920年前后,朝鲜移民遍布于吉林省各地。据《东三省之实况》记载,1922年,奉天省有朝鲜人159907人,吉林省有490320人,黑龙江省有661人。当时,延边的和龙、延吉、汪清三县人口总计444420人,其中朝鲜人约35万人,占总人口的80%。[3]可见,当时吉林省朝鲜人的总数已为东北三省之冠,而延边地区的朝鲜人总数又为吉林省之冠。此后,在我国朝鲜族的人口发展过程中,这两种"之冠"状况始终没有改变过。

1931年,日本发动"九一八"事变。日本帝国主义为把中国东北作为侵占中国大陆的跳板和军事基地,大力加强对东北地区的经营,不仅召集日本国内民众迁移到东北,而且还强行招募朝鲜农民迁至东北。在1937—1940年,日本帝国主义强制朝鲜农户迁移到东北地区的就达14700多户,仅1940年春强迫移入的"集团"开拓民和分散开拓民就达5万余人。[4]到1945年8月日本战败前夕,中国境内的朝鲜人总数超过200万,人数最多时达到 230 万。[5] 1945 年日寇投降、朝鲜光复，在中国迁居的几十万朝鲜人陆续返回朝鲜，留下来的则成为中华民族朝鲜族的主干，成为中华民族大家庭中的光荣成员。

自 20 世纪 80 年代末起，随着改革开放、中韩建交以及两国经济文化交流的迅猛发展，朝鲜族开始凭借其语言等优势，纷纷离开家乡，到韩国打工，到东南沿海发达城市打工，掀起了大规模的人口外流打工热潮，这种热潮直到今天仍在持续着。赴韩务工在延边朝鲜族社会已成为一种极其普遍的现象。据韩国法务部统计，2014 年在韩朝鲜族总数为 593955 人[6]，加之已获取韩国国籍的归化者，在韩朝鲜族总数已超过 60 万人。可以说，朝鲜族人口的三分之一正在流动。而在延边地区，朝鲜族人口的三分之二加入了或长或短的流动之旅。正如延边地区一首流行歌曲《什么是生活》（元浩渊词、黄相龙曲）中所唱的那样："妻子走了，丈夫走了，叔叔也走了，全家都走了。去了韩国，去了日本，去了美国，去了俄罗斯。为了活得更好，全家都走了，挥泪告别走了。为了生活，全家四分五裂，思念得筋疲力尽，何时才能归家，屈指等待着。"

朝鲜族社会的流动性，培育了朝鲜族奋发图强、积极进取、自强不息的开拓精神，特别是当代朝鲜族的跨国人口流动，为地方社会、经济、文化的发展，缓解农村人口过剩和城市就业压力，提高朝鲜族的市场经济意识和现代观念，发挥了积极影响。但不可忽视的是，大规模的、持续不断的单向人口外流也给朝鲜族社会带来了各种社会问题，如边境地区人口流失严重、人口自然增长率下滑、乡镇人口老龄化率高、农村耕地抛荒和空巢化、民族教育文化传承面临后继无人、农村大龄男青年结婚难、新农村建设持续健康发展受到制约、地方经济发展后劲不足等。或许，这些问题是其他跨界民族地区在急剧社会转型时期普遍面临的问题，然而这些问题带给延边朝鲜族社会的冲击却是极为强烈、异常沉重的。

二、延边朝鲜族的文化特性

（一）自然主义和生存主义

延边地区山地比重大，冬季寒冷期长，向来有"八山一水半草半分田"之说，过去这里是人烟罕至的蛮荒、"封禁"之地。连年遭受自然灾害、饱受朝鲜王朝残酷统治的朝鲜北部农民，为生活所迫不得不背井离乡，跨境来此。为了生存，他们在与恶劣的自然环境进行艰苦抗争的过程中形成了自然主义和生存主义的文化特性，并体现在其服饰、饮食、语言和习俗等方面。

朝鲜族历来喜穿白衣素服，有"白衣民族"之称，这一方面与其以净为喜的民族审美心理有关，另一方面也与百姓生活贫困、彩色衣料不足有关。饮食上，延边朝鲜族无辣不欢，喜欢吃泡菜和凉拌的东西，喝酱汤，不太会炒菜，肉食以烧烤为主，爱吃狗肉，喝烈性酒，喝酒喝到高兴处便唱上几句。延边的民谣颇有烈性，节奏明快，清冽洪亮，高亢热情，直入人心。他们的舞蹈看起来很简单，手臂一抬，脚尖一踮，肩部一抖，却予人以典雅、飘逸、潇洒、婉转之感，很多动作或源于水田劳动的痕迹，是生产劳动的重复和升华。或如朝鲜民族的图腾仙鹤，委婉袅娜，款款动人。延边朝鲜族方言粗犷、浓烈、生动、幽默。这些民俗风情和生活习惯无不体现了寒冷、蛮荒的地域特点，留下了当时贫苦农民在"冒禁潜耕寻生计"中的生活印记，体现了延边朝鲜族亲近自然、淳朴豪放、简朴平和、乐天知命、歌舞升平的生活态度。

自然主义的文化特性还体现在延边的地名上。在延边，很多地名体现了早期垦荒朝鲜移民怀着美好生活的渴望，在山涧沟壑、荒甸野地，披荆斩棘、风餐露宿的开拓移民的生活特点。延边有很多带"沟"的地名，如罗子沟、百草沟、大兴沟、老头沟、秋梨沟、夹皮沟。同时由于早年这里到处是荒地、甸子，腐水深积，很多人水土不服，患上大骨节病和粗脖子病，所以人们喜欢围清泉而居，其居处往往冠以"泉""清""药"等字，如玉泉洞、福水、凉水、清溪洞、清水洞、清泉、新泉洞。延边地名中冠以"兴"字的也特别多，如新兴、春兴、东兴、殷兴、永兴、大兴屯、明兴村、兴旺屯、富兴洞、自兴村、瑞兴、仁兴、长兴、吉兴等。此外，延边大量地名也留有初期朝鲜移民较低文化水平的痕迹。如复兴乡的一道崴子、二道崴子、三道崴子、四道崴子、五道崴子、六道崴子；头道沟、二道沟、三道沟、四道沟、五道沟、六道沟、七道沟、八道沟等。[7]

延边朝鲜族又是当之无愧的"水稻栽培民族"。如前所述，清政府的招垦实边政策吸引了成千上万朝鲜移民，他们迁入东北以后，赤手空拳，刨地开荒，在北方冰凉刺骨的水田里挽着裤腿插秧，把旷野拓成良田，把荒地变成粮仓。在东北地区引进、试种水稻品种方面进行了艰苦的努力和探索。[8]据《东三省水田志》记载，朝鲜族是我国东北最早种植水稻的民族。1875年通化县大甸子的朝鲜族农民首次试种水稻获得成功，1890年延边地区也开始种植水稻。[9]据统计，20世纪20年代，延边地区所有水田都是朝鲜族开发和耕作的。[10]

在中华人民共和国成立以前，延边朝鲜族人口的90%是农民，从事水稻种植，基本上都是自己聚成村落，只有少数与汉族杂居。加之传统儒家文化的影响，在延边朝鲜族社会中一直存有重农轻商的观念，认为从事商业是卑贱之事。中华人民共和国成立后，延边朝鲜族在长期从事并重视水稻种植的农业生产活动中，一方面形成了朴素的群体互助意识和自给自足的经济形态，另一方面也导致人们商品经济意识比较薄弱。由于水稻种植收入远高于旱田种植，朝鲜族农民相对汉族在生活上比较舒适而宽裕，反而弱化了他们过去那种艰苦奋斗、勇敢开拓的精神。

（二）英雄主义和爱国主义

延边朝鲜族的英雄主义表现为朝鲜半岛北方人们素有的尚武好斗、早期朝鲜移民作为开荒拓土者的自由不羁和自强不息。移民延边的朝鲜人大多来自朝鲜半岛北部，这一地区向来富有反抗精神和尚武好斗的传统，朝鲜历史上几次大规模的农民起义都发生在这里。朝鲜北部移民来到延边后，面对地广人稀的辽阔空间、狂风暴雪的恶劣天气以及变幻莫测的家国命运，他们在与战乱、天灾、饥荒、封建暴政和日本帝国主义顽强抗争的过程中，形成了奋发图强、自由奔放、粗犷豪爽、淳朴彪悍、率性不羁的英雄主义特性。由于他们大多出身贫困，所以具有强烈改变自己命运的意志，加之饱受官府和地主的压榨、日本帝国主义的殖民统治，他们的革命性、斗争性、反抗性也比较彻底。

延边朝鲜族的爱国主义情怀，是其历史发展过程中最具特色和时代性的优秀品质。[11]在中国反帝反封建斗争的艰难岁月里，朝鲜族无数优秀儿女同兄弟民族人民一起，前仆后继，流血牺牲，献出了宝贵的生命。据有关部门统计，延边地区抗日战争时期烈士有3301名，其中朝鲜族3204名；在吉林省398名抗日女烈士中，延边朝鲜族女烈士为366名。[12]在解放战争中，延边籍烈士有4313名，其中朝鲜族3713名，占80%。[13]在抗美援朝战争中，延边籍烈士有6981名，其中98%是朝鲜族。[14]另据统计，在20世纪30年代以后的中国反帝反封建斗争中，延边籍革命烈士有14740名，占吉林省烈士总数的41%，其中朝鲜族占92%以上，在仅占吉林省人口3%的延边朝鲜族中涌现出如此之多的烈士，这在其他地区、其他民族中极为少见[11]，故有"山山金达莱，村村烈士碑"之诗句。金达莱花是长白山的报春花，每年开春，当众花草还没有从冬眠中苏醒，她就最先绽放在田野山间，漫山遍野，热烈烂漫。在延边朝鲜族人民的心中，她是用人民英雄的鲜血浇灌出来的鲜花，是坚贞、幸福的象征，也是民族精神的象征，由此也被选为自治州的州花。

中华人民共和国成立后，朝鲜族获得了真正的民族平等权利，成为国家真正的主人。1952年9月3日，延边朝鲜族自治区（后于1955年12月改称为延边朝鲜族自治州）的宣告成立，更激发了朝鲜族的爱国主义情感，极大提高了他们建设社会主义的积极性，他们积极投身当地的经济文化建设，为边疆地区的稳定和发展做出了贡献，并在历次政治运动中经受住了严峻的考验。20世纪80年代后，随着改革开放和对外经济文化交流的加强，朝鲜族的爱国主义情怀进一步升华。数以万计的朝鲜族通过各种渠道踏出国门，他们在同国外朝鲜民族的接触和交往中，敏锐地发现了彼此之间的区别，特别是初期在韩国务工过程中受到的歧视和不公待遇，强化了他们对中国的认同和热爱，加深了他们对中华民族的归属感。不过，他们在跨国流动的过程中，难免出现民族认同和国家认同上的混乱，不少人出于经济利益的考虑，加入了对方国家的国籍。[15]而且，随着全球化进程中延边朝鲜族大规模的国内外流动以及东北亚地区局势的风云变幻，这种认同上的冲突和交错必然会变得更具敏感性和复杂性。

（三）群体主义和消费主义

通常，外来移民背井离乡、漂泊无依，由于没有家族作为社会支持，只有依靠老乡、朋友、熟人等来扩大自己的社会网络，这也使得他们重社交、重朋友、重人情。延边朝鲜族也是如此。早期背井离乡、孤立无援的处境和命运，使得朝鲜族非常重视以村屯为单位的共同体，喜欢群居，喜欢热闹。在朝鲜族聚居的地方，只要有哪一家有婚礼和寿宴，哪一个村有宾客临门，或是有春秋游艺，人们就会看到唱歌跳舞的热闹场景。

另外，早期朝鲜移民颠沛流离、去国离家过程中，由于前途未卜，国运难测，所以逐渐养成了及时行乐、说走就走、"今朝有酒今朝醉"的行动方式和消费观念。改革开放以来，随着延边朝鲜族跨出家乡和国门的机会越来越多，他们的物质生活有了很大改善和提高。虽然有不少人将打工赚来的钱进行生产或经营性投资，如开饭店、做买卖，繁荣了延边地区的经济生活。然而，也有不少出国劳务人员返乡之后进城买房，既不种地，也不打工，把血汗钱全用在吃喝玩乐上。虽然延吉市生产水平在吉林省不是第一位，但其消费水平却占首位。延边朝鲜族社会的"高消费"，并非个体消费的水平高，而是其群体消费总额高；并非一次性消费水平高，而是多次累积的消费总额高。[16] 这种消费过度的社会现象，不可避免地会使有限资源向第三产业过度集中，农业和工业发展相反却受到冷遇，进而造成经济总量扩张缓慢、经济发展滞后的一系列问题[17]。多年来，延边地区始终没有培育出竞争力强、能够引领区域经济发展的工业企业[1]，这不能说和延边朝鲜族社会重人情大于重规则、重礼仪大于重效益、重消费大于重积累的文化特性没有关系。

（四）多源复合主义

延边朝鲜族聚居区是以移民文化为主的地区，移民之间的包容互融对民族关系和民族文化有着一定的影响。从延边朝鲜族社会形成发展的历史来看，这里的民族主要是来自朝鲜半岛的朝鲜族、来自山东和河北等地闯关东的汉族，以及当地的满族，其中朝鲜族和汉族是主要民族。从朝鲜族在延边的发展历程来看，其文化体系中不可避免地带有诸多异质元素的烙印。在朝鲜族文化中，既有朝鲜半岛文化的成分，也有来自"闯关东"的汉族文化和当地满族文化。另外，从1905年日俄战争到1945年日本二战投降为止，延边地区不仅驻有大量日本军队及其随军家属，而且还有政治、经济、文化团体和企业在此从事各种侵略活动，期间朝鲜族被迫接受日本"皇民化教育"，所以日本文化也不可避免地渗透到朝鲜族文化中。中华人民共和国成立后，延边朝鲜族自觉接受社会主义文化，在传统价值观的基础上，又补充了集体主义、革命英雄主义、民族大团结等新时代的价值观，[18] 逐步形成了不同于朝鲜半岛文化的、具有中国特色的、社会主义性质的[19]朝鲜族文化。

改革开放及中韩建交以来，伴随着两国频繁密切的人员往来和经济文化交流，韩国文化开始涌入延边地区。韩国的饮食、服装、电器、流行歌曲、日用品都成为当地人们喜爱的东西，韩国的流行时尚在延边地区几乎是同步的。这样，早期移民带来的朝鲜半岛文化，当地的满族文化，日本殖民统治时期的日本文化，中华人民共和国成立后中国主流文化，当今全球化时代带来的西方文化，中韩建交以来"韩流"冲击下的韩国文化，使得延边地区成为各种文明碰撞、交流、融汇、合流的"场域"，由此也形成了内容丰富、兼收并蓄、多源复合的文化特性，构建了延边朝鲜族聚居区"多源""复合"的文化格局。

延边朝鲜族文化的多源背景和复合特性，使得延边地区不仅具有丰富多彩的文化遗产，而且形成了独一无二的历史景观。这些都是延边地区独特的财富和资源，潜藏着无限的经济价值。然而，延边历史文化资源潜在价值的开发效果并不理想，其经济和社会效益并没有得到充分发挥，更不用说成为延边经济迅猛发展的助推器。

（五）崇礼尚教

延边朝鲜族聚居区是以移民为主的社会，移民社会的特性是彼此的磨合，需要相互适应和包容。移民在与当地人相处过程中，出现矛盾纠纷时一般采取容忍、退让、息事宁人的态度。档案资料显示延边地区的朝鲜族素有"不喜争讼"的民族习惯，安家立业、不尚争斗、安分守己，是农业民族的一般共性。同时，东疆地广人稀，资源丰茂，为各民族提供了足够的生存空间，所以这一时期大多数汉族老百姓和朝鲜族老百姓相处得很好，在交往上没有什么大的压力。

朝鲜族素有"东方礼仪民族"之称，尊老爱幼、文明礼貌的民族礼仪已是约定俗成的社会风尚。在延边，"人无礼不立，事无礼不成"，讲文明、讲礼貌、互敬互爱、互帮互让蔚然成风。延边人民非常尊敬老年人，在朝鲜族的观念中"孝为百行之首"，尤其称道的是为60岁以上老人举行的花甲宴。花甲宴上，子女亲戚欢聚一堂，筵席上摆满糖果、鱼肉、糕点和酒类。花甲老人穿上新衣端坐正中，身穿盛装的子女按辈分长幼为序排开坐下，依次向老人斟酒跪拜，感谢养育之恩。礼毕后，子女载歌载舞，祝福老人健康长寿，盛情款待亲朋好友。在日常生活中，朝鲜族人民也非常注重礼节。如晚辈对长辈或初次见面的平辈之间说话必须用敬语；与年长者同行，年轻人须走在后面，若有急事非超前不可，须向老者说明原委；与长辈喝酒时，不可面对长辈饮酒，头要转到侧边，以视尊重等。朝鲜族学校也十分注重礼仪教育，位于延吉的朝鲜族小学中央小学是全国礼仪教育示范基地，完好的传承了朝鲜族传统礼仪。

延边享有"教育之乡"的美誉。延边的朝鲜族教育曾创造了许多"全国第一"，如第一个普及小学教育，第一个基本普及初中教育，第一个基本实现青壮年扫盲，第一个开办民族大学（延边大学），第一个在民族地区建立盲聋哑学校，第一个建立农民大学（延边黎明农业大学）。"宁可啃树皮，也要让子女上学"，这不仅是朝鲜族百姓中广为流传的一句话，也是朝鲜族重视教育的真实写照。早在20世纪初，随着大批朝鲜移民迁入延边地区，学校教育蓬勃发展，相继开设有"瑞甸书塾"（1906年，龙井）、"昌东书塾"（1907年，局子街卧龙洞）、"明东书塾"（1908年，明东村大砬子）、"正东书塾"（1908年，子洞）等书塾，传授历史和语文知识，进行反日教育和近代文化教育，这些书塾后来先后改编为学校。截至1916年，延边地区共有私立学校157所，学生3879人，占东北朝鲜族学生总数的60%以上。[20] 延边地区朝鲜民族学校的蓬勃发展，为后来的反日独立运动、抗日战争、解放战争培养了大批斗士、革命战士和干部，同时也启蒙开化了当时许多的朝鲜移民，进而为延边成为"教育之乡"奠定了坚实的基础。中华人民共和国成立以后，在中国共产党的民族政策指引下，朝鲜族的民族教育取得了骄人的成绩，也积累了许多宝贵的经验。改革开放后，延边朝鲜族自治州历届党委和政府也非常重视教育事业，进行了一系列适应经济发展、社会进步以及促进民族文化传承的教育改革，收效显著。如今的延边，基本形成了门类较齐全、规模较大、功能较全、水平较高、特点鲜明、层次基本完备的民族教育体系，从城市到乡村，处处充满着崇文重教的浓厚氛围。

然而，随着人口大量流失，延边朝鲜族的民族教育和文化传承都面临着严峻的考验。一是朝鲜族学生生源锐减，很多农村学校和部分县镇级学校不得不撤办，或者合并。很多朝鲜族乡镇学校由过去拥有千名左右学生，减少到现在只有几十名学生。二是由于父母双方或一方在异地劳务或者父母离异，延边地区出现了不少单亲家庭和留守家庭。在延边，朝鲜族学校的单亲学生和留守学生加起来普遍超过50%，这无疑也给朝鲜族学校的教育教学工作带来很多困难。三是延边地区人才流失严重，虽然地方学校培养了大量人才，但是都被输送到其他地区，留在本地为地方经济建设服务的人并不多，这不仅严重影响了边疆地区的社会稳定和经济发展，而且影响了民族文化的传承和发展。

三、改造社会结构，创新民族精神，迎接"一带一路"倡议

"一带一路"的序幕已经拉开，延边朝鲜族作为移民开拓者的后代，那种自强不息、不屈不挠的奋斗精神，能否再现？为守护家园和热土不惜拼死抗争的革命情怀，能否再现？延边朝鲜族迁入中国的百多年间，虽然历经无数次战乱、天灾和外敌入侵，但都能顽强地奋斗、生息在这块土地上。几代人所经历的天灾人祸、颠沛流离、骨肉离散、国破家亡，让朝鲜族格外热爱和平，珍惜和平。他们不畏严寒、不避酷暑、披荆斩棘、开山辟土、垦荒种田、发展农业和工业，为开放、建设、保卫祖国东北边疆做出了重大贡献，漂泊无着的移民者由此扎下根来，也正因为如此，他们深深热爱着这片热土家园。今天，面对新的战略机遇，延边朝鲜族不仅需要传承过去艰苦奋斗的开拓精神、革命到底的爱国主义情怀，更需要打造符合时代发展和社会变迁的创业精神，从自身的社会结构和文化优势中寻找可持续发展的内在的驱动力，发挥理性的、务实的、事功的经济热情，才能实现自主、持续的历史飞跃。

第一，改变人口流动结构，变单向外流为双向对流。延边朝鲜族社会的流动性造成目前地区人口流失严重，如果这种势头不能被遏制，将导致中国最大朝鲜族聚居地解体。解决延边朝鲜族社会人口流失的根本途径，在于扭转人口流动方向和结构，形成双向人口流动的结构。为此，一是要借助"一带一路"倡议，进一步提高延边朝鲜族地区的对外开放程度，增强延边地区的吸引力，充分利用沿边地区的地缘和人文优势，变区位劣势为优势，做大、做强第三产业和对外贸易，从而减少人口外流的"推力"，增强人口流动的"拉力"。二是地方政府要制订人口"回流""内流"的相关政策，营造良好、开放的创业氛围，提供优惠的、倾斜的创业平台，吸引更多的人返回家乡创业，吸引更多外地企业来这里投资兴业。三是借鉴周边国家人口安全经验，采取合理有效的措施，适当补充乡村地区人口数量，以解决边境农村空心化问题。与此同时，大力培养和引进服务地方社会经济建设的人才，为他们提供各种倾斜和扶持政策，以解决延边地区人才储备不足问题。

第二，扭转永久依赖劳务经济、视劳务经济为永久性支柱产业的观念。改革开放以来，劳务经济一直在延边朝鲜族经济发展中占有重要地位，被视为延边地区"支柱产业"，为当地经济发展和社会进步做出了重要的贡献，成为拉动经济发展中最耀眼的动力。但这只是由延边经济发展的特殊阶段、特定情况决定的，是地区经济发展中一个特殊的资本积累阶段。固然，延边的地缘优势、语言文化优势和劳动力结构特点，使得劳务经济在未来仍有巨大的发展空间，但是我们不能忽视附加在利益后面的负面效应。如果把它视为永久

性的、依赖性的支柱产业，必将严重影响延边地方经济发展的基础，进一步减弱其经济发展的潜力和后劲，拉大延边地区和其他发达地区之间的差距，最终阻碍延边社会可持续的健康发展。

第三，转变消费观念，培育工商精神。德国社会学家马克斯·韦伯在其经典代表作《新教伦理与资本主义精神》中指出，欧洲的新教徒在移民到美国之后所迸发出的创业热情，并不仅仅是受贪欲和拜金的驱动。事实上，每个社会中的人都有追求金钱和财富的欲望，问题是如何合理化欲望。美国经济的快速发展，是将追求物质财富的欲望加以合理化，通过殖产兴业，扩大物质财富，来实现个人和社会的理想。自然主义的、生存主义的创业是本能的、非自觉，一旦生存压力得到消解，其创业热情难免就会降低，甚至消失。在"一带一路"倡议中，延边朝鲜族社会要打造新的创业精神，必须改变不合理的消费观念，向理性、务实的"工商精神"转变；不仅要继续发扬爱国主义、崇尚教育、重视节俭的传统，而且还要将其与积极的、务实的、合理追求财富的经济热情结合起来。

第四，充分挖掘延边地区的历史文化底蕴，将文化资源优势转化为经济发展优势。延边地区具有丰富的历史文化遗产、独特的自然景观和民族风情。众多生态人文资源不仅具有观赏价值，而且具有相当高的精神价值，为实现经济价值的转化、文化资源的产业化创造了条件。事实上，延边的强大竞争力在于文化，文化能为延边地区可持续发展的提供源源不竭的动力。为此，一方面要深入挖掘延边独特的人文历史文化资源，特别是开发朝鲜族独有的民俗风情，大力发展文化产业和旅游业，培育延边新的经济增长点；另一方面地方政府要动员全社会的力量，认真谋划延边朝鲜族民族文化的发展方向，避免自己的文化消失在"多元"之中。朝鲜族文化在与国内其他民族文化相互砥砺、在与世界范围内其他相同民族的亚文化相互激荡的过程中，如何在与时俱进、特色创新中保持自己的"根性"，是朝鲜族社会应该认真思索的问题。

第五，发挥资源优势，成为"一带一路"建设中的沟通桥梁和建设动力。"一带一路"是一个综合观念，它提供一种开放的平台，在这个平台上，中国和沿路国家资源共享、优势互补，最终达到互利双赢。尽管"一带一路"带来的利益诱人，但周边国家因种种原因依然不无戒心。所以在"一带一路"建设中，如何让沿路国家之间形成互信、协同合作，是当前这一倡议能否顺利实施的首要问题。在东北亚区域，考虑到朝鲜和韩国对中国的"一带一路"倡议仍心存疑虑，中国方面需要深刻了解朝鲜和韩国对中国的具体需求和期望。朝鲜族可以借助自身文化复合、交融、多元的优势，为推进"一带一路"倡议、磋商合作机制搭建一个信息交互、对接服务和人文交流的平台，发挥跨界民族的人文纽带作用。这不仅为东北亚各国稳定、健康、持续的友好关系奠定良好的民间民意基础，更会为当地人民带来繁荣和福祉。

参考文献

[1] 朴光星. 区域发展不平衡与边疆少数民族地区的发展——以吉林省延边朝鲜族自治州为例[J]. 云南民族大学学报, 2011 (4).

[2] 吴禄贞. 延吉边务报告 [M]. 长春：吉林文史出版社，1995.
[3] 王孳宁. 东三省之实况 [M]. 北京：中华书局，1929.
[4] 朝鲜总督府. 朝鲜事情 [M]. 京城（汉城），1935.
[5] 孙春日. 中国朝鲜族移民史 [M]. 北京：中华书局，2009.
[6] （韩）法务部出入国·外国人政策政策本部. 出入国·外国人政策统计月报. 2014 – 08.
[7] 沈惠淑. 延边地名略考 [J]. 延边大学学报，1985（3）.
[8] 衣保中. 朝鲜移民与近代东北地区的水田技术 [J]. 中国农史，2002（1）.
[9] 金东勋，金昌浩. 朝鲜族文化 [M]. 长春：吉林教育出版社，1990.
[10] 牛丸润亮，村田懋麿. 最近间岛事情 [M]. 朝鲜及朝鲜人社，1926.
[11] 朴今海. 略论中国朝鲜族的爱国主义情结 [J]. 中央民族大学学报，2000（4）.
[12] "辉煌的历史，光荣的足迹"专栏组. 在抗日烈火中的延边英烈 [N]. 延边日报，2010 – 03 – 01（2）.
[13] 据延边朝鲜族自治州民政局1992年制《吉林省烈士英名录——延边栏目》（2007年12月稿）。
[14] 中共延边州委组织部. 中共延边朝鲜族自治州组织史资料 [M]. 延吉：延边人民出版社，1991.
[15] 朴今海，王春荣. 流动的困惑：朝鲜族跨国流动与边疆地区社会稳定 [J]. 中南民族大学学报，2015（2）.
[16] 孙岿. 朝鲜族人生观与消费文化特征 [J]. 大连民族学院学报，2006（2）.
[17] 孙岿. 人类学视野下的朝鲜族消费文化变迁 [J]. 大连大学学报，2008（5）.
[18] 许明哲. 论当代延边朝鲜族文化发展战略 [J]. 延边大学学报，2002（1）.
[19] 赵刚. 朝鲜族文化的性质、特征及其发展前景 [J]. 大连民族学院学报，2012（2）.
[20] 孙春日. 中国朝鲜族社会文化发展史 [M]. 延吉：延边教育出版社，2002.

论匈奴"左臂"与相关问题

——燕秦汉时期东北亚走廊系列研究之二

王海 刘俊 渤海大学

"东北亚走廊"虽是学界新近提出的区域地理概念，几千年来却一直是"族群迁徙、文明传播、经贸交流和边疆控制等重要通道"[①]。秦汉时期是走廊社会历史发展的重要阶段，中原王朝延续战国燕国在走廊南部的郡县制治理模式，开始凭借大一统的集权力量扩大在东北亚的影响。在北亚辽阔草原上生活的匈奴人也建立了政权，冒顿单于统治时，"诸左方王将居东方，直上谷以往者，东接秽貉、朝鲜"[②]，匈奴势力进入走廊。中原农耕帝国与北方游牧政权争夺走廊主导权的历史大幕自此开启。

远在双方较量前，走廊已生活着东胡、秽貉、肃慎等众多民族。较量展开后，走廊原有的民族、社会格局经历巨变，秦汉王朝东北边疆、匈奴"左方"都深受影响。由"族群迁徙"引发的走廊在"文明传播、经贸交流和边疆控制等"方面的历史影响，得到较早的、较为充分的体现。

传世文献略载有匈奴等族在走廊的活动，留存若干民族史地称谓。其中一些受到古今史学工作者关注与研究，但大多莫衷一是。另一些则长期为人忽视，如匈奴"左臂"。这明显不利于走廊历史时期边疆与民族、经济与社会发展等研究课题的深入。本文旨在借鉴、利用生态环境史学、民族人类学、历史地理学等研究方法与相关成果，探讨秦汉时期走廊民族史地内容之———匈奴"左臂"与相关问题，以期对推进走廊研究工作贡献绵薄之力。

一、匈奴"左臂"与"左地""左翼"

有关匈奴"左臂"，正史中仅见载于《汉书·韦贤传》。哀帝即位后，光禄勋彭宣等人以为孝武皇帝庙"亲尽宜毁"，太仆王舜、中垒校尉刘歆上书反对，提及武帝诸多功绩，

[①] 曾江，崔向东. 三板块六方向推动"东北亚走廊"研究走向深入——访渤海大学东北亚走廊研究院教授崔向东 [N]. 中国社会科学网，2014 - 11 - 24. http://lcl.cssn.cn/gd/gd_rwdb/gd_mzgz_1713/201411/t20141124_1413499.shtml.

[②] 《史记》卷110《匈奴列传》. 北京：中华书局，1982：2891.

"东伐朝鲜,起玄菟、乐浪,以断匈奴之左臂"①即为其一。②仅凭这条史料难以弄清匈奴"左臂"大致所指。所幸史书中留存一些与匈奴"左臂"相关的称谓,有助于研究的深入。司马迁在《匈奴列传》中曾提到"左方"。"左方",也作"左地"③"左部"④,依文理推断,匈奴"左臂"应属"左方",好比人的左臂属身体左半部。

关于匈奴"左地",不少学者曾有研究。如,林幹考论匈奴诸王驻牧地,认为"姑夕王的驻牧地可能是在今内蒙古的哲盟、昭盟和锡盟一带。这一带是匈奴的左地""大约在今内蒙古呼、包二市及乌盟和乌盟东旧察哈尔盟一带(即姑夕王牧地的西南部),都是左犁污王咸的驻牧地""今内蒙古锡盟一带,在公元前58年前后,曾是匈奴东边姑夕王的驻牧地,经过将近一百年的变迁,这带牧地现在转归左伊秩訾王部领"。⑤ 周清澍主编《内蒙古历史地理》认为,"匈奴把统治地区分为东、中、西三部分,实行左右翼区划制。东边从上谷郡以北,东至辽河流域,包括今内蒙古锡林郭勒草原,西拉木伦河、老哈河流域,科尔沁草原和呼伦贝尔的大部,为左部,是左贤王等左方王将的游牧区。左贤王庭在汉朝的上谷郡正北,约在今锡盟中部一带"⑥。孙进己、王绵厚主编《东北历史地理》认为,"匈奴左地直上谷,当在今怀来县以北的内蒙古锡林郭勒盟地。它的辖地才东至秽貊、朝鲜。大概包有了今内蒙古赤峰地区及哲里木盟地区"⑦。王可宾则认为,"史书所言匈奴'左方'或'左地'者,当有广义与狭义之分。广义者,应包括东胡故地在内,东接秽貊、朝鲜;狭义者,只指匈奴左方王将之驻地,而不包括东胡故地"。他还对林幹考证的姑夕王驻牧地提出商榷,认为"只能在今锡林郭勒盟一带,不可能东及哲里木盟与昭乌达盟一带"⑧。看来,学者们普遍认为今锡盟属匈奴"左地"。

另有学者研究包括匈奴在内的北方游牧民族两翼制度,认为匈奴"左贤王的辖区,又作左地、左部、左屯,指由左贤王管辖的位于单于直辖区东方的诸王将的分地,即左翼。……左部的范围大致自今怀来县直北,东至辽河流域,接秽貊、朝鲜。左贤王庭约在今内蒙古锡林郭勒盟中部一带"⑨。"左翼"与"左臂"的含义应相同或相近,将"左翼"与"左地"等同视之,或可商榷。

翼,《说文·飞部》释为"翅"。该字在上古文献中还有"辅""佐""助"等意。

---

① 《汉书》卷73《韦贤传》.北京:中华书局,1962:3125—3126.
② 《后汉书》卷47《班超传》、卷58《傅燮传》注中提到刘歆等人的"上议",有"(东)伐朝鲜,起玄菟、乐浪,以断匈奴之左臂"(北京:中华书局,1965:1577、1876),应来自《前书》,即《汉书·韦贤传》相关记载。
③ 如《后汉书·乌桓鲜卑列传》说"及武帝遣骠骑将军霍去病击破匈奴左地,因徙乌桓于上谷、渔阳、右北平、辽西、辽东五郡塞外,为汉侦察匈奴动静"。(第2981页)
④ 如《后汉书·南匈奴列传》载,光武帝时汉廷"渐徙幽、并边人于常山关、居庸关以东,匈奴左部遂复转居塞内"。(第2940页)
⑤ 林幹.匈奴史[M].呼和浩特:内蒙古人民出版社,2007:34、38.
⑥ 周清澍.内蒙古历史地理[M].呼和浩特:内蒙古大学出版社,1993:30.
⑦ 孙进己,王绵厚.东北历史地理[M].哈尔滨:黑龙江人民出版社,1989:247.
⑧ 王可宾.匈奴左地与姑夕王驻地[J].黑龙江文物丛刊,1984(2).
⑨ 肖爱民.北方游牧民族两翼制度研究——以匈奴、突厥、契丹、蒙古为中心[D].北京:中央民族大学,2004:20.

如,《国语·楚语上》"求贤良以翼之",韦昭注"翼"为"辅";《左传·昭公九年》"翼戴天子",杜预注"翼"为"佐";《汉书·东平思王刘宇传》"制节谨度以翼天子",颜师古注"翼"为"佐";《诗·大雅·卷阿》"有冯有翼",郑玄笺"翼"为"助";《汉书·王商传》"不遵法度以翼国家",颜师古注"翼"为"助"。匈奴等北方游牧民族实行的所谓"两翼制度",应旨在辅佐、辅助、佐助本民族发展壮大。

秦朝时,"东胡强而月氏盛。匈奴单于曰头曼,头曼不胜秦,北徙"。匈奴的东、西、南三面均有强劲的民族政权,自身尚未强大。冒顿时,情况发生根本变化,匈奴"大破灭东胡王,而虏其民人及畜产。既归,西击走月氏,南并楼烦、白羊河南王。悉复收秦所使蒙恬所夺匈奴地者,与汉关故河南塞,至朝那、肤施,遂侵燕、代"。"诸左方王将居东方,直上谷以往者,东接秽貉、朝鲜;右方王将居西方,直上郡以西,接月氏、氐、羌;而单于之庭直代、云中:各有分地,逐水草移徙。"诸方王将驻牧地的划分显然在冒顿向东、西、南三面拓地后,北方游牧民族"两翼制度"首见于此。但匈奴"左方""右方"的出现却不见得始于冒顿时。史载,"自淳维以至头曼千有余岁,时大时小,别散分离,尚矣,其世传不可得而次云。然至冒顿而匈奴最强大,尽服从北夷,而南与中国为敌国,其世传国官号乃可得而记云",随后列举"左右贤王,左右谷蠡王,左右大将"① 等一系列官号。因冒顿时匈奴"南与中国为敌国",双方接触日渐频繁,故匈奴"世传国官号"得以被"中国"人了解并载入"中国"史籍。而在冒顿之前,匈奴内部很可能已划分"左方""右方"。"左方""右方"属匈奴"世传","两翼制度"应是自冒顿开始为佐助本族发展壮大而实行的,当时"中国"人称之为"左臂""右臂"。

"中国"史籍记载匈奴"左臂",与汉武帝时主动出击匈奴的军事、政治举措有关,即所谓"断匈奴之左臂"。在"中国"人眼中,匈奴"左臂"与汉武帝击败匈奴之前,匈奴在北方草原上自冒顿单于开始的长时间的强大直接相关,应是其掌控东方民族的有力凭借。在"中国"史籍对匈奴败于武帝之后的社会发展的记述中,再也不见有关"左臂"的记载。相比之下,匈奴"左地""左方""左部"的记载却不以武帝击败匈奴为时间限定。这似乎表明匈奴"左臂"与"左地"并非等同概念。败于武帝后,匈奴仍实行所谓"两翼制度",但因其"左臂"已"断","两翼制度"或由此前佐助匈奴掌控东、西方民族,转变为辅助单于管理本族内部事务。这或可对应王可宾的匈奴"左地"有广、狭义之分的观点。

匈奴"左臂"应与"包括东胡故地在内,东接秽貉、朝鲜"的广义"左地"有关,败于武帝之后的匈奴"左翼"应与"匈奴左方王将之驻地,而不包括东胡故地"的狭义"左地"有关。探讨匈奴"左臂",应将目光放在狭义概念外的"左地",即由"东胡故地""东接秽貉、朝鲜"的地域内。

---

① 《史记》卷110《匈奴列传》,第2887—2891页。

二、匈奴"东袭击东胡"与"左臂"形成

匈奴"左臂"的形成应与其"东袭击东胡""大破灭东胡王"有关,这场战事涉及民族分界。《山海经·海内西经》载"东胡在大泽东,夷人在东胡东"①,《史记·匈奴列传》载"燕北有东胡、山戎",《索隐》引服虔云:"东胡,乌丸之先,后为鲜卑。在匈奴东,故曰东胡"②,所谓"大泽"应是匈奴与东胡的分界。有学者认为,"大泽"乃今内蒙古赤峰市的达来诺尔。③

关于匈奴、东胡分界,《史记·匈奴列传》也有记载。

> 东胡王愈益骄,西侵。与匈奴间,中有弃地,莫居,千余里,各居其边为瓯脱。东胡使使谓冒顿曰:"匈奴所与我界瓯脱外弃地,匈奴非能至也,吾欲有之。"冒顿问群臣,群臣或曰:"此弃地,予之亦可,勿予亦可。"于是冒顿大怒曰:"地者,国之本也,奈何予之!"诸言予者,皆斩之。冒顿上马,令国中有后者斩,遂东袭击东胡。东胡初轻冒顿,不为备。及冒顿以兵至,击,大破灭东胡王,而虏其民人及畜产。④

匈奴、东胡间曾有"弃地",广阔"千余里"。从东胡"欲有之"、冒顿"地者,国之本也"的话语看,此"弃地"似乎可供游牧。然对匈奴、东胡等北方游牧民族而言,"千余里"土地所以被"弃",很可能由于它并非良好的游牧场所,在优质牧场能够满足双方畜产经营的生态背景下,可权且"弃"之。以"大泽"为地理参照,从生态环境史角度考察,"弃地"应指今浑善达克沙地。⑤

冒顿"东袭击东胡"的进兵路线途经"弃地""大泽"。浑善达克沙地与其东北端的达来诺尔(蒙古语,汉译为"大海"),处于大兴安岭西南山麓与七老图山西北山麓和属于阴山山脉的大马群山东北山麓间形成的天然豁口的西端,沙地与大湖的存在可能会对冒顿大军的东进造成一定的阻碍,但是,通过之后便进入到山麓间的豁口地区。源于今克什克腾旗西南部,大兴安岭山地红山北麓白槽沟的西拉木伦河由此东流,沿河交通便利并且形成以贡格尔草原为代表的诸多水草丰美之地。西拉木伦河上源所在的几大山脉间的豁口以东,是大兴安岭东南山麓与七老图山东北山麓、努鲁尔虎山北部山麓之间广阔平坦的草原地带,由西东流的西拉木伦河(古称饶乐水、潢水)贯穿其间,与西南—东北流向的老

---

① 袁珂. 山海经校注 [M]. 成都:巴蜀书社,1992:343—344.
② 《史记》卷110《匈奴列传》,第2885页。
③ 孙进己. 东北民族源流 [M]. 哈尔滨:黑龙江人民出版社,1987:29.
④ 《史记》卷110《匈奴列传》,第2889页。
⑤ 孙进己、王绵厚主编的《东北历史地理》谈及未被匈奴击破前的"东胡的西界",说:"东胡之西应为匈奴,但又不直接与匈奴相接,中间还有弃地千余里。这千余里弃地,应为今内蒙古锡林郭勒盟南部的沙漠地带。"(第190页)然并未对此做出论证。关于"弃地"乃今浑善达克沙地,笔者将另撰文讨论。

哈河（古称乌侯秦水）汇合后称西辽河而继续东流，与东辽河汇合后称辽河（古称大辽水）而转向南流，进入辽东并且最终在辽东湾汇入渤海。

战国燕时，"（秦开）归而袭破走东胡，东胡却千余里……燕亦筑长城，自造阳至襄平。置上谷、渔阳、右北平、辽西、辽东郡以拒胡"①。燕国拓地使"东胡却千余里"。有学者认为，其"向北退却一千余里所空出的地方"约相当于"今内蒙古东部老哈河上游东南至辽宁大小凌河流域，即包括今赤峰市（旧昭乌达盟）、朝阳市、锦州市及其周围的大片地方"②。至于此后东胡的活动范围，有学者指出：南界"当在长城以北，今西喇木伦河流域等地"，北界"不会超过大兴安岭南麓及霍林河一线"，西界"应该是所谓'大泽'（今达来诺尔）"，东界"当达到今辽河流域，而与夷人相接"③。

在东胡为燕国所败后活动的这片地域中，西拉木伦河流域应引起格外关注。以河流为依托，这片东西走向的带状区域虽间有沙地、丘陵，整体上却是较为开阔的洪积平原，水草丰美，因而形成一条天然廊道。④廊道西端通达"大泽"（达来诺尔）、"弃地"（浑善达克沙地），是东胡、匈奴的天然分界，东端接连"大辽水"（辽河流域），进而"与夷人相接"。这无疑为同一民族内部、不同民族间的往来交流提供交通便利。考古学研究表明，早在东胡活动于西拉木伦河流域前，这里便已上演不同部族、民族间的交融。如有学者认为"距今3000年左右""应首先兴起于西拉木伦河流域"的夏家店上层文化，"有可能是在本地晚商遗存与来自下辽河流域高台山文化结合的基础上，并吸收多种文化因素整合的结果"⑤。廊道便利的交通、宜农宜牧的生态环境为"下辽河流域高台山文化"人群进入，并最终与"本地晚商遗存"及其他"多种文化因素"整合为夏家店上层文化提供了客观条件。

从"秦开拓地"的战国中后期至冒顿东进的秦末汉初，廊道上生活着以东胡为主体的游牧民族。东胡被冒顿击破后，后裔迁往大河以北的偏远地域（乌桓山、鲜卑山）并形成乌桓、鲜卑两族，廊道处于匈奴控制下并被划入"左地"。原本活动于大兴安岭以西广袤草原上的匈奴人，可借廊道进入大兴安岭以东、燕山以北地区。若把势力鼎盛时的匈奴比作翱翔在北方草原上的雄鹰，由雄鹰左边躯干（王可宾所谓狭义"左地"）向东方延伸的

---

① 《史记》卷110《匈奴列传》，第2885—2886页。
② 林幹．东胡史［M］．呼和浩特：内蒙古人民出版社，1989：9．
③ 孙进己，王绵厚．东北历史地理［M］．哈尔滨：黑龙江人民出版社，1989：188—191．
④ 有学者注意到，历史文献将契丹族早期和辽代前期西辽河冲积平原称为"辽泽"，"其北界为大兴安岭山地南麓，南界为燕山山地北麓，西界在翁牛特旗首府乌丹镇附近，'东际辽河'，即以西辽河与东辽河会合后南流的中部辽河干流为东界"。不过，"辽泽不是一个连续的湖泊或沼泽"，而"为多种自然景观组合，包括面积广大的被固定的平坦沙地，其植被主要为草本植物，还生长有榆、柳等乔木，呈草原景观或疏林草原景观，此外还有较大面积生长蒲苇的沼泽和许多湖泊，其中有的湖泊面积很大"。（肖忠纯．辽宁历史地理［M］．长春：吉林大学出版社，2010：112—115．）"辽泽"的存在不仅不会阻碍廊道交通，反而为其顺利通行提供良好的生态环境保障。作为契丹族早期活动中心地区的"辽泽"与数百年前的"匈奴之左臂"当有很大程度上的空间地理重合。
⑤ 朱永刚，王立新．西拉木伦河流域先秦时期文化遗存的编年与谱系研究［J］．边疆考古研究（第4辑）．北京：科学出版社，2006：62—63．

地处秦汉王朝东北边疆"五郡塞外",并可连接玄菟、乐浪等多民族活动地区的廊道,应可视为"左翼",即"中国"人眼中的"左臂"。司马迁在《史记·匈奴列传》中说匈奴"左方""直上谷以往者,东接秽貊、朝鲜",似乎已暗含民族地理学方面有关匈奴"左臂""左翼"的寓意。西拉木伦河(或许至少还包括西辽河)沿岸的廊道地带恰是"匈奴之左臂"的重要组成部分,在日后汉匈双方对东北亚主导权的争夺中发挥着重要历史作用。

三、汉朝"徙乌桓""五郡塞外"与"断匈奴之左臂"

属"匈奴之左臂"的廊道地带,约相当于燕秦汉长城以北的今赤峰及通辽地区。关于冒顿"东袭击东胡"后当地的民族构成,有学者认为,"仍是乌桓人和鲜卑人,匈奴人不过奴役了乌桓和鲜卑人,并没有大批迁到这些地区居住"①。匈奴人"没有大批迁到这些地区居住"的看法或可商榷。

若说史籍所载自汉文帝至武帝时,匈奴寇掠辽东、辽西、右北平、渔阳、上谷五郡,尚不足以证明其大批生活于"五郡塞外"廊道地带,汉军击匈奴的出师路线或能成为有力证据。元朔五年(公元前124年)春,汉军多路进击匈奴,其中一路为"大行李息、岸头侯张次公为将军,出右北平"②。元狩二年(公元前121年)夏,汉军再次出击匈奴,其中一路为"博望侯张骞、郎中令李广俱出右北平,异道"③。"出右北平"即从右北平郡境"出塞"。西汉时,右北平郡最北端的长城边塞大体走向是:从今河北省围场县北部呈西南-东北向修筑,至今赤峰市区以北沿英金河北岸呈东西向布列、直至英金河与老哈河汇流处为止。④ 该郡北境地处七老图山和努鲁儿虎山北麓,多为崎岖难行的山地丘陵,与塞北交通基本借助穿切山脉的河流形成的天然谷道。沟通该郡塞内外的河谷道主要有两条——老哈河和伊逊河谷道。武帝时汉军两次"出右北平",很可能与这两条河谷道有关。汉军出塞后便进入西拉木伦河流域的廊道地带。若匈奴人没有大批生活在右北平等郡塞外廊道地带,汉军两次大规模军事行动岂非失去意义?⑤

廊道地带仍可能生活着部分未逃至乌桓山或鲜卑山的东胡人。西汉初,汉廷"使樊哙击燕",燕王卢绾"悉将其宫人家属骑数千居长城下,候伺,幸上病愈,自入谢。四月,高祖崩,卢绾遂将其众亡入匈奴,匈奴以为东胡卢王"⑥。汉初,辽东等五郡尚属燕王管

---

① 孙进己,王绵厚. 东北历史地理 [M]. 哈尔滨:黑龙江人民出版社,1989:247.
② 《史记》卷111《卫将军骠骑列传》,第2925页。
③ 《史记》卷111《卫将军骠骑列传》,第2930页。
④ 谭其骧主编. 中国历史地图集(第二册)秦·西汉·东汉时期 [M]. 北京:中国地图出版社,1982:27—28.
⑤ 《太平寰宇记》卷49"青坡道"条引《冀州图》,说到"自周、秦、汉、魏以来,前后出师北伐"的三条干线,其中"一道东北发向中山,经北平、渔阳向白檀、辽西,历平冈,出卢龙塞,直向匈奴地"。(乐史撰. 太平寰宇记 [M]. 王文楚等点校. 北京:中华书局,2007:1036.)也可作为论据之一。
⑥ 《史记》卷93《韩信卢绾列传》,第2639页。

辖，卢绾众人所"居长城下"应属廊道以南的五郡边塞。另从"匈奴以为东胡卢王"看，卢绾众人"亡入"的应是匈奴控制的廊道地带；而从"东胡卢王"封号看，卢绾可能会辖有部分留居故地的东胡人。

总之，匈奴掌控的廊道地带应生活着包括匈奴、东胡、汉等多民族在内的人群共同体。20世纪50年代，在辽宁省西丰县西岔沟发掘了西汉墓群。关于其族属，学界历来存在争议，有匈奴说、乌桓说、夫余说等。近些年"考古学界已经认识到西岔沟墓地包含多种文化因素，不仅包含汉、匈奴、扶余的文化因素，而且还有当地战国至西汉早期的土著文化、汉书二期文化、来自长白山地的以小型陶明器为代表的文化因素等"。① 墓群位于辽河干流以东近百公里、南距西汉辽东边塞约30公里，"包含多种文化因素"，反映当时塞外多民族共处，或许这里也属匈奴"左臂"。

匈奴既直辖廊道地带，便可带领臣属民族向南进攻汉朝边郡，向北、向东掌控、经略其他民族，争夺东北亚主导权。

"左臂"未"断"前，匈奴对汉朝东北边疆"上谷至辽东"五郡的入寇常见载于史书。主要有：

> （文帝前十四年至后二年间）匈奴日已骄，岁入边，杀略人民畜产甚多，云中、辽东最甚，至代郡万余人。②
> （武帝元光六年）匈奴数入盗边，渔阳尤甚。汉使将军韩安国屯渔阳备胡。③
> （武帝元光六年）匈奴入上谷，杀略吏民。④
> （元朔元年）秋，匈奴入辽西，杀太守；入渔阳、雁门，败都尉，杀略三千余人。⑤
> （元朔二年）匈奴入上谷、渔阳，杀略吏民千余人。⑥
> （元狩元年）匈奴入上谷，杀数百人。⑦
> （元狩三年）匈奴入右北平、定襄各数万骑，杀略千余人而去。⑧

匈奴入寇造成汉朝东北边郡重大损失，当地军民被大量杀略，甚至出现辽西太守被杀、渔阳都尉战败的特大事件，即使是奉命"屯渔阳备胡"的韩安国将军也被击败，本人负伤、所部损失惨重⑨。

---

① 潘玲. 乌桓、扶余抑或匈奴？西岔沟墓地族属之谜[J]. 大众考古，2013（3）.
② 《史记》卷110《匈奴列传》，第2901页。
③ 《史记》卷110《匈奴列传》，第2906页。
④ 《汉书》卷6《武帝纪》，第165页。
⑤ 《汉书》卷6《武帝纪》，第169页。
⑥ 《汉书》卷6《武帝纪》，第170页。
⑦ 《汉书》卷6《武帝纪》，第175页。
⑧ 《史记》卷110《匈奴列传》，第2909—2910页。
⑨ 《汉书》卷52《韩安国传》，第2406页。

掌控、经略其他民族，是匈奴利用"左臂"争夺东北亚主导权的另一重要方面。如"乌桓者，本东胡也。汉初，匈奴冒顿灭其国，余类保乌桓山，因以为号焉"，这个新的民族虽远徙至西拉木伦河以北的乌桓山一带，却未摆脱匈奴掌控，成为其种族奴隶。据载"乌桓自为冒顿所破，众遂孤弱，常臣伏匈奴，岁输牛马羊皮，过时不具，辄没其妻子。"① 此外，西汉前期生活在今吉林、黑龙江一带的夫余人可能也受匈奴掌控。有学者研究认为，"北夫余……被称为'橐离国'，最初当是居于匈奴左地的匈奴人的属国"②。

以今朝鲜半岛大同江流域为中心的卫氏朝鲜，是西汉时东北亚重要的地方政权。"会孝惠、高后时天下初定，辽东太守即约满为外臣，保塞外蛮夷，无使盗边；诸蛮夷君长欲入见天子，勿得禁止。以闻，上许之，以故满得兵威财物侵降其旁小邑，真番、临屯皆来服属，方数千里。"③ 卫氏朝鲜成为西汉东北塞外诸多民族政权的实际领导者。汉武帝时，汉朝与匈奴在北方长城沿线展开长期战争，卫氏朝鲜的向背无疑会影响战争走势。匈奴是否会与卫氏朝鲜联合对抗汉朝，成为汉朝统治者的一大顾虑。前引哀帝时太仆王舜、中垒校尉刘歆所谓"东伐朝鲜，起玄菟、乐浪，以断匈奴之左臂"之语虽是赞颂武帝功绩，似乎也含有匈奴、卫氏朝鲜曾通过"匈奴之左臂"建立联系的意味。经略卫氏朝鲜，或许是匈奴争夺东北亚主导权的关键。元朔元年（前128年），"东夷薉君南闾等口二十八万人降，为苍海郡"，元朔三年，汉廷"罢苍海郡"④。汉朝设立苍海郡，主要为了制约卫氏朝鲜，该郡设立仅两年多便被罢废，除卫氏朝鲜干涉、自身管理机制问题等原因外，匈奴是否在其中扮演某种角色，值得思考。

从王舜、刘歆等西汉人的话语看，汉朝在东北亚击败匈奴（"断匈奴之左臂"）的关键环节是"东伐朝鲜，起玄菟、乐浪"。实际上，击灭卫氏朝鲜、设立郡县应视为汉朝进一步巩固东北亚主导权的战略行动。相比之下，"徙乌桓""五郡塞外"更可能是汉朝"断匈奴之左臂"、取得东北亚主导权的关键。

史载"武帝遣骠骑将军霍去病击破匈奴左地，因徙乌桓于上谷、渔阳、右北平、辽西、辽东五郡塞外，为汉侦察匈奴动静。其大人岁一朝见，于是始置护乌桓校尉，秩二千石，拥节监领之，使不得与匈奴交通"⑤。"五郡塞外"主要指今西拉木伦河、西辽河流域，原是东胡被燕国击败后活动的地区。乌桓被汉朝迁至其先民活动之地，意味着匈奴从当地退去，即"匈奴左地"退回至冒顿"东袭击东胡"前的大兴安岭以西。霍去病"击破匈奴左地"的时间，《汉书·武帝纪》列之于"（元狩四年）夏，有长星出于西北"条后，即"大将军卫青将四将军出定襄，将军去病出代，各将五万骑……去病与左贤王战，斩获首虏七万余级，封狼居胥山乃还"⑥。从"击破匈奴左地，因徙乌桓……"的文意看，

---

① 《后汉书》卷90《乌桓鲜卑列传》，第2979、2981页。
② 杨军. 高句丽民族与国家的形成和演变 [M]. 北京：中国社会科学出版社，2006：97—98.
③ 《史记》卷115《朝鲜列传》，第2986页。
④ 《汉书》卷6《武帝纪》，第169、171页。
⑤ 《后汉书》卷90《乌桓鲜卑列传》，第2981页。
⑥ 《汉书》卷6《武帝纪》，第178页。

乌桓迁往"五郡塞外"当在元狩四年夏天的军事行动后不久。

东北亚民族地理的重大变化引起一系列连锁反应。一方面，匈奴退出今西拉木伦河、西辽河等地，伸入东北亚的"左臂"被"断"，表明与汉朝争夺东北亚主导权的失败①，对东北亚南部汉朝边郡的威胁基本解除②。此后，匈奴进一步向西退却，《史记·匈奴列传》载"是岁元封六年也。自此之后，单于益西北，左方兵直云中，右方直酒泉、燉煌郡"③。云中郡约相当于今内蒙古呼和浩特等地，该郡以北距大兴安岭西麓数百公里。匈奴这次退却是继"左臂"被"断"后的又一次战略失败。

另一方面，汉朝通过"徙乌桓""五郡塞外"将匈奴隔阻在东北亚南部、东部等广阔地域外，在此基础上展开进一步确立其东北亚主导权的战略行动。如针对此前"所诱汉亡人滋多，又未尝入见；真番旁众国欲上书见天子，又拥阏不通"的卫氏朝鲜，汉廷于元封二年（公元前109年）"遣楼船将军杨仆、左将军荀彘将应募罪人击之"，翌年"夏，朝鲜斩其王右渠降，以其地为乐浪、临屯、玄菟、真番郡"④，开始直接管控东北亚东部。又如汉昭帝时，"五郡塞外"乌桓人日渐强大、对汉朝的离心力愈加明显，元凤三年（公元前80年）"冬，辽东乌桓反"，汉廷"以中郎将范明友为度辽将军，将北边七郡郡二千骑击之"⑤。汉军此役战果丰硕，"斩首六千余级，获其三王首而还"⑥。这次胜利对汉朝把控原匈奴"左臂"地区的民族态势、保证东北亚南部汉朝边郡与塞外民族地区的社会稳定，具有重要战略意义。

与"东伐朝鲜，起玄菟、乐浪"相比，汉朝通过"徙乌桓""五郡塞外，为汉侦察匈奴动静"的方式，对西拉木伦河流域等原匈奴"左臂"地区的把控，方为"断匈奴之左臂"的关键。汉廷"东伐朝鲜，起玄菟、乐浪"发生在元封二年、三年（前109—前108年），距霍去病"击破匈奴左地，因徙乌桓"五郡塞外"的元狩四年（前119年）及稍后已有十年左右时间，显然，"徙乌桓""五郡塞外"将匈奴从东北亚南部、乃至东部隔绝出去，"东伐朝鲜，起玄菟、乐浪"是以此为基础的进一步战略行动。因此，"徙乌桓""五郡塞外""以断匈奴之左臂"应更接近史实。自西汉时起，"中国"人即已将"东伐朝鲜，起玄菟、乐浪"的历史意义置于"徙乌桓""五郡塞外"之上，人为改写了"断匈奴之左臂"的关键战略环节，其中原因颇值得思考。

---

① 匈奴虽仍可通过大兴安岭北麓进入东北亚，与拓跋鲜卑、夫余等地理位置偏北的民族交往，却基本失去对东北亚中、东部诸民族的控制力、影响力。
② 此后直至西汉末年的正史中，仅见征和二年"匈奴入上谷、五原，杀略吏民"的记载。（《汉书》卷6《武帝纪》，第209页。）
③ 《史记》卷110《匈奴列传》，第2914页。
④ 《汉书》卷6《武帝纪》，第194页。
⑤ 《汉书》卷7《昭帝纪》，第229页。
⑥ 《后汉书》卷90《乌桓鲜卑列传》，第2981页。

四、匈奴"左臂"与"右臂"

提到匈奴"左臂",不免使人想到匈奴"右臂"。相比之下,史书对"右臂"的记载较多。如《史记·大宛列传》载,张骞第一次出使西域归国后,对武帝进言说:"今诚以此时而厚币赂乌孙,招以益东,居故浑邪之地,与汉结昆弟,其势宜听,听则是断匈奴右臂也。"①《汉书·西域传》说武帝时"表河西,列四郡,开玉门,通西域,以断匈奴右臂,隔绝南羌、月氏"。②《后汉书·班超传》载章帝时班超上疏,有"前世议者皆曰取三十六国,号为断匈奴右臂"③。《晋书·地理志·凉州》追述前代史事,有"汉改周之雍州为凉州,盖以地处西方,常寒凉也。地势西北邪出,在南山之间,南隔西羌,西通西域,于时号为断匈奴右臂"④,在汉亡后的很长时间,武帝"断匈奴右臂"之功仍深受世人推崇。⑤ 值得注意的是,上言《后汉书》两传注释提及的"匈奴之左臂",在正文中的出注处皆在回忆汉武时"断匈奴右臂"的文字后。而两注释中与"断匈奴之左臂"并提的"裂匈奴之右臂",在《汉书·韦贤传》中作"裂匈奴之右肩"。

"匈奴右臂"对应的地理范围,从上引"故浑邪之地""表河西,列四郡""地势西北邪出,在南山之间"等记载看,应与今河西走廊关系密切,而班超"取三十六国,号为断匈奴右臂"之语,似乎表明也可能与当时的西域有关。这或许与同样存在广、狭义之分的匈奴"右地"有关。

匈奴"左臂""右臂"存在时间约略相当,两者在其掌控东、西方民族的宏观战略中均发挥重要作用。但在正史记载中,"左臂"仅一见,"右臂"多次出现并在后世留下深刻历史记忆。此种强烈反差的成因值得思考。

从秦汉民族交通地理看。匈奴"右臂"重要组成部分——河西走廊几乎成为汉朝与西方诸族联系交往的唯一通道,即便对汉朝之后的诸多中原政权而言,河西走廊在控制西北边地、联通西方民族方面的作用仍不可替代。匈奴"右臂"虽被斩断,但作为其重要组成部分的河西走廊却掀开其在中西方交通史上的崭新篇章,一定程度上被视为河西走廊代名词的匈奴"右臂"得以长期、频繁出现在"中国"史籍中。

秦汉时中原民族与东北亚诸族联系交往的通道,首推长城之内的以"并海道"为代表的辽西走廊交通体系。⑥ 因为该交通体系长期处于中原民族控制下并已能够成熟运转,汉

---

① 《史记》卷123《大宛列传》,第3168页。
② 《汉书》卷96下《西域传下》,第3928页。
③ 《后汉书》卷47《班超传》,第1575页。
④ 《晋书》卷14《地理志上》,第432页。
⑤ 如《晋书》卷117《姚兴载记上》载,凉州人申屠英的主簿胡威曾向姚兴进言,有"昔汉武倾天下之资,开建河西,隔绝诸戎,断匈奴右臂"。(第2986页)又,《新唐书》卷216上《吐蕃传上》载武后时右史崔融奏议,有"武帝赫然发愤,甘心四夷,张骞始通西域,列四郡,据两关,断匈奴右臂"(北京:中华书局,1975:6078.)
⑥ 王海. 燕秦汉时期辽西走廊与东北民族关系 [J]. 南都学坛, 2013 (1).

朝在"断匈奴之左臂"后，对西拉木伦河流域所处廊道地带似乎没有直接掌控、经营的必要，否则不会"徙乌桓"于"五郡塞外"。因此，汉朝"断匈奴之左臂"后，并不会对这条廊道留下更多历史记忆。

从秦汉政区地理看。汉朝"断匈奴右臂"后，在河西走廊修长城、设郡县，迁来大批内地民众加以开发。武威、张掖、酒泉、敦煌"四郡"和玉门关、阳关"两关"等行政区划和建置，皆是在原匈奴"右臂"地域范围内发展演变而来。日后诸多中原政权对汉朝"四郡""两关"等的沿袭，自然使人联想起匈奴"右臂"并载之于史籍。而汉朝"断匈奴之左臂"后，西拉木伦河流域所处廊道地带成为乌桓人的活动地区。东汉初，朝廷允许乌桓入塞，鲜卑继而南下活动于廊道地带，中原政权与廊道地带的空间距离被拉大。中原民族行政建置的真空，使原匈奴"左臂"指代的地域缺少如同"右臂"般的历史承载。

从秦汉文化地理看。"断匈奴右臂"战略设想始于张骞，"开建河西"的历史壮举始于霍去病远征，"列四郡，据两关""南隔西羌，西通西域"等"断匈奴右臂"的具体战略步骤都是中国史上的大事件。"右臂"与张骞、霍去病等历史文化名人的言行，与"四郡""两关""西域"等著名的历史文化地域皆有较为密切的关系。这些名人、名域乃中国古代交通文化、边塞文化天河中璀璨夺目的星群。从文化地理层面说，世人对匈奴"右臂"留下很多历史记忆实属正常。①

匈奴"左臂"地处边塞以北，长期游离于中原文化圈之外。《汉书·地理志》概括各地社会经济、风俗文化面貌，涉及东北亚的有"上谷至辽东，地广民希，数被胡寇，俗与赵、代相类，有鱼盐枣栗之饶。北隙乌丸、夫余，东贾真番之利""玄菟、乐浪，武帝时置，皆朝鲜、濊貉、句骊蛮夷"②。这些史文中已不见与匈奴"左臂"明显相关的文化信息。自此开始，匈奴"左臂"在后世政治、军事、史学等诸家的脑海中逐渐淡漠，以至接近被遗忘的边缘，对"左臂"与相关问题的研究亦如此。

---

① 直至今日，仍有不少学者的研究针对或涉及匈奴"右臂"。参见：刘光华. 张骞与西汉中期的"断匈奴右臂"战略 [J]. 西北民族研究，1988（1），高荣. 汉代张掖属国新考 [J]. 敦煌研究，2014（4）等文。
② 《汉书》卷28下《地理志下》，第1657—1658页。

论辽南地区汉代社会发展

——燕秦汉时期东北亚走廊系列研究之三

宋薇薇　王海　渤海大学

辽南，狭义上专指大连地区（大连市、普兰店、瓦房店、庄河、长海、金州、旅顺），广义上还包括营口部分地区，如鲅鱼圈区、大石桥、盖州、熊岳等地域，覆及大半个辽东半岛。自古至今，辽南在中国东北乃至整个东北亚的社会发展进程中始终扮演着重要的角色，因而具有不小的研究价值。

对辽南地区历史时期社会发展的研究大多集中在近现代，对上古时期社会发展的关注相对较少。有一些文章，如杨富《公孙氏政权下辽东经济中心的发展与衰落》、王子今《秦汉时期渤海航运与辽东浮海移民》等，讨论的是包括辽南地区在内的汉代"大辽东"社会的发展。又如刘俊勇等人《辽南汉墓分期研究》、张翠敏等人《大连地区汉代城址考辨》等，主要介绍了辽南地区的汉代考古发现，对于当地社会发展的探讨只是略有涉及。

可见，学界对于辽南地区上古时期的社会发展情况，特别是社会发展的主要推动力的关注和研究尚有不足。本文尝试以辽南地区汉代社会发展为研究对象，在概述辽南地区汉代社会面貌的基础上，探讨社会发展的主要原因与社会发展特色，进而揭示出辽南地区在上古时期整个东北亚社会发展中的重要地位。

一、辽南地区汉代社会发展概说

燕秦汉时期，辽南首次纳入郡县制管辖体系，为当地社会发展奠定了基础。据《汉书·地理志》记载，汉代已在辽东地区设置郡县：

> 辽东郡，秦置，县十八。……平郭，有铁官，盐官。文，莽曰文亭。沓氏。①

据谭其骧先生主编的《中国历史地图集》标示，"平郭""文""沓氏"三县皆地处今辽南地区，并且都临近海岸线。②

不过，迄今为止的考古发现表明辽南地区的汉代城址远不止以上三座。辽南汉代城址

---

① 《汉书》卷28下《地理志下》，北京：中华书局，1962：1625.
② 谭其骧. 中国历史地图集（第二册）秦·西汉·东汉时期 [M]. 北京：中国地图出版社，1982：27—28.

众多，据笔者粗略统计，有一定规模的（城墙边长 200 米左右及以上）当不下 15 座。平郭等三县城很可能便在这 15 座之中，余下的城址则有可能属于当时的乡邑，也有可能是豪强大族的坞壁。无论如何，辽南地区汉代城邑众多、分布较为密集，为大一统政治背景下的社会发展提供了保障。

自东汉后期开始，包括辽南地区在内的整个辽东进入了长达 50 年的公孙氏政权割据时代。当中原多地军阀混战、社会凋敝之时，辽南社会则是另一番景象。晋人孙楚曾致书于孙浩，其中有：

> 昔公孙氏承籍父兄，世居东裔，不供职贡，内傲帝命，外通南国，乘桴沧海，交酬货贿，葛越布于朔土，貂马延于吴会。①

看来，相对稳定的社会政治环境为辽南地区汉代社会的发展，特别是社会经济的繁荣，奠定了更加坚实的基础。

有关辽南地区汉代社会经济的发展情况，文献记载十分缺乏。但自 20 世纪初，特别是中华人民共和国成立以来，辽南地区发现并清理为数众多的汉代墓葬，总计已有 600 余座。例如，1994 年在瓦房店陈屯发掘汉魏时期的墓葬 171 座，② 2003—2004 年在营城子高新技术园区发掘墓葬近 200 座，③ 2005 年在大连开发区董家沟清理了近数百座汉墓，④ 2010 年 3 月至 9 月在普兰店市姜屯发掘汉墓 212 座⑤。"事死如事生，事亡如事存"是汉代普遍盛行的丧葬观念。辽南地区的汉墓，特别是其中的随葬品、壁画，为我们研究当地汉代社会经济发展，提供了十分珍贵的史料。

辽南地区汉代农业的发展，首先体现在铁质农具的普遍使用上。例如，营城子贝墓、⑥ 盖县（今盖州市）九垄地汉墓⑦以及旅大农业试验场⑧都曾出土铁锸，营城子贝墓 M47 出土铁镰 1 件，⑨ 旅顺江西鲁家村出土汉代铁镢 11 件，⑩ 大岭屯城址更是出土铁斧 53 件，⑪ 在瓦房店市赵屯汉代遗址中则发现 1 件比较完整的铁犁铧⑫。在砍伐林木、变林地为农田的过程中，铁斧发挥着十分重要的作用，铁犁铧则是开垦农田的利器。铁锸、铁镢在中耕

---

① 《晋书》卷 56 《孙楚传》，北京：中华书局，1974：1540.
② 大连市文物考古研究所. 论大连地区汉墓在东北考古学史上的地位［G］//大连考古文集（第一集）. 北京：科学出版社，2011：342.
③ 辽宁省文物考古研究所. 大连营城子地区汉代墓葬及相关问题探讨［G］//辽宁考古文集（第二集）. 北京：科学出版社，2010：391.
④ 王明巍. 辽南地区汉墓［D］. 沈阳：辽宁大学，2010：4.
⑤ 李龙彬，白宝玉等. 辽宁普兰店姜屯汉墓（M45）发掘简报［J］. 文物，2012（7）.
⑥ 于临祥. 营城子贝墓［J］. 考古学报，1958（4）.
⑦ 许玉林. 辽宁盖县东汉墓［J］. 文物，1993（4）.
⑧ 刘俊勇. 旅顺鲁家村发现一处汉代窖藏［J］. 文物资料丛刊，1981（4）.
⑨ 许明纲. 旅大市营城子古墓清理［J］. 考古，1959（6）.
⑩ 刘俊勇. 旅顺鲁家村发现一处汉代窖藏［J］. 文物资料丛刊，1981（4）.
⑪ 三宅俊成. 大岭屯城址的考察［G］//考古学文化论集（4）. 北京：文物出版社，1997.
⑫ 郭富纯，赵锡金. 大连古代文明图说［M］. 长春：吉林文史出版社，2010：168.

除草等方面的使用较为普遍。辽南地区汉代农业生产所使用的铁器与内地基本相同,为当地农耕社会的塑造打下基础。

农业发展还体现在家庭畜牧业方面。本地汉墓中曾出土大量用于随葬的陶狗、陶猪等模型。例如,大连湾刘家屯贝墓 M811 随葬陶狗、陶猪,① [瑶 3] 沙岗子汉墓 M4 出土陶猪 1 件、M5 出土陶猪 2 件。② 此外,甘井子区营城子东汉墓也曾出土陶猪,据说塑造的是华北猪小型种的形象。③

手工业发展主要反映在煮盐、冶铁领域。《管子·地数》载:"齐有渠展之盐,燕有辽东之煮。"④ 辽南地区沿海海岸曲折,水浅滩,有丰富的海盐资源,熊岳地区铁矿石储量较大。这些都为当地煮盐、冶铁业的发展提供了丰富的自然资源。西汉政府在平郭(今盖州以南)设置有盐官和铁官,说明辽南的煮盐、冶铁业在两千多年前已系统化、规模化。

手工业的发展还体现在金属器具冶铸、制陶等方面。辽南地区出土的汉代青铜器种类繁多,造型精美,除了供饮食、烹饪、贮存以外,还被用于车马、武器、服饰等诸多领域。大连营城子汉墓出土的金带钩有可能是当地金属器具冶铸技艺高超的有力证据。金带钩表面饰有十条龙,一条大龙盘踞中间,九条小龙环绕其周,做工精美。⑤ 制陶业的发展主要体现在随葬陶器上,陶器种类较为齐备。例如,大连新金县花儿山贝墓 M7、⑥ 营口北山汉墓⑦年代当属西汉中期,随葬陶器组合除前两期的鼎、盒、壶、盆、罐外,出现耳杯、熏炉、灶等新器形。熊岳胜利村汉墓年代当属西汉后期至东汉前期,出土陶器有鼎、豆、壶、仓、奁、耳杯、熏炉等。⑧ [瑶 4] 陶器做工精美。例如,盖州农民村汉墓 M1 出土陶俑,细泥质灰陶,裙角外撇呈喇叭状,头平视,双手下垂,发着黑彩,上衣领、袖、下襟及肩部着绿边,下裙着白彩。⑨ 盖州农民村汉墓出土彩绘陶房 1 件。陶房长方形,门无窗。内壁素面,外壁及两山施以红、白、绿三色套成的连云纹彩绘图案。⑩

辽南地区汉代商品经济的发展也不容忽视,这首先体现在商品货币经济方面。例如,盖州农民村汉墓出土五铢钱 40 余枚,形态近于武帝时的赤仄五铢。⑪ 花儿山贝墓 M7 出土穿以麻绳、作"8"字状的武帝至宣帝时的五铢钱百余枚。⑫ 盖县(今盖州市)九垅地汉

---

① 刘俊勇,刘婷婷. 大连地区汉代物质文化研究 [J]. 辽宁师范大学学报,2012 (1).
② 大连市文物考古研究所. 大连土羊高速公路发掘报告集 [M]. 北京:科学出版社,2010:89—94.
③ 张仲葛. 出土文物所见我国家猪品种的形成和发展 [J]. 文物,1979 (1).
④ 李山译注. 管子 [M]. 北京:中华书局,2009:340.
⑤ 郭富纯,赵锡金. 大连古代文明图说 [M]. 长春:吉林文史出版社,2010:187.
⑥ 旅顺博物馆、新金县文化馆. 辽宁新金县花儿山汉代贝墓第一次发掘 [J]. 文物资料丛刊,1981 (4).
⑦ 李有升. 营口地方史研究 [M]. 沈阳:辽宁民族出版社,1995:77.
⑧ 崔艳茹,崔德文. 辽宁营口熊岳镇胜利村汉墓清理简报 [J]. 北方文物,2002 (1).
⑨ 辽宁省文物考古研究所. 盖州农民村汉墓群发掘报告 [G] //辽宁考古文集(二). 北京:科学出版社,2010:124.
⑩ 同上.
⑪ 许玉林. 辽宁盖县东汉墓 [J]. 文物,1993 (4).
⑫ 旅顺博物馆(新金县文化馆). 辽宁新金县花儿山汉代贝墓第一次发掘 [J]. 文物资料丛刊,1981 (4).

墓 M5 出土五铢钱 76 枚。① 前牧城驿汉墓 M1 出土新莽"大泉五十"32 枚。②"事死如事生，事亡如事存"，随葬货币应该反映了墓主人生前的商品经济行为。此外，平郭县盐、铁官的设置也是辽南汉代商品经济发展的证明，因为出产的海盐和铁制品要有相当一部分作为商品在本地市场上出售。

社会经济的发展必然带来社会关系方面的变化。在上古时期的中国社会里，豪族可谓衡量某一区域社会关系和社会发展水平的重要"指标"。从文献和考古资料看，辽南地区汉代豪族的发展不容小觑。

东汉后期，公孙度出任辽东太守，"郡中名豪大姓田韶等宿遇无恩，皆以法诛，所夷灭百余家，郡中震栗"③。"郡中名豪大姓"即辽东郡的豪族，多达"百余家"的豪族绝非仅仅分布在首府襄平一带，"郡中"理应包括今辽南地区在内。此外，《后汉书》曾记载东汉中期帝国东部沿海的海贼寇乱，其中或有与辽南豪族相关者。例如，《法雄传》有言：

> 东莱郡兵独未解甲，贼复惊恐，遁走辽东，止海岛上。五年春，乏食，复抄东莱间，雄率郡兵击破之，贼逃还辽东，辽东人李久等共斩平之，于是州界清静。④

海贼张伯路率部"遁走辽东，止海岛上"，最终被"辽东人李久"等人"共斩平之"。从辽东沿海海岛分布情况看，张伯路所部逃往的海岛很可能位于今辽南沿海地区。李久等人"共斩平"海贼，应该说明海贼的活动已经严重侵犯了他们的利益，因而李久等人便有可能主要活动在今辽南沿海。从他们具备平定海贼的强大实力看，这些人很可能是当地的豪族。

辽南地区汉代豪族发展在考古学上的反映，主要体现在"族坟墓"和墓葬壁画等方面。

辽南地区汉代"族坟墓"现象十分突出，是先秦"同族相葬"制度的延续。迄今为止，在旅顺铁山地区、江西区、北海区、大连湾、金州董家沟、普兰店花儿山乡及庄河、瓦房店等地共发掘几十处排布密集的汉墓群。例如，大连市营城子汉墓群由数百座墓葬组成，其中包括贝墓、贝石墓、贝砖墓、砖室墓、石板墓等。这个墓群跨越年代达四五百年，墓葬集中在一起，越是外围时代越晚，墓葬之间应当存在不同程度的宗族血缘关系。⑤这样一个规模庞大的宗族的墓主人们，生前很有可能属于当地的豪族。

大连营城子发掘清理了若干汉代壁画墓，时代多属于东汉中晚期至魏晋，壁画内容基本上以宴饮、乐舞百戏和车马出行为主，着重反映墓主人生前的奢华生活。⑥ 这些墓主人

---

① 许玉林. 辽宁盖县东汉墓 [J]. 文物，1993（4）.
② 大连市文物考古研究所. 大连土羊高速公路发掘报告集》，北京：科学出版社，2010：46—49.
③《三国志》卷 8《魏书·公孙度传》，北京：中华书局，1982：252.
④《后汉书》卷 38《法雄传》，北京：中华书局，1965 年，第 1277.
⑤ 曹钧. 辽南地区汉代墓葬的突出特点 [N]. 中国文物报，2008 - 07 - 18：7.
⑥ 刘立丽. 营城子壁画墓浅议 [J]. 东北史地，2009（3）.

生前无疑为当地的豪族。壁画表现的"羽化""升仙"题材，还成为研究时人社会思想文化的珍贵史料。此外，营城子石板墓曾出土一件陶楼模型，据说是东北地区所见的造型最完整的东汉冥器。① 它应该是豪族地主庄园经济的反映。而分别出土于营城子汉墓M76②、普兰店驿城堡乔屯7号墓③的金带扣和鎏金嵌贝鹿镇都是十分贵重的随葬品，它们的墓主人生前也很可能是豪族。

当然，与辽南地区汉代豪族相比，本地存在更多的社会基本单位还当属小农家庭。辽南地区汉墓曾出土不少陶质房屋模型，例如，营口熊岳镇胜利村汉墓出土1座，④ 沙岗子汉墓M1、M2、M3、M4、M5各出土1座，营城子石板墓出土2座，⑤ 营城子汉墓出土2座，⑥ 旅顺南山里出土2座，⑦ 旅顺铁山对庄沟村汉墓、⑧ 盖州农民村汉墓⑨还曾出土彩绘陶房各1座。此外，还发现有陶仓模型。例如，熊岳镇胜利村汉墓便曾出土5座。⑩ 这些陶质房屋和仓房模型，一定程度上反映了辽南地区汉代小农经济的普遍发展。

总之，辽南地区汉代社会政治环境相对稳定，社会经济发展繁荣，社会形态较为先进，社会整体发展水平较高。这在汉代"北边"社会发展进程中是比较少见的，因而该历史现象之成因便值得进一步思考。

二、"并海道""沓渚"与辽南地区汉代社会发展

辽南地区自古以来便是东北亚的海陆交通枢纽。在上古时期东北亚内外交通联系中有两条十分重要的道路，一是被称为"并海道"的陆路交通道，一是以"沓渚"等港口为支点的海路交通道。值得注意的是，这两条道路均与辽南地区有着密切关系。

据王子今《秦汉时代的并海道》一文所附图一显示，辽东郡境内的"并海道"走向大体与半岛岸线平行而呈"V"字形。⑪ 借助该道，辽南地区既可西通辽西、幽蓟乃至冀州等地，又能东达辽东郡东部和朝鲜等地。文献、考古等方面的资料有助于我们更加详细地了解途径辽南地区的"并海道"的情况。

前文曾提及辽南地区的汉代三县，其中的"文"在《汉书地理志汇释》中也作"汶"。从"文，莽曰文亭"的记载来看，该县应地处交通动脉之上。考古工作者在瓦房

---

① 孙慧珍. 大连地区出土的汉代陶屋 [J]. 博物馆研究，1992 (3).
② 郭富纯，赵锡金. 大连古代文明图说 [M]. 长春：吉林文史出版社，2010：187.
③ 郭富纯，赵锡金. 大连古代文明图说 [M]. 长春：吉林文史出版社，2010：170.
④ 崔艳茹，崔德文. 辽宁营口熊岳镇胜利村汉墓清理简报 [J]. 北方文物，2002 (1).
⑤ 大连市文物考古研究所. 大连土羊高速公路发掘报告集 [M]. 北京：科学出版社，2010：69—93.
⑥ 刘俊勇. 辽宁大连营城子石板墓发掘简报 [J]. 北方文物，2002 (2).
⑦ 大连市文广局文物处、大连市营城子汉墓考古工作队. 营城子汉墓出土文物图集 [J]. 大连文物，2010 (29)：43.
⑧ 郭富纯，赵锡金. 大连古代文明图说 [M]. 长春：吉林文史出版社，2010：237.
⑨ 崔艳茹，崔德文. 辽宁营口熊岳镇胜利村汉墓清理简报 [J]. 北方文物，2002 (1).
⑩ 崔艳茹，崔德文. 辽宁营口熊岳镇胜利村汉墓清理简报 [J]. 北方文物，2002 (1).
⑪ 王子今. 秦汉时代的并海道 [J]. 中国历史地理论丛，1988 (2).

店市太阳王店北的陈屯发现一座汉代城址，坐落在今复州河右岸较为平坦处。从城址所处地理位置和出土遗物看，当为一县治所在，王绵厚先生考定陈屯城址为汶县所在，城南所临的复州河应即古"汶水"。①另有一县"平郭"，《中国历史地图集》标定在今盖州西南不远处的辽东湾东岸。该县应该与"文"县一样，均位于途径汉代辽东郡南部的"并海道"上。平郭是辽东地区的盐、铁官所在，出产的海盐与铁器的向外流布当可借助"并海道"。此外，在辽南地区汉墓中曾发现一些随葬车马器和车马出行壁画。例如，营城子贝墓M10出土有车辖2件、盖弓帽30件、车軎2件、辖4件、铜衔2件、铜镳4件、当卢2件。②营城子壁画墓中绘有车马出行图。③这些考古发现都有助于我们认识辽南地区在汉代的陆路交通状况。

与文、平郭二县相比，沓氏县的交通地位似乎更为重要。关于该县所在，《汉书》应劭注云："氏，水也"。④可见，沓氏县当临沓水。《三国志》等史籍中曾出现"沓渚/津"⑤，是辽东与外界交往联系的重要港口。从"沓渚/津"一称分析，当属于"沓（氏）"县辖域内的"渚/津"一类的港口、码头，《资治通鉴》胡三省注便说："辽东郡有沓氏县，西南临海渚。"⑥该县应位于今辽东半岛的最南端。考古工作者曾在普兰店市西北7公里的张店发现一座汉代城址。该城址濒临普兰店湾，湾内至今仍有由小岛形成的诸多"海渚"。根据城址所处地理环境、规模及出土遗物分析，张店城址应为汉代辽东郡沓氏县所在。⑦

此外，大连的牧羊城城址很可能也与沓氏县有关。该城址西邻渤海、东依老铁山，处在两半岛间的海路交通要道上。从考古发现看，它是汉代辽东郡最南端的一座城，城址内历年来出土不少战、汉时期的文物，周围墓葬遍布，⑧城址附近还发现有汉代港口大坞崖遗址。⑨可见其自古以来便具有十分重要的交通战略地位，是辽南地区汉代的又一个重要港口。如果张店城址确为沓氏县所在，牧羊城城址很可能是该县下辖的乡邑之一，其附近的港口同样可被称为"沓渚/津"。

从辽南地区汉代陆路交通方面看，沓氏应同属于"并海道"上的一座重要县邑。不过，位于半岛最南端的"沓渚/津"主要发挥着与青、徐二州乃至江南地区进行海上交往联系的港口、码头功能。因此，沓氏县应该是辽东、甚至整个东北亚的海陆交通要冲。实际上，青、徐、江南等地与辽东的海上交往，主要是与辽东的政治经济文化中心——襄平

---

① 王绵厚. 两汉时期辽宁建置述论[J]. 东北地方史研究，1985（1）.
② 于临祥. 营城子贝墓[J]. 考古学报，1958（4）.
③ 刘立丽. 营城子东汉壁画墓补议[J]. 东北史地，2009（4）.
④ 《汉书》卷28《地理志下》，北京：中华书局，1962：1626.
⑤ 例如，《三国志》卷57《吴书·陆瑁传》载瑁上疏有"沓渚去渊，道里尚远"（第1337页）。《三国志》卷8《魏书·公孙渊传》引《魏略》载渊表有"贼众本号万人，舒、综伺察，可七八千人，到沓津"（第253页）.
⑥ 《资治通鉴》卷72《魏纪四·列祖明帝中之上》，北京：中华书局，2011：1158.
⑦ 王绵厚. 秦汉东北史[M]. 沈阳：辽宁人民出版社，1994：36.
⑧ 刘美晶. 辽东半岛第一城——旅顺牧羊城城址[J]. 东北史地，2007（3）.
⑨ 原田淑人. 牧羊城——南满洲老铁山麓汉及汉以前遗迹[J]. 东亚考古学会，1931.

的交往，所以，这条海路交通线完全可以有一定的陆路方面的延伸，即由沓氏向北延伸至襄平。

如此看来，辽南地区正处在"并海道"与海上交通道路延长线的交汇点上，区域交通态势大体呈"Ψ"形，可谓东北亚古代交通体系中最为重要的海陆结合地带。突出的区位交通优势必然带动辽南地区汉代社会发展。

辽南地区在汉代即已具备十分便利的交通条件，自然有利于大规模的人员往来。史籍多载有汉代及其前后与今辽南相关的人口迁徙流动情况，例如，

《史记·秦始皇本纪》曰：

> 乃益发卒诣王翦军，遂破燕太子军，取燕蓟城，得太子丹之首。燕王东收辽东而王之。①

《后汉书·东夷列传》记载秦朝时的一次人口迁徙：

> 辰韩，耆老自言秦之亡人，避苦役，适韩国，马韩割东界地与之。其名国为邦，弓为弧，贼为寇，行酒为行觞，相呼为徒，有似秦语，故或名之为秦韩。②

《史记·朝鲜列传》载汉初时事：

> 朝鲜王满者，故燕人也……属辽东外徼。……满亡命，聚党千余人，魋结蛮夷服而东走出塞，渡浿水，居秦故空地上下鄣，稍役属真番、朝鲜蛮夷及故燕、齐亡命者，王之。③

《史记·平准书》说汉武帝时：

> 彭吴贾灭朝鲜，置沧海之郡，则燕齐之间靡然发动。④

《后汉书·东夷列传》也说：

> 灵帝末，韩、濊貊并盛，郡县不能制，百姓苦乱，多流亡入韩者。⑤

---

① 《史记》卷6《秦始皇本纪》，北京：中华书局，1982：233.
② 《后汉书》卷85《东夷列传》，北京：中华书局，1965：2819.
③ 《史记》卷115《朝鲜列传》，北京：中华书局，1982：2985.《后汉书·东夷列传》记载："汉初大乱，燕、齐、赵人往僻地者数万口。"（第2817页）
④ 《史记》卷30《平准书》，第1421页。《汉书·食货志下》则说："彭吴穿秽貊、朝鲜，置沧海郡……则燕齐之间靡然发动。"（第1157页）
⑤ 《后汉书》卷85《东夷列传》，北京：中华书局，1965：2817.

《后汉书·逸民列传·逢萌》曰：

> 逢萌字子康，北海都昌人也……时王莽杀其子宇，萌谓友人曰："三纲绝矣。谓君臣、夫妇、父子。不去，祸将及人。"即解冠挂东都城门。归，将家属浮海，客于辽东。①

《三国志》则有：

> 管宁字幼安，北海朱虚人也。……天下大乱，闻公孙度令行于海外，遂与原及平原王烈等至于辽东。②
>
> 国渊字子尼，乐安盖人也。师事郑玄，后与邴原、管宁等避乱辽东。③
>
> 邴原字根矩，北海朱虚人也。……原以黄巾方盛，遂至辽东，与同郡刘政俱有勇略雄气。④

以上诸例大致可分为两类情况。一类属于直接迁入辽南地区者。例如，燕王喜"东收辽东而王之"和由今山东半岛（齐地）"浮海"前往辽东的诸多人众。他们不可能全部生活在以襄平为中心的地域内，特别是由海路进入辽东半岛的人员，出于在两半岛间往来的交通便利考虑，应当有相当一部分人选择就地生活在辽南地区。另一类属于途径辽南地区而前往他地者。秦末汉初、汉武帝时以及东汉末年由陆路、海路前往今朝鲜半岛的燕、齐等地的人口应属于此类情况。当然，也不能轻易排除上述过路人口中有部分人员选择留居辽南地区的可能性。

无论属于哪种情况，每当国家发生较大的社会政治变动，辽南往往成为流动人口的迁入地，这种现象在汉代表现得十分明显。对于传统的农耕社会来说，人口的增加意味着社会劳动力的愈发充足，进而有助于农业、手工业、商品经济等社会经济各领域的发展。前文所述辽南地区汉代社会经济的发展与繁荣，应当与这些外来移民的辛勤劳动与伟大贡献密不可分。

辽南地区汉代的便利交通条件还促进了当地社会文化的发展。这同样表现在两个方面。一是社会物质文化的发展。三国时期，割据辽东的公孙氏政权与江南的孙吴政权之间曾有过密切往来。嘉禾元年（232年），孙权曾"遣将军周贺、校尉裴潜乘海之辽东"，翌年，又"使太常张弥、执金吾许晏、将军贺达等将兵万人，金宝珍货、九锡备物，乘海授

---

① 《后汉书》卷83《逸民列传·逢萌传》，北京：中华书局，1965：2759.
② 《三国志》卷11《魏书·管宁传》，北京：中华书局，1982：354.
③ 《三国志》卷11《魏书·国渊传》，北京：中华书局，1982：339.
④ 《三国志》卷11《魏书·邴原传》，北京：中华书局，1982：350.

渊"①。时人孙楚曾说:"昔公孙氏承藉父兄,世居东裔,不供职贡,内傲帝命,外通南国,乘桴沧海,交酬货贿,葛越布于朔土,貂马延于吴会。"

所谓"金宝珍货、九锡备物""葛越",都是由海路运往辽东的来自江南的物产,以"沓渚"等为代表的辽南地区的港口正是这些物产的登陆之地。这些异域物产当有相当一部分运往襄平等地,不过也应该有在今辽南"交酬货贿"者。辽南地区汉墓曾出土若干铜镜,有些铜镜的背面粘有丝绸残留。丝绸在当时属于奢侈品,江南地区盛产丝布纺织品。辽南汉代铜镜上的丝绸残留很可能便是当时来自江南的"葛越"。此外,在丧葬方面也发现有来自江南的物质文化因素。辽宁地区曾发现数量较多的花纹砖室墓,这些墓葬基本分布在辽南地区、特别是大连一带。例如,金州董家沟汉墓 M4、② 旅顺南山里汉墓 M10、③ 营城子汉墓 M52④ 等。据研究,花纹砖室墓在我国的起源与分布主要是在今东南沿海和长江流域。⑤ 这种丧葬形制远播辽南,应与两地间自汉代便已较为频繁的海上交通往来有关。

辽南地区的社会思想文化在汉代也得到了发展。在前往辽东避难的外来人口中,有不少闻名天下的知识分子,例如逢萌、管宁、国渊、邴原等人。史载:

(国)渊笃学好古,在辽东,常讲学于山岩,士人多推慕之,由此知名。⑥
(管宁)越海避难者,皆来就之而居,旬月而成邑。遂讲《诗》、《书》、陈俎豆,饰威仪,明礼让,非学者无见也。由是度安其贤,民化其德。⑦
(邴)原在辽东,一年中往归原居者数百家,游学之士,教授之声,不绝。⑧
烈居之历年,未尝有患。使辽东强不凌弱,众不暴寡,商贾之人,市不二价。⑨

出于便利往来两半岛间的考虑,这些名士贤人有可能生活在今辽南地区。他们"讲学于山岩""讲《诗》《书》""教授之声,不绝",必然促进所在地区社会思想文化的发展,取得"民化其德"、醇正世风的良好效果。

总之,辽南地区在汉代已凭借"并海道"的陆路交通和由"沓渚"等港口组成的海路交通,成为辽东乃至整个东北亚交通体系中的要冲。依靠明显的区位交通优势,辽南地区成为汉代重要的人口流入区之一,社会经济的发展获得了充足的劳动力保障,同时也推动了社会物质文化和精神文化的进步,最终促成了辽南地区汉代社会的繁荣。

---

① 《三国志》卷47《吴书·吴主传》,北京:中华书局,1982:1136、1138.
② 三宅俊成.关东州董家沟古坟调查报告书 [J].满洲学报,1944 (7).
③ 滨田耕作.南山里 [J].东亚考古学会,1933.
④ 许明纲.旅大市营城子古墓清理 [J].考古,1959 (6).
⑤ 刘俊勇.大连考古研究 [M].哈尔滨:哈尔滨出版社,2004:88.
⑥ 《三国志》卷11《魏书·国渊传》,北京:中华书局,1982:339.
⑦ 《全晋文》卷50《傅玄(六)·傅子(四)·补遗下》,北京:商务印书馆,1999:514.
⑧ 《三国志》卷11《魏书·邴原传》,北京:中华书局,1982:350.
⑨ 《三国志》卷11《魏书·王烈传》裴松之注引《先贤行状》,北京:中华书局,1982:268.

三、不啻襄平——汉代辽东之"镇"

前文曾提及不少辽南地区珍贵的汉代文物,普兰店驿城堡乔屯7号墓出土的鎏金嵌贝鹿镇便为其一。"镇"是汉代家具之一,"床、榻、枰铺席后,为了避免起身落座时折卷席角,还要在其四隅置镇"①。看来,单一的"镇"并不能发挥功用。对于汉代辽东社会而言,襄平无疑是政治经济文化中心,堪比一"镇",不过,仅靠襄平一"镇"无法促成整个辽东社会的稳定与繁荣,尚需要有其他的"镇"与之配合。辽南地区便是汉代辽东的又一"镇",在辽东社会历史发展中的贡献不啻于襄平。

辽南地区在汉代辽东交通体系中的地位不啻于襄平。据研究,襄平主要凭借六条大道与外界沟通,南行抵海津、再往山东、江南,西行过"辽泽"至辽西、中原,东行前往乐浪(朝鲜)、日本,北行、东北行、西北行可戍边、出塞。②相比之下,辽南地区的汉代交通同样四通八达。通过"并海道",可与西边的辽西、幽蓟等地和东边的朝鲜等地交流往来;借助"安市""新昌"等县境的辽东郡内部交通道路,能够北达襄平;利用"沓氏"县境内的诸多津、渚,可与南部的青、徐等州和江南地区建立海上交通线路。这条海上交通线路对于辽南地区乃至整个辽东的社会发展均发挥着极为关键的作用。它不仅是汉代社会大量的移民进入辽南、辽东的重要通道,还是较为先进、丰富的社会物质和精神文化传进辽南、辽东的主要路径。包括襄平在内的整个辽东汉代社会经济、文化等方面的发展,都在很大程度上受益于这条南向的海上交通线。

更值得关注的是,辽南地区在汉代不少具体社会领域内的发展不啻于襄平。虽然在汉代区域行政地位上,辽南地区无法与襄平比肩,但是迄今为止辽南地区发现的汉代城址要远多于襄平一带。以大连地区和辽阳、鞍山地区进行比较。前者地域面积约为13237平方千米、后者约为13993平方千米,相差不多。但是,前者已发现的较有规模的汉代城址不下15座,而后者则仅有5座。可以说,辽南(尤其是大连)地区汉代城邑密度应在襄平之上。这或许至少能够说明辽南地区在汉代以城邑为代表的社会组织发展水平是比较高的。

在汉代区域社会人口密度上,辽南地区也并不比襄平逊色太多。依然以大连地区和辽阳、鞍山地区进行比较。迄今为止,前者发现汉墓600余座,后者发现汉墓千余座。虽然区域社会某一时期的墓葬数量远不能准确反映当地该时期的人口数量,但是通过对比不同区域社会同一时期的墓葬数量,应该能够大致反映不同区域社会该时期的人口比重。辽南地区汉代社会人口密度虽然无法与襄平相比,但是其人口密度应该并不低,相对人口数量也应不少。这自然与辽南地区便利的交通所吸引的大量汉代移民有关。

在中国古代社会中,豪族是衡量区域社会综合发展水平的一个重要标尺。对于汉代辽

---

① 孙机. 汉代物质文化资料图说(增订本)[M]. 上海:上海古籍出版社,2008:253.
② 王绵厚,李建才. 东北古代交通[M]. 沈阳:沈阳出版社,1990:25—42.

东社会而言，襄平无疑是最为重要的豪族分布区，对此，辽阳发现清理的众多汉代家族墓地和壁画墓便是明证。相比之下，辽南地区也是汉代辽东豪族的一个重要分布区。

前文主要以大连营城子壁画墓等考古资料为依据，论证了辽南地区汉代豪族的存在。而辽南地区汉墓中出土的大批私人印章，或可说明当时这里的豪族为数不少。这些私人印章均为铜质，部分印章表面鎏金，虽不是官印，但在形制上却刻有象征社会地位的龟钮。例如，盖州城关镇农民村汉墓出土的"阴贺之印"；① 营城子贝墓 M38 出土的"公孙訢印"、M42 出土的"文勝之印"；② 旅顺北海李家沟出土的"宋鄚信印"。③ 这些墓主人生前应是本地非富即贵的豪族阶层。

将营城子汉墓壁画与辽阳汉墓壁画对比，前者虽然数量偏少，却也绘有宴饮、乐舞百戏、车马出行等反映墓主人生前社会生活的图景，也有反映墓主人身死之后精神寄托的"羽化""升仙"题材。据说，壁画墓的盛行是汉代提倡厚葬的结果。厚葬是奢侈的消费，而消费水平的高低由生产力发展水平决定。④ 辽南地区汉代壁画墓的发现，说明当时本地社会经济、思想文化发展水平较高。

综上所述，辽南地区汉代社会政治环境相对稳定，社会经济发展繁荣，社会形态较为先进，社会整体发展水平较高。这主要得益于辽南地区以"并海道"和"沓渚"为代表的陆海交通区位优势。辽南地区是汉代重要的人口流入区之一，社会经济的发展获得了充足的劳动力保障，同时也推动了社会物质文化和精神文化的进步。与襄平地区一样，辽南地区也可谓汉代辽东社会稳定、繁荣的之"镇"。辽南地区在辽东乃至整个东北亚上古时期社会史，特别是交通史研究中，理应占有重要地位。

---

① 崔艳茹，魏耕耘．盖州农民村汉墓群发掘简报［G］//辽宁考古文集（二）．北京：科学出版社，2010：127．
② 于临祥．营城子贝墓［J］．考古学报，1958（4）．
③ 于临祥．旅顺李家沟西汉贝墓［J］．考古，1965（3）．
④ 陶莎．论大连营城子汉墓壁画与羽化升仙思想观念的传播［J］．大连民族学院学报，2010（2）．

塔吉克斯坦帕米尔地区灾后重建和发展经历启示[①]

(越南) 阮氏芳簪　　中央民族大学

帕米尔地区跨越四国，包括中国帕米尔、塔吉克斯坦帕米尔、阿富汗帕米尔和巴基斯坦帕米尔四个地区。地处新疆西南端的塔什库尔干县可以说是帕米尔地区的东部，从这里向西走，过了中塔边境线就到达塔吉克斯坦帕米尔部分。高山塔吉克人是这里的主要居民，在塔吉克斯坦帕米尔地区他们被称为帕米尔人[②]，与中国塔吉克人（即色勒库帕和瓦汗米尔人）共同分享被世人称为"世界屋脊"的帕米尔家园及其传统文化和生计方式。塔吉克斯坦帕米尔地区的帕米尔人在其历史长河中经历过不少曲折，经济瓦解和家园内战导致连绵不断的饥荒和死伤是他们历史上巨大的灾难。身处如此困苦的境遇，塔吉克斯坦帕米尔人是如何从困难之中站起来，如何选择自己的发展道路，最后恢复自己的主体意识呢？本文将会集中呈现和分析塔吉克斯坦帕米尔人灾后重建过程中的发展路程及启示。

塔吉克斯坦帕米尔部分覆盖该共和国东部边陲戈尔诺－巴达克山自治州全州，即该自治州州名便为塔吉克斯坦帕米尔地区的政治名称。戈尔诺－巴达克山东边是中国新疆塔什库尔干，西边和南边与阿富汗的巴达克山区相望，北接吉尔吉斯斯坦的奥什区。目前，戈尔诺－巴达克山自治州下属一市［首都霍罗格（Khorog）］和七个地区。2010年全自治州总人口为220600人，其中主要是本地民族帕米尔人，其次是于19世纪从今日的吉尔吉斯斯坦移民过来的吉尔吉斯人。

戈尔诺－巴达克山自治州的建立时间可追溯至1917年。1917年，俄国布尔什维克革命党带来了政治动荡，紧随其后爆发了内战和动摇整个中亚地区的巴斯马齐（Basmachi）叛乱，其后，中亚地区包括今天的塔吉克斯坦帕米尔局势变得相对稳定。1924年当布哈拉酋长国被废除时，乌兹别克苏维埃社会主义共和国成立，戈尔诺－巴达克山成为该共和国的一部分。四年之后，由于塔吉克社会主义共和国从乌兹别克苏维埃社会主义共和国中分割出，戈尔诺－巴达克山便被纳入塔吉克苏维埃社会主义共和国，成为共和国的自治州。作为苏维埃联邦的一部分，戈尔诺－巴达克山很快就成为苏联在中亚地区的发展模范，因

[①] 本文系2017年度国家社科基金重大项目："一带一路"沿线各国民族志研究及数据库建设（课题编号：17ZDA155）的阶段性研究成果。

[②] 帕米尔人里面还分成"八帕"，中国塔吉克族人实际上是"八帕"中的色勒库帕米尔和瓦罕帕米尔，塔吉克斯坦帕米尔部分没有色勒库帕米尔人，其他七个帕米尔人都分布于塔吉克斯坦帕米尔地区境内。

为人们认为该自治州可以呈现社会主义体系的优点。① 确实，苏联期间，戈尔诺－巴达克山的生活和学术教育水平不低于当时西欧的生活标准②，以至于今天，苏联已经解体二十多年，戈尔诺－巴达克山帕米尔人仍然特别怀念当时童话故事般的生活。如果你问当地人如何看待苏联，不论何人，他们发自内心的回复永远是："我们但愿苏联可以回来！"确实，塔吉克斯坦帕米尔人的患难时期是从1991年苏联解体开始的……

一、患难

（一）苏联的撤退

中亚地区的苏联化进程虽然在一定程度上给当地人输入了共产党的正统理论，但是并未有意破坏当地的宗教和文化。实践表明，苏联政权给中亚各苏维埃共和国带来了可持续的经济和社会利益，这些成就远远超过了大英帝国给仅隔一个狭窄瓦罕走廊的阿富汗和巴基斯坦所带来的成就。

20世纪80年代中期，苏联领导人戈尔巴乔夫提出改革建议，这是苏联历史上第一次允许对苏联体系的弱点进行公开讨论。这些改革以"开放"（glasnost）和"重建"（perestroika）为关键词，目的是确保苏联旧体系的健康发展。1988年的政治进程引发了民众对苏联体系的质疑，要求自治的声音从波罗的海各国开始散播，随之而来的是1990年几乎所有苏维埃共和国的宣布独立。

各苏维埃共和国陆续宣布主权，即便最初他们并没有想要进行国际法律下的独立。1991年8月，莫斯科的一次叛乱标志着苏联瓦解过程的结束。之前本来想要独立的中亚各国，此时极度恐慌集权主义的恢复，立即决定彻底结束苏联瓦解进程。几乎所有中亚苏维埃共和国同意脱离苏联，苏联的存在由此而告终。1991年9月5日，苏联人民代表大会最后一次召开，正式宣布苏联行政委员会的解体，苏联政权的法律身份也由此正式失效。1991年12月，乌克兰成为从苏联体系中脱离开来的最后一个国家。此时，苏联的法律地位已经完全散失了。

1990年8月，塔吉克苏维埃共和国趁着当时的趋势也宣布主权独立。1991年9月，该共和国向苏联最高立法机构宣布独立。实际上，脱离苏联是塔吉克苏维埃共和国人民不可避免的选择，虽然最初他们完全没有从苏联分开来的意向。传统上，塔吉克领导一直跟莫斯科的中央组织及苏联保持密切的关系。他们深刻意识到，塔吉克（尤其是巴达克山地州）的存在是苏联时代杰出的产物。苏联中央政府给予塔吉克苏维埃共和国乃至巴达克山州的直接补助使得人们能够过上富足的生活。如果单纯考虑经济方面的原因，塔吉克苏维

---

① 马克思·米克哈勒夫."欧脱人"：缓冲区居民及其世界观［D］.北京：中央民族大学，2014：65.
② F. Bliss, *Social and Economic Change in the Pamirs (Gorno-Badakshan, Tajikistan)* ［M］, London and New York, 2006, p. 255.

埃共和国领导不难发现，苏联的解体意味着来自莫斯科补助的结束，从而会导致共和国的经济崩溃。但面对当时苏联急剧崩解的情形，塔吉克苏维埃共和国束手无策，他们没有其他选择，只好宣布塔吉克斯坦共和国的独立。[①]

苏联的撤退对塔吉克共和国及其帕米尔地区来说显然是一个悲剧，之前从莫斯科直接运来的燃料、粮食、衣服等质量良好的日常用品一夜之间永远停止供应，苏联政府所提供的保健制度也随之瓦解，房屋、道路等基础设施条件因未得到维修而严重退化。原来彻底依靠苏联政府补助的塔吉克斯坦共和国便陷入经济社会生活崩解的困境。

（二）塔吉克斯坦内战

苏联末期，塔吉克斯坦的政治权力全部集中于国家北部的列宁阿巴提地区（Leninabad）领导人手里。跟随着戈尔巴乔夫的"开放"和"重建"等改革理念，塔吉克共和国在1991年成为苏联第一个享受自由选举的苏维埃共和国。新"民主党"当时组织了联盟（包括"人民阵线"和"伊斯兰复兴"等党派）来反对共产党。经过选举，共产党反对派的总统候选人，原来是戈尔诺－巴达克山的影片制作人，被共产党候选人打败。但无论如何，反对派30%的投票结果给政府带来相当大的压力，使共产党接受多党制度的开放政策。

权力分配的要求以及之前固有的复杂民族和区域矛盾，终于导致了塔吉克斯坦1992年的内战。在这场内战中，塔吉克斯坦政府的领导受到南方地区（Kulyab）的支持，终于打败了反对派"民主党"的联盟力量，而这支联盟力量的主要组成部分是来自戈尔诺－巴达克山的帕米尔人战士。这一事实导致了内战后政府对帕米尔人的勒索甚至是残杀，以至于在杜尚别首都居住的很多帕米尔精英人士被强迫回到自己帕米尔地区的家乡。另外，很多参加内战的帕米尔战士要暂时逃到阿富汗。这一切导致了塔吉克斯坦后来的极端政治氛围以及伊斯兰复兴党的激进化。

1994年在战争对抗党派双方进行谈判之后，内战以相对低的强度延续到1997年，这时塔吉克斯坦政府和联合塔吉克反对派签订《和平条约》。这一条约的签订允许暂时进行"权力分配"的政府举行总统和国会选举，同时也允许反对派力量整合到正规的塔吉克斯坦武装部队去。同年11月份，Emomali Rakhmonov再度当选塔吉克斯坦总统，继续其为期七年的总统生涯。2000年3月，国会上议院和下议院的选举得以进行。在此次选举当中，原来的反对派仍然没有获得强烈的拥护（只有10%左右的投票）。[②]

（三）经济的崩解

可以说，塔吉克斯坦及其帕米尔地区的经济崩解归根于两个原因，即苏联的解体和紧随其后的六年内战。

[①] F. Bliss, *Social and Economic Change in the Pamirs* (*Gorno - Badakshan, Tajikistan*) [M], London and New York, 2006, pp. 271—274.

[②] T. Breu and H. Hurni, "The Tajik Pamiris - Challenges of Sustainable Development in an Isolated Mountain Region" [J], *Geographica Bernensia*, 2003, p. 12.

苏联解体之后，尤其在内战期间，塔吉克斯坦中心的人们认为自己简直落入了一个悲剧的无底洞。那么我们也不难想象，苏联的撤退和内战给居住在偏远而与世隔绝地区的巴达克山人民的生活带来的深远影响。可以说，帕米尔地区的孤立位置的唯一好处是它未被内战毁灭，虽然不少帕米尔人的亲戚在杜尚别及其附近地区被杀死了……1993年之后，戈尔诺－巴达克山自治州的几乎所有国有企业都没有任何经费投资生产，更别提基础设施的维修。到1995年，该州的预算赤字与1991年相比达到了95%，失业率为70%至80%。原来彻底由政府操控的农业生产已无法保证苏联时期20%的自给自足数额。用于交通工具运行和供暖系统的燃料供应虽然受到了阿加汗基金（Aga Khan Foundation）的支持，但也只能达到之前所需的1%至2%，以至于当地人在冬天要遭受极度寒冷和饥饿的灾难。1992—1993年冬天的饥荒，是巴达克山人经济崩溃时期最严重的灾难之一，路上没有车辆行驶，由于供暖系统无法运行和小孩们没有鞋穿去上课，学校整个冬天被迫关门。直至1995年、1996年和1997年，戈尔诺－巴达克山的经济危机仍然没有得到很大改善。在小村子里，一些家庭完全没有粮食或只有少量土豆来维持一个星期的生存。戈尔诺－巴阿克山的90%以上的家庭严重甚至彻底地依靠人道援助，因为延续几年的经济危机使得人们所积累的衣服、鞋和交通用品全都用尽了。①

从1993年到1995年、1996年间，当地人的每日餐食十分单调，主要包括几块面包和茶水，有时也有土豆汤。夏天时人们还把草本植物放在汤里来改善餐食结构，吃任何可吃的水果。在首都霍罗格，肉是不可获得的东西，生活在农村的人们可以吃到一些肉，但这也是极为难得的情况。最大的问题之一是食物不可保存到冬天，因为糖、盐和醋在市场几乎无法得到。戈尔诺－巴达克山的吉尔吉斯人可以过更好一些的日子，虽然他们最初是最受苦的人。1992年，援助开始进入戈尔诺－巴达克山，吉尔吉斯人的生活得以改善且比帕米尔人更好一些，因为他们人均有更多的牲畜及畜产品。另一个特殊的问题是幼儿和小孩的日常食物。在援助到达这里之前，奶粉是完全无法得到的，而母乳喂养是来自贫血的妈妈，以至于人们经常要以面粉拌水或土豆泥来喂养婴儿。值得一提的是，当谈到经济危机的积极影响时，人们回想的第一件事情，就是邻居之间的无私帮助。任何家里有一点奶的人会将之赠给邻居的孩子，而很多家庭给出的部分比他们给自己留下来的部分还多。人们到现在还记得，当地人的热情之心在困难时期比任何时候都强烈，你若是来到一些人家里，刚好碰到他们在用餐时，主人会给你他们拥有的任何食物，他们会往汤锅里多放一些水并给家里人少分一些土豆。

可能有人反问说，非洲中部半干旱地区的萨赫勒地带的平民家庭目前生活水平并不比戈尔诺－巴达克山人在经济危机期间及之后的生活好很多，那么为何戈尔诺－巴达克山人仍然在悲叹呢？也许这一比较有些不妥。其原因可能有二。第一，在非洲，除非发生严重的经济危机，当地人总是有足够的粮食熬日子。第二，也是更为重要的原因，苏联时期的

---

① F. Bliss, *Social and Economic Change in the Pamirs* (*Gorno-Badakshan*, *Tajikistan*) [M], London and New York, 2006, p. 281.

戈尔诺－巴达克山在物质生活、教育、就业等方面几乎已经赶上欧洲水平。塔吉克帕米尔的普通人都接受良好的教育且从事高技能的工作。此外，至少在 30 年内，他们都按时收到自己的工资，同时他们日常生活的基本供应条件很好。然而，非洲和戈尔诺巴达克山的真正区别在于，戈尔诺－巴达克山的帕米尔人尚未发展出一套战略来应付此类紧急情况，同时也没有将自己从危机之中解脱出来的经验。[1]

在这种情况下，国外 NGOs[2] 来到了这里。

二、求助

（一）阿加汗基金（Aga Khan Foundation，AKF）

AKF 是一个成立于 1967 年的非营利性国际发展组织，其创立人是伊斯兰教伊斯玛仪派的最高宗教领袖——阿加汗，总部设在瑞士日内瓦。AKF 的宗旨是为南亚、中亚、非洲东部和南部以及中东最贫穷地区，提供长期解决贫困、饥饿、文盲、疾病等问题的方法。在这些地区，AKF 特别关注处于山区、沿海和缺乏自然资源等地区的农村社区的需求。一般来说，在包括阿加汗发展网络（Aga Khan Development Network，AKDN）在内的其他发展组织的协助下，该基金的活动得以加强。与此同时，AKF 还与地方、政府、国际等伙伴进行合作，目的在于给其援助范围之内的十九个国家在生活等方面提供可持续的帮助。

AKF 成立之初，其主要目标群体是信仰伊斯玛仪派的社区。后来相关负责人发现，如果它只直接针对一个区域中的某一个社会群体，这一目标很难实现。从此之后，阿加汗基金开展了很多地区项目，不受宗教关系的限制。AKF 目前在孟加拉、印度、巴基斯坦、塔吉克斯坦、坦桑尼亚和乌干达等国设有自己的办公室。AKF 的主要支持者是在英国、加拿大和美国的伊斯玛仪群体。自成立以来，AKF 将其援助资源集中于医疗保健、教育、农村发展、环境及加强民间团体等事务上，寻求创新的方法来解决普通的问题，阿加汗基金有志于认明适于不同地方、不同条件的解决办法，并复制和采用于合适的场合。

虽然 AKF 的援助对象不仅限于伊斯玛仪群体，但该基金活动所产生的影响应该说是存在于伊斯玛仪社区之中。在伊斯玛仪最高宗教领袖阿加汗的领导下，原来分散在世界各角落的伊斯玛仪宗教群体如今在精神上集合于 AKF 的旗帜下，成为具有现代全球化特征的伊斯玛仪群体。这在物质和精神方面给世界伊斯玛仪宗教群体提供了前所未有的支持，对塔吉克斯坦伊斯玛仪群体的帕米尔人也是如此，从而帮助他们寻回自信心和自豪感。下文将会深入讨论这一点。

---

[1] F. Bliss, *Social and Economic Change in the Pamirs (Gorno-Badakshan, Tajikistan)* [M], London and New York, 2006, p. 282.
[2] 即非政府组织工作人员。

(二) 人道主义援助

从西方援助的角度来看，戈尔诺－巴达克山自治州是全塔吉克斯坦最值得优先援助的地方。因为戈尔诺－巴达克山是在1992年、1993年战争中破坏最严重的地方，即便在这里你看不见战争的毁灭痕迹。恶劣的自然条件使得戈尔诺－巴达克山成为塔吉克斯坦行政区域中最不能自给自足的地区。苏联解体之前，这里所有的物质需求都为中央政府的全面补助政策所满足。苏联解体和战争之后，巴达克山处于前所未有的艰难处境之中。此外，内战期间，戈尔诺－巴达克山被彻底地从整个塔吉克斯坦中分割开来，因为通向这一自治州的道路被完全毁灭。可以说，如果没有外来的援助，戈尔诺－巴达克山居民无法生存下来。

戈尔诺－巴达克山第一次大饥荒发生于1993年[①]，然而在1992年的9、10月份，AKF的工作人员已经来到了这里，预算当地人口的需求并探索何种类型的援助项目适合于当地的情况。AKF工作人员的考察结果显示，当时戈尔诺－巴达克山的全部人口均处于急需援助的状态。

在国际捐赠者的支持下，诸如美国国际开发署（US-AID）、欧洲联盟委员会（The EC）、瑞士政府等组织，1993年初向AKF捐助300万美元。当年3月份，第一次人道援助进入了戈尔诺－巴达克山自治州。此外，AKF后勤方面的帮助促进了帕米尔救济方案（Pamir Relief Program）援助组织的建立，1993年9月，这一组织的法律身份确定为非政府组织（NGO）并将名称更改为帕米尔救济和发展方案（Pamir Relief and Development Program, PRDP）。1994年PRDP收到世界粮食计划署的更多支持，显著改善了戈尔诺－巴达克山人民的粮食紧张状态，几万吨大麦粉、黄油和数百吨奶粉、大米、茶叶和肥皂陆续到达帕米尔地区。同年，对戈尔诺－巴达克山的农业支持项目也开始进入活动，其目的是增加帕米尔地区的谷类、水果和蔬菜的产量。此项目的其他目标是改善畜牧业生产，寻找就业和收入的其他来源。1995年，德国成为塔吉克斯坦帕米尔地区最重要的援助国家之一。直至2003年，德国一直参与人道主义援助项目（Humanitarian Assistance Program, HAP），并给PRDP农业发展项目做出了很大贡献。仅次于美国，德国是戈尔诺－巴达克山AKF援助项目第二大捐赠者。

值得一提的其他捐赠者还包括分散于世界各地的伊斯玛仪社区（直至现在）、世界银行（塔吉克斯坦社会投资）和来自挪威、荷兰和加拿大的各政府和非政府组织。起初，援助金额的80%被用于人道主义支援，其余的20%则用于农业、医疗保健、教育、基础设施项目和促进村级社区项目的发展。

在吉尔吉斯斯坦的奥什市，戈尔诺－巴达克山人道主义援助项目基地得以成立。这一城市是苏联从中亚通往西欧铁路线的最后一站。西方各国和捐赠组织的人道主义援助从西

[①] F. Bliss, *Social and Economic Change in the Pamirs (Gorno-Badakshan, Tajikistan)* [M], London and New York, 2006, p. 298.

欧来到这里，之后被直接分配到戈尔诺-巴达克山或以最低的价格出现在市场上供人购买。捐赠组织和国家各有自己的方式来进行援助，如美国一般向戈尔诺-巴达克山寄送农业产品（特别是大麦粉和大豆油），而欧盟各国则往帕米尔地区寄送储蓄食品……

实践证明，国际组织对塔吉克斯坦及其帕米尔地区的戈尔诺-巴达克山的人道主义援助，为其灾后重建起了决定性作用。如上文所提，戈尔诺-巴达克山的帕米尔人在苏联解体和内战发生之前尚未给自己准备一套应付苏联经济社会崩解的措施，再加上他们对此类事件没有经验，无法做出各种自救方式。因此，当灾难急剧降临时，他们几乎不知所措，以至于陷入经济社会彻底崩溃的悲剧之中。评价塔吉克斯坦灾后重建进程，不少专家学者认为，如果没有外来的援助，帕米尔人不可能生存下去。这些援助首先确保当地人能够从饥饿和疾病之中逃脱出来。但这里出现一个较为迫切的问题，那就是在生存下来之后，帕米尔人如何找到维持自己生活的办法，最后实现可持续发展的目标。为了解决这一问题，人道主义援助显然是不够的。面对这种情况，AKF 已经做出了很大努力——在进行人道主义援助这一最基本需求的同时，AKF 在塔吉克帕米尔地区的教育和宗教文化的加固与强化方面也立下了很大的功劳。

（三）教育重建

苏联政权曾经给塔吉克斯坦乃至中亚带来了实质性的经济社会利益。在这一背景下，塔吉克斯坦地区，尤其是戈尔诺巴达克山的全民教育成就，远远超过其南面的阿富汗帕米尔地区。可以说，苏联给帕米尔地区提供的生活与教育的理想补助，与当地实际的经济发展有一定的因果关系。因此，苏联解体之后，面对经济危机，塔吉克斯坦及其帕米尔地区无法维持之前的生活和教育水平。在帕米尔当地政府的请求下，AKF 于 1997 年开始启动该地区的教育发展项目，如今这一项目仍然发挥着很大的作用。

戈尔诺-巴达克山州一直有相当高的教育水平，在苏联时期的塔吉克斯坦，许多科学家都来自于这里。当地人的识字比例几乎达到 100%，教育在这里始终受到人们的重视，甚至在 1991—1997 年内战期间，小孩仍然继续上课，从未放弃学习的任务。[①] 一直到灾后重建时期，戈尔诺-巴达克山的教育事业才因种种经济和社会问题的困扰而出现了一种消极的趋向（主要是基础设施的退化或崩解、教师工资的缺乏所导致的教育质量下降），但社会一直给小孩子的教育提供最大的优先。戈尔诺-巴达克山的上学比例远远高于塔吉克斯坦的其他地区（戈尔诺-巴达克山的上学比例为 77%，塔吉克斯坦全国上学比例为 62%）。值得一提的是教师们的努力，虽然只能得到最小额的工资，他们仍然继续自己的授课责任，而学校的行政管理人员总是致力于寻找财政办法，以解决学校经费缺乏的问题（要知道，塔吉克斯坦对戈尔诺巴达克山的财政支持是极少的）。然而，尽管我们可以看到这幅乐观的画面，但我们仍然要面对一种事实，那就是自内战发生后识字比例有所下降，

---

① T. Breu and H. Hurni, "The Tajik Pamiris - Challenges of Sustainable Development in an Isolated Mountain Region" [J], *Geographica Bernensia*, 2003, p. 47.

同时男生和女生在教育上的差距日益变大。与此同时，学校的基础设施也处于急需恢复的状态——坏桌子和椅子、漏水的屋顶、没有暖气和供电系统等，严重影响了学校教育体系的正常运行。面对此情形，当地政府在 AKF 的支持下不断克服教育领域中的困难，近年来在改善小学和中学的基础设备、提高教师薪水、鼓励更多学生返回学校学习等方面进行了努力。到 2000 年，在戈尔诺巴达克山，几乎每一个村子都有自己的学校，这对于提高上学比例有促进意义。

除了中小学教育以外，在 AKF 的帮助下，戈尔诺 – 巴达克山政府还努力重建高等教育系统。戈尔诺巴达克山早在苏联时期就有一所国立大学（霍罗格大学，University of Khorog）和两所技术学院。苏联解体和战争之后，在灾后重建过程中，这些高等院校也努力继承苏联时期的教育传统，不断克服当前困难，以此尽量保证其教育水平的提高和教育章程的改进。遥控教育项目也得以建立，目的是确保居住在最偏僻村子的学生可以从设在自治州首都霍罗格的霍罗格大学受益。这在很大程度上确保了当地学生的高等教育水平，激发了学生对自身文化修养的兴趣。

可以说，戈尔诺 – 巴达克山政府在教育领域中做出的这些努力确实离不开上文所提的阿加汗发展网络（AKDI）的直接支持。他们在戈尔诺 – 巴达克山进行的教育重建项目（Education Reform Program）[1] 大大解决了当地教育当前面临的困难，帮助建设起更为完善的教育体系。

2000 年，AKDI 遵循"以教育为发展的基础"的理念，在戈尔诺 – 巴达克山首都霍罗格市建立了中亚大学（University of Central Asia，UCA）[2]。从此，霍罗格大学和中亚大学成为 AKDI 在戈尔诺巴达克山提高教育水平项目的落实基地。其中，中亚大学项目主要着眼于 AKDI 所运行的现代通信技术和继续教育，实现建设一种以"山区经济社会的可持续发展"为基础的独特国际性章程。到目前为止，该项目为戈尔诺巴达克山的教育进步做出了相当大的贡献。

2013 年，笔者所在团队在霍罗格时有机会访问了中亚大学的校领导，他们都是戈尔诺 – 巴达克山的当地知识分子。通过采访，我们可以感受到中亚大学领导与工作人员对学校充满自豪感与信心，也对自己的工作有很大的热心。霍罗格的中亚大学学术事务总理（Manager of Academic Affairs）给我们介绍，该校园目前的基本任务是组织各种短期培训班，为将要出国到西欧的当地学生做好有关自己专业的国际水平知识（如有关西方的现代信息技术知识、高级英语培训、企业管理知识等）。戈尔诺 – 巴达克山的霍罗格校园还建立了下属的研究所，其研究主题为"山区社区研究"，探索帕米尔地区在自然环境恶劣的

---

[1] F. Bliss, *Social and Economic Change in the Pamirs* (*Gorno – Badakshan, Tajikistan*) [M], London and New York, 2006, p. 318.

[2] 中亚大学具有三个分校（分别在塔吉克帕米尔地区的霍罗格市、吉尔吉斯斯坦的比什凯克市和哈萨克斯坦的铁克利市）。这所大学的建立是基于塔吉克斯坦、吉尔吉斯斯坦和哈萨克斯坦的总统与阿加汗签署的国际条约和特许证，有志于建立一所世俗的私人大学来给中亚地区提供达到国际标准的高等教育。其法律身份登记于联合国。（参见中亚大学的网站：http://www.ucentralasia.org）

挑战中如何寻找机会。这位学术总理还强调中亚大学乃至戈尔诺-巴达克山的发展宗旨是以教育为基础——我们不给人们鱼，我们只教他们如何去打渔，致力于向当地学生传授专业技能，从而使他们可以更容易地找到就业机会。此外，霍罗格的中亚大学分校还组织团队去往阿富汗帕米尔地区向当地帕米尔人传授现代就业技术。目前霍罗格的中亚大学分校50%的学生是当地人，其余是来自塔吉克斯坦各地及邻近国家的学生。我们到霍罗格中央大学的时候正好是暑期，但仍可以感觉到这里的学习气氛，各种高级英语、IT等培训班和研讨会填满了学校日程表，而讲课和主持研讨会的教授有很多来自西方国家。学校的图书馆也放满了英语、IT、企业管理等参考书籍。总之，在这里我们可以明显地感觉到一种浓厚的现代西方教育氛围……可以说，霍罗格的中亚大学是当地西方现代教育的象征，无论如何，这所大学的成立在很大程度上改善和促进了当地教育机制的重建进程。

总之，戈尔诺-巴达克山的教育重建理念为"以教育为发展的基础"。本着这一理念，该自治州在AKF的帮助下，在自己教育重建过程中取得了鼓舞人心的成就。这显然给戈尔诺-巴达克山的长期发展打下了良好的基础，虽然他们目前的困难仍然很多。

（四）宗教文化认同的加固

戈尔诺-巴达克山政府在努力重建、继承和发展当地教育传统的同时，也积极加固宗教文化和社区活动，将当地帕米尔人凝聚在一起，这在很大程度上加强了他们的宗教文化认同。

如本文其他章节所提到的，大帕米尔地区的原住民（包括塔吉克斯坦、阿富汗、中国和巴基斯坦四个国家的帕米尔人），全民信仰伊斯兰教什叶派的伊斯玛仪教派。伊斯玛仪社区形成于8世纪，这一宗教群体的人口较少[①]且分布极为分散，从巴基斯坦、印度、中国、塔吉克斯坦、阿富汗到叙利亚、阿拉伯（United Arab Emirates）、东非若干国家（肯尼亚和坦桑尼亚），再到加拿大、美国、英国、法国、瑞士、葡萄牙等国，零散地分布着少量教徒。从20世纪八九十年代伊始，伊斯玛仪宗教最高领袖阿加汗四世以一套全球化现代机制，将分散于世界各地的伊斯玛仪群体在精神上集中于全球伊斯玛仪共同体的旗帜之下。帕米尔地区的伊斯玛仪群体是世界上最集中的伊斯玛仪社区，但传统上处于较为边缘的地位。苏联解体和塔吉克斯坦内战之后，AKF在帕米尔地区进行人道主义援助和帮助当地人重建教育的同时，也在加固当地帕米尔人的伊斯玛仪宗教认同方面做出了很多努力。其目标是建设一个具有现代西方意识形态的伊斯玛仪宗教共同体，以加强宗教文化认同，实现发展。伊斯玛仪Tariqah宗教教育委员会的活动可以说是一个典型的例子。

位于戈尔诺-巴达克山霍罗格首都的伊斯玛仪Tariqah宗教教育委员会（The Ismai'ili Tariqah Religious Education Committee，ITREC）分属于伊斯玛仪研究院（Institute for Ismai'ili Studies），其主要任务是将居住在偏僻帕米尔地区的伊斯玛仪社区与欧美（Khoja）

---

① 没有任何有关全世界伊斯玛仪社区总人口的可靠资料，估计为250万至1200万人（J. Steinberg, Ismaîli Modern. *Globalisation and Identity in a Muslim Community* [M], Chapel Hill, 2011, pp. 33—36）.

的伊斯玛仪机制连接在一起。ITREC 在霍罗格和全部戈尔诺－巴达克山自治州扮演了极为重要的社会角色。位于霍罗格市中心公园的 ITREC 是社区枢纽，其枢纽角色更为明显地作用于那些较为深入地圈入宗教活动的人士。在 ITREC，任何伊斯玛仪信徒都可以聚集在一起发表他们对自身和社区的看法。与此同时，ITREC 也使得伊斯玛仪认同的若干意义得以统合、发展和操纵，而帕米尔伊斯玛仪信徒也可以从这里学会如何允从欧美伊斯玛仪标准的仪式和信仰。霍罗格的 ITREC 从早到晚聚满了帕米尔伊斯玛仪的信徒，讨论关于宗教实行和学说的各个问题。他们从戈尔诺－巴达克山的各个地方、穿着他们村子传统风格的衣服来到这里询问婚礼、葬礼或仪式等方面的问题；他们的到来是为了可以闻到和看到阿加汗的教诲（通过传真系统）；他们也可以来到这里来寻找一些关于生活抉择的劝告。ITREC 就这样变成了戈尔诺－巴达克山伊斯玛仪社区的精神依靠之地。

不仅如此，ITREC 还尤其强调年轻伊斯玛仪信徒的教育培训，给当地年轻人组织并提供了不同国家奖学金和学习交换的机会。霍罗格的不少伊斯玛仪青年通过参与霍罗格英语项目的高度培训（Khorog English Program）被送到加拿大、英国等国家进行深造。在国外学习交换期间，学生在伊斯玛仪社区生活，来自不同地区的伊斯玛仪信徒之间由此形成了一种跨共同体的交流。留学回来的伊斯玛仪青年成为霍罗格的知识分子，在当地的教育和宗教文化加固过程中起着核心的作用。

总之，在灾后重建和发展的过程中，戈尔诺－巴达克山自治州向国际的求助得到了高度回应。在以 AKF 为代表的国际 NGOs 的支持下，戈尔诺－巴达克山到目前为止已经基本摆脱了经济崩解和饥荒的困境，进而以"教育是发展的基础"这一理念来重建教育，并继承了当地苏联时期的良好教育传统。此外，在求助于国际组织的过程中，一种新的发展模式在戈尔诺－巴达克山逐渐形成，那就是以宗教认同和现代西方教育方式为核心的发展模式。不可否认，在恢复主体意识的过程中，这一切给戈尔诺－巴达克山自治州提供了一个稳固的前提。

三、恢复

（一）学会自力更生

在讨论国际 NGOs 在巴达克山进行援助时，值得一提的是，这些 NGOs 都以"教育、传授"的理念来实现当地的灾后重建和未来发展。这里的"教育"可以是给当地人（包括帕米尔人和吉尔吉斯人）传授现代西方价值和理念，也可以帮助当地人重构他们在苏联时期丢失的生计方式和文化传统。其目的是在帮助当地人克服当前经济困难的同时，使他们能够在一套现代西方思维方式的基础上重构自己民族的传统文化，从而恢复自信。

实践证明，苏联时期塔吉克帕米尔地区的人民在接受中央苏联政府全面补贴的同时，几乎放弃了自己的传统生计方式（吉尔吉斯人牧民在一定程度上仍然可以保持游牧传统），他们的职业主要集中于教育和行政事业行业。这使得当苏联撤退和经济崩溃时，当地帕米尔人束手无策，甚至无法利用传统生计方式来维持最小的日常物质需求。意识到当地人的这一历史性问题，国际NGOs在到达戈尔诺－巴达克山伊始，就想方设法帮助当地人进行农业、牧业改革与重建，与此同时，教给当地人如何自力更生也是国际NGOs在帕米尔所做的努力。

一般的情况下，NGOs会与当地精英进行合作。当地精英会帮助NGOs跟老百姓交流沟通，也帮助确保NGOs的各个项目在当地得以运行。当一切都进入了轨道，老百姓也学会组织自己的生活之后，NGOs的项目将会撤退，还给当地人当家作主的权利。我们在塔吉克斯坦帕米尔高原的穆尔加布（Murghab）地区所接触到的若干NGOs都有此类特点。

塔吉克斯坦帕米尔的穆尔加布地区位于戈尔诺－巴达克山最东边。地处东帕米尔，高海拔特征（3500米左右）使得穆尔加布的天气极为寒冷恶劣，是帕米尔全区自然条件最脆弱的地方。正因为如此，在当地主要族群吉尔吉人来到这里之前，穆尔加布几乎未为世人所知。穆尔加布地广人稀，面积占全部戈尔诺－巴达克山的60%，但人口只占该自治区的7%，主要为19世纪从吉尔吉斯斯坦移民过来的吉尔吉斯人，其余小部分是帕米尔人。因为特殊的自然环境条件，这里除了高山草原以外，几乎没有任何植物可以种植。也是因为如此，放牧一直以来都是当地吉尔吉斯人的传统生计方式。苏联解体之后，该地区与塔吉克斯坦其他地方有同样的命运，穆尔加布人民经历了种种困难。如今在NGOs的帮助下，穆尔加布的人们正在一步一步地重建生活，在一定程度上实现了从崩溃走向恢复的过程。

非政府组织技术合作与发展代理（Agency for Technical Cooperation and Development, ACTED）成立于1993年，其总部位于法国巴黎。作为一个独立、私人且非营利的组织，ACTED严格遵守政治和宗教平等的理念，并以非歧视和极度透明的原则开展各项活动。ACTED的第一批项目于1993年在阿富喀布尔落实。此后ACTED的活动迅速扩张到阿富汗全部地区，随后于1996年到达阿富汗邻近国家，即塔吉克斯坦、乌兹别克斯坦、吉尔吉斯斯坦。该组织的使命是保护战争、自然灾害或经济社会危机等灾难中的脆弱群体，并帮助他们建设更好的未来，实现千年发展目标（Millennium Development Goals）。目前，ACTED的活动在世界上34个国家运行，其活动范围主要集中在中亚、非洲和东南亚地区。[1]

在穆尔加布，我们有幸与ACTED的穆尔加布基地的协调者Suyuntbek Tadjidinov会面。他是当地的吉尔吉斯人，主要负责驻法国ACTED总部和ACTED穆尔加布基地之间的联络，协调和组织ACTED在穆尔加布的各个发展项目。通过Suyuntbek的介绍，我们了解到这一法国NGO于1999年来到了穆尔加布。起初，ACTED在穆尔加布的发展项目包括两个主要方向，即恢复当地手工艺传统和展开生态旅游。在恢复当地手工艺传统方面，ACTED的工作人员有志于鼓励当地人利用传统手工艺知识来制造帕米尔高原特色纪念品。通过此种方式，当地人一方面可以恢复和保留自己的牦牛编织传统，另一方面能够通过纪念品销

---

[1] 参见ACTED的网站：http://www.acted.org

售来补充家庭收入。在生态旅游方面,ACTED给当地人组织生态旅游培训班。当地人在培训班可以学会如何以国际标准并结合当地特点来开设家庭旅馆(guesthouses 和 homestays)、如何组织长途旅行跋涉(trekking),从而自己进行独立发展。来这里的旅客全部是外国人(主要是欧美各国的旅客)。意识到这些旅客对帕米尔文化和帕米尔人感兴趣,ACTED主张帮助穆尔加布人组织homestay,让旅客住在老百姓家,去体会当地人的真实生活。穆尔加布不发展也不需要宾馆系统,因为来这里学习当地文化的旅客并不要求所住的宾馆像现代城市中的旅馆般方便。①

此外,据Suyuntbek介绍,近年来,ACTED在穆尔加布进行的项目还包括太阳能开发、帮助当地人盖房子、保护当地人的传统生计方式、传统文化项目等,通过这一系列项目来促进当地的可持续发展。2012年,穆尔加布地区遭受了极为艰难的冬天,寒冷的天气导致大批牲畜的死亡,这给当地人的日常生产生活带来巨大的困难。面对这种情形,穆尔加布人在ACTED的支持下,克服一切困难、发展农业生产、重建减轻自然灾害后果的基础设施,以应对恶劣的自然条件。

在提到如何帮助当地人实现可持续发展时,Suyuntbek跟我们强调,ACTED在穆尔加布的基本原则是不直接投入经费,而是想办法帮助当地人利用自己的优势和资源来自力更生。教育和意识宣传一直是ACTED各个项目的关键问题,目的在于鼓励当地社区成员以可持续发展的方式和健全的地方治理自觉心来建设自己的未来。这一切使得当地人对ACTED的活动极为感兴趣,并对该组织的支持感到很满意。

在讨论当地人面对经济危机时,如何从只能束手无策转变为克服困难、实现自力更生时,我们也不可不提及ACTED在到达穆尔加布地区早期进行的"The Yak House"项目。"The Yak House"有志于将地方技能、传统知识、地区手工艺传承结合在一起,以生产出可以销售的手工艺产品。其目的为给当地脆弱群体(包括妇女)创造经济机会以及保护和发展自己的传统知识。现在"The Yak House"已经独立于ACTED,发展为当地的NGO妇女组织,鼓励当地妇女创造和推销当地手工艺品。目前"The Yak House"在穆尔加布、杜尚别、霍罗格和比什凯克(吉尔吉斯斯坦)都有自己的代表,给当地人提供出国深造机会也是The Yak House的重点活动之一。可见,"The Yak House"以其最大的努力给当地人、尤其是当地妇女提供了有利条件,让他们在建设自己生活的同时也不忘记传统文化。

(二)建设生活

国际NGOs在戈尔诺-巴达克山帮助当地人建设自己的生活时,也将生态旅游(Eco-tourism)作为他们发展战略中的重点。帕米尔地区以"世界屋脊"之称闻名世界,而居住在这片土地上的原住民——帕米尔人的奇异文化一直吸引着外面世界前来探索。在将近百年的苏联时期,塔吉克斯坦帕米尔地区成为该联邦的禁区,这使得外界对此地更加充满好奇。近几年来,当内战结束而巴达克山开始进入恢复时期时,游行到此地的国际游客

---

① 可以说,生态旅游不仅是穆尔加布而且是戈尔诺-巴达克山自治州近年来的经济来源。

（主要是自由背包者）日益增多，使得巴达克山的生态旅游进入蓬勃发展时期。这显然为当地人提供了一个较为稳定的经济来源。

为了发展生态旅游，当地人在 NGOs 的帮助下组织了自己的家庭旅馆。家庭旅馆的基本原则是，尽量使游客感觉自己住在一个熟悉的家中而不是在陌生的宾馆或旅社。抱着学习当地人文化的心态来到这里，游客跟当地帕米尔人住在一起，三餐共进，甚至参与主人家日常活动。这使得游客与主人之间的关系由"顾客"和"旅游服务者"关系变成了朋友关系。确实，在交流学习的过程中，游客不仅可以了解当地人的文化，而且还能使当地帕米尔人和吉尔吉斯人也了解外界的东西。因为双方以互相尊重的态度进行交流沟通，所以彼此毫不觉得自己为对方所利用或被对方瞧不起。

我们在戈尔诺-巴达克山期间，从穆尔加布到霍罗格再到伊什卡施姆地区（Ishkashim District）瓦汗山谷的 Namadgut、Yamg 和 Langar，随处都可以找到如此有人情味的家庭旅馆。在穆尔加布，我们住在 Shukhrob 家里的那些日子，让我深刻地感受到这一点。Shukhrob 是当地的帕米尔人，在 AKF 的帮助下，前几年他开始在自己家中接待外来游客。通过 Shukhrob 的故事，我们了解到，生态旅游给他的家庭乃至当地人解决了很多经济上的困难，但从未伤害他们的自信和自尊，因为这里游客都以尊重当地文化的态度来到帕米尔。而对 Shukhrob 而言，发展旅游并非不好，因为通过世界游客，帕米尔人可以学习外界的东西，而游客和当地人之间的所有成见都可以消除。所以，Shukhrob 相信，巴达克山人始终敞开双手迎接世界各地的朋友来到这里。

因此可以说，如果当地人当家作主的权利不被侵犯，那么旅游发展并不是传统文化和尊严的杀手。换句话说，如果一切都建立在互相尊重的原则上，问题就可以迎刃而解。我们在 Yamg 和 Langar 认识的 Aydar Mialikmadov 和 Yodgur 也强调这一点。这两位德高望重的帕米尔精英都参与到 AKF 的当地生态旅游项目中。他们也组织了自己的"家庭寄宿"（homestay），旅游高峰的夏季每天都迎接十多位游客来到家里。他们从不把游客看成自己的"顾客"而总叫他们"客人"，与此同时，客人也像探望当地家庭一样，对主人彬彬有礼。因此双方之间能够建立很好的感情。我在 Yamg 认识了几个日本朋友，他们把 Aydar 的家看成是自己在帕米尔的家了，每年夏季和冬季都来到这里探望 Aydar 一家人。

确实，目前为止，在塔吉克斯坦帕米尔地区，生态旅游在当地人的经济生活和精神生活中一直扮演了积极的角色。实践证明，生态旅游大大改善了他们的物质生活。与此同时，除却生态旅游，游客对帕米尔文化的关怀和尊重态度使长期居住在相对封闭环境中的巴达克山人对自己的文化变得更有自信。在物质和精神生活得以保证的基础上，我们相信巴达克山人可以从困难中逐步建设自己的生活。

（三）找回自己

从上文我们可以了解到，面对社会和自然灾害等种种困难，戈尔诺-巴达克山人民如何在国外 NGOs 的大力支持下逐渐地站起来。读到这里，可能有些读者会反问，戈尔诺-巴达克山人民在灾后重建中所取得的当前成绩都是国际 NGOs 带来的，而当地人在此过程中并没有扮演太多主体能动的角色。这在一定的程度上是一个事实，但如果将巴达克山人民如何承受了毁灭性的灾难这一因素考虑在内，我们应该可以理解这一点。然而，这不等于在今天的巴达克山完全无法找到那些有志于发挥自己主体意识和主体性的当地人，我们在戈尔诺－巴达克山 Shugnan 地区的一个小村子已经有幸遇到这样的人，他就是 Shahboz Miralibekov。

Shahboz 是当地一个本土 NGO 的开创人，他自己建设的本土 NGO 的名字为区域公共组织——"NUR"（Regional Public Organization）。这位年轻的帕米尔人跟我们分享自己建设该 NGO 的经历时，双眼闪烁的光芒反射出对自己民族和文化的热爱。这种热爱把我们带回他过去为了给同胞建设更好未来的十几年的卖力奋斗中来。NUR 于 2001 年开始运行，当时 NUR 没有自己的办公室，也没有经费给职员发工资，而这一情况一直延续到 2007 年（这时 Shahboz 的组织开始受到外国一些 NGOs 和个人的财政支持）。NUR 的工作人员大部分都是志愿者，他们来这里工作是为了协助 Shahboz 维持 NUR 的正常运行。Shahboz 跟我们说，虽然建立 NUR 要克服很多困难，尤其是资金的缺乏，但该本土 NGO 的建设是他的生活，倘若不能实现这一愿望，他心里会感到很不自在，也觉得自己丢失了生活的意义。因为他知道，NUR 的活动是为了帮助帕米尔人的文化和共同体发展。苏联的解体以及随之而来的内战使得帕米尔人陷入生活崩溃的境地，帕米尔人的传统文化和生计方式因此也经历了一段极为艰难的时期。眼看帕米尔人文化逐渐消失，Shahboz 感觉自己也要离开生活了。这种发自内心地对自己文化的关怀使 Shahboz 下决心无论如何都要建立起一个能够造福于帕米尔人的本土 NGO。他说，他所做的一切其实源于他祖先的催促，因为对 Shahboz 来说，祖先给当代帕米尔人留下来的知识是帕米尔人的宝物，也是他们的财富，而后代帕米尔人有责任保护这一宝物，将它用于现在的生活。

Shahboz 给我们介绍，NUR 目前有 14 个项目，其中 11 个由 NUR 自己承担经费，3 个为 Christensen Fund 所支持。这些项目均强调恢复和重构帕米尔人的文化、传统知识和生计方式，包括给帕米尔人创造文字、恢复和召回当地帕米尔人的传统灌溉系统治理方式（这套传统知识在苏联时期已经丢失）和重修帕米尔人的墓地奥什顿（Oston）。此外，最近 NUR 也努力在一系列帕米尔人社区开展支持活动，即给当地人组织英语培训班（老师都是非收工资的外国志愿者）、戒毒（NUR 修建了很多小型运动场、体育馆、文化中心、社区志愿等来吸收年轻人的关注，这使得帕米尔社区毒瘾比例大大减少而毒品售卖活动也不如之前那样公开了）以及开设帕米尔语学习班等。由此可见，NUR 的一切努力都是为了恢复、重建、保留和发展帕米尔人的传统文化，从而使他们可以寻回自己的自尊和自信。

在讨论国际 NGOs 在戈尔诺－巴达克山扮演的角色时，Shahboz 肯定了其对当地人的巨大帮助，尤其是 AKF，"苏联解体和内战之后，如果没有 AKF 的帮助，我们真不知道怎么办。他们确实已经救了我们帕米尔人的命！"但他也指出，国际 NGOs 在帮助当地人建设生活时，有时强加了他们的现代化西方标准，这或许不符合于当地人的意愿。因此，NUR 这一本土 NGO 的活动确实是国际 NGOs 活动的一种互补，本土 NGOs 在落实项目的过程中更强调帕米尔人的传统观念和生活方式。

如今距 NUR 的成立已有 13 年的时间，Shahboz 为他自己的这一"精神孩子"付出了很多的时间和心血。作为一个本土 NGO，NUR 的最大困难不在于人心而在于经费。分析国际 NGOs 和 NUR 之间的差别时，Shahboz 强调，当国际 NGOs 在某一项目中用尽经费时，他们就停止这一项目，但 NUR 不会如此。没有经费，Shahboz 及其同事仍然想方设法去维持项目的运行，他的目标是让帕米尔同胞可以过更好的生活。Shahboz 跟我们说，他和他的同事从未期待别人的回报，因为这不是他们的目的，当地人对 NUR 的拥护和关心却是 NUR 最大的礼物。

Shahboz 的故事让我们深深体会到什么是献身与热爱。为了完成祖先给自己留下来的文化传承任务，为了能够帮助帕米尔同胞克服生活中的困难，Shahboz 将自己献身于这一理想，却从未期待任何回报。Shahboz 对自己传统文化以及民族的关怀和诚挚，使他和帕米尔人在困难中寻回了自己的主体性和自尊心，并用于建设自己的未来。

四、小结

塔吉克斯坦帕米尔地区的灾后重建和发展经验给我们一个启示，即以经济为目标的发展模式不是边疆地区经济社会发展的唯一选择。塔吉克斯坦共和国东部边疆高原地区的戈尔诺-巴达克山自治州，在经历很大的变故之后，在国际和本土 NGOs 的努力下，已经给自己选择了以提倡教育、宗教文化、恢复传统生计方式等为基础的发展模式。该发展方向使得巴达克山人民在灾后重建的过程中不仅可以逐渐从经济危机中摆脱出来，而且还能利用自己的资源来发展，从而实现自力更生、当家作主的目标。

在研究巴达克山灾后重建的发展模式时，我们不难发现 NGOs 在这一发展进程中所扮演的重要角色，尤其是 AKF。NGOs 在巴达克山之所以可以较为顺利地进入当地人的生活，是因为他们在塔吉克斯坦灾后重建过程中，在很大程度上已经代替了政府的职能——他们不仅给当地人解决基础设施严重退化和欠缺的问题，还在当地社会生活的上层基础，如教育、宗教文化等方面做出了很大的努力。有些学者认为，NGOs 在巴达克山经济社会重建的高度参与是当地与中央政府之间脱离的结果[1]。笔者对此表示赞同，因为这意味着当地人具有自治权利。

然而，如果进一步思考国际 NGOs 在塔吉克斯坦帕米尔的活动，我们也可以发现一种西方现代标准的强加。从中亚大学的故事我们可以清楚地看到这一点。听这所大学的那些领导讲述自己的活动方式时，笔者时不时自问，在帕米尔地区的高山和峡谷，人们是否真正需要 IT、经济管理等现代西方社会的那套东西？因此，在这种意义上，巴达克山的本土 NGOs 才真正值得我们的鼓励和支持。

讨论到巴达克山的发展问题，很多学者认为这一偏远山区如果没有外来的帮助就无法

---

[1] J. Steinberg, *Ismaili Modern. Globalisation and Identity in a Muslim Community* [M], Chapel Hill, 2011, p. 22.

生存下来。① 对于居住在自然条件极为恶劣地方且近十几年来遭受如此之大的经济社会灾害的帕米尔人民来说，这显然是一种事实，他们需要外界的支持和拥护。然而"支持"和"拥护"并不意味着"替他们想事"，更不等于"替他们做事"。笔者认为苏联政权对塔吉克斯坦帕米尔的"支持和帮助"并不是很合理的。苏联以"全面抚养"的办法去帮助当地人，以至于当地人在面对灾难的时候显得十分无能。真正的"支持"是帮助当地人学会如何自力更生，如何依靠自己的资源，包括传统文化和生计方式，来恢复主体性、保护尊严和实现可持续发展。从此角度来看，无论是仍然存在一些欠缺的国际 NGOs，还是本土 NGOs，它们在塔吉克斯坦帕米尔地区的贡献都是值得承认的。

---

① F. Bliss, *Social and Economic Change in the Pamirs (Gorno - Badakshan, Tajikistan)* [M], London and New York, 2006, p. 318.

韩国社会排外现象及影响因素研究[①]

李翔宇　中国海洋大学

一、问题的提出

在经济全球化时代跨国交流不断增强的背景下，韩国正在从单一民族国家进入多民族国家。[②] 随着人员流动及其多元文化之间的接触和碰撞，韩国社会排外（xenophobia）[③] 现象屡见不鲜，2009 年更是出现了韩国历史上由法院受理的首例种族歧视诉讼[④]。2012 年《美国华盛顿邮报（WP）》的"世界价值观调查（WVS）"（各国的排他性分析）中，韩国是东亚国家和经济合作发展组织成员国中唯一一个回答拒绝与外国人做邻居比率超过 30% 的国家，即每三个人中就有一个人不愿与外国人做邻居。[⑤]

韩国社会的排外现象引起了（韩）国内外各界的关注，[⑥]韩国学者在研究中也使用

[①] 本文是韩国教育部及韩国学中央研究院（韩国学振兴基金）"海外韩国学重点研究基地"项目（AKS – 2014 – OLU – 2250004）的阶段性成果。（This work was supported by the Academy of Korean Studies (KSPS) Grant funded by the Korean Government (MOE) (AKS – 2014 – OLU – 2250004)）

[②] 据 2016 年 11 月 14 日韩国行政自治部和统计厅公布的《2015 年地方自治机关外国人居民现状》，韩国国内的外国人居民为 171.1013 万人，相当于韩国总人口的 3.4%。

[③] 排外（xenophobia），是指对外族人、外国人、外地人乃至陌生人恐惧或不满，对外国事物的恐惧（或憎恨），恐外症。其英文名字 xenophobia 来源自希腊语 ξένος（xenos），意指"外来者"；φόβος（phobos），意指"恐惧、隔离"。人们通常用表示"外人"的 xeno 和表示"恐惧、排斥"的 phobia 构成的复合词 xenophobia 来表示对异邦人的模糊的恐惧或敌视心理。参考了《21 世纪大英汉词典》、百度百科及 김세균 외：《유럽의 제노포비아：세계화 시대의 인종갈등》（서울：문화과학사，2006）；김용신，《제노포비아에서 포용으로：다수로부터의 하나》，《비교민주주의 연구》8-2，2012.

[④] 29 岁的印度学者博诺格特·侯赛因与他的韩国韩姓女性朋友一起在首尔搭乘公共汽车时遭到韩国朴姓男子的辱骂的遭遇。韩国法院根据刑法中的对他人侮辱条款，对朴姓男子进行了罚金处罚。相关报道及内容引自 2009 年 7 月 27 日韩联社新闻及 2009 年 11 月 3 日版《广州日报》。

[⑤] 引自 2013 年 5 月 17 日韩联社新闻。

[⑥] 2007 年 8 月 17 日在日内瓦举行的"第 71 届联合国消除种族歧视委员会（CERD）"对韩国提出了劝告案。劝告案对韩国政府改善在韩外国人人权上的诸多努力给予了高度评价，但也提出了不少问题并提出了忧虑，包括"在韩国普遍使用的'纯血'和'混血'之类的用语也能体现出韩国社会广泛扩散的种族优越主义"，韩国国际婚姻中介机构的收费过高、欺诈和虐待女性的问题，制定相关法律来保障外国劳工和国际婚姻家庭出生的子女在雇佣、结婚、居住、教育、人际关系等方面的权利等。

"xenophobia"的概念和试图构建"xenophobia"相关研究理论,[1] 但他们的研究对象却不是韩国,而是英、法、德、俄和拉丁美洲国家。因此,本文以韩国为研究对象,旨在探讨韩国社会排外现象的特征及影响因素。除去学术价值与研究意义,"韩国社会排外现象"的分析可以对中韩两国制定外国人和外来移民的政策、社会治理和整合提供参考,也可以对认清"韩流""哈韩""反韩""抗韩""人文纽带"等中韩人文交流中的一系列关键词提供帮助。

二、排外（xenophobia）：理论背景

如前所述,排外（xenophobia）是指对外族人、外国人、外地人乃至陌生人恐惧或不满,对外国事物的恐惧（或憎恨）,或称为"恐外症"。种族主义认为种族差异决定人类社会历史和文化发展,认为自己所属的团体（如人种、民族或国家）优越于其他团体,而排外主义与种族主义相比,有以下三点区别。

首先,产生的时代不同。种族主义起源于19世纪末,帝国主义列强瓜分非洲的年代,而排外主义则发生在二战后,尤其是20世纪五六十年代发达资本主义国家为获取本国经济发展所需的廉价劳动力而开放国门和接收移民的年代。劳动力的国际迁移难免造成集团认同、民族认同和国家认同问题,以及外国劳工在接收国的各种社会保障权问题,从而突显排外主义的本质即社会性。其次,引起种族主义的因素是种族和血统,但引发排外主义的可以是不同因素,例如种族主义因素、认同性因素、法律和制度因素、经济因素、文化因素,或者是上述几个因素的"合力"。最后,两者在引发的暴力形式上有所区别。种族主义多表现为行为上的暴力,而排外主义多表现为话语的暴力、符号的暴力等,但在极端情况下也可表现为行为上的暴力。

那么,排外主义和种族主义有何联系呢？首先是引发种族主义的观念因素,即本民族或国家优于移入者所属的民族或国家的观念,是引发排外主义的重要因素之一。[2] 其次是引发种族主义冲突的认同性因素,即区分自我所属的和他者所属的族群、并把自我所属的族群置于至尊至上地位的认同性因素,是引发排外主义的重要因素之一。[3]

除了以上因素外,还应注意到法律和制度因素、社会经济因素和文化因素等。法律和制度因素,是指移民接收国对流入者赋予国籍的原则、签证的种类和社会整合方式等内容；社会经济因素,是指包括外国人流入的时间、空间流入国经济状况、劳动市场变化的

---

[1] 김세균 외. 유럽의 제노포비아: 세계화 시대의 인종갈등[M]. 서울: 문화과학사, 2006. 고상두 외. 러시아 제노포비아의 실태와 원인 분석 [J]. 아태연구. 19－1, 2012; 임상래. 이민과 인권: 칠레의 페루 이민자를 중심으로 [J]. 라틴아메리카연구. 19－4, 2006; 임상래. 코스타리카의 니카라과 이주자 인권과 제노포비아 [J]. 라틴아메리카연구. 18－3, 2005.
[2] 引自김세균 외. 유럽의 제노포비아: 세계화 시대의 인종갈등 [M]. 서울: 문화과학사, 2006·p.21.
[3] 转引自 Lee SulGi, *Study on Xenophobia in Russia during Putin's presidency: concentrating on nationalistic factors* [M], Seoul: Master's Thesis, Graduate School of Yonsei University, 2008. pp. 21－22.

偏差，政府对流入者社会福利的考虑可能影响到本国公民的收入和福利，因而可能反对流入等；①文化因素包括政治文化和社会文化两个方面，即大众媒体在国家政治中的作用，负责民主主义教育的独立团体的存在与否，民主主义市民团体的存在与否，极右翼政党和利益团体的存在与否等。②

三、韩国社会排外现象：表现、特征及影响因素

从20世纪90年代开始，应中小企业发展的需求，低工资的外籍工人开始流入韩国。1992年中韩建交以后，以朝鲜族为主的大量中国人主要以劳工、婚姻移民的形式迁移到韩国。2007年，以各种形式常驻在韩国的外国人数达到了1086273人，首次超过100万人，占韩国总人口的2.16%。在传统上，韩国被认为是一个单一民族和单一文化的国家，对外来人口一直抱有某种"排斥"心理，没有完全适应外国移民人口在短时期内的迅速增长。③因此，本文从以下四个方面考察了韩国社会的排外现象。④

（一）表现

第一，经济上的歧视和排斥。该种歧视和排斥主要来自企业主即雇主和韩籍劳工。经济上雇主的歧视，表现为超长的工作时间、低工资待遇、工资拖欠以及工伤安全等。⑤而韩籍劳工尤其是从事体力劳动的劳工，排斥中国籍劳工的主要原因是，他们因中国籍劳工的流入而沦为失业者。

第二，社会上的歧视和排斥。该种歧视来自韩籍劳工和一部分普通市民。韩国普通市民对在韩中国人的态度大致可分为两个类型，一是可怜和表示同情，二是视中国人为低韩国人一等的、来自第三世界穷国的民众而对其歧视。另外，大众媒体是排外现象的最重要的载体之一。韩国的新闻、电视剧和搞笑节目经常丑化或误导中国人的形象，如"中国人犯罪团伙""朝鲜族团伙""山寨王国"等。在韩国大众媒体的反复报道和宣传下，中国生产（即中国制造）便成为"假冒""低质量"和"不良食品"的代名词。⑥

---

① 引自김세균 외. 유럽의 제노포비아: 세계화 시대의 인종갈등 [M]. 서울: 문화과학사, 2006. pp. 29—31.
② 转引自 Lee SulGi, *Study on Xenophobia in Russia during Putin's presidency: concentrating on nationalistic factors* [M], Seoul: Master's Thesis, Graduate School of Yonsei University, 2008. pp. 25—35.
③ 引自 Choi J, "Educating Citizens in a Multicultural Society: The Case of South Korea" [J]. *The Social Studies*, Vol. 101, No. 4, 2010: 174—178, 转引自俞少宾，崔兴硕. 身份认同转变的影响因素探析——基于16位在韩朝鲜族移民的结构式访谈 [J]. 华侨华人历史研究，2012（4）.
④ 前三个现象的参照了 Kang SuDol, "Aliens of Friends = Migrant Workers in Korea" [J]. *Korean Journal of National Development*, Vol. 7, 2002.
⑤ 引自 Seol DongHoon, "Past and Present of Foreign Workers in Korea 1987—2000" [J]. *Asia Solidarity Quarterly*, Vol. 2, 2000. pp. 6—31. 尤其在2007—2008年以前非法居留者大量滞留时期，很多劳工怕雇主向出入境管理所举报，因此即使雇主拖欠工资也只能忍气吞声。
⑥ 笔者在韩国生活中也多次遇到一些韩国同学对中国食品的反感，通过交谈领会到大众媒体对普通市民的影响力。

第三，制度上的歧视和排斥。该种歧视源自各种制度和法律。1987年以后，随着韩国国内工人工资的迅速提升，韩国人不愿从事所谓"3D（dirty, difficult, dangerous）"职业。这一时期，韩国政府对外籍工人实施了比较严格的入境政策，从而出现了一些外籍工人为得到韩国签证给非法中介机构支付巨款的现象，合法居留期结束后，为了还清债务而非法留在韩国。①随着非法居留者的增多，韩国政府从1991年陆续尝试产业研修生制度、研修就业制度、就业管理制度等，但情况反倒变得更糟。从2004年8月17日起，韩国政府开始实行保障劳动三项权利（即组织集团权、集团交涉权、集团行动权）的雇佣许可制。雇佣许可制在一定程度上解决了非法居留问题，但该政策也未能根本消除非法居留问题。而作为跨境民族的中国朝鲜族的非法居留问题，则到了2007—2008年韩国政府实行赋予中国朝鲜族特惠的就业制度和给一部分人发放海外同胞签证（F-4）的政策才出现了转折。

对来自不同国家的所谓"同胞"的差等待遇，在韩国政府的《海外同胞法》中表露无遗。1997年亚洲金融危机时，韩国政府为了吸引更多的"海外同胞"来韩投资，制定了《海外同胞法》，赋予"海外同胞"类似双重国籍的待遇。然而，根据该法案，被认定为"海外同胞"的条件之一就是必须曾经具有大韩民国国籍。由于大部分中国朝鲜族和苏联地区的高丽人是在大韩民国建国前移居中国的，他们事实上被排挤在外。②虽然后来由于一些朝鲜族提起诉讼，通过宪法裁判所仲裁，最终法案得以修订，但实际上并未全面实施。③另外，韩国《反歧视法》自2007年起，一直处于起草和讨论中，至今仍未见到审议通过的迹象。④

第四，对中国崛起的恐惧。20世纪90年代后期，韩国也开始接受源自美国的所谓的"中国威胁论"，这一说法成为韩国媒体和知识分子阶层争论的焦点。部分韩国人认为，中国的崛起意味着中国将采取攻击性的扩张主义，如果中国变得强大，其膨胀力和影响力就会对韩国构成更大威胁。⑤进入21世纪以后，随着中朝经济关系的发展和中国企业对朝投资，韩国的部分保守学者又提出所谓的"朝鲜将成为中国东北的第四省""朝鲜的矿产资

---

① 申英美. 走向多民族国家的韩国 [J]. 当代韩国, 2008 (夏季号): 43.
② 转引自俞少宾, 崔兴硕. 身份认同转变的影响因素探析——基于16位在韩朝鲜族移民的结构式访谈 [J]. 华侨华人历史研究, 2012 (4): 15. 有关《海外同胞法》与朝鲜族的资格问题的争论可参考 Lee Jean Young 的相关后述。另外，韩国政府制定《海外同胞法》的主要原因之一是在美韩国人团体从1990年代初期开始对韩国政府实施的压力和对韩政界人士的收买。《海外同胞法》通过以后，来自西欧、美国、日本的等发达国家的"同胞"顺利拿到了所谓的"海外同胞签证"（F-4），而来自中国和前苏联地区的"同胞"则被排除掉。
③ 即使从2008年开始对中国朝鲜族和前苏联地区的高丽人发放所谓的"海外同胞签证"，但拿到该种签证的条件或是4年制大学本科学历以上、或是在韩国缴纳一定数额税金、或是在韩拥有房地产等。即把2008年以前对来自不同国家实行差等待遇的逻辑延伸到同一国家的公民中。
④ 转引自俞少宾, 崔兴硕. 身份认同转变的影响因素探析——基于16位在韩朝鲜族移民的结构式访谈 [J]. 华侨华人历史研究, 2012 (4): 16.
⑤ 据韩国《朝鲜日报》报道，韩国六成民众信所谓的"中国威胁论"。而韩国翰林大学李三星教授通过其专著《东亚的战争与和平》，从东亚史的角度驳斥该主张。韩国《朝鲜日报》2010年5月22日版，《环球时报》，2010年5月31日版。更早对"中国威胁论"和"中国机遇论"的韩国学者批判可参考李正男. 中国崛起: 对周边国家是威胁还是机遇? [J]. 现代国际关系, 2007 (12).

源被中国企业扫光"等不切实际的主张,而这些主张也得到了韩国中老年人和具有保守倾向的人们的支持。

(二) 特征

韩国社会的排外现象呈现出以下几个特征。

第一,制度性限制和歧视。在一段时间内,韩国政府根据其人口、经济和社会发展的需要限制外国人流入的速度和人口规模,本无可厚非。但是,韩国政府在限制流入人口时,却以移民输出国的地位和流入人口的学历等为依据,限制了来自中国等第三世界国家和低学历人口的流入。前面所提到的《海外同胞法》的制定及其实施就是典型案例。

第二,冷战思维加强了恐惧和敌视,一部分反多元文化的极端分子更是利用网络空间散布阻碍两个群体和谐共存的话语误导一部分民众。东亚仍存在冷战遗留问题,而朝鲜半岛又被称为"冷战活化石"。虽然中韩两国于1992年建交,但两国人之间正常社会交往和思想沟通的机会较少,双方都缺少有效的、正常的、平等的沟通机制和程序,结果韩国人和在韩中国人找不到参与建立新社会的方式。① 随着中韩交流的不断扩大,很多韩国人选择中国作为旅游、投资经商、学习的重要国家。通过和中国及中国人的接触,多数韩国人觉得"嫌中(国)情绪或中国人的厌韩情绪可能是因我们韩国人而起",即因和中国人接触不多而产生的误会。最明显的就是一些韩国人单凭便宜货、冒牌或等部分负面因素衡量全体中国,这种错误态度不免也会使中国人产生厌韩情绪。②

第三,较具规模的排外现象的出现大多有契机,即韩国国内经济不景气时和媒体报道中国人在韩国的严重犯罪事实时。2011年韩国水原市发生中国人分尸杀人事件时,韩国人对中国人(尤其朝鲜族)的反感达到了极点。③

第四,还不具暴力性。在韩国,至今还未发生过类似欧洲的反犹运动、东南亚的反华运动和南部非洲白人对黑人的种族大屠杀那样的暴力事件。这也从侧面反映了排外现象与种族主义的区别。

(三) 影响因素

韩国社会排外现象的结构性、制度性影响因素可从三个方面去理解。

第一,历史上形成的偏见和文化的不兼容。由于地缘战略地位的突出,朝鲜半岛历来是大陆势力和海洋势力争夺的焦点,正如已故韩国总统金大中指出的:"朝鲜(半岛)的历史是这个国家的人民对其地缘政治命运的挑战史。"④ 历经周边大国的侵略,半岛居民造就了所谓的"抵抗性民族主义"(Resistant Nationalism)。韩国经历了"南侵(朝鲜发起朝鲜战争)",半岛分裂后朝鲜和中国又是军事同盟关系,所以这种"中国威胁论"就自

---

① 该段文字参照了了黄枝连. 东南亚华族发展论 [M]. 上海:上海社会科学院出版社,1992:207.
② 文明子. 厌韩情绪或许是因我们而起 [N]. 韩国《朝鲜日报》,2008 – 08 – 28.
③ 据媒体报道,很多在韩中国人、尤其是女性怕因此事件而得到韩国人的报复而忐忑不安。
④ 金大中. 建设和平与民主 [M]. 北京:世界知识出版社,1991:173.

然地固化成韩国人的普遍认识。① 而且经历朝鲜战争和其后威权主义政府的反共宣传,韩国民众对共产主义的恐惧、仇视和排斥心理还大量存在。②

第二,韩国和韩国人的诸如社会转型、经济危机、大众媒体的宣传、学校和社会教育等因素影响着韩国社会排外现象的存在。当一个社会或者地区处于社会转型时期,就会面临社会矛盾突出、相关制度不够健全、社会压力无法释放、社会出现群体焦虑等问题,于是转嫁到一些弱势社会群体身上,起到减压泄洪的作用。另外,随着金融危机的来临,韩国人厌恶外国人的情绪更是变本加厉。即认为流入人口加剧了职业竞争,引起了韩国人的失业并降低了他们的生活水平。族群纠葛平时处于潜伏状态,而在经济不景气、失业率增加、社会纠葛没有被解决的情况下,琐碎的事件就会变成导火线而引发暴力事件。再者,学校和社会上的一些歪曲历史的观念和现实的教育误导大众,尤其阻碍年轻一代树立正确的世界观和价值观,而作为排外最重要的载体之一的大众媒体未能发挥其公正性。

第三,中国和中国人的消极因素也提供并扩展了上述因素可发挥的空间。这些因素包括中国制造存在的问题、在韩中国人的学历和对学习的态度及中国人在韩国的犯罪问题等。

无可厚非,中国制造确实存在着诸如假冒伪劣、无视知识产权等问题。买正品成为中国人去韩国旅游的主要动机之一。另外,除了近7万名留韩学生之外,大多数在韩中国人的学历都比较低,使得他们只能充当"苦力"和从事以饮食业为主的服务行业,这容易使韩国人误认为在韩中国人都是为他们提供服务的一种错觉。而在教育热高烧不退的韩国,尤其在韩国地方留学的很多学生不务正业而以打工为主的现实,也助长了韩国人的歧视。再者,外国人在韩犯罪率的不断增加,也激化了韩国人对包括中国人在内的外国人的敌对感。③

四、结论

本文旨在找出韩国社会排外现象的特征及影响因素。通过以上分析,韩国社会排外现象的特征包括:第一,制度性限制和歧视;第二,冷战思维加强了恐惧和敌视,一部分反多元文化的极端分子更是利用网络空间散布阻碍两个群体和谐共存的话语误导一部分市民;第三,韩国国内经济状况、中国人在韩的严重犯罪事实成为较具规模的排外现象出现的契机;第四,还不具暴力性。

引发韩国社会排外现象的重要因素包括:第一,历史上形成的偏见和文化的不兼容;

---

① 引自《环球时报》,2010-05-31.
② 据报道,韩国著名女演员文根英因匿名捐款而得到了广泛赞誉,但随后就有网友恶意揣测其善举,甚至称文根英的外公有左翼政治倾向,他捐款的目的是为共产党游击队做宣传。另外,最近轰动韩国政坛的统合进步党议员李石基涉嫌策动内乱事件也从侧面反映出韩国社会仍存有冷战思维。
③ 在韩外国人的犯罪现状可参考 Youn Hwang, "An Analysis on the Real State of the Foreign Criminals in Korea: Focusing on the Crimes Committed by Foreigners in Korea" [J]. *Korean Journal of North - East Asian Studies*, Vol. 54, 2010.

第二，源自韩国和韩国人的诸如社会转型、经济危机、大众媒体的宣传、学校和社会教育等因素；第三，源自中国和中国人的消极因素，如中国制造存在的问题、在韩中国人的学历和对学习的态度及中国人在韩国的犯罪等。

基于以上的分析，笔者提出以下几点建议供参考。

第一，为逐渐解决排外主义，中韩两国政府和国民应共同努力。作为《联合国人权公约》缔约国，韩国政府应制定以尊重人权为基础的外国人政策和法规，应体现公正、人与人之间的平等的原则。中国政府和国民，尤其是在韩中国人，应呼吁韩国政府尽快制定和实施改善措施，并积极开展维权行动。

第二，中韩两国政府、市民团体需共同努力摒弃冷战思维，构筑有效的、正常的、平等的沟通机制和程序，来提高两国人民双方的理解程度，探索一个"求同存异、共同发展"的社会环境，避免类似文明子女士指出的误会的发生。笔者认为，近年来中韩两国政府达成共识并付诸实践的"人文纽带"是解决这些问题的很好的途径。

第三，如同"物我一体，将心比心"的成语，如果一个人只顾着贬低、嘲讽对方，那他将看不到对方的优点和长处。与其发泄自己遭对方蔑视后产生的不满情绪，不如站在客观公正的立场上不断认识对方，了解对方。这就需要改变固有思维和学会包容。

第四，至今排外现象解决的效果还不是很明显，但外国人群体的不懈努力并不是没有得到回报，有关法律法规的修改与制定已得到中央及地方政府（道级政府，相当于我国的省级）重视的结果更是令人欢欣鼓舞。遗憾的是，在维权的问题上，朝鲜族并未和汉族以及其他外国人紧密团结，未能使"呼吁"的力度更上一层楼。在当今社会恢复正当权益的实践中，少数群体构筑并运用的人际网络、社会网络是非常重要和有效的资源。

第五，回馈韩国当地社会的努力和实践是义务，也是战略。在韩的中国留学生做志愿者、白青刚的慈善捐款捐物等活动说明，回馈会逐渐改变对你和你所属群体的偏见。

辽东属国新论

——以东汉"北边"民族关系为视角①

刘俊　王海　渤海大学

辽东属国是汉代边疆史、民族史等领域的重要研究内容,已有的研究成果大致集中在以下三个方面:一、属国设置时间。例如,王钟翰、陈连开在《战国秦汉辽东辽西郡县考略》一文中认为,属国设置于汉安帝时期。② 不过,程妮娜在《汉魏时期东北地区民族设置与治理》一文中指出,目前没有确凿的证据表明辽东属国设置于安帝时期,因此不能排除光武帝时期设置的可能性。③ 二、属国称谓。例如,张国庆在《东汉"辽东属国"考略》一文中认为,古"辽东"的地理范围远远超过辽西,"辽东"有九州之东的含义,"辽东"的外延很大,使用"辽东属国"便是自然的事情。④ 三、属国的性质与作用。汪宇平先生认为,汉室可以充分运用辽东属国的战略地位,以侦察匈奴、鲜卑之动静,在汉与匈奴、鲜卑之间成立缓冲地带,对维护东北地区的稳定,起到了尤为重要的作用。⑤

上述诸家的研究成果对后继研究者的指导作用不言而喻。对于东汉时期的东北亚地区而言,辽东属国是帝国处理本地区民族关系的重要行政建制;而对于东汉时期的整个北方边疆来说,辽东属国又是帝国宏观把控"北边"民族关系的一个重要组成部分。因此,以东汉时期"北边"民族关系为视角,探讨辽东属国的设置、发展与作用等问题,或许会较以往的研究得出相对全面、准确的看法。

一、"羌胡反乱,残破并、凉"与辽东属国的设置

辽东属国的设置与汉安帝时期帝国"北边"宏观民族局势密不可分。永初年间,"北边"民族局势发生了巨变。此前业已归附、内迁的南匈奴和羌人掀起了接连不断的"叛乱",帝国"北边"的并州、凉州等地深受其害。史载:

---

① 〔项目基金〕国家社科基金青年项目"生态环境视野下的秦汉'北边'社会研究"(项目编号:16CZS024);辽宁省社会科学规划基金项目"燕秦汉时期辽西政区地理研究"成果之一(项目编号:L15BZS004)。
② 王钟翰,陈连开.战国秦汉辽东辽西郡县考察[J].社会科学辑刊,1979(4).
③ 程妮娜.汉魏时期东北地区的民族设置与治理[J].北方文物,2001(4).
④ 张国庆.东汉"辽东属国"考略[J].历史教学,1990(2).
⑤ 汪宇平.东北边防形势论[J].北京:中外时事研究出版社,1946:4.

（永初三年）冬十月，南单于叛，围中郎将耿种于美稷。……十一月遣行车骑将军何熙讨之。①

（永初四年）度辽将军梁谨、辽东太守耿夔讨破南单于于属国故城。②

与南匈奴的"叛乱"相比，羌人的大规模"叛乱"更让帝国疲于应付。范晔在《后汉书·乌桓鲜卑传》之"论"中说："四夷之乱，其势互强矣。匈奴炽于隆汉，西羌猛于中兴。③可见，羌乱对于"中兴"的东汉帝国的稳定造成了巨大的冲击，这种冲击在汉安帝时期达到了高潮。史载：

安帝永初元年夏，遣骑都尉王弘发金城、陇西、汉阳羌数百骑征西域，弘迫促发遣，群羌惧远屯不还，行至酒泉，多有散叛。于是勒姐、当煎大豪东岸等愈惊，遂同时奔溃。麻奴兄弟因此遂与种人俱西出塞。

先零别种滇零与钟羌诸种大为寇掠，断陇道。④

帝国派车骑将军邓骘、征西将军任尚率军五万平定羌乱，但是汉军被羌击败，死伤惨重。不久"于是滇零等称天子于北地，招集武都、参狼、上郡、西河诸咋胡，众遂大盛，东犯赵、魏、南入益州，杀汉中太守董炳，遂寇抄三辅，断陇道"⑤以至"郡县畏缩，朝廷不能制"。永初三年的羌乱席卷三辅大部分地区，并且扩大到赵、魏、益州等地，羌人甚至诛杀太守，自称"天子"。

总之，汉安帝时期，南匈奴和羌人的"叛乱"叠加到一起，严重威胁到东汉的统治，即所谓的"羌胡反乱，残破并、凉"⑥。

关于如何应对这种不利局面，东汉朝廷内部产生了分歧，有人主张放弃凉州，但是有识之士则主张保全凉州。例如虞诩认为：

凉州既弃，则以三辅为塞。三辅为塞，则园陵单外。此不可之甚者也。谚曰："关西出将、关东出相。"观其习兵壮勇，实过余州。今羌胡所以不敢入据三辅，为心腹之害者，以凉州在后故也。其土人所以推锋执锐，无反顾之心也，为臣属于汉故也。若弃其境域，徒弃人庶，安土重迁，必生异志。如使豪雄相聚，席卷而东，虽贲、育为卒，太公为将，犹恐不足当御。⑦

---

① 《后汉书》卷5《安帝纪》，北京：中华书局，1965：0213.
② 《后汉书》卷5《安帝纪》，北京：中华书局，1965：0214.
③ 《后汉书》卷90《乌桓鲜卑列传》，北京：中华书局，1965：2994.
④ 《后汉书》卷87《西羌传》，北京：中华书局，1965：2886.
⑤ 《后汉书》卷87《西羌传》，北京：中华书局，1965：2886.
⑥ 《后汉书》卷58《虞诩传》，北京：中华书局，1965：1866.
⑦ 《后汉书》卷58《虞诩传》，北京：中华书局，1965：1866.

傅燮认为:

> 今凉州天下要冲、国家屏障。高祖初兴……列置四郡,议者以为断匈奴右臂……士劲甲坚,因以为乱,此天下之至虑、社稷之深忧也。①

从以上帝国官员的言论中分析,西北地区乃国家之屏障,天下之要冲,一旦有失便会危及社稷。凉州、三辅和首都洛阳三大区域在地理上是相邻的,凉州若有动乱,则会严重影响首都的安全。凉州、三辅一旦丢失,洛阳便会成为一座孤城,无险可守,帝国的统治也就岌岌可危了。今人从地缘政治的角度,对此也有类似的认识。②

东汉政府对于并、凉二州的管控关系到整个帝国的安稳,虽然军事平定"羌胡叛乱"肯定会耗费巨大的国力,但这却是必须的战略抉择。③ 不过,东汉时期的"北边"不仅包括地处帝国正北方和西北方的并、凉二州,还包括位于帝国东北部的幽州。因此,在采取军事平定"羌胡反乱"的战略抉择的背景下,维护帝国东北的稳定就显得尤为重要。但是,当时帝国东北的边疆态势也并不稳定。史载:

> 永初三年(109年)夏,渔阳乌桓与右北平胡千余寇代郡、上谷。④

对于东汉政府而言,采取大规模军事征伐的方式,以应对东北边疆局势并非首选。进一步来说,与应对南匈奴和羌人的"叛乱"相比,帝国在东北采取的民族边疆政策有所不同,前者主要是以军事征服为主,后者则明显注重安抚。例如,东汉初年,名将臧宫、马武曾共同上疏曰:

> 今命将临塞,厚县购赏,喻告高句丽、乌桓、鲜卑攻其左,发河西四郡、天水、

---

① 《后汉书》卷58《傅燮传》,北京:中华书局,1965:1875. 此外,东汉末年人士王符在谈到凉州问题时认为:"地无边,无边亡国。是故失凉,则三辅为边;三辅入内,则弘农为边;弘农入内,则洛阳为边。推以此相况,虽尽东海犹有边也。"(王符著,[清]汪继培笺. 潜夫论·救边[M]. 北京:中华书局,1985:248.)
② 童恩正先生认为,中国从远古时代就存在一条从东北至西南的边地半月形文化传播带,这一地带内的文化具有很大的相似性。对中原王朝来说,若要控制这一半月形地区,阻止周边各游牧部落的联合,消除他们对中原王朝的威胁,最有效的战略措施就是控制半月形地区的中间地带,即是河西走廊一线。所以,西汉时期汉武帝设置河西四郡的目的就是为了实现断匈奴右臂,阻隔羌胡联合,控制半月形地区这一战略目标。东汉王朝同样也面临着活动在这一半月形地带游牧部落的威胁,东汉时期,西羌与匈奴、鲜卑等部落时常联合起来劫掠中原地区。在此情形下,控制西北地区,及时平息羌人叛乱,防止羌人与匈奴、鲜卑联合入寇,阻止游牧部落实力膨胀,就成为东汉王朝首要解决的问题之一。(试论我国从东北到西南的半月形文化传播带[G]//文物出版社成立三十周年纪念——文物与考古论文集. 北京:文物出版社,1986:17—43.)这种近现代民族地理学方面的观点或许可以成为东汉时期反对放弃凉州政论的一个注脚。
③ 史载:"自羌叛十余年间,兵连师老,不暂宁息。军旅之费,转运委输,用二百四十余亿,府帑空竭。延及内郡,边民死者不可胜数,并凉二州遂至虚耗。"(《后汉书》卷87《西羌传》,北京:中华书局,1965:2891.)
④ 《后汉书》卷90《乌桓鲜卑列传》,北京:中华书局,1965:2983.

陇西羌胡击其右。如此，北虏之灭，不过数年。①

东汉后期人应劭认为：

> 鲜卑隔在漠北，犬羊为群，无君长之帅，庐落之居，而天性贪暴，不拘信义，故数犯障塞，且无宁岁。唯至互市，乃来靡服。苟欲中国珍货，非为畏威怀德。②

东汉统治者主张通过"厚县购赏""互市"等方式，即利用华夏帝国雄厚的物质财力安抚、拉拢乌桓、鲜卑等东北亚民族，维护帝国东北边疆的安全。李大龙先生在《两汉时期的边政与边吏》一书中认为，东汉政府在东北"以夷制夷"的策略，主要是以乌桓制鲜卑、以夫余制高句丽、以乌桓和鲜卑制匈奴等。这种"以夷制夷"的策略对于维护东汉王朝在东北的统治，产生了较为显著的作用。③

总之，在东汉统治者看来，帝国正北方、西北地区南匈奴和羌人的"叛乱"是"北边"首患，凉州断不可放弃。相比之下，乌桓、鲜卑对于东北边疆的寇略不过是手足之癣，通过安抚、赏赐的方式便能解决。在永初年间的"北边"地域内，帝国将主要精力集中于武力解决南匈奴、羌人的"叛乱"问题上，对于东北边疆叛降不定、多有轻黠行为的乌桓等民族，自然更会延续以往的物质招诱、安抚的政策。"故邯乡，西部都尉，安帝时以为属国都尉。"此举一方面可安置、管理归附的乌桓等东北亚民族，另一方面能够确保帝国集中力量处理凉、并等地南匈奴和羌人的"叛乱"。可见，辽东属国的设置和汉安帝时期的"北边"宏观民族关系，与帝国处理南匈奴、羌人民族问题和乌桓、鲜卑民族问题所采取的不同策略有着十分密切的关系。

二、辽东属国"别领六城"与鲜卑入寇

辽东属国的设置曾发挥过重要的历史作用。正如张国庆先生所论，其职能主要有两个方面：其一，安置和管理归附的乌桓；其二，与"度辽将军"和"护乌桓校尉"连成一线，共同护卫北方边郡，打击扰边寇郡之敌。④ 不过，在具体的历史进程中，辽东属国对帝国"北边"民族关系走向所产生的负面影响，同样不能被史学研究者所忽视。

《续汉书·郡国志》中记载：

> 辽东属国故邯乡，西部都尉，安帝时以为属国都尉，别领六城。雒阳东北三千二百六十里。昌辽故天辽，属辽西。宾徒故属辽西。徒和故属辽西。无虑有医无虑山。

---

① 《后汉书》卷18《臧宫传》，北京：中华书局，1965：695.
② 《后汉书》卷48《应奉传附子劭传》，北京：中华书局，1965：1609.
③ 李大龙. 两汉的时期的边政与边吏 [M]. 哈尔滨：黑龙江教育出版社，1998：80—83.
④ 张国庆. 东汉"辽东属国"考略 [J]. 历史教学，1990 (2).

险渎。房。①

据《中国历史地图集》标示，昌辽、宾徒、徒河三县和无虑、险渎、房三县分别位于今辽西、辽南的近海地带，即今医巫闾山脉西、东两侧的大小凌河、辽河下游流域。②

东汉时期，帝国曾在边疆地区设置过为数不少的属国。

表1　东汉属国情况比较表③

属国名称	所辖县数	主要管理民族	所在州	面积（单位：万平方千米）
张掖居延属国	一	匈奴	凉州	3.21
安定属国	一	匈奴、羌	凉州	0.16
西河属国	一	北匈奴	凉州	0.81
上郡属国	一	北匈奴	并州	0.51
酒泉属国	无载	无载	凉州	
越巂西部属国	无载	哀劳人	益州	
巴东属国	二	涪陵夷人	益州	1.43
犍为属国	二	夜郎	益州	2.21
广汉属国	三	羌、氐	益州	1.44
蜀郡属国	四	牦牛夷、羌	益州	1.72
张掖属国	五	匈奴、羌、义渠	凉州	3.08
辽东属国	六	乌桓、鲜卑	幽州	1.59

据上表可知，"别领六城"的辽东属国是一众属国中辖县数量最多的。同时，辽东属国的疆域大致有1.59万平方千米，虽然总面积在一众属国中并不突出，但是若比较诸属国境域内的县邑密度的话，辽东属国则位于前列。这或许是东汉帝国优待以乌桓为代表的东北亚民族的一个具体表现。

医巫闾山两侧适宜乌桓等民族发展的地域生态环境，或许是东汉帝国给予乌桓人的更大的优待。众所周知，乌桓出自于东胡族系，据考证，东胡很可能和夏商时期的土方、春秋时期的屠何有关。④ 在土方、屠何、东胡社会中，游牧无疑占有重要的地位，而医巫闾山西侧的大、小凌河流域便是其重要的活动地区。⑤ 东汉政府将乌桓安置在其祖先曾经生

---

① 《后汉书》卷113《郡国五》，北京：中华书局，1965：3530。
② 谭其骧.中国历史地图集（第二册）[M].秦·两汉·东汉时期.北京：中国地图出版社，1982：61—62.
③ 图表资源来源于 后汉书 [M].北京：中华书局，1965. 其中面积一栏依据其现在大概位置估算。
④ 金岳.东胡源于土方考 [J].民族研究，1987（3）.
⑤ 两汉时期，帝国曾在医巫闾山西侧设置徒河县。《中国历史地图集》第二册《秦·西汉·东汉时期》之"幽州刺史部"将其定点在今锦州市。不过也有学者（如王绵厚先生）认为，葫芦岛邰集屯小荒地古城遗址应该与先秦时期的屠何族、汉代的徒河县有关。无论如何，汉代徒河县的设置很可能与此前屠何族在辽西滨海地带的活动有关。

活过的地域内，不仅照顾了乌桓的民族感情，更是利用当地适宜的生态环境，保留乌桓民族原有的生产生活方式，"依其俗而治之"的用意。

对于医巫间山东侧的广大地区而言，虽然自史前时期便存在的下辽河平原"辽泽"，不利于人类的生产生活和交通往来，① 但医巫间山东麓一带的确是适宜游牧活动的。例如，明代著名的广宁马市便设立在今医巫间山东麓的北镇市境内，这里是明代最重要的战马来源地之一，女真、蒙古等民族也在此交易马匹。广宁马市一直持续二百多年。② 再如，清代著名的官马场——大凌河马场，也有分布在今医巫间山东麓者。③ 直至清代前期，下辽河平原"辽泽"依旧存在着。两汉政府曾在医巫间山东麓设置无虑县，是辽东郡西部都尉治所和辽东属国都尉治所。《中国历史地图集》将该县标定在今北镇市以南。既然是属国的政治中心区域，无虑县一带应该是适宜包括游牧民族在内的人类活动的区域。

对于东汉政府而言，以乌桓人为主的辽东属国军队（骑兵）是维护东北边疆稳定的重要力量。例如，顺帝永建二年（127 年），时辽东鲜卑六千余骑亦寇辽东玄菟，乌桓校尉耿晔发缘边诸郡兵及乌桓率众王出塞击之，斩首数百级，大获其牲口牛马什物，鲜卑乃率种众三万人诣辽东乞降。④

从"辽东鲜卑"称谓及其入寇的地点来看，"缘边诸郡兵"和"乌桓率众王"的部队有可能来自辽东属国。江娜根据其他属国的人口与军队数量比，得出辽东属国的军队数量在 5000 左右，甚至更多。⑤ 而要供养这支至少 5000 人的骑兵部队，还要满足 5000 多士兵之外的归附的乌桓部众的生产生活需要，势必需要面积更为广阔的牧场。在此背景下，位于医巫间山东西两侧的"别领六城"，面积较为广阔，而适宜游牧的辽东属国，无疑能够满足上述需求。不过，在汉帝国力量衰微之时，辽东属国的乌桓骑兵也可能成为威胁边疆稳定的不利因素。例如，东汉末年的"三郡乌丸"便曾造成帝国东北边疆局势的混乱。

在东汉末年之前，对帝国东北边疆造成最大威胁的并非乌桓，而是鲜卑。光武帝时，乌桓或愿留宿卫，于是封其渠帅为侯王君长者八十一人，皆居塞内，布于缘边诸郡，令招来种人，给其衣食，遂为汉侦候，助击匈奴、鲜卑。⑥

---

① 肖忠纯. 古代文献中的"辽泽"地理范围及下辽河平原辽泽的特点、成因分析 [J]. 北方文物，2010（3）.
② 具体内容可参见，陈祺. 明代辽东马市及其历史影响 [J]. 东北师范大学学报（哲学社会科学版），1987（1）；余同元. 明代马市市场考 [J]. 民族研究，1998（1）；姚继荣. 明代辽东马市述论 [J]. 辽宁师范大学学报，1998（4）；等。
③ 具体内容可参见，王革生. "盛京三大牧场"考 [J]. 北方文物，1986；4；王颖超. 清代东北马政探析 [G] //满族研究，2007（2）；张士尊. 清代盛京大凌河马场兴废研究 [J]. 东北师范大学学报（哲学社会科学版）. 2011（4）；等。
④ 《后汉书》卷90《乌桓鲜卑列传》，北京：中华书局，1965：2988.
⑤ 江娜. 汉代属国兵数量问题浅析 [J]. 史学月刊，2012（6）. 王颖超在《清代东北马政探析》（《满族研究》2007 年第 2 期）一文中指出，"康熙二年（1663 年），清政府明令划定大凌河牧场，计东西长 90 里，南北宽 60 里不等，占地17900 多顷。几经裁选，大凌河牧场长期大体上保持着骗马十群，骡马二十四群，共计13600 匹"。清代大凌河牧场 1 万多马匹的饲养量，或许可以作为江娜推论的汉代"辽东属国的军队数量在5000 左右，甚至更多"的一个佐证。(属国军队当以归附民族的骑兵为主，"5000 左右，甚至更多"的军队数量，至少要求不少于军队人数的马匹数量作保证。而乌桓等民族日常生产生活所需马匹的数量尚未计算在内。)
⑥ 《后汉书》卷90《乌桓鲜卑列传》，北京：中华书局，1965：2982.

东汉政府采取"以夷制夷"的民族策略,利用内附的乌桓人"助击匈奴、鲜卑"。虽然护乌桓校尉"并领鲜卑,赏赐质子,岁时互市",甚至在安帝时期也曾出现"令(鲜卑大人燕荔阳)止乌桓校尉所居宁城下,通互市,因筑南北两部质馆。鲜卑邑落百二十部,各遣入质"的情况,① 但就总体而言,鲜卑并未如同乌桓那般,可以"合法的"大规模"入居塞内"。这就使得鲜卑不能像乌桓那样享有塞内的优质牧场,并且方便获得塞内丰富的、有助于生产生活的其他物质资源。特别是当和帝时期,"北单于逃走,鲜卑因此转徙据其地。匈奴余种留者尚有十万余落,皆自号鲜卑,鲜卑由此转盛"② 之后,鲜卑民族发展的需求与自然资源供给之间的矛盾无疑更加突出,"明章二世,保塞无事"的情况自此发生了变化,入寇帝国边郡成为鲜卑满足自身发展需求的重要手段。

纵观正史有关鲜卑入寇东汉"北边"各郡国的记载,幽、并二州下辖郡国可谓是主要的入寇对象。

表2 东汉时期(97—181年)鲜卑入寇幽、并二州各郡国次数统计表③

郡国名称	入寇次数	郡国名称	入寇次数
定襄郡	1	云中郡	2
右北平郡	1	上谷郡	3
朔方郡	1	渔阳郡	3
辽西郡	2	辽东属国	4
雁门郡	2	代郡	5
玄菟郡	2	辽东郡	6

表2的统计结果显示,鲜卑对于辽东属国的入寇次数相对较多,共有4次,仅次于代郡的5次和辽东郡的6次。鲜卑对于辽东属国、代郡等地的高频次入寇,似乎说明这些地区能够为其民族社会发展提供相对较丰富的物质资源。鲜卑4次入寇辽东属国的具体记载如下:

> 元初二年秋,辽东鲜卑围无虑县,州郡合兵,固保清野,鲜卑无所得。复攻扶黎营,杀长吏。④
> (阳嘉元年冬)鲜卑后寇辽东属国,于是耿晔乃移屯辽东无虑城据之。⑤

---

① 《后汉书》卷90《乌桓鲜卑列传》,北京:中华书局,1965:2986.
② 《后汉书》卷90《乌桓鲜卑列传》,北京:中华书局,1965:2986.
③ 和帝永元九年(97年),"辽东鲜卑攻肥如县",拉开了鲜卑长期寇略帝国边疆的历史序幕。灵帝光和四年(181年)"鲜卑寇幽、并二州"为史籍所见鲜卑寇略汉之边郡的结束。在本表统计次数中,剔除较为宽泛的地点,如"鲜卑寇幽州""鲜卑寇三边"等,对于比较具体的寇略地点,如"鲜卑入马城",归入到其所在的郡(如上谷郡)。图表的资料来源于:《后汉书》《三国志》。
④ 《后汉书》卷90《乌桓鲜卑列传》,北京:中华书局,1965:2986.
⑤ 《后汉书》卷90《乌桓鲜卑列传》,北京:中华书局,1965:2988.

(延熹)六年夏，千余骑寇辽东属国。①

(灵帝时)瓒以孝廉为郎，除辽东属国长史。尝从数十骑出行塞，见鲜卑数百骑，瓒乃退入空亭中……瓒乃自持矛，两头施刃，驰出刺胡，杀伤数十人，亦亡其从骑半，遂得免。鲜卑惩艾，后不敢复入塞。②

无虑县乃属国都尉治所，是属国的中心城市。面对元初二年（115年）秋天的鲜卑之"围"，汉政府采取了"固保清野"的对策。关于清野，章怀太子注释说："谓收敛积聚，不令寇得之也。"看来，鲜卑此次入寇的主要目的应该是掠夺无虑县一带散放在野的物资。行动扑空之后，鲜卑将目光转向"扶黎营"，"攻""杀长吏"。章怀太子注曰："扶黎县，属辽东属国，故城在今营州东〔南〕。"入寇地点由医巫闾山以东转向医巫闾山以西。面对阳嘉元年（132年）冬天的入寇，乌桓校尉耿晔"移屯辽东无虑城据之"，这似乎也表明无虑一带可能是鲜卑入寇的主要目标。

以无虑为中心的属国地区，既有汉族边民的农耕积聚、什器财物，又有大量的乌桓等内附的民族游牧资产，可以满足塞外鲜卑民族发展的多方面的需求，成为其入寇的主要对象，其原因或许正在于此。

三、辽东属国与"二虏首施，鲠我北垂"

范晔在《后汉书·乌桓鲜卑列传》"赞"中曰："二虏首施，鲠我北垂。道畅则驯，时薄先离"③，"二虏"指的便是鲜卑和乌桓。

自汉和帝开始，鲜卑入寇见于史载，安、顺诸帝在位时，鲜卑的抄略之势日渐炽盛。至桓帝时期，在著名首领檀石槐的统领下，鲜卑进入民族发展史上的鼎盛时期。

乃自分其地为三部：从右北平以东至辽东，接夫余、濊貊二十余邑为东部，从右北平以西至上谷十余邑为中部，从上谷以西至敦煌、乌孙二十余邑为西部。各置大人主领之，皆属檀石槐。④

社会组织的进步与完善无疑会加深鲜卑入寇的程度。

辽东属国正对应檀石槐划分的鲜卑"东部"。从考古资料来看，东汉属国社会的物质文化发展水平还是比较高的。例如，锦县右为乡（今凌海市右卫镇）西网汉墓，为长方形单室券顶砖室墓，夫妻合葬，随葬罐、盘、耳杯、盆、井、水斗、灶、釜、甑、奁、案等陶器，另有规矩铜镜、五铢钱、琉璃耳珰等⑤，据研究，该墓的年代至早在东汉中期以

---

① 《后汉书》卷90《乌桓鲜卑列传》，北京：中华书局，1965：2989.
② 《三国志》卷8《魏书·公孙瓒传》，北京：中华书局，1965：239.
③ 《后汉书·乌桓鲜卑列传》中"论"曰："汉灵献之间，二虏迭盛，石槐骁猛，尽有单于之地，蹋顿凶桀，公据辽西之土。其陵跨中国，终患生人者，靡世而宁焉。"（第2994页）
④ 《后汉书》卷90《乌桓鲜卑列传》，北京：中华书局，1965：2989—2990.
⑤ 傅俊山.辽宁西网汉墓发掘报告［J］.辽宁文物，1997（2）.

后。① 再如，锦县右卫乡昌盛村石椁墓，为多墓室的殉人夫妇合葬墓，南棺的室内随葬有"位至三公"双凤纹铜镜1面、银发钗1件、银指环1枚、"货布"2枚，北棺室内随葬的有四乳钉双凤纹铜镜1面，银发钗2件，置于黑色漆盒内的铁镜1面。② 据考证，该墓的年代在汉末至西晋时期，墓主很有可能不是汉族，而是内附的乌桓或鲜卑。③ 上述两例墓葬的年代，均在属国设置之后，而埋葬地点都位于今锦州地区，属于辽东属国所辖的徒和县或无虑县。西网汉墓很可能反映了属国境内普通汉族民众较为殷实的物质生活面貌。昌盛石椁墓的主人应该是内附属国的异族统治阶层，随葬的铜镜、银器等应该是其生前财富拥有的象征。

辽东属国相对殷实的社会物质财富，势必引起塞外鲜卑的觊觎。据研究，檀石槐统治各部期间，鲜卑的入寇模式发生了明显的改变。此前的入寇多发生在秋季，即游牧人群在传统上劫掠定居人群聚落的季节，而之后的入寇多在夏、冬两季。这表明鲜卑已统辖在类似"国家"的政治组织下，其入寇是"战略性"的军事行动，得以不依循（或可以违反）游牧季节节奏。④ 表2有关鲜卑对属国的四次入寇，有两次便发生在冬、夏二季，这或许暗示着属国物质财物对于鲜卑的极大诱惑。

在与帝国边疆社会的频繁交往中，鲜卑族物质文化取得了进步，文献对此有所论述⑤。这在关于鲜卑的考古发现中有着十分明显的反映。例如，在今内蒙古东部赤峰地区巴林左旗南杨家营子⑥、通辽地区科左中旗六家子⑦发现了二三世纪的典型鲜卑墓葬。有的研究者将其归入内蒙古地区发现的鲜卑墓葬的"东部南区"之中，认为该区墓葬的共同点有"骨器大量减少，仅有骨镞、纺轮和弓弭等几种器物。铁器大量出现，有铁刀、环、镞、斧、剑及甲片等。金银器出土很多，……铜器也大量出现……"⑧。铁器在鲜卑生产生活中的大量出现，很可能与其和汉朝边疆地区的频繁接触有关，即汉朝史学家所谓的"唯至互市，乃来靡服……以物买铁""关塞不严，禁网多漏，精金良铁，皆为贼有"。南杨家营子、六家子位于西拉木伦河、西辽河流域，辽东属国就在河南不远之地，不排除上述铁器通过寇掠，互市等方式由属国等地进入塞内外鲜卑社会的可能。来自属国等地的物质资源和先进文化势必改变鲜卑的社会面貌，檀石槐主导的较高级的鲜卑部落联盟的建立或许

---

① 郑君雷. 辽宁锦县昌盛石椁墓于辽东属国 [J]. 北方文物，1997（2）.
② 傅俊山. 辽宁锦县右卫乡昌盛汉墓清理简报 [J]. 北方文物，1987（4）.
③ 郑君雷. 辽宁锦县昌盛石椁墓与辽东属国 [J]. 北方文物，1997（2）.
④ 王明珂. 游牧者的抉择——面对汉帝国的北亚游牧部族 [M]. 桂林：广西师范大学出版社，2008：211.
⑤ 鲜卑民族社会进步的途径，并不限于对帝国边疆的入寇，还包括互市、受赏等方式。例如，汉灵帝时，应劭曾说："鲜卑隔在漠北，犬羊为群，无君长之帅，庐落之居，而天性贪暴，不拘信义，故数犯障塞，且无宁岁。唯至互市，乃来靡服。苟欲中国珍货，非为畏威怀德。计获事足，旋踵为害……得赏既多，不肯去，复欲以物买铁。边将不听，便取缯帛聚欲烧之。边将恐怖，畏其反叛，辞谢抚顺，无敢拒违。"（《后汉书》卷48《应劭传》，第1609—1610页.）时人蔡邕也在上疏中说："自匈奴遁逃，鲜卑强盛，据其故地，称兵十万，才力劲健，意智益生。加以关塞不严，禁网多漏，精金良铁，皆为贼有；汉人逃送，为之谋生，兵利马。
⑥ 中国科学院考古研究所内蒙古工作队. 内蒙古巴林左旗南杨家营子的遗址和墓葬 [J]. 考古，1964（1）.
⑦ 张柏忠. 内蒙古科左中旗六家子鲜卑墓葬 [J]. 考古，1989（5）.
⑧ 魏坚主编. 内蒙古地区鲜卑墓葬的发现与研究 [M]. 北京：科学出版社，2004：238.

便得益于此，中原史书所记载"鲜卑既累杀郡守，胆意转盛，控弦数万骑""灵帝立，幽、并、凉三州缘边诸郡无岁不被鲜卑寇抄，杀略不可胜数""缘边莫不被毒"①，自然成为东汉"北边"态势之因应。

灵帝"光和中檀石槐死"，其子孙统治时期，鲜卑"众畔者半""众遂离散"，对帝国"北边"的威胁大减。但是，灵、献二帝统治时期，乌桓继鲜卑而迅速崛起，成为扰乱帝国"北边"局势的新力量，其中以所谓"三郡乌丸"为代表。史载：

> （中平四年）中山太守张纯叛入丘力居众中，自号弥天安定王，为三郡乌丸元帅，寇略青、徐、幽、冀四州，杀略吏民。②
>
> 会袁绍兼河北，乃抚有三郡乌丸，宠其名王而收其精骑。③
>
> 是月（建安十年春正月），袁熙大将焦触、张南等叛攻熙、尚。熙、尚奔三郡乌丸。……三郡乌丸攻鲜于辅于犷平。……三郡乌丸承天下乱，破幽州，略有汉民合十余万户。④
>
> （建安）十二年，太祖征三郡乌丸，屠柳城。⑤

据方北辰先生考证，"三郡乌丸"之"三郡"当指辽东属国、辽西郡、和右北平郡。⑥看来，属国所辖的乌桓人竟成为帝国北方局势的一大乱源。史载：

> 汉末，辽西乌丸大人丘力居，众五千余落，上谷乌丸大人难楼，众九千余落，各称王，而辽东属国乌丸大人苏仆延，众千余落，自称峭王。右北平乌丸大人乌延，众八百余落，自称汗鲁王，皆有计策勇健。⑦

王明珂先生曾研究乌桓、鲜卑的部落社会，认为所谓"落"乃"帐落"，由3~5帐组成，主要是一家庭或有亲属关系的几个家户。⑧若以1帐出1骑士计，每"落"可以出骑士3~5名。统辖"众千余落"的辽东属国乌丸大人苏仆延，大约可以组建一支3000~

---

① 《后汉书》卷90《乌桓鲜卑列传》，北京：中华书局，1965：2988、2990、2994.
② 《三国志》卷30《魏书·乌丸传》，北京：中华书局，1965：834. 《后汉书》卷90《乌桓鲜卑列传》曰："前中山太守张纯畔，入丘力居众中，自号弥天安定王，遂为诸郡乌桓元帅，寇掠青、徐、幽、冀四洲"（第2984页）。
③ 《三国志》卷30《魏书·乌丸传》，北京：中华书局，1965：831. 同传注引《英雄记》曰："绍遣使即拜乌丸三王为单于，皆安车、华盖、羽旄、黄屋、左纛。"（第834页）
④ 《三国志》卷8《魏书·公孙康传》，北京：中华书局，1965：253. 《后汉书》卷90《乌桓鲜卑列传》曰："及绍子尚拜，奔蹋顿。时幽、冀吏人奔乌桓十余万户，尚欲凭其兵力，复图中国。"（第2984页）
⑤ 《后汉书》卷90《乌桓鲜卑列传》曰："建安十二年，曹操自征乌桓，大破蹋顿于柳城，斩之，首虏二十余万人。"（第2984页）
⑥ 方北辰. 三郡乌丸考 [J]. 西南交通大学学报（社会科学版），2005（4）.
⑦ 《三国志》卷30《魏书·乌丸传》，北京：中华书局，1999：834.
⑧ 王明珂. 游牧者的抉择——面对汉帝国的北亚游牧部族 [M]. 桂林：广西师范大学出版社，2008：215.

5000 或更多人数的骑兵部队。这与江娜关于辽东属国兵数量的推论大体相符。在联合张纯叛乱势力"寇青、徐、幽、冀四州,杀略吏民",帮助袁绍击破公孙瓒、扩大割据势力,与袁氏余部联合"破幽州,略有汉民十万余户"和对抗"曹操自征"等影响北方局势走向的重大事件中,属国乌桓兵起到的作用不容忽视。①

此外,属国地跨辽东、辽西,特殊的地理位置便于联合叛乱势力与外界的联系。在曹操阵斩蹋顿、"屠柳城"后,"速仆丸、楼班、乌延等走辽东,辽东悉斩,传送其首"②。"速附丸""速仆丸""苏仆延"当指同一个人,即"辽东属国乌丸大人""辽东单于"。败于曹操后,袁氏、乌桓残余势力"走辽东",企图依靠"恃远不服"、割据辽东的公孙氏政权负隅顽抗。虽然他们最终落得了"斩送之"的下场,但是辽东属国在这股叛乱势力退却辽东时的桥梁作用亦不应忽视。

综上所述,从宏观的"北边"民族关系视角来看,汉安帝改"辽东西部都尉"为"辽东属国",目的不仅在于安置、管理归附的乌桓等东北亚民族,更有确保帝国集中力量处理并、凉等地南匈奴和羌人"叛乱"的用意。属国"别领六城",辖有医巫闾山东西两侧今辽南、辽西近海地带,地域较为广阔、宜农宜牧,物质资源相对丰富。这既造成内附乌桓势力的发展与壮大,同时引来塞外鲜卑高频次的入寇,促进了鲜卑的社会进步,其与"灵献之间,二虏迭盛""鲠我北垂"之间的关系值得关注。曹魏正始五年(244 年)九月,"鲜卑内附,置辽东属国、立昌黎县以居之"③,鲜卑成为属国境内新的主导民族。这为日后"三燕政权"雄起于中国北方打下历史的根基。

---

① 《三国志》卷 8《魏书·公孙瓒传》记载"光和中,凉州贼起,发幽州突骑三千人,假瓒都督行事传,使将之。军到蓟中。渔阳张纯诱辽西乌丸丘力居等叛,劫略蓟中,自号将军,略吏民攻右北平、辽西属国诸城,所至残破。瓒承所领,追讨纯有功,迁骑都尉。属国乌丸贪至王率众人诣瓒降。迁中郎将,封都亭侯,进屯属国,与胡相攻五六年。"(第 239—240 页)"右北平、辽西属国"当是"右北平、辽西、(辽东)属国"之省。"属国乌丸贪至王,率种人"归降公孙瓒及瓒"进屯属国,与胡相攻击五六年",似乎也能够反映属国乌桓骑兵对北方局势的影响。
② 《三国志》卷 30《魏书·乌丸传》,北京:中华书局,1999:835。同书《武帝纪》曰:"辽东单于速仆丸及辽西、北平诸豪、弃其种人,与尚、熙奔辽东,众尚有数千骑。初,辽东太守公孙康恃远不服。……九月,公引兵自柳城还,康即斩尚、熙及速仆丸等,传其首。"(第 29 页)《后汉书》卷 90《乌桓鲜卑列传》曰:"袁尚与楼班、乌延等皆走辽东,辽东太守公孙康并斩送之。"(第 2984 页)
③ 《三国志》卷 4《魏书·三少帝纪》,北京:中华书局,1999:120。

·全球化、地方性与跨文化交流·

成吉思汗崇拜与蒙古族民族认同[①]

色音　中国社会科学院

祖先崇拜是人类社会较为普遍的民俗信仰。可以说，祖先崇拜是以祖灵观念为核心，由一系列祭祀、禁忌等活动共同构成的信仰体系。

迪尔凯姆（E. Durkheim，又译为涂尔干、杜尔克姆等）在关于祖先崇拜的论述中，把其崇拜对象分为血缘关系和非血缘关系两种类型。他认为被尊为大神、至高神的神灵，实际上是一种特别重要的祖先，他们与一般祖先的不同之处在于，"一方面他们使人产生的崇拜感情并不限于某一个氏族，而是遍及整个部落；另一方面，人们认为在部落的文明中，所有最重要的东西都是他们创造出来的"[②]。

杨庆堃（C. K. Yang）在《中国社会中的宗教——宗教的现代社会功能及其历史因素之研究》[③]一书中认为，作为整合人类社会血缘体系的一个重要力量，祖先崇拜从它特有的宗教价值中衍生出其功效。祖先崇拜可分为不同层次，即血缘祖先崇拜、民族祖先崇拜和巫祖祖先崇拜。其中，血缘祖先崇拜处于最本质、最内核的位置，即对血统上的近祖与远祖的崇拜和祭祀，这也是祖先崇拜观念之所以产生的根源。此后，随着人类社会的发展，又衍生出民族祖先崇拜，那些在历史上创造过伟业的领袖人物或开国君主，被视为整个民族的祖先加以崇拜和祭祀，乃至形成一种文化现象，对于民族认同具有重要意义。

蒙古族祖先崇拜的根基在于萨满教信仰。从民俗学的角度分析，热列宁（Dmitriy Zelenin）将萨满教的发展与社会结构的变化联系在一起，他认为，萨满教是一种宗教意识形态，被发现于古代西伯利亚和北亚人中，并处在原始社会体系解体的不同阶段和向阶段社会的过渡时期。中国古代北方文化的一个重要内容就是萨满教文化。[④]萨满教是一种先民思维的传承形式，一种先民生活状态的反映，我们不该将其简单的定位"巫术"，而忽略其丰富的蕴藉和广阔的外延。

中国古代北方狩猎游牧民族普遍信仰萨满教，敬畏天地，以萨满巫觋作为天与人之中

[①] 国家社科基金重大项目"内蒙古蒙古族非物质文化遗产跨学科调查研究"（批准号：12&ZD131）成果。
[②] 杜尔干（E. Durkheim）. 宗教生活的初级形式 [M]. 林宗锦、彭守义译，北京：中央民族大学出版社，1999：315.
[③] 杨庆堃（C. K. Yang）. 中国社会中的宗教——宗教的现代社会功能及其历史因素之研究 [M]. 范丽珠译，上海：上海人民出版社，2007.
[④] 孟慧英. 中国北方民族萨满教 [M]. 北京：社会科学文献出版社，2000：28—71.

介。蒙古族称天为长生天,并见于蒙古文文献及蒙元时期帝王之圣旨碑,宋代汉籍文献如《蒙鞑备录》《黑鞑事略》所叙与此基本相符。又占筮一术,自古占具繁多,蒙古则惯用羊胛骨,汉籍文献谓之"烧琵琶"。施巫术于征战、祷雨、祈雪的现象屡见于宋以来汉籍文献,即祭札答者,《蒙古秘史》旁译作"能致风雨的事"。太祖与乃蛮战、睿宗与金兵战均施此巫术。《元史》诸帝本纪以及祭祀志等对巫觋的记载可谓繁多,如赏赐女巫、立巫觋之祠、钦封巫者所奉诸神等等,不一而足。至于巫者降神之举,吴莱在《北方巫者降神歌》中给予其淋漓尽致的描绘。

萨满教为多神教,相信万物皆有灵,灵魂不灭,崇拜天、地、日、月、水、火和各种自然现象,并盛行偶像崇拜和各种自然禁忌。在古代,蒙古人认为人的灵魂不灭,他们崇拜祖先并对祖先进行祭祀。对大自然各种神灵、对祖先神灵的崇拜,后来演变为把各种神灵、祖先制成偶像加以崇拜,"以木或毡制偶像,其名曰 Ongon(翁衮),悬于帐壁,对之礼拜"①。

萨满常为人们占卜吉凶,人们也自行占卜并常求解于萨满,成吉思汗在出征前常烧羊髀骨进行占卜。成吉思汗生活在人们普遍信仰萨满教、受原始宗教观念支配的蒙古社会中,自幼接受原始宗教观念,深信萨满教。因此他言称"靠长生天底气力""靠长生天佑护""靠天地佑护"等等,"天力论"成为他的根本信仰和哲学思想。成吉思汗崇敬萨满教,利用萨满来为他巩固、提高大汗地位服务,并尽量满足萨满的要求。成吉思汗逝世后,其子孙后代基于萨满教的灵魂观念和祭祀仪轨祭奠他,这一祭祖习俗一直延续到今天。

一、成吉思汗崇拜的形成与发展

狭义而言,成吉思汗崇拜主要是指对成吉思汗本人的各种崇拜观念和祭祀行为;广义而言,还包括对成吉思汗夫人、弟弟及直系子孙的各种崇拜观念和祭祀行为。

成吉思汗的本名叫铁木真,他最后统一蒙古高原的战争,就是向西进军,与强大的乃蛮部决战。1204 年春,铁木真下令全军出征乃蛮。结果,乃蛮部的太阳汗负伤身亡,乃蛮部被彻底征服。蒙古高原上已没有铁木真的对手,他的统一大业已然成功。1206 年春,铁木真在斡难河源头的"根本之地"举行大聚会,树九游白旗(国家的旗帜),并称"成吉思汗"。一个新的游牧民族政权诞生了。成吉思汗建立的国家称为"也可·蒙古·兀鲁思",即"大蒙古国"。"成吉思"的意思,据拉施特《史集》解释,是"最高君主或王中之王"。从此,原来各有自己名称的众多部落,都开始使用"蒙古"作为他们的总名称,一个统一的蒙古民族共同体出现了。

千户是成吉思汗大蒙古国的基本军事行政单位。成吉思汗将全蒙古的百姓划分为 95 个千户,任命 88 人为千户长(其中有 3 人分别辖二千户、三千户和耳千户)。大多数千户

---

① 多桑蒙古史(上册)[M]. 冯承钧译. 北京:中华书局,1962:30.

由被打乱的不同部落的人组成，因此进一步打破了旧的氏族制度，使许多部落的界限从此泯灭，促进了蒙古民族共同体的形成和发展。

成吉思汗九岁丧父，成长环境饱受重重磨难。加之蒙古高原恶劣的气候和艰苦的生活环境，造就了他超凡的坚韧性格，使他具有百折不挠的坚强意志。

成吉思汗与其他蒙古人一样，都信奉萨满教，崇敬长生天（永恒的天神、天帝），崇拜长生天的伟大力量。他常说"靠长生天的力量""蒙长生天佑护""获上天的佑助""长生天，你知道"，把命运、前途、事业的顺利，战争的胜利，把个人命运和自己部落、民族、国家的发展、兴旺归结为上天的力量，长生天的佑护。但是他的"天力论"思想，并不是消极地等待"长生天"的恩赐、佑护，而是靠自己的不懈努力，团结自己的友伴、部众艰苦奋斗来继承、发扬光大父亲、祖先的大业，战胜敌人、夺取胜利，成为全蒙古的伟大可汗，从而证明自己是符合天意、奉天承运的一代天骄，是确实获得"长生天"的佑护而成就大业的圣武帝王。

成吉思汗自青少年时起就胸有大志，他是一个有壮志宏图、雄才大略，有多方面卓越才能的大政治家。他能顺应广大人民群众的意愿，顺应历史发展的潮流，"把蒙古高原一盘散沙、互相争战不休的众多部落统一成强大的蒙古国，凝聚为一个伟大的蒙古民族"①，并促进中国多民族国家的再次统一和发展，促进世界各地的经济、文化、科技的交流，客观上对世界的发展起到了积极作用。

1227年7月12日，成吉思汗逝世，终年六十六岁。成吉思汗去世后，遗体归葬漠北起辇谷。

成吉思汗生前创造的丰功伟业，为后来成吉思汗崇拜的形成奠定了坚实的信仰基础。成吉思汗逝世后，经过其子孙后代几百年的祭奠和蒙古族民众的全民崇拜，他已成为蒙古民族公认的英雄祖先和名副其实的祖先神，从而也理所当然地成为世界各地蒙古族人民认同的核心力量和民族内部团结凝聚的主要纽带。

成吉思汗祭奠是自成吉思汗去世以后形成的蒙古族祭祖习俗，这一信仰习俗至今已延续8个世纪。"在蒙古族萨满教观念体系里，祖先灵魂崇拜占有重要位置。最早人们用木材、皮毛、毛毡等制成祖先的模拟人像，称为'翁衮'进行祭拜。"② 成吉思汗祭奠的成例，自窝阔台汗时代即已开始。到了忽必烈建立元朝，登基继承皇位以后，在大都（今北京）举行大规模的祭祀祖先盛典，并规定了祭祀成吉思汗的"四时大祭"。《元史》等古代文献中都记有成吉思汗祭奠的内容。1266年10月，忽必烈在元大都建立太庙，定为八室，供奉的圣主为：列祖圣元皇帝也速该把阿秃儿，皇曾祖妣宣懿哈屯斡额仑；太祖圣武皇帝成吉思汗，皇祖妣光献哈屯孛儿帖格勒真；太宗英文皇帝窝阔台，皇伯妣昭慈哈屯脱列哥那；皇伯考术赤，皇伯妣别土出迷失；皇伯考察合台，皇伯妣也速伦；皇考睿宗景襄皇帝拖雷，皇妣庄圣哈屯唆鲁和帖尼；定宗简平皇帝贵由，钦淑哈屯海迷失；宪宗桓肃皇

---

① 余大钧. 一代天骄成吉思汗——传记与研究[M]. 呼和浩特：内蒙古人民出版社，2002：22.
② 乌云格日勒. 信仰的薪火相传——成吉思汗祭奠的人类学研究[M]. 北京：北京大学出版社，2013：41.

帝蒙哥，贞节哈屯忽土格台。当时忽必烈在元上都也建立了成吉思汗祭祀宫殿"失剌斡耳朵"，钦定太庙四季祭祀制度，并每年带黄金家族成员到上都，参加传统祭祀活动①。13世纪，随着成吉思汗几位夫人及黄金家族成员的相继去世，祭奉的白色宫帐逐渐增多。15世纪，随着鄂尔多斯部的南移，在漠北的成吉思汗四大鄂尔多也迁至鄂尔多斯，与已在这里的成吉思汗白宫合并，形成八白宫，并在成吉思汗八白宫中出现了连体尖顶双重毡帐祈殿。在祭祀成吉思汗八白宫的程序中，保留达尔扈特人用黄车从亦尔盖城（今银川）请回成吉思汗四大鄂尔多的仪式。"八白宫作为成吉思汗灵魂的象征被称为'翁衮希图根'，说明在成吉思汗祭奠中含有蒙古族早期翁衮崇拜的成分。"②

清康熙年间首次提到伊克昭盟（今鄂尔多斯市）境内有成吉思汗陵寝。此后，外界便称成吉思汗八白宫为"成吉思汗陵寝"。19世纪后期，清光绪元年（1875年）开始，相继有西方国家的一些人士到伊金霍洛考察，向世界介绍了"成吉思汗陵园"③。从此，在国内外，普遍将成吉思汗八白宫称为"成吉思汗陵"。

成吉思汗祭奠包括平时的瞻仰性祭祀、每月的礼祭、正月（春节）大祭以及四季祭典等祭祀仪式，圣主祭奠在成吉思汗祭奠中占主要地位。圣主日祭与奉祭每日举行，农历每月初一、初三举行月祭。正月初一举行年祭，三月二十一举行春季查干苏鲁克祭典，五月十五举行夏季淖尔祭典，九月十二举行秋季斯日格祭典，十月初三举行冬季达斯玛祭典。每三年五月十二举行祝福祭，每年六月初十至六月二十五达尔扈特各贺希格祭奠，六月十二举行公羔祭，七月二十七举行台吉祭奠，腊月二十三举行圣火祭，除夕举行祭祖。④ 目前，举行祭典的主要场所是成吉思汗陵，陵址位于内蒙古鄂尔多斯市伊金霍洛旗阿拉腾甘德尔敖包。

二、成吉思汗祭奠中的蒙古族文化认同表达路径

成吉思汗祭奠，是成吉思汗八白宫祭奠、苏勒德祭奠和成吉思汗圣物祭奠的总称。其种类多，内容丰富，除每日、每月的例行祭奠外，一年举行数十次专项祭奠。

成吉思汗传统祭祀形式独特、内容丰富、内涵深刻。这一特殊的文化形式，显示着蒙古民族传统的习俗、礼法、信仰、观念以及语言、文字、文化艺术等诸多方面的特征。守陵人达尔扈特，完整地保留和传承13世纪形成的蒙古民族宫廷祭祀。这一传统文化，是蒙古族民俗文化的代表，是中华民族乃至人类珍贵的文化遗产。成吉思汗祭奠，体现了蒙古族的最高祭祀形式。在成吉思汗八白宫进驻鄂尔多斯以后，为了减轻郡王旗祭祀八白宫的负担，鄂尔多斯各旗札萨克于18世纪30年代（清乾隆年间），将集中在郡王旗的八白宫的部分及一些祭祀神物迁到自己旗里供奉。这样，成吉思汗八白宫及祭祀神物就分布于

---

① 旺楚格编著. 成吉思汗陵史纲 [M]. 呼和浩特：内蒙古人民出版社，2011：25—26.
② 乌云格日勒. 信仰的薪火相传——成吉思汗祭奠的人类学研究 [M]. 北京：北京大学出版社，2013：42.
③ 旺楚格编著. 成吉思汗陵史纲 [M]. 呼和浩特：内蒙古人民出版社，2011：27.
④ 旺楚格编著. 成吉思汗祭祀史略 [M]. 呼和浩特：内蒙古人民出版社，2011：68.

鄂尔多斯各旗。其中，忽兰哈屯白宫迁至扎萨克旗，也遂、也速干哈屯白宫迁至准格尔旗。在郡王旗的祭祀神物也分布于守护、祭祀的达尔扈特集中居住的一些地方。只有成吉思汗与孛儿帖哈屯白宫和商更斡尔阁（珍藏）白宫仍留在郡王旗巴音昌呼格河畔的大伊金霍洛。1956 年，成吉思汗陵园建立后，将分布于鄂尔多斯各地的奉祀之神，全部集中在成吉思汗陵园供奉①。

成吉思汗祭奠由圣主宫帐为核心的八白宫祭奠和成吉思汗苏勒德祭奠两大部分组成。1956 年成吉思汗新陵建成以后，将八白宫集中供奉在陵宫内，并实行集中祭奠，完整地保留了圣主祭奠。

基于萨满教的成吉思汗祭奠，在内容上主要表达对长生天、祖先、英雄人物的崇拜；在形式上再现了蒙古民族古老的火祭、奶祭、酒祭、牲祭、歌祭等形式；在祭祀用具上，具有浓郁特色的诸多珍贵的祭器表现了草原民族对大自然和动物的艺术审美属性。此外，还有诸多的祭文、祭词、祝词、祭歌等。这些祭词，以诗歌文体所形成，并以口头文学形式代代相传，具有很高的文学水准。成吉思汗祭奠是蒙古族的最高祭祀形式，是蒙古族民俗文化的集中体现。成吉思汗祭奠，"在历史的长河中逐渐形成具有形式独特、内容丰富、内涵深刻的蒙古民族传统祭祀文化"②。

萨满教是以成吉思汗祭奠为主要内容的成吉思汗祭奠文化的基础，而鄂尔多斯蒙古族继承了萨满教的基本理念和表现形式。因此，"成吉思汗祭奠传统以崇拜长生天，崇拜祖先、英雄，崇拜山水神灵、大自然为主要内容，形成自己独特的特点。特别是以萨满教为基础的成吉思汗八白宫的祭祀，决定了守护成吉思汗八白宫的鄂尔多斯人的信仰、风俗的形成"③。成吉思汗祭奠是蒙古民族传统祭祀的完整保留。因此，成吉思汗祭奠在内容、形式、传承等诸多方面体现出独特性和唯一性。

成吉思汗祭奠逐渐成为蒙古族民族认同的仪式性表达的重要路径。在成吉思汗祭奠仪式中，通过民俗用具、民族语言、服饰、传统饮食、音乐等标志性关键符号来表达民族文化认同。其中，既有物质性民族文化符号，又有非物质性民族文化符号。下面举例说明蒙古族标志性关键符号在成吉思汗祭奠中的仪式性呈现。

13 世纪蒙古族经典著作，被称之为元朝宫廷文献的《十善福白史》，记载了元朝的诸多礼法，其中有朝廷大汗及最高祭祀象征物"九种瑞兆"，即指镇远哈日苏勒德（镇远黑纛，成吉思汗战旗）、宏声烈性大红号（成吉思汗军队号角）、威武强劲的弓箭、精制的红木奶桶、金刚宝刀、牢固的金马鞍、宽大的衣带、御用大座椅、可靠的乌尔鲁克（大将）。元世祖忽必烈按照蒙古人的古代礼俗——"总神祇"祭祀成吉思汗，并把象征"九种瑞兆"的成吉思汗吉祥物加以供奉，进一步完善祭祀制度。"可靠的乌尔鲁克"的子孙后代，负责守护和祭祀成吉思汗吉祥象征的圣物。这些圣物将被分别安放在白色宫帐内供

---

① 旺楚格编著. 成吉思汗陵史纲 [M]. 呼和浩特：内蒙古人民出版社，2011：27.
② 旺楚格编著. 成吉思汗陵史纲 [M]. 呼和浩特：内蒙古人民出版社，2011：82.
③ 旺楚格编著. 成吉思汗陵史纲 [M]. 呼和浩特：内蒙古人民出版社，2011：5.

奉，成为八白宫供奉圣物的组成部分。后来在八白宫圣物中，增加了在蒙古高原本土的成吉思汗四大鄂尔多的象征圣物。这九种瑞兆是成吉思汗八白宫形成的前提。

成吉思汗祭灵宫帐，起初被称为"圣主的白宫""全体民众的总神祇"。集中在鄂尔多斯的诸多白宫，被称为"成吉思汗八白宫"。成吉思汗灵帐的名称引用了成吉思汗四大鄂尔多的称呼，即"查干鄂尔多"（白色宫帐）。而在蒙古族民俗语境中，民众普遍认同白色是圣洁的象征。成吉思汗祭奠祭坛被称作八白宫吉格，"吉格"原意为蒙古可汗、济农宫室坐落的地方，或是祭祀旗幡徽号的祭坛，在大伊金霍洛巴音昌呼格河东岸的草滩上，有三个地方分别被称为"上吉格""中吉格""下吉格"。因此，巴音昌呼格草滩也被称之为"吉根塔拉"，即吉格草滩，"下吉格"也称"大吉格"①。

成吉思汗祭奠，由以圣主祭奠为主的八白宫祭奠和苏勒德祭奠及诸多奉祀之神祭奠组成，圣主祭奠是其核心。除圣主祭奠外，分布于鄂尔多斯各地的成吉思汗八白宫、苏勒德及各奉祀之神都有各自的传统祭奠。这些圣物的祭奠形式与内容虽然与圣主祭奠基本相似，但也各自形成了一整套祭祀规程，其举行的日期、供品、祭文祭词等相互不同。八白宫祭奠，包括成吉思汗与孛儿帖哈屯白宫祭奠、忽兰哈屯白宫祭奠、准格尔伊金白宫祭奠、宝日温都尔白宫祭奠、弓箭白宫祭奠、吉劳白宫祭奠、溜圆白骏白宫祭奠、商更斡尔阁白宫祭奠②，是成吉思汗祭奠的重要组成部分。

苏力德是蒙古族祖先崇拜的标志性神圣物。在成吉思汗祭奠中，苏力德是表达蒙古族民族认同的神圣符号。远在13世纪，蒙古汗国的继承者忽必烈彻辰汗，为了更加尊重成吉思汗时代的苏力德供奉，曾颁布诸多谕旨，因而形成各个朝代的臣僚百姓世代供奉成吉思汗之弟哈萨尔的花苏力德供奉。在20世纪50年代末期，花苏力德被迁徙到成吉思汗陵一段时间。1998年戊寅之际，恢复了苏力德虎年威猛大祭，2003年癸未之际，又隆重举办羊年大祭。据《哈布图哈萨尔的花苏力德》③记载：花苏力德祭祀分普祭、四季祭和威猛大祭。普祭由花苏力德祭祀衙门特德轮流值班执行。值班衙门特德日出而起，打扫充楚，献昼神灯，用烧红的无烟木炭火点桑、色尔吉姆裸祭，点香、点沙地柏叶、吹响螺号、面向桑坛跪在桑坛前、合掌膜拜，吟诵《伊金桑》和《花苏力德桑》，诵毕祈祷。然后走进充楚宫内，在昼神灯中加油。当日若有膜拜花苏力德者，就由专管膜拜者衙门特德把他们引进充楚宫内，给佛灯加上油，点香擎着，然后在花苏力德神灵物祭案上献上佛灯油、哈达、牺牲镇斯，然后叩首膜拜。献牺牲镇斯者，衙门特德要退还其古尔毕察克腰椎或前肢。这是花苏力德的福分，带回去全家共享。膜拜者若献货币、牲畜之类，要记录在《花苏力德大仓明细帐》簿上。日落时献夜神灯，再将早晨的诸项祭项重做一遍，普祭即宣告结束。

弓箭是蒙古族较为重要的民俗用具，成为成吉思汗祭奠中蒙古族文化认同的物质性关

---

① 旺楚格编著. 成吉思汗陵史纲 [M]. 呼和浩特：内蒙古人民出版社，2011：65.
② 旺楚格编著. 成吉思汗陵史纲 [M]. 呼和浩特：内蒙古人民出版社，2011：82.
③ 热德那班斯尔整理. 哈布图哈萨尔的花苏力德 [M]. 呼和浩特：内蒙古人民出版社，2010：19—20.

键符号。成吉思汗弓箭白宫是供奉成吉思汗的弓箭、弓套等遗物的单帐宫帐,清朝供奉在大伊金霍洛以西二华里的其伦敖包,1910年供奉于大伊金霍洛以南四里的塔兰呼都格附近,1944年迁至大伊金霍洛西呼和陶勤盖的商希哈玛尔。1954年迁至大伊金霍洛,供奉在成吉思汗灵帐西侧。弓箭宫帐内祭奉着成吉思汗三张弓及箭、箭壶等物。弓用鹿角制成,弦长五尺,其中一张弓的弦为七尺。箭镞用铁制成,箭柄用红柳条制成,箭尾沾有雕翎。弓箭宫帐,由圣主达尔扈特的浩尔其纳日贺希格守护、祭祀。1956年迁至成吉思汗陵。坐班达尔扈特每日举行例行弓箭白宫祭奠,农历每月初一举行月祭。每逢成吉思汗四时大祭,也要举行祭奠。其中,三月十七将成吉思汗弓箭宫帐运送到成吉思汗宫帐旁,十八随成吉思汗灵柩请到巴音昌呼格草滩八白宫祭祀吉格上,参加春季查干苏鲁克大典,二十四随成吉思汗灵柩返程。十二月二十三举行圣火祭、除夕祭先祖。成吉思汗弓箭祭奠供品,每次均用一只全羊。①

在成吉思汗祭奠中,鲜奶也成为蒙古族文化认同的象征性符号。在蒙古族日常生活中,也有用鲜奶祭祀苍天的民俗仪式。在农历三月二十一成吉思汗查干苏鲁克大祭中,宝日温都尔圣奶桶会被99匹白骒马的三百多斤鲜奶斟满。在距宝日温都尔二十七步远的地方,竖起了象征天座的阿拉坦嘎达斯(金桩)。在阿拉坦嘎达斯西北八十一步长的地方,栽着九九八十一个"札勒玛",每步一个。济农手持专门洒祭马奶用的祭器楚楚格,从宝日温都尔中将鲜奶三舀三祭,为洒祭跑场揭幕,然后将楚楚格转交洒祭鲜奶仪式的主持者各旗大珠玛,继续洒祭,祭祀苍天。格赫庆亚木特德念诵《九十九匹白骒马之乳祭洒祝词》②,其内容如下:

> 向那长兄阿哈天神,
> 将这九十九匹白骒马的鲜乳,
> 作两九醇酒祭。
> 愿你慈祥地降临,
> 欣喜地关照,
> 把那温暖的圣谕赐给我们。
> 向那阿塔天神,
> 将这九十九匹白骒马的鲜乳,
> 作一九的醇酒祭。
> 愿你慈祥地降临,
> 欣喜地关照,
> 把那温暖的圣谕赐给我们。

---

① 旺楚格编著. 成吉思汗祭祀史略 [M]. 呼和浩特:内蒙古人民出版社,2011:87.
② 旺楚格编著. 成吉思汗祭祀史略 [M]. 呼和浩特:内蒙古人民出版社,2011:92.

......"①

一般情况下的泼洒礼，也要因时、因地吟诵不同的祝祷词。

乳汁，在成吉思汗祭文中象征圣洁、吉祥，被看作是母爱的象征、美好心灵的象征。乳汁的白色，成为蒙古族崇尚的吉祥颜色，进而成为表达蒙古族民族认同的代表性颜色。

语言是民族认同表达的原生性工具，成吉思汗祭奠中的各类祝词、赞词等都是用蒙古语念诵的，形式多样、内容丰富，以赞颂成吉思汗及其夫人、祈祷平安幸福为主。这一传统已有悠久的历史。《元史·国俗旧礼》载："每岁太庙回祭，用司礼监官一员名，蒙古巫祝当省牲时，……还主牲时，以国语呼累朝帝后名讳而告之，……巫祝以国语告神。"②在蒙古帝国和元朝时期，"国语"即指蒙古语。按照中国历代帝王传统，太庙祭祀应由皇帝亲自举行，但元帝"亲祭"的不多，往往就由蒙古巫祝（即萨满）主持，叫作摄祀。蒙古人大规模祭祀成吉思汗是在忽必烈即位后，在中原建立元帝国之后。每年六月二十四，蒙古皇帝在上都祭天的同时祭成吉思汗，"又呼太祖成吉思汗御名而祝之"③，祭词也是"巫祝以国语告神"，祭词祷语仍坚持用元朝的国语即蒙古语。可见，"尽管忽必烈汗以红帽派喇嘛教作为其皇宫里的中心教，但他并未严行排斥萨满教，而是在祭天祭祖等重要活动中仍然遵循了蒙古族固有的萨满教传统"④。

成吉思汗祭奠祭词，以诗歌文体所形成，并以口头文学的形式代代相传，具有相当高的文学水准。在近八百年的历史变迁中，成吉思汗祭奠祭词不断修订，从内容到形式不断丰富和完善，成为蒙古族珍贵的文化遗产。守护成吉思汗八白宫的鄂尔多斯部及达尔扈特人，将这一民族传统文化世代相传，完整地保留至今。作为蒙古族的重要文献，成吉思汗祭奠祭词对了解成吉思汗祭奠文化，研究蒙古族历史文化、风俗习惯、礼法礼仪等方面，提供了极其珍贵的资料，也为研究蒙古族民族认同的演变轨迹提供了活态的民俗依据。

成吉思汗祭奠中的祭歌和祭祀仪式音乐也是表达民族认同的非物质性关键符号。

成吉思汗祭奠中唱祭歌的习俗，是蒙古民族自古以来的"歌祭"习俗在成吉思汗祭奠中的体现。成吉思汗祭奠中所唱的歌，是蒙古王朝专门为祭奠所创作的祭歌，包括随查尔给（马头响板）的打击声唱的《查尔给之歌》，嘎日利祭奠中唱的《嘎日利之歌》，招福仪式中唱的《招福歌》等。在成吉思汗祭奠中，招福仪式上所唱的祭歌为《成吉思汗招福歌》。农历三月二十一，查干苏鲁克大祭各项仪式结束后举行招福（达拉拉嘎）仪式，将牲羊的左前腿跟蹄子一起煮熟，将肥尾、胃、肥肠等装入招福桶里，由格赫庆亚木特德唱《成吉思汗招福歌》。这时，挥动牲羊前腿，表示招福致祥之意。招福歌主要内容是由

---

① 杨·道尔吉编著. 鄂尔多斯风俗录 [J]. 呼和浩特：蒙古学出版社，1993：41—42.
② 宋濂. 元史，卷十七，祭祀志 [A]. 北京：中华书局，1987.
③ 同上.
④ 色音. 中国萨满文化研究 [M]. 北京：民族出版社，2011：94.

成吉思汗子弟为父汗祝福，祈求父汗神灵赐予博大的福禄①。这些祭歌通过成吉思汗祭奠祭司人员达尔扈特的世代传承延续至今。成吉思汗祭歌和仪式音乐"已凝定为达尔扈特的族群记忆，表达出达尔扈特族群的思想情感与文化认同，同时，已成为探究成吉思汗祭祀文化的独特符号和重要路径"②。

三、作为蒙古族认同资源的成吉思汗崇拜

成吉思汗在艰难的部落争斗中开创了一代伟业，为后世子孙的统治奠定了坚实基础，可谓丰功至伟。他毋庸置疑地上升为蒙古族英雄祖先的地位，受到全民族的崇拜，祭祀仪式日益隆重。成吉思汗去世之后，逐渐形成了"八白宫"祭祀，成吉思汗逐渐从黄金家族的血缘祖先上升为全体蒙古人的民族祖先。

成吉思汗祭祀在形成之初便与蒙古汗权密切相连，把持成吉思汗祭祀的权力成为继承蒙古汗统合法性的标志。由元至明，在蒙古汗位的更替与争夺中，成吉思汗祭祀已不仅仅具有血缘祖先崇拜的性质。无论是黄金家族后裔还是异姓贵族，只有拥有"八白宫"才能证明自己的正统性，在成吉思汗八白宫前即位已成为汗位继承人合法性的标志。成吉思汗黄金家族后裔和蒙古族民众"不遗余力地赋予历史人物成吉思汗以神圣光环，借以重构成吉思汗不可侵犯的伟大、神圣形象，意图振兴蒙古民族的文化精神，增强民族内部的凝聚力"③。成吉思汗崇拜逐渐成为增强蒙古民族核心凝聚力的重要精神资源和认同符号。

成吉思汗逝世后，起初是被当作祖先神来崇拜的，是"先祖的亡灵"，有时甚至"荣升到了创始神的品级"④。而真正被神圣化、神灵化，都是成吉思汗身后之事，其后继者们为了使自己的权力合法化、神圣化，而进行了认同重构。北元政权退居蒙古之后仍持续了近三百年的统治，黄金家族在蒙古各部落中仍受拥戴，成吉思汗祭祀是维系这一统治地位的精神旗帜。其他异姓贵族虽时而争夺统治权，但也要对成吉思汗进行祭祀，以证明自身的合法性。因此，成吉思汗崇拜在蒙元以及北元汗权承替中发挥了重要作用。

成吉思汗成为蒙古族伟大的民族祖先，世代被祭祀以至如今。成吉思汗祭奠，是体现蒙古民族共同思想观念和心理素质的文化现象，也是产生蒙古民族共同心理素质的基础。在当代社会，祖先崇拜仍然发挥作用，并成为蒙古族民众民族认同的重要象征。直至今日，每当成陵大型祭祀之时，蒙古族民众从四面八方而来，庄重地参加祭祀大典。在当今民族政策语境下，蒙古族民众追求民族认同的心理强烈，成吉思汗崇拜则成为这一民族文化认同的重要象征，民族认同也在祭祖活动中得到了强化。尤其是年轻一代，他们通过家族的祭祖活动，对本民族的文化和历史有了更加深刻的认知，民族认同在此过程中实现了代际传递。成吉思汗祭祀仪式是与蒙古族民众的祖灵信仰紧密相连的。祭祖过程中对成吉

---

① 旺楚格. 成吉思汗祭祀史略 [M]. 呼和浩特：内蒙古人民出版社，2011：216.
② 李红梅. 成吉思汗祭祀仪式音乐考察与研究 [D]. 北京：中央音乐学院，2014 (4)：272.
③ 包红梅. 成吉思汗神话：13—19 世纪蒙古族史传文本思维结构解析 [J]. 北方民族大学学报，2017 (2).
④ 海西希：西藏和蒙古的宗教 [M]. 天津：天津古籍出版社，1989：433、435、438.

思汗功德的讲述，一方面强化着信仰对象的神性来源，另一方面也确证着信仰主体与信仰对象之间的认同关系。

成吉思汗崇拜已成为蒙古族重要的认同符号和文化资源。事物本身能成为资源的很少，通过人类的"资源化"才能成为某种资源。资源人类学认为人类的生存及生活是在象征系统和生态系统的基础上形成的，并将资源分配在这两个领域之中。日本人类学家设定八种大的资源范畴，将其表示成长方体的形状，分别是文化资源、知识资源、小商品或是小生产物资源、货币资源、自然资源、职业资源、空间资源、身体资源等八种资源（如图1）。这些资源又可以被划到比较大的象征系统和生态系统等两大系列中。在"资源长方体"中，中间以上表示象征系统，中间以下表示生态系统，从象征系统和生态系统中分别被选出的四种资源范畴，共表示八种资源范畴。从大的方面看，两大系列之间的关系可以被视为整体生态系统中的资源材料供给和整体象征系统中的意义授予。

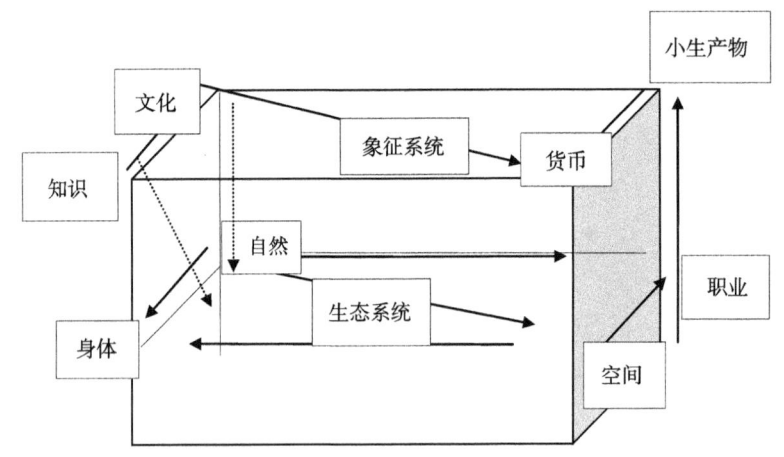

图1　资源长方体（引自内崛基光《资源与人间》，弘文堂日文版第26页）

在蒙古族文化的象征系统中，成吉思汗崇拜逐渐成为核心的象征，因而也成为标志性的民族认同符号。在蒙古族民间传说中，成吉思汗被刻画成传奇式、神话般的英雄，永垂不朽地留在本民族后代的记忆之中，成为民族认同的核心象征符号。推崇民族领袖和英雄的记忆，是蒙古族民族认同的内在需求。祖先崇拜自古以来就是蒙古族的信仰文化之一，并随着蒙古族的社会发展而变迁、重构，以至在当代社会，祖先崇拜仍发挥着认同符号和强化民族凝聚力的社会文化功能。

ON THE RESEARH OF SOUTHERN SIBERIA, THE HEARTLAND OF NORTH – EAST ASIA

(Russia) Maxim Mikhalev   Russia Acadermy of Sciences

The Great Arc

If we take a brief look at the modern map of Asia, we would notice a remarkable figure that looks like an enormous arc, or the Arc, as we would call later. It is stretching along the northern border of current – day Mongolia, starting at the western slopes of the mighty Greater Khingan Mountain Range in the north – eastern part of China's Inner Mongolia, and going all the way west to the Mountainous Altai, where Russia, Mongolia, Kazakhstan and China meet. Amur River and Yablonovy Range start this line in the east; the southern shores of Baikal Lake, Sayan and Tannu – ola make up its central part, while Altai Mountains mark its western limits. North to this Arc lie vast Siberian forests, while south of it is the territory of equally vast Eurasian steppe. It is exactly in this land of alternating forests and grasslands, deep basins and high mountains that the northern periphery of the classical Asian world was located.

It is also here, in the area comprising nowadays of Chita and Kemerovo regions, whose residents are mostly ethnic Russians, and Russian Federation's autonomous republics of Altai, Khakassia, Tuva and Buryatia, populated by Turkic – and Mongolian – speaking minorities, that different cultures produced specific and fascinating South Siberian identity. It should not come as a surprise, for along this line of separation contacts of forest people and grassland nomads have always been active no matter how alien they were to each other, as this is the nature of any border zone. And as any other border area with an intensive dialogue between opposing cultures, it had the capacity of producing truly new and unusual phenomena, for in such places often weird combinations of the opposite features, are bringing unexpected results. Here new nations, traditions, heroes and symbols can appear from time to time.

As a result, modern Southern Siberia is not just a land of mythic proportions and weather extremes; it is also a home to numerous original cultures. Its peoples and natural wonders, hidden secrets and treasures attracted travelers and adventurers, scientists and general public. Mighty rivers and pristine lakes, snowcapped mountains and endless forests rewarded those who dared to undertake an arduous journey into this forbidden corner of the world of unbelievable beauty, its exotic customs leaving a footprint of unforgettable memories in their hearts. This fascinating land has never been accessible, however, and even now the lack of roads and deadly mosquitoes make summer travel there impossible leaving fierce winters when temperature often drops below −50C still the best season for traveling. Partly due to these natural obstacles and poor infrastructure, partly due to its enormous size, Southern Siberia even in the 21st century, in times of economic, political and cultural globalization retains its frontier character, its almost otherworldly remoteness and the slow pace of life. Mountain ranges, rivers, marshes and deserts still decide the identities and attitudes of the local people, still divide and unite them, even if they don't influence their lifestyle and culture as much as they used to do in the past. Them, who populate those unforgiving lands and co−exist harmoniously with the landscape and the spirits, remain children of the Earth that have not lost connection with its powers.

Nomadic empires

Legends that used to play the role of chronicles in the remote past have never left Southern Siberia empty, but the imagination of the ancients was sometimes too fancy and their stories looked too fantastic to be treated as a valuable source of information by the modern researchers. Thus, ancient Greeks, for example, believed that Altai was populated by griffons safeguarding the gold. The archaeologists, on their side, claimed that those were Scythians and the legendary Dingling from Chinese chronicles who were first to create distinctive cultures in Southern Siberia. As for historical times, Southern Siberia had always been a border zone, a remote and uncontrollable territory in the outskirts of different nomadic empires. When they were strong and united, they imposed their authority on the areas as much north as possible, while at the time of defeat, disorder and disintegration these lands were falling back into oblivion.

The first people, who managed to cross the vast and deadly Gobi from the south and put half grassland − half forest areas of Southern Siberia under their firm control was a notoriously mighty nomad confederation of Xiongnu. Their leaders learnt a lot in terms of management and modern warfare from Han people and succeed in setting up a stable state in those wild and uncontrollable areas to the north of the great desert. Xiongnu were later replaced by Xianbei. That was also a confederation of nomadic tribes rather than a nation or state in a modern sense of this word. Rouran that later happened to be the new rulers of Inner Asia brought nothing new with them, as they were not powerful enough to go north or south and only controlled their core grassland territory without dreaming of expansion or development.

Rather a different breed of conquerors were the ancient Turks, who not only gained sound military victories, but developed a distinctive and attractive culture. That included religious system, alphabet, effective nomadic administration and a sense of identity that far exceeded their actual existence and continues to be an important factor in shaping national ideologies for the people of Southern Siberia even now. It was in the days of the Turkic Khanate that the gradual assimilation of the forest people that used to belong to Samoyed – and Ket – speaking language groups had its beginning. This process continued almost to the point of annihilation later, being promoted by both Uyghurs and Kyrgyz, the founders of the next two powerful khanates that ruled over the vast areas of Inner Asia. It is interesting to note that many scientists believe that Turks and Uyghurs were themselves products of the northern borderland contacts. As such, unlike Xiongnu and later Xianbei, who were totally alien to Siberia, these later nomads were in part Siberians themselves, and probably this was something that helped them to successfully assimilate Siberian aboriginals.

Unlike Turks that had most probably originated in the western part of the Siberian Arc, Mongolians later came out of its eastern part, that is, in the area around Kherulen and Onon Rivers, where China, Mongolia and Russia share their borders now. They were destined to become Turks' deadliest rivals for many centuries to come. A small and insignificant tribal confederation in the beginning, they later emerged into a world power that shaped the history of the planet. The first of those Mongolian – speaking people that shook the globe were Khitan who not just looted civilizations of the plains as many different nomads did before them, but eventually managed to set up their own dynasty there and for several centuries ruled over both nomadic and sedentary people. Although they were later replaced by Tungus – speaking Jurchen, who also originated in the area not far from the eastern end of the Siberian Arc, this was just a temporary victory. Mongolians were ready to enter the world stage.

With Chinggis Khan as their leader, they set up the largest empire in the world history. Indeed, the better half of the world submitted to those ferocious grassland conquerors, but it is interesting to note, that the northern tribes of Siberia were not that much influenced by the advance of Mongolians. While the areas close to their birthplace, including, for example, Buryatia, were eventually mongolized, the resistance in the western and central, largely Turkic – speaking, parts of the Siberian Arc, was never completely smashed, and Kyrgyz, for example, successfully resisted assimilation.

The golden age of nomadic civilizations finished with the end of Yuan dynasty, but the processes of constant rise, growth and fall of different grassland empires continued. The eastern steppes of Inner Asia thereafter firmly belonged to Mongolians and their influence in the area around Baikal Lake and further east along the Arc was unquestionable, but in the center and in the west pockets of resistance remained, most noticeably in the remote Uriankhai (modern Tuva) and Altai. In spite of being firmly in the sphere of influence of the powerful Altan Khans and in spite of adopting Mongolian culture and Buddhism, the tribes of the former still kept Turkic as their language, while the peoples of the latter, although being incorporated into Dzungaria, not only remained Turkic – speaking, but had never been converted to Buddhism either.

Between China and Russia

The constant fight of two powerful Mongolian states for supremacy in the grassland decided the history of their northern borderlands, but as khans and conquerors were coming and going and their territories changing hands, the overall situation remained pretty much the same as it had been for centuries, if not for thousands years before. The grassland empires were waging wars with Chinese in the South, sometimes successfully, sometimes not, and fighting against each other, while over there in the North people, who were only nominally under their control, lived their own lives. This all, however, changed suddenly in the 17th century, as two Asian superpowers clashed for the first time in the Southern Siberia, and it was their fight for supremacy, their rises and falls that were destined now to shape the new fates for those lands. They were not only to change the balance along grassland – forest line, but also to give birth to completely new cultures and nations in the place that since that time became a geopolitical crossroad rather than a backyard of the world history. Those were Qing China and Tsarist Russia that entered the stage, one at the course of its east – to – west and another at the course of its west – to – east expansion.

The political situation in Siberia indeed changed dramatically with a new geopolitical power rising to the west of it, stretching its influence in all possible directions. Those were Russians determined to reach the edge of the world in their missionary zeal and quest for fortune. After the fall of Khanate of Sibir in 1592, the entire north of Eurasia from the Urals to the Pacific Ocean became an easy prey for them with very little resistance met. The first Russian expeditions appeared west of Ural Mountains in the end of the 16th century, and in just sixty years they were already establishing small forts along Pacific Coast. Their success is truly a historical riddle considering the fact that Russia itself was in the state of chaos and political disorder that time. Polish forces occupied the bigger half of its territory, and no strong central power existed in this country as different clans were fighting for supremacy. It may well be, however, that it was exactly this state of chaos and the general lack of rules or controls that set the energy of a young nation and its adventure spirit free and let Russians explode in all possible directions encouraging their private initiative. The Siberian Conquest was in no way orchestrated by the state being driven by individuals looking for fortunes and free land. That was its most distinguished feature.

The open state of mind of those early explorers, for whom colonization was an economic enterprise, and their Eurasian mindset, that propagated inclusiveness rather than chauvinism, ensured that they were ready to mix culturally with the locals and to learn from them instead of imposing their own ideologies or lifestyles. Indeed, Russians were so heavily influenced by Siberian aboriginals and changed themselves so much in the process of eastern expansion that it would be absolutely fair to speak about spontaneous culture mixing that was happening those days. It was only later, in the second half of the 19th century, that Russians started seeing themselves as superior to locals with the stream of marginalized landless migrants from the poorer European part of the country and enforced Christianization making process look more like classical imperialism rather than interference of different cultures. Well before those days, however, Russians had already found themselves in a position to represent politically all northern people of Eurasia for they had become the actual rulers of Siberia.

The government that gained control over this land soon after first explorers came here, was heavily influenced by Eurasian tradition. It thought that the mission of the Russian state was to restore Mongolian Empire in its former size and glory and to have Europe and Asia united once again. As such, by the end of the 17th century Russia was in a state of a government – backed expansion that brought her into close contact with rapidly expanding Qing Empire. In the 17th and the 18th century China, as much as Russia, felt urge to transcend borders and those were Khalkha Mongolians, who submitted first to their rule, and soon it was already a turn for Oirats in the west to give up completely their hopes for dominance in Inner Asia. The campaign that Emperor Kangxi launched on then mighty Dzungaria was particularly successful. As a result of these advances from both sides, China in Russia became neighbors and since that time they were destined to live side by side. Meanwhile, those Southern Siberians that happened to find themselves sandwiched in the sensitive borderland between two superpowers of Eurasia were forced to take one side or another. This choice was to shape their history and identity till the modern days.

The decisions made by the different peoples living in the eastern, the central and the western segments of the forest – grassland Arc and thus their subsequent histories were different. In the vast area between Amur River and Baikal Lake those fearing Russian advance preferred China, so they were escaping south and east leaving the entire territory of Transbaikalia empty. For example, Evenks, Barga Mongols and Daurs who used to inhabit lands east of Baikal Lake migrated to the modern – day Hulunbuir seeking asylum there. At the same time, dramatic events of Dzungarian war made Altai tribes roaming grasslands of northern Xinjiang fleeing back to their original homeland in the hidden valleys and remote corners of Altai seeking refuge from the Qing troops. They asked for Russian protection and were eventually given it in 1756. Subsequently, part of Altai joined Russian Empire. As for Tuva people, they found themselves caught in – between: although their territory was formally absorbed by Chinese, the actual border posts of Qing Empire were set up along its southern border, while the northern one was guarded by Russians, thus making Tuva a land in – between the borders, a no – man's land of a kind.

That said, for many years after those dramatic events, if not for centuries, Southern Siberia remained a hot spot of warfare and diplomacy where roles and positions of the main geopolitical players changed several times. While other regions of Southern Siberia were firmly under control of

Russians since the 16th – 17th century, Altai was settled in its current borders only in the 19th century, while Tuva played political games well into the middle of the 20th century, gaining independence first from China, then from Mongolia, and finally from Russia, but eventually becoming a part of the Soviet Union in 1944. One thing, however, always remained the same: for Chinese and for Russians those areas remained borderland, the land far from the main decision – making centers, uncontrollable, dangerous and intriguing territory where refugees, exile – settlers, sectarians and outlaws could find their new home and where governmental control was at best irregular, but sometimes outright absent.

From Tribes and Nationalities

Not only were sufferings that foreign expansion brought to the people of Southern Siberia, however, for it also changed positively their lives resulting in creation of modern nationalities in this region. In fact, even long before the border demarcation the nomads leaving alongside the forest line felt themselves to be different from those in the south, even if they never had an articulated concept of being a distinctive group. Now cut off from the steppe heartland by a sealed border and at the same time forced to live in a completely different environment, staying next to already institutionalized nations, they suddenly felt the need to unite themselves under new principles and symbols for the fear of being assimilated otherwise. Some managed to forge their national unity rather smoothly with the help of Buddhism. It was their lifestyle, which helped others to create their specific identities. The process took longer or shorter time for different ethnos depending on the circumstances, but sooner or later several new nationalities of Southern Siberia frontier land took shape. One can say that they were brought to life by Russia – China new border and a necessity to live in centralized states, whose social and political structures were different from those of nomadic empires that used to dominate landscape in this area for thousands of years before.

Perhaps, the most successful example of such nation – building was that of Buryats, Mongolian – speaking people that occupy stretches of grassland and forest – steppe around Baikal Lake. Long before Russians arrived in Siberia, the processes of ethnic consolidation had been already undergoing there, in the area of so – called *Bargudzhin – Tokum*, or "*The Edge of the World*" as it was known to Mongolians. It was indeed the edge of the familiar world for grassland nomads, for the deep forest further north and east was controlled by mysterious Evenks, while the taiga to the west was home to several obscure Samoyed tribes. The mixture of lifestyles that co – existed there had already produced a distinctively special culture different from those of both pure grassland cattle – breeders and pure forest hunters and gatherers, but it was demarcation of border between Tsarist Russia and Qing China that made Buryat, as they were now calling themselves, lose connection with Mongolian world and start feeling themselves special. It was in fact absolutely necessary for them to stay different in times of Russian expansion. Confronted with possible acculturation, they had to develop their special identity to survive, so creating a culture of their own became an imperative.

The resulting Buryat identity reflected perfectly their frontier character. From one side, their society became dominated by Tibetan Buddhism that arrived to these northern lands from Mongolia in the 17th century and since that time was growing fast helping Buryats to differentiate themselves from Christian Russians. From another side, shamanism was as eagerly welcomed, especially in the area west of Baikal Lake, as it made Buryat different from the people living in the neighboring regions of Mongolia, where by the time it had been almost completely eradicated. Shamanism popularity and even promotion in Buryatia can be partly attributed to the influence of Tungus – speaking people, famous for their powerful shamans all around northern Asia (in fact, even the word "shaman" is borrowed from Tungus language), but it also proves that Buryats always felt it necessary to be different from other Mongolian tribes too, not just from Russians. Buryat food habits and housing also reflect their dissimilarity with both of their neighbors, sharing at the same time common features with them. Thus, their traditional house resembles that of Mongolians being square with a hole in the roof and with a fireplace located in the center. At the same time, unlike traditional grassland yurt, it is made up of wooden logs in the same way as Russian houses are built. In their daily lives, Buryats use various diary products and meat as much as other grassland people do, but at the same time they do not depend on mutton as heavily as Mongolians do, as the game? fish and gifts of forest constitute an important part of their diet too.

Unlike Buryat, people of Altai in the western part of the Siberian Arc did not need state borders to differentiate themselves from the neighboring ethnic groups, be them Mongolians or Kazakhs, as they had possessed a distinctive culture since earlier times. Besides, they had already had an experience of nation – building. Starting from the 16th century, Telengit Khanate, a rather developed nomadic state balancing between Dzungaria and Russia, was controlling vast area stretching from Altai Mountains all the way north and west to the fortress of Omsk. With Altai as their center, Telengits ruled over the huge territory that included modern – day regions of Altaiskiy Krai, Novosibirsk and Kemerovo, as well as some parts of Eastern Kazakhstan. Telengit Khanate later became a de – facto vassal state of Dzungaria, but, following its defeat in the 18th century and an ensuing annexation of Mountainous Altai by Russian Empire, Telengits on the left bank of Katun River found themselves living alongside with people of dramatically different culture and were challenged to re – create their identities so that to make them suitable for the requirements of a new age.

Altai had traditionally been dominated by *seoks*, or clans, that shared common origin and self – identification, but not necessary a common territory. However, the impact of Russian culture, Christianization and the new territorial division imposed on them made Telengits re – think their old self – identifications. That eventually helped them to establish a new kind of unity able to transcend traditional divisions and by the beginning of the 20th century *Altai – Kizhi* concept came into being. In 1904 a new religion, White Faith, or Burkhanism, originated in Ust – Kan area in the western part of Altai, won the hearts of local people. They drove away shamans and gave up Christianity. It was a symbolic birth of a nationality, legitimized by a new national religion. It is interesting to note, that those Telengits, who in the 18th century remained independent from both Russians and Chinese, finding their refuge in the no – man's area south of Teletskoye Lake and who joined Russia only as late as 1865, didn't recognize themselves as a part of this new nation and adopted Christianity instead. This proves that ethnic consolidation of Altai *seoks* into Altai – Kizhi was in a big way a product of their contacts with local Russians and their state. As all this happened as late as the beginning of the 20th century, however, it is explainable, that Altai people did not have enough time to fuse fully into one nation, with hunting and cattle – breeding ethnic groups living quite different lifestyles almost till modern days. This dissimilarity is still reflected in their material and spiritual cultures, as well as in their self – identification.

The Tuvans, whose land is sandwiched between mighty Sayan Mountains and Tannu Ula, a dividing range for the rivers of Inner Asia and those pouring themselves into the Arctic Ocean, have different story to tell. The mixture of Mongolian – style grasslands and the vast patches of permanent frost and marshes of Siberian – style *taiga* comprise the landscapes of this isolated land. Within a relatively small area reindeers rub shoulders with camels, and it comes to no surprise that throughout the history Tuva has seen a bewildering mixture of cultures and lifestyles. As with Baikal Lake for Buryats and Altai Mountains for Altai – Kizhi, it was the nature and her landmarks around which the identities of the Tuvans were taking their shape. Unlike for aforementioned people, however, the process of national consolidation here was enforced by Chinese, not Russian administration, and it was done in a completely different way. Instead of integration and colonization, Qing separated Tuva from Mongolia by the series of border posts and let Mongolians rule over this land with Chinese merchants not even allowed to trade in Uriankhai, as it was called that time. This made local Turkic – speaking nomads and hunters unite themselves against what they see as mongolisation, not hanisation, and develop a sense of unity with something in common, this "something" being their encircled territory and their Turkic language.

Since the 18th century, creeping infiltration of Russians into this area started, as they saw Tuva as an uncontrollable borderland with many opportunities. It became an escape land for the peasants running away from the governmental oppression and a new market for Siberian entrepreneurs. At the same time, Tuvans themselves viewed Russian Tsar as a counterbalance to Chinese rule. At the beginning of the 20th century Tuva people, at that time still at the initial stages of nation development, were rather unexpectedly given a chance to jump right into the nationhood by events in China and Mongolia. The series of revolutions and wars there resulted in foundation of independent

Tuva in 1912 that had, however, neither resources, nor political power to enjoy such freedom, and the Tuvans eventually decided to apply for a status of a Russian protectorate.

Meanwhile, they were successful in creating a unique culture that combined both forest and grassland features. Reindeer – breeding as still practiced in the remote corners of modern – day Tuva is an excellent example of this. The contacts of forest people and nomadic culture resulted in this unique practice that is alien to Southern Siberia and at the same time strikingly different from what is seen in the far north of the continent. Originally, forest Tuvans who were familiar to reindeers had no interest in breeding them, and it was influence of the cattle – breeders from the southern steppe that inspired people of the north to do this and to use reindeers in their households. As for traditional clothing and food, here the difference between grasslanders and foresters still exist. While the diet of the former includes mostly milk products and horsemeat, the favorites among the latter include berries, pine nuts, and different types of game, including squirrel. Same can be told about different dress typical to both groups, the most striking example of such dissimilarity being traditional dress of a shaman that is of distinctively Samoyed style in the north of Tuva, while resembling that of Mongolian in its southern part.

In fact, those were not only Tuvans, Altaians and Buryats, who used to live in the border area between the boundless grassland and the vast forest, between nomadic empires and wandering hunters, between Russia and China, there were others too. However, most of them missed their chance to create unique identities and cultures leveraging on their borderland status. They failed to benefit from the mixture of lifestyles and chances existing in such lands of intensive ethnic contacts, and eventually either vanished completely, were absorbed into the neighboring cultures, or drag up miserable existence having little or no influence on the development of this region.

From chaos to stability

As much as the rest of the country, Southern Siberia experienced social upheaval in the beginning of the last century when Russian Empire collapsed and the subsequent civil war did not allow social system get more or less stable. At the same time, neighboring Mongolia was undergoing dramatic changes too, so no wonder, that those days the region witnessed many interesting and sometimes weird events and get acquainted with personalities so wild that are only brought into life in the areas so remote at times so dramatic. The disintegration of Russian Empire, the October Bolshevik revolution in 1917 and the ensuing social chaos provided peoples of Siberia with opportunities they could not even dream about before. The central state was no longer in a position to control its frontiers, the social system collapsed and Russians themselves were too busy killing each other in a civil war, so opportunities were abound just waiting for anyone determined enough to seize them. People of this remote corner of Inner Asia were given a chance by the history to create their own states and with the new level of national consciousness that had been achieved during the last couple hundred years it was not strange that they were more than willing to do this.

It was obvious that Tuva that had become Russian protectorate just recently would champion the race for self – rule. Indeed, in 1921 the Tuvans got absolute independence from anyone and declared foundation of their own state, Tuvan Peoples' Republic. Altai people, inspired by the ideas of Burkhanism millenarians, who had prophesied the arrival of messiah and the fall of Russian rule, followed them shortly to declare partial self – rule in 1922. Quasi – independent Karakorum – Altai Okrug with the capital in a former missionary outpost Ulala and a prominent artist Choros – Gurkin at its head was founded that year. The Buryats, in spite of being by that time the most developed, the most educated and the most organized of all Siberian nations, however, didn't really want to play independence games and were satisfied with the foundation of Buryat – Mongol Autonomous Soviet Socialist Republic within Russian Federation in 1923.

However, after Bolsheviks firmly established their rule in Siberia and managed to turn minorities' self – declared independence into mere formality, the region received much attention from central government and was put firmly back under control. Buryat – Mongol autonomous republic was re – organized several times and eventually got stripped off a sizeable portion of its territory in 1937. At the same year the status of Karakorum – Altai Okrug was reduced to an autonomous county within Altaiskiy Krai. In Tuvan Peoples' Republic a puppet pro – Soviet government was installed, that pursued policy so closely connected to that of the Soviet Union, that it was fair to say that de – facto this country became a protectorate again. Peasants were organized into collective farms, monasteries were demolished, shamans persecuted and Tuva even used Soviet ruble as its currency. Eventually, in 1944, one year before the end of the World War II, Tuva gave up its short – lived independence completely and joined the Soviet Union as one more autonomous republic within Russian Federation.

The Soviet period in the history of the three nations of Southern Siberia was not grim, however. The Buryats, the Tuvans and the Altai people were all enjoying favorable national policy of the central government towards them, while economics were developing fast and population growing. According to the basic principles of Soviet national policy, the development of national autonomous regions was encouraged by the state, sometimes at the expense of the predominantly Russian regions, education for minorities, including that in their language, promoted, and their traditional arts and crafts were also receiving support. This policy had two aims – that are to increase education and economic level of minorities to make it close to that of Russians, and to let them become culturally as much Russian as possible. It seems that the first target was partly achieved, at least for Buryats, as they became the second most educated nationality in Russian Federation after Jews and thus far outplayed Russians. The economic improvement, however, was not that obvious, especially in Tuva and Altai. This can be partly attributed to the lack of infrastructure and generally high cost of development there. However, new roads were built, communication was largely improved, and state education system was introduced. Formerly agricultural regions got their share of industry, especially Buryatia, while agriculture itself was modernized too. The second aim was almost achieved too, or at least those in the central government thought so, as most of the people even in remote Tuva could master some Russian and were as familiar with Russian culture as Russians themselves. Lifestyle of ordinary people in all three Southern Siberia regions were also so similar to that in other places of the former Soviet Union that sometimes it was possible to feel like being in central Russia while in Ulan – Ude, for example.

On a negative side, there was an infamous crackdown on religion in 1930s, with monasteries being closed down and shamans got persecuted, and the identity of local people as Soviet citizens was enforced in favor of their own, so all the minorities were gradually losing their national specifics. One of the negative aspects of modernization was also the loss of their traditional skills in favor of modern industries. It was only Tuva that still retained its frontier character most of the 20th century which was closely related to its turbulent recent history, independent spirit of its people and natural obstacles that didn't let government build decent roads there. All other regions of Southern Siberia were by the mid – 80s closely tied to central part of the Soviet Union and almost lost their borderland character. It seemed, that the final unification was inevitable and that the history of Buryat, Altai and Tuva people as specific nationalities with specific cultures was about to end in the near future.

From stability through chaos and to development

Even the biggest empires, however, fall one day or lose their grip. This happened to the USSR in the end of the 20th century too, when then the biggest country on Earth broke into pieces almost suddenly to the sheer surprise of its own citizens and the observers worldwide. Not only the country disintegrated giving birth to fifteen new states, but all its social institutions and value systems collapsed within several years too, leaving people with no moral landmarks, no system of coordinates or anything that could help them to overcome the crisis. The whole country was in chaos with social structure in ruins, while the ethnicity and nationalism that had once been suppressed by the state were ravaging around again. These dramatic changes affected Southern Siberia too. First of all, after the foundation of independent Kazakhstan the international borders changed, that resulted in Omsk, Novosibirsk and Altaiskiy Krai becoming new frontiers of Russia. It had direct impact on the situation in Altai, as Kazakhstan became its new neighbor state and Kazakh people, who lived there, first migrated from Russia to their new homeland and then came back. Meanwhile, regional economic ties were broken and border control blocked free traffic on the roads that used to be thoroughfares. Moreover, the independence movements that were popular elsewhere in

80 - 90s, found their ground here too, that led areas populated by ethnic Altai people to declare their independence from Altaiskiy Krai thus becoming a new political entity within Russian Federation. Located in such close proximity to several foreign countries and influenced by the nationalists, this area had all chances to become another hot spot. Indeed, many laws that were adopted those days were in conflict with those of Russia and a serious threat of disintegration was evident.

Even more dramatic events were taking place in the neighboring Tuva, where the local government declared independence from the rest of the country and ethnic Russians were forced to flee in the aftermath of wide - spread violence that was plaguing the republic in the 1990s. As some local researchers stated it later, new middle ages fell upon this Siberian republic as clan identity replaced the old socialist one, ancient hatred was brought back onto the streets, and cattle stealing became favored to industrial development. The Republic of Buryatia, however, remained relatively calm, mainly due its predominant Russian population and developed industrial base, although calls for independence and nationalist activities were not something alien to that region as well. Meanwhile, the government in Moscow and people of Central Russia were losing interest and ability to keep those border areas under control as even in the heart of the country situation was deteriorating quickly. At the same time, in neighboring Mongolia fundamental social changes were also taking place, accompanied by a virtual collapse of country's economics and transportation system, that made areas bordering republics of Tuva, Altai and Buryatia lose touch with Ulaanbaatar. In a matter of decade Southern Siberia once again became a neglected borderland, an obscure zone where different cultures clashed as they were exploding and fighting for dominance and where social systems were no longer in position to keep situation under control.

In fact, post - Soviet chaos not only brought sufferings to the people of Southern Siberia, as it is usually portrayed, but also provided them with new identities, brought new hopes and opportunities, inspired new ideas and gave unique cultures a chance to avoid being swallowed by those of their more powerful neighbors. For scientists it also brought an interesting opportunity to witness how cultures that many believed to be on the fringe of extinction came back from oblivion in their new forms and understand the processes taking place in the societies in times of turmoil. And it was borderland character of those Southern Siberia republics that were balancing between the worlds for centuries, belonging to none of them and experiencing influence from both, that made those processes even more dramatic, more complex and thus more interesting.

With the new co - operation initiatives shaping the future of the region now and with China, Mongolia and Russia aiming at developing cross - border relations, the history of Southern Siberia is going to take a new dramatic turn. For this reason, this frozen land stuck between and betwixt worlds and times, where civilizations, cultures and countries meet, deserves serious attention from the scientists. It is hoped, that this small introductory paper of the history and the culture of the local people will inspire researchers from all over the region to join their efforts in learning the modern ways of this frozen heart of the North – east Asia. They should come and study the people that live there, understand how they survive, how they grow and how they win in times when disintegration is destroying the old, while the development is giving a birth to a new. To put it in another way, they shall explore and understand their special times when past and future, right and wrong, ups and downs seem to change places constantly, bringing confusion, despair and fear one day and hope, opportunity and inspiration the other. This land is not far from us, but this is still a world apart, for it lies between the known and unknown and it floats between the times. It is post – Soviet Southern Siberia, a land to discover, a land to know.

从南亚到东北亚：尼泊尔菩提的跨国流动[①]

李静玮　　四川大学

对人类学研究而言，族群内部的个体经济行为常需追溯到其文化的整体性。尽管贸易常被抽象成具有独立性的事件，但其发生却很难与其他因素的影响相互隔离。个体经济行为在其所处的家庭、社区乃至社会环境中的嵌入方式，不仅与政治和社会关系相关，还与传统习俗有着诸多牵连。[②] 本文所讨论的案例，源起于雷德菲尔德定义的"小规模社会"，即对应小传统、以农村文化为特征的小社区。[③] 然而，社区内发生的经济活动又是跨国的，因此，前述的整体性也将涉及另一个国家的市场与文化。由于中国人的介入，这些社区所具有的地方性发生了微妙的变化，且通过中国人的跨国流动，小社区内产出的资源被直接与中国内陆的文玩市场相连，成为经济全球化的一个注脚。

一、从100到30000之路

塔芒，即Tamang，藏文之意为贩马者。尼泊尔的塔芒人主要聚居在加德满都谷地周边的山地，以农牧业为传统生计方式，信仰藏传佛教。本文所论的塔芒，主要指生活在加德满都谷地东南D县K区A村以及邻近村落的塔芒人。凤眼菩提集中分布在这几个村落，据村民所言，"只有我们这一带有凤眼菩提"，且"就算其他地方也种植菩提树，他们收获的种子也不会有我们的质量好"。在民间传说中，这一带的凤眼菩提树是由莲花生大师带来的佛珠种子长成，当时莲花生在村落附近闭关修行，这些菩提树便成了他留给村民们的礼物。

凤眼菩提，塔芒人称为Budacide（音）[④]，平日指称为尼泊尔文mala[⑤]，约从2011年起，文玩逐渐在中国大陆升温，而凤眼菩提的价格也随之迅速攀升，最为昂贵的小凤眼价格翻了数百倍。塔芒人的菩提生意年代久远，但在中国人的文玩热兴起之前，这些小串和

[①] 本文为中央民族大学2013年度海外田野调查项目"本我与他者之间——加德满都游客社区研究"（项目编号MUC-SHJ-HW201301）的阶段性研究成果。
[②] 栗本慎一郎. 经济人类学 [M]. 王名等译. 北京：商务印书馆，1997：7—8.
[③] 雷德菲尔德. 农民社会与文化 [M]. 王莹译. 北京：中国社会科学出版社，2013：94—95.
[④] 又有bodici的说法，其梵文拼写为Buddha Chitta。
[⑤] 尼泊尔语，意为佛珠、项链。

工艺品店里的塑料珠子，牦牛骨头一样，折合人民币不过十几二十块钱，最昂贵的小凤眼，则在千元上下。而今，这一区域的菩提已经成了大买卖，不少塔芒人只要一提到"mala"，便会双眼放光，说："你知道吗，一串就要十万卢比呢。"十万卢比并不是上限，综合尺寸、密度和皮色等因素，更加昂贵的凤眼菩提可以卖到三十万卢比以上，折合人民币约两万元。根据长期生活在菩提生长区的访谈对象回忆，2011年起，菩提的销量开始上涨，但真正让他们意识到凤眼价值是在2012年和2013年。从那两年起，进村的中国人渐渐多了起来，在中国人的挑选过程中，产量稀少的小尺寸凤眼菩提很快销售一空。在小凤眼供不应求、甚至严重断货的情况下，村民们纷纷开始抬高价格，"一串珠子十万卢比"的口头语也是这两年产生的。① 2014年，小凤眼的价格再次翻了好几倍，这不仅意味着菩提树价格的上涨，而且掀起了这一区域内外种植凤眼菩提树的新热潮。除了种子，树也是人们争夺的资源。据一些报道人回忆，在菩提价格上涨之前树并不昂贵，还有人以千元的价格购买过成年的菩提树，一些颇具商业头脑的族人也在族群内部入手了一些菩提。而今，人们对价格十分敏感，低廉的价格已经成为历史。

由于菩提树一年到头都有果实成熟，因此塔芒人需要对菩提树严加看管，以避免盗窃带来的损失。为看守位置较远的菩提树，有的人家专门修建了便于看守的房屋。房屋只有简单的床铺和烹饪设备，不供奉神明，和其他塔芒人的家屋结构一样，通常床铺设在二楼，厨房则在一楼。成熟的菩提被采摘之后，进行晾晒，剥皮和果核清理，然后被送到村中收菩提的人那里，或是被送去加德满都出售菩提的店铺进行打孔穿串，之后在博大或是猴庙的店铺中被出售。为避免途中遭遇盗贼，一些家户请来警察押运小菩提。也有人将小凤眼留下来单独出售，通过中介或是在加德满都做生意的塔芒人，直接出售给中国人。而今，菩提生意已改变了菩提树生长区一带塔芒人的生计方式。除了等待中国商人的到来，塔芒人也形成了一系列的菩提产业链，加大了其他族群的介入困难。此外，其他尼泊尔族群也时常尝试与塔芒人打交道，并从中分得一杯羹。

二、网格状与亲属关系里的"自己人"

这里的"自己人"，在尼泊尔语中为 afno mannche。在尼泊尔人类学家比斯塔看来，尼泊尔人对于自己人的概念，并非严格意义上以种姓（或族群）为辨识方法，除了出身，还需要考虑到与自己人相处所花费的时间、共享的知识以及相应维持这种关系的方式。② 但语言和地域并不是唯一的判定因素，例如生活在塔芒人周边的铁匠种姓（属不可接触者），尽管他们能说流利的塔芒语，且与塔芒人的社区一衣带水，却依然被排斥在塔芒人

---

① 一串珠子十万卢比，尼泊尔语 "Euta mala ek lakh"。
② Dor Bahadur Bista, *Fatalism and development: Nepal's Struggle for Mordernization* [M]. Kolkata: Orient Longman, 1991, p. 57.

的互惠关系之外。①"自己人"有类于社会学家库利所提出的"初级群体"概念，即面对面交往、关系亲密的人们。对于群体中的个体而言，初级群体指涉人性的形成，因为"个人的最早、最完全的社会生活经验是源于这里的"②。"自己人"包含了塔芒人的亲戚朋友，他们多以从属藏缅语系的塔芒语交流，因而其范围基本可限定在塔芒人的族群内部。在菩提生意之前，他们的信息也通过亲戚的关系网获取。如一家身在马来西亚的塔芒人委托中学同学管理名下的餐厅，店主的同学则通过亲戚招来了村里几个务工的年轻人，其中有店主的远房侄子和外甥。对这几个年轻人而言，作为雇主的亲戚意味着不那么紧张的雇佣关系，通过简单的协商，他们可以在假期和薪酬上获得一些优待。这一类由塔芒人经营管理的产业也成了信息交流的重要节点。在都市中，同乡经营的餐厅和旅社是他们集会的首选，即便只是吃顿便饭、喝杯尼泊尔奶茶，对他们来说，也可以获取到不少信息。因为来自家乡的人们在加德满都打拼，其中不少人干着搬运工之类的体力活，类似的交流不仅可以帮助他们在乡音中适应都市，也可以带来更多可靠的工作机会。

"自己人"不仅是货源，也是销售渠道。在价格差别不大的情况下，塔芒人会先考虑将手中的货物销售给拥有商店的亲戚。而在急于将商品低价出手的情况下，塔芒人也会优先考虑"自己人"。如果有人手中有小尺寸的凤眼，他便会在日常的集会中告知其他成员，其他人将利用手中的客户网络帮助他进行销售。这种委托销售的方式有两种实现途径，一种是将货物交由对方，委托其进行销售，第二种则是让对方在寻找到客源的时候打电话，届时再自己带着货物前往客户所在地。在实际操作中，两种实现途径并不矛盾，比如将菩提交给朋友，再由朋友从自己的关系网中找寻，或是当对方找到买家的时候，再将货物移交给对方。

从结构上看，"自己人"所构建的信息网呈现出并不复杂的网格状，且辐射范围也被限制在塔芒人内部。这一信息网的存在，隐喻着凤眼菩提价格的稳定性和可控性。以两家塔芒人经营的凤眼菩提店铺为例，两家出售的价格大致相同，其中一家以较高的价格成交后，其店主便会跑到旁边亲戚家的店内聊天，谈到自己今天的生意和成交价格。如果成交价格高于市场价，亲戚便会流露出称赞与羡慕，相反，假如成交价格比市场价低，亲戚便会认为他卖得太便宜，不划算。一位报道人曾经表示："我才不会把自己手上的菩提便宜卖掉。现在价格这么好，便宜卖掉不仅对不起自己的辛苦，还会让亲戚们笑话。"另一方面，前述的委托销售也预示着价格的向上浮动，因为在进行委托的时候，塔芒人往往会报给对方一个预期的成交价格，受委托的一方将尽力以比这个预期高的价格出售，以获取作为中介的利润。

---

① David H. Holmberg, *Order in Paradox: Myth, Ritual, and Exchange among Nepal's Tamang* [M], Ithaca and London: Cornell University Press, 1989, pp. 71—72.
② 贾春增主编. 外国社会学史 [M]. 北京：中国人民大学出版社，2008：156.

三、外族的介入

"物品的使用价值,没有交换,也能为人的利益而实现,那就是,在物和人的直接关系中实现;物品的价值却只有在交换中,在一个社会过程中实现。"[1] 显然,菩提的价值非塔芒一方所能决定的,在这一过程中,中国人和境内其他族群对菩提价值的确定起着重要作用。

(一) 中国人

种植—出售—加工—出售的各个步骤中,均有中国人的介入。城市中的凤眼菩提价格高昂,塔芒人的内外策略又牢牢控制着一手货源的价格波动,基本杜绝了中国人"捡漏"的行为。在此情况下,为了节约成本,一些中国人开始购买菩提树的所有权。2013—2014年,一棵树的价格在三万到五万元人民币,树龄老、尺寸大的树价格更高。拥有了菩提树之后,在村庄附近出没的小偷也将威胁菩提的收成,对此,中国商人们的办法是熟一批摘一批,因为"树上果子留不得,一留就不知道去哪里了"。除了偷盗,中国商人们遭遇的还有各种各样的小花样,譬如"以次充好""鱼目混珠""狸猫换太子"等。但为了挣钱,即使上过不少次套,他们还是得继续和本地人打交道。为了节省货运开支、便利看货,一些中国商人也在本地做起了菩提买卖。有的商人依然以餐饮住宿为本行,另一些人则开起了菩提商店,有的人甚至把全家人都接了过来。即便利润丰厚,菩提的收成也常常成为他们的烦恼。"今年是中年啊,大的没有,小的也没有,要亏死了——"2014年夏季,一位购树的店主抱怨道。在以上过程中,中国人还开始学习尼泊尔语。他们的语言资料多来自简易的入门书籍,也有向本地人请教的情况。对于简单语言的掌握能够帮助他们更快地达成交易,也能在一定程度上防止本地人的欺诈行为。

由于牵涉货款移交和外币兑换等问题,菩提买卖将在本地居留的中国商人卷了进来。这类商人多长期开放换汇业务,经营菩提者需要通过他们提取资金,以减少货币兑换中的汇率折损。在中方资金周转不及的情况下,一些商人也愿意提供担保,因此也成为另一种意义上的中介者。

(二) 境内其他族群

在中国人以外,"外人"的存在显得尴尬又必要。是否能够跳过这些外人,直接获取丰富的利润?半个世纪前,西敏司对于加勒比地区中介的研究已经否定了这一点。而在凤眼菩提的例子当中,"外人"不仅意味着买家数量的增加,也是打通塔芒人与中国人沟通的重要渠道。第一类,在加德满都的各大旅游区,作为销售渠道的外人随处可见,他们来自尼泊尔和印度的各个种姓、族群,以及自中国而来的西藏难民。虽然在这些人中存在购

---

[1] 马克思. 资本论:政治经济学批判(第一卷)[M]. 北京:人民出版社,2004:60.

买并掌握了菩提树的资源者，但大多数人仅是从塔芒人手中购买了少量凤眼菩提的小商贩。他们在零售价格上没有优势，但是面对大量停留时间不长、对价格信息掌握不多的游客，他们以高于市场数倍的价格售出货物并不困难。另一类"外人"，则是掌握了中文的中介者。和小商贩的获利方式不同，他们不需要成本，而是周转于中国人和塔芒人之间，依靠自身的语言优势谋取利益。符合这种双语优势的人，多是西藏难民或是难民后裔。同时，另一些中介者则是受雇于其中的一方，如为中国人带路，或是以中文为塔芒人提供销售服务。塔芒人这一边，也有人在学中文，但多是半途而废。一位经营凤眼菩提的塔芒人曾抱怨中文"太难学，有这个时间还不如多在店里照顾生意"，另一个塔芒商人曾经学习了三个月的中文，却坦言自己"一无所获，已经放弃"。此外需要说明的是，对于中介而言，语言并非他们所掌握的全部资本，一些中介在中国人与塔芒人的斡旋中，掌握了大量的货源与客源，并专门以此为业，和只依靠语言促成生意的中介来相比，他们显得更为高明。

虽不处在价格博弈的中心位置，但其他族群在这一过程中的重要性依然不容小觑。中间商的消灭将对成本的控制起到帮助，但从数量上来看，中间商的活跃却是掌握货源的生产者所需要的。这一论点不仅符合加勒比地区的案例，也可在本案例中得以反证，即在商品销售的金字塔式结构中，大量的中间商对价格上涨的推动是有力且必需的，因为生产者能够接触到的消费者数量有限，而中间商则通过各自发散式的销售渠道，将手中的货物进行分销。就这一点来看，塔芒并非凤眼菩提价格上涨的唯一受益者。这两年，几乎所有从事菩提买卖的族群都从中获得了大量利润。有的店主坦言，虽然他并非塔芒人，手头也无菩提树资源，但中国人"非常有钱，只要货好，不用担心卖不出去"。通过取货、分销以及后续的资金周转，有的小商贩从原来的街头小贩或打工仔起家，成了拥有独立店铺的老板。

四、关于经济制度的讨论

卡尔·波兰尼认为，互惠、再分配和家计三种组织原则，构成了西欧以至封建末期的各种经济体制。相较之下，市场制度则更为宏观，且对社会整体也存在决定性的影响，这意味着社会关系是嵌于经济体制中的，而非相反。① 当下关于市场的经验研究，可分为金融市场、以时尚、酒类为代表的审美市场和具伦理色彩、以人寿为代表的市场三类。这三类市场研究之所以得到社会学家的关注，是因为市场内的商品价值呈现出与商品本身的属性相互脱节的情形。换言之，这些市场中商品价格的定型，更多地来自于其经历的社会化建构。② 本案例中所讨论的菩提，或可划归第二类审美市场，在这类市场中，价值的社会

---

① 卡尔·波兰尼. 巨变：当代政治与经济的起源 [M]. 黄树民译. 北京：社会科学文献出版社，2013：126—129.
② Jens Beckert and Patrik Aspers. The worth of Goods: Valuation and Pricing in the Economy [M]. Oxford university press, pp. 30—31.

建构十分明显,其间,用于衡量价格的诸项标准被树立及体系化。在商品进入市场前,虽然市场的供求关系依然是价格的决定因素,但在塔芒人内部,带有更多原始经济特色的前三者却是稳定价格的关键,因此,三者与市场亦是并行的关系。

(一) 互惠、再分配和家计

1. 互惠

在马林诺夫斯基笔下的特罗布里恩德岛,作为礼物的臂镯和项链形成了互惠的库拉圈,它连接了掌握不同地域的交易伙伴,也开启了日常其他物品的交换渠道。① 菩提生意中的互惠现象则与这种循环式的赠予有着一些区别。首先,臂镯和项链是在库拉圈的内部循环的,但菩提的出售对象却是具有流动性和不确定性的中国商人,这意味着,除去那些以此为主业的商人,交易双方很难在成交之后继续打交道(特别是停留时间较短的游客)。其次,不同于以物易物的原始经济,中国人始终是用金钱购买菩提。对于塔芒人来说,大量的金钱并非村落生活中的必需品,这使得他们有充足的时间去评估手头资源的价格。尽管如此,菩提交易依然存在互惠的现象,如对于中间商的互惠。对于促成买卖的本地中间人,塔芒人多以现金方式进行结算,而对于给予帮助的中国商人,这种互惠也时常以货物赠送的方式进行。生意之外的互惠也对生意本身起着重要作用,但其目的很难被定义为道德和义务,如塔芒人会不时邀请购买货物的中国客人在自己的店铺喝茶,并向中国客人赠送额外的礼物,如手串和配件,同时塔芒人也提到,"做生意才是重点,如果对方给出的价格太低,我也不会给他们什么东西"。

由于每一个给予帮助的家庭都对回馈有所期待,流动性与跨国性又常常导致回馈链条的断裂,因此,比起鱼龙混杂的都市,具有节律性的互惠在乡村经济中更为常见,如爪哇的"gotong–rojong"互助,泰国乡村对互惠行为的重视及菲律宾个人联盟中的义务性互惠。② 塔芒人的互惠亦基本是在族群内部,即具亲缘性与稳定性的"自己人"间进行。霍姆伯格关于塔芒人剥削铁匠种姓的解释也适用于理解这一现象,即"塔芒人试图在付出最少的前提下,从铁匠种姓那里最大限度地获得,而铁匠种姓也将要求最大化,却不愿给予回报"③。但塔芒的互惠体系并非完全不对外开放,例如在与周边古隆人的接触中,尽管塔芒人不愿与之分享小米粥和水烟,却可以共享大米和玉米粥④。比较之下,中国人在互惠中的位置更类于与塔芒人为邻的铁匠种姓,因所有资源上的不对称,加之无法融入塔芒人以亲属网络为基本结构的互惠循环系统,而被最大程度地剥削。

网格状和以核心家庭为单位,决定了塔芒人内部信息交流的便利。通过人与人之间的

---

① 布罗尼斯拉夫·马林诺夫斯基. 西太平洋上的航海者 [M]. 张云江译. 北京: 中国社会科学出版社, 2009.
② 詹姆斯·斯科特. 农民的道义经济学: 东南亚的反叛与生存 [M]. 南京: 译林出版社, 2001: 216.
③ David H. Holmberg. *Order in Paradox: Myth, Ritual, and Exchange among Nepal's Tamang* [M]. Ithaca and London: Cornell University Press, 1989, p. 71.
④ David H. Holmberg. *Order in Paradox: Myth, Ritual, and Exchange among Nepal's Tamang* [M]. Ithaca and London: Cornell University Press, 1989, pp. 72—73.

互动，商品的供需情况、成交价格、商品信息等都能够及时传递到家族甚至族群其他成员处，从很大程度上杜绝了外人"捡漏"的可能性。就文化传统的稳定性而论，这种互惠沿袭自塔芒人的生产习俗。与纽瓦尔、古隆等族群相似，塔芒农民的田野劳作常常是以 nang 为单位，集体进行的①，组织劳作的主人家需为劳动者们提供午餐与香烟。通常情况下，参与劳作的人们虽不会从劳动中直接获得酬劳，却获益于相互之间的帮助。这一劳动组织是非正式的，且无领导者。虽然松散，但其平等互惠的理念却保证了其活动的有序实施，而成员的加入与离开也遵循着"得到多少，就要付出多少"的原则。② 互惠的现实动因则来源于以上社会关系在经济方面产生的效应。作为生活在熟人社会中的个体，"不会因要取得物质财物以保障个人利益而行动；他的行动是要保障他的社会地位、社会权力及社会资产"③。例如，一个访谈对象表示，他的亲戚们在城里总共开了十几间菩提店，即便是那些相距较远的亲戚，大家相互之间也经常往来。聊天时，菩提是最为寻常的话题。因此，不管是哪个季节，这些店铺所开出来的价格虽然有高低之别，但是底价相差并不会太大。他们最常对外人说的一句话是，"你去别的店看吧，我给你的一定是最好的价格"。事实上，他们对别的店铺所开出的价格早已心中有数，因为在族人里面，如果按低于约定价格出售，便意味着家人的谴责。其次，这也意味着这一地区的塔芒人之间存在"互信互赖的长期关系"。这种关系在消解塔芒人内部竞争关系的同时，也能将物品的低价流动保持在族群内部。在面对外族的时候，价格将严格按照市场规律制定，但在对内转手的时候，互惠因素将会影响价格的形成。

2. 再分配

再分配具体表现在人们为权力中心提供财富和服务，且中心对个体进行返还的过程。和尼泊尔的印度教诸种姓不同，塔芒人的社会相对更加平等。例如，部落之间存在对等的平级合作，两性关系中男性多对女性地位保持尊重，祭祀文化所体现出的等级观也不如印度教森严。因此，在菩提交易中，前述的给予与返还非以权力等级为中心，而是以菩提资源为中心的。获取了财富的塔芒人，常会在日常与节假日的集会中表示出慷慨，例如主动为亲友支付餐费和茶费，并增加其在达赛节期间的礼品和礼金支出。在这几类支出中，餐费和茶费的范围可以涵盖交易中的三方，但礼金支出仅指向比自己年幼的亲戚，坚果和糖果等礼品则用来赠与年长的亲戚。整体言之，富者日常的义务支出应远远大于穷者。Gérard Toffin 也有谈及塔芒的财富积累机制，认为一些原因将阻止塔芒人进行财富积累，如塔芒社区中的葬礼，富者的花费往往在穷者花费的四倍以上，又如塔芒富者中存在"出借和赠与食物及财富，并无所谓收支相抵"的再分配机制。因此，在他看来，塔芒人"最

---

① Nang 为塔芒语，指农业生产中的集体单位，对应尼泊尔语中的 parma。后文中的 goremos 亦为塔芒语，意思与前者相近，但有正式组织者（naike），且规定酬报时间为一年三个月（加入后不能临时退出），比前者的组织方式更为严格。
② Gérard Toffin, "Mutual assistance in agricultural work among western Tamangs: Traditional and new patterns" [G] // *From Monarchy to republic: essays on changing Nepal*, Kathmandu: Vajra Books, 2013, pp. 187—188.
③ 卡尔·波兰尼. 巨变：当代政治与经济的起源 [M]. 黄树民译. 北京：社会科学文献出版社，2013：113.

富之人需要在集体与家庭诸事务上投入比别人更多的财富,依照传统的道德价值与规范,(塔芒人)财富上的任何不均仍可得以纠正"①。

3. 家计经济(house holding)

塔芒人的生意是以核心家庭为单位的,"就其构成而言,家户组成了一种小经济"②。进行买卖时,性别的因素体现得并不明显。议价过程中,比起小辈,家中的权威将决定货物的最终价格。因此,当购买者前往村内进行购前咨询时,并非所有家户成员都对价格的高低有决定权。比较之下,村落和店铺中,母亲作为权威的情况通常多于父亲。这或许可以归因于塔芒人内部的性别分工,在菩提生意上,女性多从事采摘、晾晒、串珠等活动,带货进城则主要由男性操作。生意之外,男性更多地选择前往村外及其他国家打工,女性在结婚前虽有参与这些外出务工,但在结婚后便主要负责料理家庭事务。③ 这意味着,比起女性,塔芒男人更容易进入流动的状态,他们长于与中介和中国人打交道,而无暇顾及找上门来的生意。另外,塔芒女性养育子女的活动与其日常生产密不可分,甚至在怀孕期间,她们也能照常进行劳作。④ 仅就这一点而言,母亲对子女的影响常常大于常年在外的男性,因而在家庭式经营中,"作为拍板者的母亲"并不罕见。不过,最终参与到销售中的,可能并非其中的权威人物,因为权威人物也会对家庭占有的资源进行授权,让其他人进行代理销售。而且,在树的所有权分属不同家庭成员的情况下,其他家庭成员也不会过多干预交易者的议价过程,加上成员之间原本便在价格的问题上有过沟通,他们的对外交易表现出相互独立却内部统一的特性。

另一方面,家户生产模式阻止了塔芒人所获得利润向资本的转化。这种停滞不前一部分来源于漫长的资本运作周期,以萨林斯的话论之,"除非家户劳动力的生产能力真正得到提升,或导致产量提高的先进技术出现,否则家户经济不可能提升到一个新的高度"⑤。另一部分则源于自给自足对市场与货币的影响。看上去这与高涨的价格相互矛盾,但在与富裕外族的博弈过程中,自给自足却是让塔芒人保持气定神闲的必要条件。由于这种生产模式具有"追求的是生活的途径,而非量化的财富"的特性,塔芒人宁愿抬高菩提的价格,以少许劳动换取更高利润,也不乐意满足中国人"低价且大量"的需求⑥。

---

① Gérard Toffin, "Mutual assistance in agricultural work among western Tamangs: Traditional and new patterns" [G] // *From Monarchy to republic: essays on changing Nepal*, Kathmandu: Vajra Books, 2013, p. 196.
② 马歇尔·萨林斯. 石器时代经济学 [M]. 张经纬,郑少雄,张帆译. 北京:生活·读书·新知三联书店,2009:91.
③ Thomas E. Fricke, Arland Thornton and Dilli R. Dahal, "Family Organization and the Wage Labor Transition in a Tamang Community of Nepal" [J]. *Human Ecology*, Vol. 18, No. 3 (Sep., 1990), pp. 283—313.
④ C. Panter-Brick, "Motherhood and Subsistence Work: The Tamang of Rural Nepal" [J]. *Human Ecology*, Vol. 17, No. 2, Human Ecology in the Himalaya (Jun., 1989), pp. 205—228.
⑤ 马歇尔·萨林斯. 石器时代经济学 [M]. 张经纬,郑少雄,张帆译. 北京:生活·读书·新知三联书店,2009:102.
⑥ 马歇尔·萨林斯. 石器时代经济学 [M]. 张经纬,郑少雄,张帆译. 北京:生活·读书·新知三联书店,2009:100.

(二) 市场交换

虽然一手资源由塔芒人掌握，但市场却是在中国。换言之，即便互惠、再分配和家计经济能在塔芒人内部有效地运作，但中国人的喜好依然是启动这一系列经济制度的关键。一方面，购买者内部虽存在使用－投资价值、个体－关系价值以及功能－象征价值的差异化认知，但关于价格的共识却是在中国境内市场达成的，这部分市场活动阻碍了塔芒人对中国人价格体系的了解。① 另一方面，菩提价值在中国的社会建构与塔芒人并非同一，如塔芒人的菩提生意历史比中国近年大范围兴起的文玩热要久远得多，其对菩提的认知却和中国人并不完全一致。以凤眼菩提树产出的龙眼菩提为例，虽然不少塔芒人认为其价格和大小并不相关，但在北京的文玩市场上，只有小尺寸的龙眼菩提才卖得出高价。这导致他们进一步提高龙眼的整体价格，并在提高价格的同时，开始关心尺寸和价格的关系。另外，凤眼菩提的加工方法和价格评价体系也有了很大变化。由于中国消费者尤其偏爱新籽和小尺寸，大尺寸的菩提虽然同样罕见，但其价格始终难于与小的比肩。此外，为了方便菩提保存而一度多见的酥油煮制法，现在也因中国买家的挑剔而被谨慎使用。经过双方的互动式交易，塔芒人才试探出了金矿的精准位置。

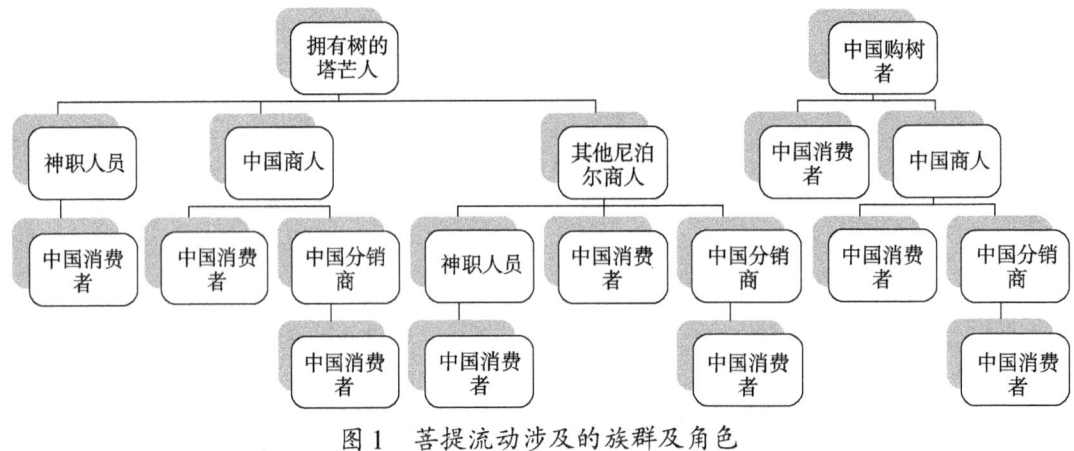

图 1 菩提流动涉及的族群及角色

上图既是对于所涉族群的简单说明，又可看作菩提流动的基本线路。实际情况中，买卖的行为可能因为转手的次数增加而显得更为复杂。在左侧的线路中，村落中的菩提买卖既以家户为单位，又存在收购菩提的个人，但村落里仅出售原籽，并不提供打孔、穿串等服务。到了加德满都的几个菩提商户聚集地，原籽将进行加工和穿串。而当这些穿好的菩提来到游客聚集地泰美尔，人们不仅可以购买到 108 颗的菩提佛珠，还能购买到进行了重新设计的佛珠和手链，并定制自己喜欢的款式。此间，菩提的价格一层层上涨，当它们被消费者带到中国，将可能再次被转手。购树者虽然基本避开了塔芒人牢固的价格策略，但

---

① Jens Beckert and Patrik Aspers, *The worth of Goods: Valuation and Pricing in the Economy* [M], Oxford university press, pp. 11—12.

购树价格却并不会比本地人低。不管是塔芒人还是中国人都知道霉菌、蛀虫、盗贼及对丰富鉴别经验的要求,使得"这东西实在很麻烦",因此他们形成了一种微妙的默契,即在竞争中保持着价格的一致性。

这一线路中,还有两类人需要做出特别说明。第一类是神职人员,在菩提买卖的热潮中,他们出现的频次并不高,但其经手的货物却是在跨族交易中最有可能违背市场规律的。如一位中国佛教徒曾花2万元买下一串市价约在2000元左右的菩提佛珠,因为这串佛珠来自一个寺庙里的喇嘛,他声称自己"花了三年时间盘玩它"。此外,笔者也曾听闻有人从喇嘛处获赠凤眼佛珠,但这类事件发生概率不高,故不做专门讨论。第二类是处在流动关系最底层的,即作为菩提消费者的中国人。和专门从事菩提买卖的商人相比,他们手中的资本有限,但数量却比商人要多得多。他们是菩提的消费主力,也是分销商打交道的重要对象。总体而言,同处一个层级的商人之间存在竞争关系,当这种竞争遇到资源供不应求的情况,就会导致价格上涨和购树行为。

五、再思"塔芒人"

在菩提跨国流动的过程中,中国商人的资本单向流入塔芒人的口袋。在资本运作的过程中,这一切显得有些吊诡,因为商人的努力经营和扩张并没有榨干塔芒人日常的劳力,相反,在改变他们贫困的同时,商人们还得忍受一日一新的价格涨势。至此,木头变黄金的过程似乎已较为明晰。仅从简单的事件发展来看,菩提价格的上涨似乎与南红、青金石、翡翠等文玩珠宝差别不大。但具体到这个案例,塔芒人在尼泊尔种姓与族群体系中的地位,亦是值得探讨的问题。

20世纪,南亚地区的研究者多将种姓及相关的宗教观念与经济活动联系在一起,其中,与业(karma)和转世(samsarad)关联的教义,被视为制约经济发展的一大因素。[①] 就生计方式而言,种姓与族群的影响当下依然清晰可见。都市中的塔芒人,依据尼泊尔人类学家多尔·巴哈杜尔·比斯塔的描述,是那些在加德满都街头,"用头带负重,身着束腰外套,缠腰带,冬季穿着短袖羊毛夹克,还常把库库里军刀塞在腰间的人们"[②]。最早进入尼泊尔进行人类学研究的海门多夫则认为,"塔芒人对谷地文化的贡献无足轻重。作为负重者和伐木者,他们的经济地位或许很重要,但他们的社会地位却是低的,他们进入高种姓者和纽瓦尔人的居所,多是因为身为奴仆或是雇工"[③]。这意味着,在加德满都谷地的都市生活中,塔芒人多从事体力劳动,社会地位相对较低。回顾1856年,拉纳家族颁布的《尼泊尔民法大典》(Muluki Ain)中并未提到塔芒人,而是称其为"西藏人"(Bhotya)。尽管塔芒人多被认为来自西藏,但他们并不认同于"西藏人"这一称谓。在

---

① John Harriss, "South Asia", *A handbook of Anthropology* [M]. Edward Elgar Publishing Limited, 2005, p. 530.
② Dor Bahadur Bista, *People of Nepal* [M]. Kathmandu: Ratna Pustak Bhandar, 2013, p. 57.
③ Christoph von Furer-Haimendorf, *Unity and Diversity in the Chetri Caste of Nepal, Caste and Kin in Nepal, India and Ceylon* [M]. New Delhi: Sterling Publishers, 1966, pp. 11—66.

1769年的文献中,他们被称为 Murmi 或是 Lama,并作为"可被奴役的饮酒者"见诸记载。① 在法国人类学家 Toffin 的分类中,尼泊尔人可分为五种:帕尔芭提雅印度教种姓(Parpatiya Hindu castes),以藏缅语系语言为母语的族群(或言部落),纽瓦尔人,主要分布在南部特赖平原的 The Madhesis,藏人。② 其中,塔芒人属第二类,即以藏缅语系语言为母语的族群。另一种更为粗略的分类方式更能说明塔芒人与印度教社会之间的分立,如尼泊尔人类学家宾诺德·博卡拉认为,尼泊尔人可简单分为印度教种姓与其他族群(janajati)。③ 作为整体概念的族群常被描述成"相对贫困,不能像高种姓或是上层阶级那样接受较好的教育"。除了一些特例,如在尼泊尔西部商道上具有控制权的塔卡利族,以及广泛分布在加德满都谷地,以其丰富多彩的文明和"谷地土著"之名闻名的纽瓦尔人,相比身处印度教社会的诸种姓,诸族群常认为其在政治、经济和教育等方面不具优势,这种比较之外还存在族群和种姓内部的区别。区别不仅表现在具体族别,也表现在地域的差异上。在霍姆伯格研究的村庄中,塔芒人比古隆人及铁匠种姓占有更多资源。但当塔芒人走进城市,面对长期居住于此的切特里、婆罗门和纽瓦尔等族群/种姓,其优势地位则难以为继。④ 由此可见,菩提价格的暴涨,不仅是族内策略的运作结果,也是长期以来都市族群竞争中塔芒人弱势地位的反映。

综上,塔芒人的生计方式之变因菩提而起,其相应的变化又不仅仅和这项买卖有关:

首先,菩提生意隐喻了塔芒人的生计转型。很多塔芒人在获利之后,并不急于将资金投入菩提树的培植上,而是转而投资其他行业。一些塔芒人将此归因于菩提买卖的季节性,因为菩提资源有限,每到断货时期,通常都是有市无货,而到了果子下树的时候,族人又急于找到菩提的买家。马克思所引爱先微格的话可用来解释这一点,"到1823年为止的八十年间,巴西各金刚石矿山的总产品,还赶不上巴西各砂糖咖啡种植园一年半平均产品的价格"⑤。即资源的稀缺性决定了整体的收益有限。由于价格和管理难度等因素,对于财力雄厚的海外资本而言,介入的难度依然较大。此外,大多数塔芒人并不具有囤积货物的资本,他们所做的仅是在菩提成熟后将其出手给中间商,此后便无事可做。如一位拥有菩提树的塔芒人,虽然每日都要向大家抱怨找工作的问题,但他对于找工作并不上心,反倒觉得去铺满黄金的中国做生意才是自己应该选择的。另外,相较中国人,塔芒人在管理资本时所表现出的惰性,与欧洲早期资本主义、印度劳工阶级中显现出的传统主义也有

---

① Andras Hofer. *The caste hierarchy and the state in Nepal* [M]. Lalitpur: Himal Books, 2004, pp. 124—125.
② Gérard Toffin, "The Janajati/Adivasi Movement in Nepal: Myths and Realities of Indigeneity" [J]. *Sociological Bulletin*, Vol. 58, No. 1, Special Issue on Development of Democratic Routesin the Himalayan Borderlands´(January – April 2009), pp. 25—42. Toffin 将穆斯林划入 Parbatiya 或 Madhesi 中,未单独列出。
③ 尼泊尔人将 janajati 翻译成 nationality,法国人类学家 Toffin 认为,这种译法源于中国使用的少数民族(minority nationalities),而与社会意义上的国家(nation)关联甚少。此内容根据笔者2014年9月14日对宾诺德·博卡拉(Binod Pokharel)的访谈整理。
④ David H. Holmberg. *Order in Paradox: Myth, Ritual, and Exchange among Nepal's Tamang* [M]. Ithaca and London: Cornell University Press. 1989. p. 71.
⑤ 马克思:资本论. 政治经济学批判(第一卷)[M]. 北京:人民出版社,2004:11.

相通之处，即更高的收入并不意味着个体的勤奋劳动、实现资本扩张，而是使他们归乡、为女人们购买首饰、享受更长假期的诱因。①

其次，生意里普遍存在的欺诈行为同样意味着生计方式的不稳定。在商业活动中追逐利润是正常现象，但塔芒的族群传统中，对说谎者有着相应的社会惩罚。如作为佛教徒的塔芒人并不杀生，但在一年一度的达赛节宰牲仪式上，负责举起砍刀的那些人，是公认的说谎者。斯科特曾有论，农民的道德激情源自于互惠准则和生存权利，其中，前者起于接受赠与而自觉应返还的规则，后者则反映了穷者对社会资源的基本需求。② 对塔芒人而言，商业活动中的道德感起于内外互惠及对内部互惠循环的忧思：一方面，掉包、以次充好等行为被大多数人所不看好，一些严重欺诈行为者会被整个族群所唾弃。一次，笔者的访谈对象曾指认一个经常在生意耍花招的族人，并露出鄙夷的神情。尽管对方与他并不在同一个村落，但由于亲戚之间的互通，塔芒人能够对族群内部成员的道德做出有类于非正式惩罚的判断。另一方面，虽然对有的人而言，"该是多少就是多少""我们不会欺骗客人，我讨厌说谎者"，但对收入微薄的山民而言，少许的欺诈代表的高额利润依然具有很强的诱惑力。而且，对于那些不识货的买家，即便是品相很差，或是用另外的品种替代的菩提，也能以不错的价格成交。这种情况下，大多数塔芒人并不会说明真相，而在那些正义感强烈的塔芒人看来，"这和说谎没有什么区别"。

六、结论：全球市场中的族群经济

在西敏司的《甜与权力》中，作为成瘾性消费品的糖不仅连接了英国与美洲加勒比地区的甘蔗园，也在政治经济关系的互动中渗入普通百姓的日常。③ 相较英国与北美，尼泊尔和中国的贸易则因临近而更为历史久远。数世纪以前，便已有了纽瓦尔人在西藏经商的记载，在喜马拉雅地区，至少存在18条商用通道。④ 在两国的进出口贸易中，中国长期处于贸易顺差的位置，以尼泊尔2013—2014年间十个月的统计资料为例，尼泊尔对中国的进口额为655亿8000万卢比（约合6.8亿美元），出口额为21亿5000万卢比（约合2230万美元）⑤。尽管两国贸易活动频繁，但本案例讨论的菩提与连接英国和北美的糖不同，目前还处在非正式经济的范畴，且贸易顺差也非受到宗主国与殖民地关系的影响，因此，需要和殖民地经济的研究相互区分。

除了跨国的供求关系，导致菩提升值的原因大致可总结为以下几点：第一，单一族群所垄断的资源在价格方面往往是利己的。虽然市场供需对价格有着莫大影响，但其多达百

---

① 马克思·韦伯. 印度的宗教：佛教与印度教 [M]. 桂林：广西师范大学出版社，2005：147.
② 詹姆斯·斯科特. 农民的道义经济学：东南亚的反叛与生存 [M]. 南京：译林出版社，2001：215—229.
③ 西敏司. 甜与权力：糖在近代历史上的地位 [M]. 朱健刚，王超译. 北京：商务印书馆，2010.
④ Kalyan Raj Sharma. 中国-尼泊尔贸易现状、影响及发展路径研究 [J]. 生产力研究，2009（21）：129—130.
⑤ 《本财年前十月尼泊尔对中国贸易逆差巨大，达约6.8亿美元》，国际在线，http://gb.cri.cn/42071/2014/06/25/6071s4590592.htm，2014年12月30日访问。

倍的增值却首先要通过族群内部具有统一性的内外策略实现。第二，"塔芒人"的身份。就塔芒传统而言，在乡土社会中形成的经济与文化影响了他们在市场交换中有类"经济的社会人"的态度，既重视市场交换中的利润，又看重其他交换形式中的酬报关系。家计制度对族群成员财富观念的影响，阻止了个体对更多利润的追求，也对成员的销售行为构成一定程度上的警醒，相对减少欺诈行为（尽管依然难以避免），起到规范市场、促进族群内部团结的作用。同时，"塔芒人"也并非一个孤立的概念，他们不仅与交易中的诸种姓与族群直接关联，也是内嵌于尼泊尔多元种姓与族群社会中、在经济与政治诸方面不占据优势地位的一个族群。第三，资源所在的地理位置。需要强调的是，案例中的塔芒村落地理位置偏僻，除大巴可达的主干道之外，家户基本靠步行运输货物。这在其他山地塔芒的村落中亦较为常见，它不仅"阻碍了发展项目的实施，也有益于传统生活的维系"[①]。同理，地理位置限制了中心政权的直接干涉。尽管近年来政府试图对菩提产业进行管理，但位于山区的原产地进入困难，相比之下，对出境消费者进行征税、提高商铺税收等策略则难度较低。在来往需要徒步数小时的村落中，有的塔芒人说道，"这里没有警察，即便发生什么事情，他们也不会知道的"。数量巨大的流动商贩增大了管理的难度，这不仅使得菩提经济成为相当程度上的非正式经济，也将凤眼菩提从普通的植物种子转变为真正意义上的"塔芒人的金矿"。

---

① Gérard Toffin, "Mutual assistance in agricultural work among western Tamangs: Traditional and new patterns" [G] // *From Monarchy to republic: essays on changing Nepal*, Kathmandu: Vajra Books, 2013, p.185.

金代修史机构与史注纂辑

牛润珍　卢鹏程　中国人民大学

一、从蒙昧到修史

金由女真族建立，立国120年（1115—1234年）。女贞，异名朱里真、虑真、朱申等，因避辽兴宗耶律宗真之名讳，又书为"女直"。② 其源出东胡肃慎，北魏时称勿吉，勿吉有七部：粟末、伯咄、安车骨、拂涅、号室、黑水、白山。隋称靺鞨，七部并同。唐初，有黑水靺鞨、粟末靺鞨，其他五部无闻。黑水靺鞨东濒海，南接高句丽，先后依附高句丽、渤海、契丹。"其在南者籍契丹，号熟女直；其在北者不在契丹籍，号生女直。生女直地有混同江、长白山，混同江亦号黑龙江，所谓'白山黑水'是也。"生女真蛮昧，始祖函普"劈木为契"③，即刻木为契，教人立信约。"旧俗无室庐，负山水坎地，梁木其上，覆以土，夏则出随水草以居，冬则人处其中，迁徙不常。"四世祖绥可"徙居海古水，耕垦树艺，始筑室，有栋宇之制，人呼其地为'纳葛里'。'纳葛里'者，汉语居室也。"文明未开，"无书契，无约束，不可检制"。五世祖石鲁"稍以条教为治，部落寖强……尚未有文字，无官府，不知岁月晦朔，是以年寿修短莫得而考焉"④。至六世祖乌古迺（景祖）"始建官署，统诸部以专征伐，嶷然自为一国"⑤。用辽年号，始有纪年。

自七世祖劾里钵（世祖）以后，统一各部。由于无文字，"赋敛科发，刻箭为号，事急者三刻之"⑥。"国有大事，适野环坐，画灰而议，自卑者始，议毕即漫灭之，不闻人声，其密如此。"⑦ 各种活动都靠记忆。"太祖伐辽，是时未有文字，凡军事当中覆而应密者，诸将皆口授思忠（耨碗温敦思忠），思忠面奏受诏，还军传致诏辞，虽往复数千言，

---

① 教育部人文社会科学重点研究基地重大项目研究资助，项目批准号：15JJD770005。
② 参见崔文印. 金代在史学上的成就 [J]. 史学史研究，1983（3）：65.
③ 徐梦莘. 神麓记 [M] //三朝北盟会编（卷十八）. 上海：上海古籍出版社，2008：127.
④ 脱脱等撰. 金史 [M]. 卷一（世纪）. 北京：中华书局，1975.
⑤ 脱脱等撰. 金史 [M]. 卷五十五（百官志一）. 北京：中华书局，1975.
⑥ 宇文懋昭撰. 初兴风土 [M] //大金国志（卷三十九）. 崔文印点校. 北京：中华书局，1986：552.
⑦ 徐梦莘. 宣政上帙 [M] //三朝北盟会编（卷三）. 上海：上海古籍出版社，1997：18.

无少误。"① "及破辽,获契丹、汉人,始通契丹、汉字,于是诸子皆学之。"② "国势日强,与邻国交好,乃用契丹字。"③

1115年,劾里钵次子阿骨打称帝,以"金不变不坏""国号大金,建元收国"④。建国初,"太祖命(完颜)希尹撰本国字,备制度。希尹乃依仿汉人楷字,因契丹字制度,合本国语,制女直字。天辅三年(1119年)八月,字书成,太祖大悦,命颁行之"⑤。叶鲁也参与了女真文字的创造。章宗时,"以叶鲁、谷神(希尹字)始制女直字,诏加封赠,依仓颉立庙盩厔例,祠于上京纳里浑庄"⑥。熙宗以希尹等创制的文字行用不便,"亦制女直字,与希尹所制字俱行用。希尹所撰谓之女直大字,熙宗所撰谓之小字"⑦。女真小字笔画简省,易习易写,天眷元年(1128年)颁行。金立国不久,便有了自己民族的纪年与文字,为其历史书写与记录准备了前提。

随着女真族势力的发展与壮大,其历史意识愈益增强。初期的历史意识主要反映在个人对血亲的记忆,又由个人记忆到部落记忆,再到民族记忆,这些记忆为后来修史准备了材料和内容,而整理记忆材料与内容又需要人才。"自太祖得辽人韩昉而言始文。"⑧ "太宗初即位,复进士举,而韩昉辈皆在朝廷,文学之士稍拔擢用之。"⑨ 文教之兴,女真、契丹、汉人由科举入仕,既为金朝聚拢了修史人才,又为修史营造了良好的人文环境与氛围,所以在太宗初即已着手准备修史。景祖(六世祖乌古迺)第八子阿离合懑"为人聪敏辨给(洽),凡一闻见,终身不忘。始未有文字,祖宗族属时事并能默记,与斜葛同修本朝谱牒。见人旧未尝识,闻其父祖名,即能道其部族世次所出。或积年旧事,偶因他及之,人或遗忘,辄一一辨析言之,有质疑者皆释其意义。世祖(七世祖劾里钵)尝称其强记,人不可及也。天辅三年,寝疾,宗翰日往问之,尽得祖宗旧俗法度。"⑩ 宗翰既是能征善战的将帅,又十分重视历史保存,遍访故老遗事,用女真族的纪年与文字把记忆中的"旧俗法度"记录下来,为金朝国史纂修准备了材料。天会四年(1126年)始定官制,立尚书省以下诸司府寺,⑪ 官制建设又是金朝史官设置与修史制度的前导。"天会六年,诏书求访祖宗遗事,以备国史,命(完颜)勖与耶律迪越掌之"⑫,由此开启了金朝国史纂修事业。女真族由原始部落、部落联盟、早期政权到国家建立,其文化由野蛮、开化、初期文明到国家文明,修史便是其封建国家文明的重要标志之一。女真族由野蛮到文明的变

---

① 《金史》卷八十四《耨碗温敦思忠传》。
② 《金史》卷六十六《始祖以下诸子·完颜勖传》。
③ 《金史》卷八十四《耨碗温敦思忠传》。
④ 《金史》卷二《太祖纪》。
⑤ 《金史》卷七十三《阿离合懑传》。
⑥ 《金史》卷十《章宗纪二》。
⑦ 《金史》卷七十三《阿离合懑传》。
⑧ 庄仲方. 金文雅·序[M]. 光绪辛卯江苏书局重刊本。
⑨ 《金史》卷六十六《始祖以下诸子·完颜勖传》。
⑩ 《金史》卷七十三《阿离合懑传》。
⑪ 见《金史》卷七十八《韩企先传》。
⑫ 《金史》卷六十六《始祖以下诸子·完颜勖传》。

化、纪年、文字、人才、官制、科举等起了重要作用，其历史由记忆、口传到书写也随着金代政治与文化的变化逐步演进，并产生了金代的修史事业与制度。

二、修史机构与组织编制

金代修史制度初期沿承辽，攻克汴梁后，又继承北宋并借鉴了唐代的一些修史规程。辽置翰林国史院，其职掌、功用与机构运行犹如史馆。金灭辽、宋，一些降人保留原官。此时，文献有史官的记载却无史馆的踪迹。金代修史机构之设置，具体时间当在天会五年（1127年）之后①。天会六年，完颜勖、耶律迪越受诏采访祖宗遗事，并撰成《祖宗实录》，这些史事活动似当有专门的场所。《祖宗实录》纂辑由宗亲大臣掌领，皇帝亲自掌控，其纂修场所似处宫禁之内。辽翰林国史院为外朝机构，金朝早期修史机构当为内朝职司，其人事与修史活动时常由皇帝亲自裁决。金修史制度沿承辽、宋、唐，然其在朝政体制中的地位较前代重要。

熙宗天眷（1138—1140年）以后，金朝官制封建化，修史制度也逐渐完善起来。国史院、记注院、著作局构成较为完备的修史机构，各机构又设有成系统的史官组织与序列。各修史机构与史官职掌分工明晰：记注官记皇帝"言动法度，制诰德音"，由记注院撰成起居注；著作局掌修日历。起居注、日历定期报送国史院，以备国史修撰。每当前帝去世、新帝即位，沿习惯例由国史院依据前代皇帝起居注、日历撰成《实录》。后代修前代实录，逐代递修。国史院除修本朝实录外，还曾两次纂修前朝辽史。相较于唐、辽、宋，金修史机构较为稳定，并不似宋代史馆、实录院、日历所等机构时置时废，或迁转合并。金国史院、记注院、著作局均为常设机构，而且职位明确、分工协作，尤其是著作局掌日历，改变了唐、辽、宋以来日历纂修职无专任的状况。虽然金朝起居注、日历未曾流传至今，但由其代代纂修实录看，其记注、日历之纂修还是较有成就的，否则，实录则无材料可编。由于金修史制度稳定且有成效，不仅繁荣了金代史学，也为后世《金史》编修奠定了基础。

金代修史机构为国史院、记注院和著作局。

（一）国史院

国史院，又称史馆、史院，沿辽、宋称谓。金人文献多称史馆，辽、宋人文献多称国史院，其建置年代无明确记载。据《金史》卷一〇五《程寀传》："天辅七年，太祖入燕，授尚书都官员外郎、锦州安昌令，累加起居郎，为史馆修撰，以从军有劳，加少府少监。"

---

① 据《全辽文》卷九载天庆二年（1112年）《萧义墓志铭》："祭引则中大夫守鸿胪少卿充史馆修撰韩纲承诏以领之。"此为文献所查到的记载年限最晚的辽代史官。又据清·毕沅《续资治通鉴》卷一〇〇《宋纪高宗建炎元年九月》：金太宗天会五年（1127年）"金人遣直史馆王枢持册使高丽"。此为文献所记年限最早的金代史官。从辽天庆三年到金天会四年，文献不见金代史官，由此推断金代修史机构之置当在天会五年之后。

程寀任"史馆修撰"似在太宗朝。太宗天会五年（1127年）"金人遣直史馆王枢持册使高丽"①。约在同一时期，还有直史馆祝简②。"史馆修撰""直史馆"为史馆职官。天会四年（1126年）始行汉官制度，史官之设当在此时。由文献记载情况看，似应是先有官而后有馆，天会五年之后，或许有史馆之置。熙宗"天眷元年八月甲寅朔，颁行官制"③，史称"天眷新制"。史馆自此成为专门常设机构，其工作运转常态化，史籍关于史馆或国史院的记载开始多起来。《大金国志》卷九《熙宗孝成皇帝一》："国史院置监修，以宰相兼领，次修史、同修史。"承安元年（1192年）正月，"国子学斋长张守愚上《平边议》，特授本学教授，仍以其议付史馆"④。宣宗兴定元年（1217年），"史馆修《章宗实录》"⑤。直到金朝末年史馆仍见于记载。元好问《中州集》卷四丁集《魏内翰抟霄》记魏氏初用荫补，以荐书从事史馆。同书卷十癸集《李讲义汾》曰李氏在元光末因荐书得从事史馆，说明史馆之存在直至金亡。

史馆自有一套官僚组织，太宗朝，史官之称谓多袭辽、宋，如史馆修撰、编修国史、直史馆等。"天眷新制"以后，史官组织完善，其官职有：国史监修、修国史、同修国史、编修官、书写、检阅官。史馆修《辽史》时，又专设《辽史》刊修。史官多以谏官兼任，明昌元年（1190年），"诏谏官不得兼，恐于其奏章私溢己美故也"⑥，实际上是防止谏官借用国史以逞己见。

监修国史 由左右丞相兼领，平章政事则"同监修国史"，其职责"掌监修国史事"⑦，总揽史馆大政、人事，直接向皇帝负责，贯彻皇帝和朝廷修史意志，领衔进呈修史成果。完颜宗干、萧仲恭、完颜宗弼、完颜宗贤、纥石烈良弼等先后兼领此职。

修国史 编制一员，掌修国史，判馆（院）事，多由进士出身之执政官和翰林官兼任。大都为才学之士，负责史馆业务，撰写、统改、审定、总纂史稿，组织、协调史馆内务和外务，如史料征集等。同时还奉敕掌撰制诰、碑铭等，如熙宗天眷二年（1139年）《时立爱墓志铭》，即由"特进、翰林学士、承旨知制诰兼太常卿、修国史、详定内外制度仪式、上柱国郇国公、食邑三千户、食实封三百户臣宇文虚中奉敕撰"⑧。除宇文虚中外，韩昉、完颜宗宪、完颜京等也曾兼修国史一职。

同修国史 员额二人，女真、汉人各一。初期也有契丹人充任，"承安四年，更拟女直一员，罢契丹同修国史"⑨。职为修国史副手，多由五品以上进士出身及翰林官充兼，承担修史之责，同时也奉命掌撰册文等。王竞、胡砺、移剌子敬、张景仁、曹望之、刘仲

---

① 毕沅. 宋纪高宗建炎元年九月 [M] //续资治通鉴（卷一〇〇）. 北京：中华书局，1957：2632.
② 元好问. 祝太常简 [M] //中州集（卷二乙集）. 上海：华东师范大学出版社，2014：66.
③ 《金史》卷四《熙宗纪》。
④ 《金史》卷十《章宗纪二》。
⑤ 《金史》卷一〇七《张行信传》。
⑥ 《金史》卷五十五《百官志一》。
⑦ 《金史》卷五十五《百官志一》。
⑧ 河北省文化局文物工作队. 河北新城县北场村金时立爱和时丰墓发掘记 [J]. 考古，1962（12）.
⑨ 《金史》卷五十五《百官志一》。

渊、移剌履、耿端义、郑子聃、傅慎微等均以才学兼任此职。

编修官 北宋置编修院，设编修官。元丰改制，并入国史院。金袭宋制，于国史院设编修官，专纂述之职，为专职史官，其主要工作是依据起居注、日历等材料撰写初稿。编制八员，女真、汉人各四员，正八品。初，曾有契丹人兼此职，明昌二年（1191年），"罢契丹编修三员，添女直一员。大定十八年，用书写出职人"①。

书写 又称"史馆从事"，掌史稿文字清抄，从八品，十员，女真、汉人各五员。书写誊抄史书，于海陵成为定制，并有女真、契丹、汉等不同语言文字的书写。《金史》卷一二六《艺文传下·李汾》："元光间，游大梁，举进士不中，用荐为史馆书写。书写，特抄书小史耳，凡编修官得日录，纂述即定，以稿授书写，书写录洁本呈翰长。"元好问曾任职史馆，其《中州集》卷十记述史馆修史工作程序，"旧例：史院有监修，宰相为之；同修，翰长至直学士兼之；编修官专纂述之事；若从事，则职名谓之书写，特抄书小史耳。凡编修官得日录，分受之，纂述既定，以稿授从事，从事录洁本呈翰长"。所谓"翰长"，即兼修国史之翰林院长官。金之书写，犹如唐宋史馆之楷书手，其官品较低，俸禄也少。据《金史·百官志四》载，"六部等通事、诰院令史、国史院书写……钱粟八贯石，绢二匹，绵二十两。"

检阅官 旧为校书郎、正字，金改名检阅官，员额十人，女真、汉人各五员，分别负责不同语言文字资料的检阅及史稿内容的核对与校勘。官阶从九品。

《辽史》刊修官 熙宗皇统时，耶律固、萧永祺撰成《辽史》，章宗以其内容未为尽善，于大定二十九年（1189年）十一月于国史院置刊修官三人，同时，又设编修官七人，泰和元年（1201年）又增员三员，"诏分纪、志、列传刊修官"②。即刊修官三人，领有编修官十人，按纪、志、传分为三组。此职因修《辽史》而设，乃史馆临时官职。

史馆的主要职责是编纂金朝国史，即《实录》，再者是两次纂修《辽史》。

（二）记注院

《金史》卷七十五《虞仲文传》："举贤良方正，对策优等。擢起居郎、史馆修撰……年五十五，卒……天会七年，赠兼中书令。"由其年龄前推，仲文任起居郎、史馆修撰，似在太祖时。还有程寀"累加起居郎，为史馆修撰"③。

太祖、太宗时，曾置有起居官，而无记注院。据《大金国志》相关材料，记注院之置当在熙宗天眷元年（1138年），为一独立机构。《金史》卷九《章宗纪一》："以有司言，登闻鼓院同记注院，勿有所隶。"章宗采纳有司建议，参照记注院例，赋予登闻鼓院以独立地位。

"记注院，修起居注，掌记言、动。明昌元年，诏毋令谏官兼或以左右卫将军兼。贞

---

① 《金史》卷五十五《百官志一》。
② 《金史》卷一二五《艺文上·党怀英传》。
③ 《金史》卷一〇五《程寀传》。

祐三年，以左右司首领官兼，为定制。"① 起居注之修，所依据的是记注官的记录。《大金集礼》卷四十《朝会下·朔望常朝仪》曰："遇视朝，起居毕分班升殿陛，于殿栏子外副阶下东西对立，俟奏事毕退。"朝仪记录犹如唐宋，所记为朔、望常朝君臣议事、皇帝"言动法度，制诰德音"。这些日常记录定期报送记注院，记注院定期纂修起居注。

熙宗之前，有记注而无起居注纂修。史籍所反映的金代起居注纂修最早者为海陵朝。海陵纂立，曾命杨伯雄修起居注。② 世宗大定八年（1168年）十月，"上谓宰臣曰：'海陵时，修起居注不任直臣，故所书多不实。可访求得实，详而录之'"③。世宗还曾对纥石烈良弼说："海陵时，记注皆不完。人君善恶，为万世劝戒，记注遗逸，后世何观？其令史官旁求书之。"④ 在太子生日宴上，他又对宰臣说："海陵以近习掌记注，记注不明。当时行事，实录不载，众人共知之者求访书之。"⑤ 世宗三次论及海陵修起居注，责其"不实""不完""不明"，欲以自己的政治意图重修，也道出了海陵朝记注纂修一些情况。另据《大金集礼》，海陵颁行"正隆官制"，赴朝参拜官员列有记注官职。因此，今人何宛英断言"金代正式修起居注工作，应当是从海陵朝开始的"⑥。此论符合史实。

海陵弑熙宗自立，借修记注掩盖血腥；世宗发动政变弑海陵，也借记注将其政变合法化。金之记注纂修多关涉政治。世宗以后，记注纂修虽步入正轨，但记注官记录言事也时遭限制。君臣密议，记注官须回避。大定十二年（1172年）十一月，"上屏侍臣，与宰臣议事，记注官亦退。上曰：'史官记人君善恶，朕之言动及与卿等所议，皆当与知，其于记录无或有隐。可以朕意谕之。'"⑦ 世宗知道记注无隐的道理，但又屏退记注官，故说出这些模棱两可的话。记注官仍不能与闻机要朝议。到了大定十八年（1178年）正月，这种状况才有所改变。《金史》卷八十八《石琚传》曰：

> （大定）十七年，拜平章政事，封莘国公。明年，拜右丞相。修起居注移剌杰上书言："朝奏屏人议事，史官亦不与闻，无由纪录。"上以问宰相，琚与右丞唐括安礼对曰："古者史官，天子言动必书，以儆戒人君，庶几有畏也……人君言动，史官皆得记录，不可避也。"上曰："朕观《贞观政要》，唐太宗与臣下议论，始议如何，后竟如何，此政史臣在侧记而书之耳。若恐漏泄几（机）事，则择慎密者任之。"朝奏屏人议事，记注官不避自此始。

由于金代内乱外战不断，阴谋、残杀难以见书，史官记注不避制度并未有效执行，皇帝与宰臣议事，记注官常遭屏退。章宗即位，右谏议大夫完颜守贞与修起居注张暐奏言

---

① 《金史》卷五十六《百官志二》。
② 参见《金史》卷一〇五《杨伯雄传》。
③ 《金史》卷六《世宗纪上》。
④ 《金史》卷八十八《纥石烈良弼传》。
⑤ 《金史》卷八十九《孟浩传》。
⑥ 何宛英. 金代修史制度与史官特点 [J]. 史学史研究，1996（3）.
⑦ 《金史》卷七《世宗纪中》。

"自来左司上殿，谏官、修起居注不避，或侍从官除授及议便遣，始令避之。比来一例令臣等回避，及香阁奏陈言文字，亦不令臣等侍立。则凡有圣训及所议政事，臣等无缘得知，何所记录，何所开说，似非本设官之义。若漏泄政事，自有不密罪。"上从之。① 但不久又于明昌四年（1193年）三月，"敕自今御史台奏事，修起居注并令回避"②。"时遇奏事，台臣亦令回避。"承安二年（1197年）六月，左谏议大夫高汝砺上言："乞自今以往，有司奏事谏官得以预闻，庶望少补。且修注之职，掌记言动，俱当一体。"上从之。③ 金代记注随政治而变动，政治不稳，朝政隐秘，记注则常遭限制；皇帝开明，朝政平稳，记注又多不避，避与不避往往取决于皇帝的态度，记注制度完全被纳入皇权的操控之下，难以做到"动静必书"，失去了"儆戒人君"的功用。清代学者赵翼说："金记注官最得职。"④ 所见仅是现象，实际上是虽"得职"，但难尽责。

金之记注官初曰起居郎，沿袭唐宋称谓。记注院立，官曰修起居注，为兼职。其兼职人选前后凡三变，初由秘书监或翰林院官兼，世宗时改由谏官兼，章宗明昌元年（1190年）又改由左右卫将军兼，贞祐三年（1215年）以左右司首领官兼。左右司首领官兼修起居注，但记注院并未隶属尚书省，尚书省长官可以向皇帝举荐修起居注兼官人选，然对记注院无领导权。皇帝对修起居注兼官选任也十分慎重。世宗指示："择慎密者任之。"泰和三年（1203年）六月，章宗"诏选聪明方正之士为修起居注"⑤。所任也大多为"近习"。兼修起居注者大多精明、谨厚，有才学，官阶六、七品。其主要职事为：赴列朝参，记录朝议；与闻皇帝与宰臣议事；随侍皇帝左右，记录言、动；纂修起居注。其编制员额似无定制，然史籍所见也有同时二三人者，由此推测记注院修起居注者当有数人，一人领修起居注，当判院事。

（三）著作局

著作局之置始于西晋，唐设史馆，著作局罢史任，"掌修撰碑志、祝文、祭文"⑥。金沿承唐宋制度，于熙宗皇统年间置著作局，掌修日历。《金史》卷五十六《百官志》二："著作局：著作郎一员，从六品。著作佐郎一员，正七品。掌修日历。"注曰："皇统六年著作局设著作郎、佐郎各二员，编修日历，以学士院兼领之。""著作郎、佐郎各二员"，似应为郎、佐郎女真、汉人各一人。日历，原为唐代宰相所撰"时政记"，五代、宋为"日历"。金由著作局职掌，因而又成为一修史机构。章宗、卫绍王时，也有大臣撰"日录"。承安五年（1200年）闰二月，"尚书省奏：'右补阙杨庭秀言，乞令尚书省及第左右官一人，应入史事者编次日历，或一月，或一季，封送史院。'上是其言，仍令送著作局

---

① 《金史》卷七十三《完颜守贞传》。
② 《金史》卷十《章宗纪二》。
③ 《金史》卷一〇七《高汝砺传》。
④ 赵翼：《廿二史札记》卷二十八。
⑤ 《金史》卷十一《章宗纪三》。
⑥ 《旧唐书》卷四十三《职官志》二。

润色，付之"①。日历统一由著作局编纂润色，方可报送史馆。

三、历朝实录之编纂

金国史院主要职责是编纂本朝历代皇帝实录。实录修撰始于太宗天会六年（1128年），"诏书求访祖宗遗事"，至哀宗正大五年（1228年）《宣宗实录》撰成，金朝共修实录 11 部，成书 10 部。

《祖宗实录》三卷

又称《金先朝实录》《始祖以下十帝实录》。《金史》卷三《太宗纪》："（天会六年）六月己未，诏求祖宗遗事。"同书卷六十六《完颜勖传》："女直既未有文字，亦未尝有记录，故祖宗事皆不载。宗翰好访问女直老人，多得祖宗遗事……天会六年，诏书求访祖宗遗事，以备国史，命勖与耶律迪越掌之。勖等采摭遗言旧事，自始祖以下十帝，综为三卷。凡部族，既曰某部，复曰某水之某，又曰某乡某村，以别识之。凡与契丹往来及征伐诸部，其间诈谋诡计，一无所隐。事有详有略，咸得其实。"同书卷四《熙宗纪》："（皇统元年）十二月……左丞勖进《先朝实录》三卷，上焚香立受之。"《金史·完颜勖传》："皇统元年，撰定熙宗尊号册文……所撰《祖宗实录》成，凡三卷，进入，上焚香立受之，赏赉有差。"《祖宗实录》取自回忆、采访与调查，为女真族第一次将本族历史进行整理，反映了女真族从原始蛮荒的族群部落到文明开化的部落联盟与国家的发展变化，是一项历时二十余年的集体成果。约于建国初，阿离合懑"与斜葛同修本朝谱牒"。天辅、天会年间，宗翰遍访女真老人，积累了一批口述资料，为编纂《祖宗实录》奠定基础。天会六年以后，完颜勖等又在已有资料的基础上，进一步充实、完善，进行系统整理，到皇统元年成书，修史十三年，仅得三卷，足见其审慎。《金史》卷四《熙宗纪》载："（天会十五年十二月）命韩昉、耶律绍文等编修国史。以勖为尚书左丞、同中书门下平章事。"韩昉、耶律绍文等所修国史，当即《祖宗实录》。勖"同中书门下平章事"，实为"监修"。金世宗认为"《祖宗实录》太简略"②，不及后来史书详备。史书编纂，创始为难，回忆口述又易异误，以简要朴实为工，尽可能避免失实之弊，世宗之言，既是《祖宗实录》之不足，又是《祖宗实录》之优点。

《太祖实录》二十卷

纂修《太祖实录》之议当在皇统二年（1142 年）初。此年二月，完颜宗弼"朝京师，兼监修国史"③。宗弼为太祖第四子，前后以左丞相、太傅、太师都元帅"兼监修"，一生征战，虽重视国史，然撰史非其所长，其"监修"实为名誉，负实责者仍是完颜勖。皇统三年三月辛卯，"以尚书左丞勖为平章政事"④。《金史·完颜勖传》曰："俄同监修国史，

---

① 《金史》卷十一《章宗纪三》。
② 《金史》卷八十八《唐括安礼传》。
③ 《金史》卷七十七《宗弼传》。
④ 《金史》卷四《熙宗纪》。

进拜平章政事。"自皇统三年后，宗弼"监修"，完颜勖"同监修"，主持《太祖实录》纂修。纂修工作由此启动，步入实质性阶段。皇统五年（1145年）五月戊午，"初用御制小字"①"时上日与近臣酣饮，或继以夜，莫能谏之。勖上疏谏，乃为止酒。进拜左丞相，兼侍中、监修如故。八年，奏上《太祖实录》二十卷，赐黄金八十两，银百两，重彩五十端，绢百匹，通犀、玉钩带各一"②。《金史》卷四《熙宗纪》："（皇统八年）八月戊戌，宗弼进《太祖实录》，上焚香立受之。"皇统五年以后，宗弼因病疏于军政，而于《实录》纂修颇多牵挂，纂修进度加快，至八年成熟，以首相身份"监修"，故领衔进呈。完颜勖又以《太祖实录》编纂第一功臣受赏。皇统出，萧仲恭以平章政事"同监修国史"③，皇统四年以后，完颜宗贤以太保、左丞相、太师"监修国史"④，他们亦当参与了《太祖实录》的修撰。海陵篡位，以萧裕为相，监修国史，"谓裕曰：'太祖以神武受命，丰功茂烈光于四海，恐史官有遗逸，故以命卿'"⑤。欲修改《太祖实录》，突出其父完颜宗干之事迹与地位，借修史使其篡立合法化，然因时政不稳而未果。

《太宗实录》

《金史》卷六《世宗纪》上："（大定七年八月）癸丑，尚书右丞相、监修国史纥石烈良弼进《太宗实录》，上立受之。"纥石烈良弼即娄室，受业于完颜希尹，其才学为希尹之亚，于大定六年（1166年）十一月进拜右丞相，监修国史。《太宗实录》之纂修当始于此时，参与撰修者有张景仁、曹望之、刘仲渊等。张、曹、刘三人皆有才学，并以"同修国史"身份编纂《太宗实录》。此次《实录》纂修，尽得人才，故进展较快，不及一年便可成熟。"《太宗实录》成，赐良弼金带、重彩二十端，同修国史张景仁、曹望之、刘仲渊以下赐有差。"⑥

《睿宗实录》十卷

睿宗完颜宗尧（1096—1135年）为太祖阿骨打第三子，是世宗完颜雍的父亲。世宗即位后，追尊为"文武简肃皇帝"，庙号睿宗。大定十年九月，"尚书左丞相纥石烈良弼丁忧，起复如故"⑦，仍监修国史。良弼"练达朝政……议政多称上意"⑧。丁忧未满三年，便被夺情复职，亦当与《睿宗实录》之纂修有关。世宗性孝，感念先父功德，因而在《太宗实录》成书后，即欲沿承成例，编纂《睿宗实录》，起用良弼，张景仁、曹望之、刘仲渊仍同修国史。大定十一年（1171年）十月书成，"丙寅，尚书左丞相纥石烈良弼进《睿宗实录》"⑨。据元人苏天爵《滋溪文稿》卷二十五《三史质疑》，《睿宗实录》凡十

---

① 《金史》卷四《熙宗纪》。
② 《金史》卷六十六《完颜勖传》。
③ 《金史》卷八十二《萧仲恭传》。
④ 《金史》卷七十《宗贤传》。
⑤ 《金史》卷一二九《佞幸·萧裕传》。
⑥ 《金史》卷八十八《纥石烈良弼传》。
⑦ 《金史》卷六《世宗纪上》。
⑧ 《金史》卷八十八《纥石烈良弼传》。
⑨ 《金史》卷六《世宗纪上》。

卷。世宗对《睿宗实录》颇满意,"以进《睿宗实录》,赐通犀带、重彩二十端"①。

《熙宗实录》

约于大定十二年(1172年),世宗"谓思敬曰:'朕欲修《熙宗实录》,卿尝为侍从,必能记其事迹。'对曰:'熙宗时,内外皆得人,风雨时,年谷丰,盗贼息,百姓安,此其大概也,何必余事。'上大悦"②。思敬借修《实录》,称颂熙宗,委婉劝谏世宗注意用人治政,不必作多余的事,似乎对修《实录》有几分不理解。大定十四年(1174年)十二月世宗"以平章政事完颜守道为右丞相""监修国史"③。十八年(1178年)八月,守道为左丞相。"二十年,修《熙宗实录》成。帝因谓曰:'卿祖谷神,行事有未当者,尚不为隐,见卿直笔也。'"④ 世宗阅览《实录》,评判历史与《实录》编纂,颇有开明君主之风。

《海陵实录》

又称《海陵庶人实录》。废帝海陵庶人完颜亮,太祖之孙,宗干第二子。"熙宗以太祖嫡孙嗣位,亮意以为宗干太祖长子,而己亦太祖孙,遂怀觊觎。"⑤ 与萧裕谋弑熙宗,篡登大位。世宗完颜雍(亦太祖孙)借海陵南伐遇变被弑,自立为帝。大定六年(1166年)十二月"以平章政事纥石烈良弼为尚书右丞相"⑥。良弼"进拜右丞相,监修国史。世宗谓良弼曰:'海陵时,记注皆不完。人君善恶,为万世劝戒,记注遗逸,后世何观?其令史官旁求书之。'"⑦ 在修《太宗实录》时,世宗已有修《海陵实录》的打算。大定八年十月,世宗"谓宰臣曰:'海陵时,修起居注不任直臣,故所书多不实。可访求得实,详而录之。'参政孟浩进曰:'良史直笔,君举必书,自古帝王不自观史,意正在此。'"⑧ 议而未果。《金史》卷八十九《孟浩传》也记及此事。曰:"上谓宰臣曰:'宋前废帝呼其叔湘东王为"猪王",食之以牢,纳之泥中,以为戏笑。书于史策,所以劝善而惩恶也。海陵以近习掌记注,记注不明,当时行事,实录不载,众人共知之者求访书之。'浩对曰:'良史直笔,君举必书。帝王不自观史,记注之臣乃得尽其直笔。'"《金史·世宗纪》与同书《孟浩传》所记似同一回事,然时间稍有歧异。这次《海陵实录》纂修之议,孟浩未解世宗之议,议而未果。约于大定十四年,郑子聃"迁侍讲、兼修国史。上曰:'修《海陵实录》,知其详无如子聃者。'盖以史事专责之也。(大定)二十年卒,年五十五"⑨。大定十四年,《中都十方大天长观重修碑》题款:"翰林侍讲学士、知制诰义、修国史郑子聃敕撰。"《海陵实录》之纂修当在大定十四年至二十年期间。

---

① 《金史》卷八十八《纥石烈良弼传》。
② 《金史》卷七十《完颜思敬传》。
③ 《金史》卷七《世宗纪》中、卷八十八《完颜守道传》。
④ 《金史》卷八十八《完颜守道传》。
⑤ 《金史》卷五《海陵纪》。
⑥ 《金史》卷六《世宗纪上》。
⑦ 《金史》卷八十八《纥石烈良弼传》。
⑧ 《金史》卷六《世宗纪上》。
⑨ 《金史》卷一二五《文艺上·郑子聃传》。

《世宗实录》

《金史》卷十《章宗纪》二："（明昌四年八月）辛亥，国史院进《世宗实录》，上服袍带，御仁政殿，降座，立受之。"是时，夹谷清臣"监修国史"，似由其进呈。苏天爵《滋溪文稿》卷二十五《三史质疑》曰："《世宗实录》适当章宗承平好文，事最周详。"

《显宗实录》十八卷

显宗完颜允恭（1146—1185年），世宗第二子。大定二年（1162年）五月立为皇太子，二十五年（1185年）六月病逝。二十九年（1189年）允恭子完颜璟以皇太孙即位，是为章宗，追尊其父为"光孝皇帝"，庙号显宗。苏天爵《滋溪文稿》卷二十五《三史质疑》记有《显宗实录》十八卷。《金史》卷十九《世纪补》有《显宗纪》，体例、风格规整，内容当为《显宗实录》之撮要。《显宗实录》当修于章宗朝，然不见于《金史》记载。《金史·章宗纪三》曰："（泰和三年十月）尚书左丞完颜匡等进《世宗实录》，上降座，立受之。"同书《完颜匡传》曰："三年……入守尚书左丞，兼修国史，进《世宗实录》。"钱大昕《元史艺文志》、施国祁《金史详校》认为匡所进《世宗实录》应是《显宗实录》。案循《匡传》上下文，此"三年"应为承安三年，此年匡为尚书左丞、修国史，撰《显宗实录》，泰和三年成书并进呈。是书十八卷，须经数年之功夫方可工竣。据《金史》匡本传及《世宗纪》，显宗十分器重匡，聘他为章宗等诸子侍读，匡据《睿宗实录》作《睿宗功德歌》，教章宗歌之，深得世宗嘉赞。匡为显宗近臣，又是章宗的老师，由其主修《显宗实录》最为合适。《金史·章宗纪》记《世宗实录》前后两次进呈，又不见《世宗实录》有重修之记载，综合史料记载情况，匡所撰进《实录》应为《显宗实录》。赵秉文撰《党怀英神道碑》，曰其明昌六年（1195年）"预修《世宗实录》及《辽史》"。与《金史·文艺上·党怀英传》对勘，党公预修《世宗实录》与《辽史》，当在大定二十九年至明昌四年（1189—1193年），较为符合史实。

《章宗实录》

《金史》卷十五《宣宗纪中》："兴定元年（1217年）冬十月甲寅，命高汝砺、张行简同修《章宗实录》。"同书卷一〇七《张行信传》："史馆修《章宗实录》。尚书省奏：'旧制，凡修史，宰相执政皆预焉。然女直、汉人各一员。崇庆中，既以参知政事梁天瓂兼之，复命翰林承旨张行简同事，盖行简家学相传，多所考据。今修《章宗实录》，左丞汝砺已充兼修，宜令参知政事行信同修如行简例。'制可。"由"尚书省奏章"可知，《章宗实录》之修，始于卫绍王（章宗叔）崇庆中（1212年），梁天瓂兼掌修史，张行简同修。不久又因元兵侵逼，胡沙虎弑卫绍王，修史停顿。章宗兄完颜珣即位，是为宣宗。为避元兵，宣宗迁都汴梁。兴定元年朝臣请修《章宗实录》，于是命高汝砺、张行信负责撰事。苏天爵《滋溪文稿》卷二十五《三史质疑》曰："章宗之事，方分撰述，而卫王被弑，国亦南徙。宣宗怨其（章宗）舍己立叔（卫绍王），弃其稿于燕曰：'俟还都为之未晚。'在汴诸公复以为请，始撰述之。时中原新经大乱，文籍化为灰烬，故其书尤疏略。诸大臣子孙多死于兵，仅著数十传而已。《卫王实录》竟不及为。"由于材料缺乏，并未定稿。后又有赵秉文、王若虚参与修撰，方能成书，并于"兴定四年（1220年）九月辛卯，进《章宗实录》"①。赵秉文《闲闲老人滏水文集》卷十载其所撰《进呈〈章宗皇帝实录〉表》：

> 钦惟陛下，鬓绍燕谋，思光前烈，谓信书之未毕，恐遗美之不昭，深诏儒臣，详为实录。往在东海之际，已抽中秘之书，踵此编年，俾之载笔，属典册之未上，值房寇之不虞，师旅绎骚，篇帙散逸，钦承圣训，复命编摩，遍阅官縢，曲加搜访，然而起居注有所未备，行止录有所未详，或掎摭于案牍之余，或采拾于见闻之际，载之行事，诚咸五以登三，及此成书，惧挂一而漏万。臣等所编成《章宗皇帝实录》一百卷，并事目二十卷，总计一百二十卷。缮写了毕，谨具进呈，伏望圣慈，曲垂省览。臣文章暧昧，学术空踈（疏），遗美不彰，虽乏三长之妙，直辞无愧，庶伸一得之愚云。②

高汝砺、张行信撰称"疏略"，篇幅仅"数十传"。到赵秉文、王若虚成书时，"计一百二十卷"。《章宗实录》于清初仍有存本，黄虞稷《千顷堂书目》卷四"国史类"，记有"《（金）章宗实录》，兴定四年九月国史院王若虚修成"。清人金门诏撰《补三史艺文志》，记史部实录类："《（金）章宗实录》，兴定四年尚书右（左）丞高汝砺监修，参知政事张行信、王若虚等同修。"金氏不提及赵秉文，似未见《滏水文集》。

《卫绍王实录》

卫绍王完颜永济，为世宗第七子，显宗之弟，章宗、宣宗之叔。章宗传位其叔永济，胡沙虎难作，弑永济。宣宗兴定五年议定修《卫绍王实录》。《金史》卷十六《宣宗纪下》："（兴定）五年春正月……撰故卫王事迹，如海陵庶人例。"同书卷一〇六《贾益谦传》："兴定五年正月，尚书省奏：'《章宗实录》已进呈，卫王事迹亦宜依《海陵庶人实录》，纂集成书，以示后世。'制可。初，胡沙虎弑卫王，立宣宗，一时朝臣皆谓卫王失道，天命绝之，虎实无罪，且有推戴之功，独张行信抗章言之，不报，举朝遂以为讳。及是，史官谓益谦尝事卫王，宜知其事，乃遣编修一人就郑（郑州，益谦于兴定四年正月致仕，居郑州）访之。益谦知其旨，谓之曰：'知卫王莫如我。然我闻海陵被弑而世宗立，大定三十年，禁近能暴海陵蛰恶者，辄得美仕，故当时史官修实录多所附会。卫王为人勤俭，慎惜名器，较其行事，中材不及者多矣。吾知此而已，设欲饰吾言以实其罪，吾亦何惜余年。'朝议伟之。"卫王在位年限短，"记注亡失，南迁后不复记载"③。掌知实情者又不愿阿附朝廷依海陵例修实录的意志，故《卫王实录》之纂修，议而未果。

《宣宗实录》

宣宗完颜珣为显宗庶长子，章宗之兄。胡沙虎弑卫王，立宣宗，在位 11 年。《宣宗实

---

① 《金史》卷十六《宣宗纪下》。
② 参见赵秉文：《闲闲老人滏水文集》卷十《进呈〈章宗皇帝实录〉表》。
③ 《金史》卷十三《卫绍王纪·赞》。

录》之修，始于哀宗正大初，正大五年（1228年）成书。《金史》卷十七《哀宗纪上》曰是年"冬十一月辛巳，进《宣宗实录》。"参与纂修者有王若虚、雷渊、元好问等。据《金史》卷一二六《文艺下·王若虚传》，若虚历国史院编修官、著作佐郎，"正大初，章宗、宣宗实录成"。记他参与二部实录撰写。刘祁《归潜志》卷八记王若虚与雷渊曾就《宣宗实录》撰写发生纷争，"正大中，王翰林从之在史院领史事，雷翰林希颜为应奉兼编修官，同修《宣宗实录》。二公由文体不同，多纷争，盖王平日好平淡纪实，雷尚奇峭造语也。王则云：'实录止文其当时事，贵不失真。若是作史，则又异也。'雷则云：'作文字无句法，委靡不振，不足观。'故雷所作，王多改革，雷大愤不平，语人曰：'请将吾二人所作令天下文士定其是非。'王亦不屑，王尝曰：'希颜作文好用恶硬字，何以为奇？'雷亦曰：'从之持论甚高，文章亦难止以经义科举法绳之也'"。

金实录纂修前后历时百余年，其成书情况为：熙宗朝2部、世宗朝4部、章宗朝2部、宣宗朝1部、哀宗朝1部。卫王实录有撰修之议而未成书，哀宗亡国之君，未有实录。金修实录有两点明显不同于前代：一是金先世十帝及睿宗、显宗生前均未称帝，皆因儿子贵为帝尊，追加其父祖为皇帝，因之修《实录》，打破了唐宋实录唯记皇帝的规矩。二是实录记录的内容与范围也有所扩大，如《太宗实录》记韩庆民妻之忠义事迹"庆民事辽为宜州节度使。天会中，攻破宜州，庆民不屈而死，以其妻配将士，其妻誓死不从，遂自杀。世宗读《太宗实录》，见庆民夫妇事，叹曰：'如此节操，可谓难矣'"[1]。大定二十年（1180年），世宗诏曰："太师（完颜）勖谏表诗文甚有典则，朕自即位所未尝见。其谏表可入《实录》，其《射虎赋》诗文等篇什，可镂版行之。"[2] 金实录既记皇帝之事，又记相关大臣谏表及臣民之事，保存一代史料，其价值逾迈唐宋《实录》。

金朝皇帝往往借修《实录》以维系自己的帝统，指派心腹亲信控制纂修权，抑制政敌。如宗弼等修《太祖实录》，海陵谋立后，排斥宗翰、宗弼势力，并命萧裕拟改《太祖实录》。世宗即位，修《海陵实录》，刻意暴海陵之丑。卫王实录未成，实因帝统之争。在维系帝统的同时，皇帝还经常读实录，借鉴历史，不忘根本，也常教皇子皇孙及大臣读实录，感念祖宗功德。世宗大定初，"诏以《太祖实录》赐宗宪及平章政事完颜元宜、左丞纥石烈良弼、判秘书监温王爽各一本"[3]。大定二十六年（1186年）六月，世宗"谓右丞相原王（完颜璟）曰：'尔尝读《太祖实录》乎？太祖征麻产，袭之，至泥淖，马不能进，太祖舍马而步，欢都射中麻产，遂擒之。创业之难如此，可不思乎'"[4]。大定二十三年（1123年），显宗上奏世宗："臣伏读《睿宗皇帝实录》，欲使儿子知创业之艰难，命侍读撒速作歌教之。"世宗大喜，顾谓诸王侍臣曰："朕念睿宗皇帝功德，恐子孙无由知，皇太子能追念作歌以教其子，嘉哉盛事，朕之乐岂有量哉。卿等亦当诵习，以不忘祖宗

---

[1] 《金史》卷一三〇《列女·韩庆民妻》。
[2] 《金史》卷六十六《完颜勖传》。
[3] 《金史》卷七十《宗宪传》。
[4] 《金史》卷八《世宗纪下》。

之功。"①

凡涉及族源及正统之争者,亦依《实录》为据作出判断。宣宗贞祐四年(1216年)二月"尚书省奏:'辽东宣抚副使完颜海奴言,参议官王浍尝言,本朝绍高辛,黄帝之后也。昔汉祖陶唐,唐祖老子,皆为立庙。我朝迄今百年,不为黄帝立庙,无乃愧于汉、唐乎。'又云:'本朝初兴,旗帜尚赤,其为火德明矣。主德之祀,阙而不讲,亦非礼经重祭祀之意。臣闻于浍者如此,乞朝廷议其事。'诏问有司。行信奏曰:'按《始祖实录》止称自高丽而来,未闻出于高辛。今所据欲立黄帝庙。黄帝,高辛之祖,借曰绍之,当为木德,今乃言火德,亦何谓也。况国初太祖有训,因完颜部多尚白,又取金之不变,乃以大金为国号,未尝议及德运。近章宗朝始集百僚议之,而以继亡宋火行之绝,定为土德,以告宗庙而诏天下焉。顾浍所言特狂妄者耳。'上是之。"②

四、《辽史》纂修与金朝记注、日历及其他

(一)《辽史》纂修

金历太祖、太宗,至熙宗时,武功已具,文治肇兴。皇统元年(1141年)二月"戊子,上亲祭孔子庙,北面再拜。退谓侍臣曰:'朕幼年游侠,不知志学,岁月逾迈,深以为悔。孔子虽无位,其道可尊,使万世景仰。大凡为善,不可不勉。'自是颇读《尚书》《论语》及《五代》《辽史》诸书,或以夜继焉。""三月己未,上宴群臣于瑶池殿,适宗弼遣使奏捷,侍臣多进诗称贺。帝览之曰:'太平之世,当尚文物,自古致治,皆由是也。'"③女真贵族渐脱北方旧习,融汇中原华夏新风,注重历史总结与借鉴,在编纂本朝国史即《实录》的同时,又着手前代史《辽史》的纂修。金修《辽史》前后两次:一在熙宗朝,一在章宗时。

熙宗皇统中,特进移剌(耶律)固奉诏修《辽史》,参与撰修者还有移剌(耶律)子敬和萧永祺等。"移剌子敬字同文,本名屋骨朵鲁,辽五院人……读书好学……移剌固修《辽史》,辟为掾属,《辽史》成,除同知辽州事。"④"萧永祺字景纯,本名蒲烈。少好学,通契丹大小字。广宁尹耶律固奉诏译书,辟置门下,因尽传其业。固卒,永祺率门弟子服齐衰丧。固作《辽史》未成,永祺继之,作纪三十卷、志五卷、传四十卷,上之。加宣武将军,除太常丞。"⑤移剌固、萧永祺等所撰《辽史》七十五卷,皇统八年(1148年)四月"甲寅,《辽史》成。"⑥皇统元年熙宗所读《辽史》,亦即辽监修国史耶律俨等

---

① 《金史》卷九十八《完颜匡传》。
② 《金史》卷一〇七《张行信传》。
③ 《金史》卷四《熙宗纪》。
④ 《金史》卷八十九《移剌子敬传》。
⑤ 《金史》卷一二五《艺文上·萧永祺传》。
⑥ 《金史》卷四《熙宗纪》。

所修《皇朝实录》七十卷。辽亡归金，藏于宫中，金亡后又由耶律楚材收藏。耶律俨之书，撰作粗疏，故熙宗命耶律固重修《辽史》。固等以耶律俨《辽实录》为基本史料，改作纪传体史书，《辽史》纂修似在译书机构中进行的。

耶律固、萧永祺等所修《辽史》，史料不完备，内容有所缺略。大定二十九年（1189年）十一月章宗决定再修《辽史》，"命参知政事移剌履提控刊修《辽史》。"① 《金史》卷九十五《移剌履传》："移剌履字履道……（大定）二十九年……七月，拜参知政事。提控刊修《辽史》。"同刊修《辽史》者还有党怀英、郝俣、贾铉等，此外还有《辽史》编修官。《金史》卷一二五《党怀英传》："党怀英字世杰……累除汝阴县令、国史院编修官、应奉翰林文字、翰林待制、兼同修国史……大定二十九年，与凤翔府治中郝俣充《辽史》刊修官，应奉翰林文字移剌益、赵沨等七人为编修官。凡民间辽时碑铭墓志及诸家文集，或记忆辽旧事，悉上送官。"《金史》卷九十九《贾铉传》："贾铉字鼎臣，博州博平人……迁左谏议大夫兼工部侍郎，与党怀英同刊修《辽史》。"由于人事变动，修史效率与进度都受到影响，"泰和元年，增修《辽史》编修官三员，诏分纪、志、列传刊修官，有改除者以书自随。"② 编修官由七员增至十员，由三位刊修官领导，分撰纪、志、列传。如遇人事变动，而修史之责不变。约于泰和六年（1206年）党怀英致仕："怀英致仕后，章宗诏直学士陈大任继成《辽史》。"③《金史》卷十二《章宗纪四》："（泰和六年七月）丁亥，敕翰林直学士陈大任妨本职专修《辽史》。"又有国子祭酒、兼太常少卿萧贡"与陈大任刊修《辽史》。"④ 泰和七年"十二月壬寅朔，《辽史》成"。⑤ 章宗朝修《辽史》，自大定二十九年（1189年）至泰和七年（1207年），前后历时十八年。前期以党怀英居功较多，后期以陈大任功劳为巨，而与其役者约近二十人。这次《辽史》纂修是在国史院完成的，因最后成于陈大任，习称陈大任《辽史》，元修《辽史》又以此书为基础。

（二）记注、日历

金代起居注纂修始见于海陵朝，萧彭哥、敬嗣晖、完颜宗叙、高怀贞、纳合椿年、杨伯雄、高药师、张仲轲、移剌温、郭长倩等十人皆为海陵朝"兼修起居注"官。海陵有《天德起居注》，似为完颜宗叙、高怀贞等人所修。世宗对海陵记注甚不满意，曰："海陵时，记注皆不完。"又曰："海陵以近习掌记注，记注不明。""海陵时，修起居注不任直臣，故所书多不实。"由此可证海陵朝确有起居注纂修。世宗朝，移剌子敬、移剌道、夹谷衡、徒单镒、张汝弼、纥石烈奥也、崇璧、贾少冲、杨邦基、杨伯仁等为"修起居注"。约于大定八年（1168年）之后，修《世宗起居注》，纥石烈良弼监修，杨邦基等同修。⑥

---

① 《金史》卷九《章宗纪一》。
② 《金史》卷一二五《艺文上·党怀英传》。
③ 《金史》卷一二五《艺文上·党怀英传》。
④ 《金史》卷一〇五《萧贡传》。
⑤ 《金史》卷十二《章宗纪四》。
⑥ 元好问. 杨秘监邦基 [M]. 中州集（卷八）. 上海：华东师范大学出版社，2014：525.

又据《金史》卷一二五《文艺上·杨伯仁传》："大定年间,大臣举可修起居注者数人,上以伯仁领之。"杨伯仁也曾领《世宗起居注》撰事。章宗即位,修起居注官有完颜乌者、张暐、女奚烈守愚、许古等,由其记言记事以成《章宗起居注》,当由完颜守贞领修。卫王时,纳坦谋嘉、女奚烈守愚等任"修起居",撰有《大安起居注》。宣宗时,王良臣等兼修起居注,因其记录材料撰成《宣宗起居注》。自海陵以后,历朝均置"修起居注"一职,修成五部起居注。

日历肇自唐代宰相"时政记",五代时,改称日历,宋置日历所,日历又称日录,王安石、司马光、吕惠卿等皆有《日录》。辽也置有修日历官。金沿承辽、宋、唐,修日历,并由著作局职掌。著作局修日历始于熙宗皇统六年(1146年),然由于著作局掌握的政事材料有限,官修日历成果甚微。承安五年(1200年),杨庭秀曾建议由尚书省官员编次日历,章宗称是,仍责由著作局润色。按照规定,《实录》依据日历等撰修,然日历资料并不全。日历官并未按规定及时报送,许多材料保存在官员个人手中。而且,官修日历保管不善,且随社会动荡全部散佚,而私人著述却保留了部分日历资料。如王鹗在哀宗时任职尚书省左右司郎中,负责编次日历。天兴二年(1233年),他随哀宗被困蔡州,将亲见所闻,随日编载,亦即日历。以后将此材料整理成《汝南遗事》四卷,"计一百七事,冗长不文,故不足取,庶几它日为史官采择"①。此为后人认识金代日历提供了例证。

日历、日录为官员所记政事,此外还有记录官员资历事迹的《行止录》。《金史》卷一○六《贾益谦传》:"明昌间,入为尚书省令史,累迁左司郎中。章宗谕之曰:'汝自知除至居是职,左司事不为不练,凡百官行止、资历固宜照勘,勿使差缪……朕比阅贴黄,行止乃俱书作一十三月,行止尚如此失实,其如选法何?盖是汝不用心致然尔。'"这种记录资历的《行止录》即官员人事档案,既是其职位升降的依据,又是金朝国史人物传的基本资料。

(三) 其他史书纂修

谱牒　女真谱牒的整理始于完颜阿离合懑。阿离合懑,景祖第八子,为金朝建立有大功,"为人聪敏辨给,凡一闻见,终身不忘。始未有文字,祖宗族属时事并能默记,与斜葛(景祖兄跋黑之子)同修本朝谱牒。见人旧未尝识,闻其父祖名,即能道其部族世次所出……天辅三年,寝疾,宗翰日往问之,尽得祖宗旧俗法度"②。阿离合懑与斜葛合修的《本朝谱牒》是金初用女真字撰写的第一部女真族姓谱录。此后又有宗翰的采访录,这为完颜勖撰《女真郡望姓氏谱》奠定了基础。《金史》卷六十六《完颜勖传》:"撰定《女直郡望姓氏谱》及他文甚众。"成书当在熙宗朝,"凡部皆冠以郡望,并道其世次所出"③,是一部较为全面、系统地记述女真贵姓氏的史书,民族性与地域性突出,明晰女

---

① 王鹗.汝南遗事·总论[M].四库全书本.
② 《金史》卷七十三《阿离合懑传》.
③ 穆鸿利.金源女真姓氏谱及改汉姓之分类与特点[J].满族研究,2005(4).

真贵族血统,具有唐代氏族谱学的传统风格。

金承袭辽、宋,还编有专记皇族世系的《玉牒》,金《玉牒》始修年月已不可考,史书有明确记载者为章宗承安五年重修《玉牒》。《金史》卷十一《章宗纪三》:"(承安五年九月)修《玉牒》成。定皇族收养异姓男为子者徒三年,姓同者减二等,立嫡违法者徒一年。"通过《玉牒》撰修,保持皇族血统纯正。

为总结前朝治世经验,后世通常将先朝皇帝训诫编成《圣训》。章宗时曾编《四朝圣训》,哀宗时编有《大定遗训》。《金史》卷十一《章宗纪三》:"(承安四年十二月)右补阙杨庭秀请类集太祖、太宗、世宗三朝圣训,以时观览。从之,仍诏增熙宗为四朝。"同书卷十七《哀宗纪上》:"(正大四年八月)同知集贤院史公奕进《大定遗训》。"

金章宗还将臣工章奏编辑成书。《金史》卷九十八《完颜纲传》:"(泰和)四年,诏纲与乔宇、宋元吉编类陈言文字。纲等奏:'凡关涉宫庭及大臣者摘进,其余以省台六部各为一类,凡二十卷。'"同书卷十二《章宗纪四》:"(泰和四年八月)庚子,诏完颜纲、乔宇、宋元吉等编类陈言文字,其言涉宫庭,若大臣、省台、六部,各以类从,凡二千卷。"应为"二十卷"。

"世宗思太祖、太宗创业艰难,求当时群臣勋业最著者,图像于衍庆宫:辽王斜也、金源郡王撒改、辽王宗干、秦王宗翰、宋王宗望、梁王宗弼、金源郡王习不失、金源郡王斡鲁、金源郡王希尹、金源郡王娄室、楚王宗雄、鲁王阇母、金源郡王银术可、隋国公阿离合懑、金源郡王完颜忠、豫国公蒲家奴、金源郡王撒离喝、兖国公刘彦宗、特进斡鲁古、齐国公韩企先,并习室凡二十一人。"① 明昌、承安年间,翰林应奉韩玉"作《元勋传》,称旨,章宗叹曰:'勋臣何幸,得此家作传耶'"②。苏天爵《滋溪文稿》卷二十五《三史质疑》曰:"金亦尝为国史,今史馆有太祖、太宗、熙宗、海陵本纪。章宗尝命翰林应奉韩玉修功臣列传,曰:'是家何幸得斯人作传耶!'惜乎其书不存。"从衍庆宫勋臣图到《元勋传》,也是金代国史列传内容逐步完备的过程。历代国史列传先写《功臣传》,自东汉至金,大多如此。然而可惜的是,《元勋传》在元时就已不存在了。

礼书与会要 世宗兴文治,重视礼制建设,"复收向所迁宋故礼器以旋,乃命官参校唐、宋故典沿革,开'详定所'以议礼,设'详校所'以审乐,统以宰相通学术者,于一事之宜适、一物之节文,既上闻而始汇次,至明昌初书成,凡四百余卷,名曰《金纂修杂录》。凡事物名数,支分派引,珠贯棋布,井然有序,炳然如丹。"③在此基础上撰成《大金仪礼》。《金史》卷十《章宗纪二》:"(明昌六年十二月)戊午,礼部尚书张暐等进《大金仪礼》。"泰和三年(1203年)四月,章宗又"命吏部侍郎李炳、国子司业蒙括仁本、知登闻检院乔宇等再详定《仪礼》"④。卫绍王大安二年(1210年),"四月,校《大

---

① 《金史》卷七十《完颜习室传》。
② 《金史》卷一一〇《韩玉传》。
③ 《金史》卷二十八《礼志一》。
④ 《金史》卷十一《章宗纪三》。

金仪礼》"①。杨云翼以礼部郎中"校《大金仪礼》若干卷"②。宣宗南迁汴京，"图籍散逸既莫可寻……故书之存，仅《集礼》若干卷，其藏史馆者又残缺弗完"。元修《金史·礼志》，资料缺乏，"姑掇其郊社宗庙诸神祀、朝觐会同等仪而为书，若夫凶礼则略焉"③。张暐所进《仪礼》，金末已有散佚。今存《大金集礼》四十卷（实存三十三卷），当非张暐原本。

金还有修《会要》之议。章宗承安年间，张行简建议"今虽有《国朝集礼》，至于食货、官职、兵刑沿革，未有成书，乞定会要，以示无穷"④，但未见金有修《会要》之举。

宣宗即位，志在中兴，完颜孛迭记录时事，撰成《中兴事迹》。《金史》卷十四《宣宗纪上》曰："（贞祐四年闰七月）癸巳，翰林学士完颜孛迭进《中兴事迹》。"

金世宗注重史鉴，喜读《资治通鉴》。《金史》卷七《世宗纪中》："（大定二十年十月）壬寅，上谓宰臣曰：'近览《资治通鉴》，编次累代废兴，甚有鉴戒，司马光用心如此，古之良史无以加也。'"卫绍王染习皇父世宗遗风，好《通鉴》，大安二年"五月，诏儒臣编《续资治通鉴》"⑤。杨云翼以翰林修撰著"《续通鉴》若干卷"⑥。

哀宗即位，国运虽衰，仍不忘复兴之志，正大二年（1225年）十月"诏赵秉文、杨云翼作《龟镜万年录》"⑦。正大三年八月"辛卯，诏设益政院于内廷，以礼部尚书杨云翼等为益政院说书官，日二人直，备顾问"⑧。云翼以说书官讲帝王之学，"寻进《龟鉴万年录》、《圣学》、《圣孝》之类凡二十篇"⑨。《鬼镜录》之作历时约一年。

金末翰林李纯甫，"幼颖悟异常，初业词赋，及读《左氏春秋》，大爱之，遂更为经义学……晚年喜佛，力探其奥义。自类其文，凡论性理及关佛老二家者号'内稿'，其余应物文字为'外稿'"⑩。似于金亡之后，撰《故人外传》，记金朝文人、学士事迹。元修《金史》，其《文艺传》曾取材此书，《文艺·刘昂传》有征引。

金官员《行止录》、皇族《玉牒》、贵族《谱牒》、圣训、奏陈、礼书、会要、《元勋传》《中兴事迹》以及《续通鉴》《龟镜万年录》等，虽多非史官之作，然关乎金代官修史书，反映有金一代官方史学成就，故综括于此，以便金代史学整体研究。

金源氏由蒙昧而文明粲然，最根本的原因在于重视历史的学习与总结。历史上凡有作为的帝王，尤其是少数民族君主，大都十分重视历史，后赵石勒、前燕慕容皝、前秦苻坚、北魏拓跋珪、金太宗、熙宗等无不如此。如果单就历史记录与史书编纂成就讲，少数

---

① 《金史》卷十三《卫绍王纪》。
② 《金史》卷一一〇《杨云翼传》。
③ 见《金史》卷二十八《礼志一》。
④ 《金史》卷一〇六《张行简传》。
⑤ 《金史》卷十三《卫绍王纪》。
⑥ 《金史》卷一一〇《杨云翼传》。
⑦ 《金史》卷十七《哀宗纪》。
⑧ 《金史》卷十七《哀宗纪》。
⑨ 《金史》卷一一〇《杨云翼传》。
⑩ 《金史》卷一二六《文艺下·李纯甫传》。

民族政权往往不亚于汉族政权，甚至在某些方面超过了汉族政权，如北魏记注、修史制度较南朝完备，金代修前代《辽史》、纂本朝《实录》，为后来明代所不及。中原及江南汉族与北方少数民族同为华夏民族，有些时候，少数民族对中华传统文明的贡献超出汉族，兹由金代修史机构与史注纂集可得一证。

俄罗斯埃文基民族文化研究述评①

张娜　王雪梅　中央民族大学

在俄罗斯极北、西伯利亚和远东地区，生活着一些人口极少、文化独具特色的小民族。十月革命前，严酷的自然环境、与外界的隔绝导致这些小民族的经济发展缓慢、物质生活匮乏，然而，独一无二的文化却因此得以保存。十月革命后，这些北方小民族逐步参与到苏联的现代化建设之中。苏联政府积极扶持其经济和文化的发展，对其传统的生产和生活方式进行改造。苏联解体后，在日益加速的全球化进程中，这些小民族传统文化的保护与传承面临巨大危机。一方面小民族文化受到来自主体民族——俄罗斯族文化和国外发达国家文化的影响，在夹缝中生存，出现了文化危机；另一方面由于传统生产、生活方式改变导致的人口骤减、失业、酗酒等社会问题，直接导致小民族传统文化面临后继无人的危险。

埃文基族（эвенки）是俄罗斯北方小民族②的典型代表，1931 年以前，族人被称为通古斯人（тунгусы），人口较少但分布广泛。根据 2010 年全俄罗斯人口普查数据，埃文基族共有 37843 人，主要分布在雅库特共和国、克拉斯诺亚尔斯克边疆区、哈巴罗夫斯克边疆区、布里亚特共和国、阿穆尔州、后贝加尔边疆区、伊尔库茨克州、萨哈林州、托木斯克州、秋明州③，涵盖了自北冰洋至阿穆尔河、自叶尼塞河至鄂霍次克海的广阔区域，与俄罗斯族（русские）、雅库特族（якуты）、布里亚特族（буряты）等民族混居。

俄罗斯埃文基族与中国鄂温克族在语言、文化、风俗习惯、宗教信仰等方面都有相同或相似之处，被称为跨界民族。所谓跨界民族，是指由于长期的历史发展而形成的，分别在两个或多个现代国家中居住的同一民族。④"界"是指国界，即国家疆界。各国之间通过疆界区分划定各国的主权范围，因而也使"跨界民族"与一般的民族概念有所区别。关

---

① 本文系 2017 年度国家社科基金重大项目："一带一路"沿线各国民族志研究及数据库建设（课题编号：17ZDA155）的阶段性研究成果。
② 在俄罗斯极北、西伯利亚和远东地区，生活着一些人数很少、语言文化、宗教信仰和经济活动都颇具特色的土著民族（或较早迁入该地域的民族）。他们是涅涅茨人、埃文基人、汉特人、曼西人、埃文人、那乃人、楚科奇人、多尔甘人、科里亚克人、谢尔库普人、乌尔奇人、尼夫赫人、乌德盖人、爱斯基摩人、克特人、萨阿米人、伊捷尔缅人、恩加纳善人、尤卡吉尔人、托法拉尔人、涅吉达尔人、奥罗奇人、奥罗克人、埃涅茨人和阿留申人等 25 个少数民族，目前，共有将近 20 万人。——引自《俄罗斯联邦法令汇编》（俄文版）（1995 年）
③ О демографических и социально - экономических характеристикахнаселения отдельных национальностей Российской Федерации（по итогам Всероссийской переписи населения 2010 года），www.gks.ru.
④ 金春子，王建民．中国跨界民族 [M]．北京：民族出版社，1994．

于埃文基人（鄂温克人）的民族起源问题，长期以来中外学者说法不一。俄国著名民族学家、人类学家 С. М. 希罗科戈洛夫（С. М. Широкогоров，即史禄国，1887—1939 年）认为埃文基人（鄂温克人）发源于黄河流域，在公元前 3000 年，也可能更早些时候，河南、陕西的汉人迫使"原通古斯人"放弃他们的故土，大部往北和东北迁移①。但中国学者吕光天指出，8 世纪分布在今贝加尔湖东北和黑龙江上中游地区、祖先分别被称为"鞠"和"北山室韦"的几个部落，是埃文基人（鄂温克人）各支的"祖先之一"。"鞠"部落后来成为元朝的"兀良哈"、明朝的"北山野人"，清代称之为使鹿的"喀木尼堪""索伦别部"，而"北山室韦"的几个部落则成为"索伦部"，明末清初之际，这些埃文基部落都被清朝统一。17 世纪中叶后，沙俄侵略贝加尔湖地区和黑龙江流域直至中俄尼布楚条约签订，本为同一民族的埃文基人（鄂温克人）开始分居异国。②此外，俄罗斯学者 Д. П. 鲍罗金（Д. П. Болотин）的观点与中国学者乌云达赉和于志耿、孙秀仁的研究大体一致，即埃文基（鄂温克）的祖先是靺鞨人，他们从中国的松花江、乌苏里江、黑龙江以东的广大地区迁徙到西伯利亚。③不过，乌云达赉通过《三国史记·高句丽本纪》《后汉书·东夷列传》《新唐书·黑水靺鞨传》等文献资料相互佐证，进一步推断埃文基人（鄂温克人）从 3 世纪到 17 世纪共七次分别向西、向北、向东迁徙，西至大兴安岭、呼伦贝尔草原，北至北极地区和北冰洋岸边，东至日本的九州岛、北海道。④17 世纪清政府同沙俄政府签订《尼布楚条约》后，埃文基（鄂温克）中俄跨界民族形成。由此可见，虽然中外学者对于埃文基人（鄂温克人）的民族起源、迁徙路线说法不一，但对其成为跨界民族的原因及过程看法基本一致。分居异国后，由于所在国家对两部分人采取政策的不同，其发展命运也不尽相同。1931 年，苏联进行民族识别期间，生活在俄国境内的这部分人被官方认定为埃文基人（эвенки）；而生活在中国境内的另一部分人在中华人民共和国成立后，根据他们的意愿和实际情况，于 1957 年底，正式恢复并统一被称为鄂温克人。值得指出的是，根据学术界相关田野调查显示，虽然分居异国的两部分人在语言、文化、风俗习惯、宗教信仰等方面分别受到当地其他民族的影响而有所改变，但其物质文化、精神文化等方面至今仍保持极高的相似度。

另一方面，中国的鄂伦春和鄂温克两个民族在地理位置、民族称谓、经济生活、语言文学、文化艺术、宗教信仰和风俗习惯等方面基本相同，因此有些中国学者认为两个民族为同源民族。⑤乌力吉图认为，鄂伦春人和鄂温克人是素慎的后裔、挹娄的遗部、靺鞨的近亲、女真的旁支。⑥吕光天认为，内蒙古自治区和东北地区的鄂温克族和鄂伦春族，在语言学的分类上同属于阿尔泰语系通古斯满语族的北语支，他们的语言在基本词汇和语法

---

① 史禄国. 北方通古斯的社会组织 [M]. 呼和浩特：内蒙古人民出版社，1985.
② 吕光天. 谈鄂温克族的来源 [M]. 银川：宁夏人民出版社，1981.
③ 侯儒. 俄罗斯埃文基人与中国鄂温克族民族起源探讨 [M]. 哈尔滨：世纪桥，2015.
④ 黄任远，那晓波. 走近中国少数民族丛书——鄂温克族 [M]. 沈阳：辽宁民族出版社，2012.
⑤ 王晓铭，王咏曦. 鄂伦春与鄂温克族同源考 [J]. 黑龙江民族丛刊，1987（1）.
⑥ 乌力吉图. 鄂温克族族源略议 [J]. 内蒙古社会科学，1984（4）.

结构上完全相同,这是他们同源关系的基础。他认为,鄂温克族和鄂伦春族是 17 世纪前古鄂温克部落的两个分支,同源于古鄂温克部落,只是到了 17 世纪以后才逐渐形成两个民族。① 尽管有关这三个民族的族源问题说法不一,但多少可以说明现代埃文基人、鄂温克人、鄂伦春人之间有着历史渊源。

正因为埃文基民族的独特性,中外学者尤其是俄国学者极其重视对埃文基族的考察研究,并取得了丰硕的研究成果。

一、俄国学者对埃文基族的研究

出于政治、经济、文化等多种原因,17 世纪以来,俄国学者对埃文基人生活区域进行了多次考察和研究,并且取得了一定的成绩。17 世纪,对埃文基人较早的记述出现在部分探险家或旅行者的著述里。18 世纪的西伯利亚大开发促进了对埃文基人的考察研究,学术界对埃文基人有了更为具体的认知。19 世纪,随着西伯利亚自然资源的深入开发,对埃文基人的研究开始专业化。19 世纪末 20 世纪初,学术界对埃文基人的考察研究热情空前高涨,建立了大量学术机构,出版发行了大批学术著作。此后,苏联、俄罗斯学者在前人研究成果的基础上,不断深入研究,逐渐填补了学术空白。

(一) 早期沙俄政府官员对埃文基人的记述

17 世纪,俄国驻华使者 И. 伊杰斯(И. Идес)自叶尼塞河出发,经安加拉河,沿贝加尔湖到后贝加尔,经额尔古纳河、甘河到达中国,对安加拉、耶拉文、涅尔琴斯克和额尔古纳地区的埃文基人进行了详细的记录。他据自己经历所写的著作《从莫斯科到中国的三年旅行》②,可以说是对埃文基人的第一次民族学记述。

18 世纪,俄国对外交往的广泛开展和不断深化以及国家对开垦西伯利亚处女地的迫切需要等原因,推动了对埃文基人的全面考察。这期间,较为重要的考察有如下几次:(1) 1721 年,Д. Г. 梅谢尔施密特(Д. Г. Мессершмидт)奉彼得一世命令,前往西伯利亚对当地各民族及其语言进行考察;同年,考察队沿托木斯克(Томск) - 阿巴坎(Абакан) - 克拉斯诺亚尔斯克(Красноярск) - 叶尼塞伊斯克(Енисейск)进行考察;1723 年,沿叶尼塞河到图鲁汉斯克(Туруханск),随后到下通古斯,经列拿河,最终返回伊尔库茨克,沿途进行考察;1725 年,对后贝加尔地区进行了考察。(2) 1733—1743 年,梅谢尔施密特(Д. Г. Мессершмидт)、斯特拉连别尔格(Ф. Страленберг)、格奥尔吉(Георги)、С. 格梅林(С. Гмелин)、Г. Ф. 米勒尔(Г. Ф. Миллер)、利恩杰那乌(Линденау)进行了大规模的白令堪察加科考,对当地的土地分布、古迹、各民族的礼俗习惯进行了详

---

① 吕光天. 试论鄂温克族与鄂伦春族的来源关系 [M]. 银川:宁夏人民出版社,1981.
② 伊杰斯的著作最初是由荷兰语完成,英文译本出版于 1706 年,俄语译本出版于 1789 年。本文中参考的是英文译本,Ysbrands Ides. *Three Years Travels from Moscow over Land to China* [M]. London, 1706.

细考察。值得指出的是，斯特拉连别尔格根据不同地区埃文基人选用不同种类动物（马、鹿、狗）作为交通工具的特点，对埃文基人进行了分类，即将马作为交通工具的埃文基人为马上通古斯人（家畜通古斯人或游牧通古斯人）、鹿—使鹿通古斯人或游牧通古斯人、狗—步行通古斯人。（3）随后，博物学家 П. С. 帕尔拉斯（П. С. Паллас）带领考察队对埃文基人生活区域进行了第三次考察，对当地的自然、古迹、部落、民间生活习惯、手工艺等有了深入了解，主要成果有：融汇了米列尔、格梅林、帕尔拉斯等人成果由格奥尔吉（1775—1779 年）完成的著作《对俄罗斯各民族生活礼俗、习惯、住房、服饰、禁忌、宗教、名胜的记述》①，格奥尔吉根据生计方式将埃文基人分为养鹿人、捕兽人、养马人、养畜人；根据交通工具，将埃文基人分为使马通古斯人、使鹿通古斯人和使狗通古斯人。米列尔的《西伯利亚历史》②（卷一 1937，卷二 1941）对叶尼塞地区埃文基人和后贝加尔地区埃文基人进行了记述。（4）1785—1792 年考察队进行了 18 世纪最后一次东北科学考察，对雅库特的埃文基人进行了考察，主要研究成果为《1785—1793 年在比尔林克斯舰队领导下萨雷切夫舰队沿西伯利亚东北部、冰洋、东洋的旅行》③。

除上述四次官方科学考察以外，还有一些民间自发的研究也值得一提。18 世纪 60 年代，时任伊尔库茨克州州长布里利（Бриль）对巴尔古津 - 乌金地区（Баргузин - удин）的埃文基人进行了记录，这次考察的结果 100 多年后由 И. 卡拉切夫（И. Калачев）以题为《1766 年居住在伊尔库茨克州的通古斯人和科里亚克人的生活方式》④ 的报告发表。1794 年，波波夫（Попов）对乔纳河（Чона）- 下通古斯河（Нижняя Тугунска）- 依林沛亚河（Илимпея）的叶尔柏格琴（ербогочен）埃文基人的生活习惯进行了描述，并首次对萨满仪式进行了记述。

不难看出，截至 18 世纪末，俄国知识界对后贝加尔地区的埃文基人有了大量研究，并对叶尼塞地区的埃文基人展开了初步的调查，但对雅库特和鄂霍次克海沿岸的埃文基人的调查研究则屈指可数。

（二）19 世纪以来俄国学者对埃文基人的学术考察

自 19 世纪起，俄国学者开始对埃文基人进行民族学、语言学的考察和系统研究，并创建了大量学术机构、发行了大批学术刊物，研究成果丰硕，迄今仍处于学术界领先地位。

1. 苏联成立前俄国学者对埃文基人的学术考察

19 世纪，随着对西伯利亚自然资源的深入开发，对埃文基人的研究也在不断专业化。

---

① Георги И. Г. Описание всех в Российском государстве обитающих народов, также их житейских обрядов, обыкновений, жилищ, одежд, упражнений, забав, вероисповеданий и других достопримечательностей, СПб. , 1775—1779.
② Миллер Г. Ф. История Сибири. Л. , 1941.
③ Путешествие флота капитана Сарычева по северо - восточной части Сибири, Ледовитому морю и Восточному океану под начальством флота капитана Биллингса с 1785г. по 1793г. СПб. , 1802.
④ Калачев И. Образ жизни коряков и тунгусов, живших в Иркутской области в 1766 г. ИСОРГО, 1871.

1818—1824 年，Г. И. 斯帕斯基（Г. И. Спасский）主持期刊《西伯利亚公报》（Сибирский вестник）（后改名《亚洲公报》Азиатский вестник），并发表文章《对西伯利亚通古斯人的整体介绍及对后贝加尔通古斯人的详细介绍》[①]《后贝加尔通古斯人》[②]，其中有关于马背上的通古斯人，即涅尔琴斯克地区埃文基人的日常习惯、历史、社会制度、家庭关系的宝贵资料。克拉普罗特（Клапрот）利用梅谢尔施密特在下通古斯地区对埃文基人的考察日记及部分语料，对埃文基语进行了比较－语言学研究。1828 年，俄罗斯外交部委托东西伯利亚管理局收集与阿穆尔相关的数据和民族学资料。1846 年，俄美公司派出船只对鄂霍茨克海南岸进行考察，随后商业考察队自阿扬出发沿陆路进行考察，从而对鄂霍次克海南岸土著居民的情况有了详细的了解。这次考察的成功在 П. 季赫梅涅夫（П. Тихменев）发表的著作《对俄美公司成立的历史评论》[③] 中有较为详细记录。

19 世纪中叶，А. Ф. 密德坚多尔夫（А. Ф. Миддендорф）对泰梅尔（Таймыр）、依林沛亚（Илимпея）、阿尔丹（Алдан）、结雅（Зея）等地区的埃文基人进行了首次考察记录，包括对埃文基语的语料采集，对埃文基人狩猎、养鹿、捕鱼方法的记录，对服装、交通工具、生活器物、道路标识等的详细描述。М. А. 卡斯特连（М. А. Кастрен）于 1845—1849 年对后贝加尔和叶尼塞地区的埃文基人进行了考察。值得指出的是，卡斯特连是仅有的对西伯利亚多个民族及其语言进行了研究的学者，他在确定了芬兰—乌戈尔人和萨摩耶人、芬兰—乌戈尔人和突厥人的同源关系后，通过萨摩耶人发现了芬兰人与通古斯人的联系。比丘林（Н. Я. Бичурин）翻译的《蒙古人史》《中亚民族的历史》[④] 等多本学术著作中也保存了大量关于埃文基人的资料。1851 年，伊尔库茨克成立了俄罗斯地理协会西伯利亚分会，其主要任务是进行田野调查。这一时期，大规模搜集民族学和词汇学资料的工作开始有计划的展开，从而使对埃文基民族中各个小氏族进行研究成为可能，各氏族之间的相互关系也得到更为全面的分析。1854 年，Л. 什连科（Л. Шренк）对阿穆尔南部进行了民族学考察，在其著作《关于阿穆尔边疆区的异族人》[⑤]（卷一 1883，卷二 1899，卷三 1903）中揭示了阿穆尔各民族的地理分布和不同历史时期的变化。与此同时，Р. 马阿克（Р. Маак）对生活在维柳伊河流域（Вилюй）的埃文基人进行了详细考察，并记录了 800 个埃文基单词、一些埃文基歌曲和当地方言句子，这些语言学和民族学资料具有珍贵的科研价值。1855—1856 年，他应邀参加对阿穆尔的考察，在《阿穆尔、东西伯利亚之旅》[⑥] 中对阿穆尔河上中游的埃文基人进行了记录。在 1855—1862 年展开的西伯利亚科学考察中，Г. 拉德达（Г. Радде）在近贝加尔北部和东部进行了考察，并在《东南西伯利

---

① Спасский Г. Исторические сведения о сибирских тунгусах вообще и о забайкальских в особенности. СВ, 1822.
② Спасский Г. Забайкальские тунгусы. СВ, 1822.
③ Тихменев П. Историческое обозрение образования Российско－Американской компании. СПб., 1863.
④ Бичурин Н. Я. Записки о Монголии. СПб., 1828.
　Бичурин Н. Я. История о народах Средней Азии. СПб., 1851.
⑤ Шренк Л. Об инородцах Амурского края. СПб., т. I, 1883; т. II, 1899; т. III, 1903.
⑥ Путешествие по Амуру и Восточной Сибири. СПб., 1868.

亚之旅》① 中对玛涅克尔和毕拉尔人进行了记述；奥尔洛夫（Орлов）在鄂伦春人、马涅戈尔人生活的巴温特（Баунт）和阿穆尔河上游区域进行考察，在《巴温特和安加拉的游牧通古斯人》② 中详细记录了巴温特－维季姆地区（Баунт－витим）埃文基人的年生活周期；А. Ф. 乌索利采夫（А. Ф. Усольцев）沿结雅河的右支流进行考察，在《1856 年夏天维留伊河、结雅河之旅》③ 中介绍了阿穆尔－结雅地区的埃文基人。在同一时期，П. 克拉尔克（П. Кларк）考察了列拿河上游的埃文基人，Н. 克斯特洛夫（Н. Костров）、А. 莫尔德维诺夫（А. Мордвинов）、М. Ф. 克里沃尚金（М. Ф. Кривощанкин）对图鲁汉斯克边疆区进行了多次考察。值得关注的是，М. Ф. 克里沃尚金在《叶尼塞边疆区及其生活》④ 中对埃文基人的狩猎和捕鱼活动进行了详细的描述，遗憾的是他并未指出各部族的名称，也未详细说明所使用的狩猎工具。

19 世纪六七十年代，学者开始对满洲的埃文基人（鄂伦春人）进行考察。1865 年，П. 克拉波特金（П. Крапоткин）在《自后贝加尔经满洲到阿穆尔的旅行》⑤ 中对定居在嫩江和甘河流域的鄂伦春人进行了介绍。1870 年，地理协会对满洲进行了考古研究和民族学考察，帕尔拉季（Палладий）在《1870 年自北京经满洲到布拉戈维申斯克的旅途记录》⑥ 中对埃文基－索伦人和满人进行了详细记录。1873—1875 年，民族学家通过对奥列尼奥克（Оленек）进行考察，对叶尔柏格琴（Ербогочен）、那坎诺夫（Наканнов）、维留伊上游和奥列尼奥克地区的埃文基人有了新的了解，并首次对依林沛亚河口的氏族间贸易集市进行了介绍。

19 世纪最后 20 年，学术界对埃文基人的研究极其活跃，建立了一系列博物馆，开办了诸多学术杂志，出版发行了大量学术文章、著作，并进行了数次科学考察。此时学术界对埃文基人的研究不断拓宽，不仅对其物质文化、精神文化进行研究，还开始研究埃文基人社会制度、家庭关系、与俄罗斯族移民及其他土著民族的关系等。1882 年，И. Д. 切尔斯基（И. Д. Черский）在下通古斯工作期间，近距离观察了叶尔柏格琴埃文基人与俄罗斯商人之间的相互关系，这次考察的内容在《下通古斯自伊尔库茨克至普列奥博拉任卡村沿途的自然历史观察和记录》⑦ 中有详细记述。1888 年，Н. 格里戈洛夫斯基（Н. Григоровский）自安加拉河上游至维季姆进行考察，在《安加拉河上游之行》⑧ 中记录了贝加尔北部埃文基人的一些传说、埃文基人与首次迁徙过来的俄罗斯族移民发生冲突的历史故事等。

---

① Радде Г. Путешествие в Юго－Восточную Сибирь. ЗРГО, 1861.
② Орлов. Баунтовские и ангарские бродячие тунгусы. ВРГО, 1857.
③ Усольцев А. Ф. Путешествие к вершине Гилюя и на Зею летом 1856г. ВРГО, 1858.
④ Кривошанкин М. Ф. Енисейский округ и его жизнь. ЗРГО, 1865.
⑤ Крапоткин П. Поездка из Забайкалья на Амур через Маньчжурию. РВ, 1865.
⑥ Палладий А. Дорожные заметки на пути от Пекина до Благовещенска через Маньчжурию в 1870 году. ЗРГО, 1871.
⑦ Черский И. Д. Естественноисторические наблюдения и заметки, деланные на пути от Иркутска до с. Преображенки на Нижней Тунгуске. ИВСОРГО, 1885.
⑧ Григоровский Н. Поездка на верхнюю Ангару. ИВСОРГО, 1890.

1894—1896年，地理协会西伯利亚分会组织进行了雅库特民族学考察，旨在研究北方各民族的生活习惯，并试图找出某些习俗消失的原因，揭示俄罗斯族移民和俄罗斯工业对土著民族的影响等。这次考察的主要成果为《关于雅库特边疆区通古斯人的一些数据》①《近阿扬地区的通古斯人》②《对雅库特州居民的历史民族学记录》③等著述。随着阿穆尔州经济、工业的发展，学术界对阿穆尔州的考察进一步加深。Г. Е. 格鲁姆－格尔日玛伊洛（Г. Е. Грум－Гржимайло）在《阿穆尔州记述》④中介绍了阿穆尔州不同地区的埃文基人及其他民族。随着阿穆尔河左支流区域铁路的修建，一系列新的考察再次展开。К. Н. 达杰什克利安伊（К. Н. Дадешкелиани）在《阿穆尔州布列亚、阿木古尼两河间的考察记录》⑤中，记录了当地埃文基人的氏族制度、家庭关系、埃文基人与雅库特人及中国人之间的贸易往来。此外，此阶段最重要的调查是1897年的人口普查，С. 帕特卡诺夫（С. Патканов）对埃文基人口普查结果进行了详细的整理，揭示了埃文基人的迁徙和族源问题。20世纪初，Н. 基里洛夫（Н. Кириллов）、Ю. Д. 达里科－格伦采维奇（Ю. Д. Талько－Грынцевич）、В. 普季岑（В. Птицын）、А. Н. 图加里诺夫（А. Н. Тугаринов）、М. П. 托尔马切夫（М. П. Толмачев）、М. А. 恰普里茨卡娅（М. А. Чаплицкая）、А. 格列边西科夫（А. Гребенщиков）、С. М. 希罗科戈洛夫等学者对埃文基人进行了考察，主要学术成果有《后贝加尔地区的狩猎业》⑥《叶尼塞河之行》⑦《通古斯语》⑧《西伯利亚的土著人》⑨《北方通古斯人的社会组织》⑩。

总之，到苏联成立时，俄国学者已经对分布在叶尼塞河沿岸、北方湖泊区和维留伊河发源地、维季姆－阿廖克马河（Витим－Олекма）、涅尔琴斯克－赤塔地区（Нерчинск－чита）、涅利坎－阿扬地区（Нелькан－Аян）的埃文基人有了深入研究；对分布在阿姆吉（Амги）和阿尔丹（Алдан）发源地、乌丘尔（Учур）－图古尔（Тугур）－布列亚（Бурея）、结雅河中部、巴尔古津、巴温特及近贝加尔地区埃文基人的研究也取得进展；对满洲的埃文基人的研究也开始展开。但遗憾的是，大多数研究仍仅仅停留在对文化表面特征的描述上。⑪

2. 苏联、俄罗斯时期学者对埃文基人的学术考察

十月革命胜利后，列宁立即签署了《俄国各族人民权利宣言》，埃文基人等北方小民族获得了与其他民族平等的权利，同时苏维埃政府积极扶持北方小民族的经济、文化建

---

① Майнов И. И. Некоторые данные о тунгусах Якутского края. ТВСОРГО, 1898.
② Пекарский Э. К., В. П. Цветков. Очерки быта приаянских тунгусов. СМАЭ, 1913.
③ Иохельсон В. Заметки о населении Якутской области в историко－этнографическом отношении. ЖС, 1895.
④ Грум－Гржимайло Г. Е. Описание Амурской области. СПб., 1894.
⑤ Дадешкелиани К. Н. Описание Амурской области между рр. Буреей и Амгунью. СГТСМА, 1888.
⑥ Кириллов Н. Охотничий промысел в забайкалье. Чита, 1900.
⑦ Островских П. Е. Поездка на оз. Ессей. ИКПВСОРГО, 1904.
⑧ Птицин В. Очерки тунгусского языка. СПб., 1903.
⑨ Czaplicka M. A. Aboriganal Siberia. Oxford, 1914.
⑩ Shirokogoroff S. M. Social organization of the northern tungus. Shanghai, 1929.
⑪ Василевич Г. М. Эвенки. Ленинград, 1969.

设。大批学者深入埃文基人生活的区域进行民族学、语言学考察,并最终帮助埃文基人创建了文字。同时,一系列科学考察继续进行。1944 年,在莫斯科设立苏联社会科学院民族学研究所,在副所长 М. Г. 列文（М. Г. Левин）的倡议下,北方科考队成立,随后科考队对西伯利亚、远东展开大量的科学考察。这一时期主要学者有 Г. М. 瓦西列维奇（Г. М. Василевич）、В. Е. 多科列夫（В. Е. Доколев）、В. С. 叶夫多基莫夫（В. С. Евдокимов）、С. И. 尼古拉耶夫（С. И. Николаев）、А. С. 舒宾（А. С. Шубин）、Н. В. 耶尔莫洛娃（Н. В. Ермолова）等,主要的研究成果有《埃文基人民间故事》①《埃文基人》②《阿穆尔埃文基人》③《17—20 世纪后贝加尔地区的埃文基人》④《中西伯利亚和西西伯利亚的通古斯人》⑤《近阿穆尔和萨哈林的埃文基人》⑥ 等。其中,Г. М. 瓦西列维奇的学术研究尤其值得关注。瓦西列维奇是语言学家、民族学家,她一生对埃文基人进行了 11 次学术考察,研究成果涉及语言、民间文化、社会制度、萨满教等方面。她的学术人生分为两个阶段,第一阶段主要进行埃文基语的语言学研究,编纂了《埃文基 – 俄语字典》⑦《埃文基语方言概要》⑧,1931—1951 年间为埃文基小学生编写了埃文基语 – 俄语双语教材 62 本;第二阶段主要从事对埃文基人的民族学研究工作,《埃文基人》是迄今为止对埃文基民族文化最为全面、系统的介绍性著作,内容涵盖埃文基人的民族过程、物质文化、精神文化和社会关系等各方面。笔者在查阅 18 世纪到 20 世纪初俄国学者对埃文基民族文化的研究状况时,此书发挥了重要的指导作用。

苏联解体后,全球化进程加快,埃文基人的文化受到来自其他民族文化的冲击,对于埃文基民族文化、埃文基语的保护研究开始成为热点。此阶段主要的研究著作有《阿穆尔埃文基人：小民族的大问题》⑨《埃文基 – 俄语字典》⑩《埃文基语词法》⑪《19 世纪末—21 世纪初埃文基人和埃文人民族文化分类和继承的相关问题》⑫《当今世界的埃文基人和埃文人：民族自觉、自然资源利用和世界观》⑬《在俄罗斯对北方小民族的法律保护》⑭。

总之,十月革命的胜利为埃文基民族文化的发展带来了新契机,自 1919—1934 年,

---

① Доколев В. Е., Федоров А. А. Северные рассказы. Улан – удэ, 1962.
② Василевич Г. М. Эвенки. Ленинград, 1969.
③ Евдокимов В. С. Амурские эвенки. Благовещенск, 1967.
④ Шубин А. С. Залкинд Е. М. Краткий очерк этнической истории эвенков Забайкалья XVII – XX вв. Улан – удэ, 1973.
⑤ Туголуков В. А. Тунгусы средней и западной Сибири. Москва, 1985.
⑥ Ермолова Н. В. Эвенки приамурья и Сахалина. Ленинград, 1984.
⑦ Эвенкийско – русский (тунгусско – русский) диалектологический словарь. — М., Л., 1934.
⑧ Очерки диалектов эвенкийского (тунгусского) языка. – Л.: Ленингр. отд? ие Учпедгиза, 1948.
⑨ Быкова Г. В. Амурские эвенки. Большие проблемы малого этноса. Благовещенск, 2003.
⑩ Мыреев А. Н. Эвенкийско – русский словарь. Новосибирск, 2004.
⑪ Болдырев Б. В. Морфология эвенкийского языка. Новосибирск, 2007.
⑫ Сирина А. А. Проблемы типологии и преемственности этнических культур эвенков и эвенов: конец XIX – начало XXI веков. Москва, 2011.
⑬ Сирина А. А. Эвенки и эвены в современном мире Самосознание, природопользование, мировоззрение. Москва, 2012.
⑭ Кряжков В. А. Коренные малочисленные народы Севера в российском праве. Москва, 2010.

苏维埃政府共组织了 90 多次对北方小民族的考察，1931—1932 年则帮助包括埃文基人在内的 16 个小民族创建了文字。频繁且深入的学术考察使得俄国学者对埃文基人的民族文化研究达到了世界领先地位，并为后继学者的研究奠定了坚实基础。

二、中国学者对埃文基族的研究

中国学者对埃文基族的研究可以追溯到明清时期，但研究成果多是服务于国家的政治统治。清朝灭亡后，由于战争、国际形势等原因，中国学者对埃文基族的研究滞后于俄国学者。进入 21 世纪，中国学者对包括埃文基族在内的北方小民族的考察研究进一步深入，取得了具有一定学术价值的研究成果。

（一）民族学研究

根据史料记载，17 世纪以前，中国鄂温克人、鄂伦春人主要活动于贝加尔湖以东、黑龙江以北的广大区域内，即现今隶属于俄罗斯的领土范围内。因而，在查阅中国对俄罗斯埃文基人的研究情况时，需要了解这一历史时期即清代对该民族的研究情况。清代有关鄂温克、鄂伦春民族的记述和研究主要有两类文献：一是官方的文献和档案，二是文人的笔记和游记。官方的文献主要包括《清实录》以及相关衙门的档案，文人的笔记和游记主要有曹延杰的《西伯利东偏纪要》、西清的《黑龙江外记》等。

由于战争、中苏关系等原因，中国学者对俄罗斯埃文基族的研究曾一度相当滞后。自 19 世纪 80 年代，学术界对埃文基族的民族学研究兴起，主要研究成果如下：《80 年代苏联对阿穆尔河下游及萨哈林岛土著民族的研究》（姚凤；林树山，1982 年）；《苏联学者论通古斯满语民族起源》（林树山，1984 年）；《论萨满文化现象——"萨满教"非教刍议》（徐昌翰，1987 年）；《埃文基人的民间知识》《埃文基人的亲属制度》（张嘉宾，1995 年）；《赫哲人与埃文基人的原始宗教信仰》（张嘉宾，1998 年）；《黑龙江流域的通古斯人及其传统文化》（张嘉宾，2003 年）；《中俄鄂伦春社会保障制度比较研究》（孙印峰，2010 年）；《俄罗斯埃文基人萨满教研究——兼与中国鄂温克族萨满教比较》（侯儒，2012 年）；《俄罗斯远东土著民族与跨界民族研究》（刘晓春，2014 年）；《俄罗斯的满通古斯民族源流简考》（王国庆，2015 年）。

（二）语言学研究

国内学者对埃文基语的研究开始较晚，值得关注的研究成果有：《关于俄罗斯的涅吉达尔语、埃文语与埃文基语》（朝克，2000 年）；《俄罗斯境内满——通古斯民族及其语言现状》（杨衍春，2008 年）；《阿穆尔州的俄罗斯人与埃文基人：得到的与失去的》（Г. В. 贝科娃；万红，2010 年）；《正在消失的语言——俄罗斯阿穆尔州埃文基人聚居区考察》（杨立华，2012 年）；《试论埃文基语与俄语构词法之异同》（杨立华；Т. Е. 安德烈耶娃；К. Н. 斯特鲁奇科夫，2014 年）；《俄罗斯埃文基人与中国鄂温克族民族起源探讨》（侯儒，2015 年）；《阿穆尔州腾达区埃文基地名探析》（杨立华；Г. В. 贝科娃，2015 年）。

（三）实地考察研究

进入 21 世纪，国内学者开始对埃文基族进行实地考察，对埃文基族有了更深刻的认识，主要学术成果是《俄罗斯埃文基人聚居区社会调查》（杨春河；杨立华，2013 年）。

（四）有关埃文基族的译文

自 19 世纪 80 年代起，国内学者开始对埃文基族的权威研究成果进行编译，主要译文有：《古今西伯利亚民族概述》（А. П. 奥克拉德尼科夫 著；姚凤 译，1985 年）；《阿穆尔河下游和萨哈林岛各民族的经济共同特征》（А. В. 斯莫良科 著；冯维钦 译，1986 年）；《〈下阿穆尔和萨哈林岛各民族人民的传统经济和物质文化〉一书的前言》（А. В. 西姆良科 著；张嘉宾 译，1986 年）；《苏联远东民族精神文化的某些成份》（林树山 编译，1986 年）；《阿穆尔河下游及萨哈林岛各民族传统的冬季交通工具》（А. В. 斯莫里亚克 著；冯季昌 译，1987 年）；《苏联北方地区民间丧葬习俗之今昔》（周之求 译，1987 年）；《下阿穆尔及萨哈林岛各民族的夏季交通工具》（А. В. 斯莫里亚克 著；冯季昌 译，1988 年）；《并入俄国后的远东（黑龙江流域、滨海边区、库页岛）民族（17—20 世纪）》（姚凤 编译，1988 年）；《黑龙江沿岸、滨海地区和库页岛居民的民族成份和民族历史》（杨茂盛 译，1990 年）；《十月革命前远东各民族的社会制度和社会组织》（杨茂盛 译，1990 年）。总之，中国对埃文基族的研究比较浅显、零散、不成系统，尚有很大的研究空间。

结　　语

综而言之，自 17 世纪俄国远东政府官员开始对埃文基人进行文字记录以来，这个人口较少、分布广泛的北方小民族逐渐受到学术界的关注。18 世纪，由于西伯利亚经济开发的需要，沙皇政府委派一批官员对西伯利亚各民族进行考察，学术界对埃文基人形成了初步的了解。但值得注意的是，此阶段俄国正向西伯利亚扩展其殖民地，故这一时期的著作往往带有殖民色彩。从 19 世纪开始，学术界对埃文基人的研究开始专业化、系统化。从实地考察区域来看，几乎涵盖了埃文基人生活的全部区域，其中对叶尼塞地区、后贝加尔地区、阿穆尔地区、雅库特地区的埃文基人有了系统全面的研究，对涅尔琴斯克-赤塔地区、鄂霍茨克地区、结雅地区也有了大量研究，但对于石通古斯河、下通古斯河及两河流域间生活的埃文基人还有待进一步深入考察。从研究深度来看，截至苏联成立前，民族学领域的研究几乎只触及文化的表面现象，苏联成立以后，才有了更深入的研究，不过语言学领域的研究因部分方言的消失、埃文基语掌握人数的减少而显得更加严峻和急迫。但不管怎样，俄国学者对埃文基民族文化的研究已经形成一个较为完整的体系，而中国学者的研究由于起步较晚，目前研究尚缺乏系统性。

俄罗斯雅库特埃文基人的宗教与信仰[①]

刘晓春　　中国社会科学院

在俄罗斯斯塔诺夫山脉（中国称外兴安岭）壮美的群山中，有一座非常富有诗意的山，被当地人称为"睡美人"。这座山脉的脚下坐落着一个不大的村落，名为"英格拉"。如今，英格拉小村已被萨哈共和国（雅库特）乃至俄罗斯之外的很多人所熟知。英格拉是埃文基人的聚居地，在这个独特的小村里，人们可以探寻在俄罗斯北部生活了数世纪之久的埃文基民族的语言和独特文化。

一、萨满教

说到埃文基人的日常生活和世界观，就不得不提及他们的宗教——萨满教。千百年来，埃文基人在与大自然的相处过程中形成了系统的行为规范，并制定了各种戒律和禁忌。他们认为，生活在原始森林中的每一个人都应该遵守这些自然法则。

人与神之间的媒介是萨满教的核心，只有被称为"萨满"的人，才可以担当人与神之间沟通的使者。萨满教不仅是埃文基人对超自然力量的一种信仰，也是他们理性看待人与自然、动物、世界和社会的一种特殊形式。那么，什么样的人，才能配得上萨满的称谓呢？埃文基人认为，只有多才多艺、智慧超群且具有远见卓识的人，才可以成为萨满。萨满不仅是他们精神文化的传人。也是古老风俗的行家，还是出色的歌手和民间故事的讲述者，是具有旺盛精力和特异功能的人，他们熟知祭祀仪式的隐藏秘密，掌握传统民族医学的奥秘和经验。

萨满是人与天上力量——诸神之间的使者。在古代埃文基人的观念中，世界上不存在等级制度，人类不是大自然的主宰，永远也不可能征服自然。大自然对埃文基人来说，不是无生命的"僵尸"，而是鲜活的"生命体"，当埃文基人接近大自然的时候，他们能够感受到大自然给予的微妙回应。

埃文基萨满的主要任务是关怀族人的心灵和他们的平安，这也是萨满教仪式和跳神作法的主要内容。萨满教仪式分为三种类型：第一种类型是对族人的心灵关怀，倾听族人的

[①] 本文系 2017 年度国家社科基金重大项目："一带一路"沿线各国民族志研究及数据库建设（课题编号：17ZDA155）的阶段性研究成果。

疾苦和诉求。这个仪式反映的内容是，寻找和安置从人体"分离"或者"脱离"的心灵，"捕获"孩子的魂魄，以及将逝者的灵魂送往另一个世界。第二种类型反映的是对氏族物质欲望的期盼，赋予猎人护身符"神"的力量，以及各种算卦和占卜仪式。第三种类型则与萨满的成长、萨满教精神和法器的制作过程有关。

民间医生是萨满在埃文基社会扮演的主要的和最有价值的角色之一。长达几个世纪的医学经验，帮助他们研制出数百种草药，而且这些草药的成分从来都不重复。例如，埃文基萨满会用各种植物、矿物质、昆虫和小动物制作特殊的"民族药物"。这些不寻常的医疗方法只有他们最为清楚，从而使得他们与普通的巫师决然不同。

英格拉有两位著名的萨满。其一是马特廖娜·彼得罗夫娜·库里巴尔金诺娃，她是纽儿玛干家族一位具有传奇色彩的女萨满。她出生在西伯利亚奥廖克明斯克兀鲁思村一个孩子众多的贫苦家庭。她在家中14个兄妹里排行老大，从小就帮助父母操持家务，教育自己的弟弟妹妹们，因而没有时间上学。但马特廖娜·彼得罗夫娜知晓很多故事和神话传说，在漫长的夏夜里，孩子们聚集在她周围，听她讲述关于人类、动物和小鸟儿的精彩故事。她在50周岁的时候，正式成为萨满。当她跳神作法、吟唱、治疗病人、占卜未来时，她会穿戴自己的萨满服，击打萨满鼓。马特廖娜·彼得罗夫娜深信萨满的使命即治病救人，帮助人们减轻痛苦并获得快乐。她是药用植物方面的行家，通常使用草药医治病人。她能够预知天气，预测狩猎人是否能打到猎物，并能救人于危难之中。当跳神作法时，她会用有节奏的击鼓声为自己的歌声伴奏，同时轻轻地跳跃和舞动，创造出一种与外部世界相连接的特别氛围。她的一生漫长、艰难但也充满幸福，她养育了9个孩子、7个孙子、25个重孙和14个玄孙，在其生命的第112年去世。这位伟大的女萨满不仅闻名于整个雅库特共和国，而且也为域外人士所熟知。

另一位萨满是色明·斯杰潘纳维奇·瓦西里耶夫。1936年1月10日，他出生在纽克扎镇一个埃文基世袭萨满家族中，这个家族属于伊尼阿拉斯（伊内特）家族，其名称直译过来就是"夜间飞行的小猫头鹰"。色明·斯杰潘纳维奇是一位老兵，退役后从事养鹿、狩猎和赶雪橇。1973年，在巴塔卡氏族元老会上，通过了关于选举色明·斯杰潘纳维奇为萨满的决定。1975年春天，他在阿累拉克河边举行仪式，正式成为萨满，开始主持各种宗教活动，开展萨满医疗救治。许多患有肾病、软骨病、癫痫、心血管疾病和内分泌疾病的人，都来向他寻求帮助。

尽管在现代人眼里，尤其是在其他民族的眼里，萨满活动充满了很多神秘色彩，但萨满所做的一切，都是在长期积累的民族智慧、民族传统以及民族医学奥秘和精神文化价值的基础上开展的，值得加以研究。

受俄罗斯人的影响，当地的埃文基人大部分信仰萨满教，个别的也有信仰东正教和其他宗教的，但相对来说，本土宗教保留的比较好。这与中国有所不同。"在各种外来宗教先后传入之前，萨满教在我国北方各民族的信仰世界中占据非常重要的地位。满族、蒙古族、锡伯族、赫哲族、鄂伦春族、鄂温克族、达斡尔族、柯尔克孜族、朝鲜族等民族的民俗生活中，至今还不同程度地存在着萨满教信仰活动。改革开放以后，各地萨满活动和祭祀仪式明显增多。萨满文化对当代人了解少数民族的传统文化和表现中华各民族文化的多样性，对于少数民族文化在传统基础上的继续发展，对于发展民族文化事业和旅游经济，都具有重要的开发价值"。① 但在中俄边境城市——黑河市，萨满教的衰落比较突出。在新生鄂伦春族乡和坤河达斡尔族乡，已无本民族萨满。在黑河市，信仰萨满教的鄂伦春族人数，仅占本地本民族人口的30%。满族、达斡尔族、朝鲜族信仰萨满教的人数尚未统计。

二、图腾崇拜：埃文基人生活中的熊

埃文基人历来十分崇拜大森林的主人，包括一切动植物。每一代人都崇拜，无论过去还是现在。由于他们长期在森林里生活，所以很多野生动物便成为他们图腾崇拜的对象。埃文基人把熊尊为最早的人类，对熊的图腾崇拜尤为明显。正如中国鄂伦春族女作家金吉玛所描写的那样："匍匐在大地的怀里，祈福神灵的保佑，是鄂伦春人生活中不可或缺的一部分。尤其是对熊的崇拜和诉说，仿佛无法用世间的语言来表达心中的敬畏、依赖、慈悲和相互的接纳。在鄂伦春人的心目中，他们与熊第一次目光交流的瞬间，人与熊的肉体和灵魂就已融为一体，无法分离。作为丛林霸主的森林熊，天赐神力，鄂伦春人尊称它为'阿玛哈'（鄂伦春语'大爷'之意）。在过去原始的狩猎过程中，鄂伦春猎人用古老的狩猎工具很难捕猎到它。不仅如此，熊可以像人一样直立行走，雄性拥有人类一样的生殖器。被剥皮后的雄性肢体，仿佛是一个沉睡的拳王，冥冥之中，那无畏一切的人型兽，以它不可动摇的威力牵引着森林人的心灵，仿佛另一个我，以另一个目光审视着这个世界的过去、现在和未来。"总之，俄罗斯的埃文基人和中国的鄂温克、鄂伦春人，作为同源民族，其对大自然的认知和理念是十分相似的。

在很久以前，埃文基人是反对猎熊的。随着狩猎工具的不断进步以及人们宗教观念的变化，猎熊的禁忌也逐渐淡漠。但是，埃文基人对熊依然充满敬畏，图腾崇拜的文化遗存延续至今。

埃文基人猎熊的方法与猎取其他偶蹄类动物区别不大。一般来说，熊很少被逮住，除非是受伤或者不冬眠的熊。当熊追逐鹿群的时候，只要在被咬死的鹿旁边设伏，或者安放带有诱饵的捕兽器，就可以将熊捕获。出于本能，埃文基人不会放过任何猎取熊的机会。当熊被射杀后，所有的旁观者和参与狩猎的人都向它奔去，杀死熊的埃文基人对熊说："杀你的人不是我，是某某人或者别的什么人。"所有在场的人都跟着杀死熊的猎人反复说着类似的话。然后，人们把熊的身体翻过来，背朝下，在地上铺上一些树条或者青苔，就开始剥皮。杀死熊的猎人第一个走过来，用刀在熊的肚子上划一道口子，然后，在场的人按照长幼顺序依次重复这个动作。任何一个参与狩猎的人都可以参与剥熊皮的过程，但必须从一个方向进行，因为在猎熊的时候不可以一开始就从两边开始围捕。在大家剥熊皮的时候，一些参与狩猎的猎人会用落叶松的树皮制作一些平面乌鸦塑像，在"乌鸦"嘴上蘸

---

① 色音. 中国萨满教现状与发展态势 [J]. 西部民族研究，2015 (1).

上熊的血液，再在上面放上一小块儿肉。然后他们把"乌鸦"挂在附近的树桩上，或者挂在守候野兽的台子上。埃文基人想以此证明：杀死熊的凶手不是人类，而是这些"乌鸦"，铁证如山！除了熊掌，熊皮被完整地剥下来。然后，划开熊的胸腔，每一个参与狩猎的人都切下一小块儿熊心，生吞下肚。按照熊的骨节对熊肉进行分割，尽量不要把肉弄碎。分割过程中，每次遇到骨节的时候，猎人都要对熊说："老爷爷，小心，这儿有根木头！"如果是母熊，他们则称熊为"奶奶"或"伯母"。待熊肉冷却后就分给大家，骶骨以下的肉以及四只熊掌、内脏、腹内油脂、臀部油脂、熊头和熊皮归杀死熊的猎人，剩下的部分猎人们平均分配。

在对猎获的熊进行分割的时候，不能折断熊的骨头，不能将骨头和毛发四处乱扔，不能辱骂熊，不能挖出熊的眼睛，不能炫耀自己杀死了熊，不能说自己喝了熊肉汤，也不能从被熊踩伤的人手里抢夺武器。埃文基人认为，被熊踩伤且活下来的人能够长命百岁。熊骨和熊头必须放置在树上守候野兽的台子上。埃文基人认为，熊不仅是人类的朋友，更是森林之王，所以对熊很崇敬。但这种观念在年轻人当中逐渐淡化。

三、启示和建议

在俄罗斯极北、西伯利亚和远东地区，生活着众多人数很少、语言文化、宗教信仰和经济活动都颇具特色的少数民族。他们是涅涅茨人、埃文基人（鄂伦春、鄂温克）、汉特人、曼西人、埃文人、那乃人（赫哲）、楚科奇人、多尔干人、利里亚克人、谢尔库普人、乌尔奇人、尼夫赫人、乌德盖人、爱斯基摩人、克特人、萨米人、伊捷尔缅人、恩加纳善人、尤卡吉尔人、托法拉尔人、涅吉达尔人、奥罗奇人、奥罗克人、埃涅茨人和阿留申人等25个民族，其中，大部分是通古斯人。因此，笔者建议，中国应在俄罗斯远东建立埃文基文化研究基地，对东北亚满通古斯诸族进行全面了解。如果现在不做长远规划，未来中国在东北亚地区文化阵地上的话语权将大为缺失。

同时，应正确认识和对待宗教问题，将萨满教纳入正常的宗教管理，并加以积极引导。萨满教倡导的人与自然的和谐理念具有重要的研究价值和存在价值，今后应加大这方面的研究力度。考虑到"确信则有"的心理暗示作用，即使在物质极度丰富的当下，萨满的精神疗法依旧重要。因此，萨满教参与社会关怀具有重要意义。对萨满文化进行深入探讨和适当扶持，不仅有助于人类非物质文化遗产之保护，也有助于推动社会的和谐与发展。黑龙江流域是世界上较早进行东西方文化交流的重要区域，特色边境城市塑造具有深厚的民族文化背景。森林生态景观、各民族丰富的人文景观、各类名胜古迹等都是特色边境城市建设的物质基础。例如，为了保持通古斯民族的文化习俗，建议在城市社区建设萨满文化主题公园和大型敖包，以满足通古斯民族的宗教需要。

延边地区集贸市场的历史及现状调查研究
——以延吉西市场为例

高承龙　朴昭洪　延边大学

一、延边地区集贸市场的历史

延边地区集贸市场的形成，离不开延边地区的开发和发展。据文献记载，1714年在珲春地区设立珲春协领，管辖图们江以北、乌苏里江以南。而后，延边地区出现自由贸易人。这一时期的集市贸易因其有限的商品、微弱的交易规模、不定期的交易、飘忽不定的交易场所，不能算真正意义上的集市贸易，只能说集市贸易的萌芽或雏形。

随着延边地区的不断开发，贸易活动也不断扩大。汉、满、韩民以"自由贸易人"的角色，往来于内地和朝鲜庆兴、会宁等地，用生活用品、海产品交换农副产品，以物易物，商品交换逐步形成。同时，定期与朝鲜对岸开展互市，两国商民在对岸进行物物交换。到咸丰、同治年间，尽管"禁制"有所松弛，但商品交换仍限于商民间的物物交换。光绪七年（1881年），禁制废除，珲春副都统衙门在珲春德胜门（现珲春市第四小学附近）外设牛马市，并划定靖边门外教练场（现珲春市第一小学附近）为粮草市。此后，局子街、龙井村等地，相继设集贸市场。民国年间，集贸市场遍布延边各地，成为当时城乡之间一条重要商品流通渠道。

到了1926年，延边地区集贸市场达40处，以龙井村、延吉—局子街、珲春为最。龙井村以日本、朝鲜商人为主；局子街以汉商为主；珲春则以汉、满商人为主。形成这一布局并非偶然，这与当时延边社会状况有着密切的关系。首先是龙井街，龙井村集贸市场以日本、朝鲜商人为主是因为当时龙井村是朝鲜族聚居的主要地区，虽然贫苦农民占绝大多数，极少部分朝鲜族从事小规模商业活动，但在龙井村从事商业活动的大部分都是日本人，其中更包括了借从事商业活动之口实从事间谍活动的日本政府人员[①]。1909年，日本逼迫清政府签订《图们江中韩界务条款》（又称间岛协约），获得了在龙井村、局子街、头道沟、百草沟等商埠居住、贸易的特权，并且通过设立领事馆或领事馆分馆来保证日本

---

① 日本政府在1906年和1907年，连续派遣大批军事人员、密探、间谍，伪装成商人、医生、学者、游历人员，到延边一带进行调查。仅1907年1—7月，人数就不下300人。其中，斋藤季治郎于1906年4月、1907年4月中旬，分别两次伪装成商人，在局子街（今延吉市）"从商"半年，1907年11月始回朝鲜。为侵略延边做了各种准备。参考吕一燃主编.中国近代边界史（上卷）[M].北京：人民出版社，2013：53.

人的权益。为了应对日本侵略、渗透，清政府设立了商埠局。从此，龙井村由于水陆交通方便（水路有海兰江，陆路有龙井至延吉、和龙、三道、敦化的公路，铁路有天图轻便铁路经由龙井村），成为中外物资集散中心。① 这为龙井村成为以日本、朝鲜商人为主的集贸市场创造了条件。同时，在《协约》中规定"准韩民贩运杂居区域内所产米谷"，为延边地区朝鲜族涌入延边各地集贸市场创造了条件。其次，局子街以汉商为主主要是因为，自1865年开始，关内（主要是山东、河北）部分汉族灾民冲破"封禁令"，冒死闯入封禁区，为了管理这些灾民，清政府于1902年在局子街设立了延吉厅，负责治理和保护延吉厅所属汉民。再次，珲春以汉、满商人为主的原因也是与清政府在珲春设立的珲春协领、副都统衙门的历史渊源分不开的。当时珲春地区是延边满族的主要聚居地（现今珲春尚有满族聚居的民族自治乡——杨泡满族乡、三家子满族乡），珲春地区的满族大部分都是珲春协领、副都统衙门的满族亲属或家眷的后裔。

1909—1917年期间，日本利用攫取的特权，在经济上加紧倾销商品、输出资本，开始掠夺延边森林、矿产及农产品资源。日本资本在延边贸易总额中所占的比重，由初期的20%增加到后期的65%。② 日本商品大量涌入延边各地，充斥各地集贸市场。这一时期在延边集贸市场中贩卖的商品有：粮谷、海货、蔬菜、烧酒、纺织品、杂货、家畜、牲畜、烧柴等。各地大都定期开市，每月开4天或6天不等，也有少数开日集。秋、冬两季是集贸市场兴旺时期，随着市场内贩卖的品种、人数增多，交易额也大幅度上升。龙井村春、秋两季逛集市的日人均数达到万余人，成交额为2万至3万日元③。这一年延边集贸市场成交额为919万日元④。

1931年"九一八"事变后，整个东北地区沦陷，日本在延边地区进行全面殖民统治。它霸占了一切生产部门、交通、金融、贸易和自然资源，垄断了商品市场和整个经济命脉。到了1936年，集贸市场减少到28处，集中在龙井、延吉、头道沟、珲春、百草沟等地。上市品种除了农副产品、日用杂货外，还有内地和朝鲜进口朝鲜民族传统物品及食品、苏联烟草、欧美威士忌、白兰地酒类、化妆品等。年成交额为140万日元，比1926年下降84.7%。⑤ 其原因与日伪统治者对东北地区各族人民实行的经济统制政策相关。特别是太平洋战争爆发后，日伪当局为了扩大侵略战争，支援日本南下战略，加紧了对东北地区的经济统制（粮食增产、粮谷出荷、配给制度）。当时东北地区是日本开展太平洋战争的战略物资补充基地，而延边地区则是主要的粮食供应基地（大米），因此，延边地区集贸市场受到的打击是最为严重的。日伪为了加强掠夺，对农产品实行"出荷"制，强制

---

① 中国人民政治协商会议吉林省延边朝鲜族自治州委员会文史资料委员会编. 延边文史资料（第2辑）[M]. 延吉：延边人民出版社，1984：146.
② 刘忠杰. 长白山地理论文集 [M]. 延吉：延边大学出版社，1991：264.
③ 现存留的数据大都是当时间岛总领事馆所属机构调研后得出的统计数据，故日本文献很多单位算法依然采用当时的日本的计量单位。
④ 无法正确算数当时日元的价值，据朝鲜总督府文书课编印的《统监府时代间岛韩民保护相关设施》（1930年）中提到1920年，在局子街日本的1元纸币相当于2吊800文。可以说日元的汇率相当高。
⑤ 延边州地方志编委会编. 延边朝鲜族自治州志（下卷）[M]. 北京：中华书局，1996：1241.

推行日用品的"配给"制度。这使得延边地区的集贸市场贸易大减,几乎关闭。然而奇怪的是,当时黑市贸易反而更加猖獗,日伪政府也只能采取默认(睁一只眼闭一只眼)的态度。其原因是黑市贸易的主导者是以日本人为中心的、官商结合的不法商人,他们利用其职权和其特殊地位,高价倒卖掠夺自东北各族人民手中的劳动成果。

"8·15"光复后,在中国共产党领导下的东北人民政府,开展了声势浩大的土地改革,延边地区各族人民分到了梦寐以求的土地,成为这片土地的主人。而后,中共中央东北局结合当时东北局势迅速制定、实施"复兴工商业,贸易自由,发展生产"政策,延边行政督察专员公署根据上级指示,加大延边各大县市集贸市场的恢复和重建。到1949年,延边恢复集贸市场13处,年成交额596.3万元,占当年社会商品总额的18.8%。1952年,延边地区集贸市场发展到16处,年成交额为538.8万元,占当年社会商品零售总额的6.21%。① 这一时期,东北人民政府推行政策上鼓励城市与农村之间开展物资交流,扩大集贸市场交易。延边专员公署不仅强调境内贸易自由,而且为方便工商业者远途运销商品,规定经区以上政府机关批准,公安机关签发证件,可在东北解放区内通行。当时集贸市场贸易的形式是,一方面国营、合作商业部门积极参与市场,扩大其影响;另一方面则对私营商业进行控制,对米、油等群众生活必需品停止批发给私商。通过这一措施,不仅打击了一小撮商业投机倒把的不法商人,而且把集贸市场改为以国家经济为主导的、为人民服务的综合市场。从1951年开始,延边各县人民政府就设立了专门管理市场的市场委员会,其职责是保护买卖双方的正当权益,管理、维持市场内经营秩序。

1953年,我国政府对关系到国计民生的重中之重——粮食、棉花、粮油等农副产品实行统购统销。允许上市出售的品种限制在小土特产品上,对工业品和手工业品采取统购、包销、订货的方式,不允许自由上市。从1956年开始,我国实现农业、手工业和私营商业社会主义改造,迫使刚刚活跃起来的集贸市场冷落下来。国家完成"一化三改"②,社会主义统一市场已经形成,城乡市场的性质和地位是作为国营商业的补充部分而存在。从1956年到1960年,因受到"一大二公"③ 的影响,政府推行"物资供给制""生活集体化",在市场管理政策上过于严厉。延边州政府响应中央政府号召,对农民在完成国家收购任务之后的剩余部分,不准在自由市场上出售,而必须卖给国家指定的商店。允许上市的只有鸡鸭鹅蛋、蔬菜、水果和调味品。市场基本被国家垄断经营,这导致了延边地区集

---

① 延边州地方志编委会编. 延边朝鲜族自治州志(下卷)[M]. 北京:中华书局,1996:1241.
② 一化三改:是指中国共产党在过渡时期的总路线。要在一个相当长的时期内逐步实现国家的社会主义工业化,并逐步实现国家对农业、手工业和对资本主义工商业的社会主义改造。这一过渡时期的总路线简称为"一化三改"。"一化"和"三改"互相联系,互相制约,互相促进,体现了发展生产力和变革生产关系的辩证统一。因此,中国共产党在过渡时期的总路线是一条社会主义建设和社会主义改造同时并举的总路线。参考:戴世锋. 社会转型与历史教学[M]. 北京:中国文史出版社,2013:78.
③ 一大二公:是指中国农村人民公社的基本特点和优越性,第一是"大",第二是"公"。所谓大,就是公社的规模大,人多地多,便于进行大规模的综合性生产建设;不仅农、林、牧、副、渔全面发展,而且工、农、商、学、兵互相结合。所谓公,就是生产资料公有化的程度比原来的农业生产合作社高。于光远主编. 社会主义经济建设常识(四)[M]. 南昌:江西人民出版社,1984:72.

贸市场的萧条和萎缩。据1957年统计，全州集贸市场贸易成交额只有378.1万元，比1949年中华人民共和国成立初期还减少了36.5%；人均年成交额3.84元，比1949年还减少了2.62元，集贸市场的数量也由1949年的13处减少到9处。① 1958年，随着全州实现人民公社化，集贸市场大都关闭，所有商品统由国营商业和供销合作社经营，形成群众排队购买生活必需品、社会上出现黑市的不正常现象。可以说1958年后延边地区的集贸市场几乎处于关闭、瘫痪状态。

1960年，中国处于困难时期，国内经济发展速度极其缓慢，人民群众的生活所需极为紧缺，为了扭转这一局面，中央政府肯定集贸市场贸易积极作用的同时，纠正农村人民公社化过程中犯下的"瞎指挥""浮夸分""共产风"及主张取消商品生产和商品交换等错误，于1959年9月23日发布了"关于组织农村集贸市场贸易的指示"。指示中指出："为适应生产发展和生活提高的要求，商业部门除了大力组织收购、供应，召开各级物资交流会议外，还必须积极组织和指导农村集贸市场，便利人民公社社员交换和调剂商品，沟通呈现物资交流，促进人民公社多种经济的发展，活跃农村经济"②。这个指示进一步明确了集贸市场存在的必要性，而且再一次肯定了它在中国社会主义各阶段的积极作用。指示中还提出"在农村里，应该有领导地有计划地组织集贸市场，……活跃经济"③。到1965年，延边州开放集贸市场32处，年成交额1327万元，比1957年增长近34倍。④ 这说明"文革"前夕，延边地区集贸市场的发展前景依然明朗。

自"文革"爆发，在极左路线的破坏下，我国大部分城镇的集贸市场被迫关闭。虽然也有一些农村的集贸市场处于时开时关的状态，但绝大部分集贸市场被视为产生资本主义的"土壤"，采取"堵、截、赶、罚、没"等手段，进行严格控制。就延边的情况而言，1976年秋，学习"哈尔套大集"⑤的经验，在和龙县头道公社试行"社会主义大集"，但这种依靠行政命令、违背商品交换的价值规律、伤害了农民经济利益的做法，让集市贸易雪上加霜。不久后这种"大集"停止。虽然有一部分幸存的集贸市场，也无人管理，致使投机倒把、黑市交易开始泛滥。这种状况一直延续多年。

1978年，党的十一届三中全会召开，通过拨乱反正，把工作重心转移到社会主义经济建设上，并制定了"改革、开放、搞活"等一系列方针政策。尤其是1983年2月5日，国务院发布了《城乡集市贸易管理办法》，明确阐述了集贸市场的性质和作用，指出："城乡集贸市场，是我国社会主义统一市场的组成部分。它有促进农副业生产发展，活跃城乡经济，便利群众生活，补充国营商业不足的积极作用。"⑥

1993年11月14日，中共十四届三中全会召开，确立了社会主义市场经济体制的目

---

① 尤国. 改革中的吉林流通（下）[M]. 长春：吉林人民出版社，1991：548.
② 唐伦慧. 谈谈农村集贸市场贸易 [M]. 北京：中国财政经济出版社，1981：16.
③ 唐伦慧. 谈谈农村集贸市场贸易 [M]. 北京：中国财政经济出版社，1981：16.
④ 延边州地方志编委会编. 延边朝鲜族自治州志（下卷）[M]. 北京：中华书局，1996：1241.
⑤ 全称为"哈尔套社会主义大集"，是官方指定时间、地点，由代表国家的商业部门与生产队集体和农民个体按国家定价交换商品。
⑥ 洪涛. 商品交易市场通论 [M]. 北京：经济管理出版社，2014：206.

标。在该会上通过的《关于建立社会主义市场经济体制若干问题的决议》指出："改革现有的商品流通体系，进一步发展商品市场，在重要的产地、销地或集散地，建立大宗农产品、工业消费品和生产资料的批发市场。"① 这为发展和搞活集贸市场开辟了无限宽阔的道路。在这一形势下，延边州各级工商行政管理部门及时转变观念，抓住时机，积极创造条件，抓紧集贸市场的建设，在短短几年中，就使全州的集贸市场建设在速度上、规模上都有了根本性的突破，为促进集贸市场的发展乃至商品经济的繁荣都起到了直接的推动作用。与 1978 年以前相比，全州集贸市场发生了根本性变化。

20 世纪 90 年代初期，随着中国经济的飞跃发展，延边地区的集贸市场得到了长足的发展。形成了大中小型并存，综合与专业性兼有，批发与零售业结合，城市与农村相衔接的市场网络。延边地区以延吉西市场为主、其他延边州内各县市中心市场为辅的集贸市场显示出相当的实力和发展空间，对延边地区各族人民的生产建设和生活水平的提高起到了积极影响。这对促进延边地方经济的振兴和发展起到了积极带动作用；丰富了城乡居民生活消费品和日用必需品的供应；对安排就业、稳定社会起到了积极促进作用；有利于扩大税源，增加国家财政收入。然而跨入 21 世纪，集贸市场面临大型超市和电商的冲击，逐渐走向没落。

为了调查延边地区集贸市场的现状，笔者对延吉西市场、龙井西市场、农产品自产自销市场、和龙中心市场、汪清临时过渡市场和新建市场、图们中心市场、安图市场、珲春中心市场进行多方调查。途中拍摄大量反映当今延边集贸市场的影像。

二、延边地区集贸市场的现状——以延吉西市场为例

延吉西市场历史悠久而且极具代表性，可以说是延边集贸市场的代表。延吉西市场建于清朝末年，自清朝靖边军驻扎在局子街（今延吉）、珲春招垦局在延吉设立分局开始。其前身是局子街西部的上市场（延吉西市场址）。当时的市场极其简陋，没有任何固定设施，均为地摊，而后逐渐形成了固定的赶集日期——上市场为农历初一和初六，下市场为农历初四和初九。除了本地商人之外，也有很多外来商人在市场摆设临时摊位行商。交换物品有谷类、蔬菜、鱼类、衣服等。光顾市场的人数少则二三百人，多则七八百人。到了 20 世纪 30 年代，延吉市场日渐繁荣，经久不衰。这一时期，市场是由商会管理的。同时，延吉市场（上市场）是朝鲜族人民主要利用的集市，市场中有一部分朝鲜族人民生活所需的民族传统商品，主要都是从朝鲜半岛购入代销的。由于当时延边地区的朝鲜族大都是贫苦农民，因此从事商业活动的人极少。

二战爆发后，日本为了搜刮民脂民膏以备战争需求，实行"满洲国生活必需品配给制"，尤其是禁止民间兜售粮食，因此市场内可交易的商品数量和种类极少。当时的市场由街公所和商会共同管理，主要督查《满洲国生活必需品配给统制法》情况，控制市场内

---

① 刘嗣明. 经济体制、政治体制与社会制度的关系研究 [M]. 北京：中央编译出版社，2014：193.

的交易物品的品种,调节、仲裁买卖双方的工商事务。

1945年日本投降后,延吉市场重见光明。这一时期市场的主要商品是蔬菜、粮食、土特产、手工业品、旧衣物、日用五金等。随着延吉人口的不断增长,在延吉河南地段形成了规模较大的市场。这一时期由于经济发展尚未恢复,物质也不丰富,因此商品的种类受到很大的局限,在市场中找不到一两类商品。1957年,延边地区曾一度开放市场。但好景不长,1958年,在"左倾"思想的影响下,市场贸易被取缔。到了1960年,延边州政府根据国务院的"关于恢复和组织农村集市贸易"的通知,重新开放市场。这一时期政府采取的方针政策是"管而不死、活而不乱",因此市场依然处于萧条状态。"文革"期间,市场贸易被当作"资本主义自由市场"而被取缔,因此市场内显得更加萧条。

党的十一届三中全会以后,实行"对外开放,对内搞活"的方针。随着生产的发展,市场贸易逐渐兴旺。1979年,在延吉市成立了市工商管理局并设立了西市场管理所,这使得西市场的贸易走向了正规。1980年,延吉市政府投资17万元,对西市场进行改造,修建了顶棚市场、改善了延吉市民的购物条件。而后,对蔬菜、副食品价格放开,调动了农民的积极性。每日涌入西市场赶集的农民(延吉市附近)规模很大,场面极为壮观。此外,还有一些商贩从外地购入一些朝鲜族生活必需品,吸引更多的朝鲜族人民流连西市场。1984年,延吉市政府采取群众集资的办法,把西市场的简易大棚改建成占地面积8350平方米、建筑面积6500平方米的二层楼式新型综合商场。1985年,在西市场经商的有证商贩发展至千余户。市场中所销售的商品有近郊农民自产的各种蔬菜,还有毗邻县市的商贩运来的农副产品和各种土特产品,从南方各省市贩来的时令性蔬菜瓜果,还有广州、上海、珠海、深圳、厦门等地运来的畅销产品和从朝鲜人民民主主义共和国贩来的各种朝鲜民族传统特色产品。西市场经营的品种多达4350余种,日平均客流量达到3万多人。1993年,延吉西市场成为吉林省最大的农贸市场。

图1　原延吉西市场正门　　　　图2　原延吉西市场中后门

图3 原西市场中楼西北门出入口

图4 原西市场的中楼导购图①

图5 随意摆放的蔬菜

图6 朝鲜族特色浓厚的商家

海鲜是原延吉西市场销售的朝鲜民主主义人民共和国的主要物品。由于朝鲜海域污染程度低,价格比较便宜,因此受到中国国内各地区人民的欢迎,尤其是朝鲜螃蟹和贝类。从20世纪80年代到90年代前期,延吉西市场的朝鲜产品其影响程度远远高于中国国内产品和韩国产品。此外,当时西市场内有很多朝鲜民族传统的商品,如利用金刚山产石头制作的砂锅、朝鲜国内的古董、绘画作品、高丽陶瓷、药材、日用品等,如今已基本找不到上述商品。在一些摊位上依然售卖朝鲜产的干明太鱼(朝鲜黄太)和干鱿鱼。

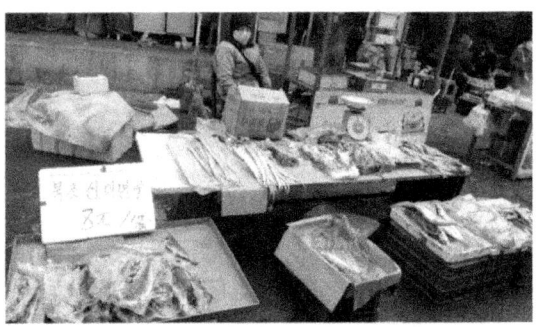

图7 海鱼售卖摊位

---

① 依然能看出民族小菜、民族日用品、韩国商品等朝鲜族相关的内容。

三、延边集贸市场的隐患问题——以延吉西市场为例

(一) 卫生状况

图8 卫生状况堪忧的辣酱店　　图9 排骨售卖

上图是一家颇有名气的朝鲜族辣酱店和商家出售剁好的排骨。从中可以看出，辣酱店食品柜和储物柜均已生锈，物品摆放杂乱；而排骨是否经过检疫不得而知。店铺和摊位的卫生状况令人堪忧。

(二) 露天经营

图10 露天出售的橡子面、辣椒面　　图11 露天压榨香油

图中是露天出售的橡子面、辣椒面以及露天压榨香油的过程。露天经营会影响食品质量，引发卫生问题，亦会影响市场面貌。

(三) 市场管理

图 12　市场主干道的积雪

图 13　随意摆摊的商贩

图 14　随意停放的车辆

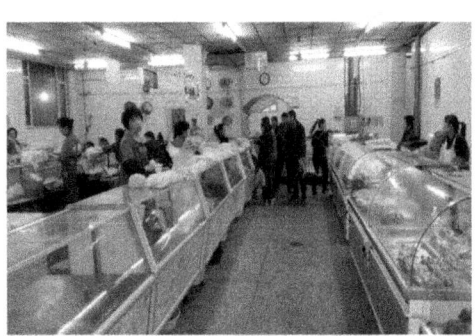

图 15　西市场餐饮部

市场在经营管理中存在一些问题，如积雪未及时清理、随意摆摊、随意停放车辆、摊位年久失修等，亟须市场管理者认真对待、处理。

四、总结与讨论

根据上述图片信息，笔者总结出现今延边集贸市场面临的较为突出的问题：

1. 作为延边最大的密集型集贸市场——延吉西市场，由于年代已久，经营环境、设施已呈现出老化状态，特别是消防、火灾等隐患比较严重。不光是延吉西市场，据笔者调查延边州内各大集贸市场，发现最大的隐患问题是消防、火灾安全问题。1997 年和 2004 年，延吉西市场先后被吉林省消防总队列为重大火灾隐患单位。2015 年，延吉市公安消防大队判定延吉西市场存在 11 项火灾隐患。为此，延吉市委、市政府决定对延吉西市场进行拆除重建[①]。2015 年 11 月 15 日，正式对外公布西市场重建安置方案。2015 年 12 月 1 日开始，西市场内的业户搬至大千城，进入过渡经营阶段。而后笔者对西市场临时过渡市场进行实地考察之后，发现临时过渡市场不论规模、设施、环境等方面满足了大部分商户

---

① 寻找延吉人记忆中的城市地标 [N]．2016 - 03 - 02，08：52：00．http：//www.yb983.com/．

和消费者的要求。

2. 食品卫生问题比较严重。集贸市场是食品流通的重要场所，与人民群众的生活密切相关，其食品安全直接关系到人民群众的身体健康和生命安全，近年来，老百姓餐桌上的食品安全屡屡亮红灯，食品安全问题已演化为当前迫切需要解决的社会问题，维护集贸市场食品消费安全不仅是食品药品监管部门义不容辞的责任，而且是市民及经营者的自觉问题。正如上述图片中看到的那样，露天出售调料、食品（打糕、米肠、排骨等）以及未经过检验的所谓的特产品（林蛙、黄牛肉）等现象急需治理。

3. 无证经营户（临时摆摊无证经营）的约束和治理。在西市场搬迁之前，市场周围街道小胡同基本被临时摆摊（无证经营户）占据，给市场周围生活的人们造成诸多不便，而且造成交通拥挤，屡屡发生事故。尽管市场管理人员和城管执法大队成员加大管束和治理，但未能奏效，问题依然严重。如今在延吉西市场临时过渡市场周围依然存在临时摆摊商户无证经营。

4. 集贸市场的萎缩趋势明显。作为延边地区最大的集贸市场——西市场的规模与其发展年限相比，其发展程度并不明显。特别是上市人员流量呈现出日渐减少的趋势。上市人群基本都是中老年人为主，年轻一代较少。延边朝鲜族自治州内各县市诸多市场更为如此。笔者调查珲春集贸市场时，发现闲置摊位较多，商业氛围变冷，经营形势愈加恶化，甚至发现一部分人在市场内摆桌打麻将消遣。

5. 大型超市和连锁实体店的冲击下集贸市场如何找到自己的出路？这是一个严峻的问题。延吉西市场周围有大型综合类延吉百货、出售高档物品的百利城、专营韩国商品的韩百、经营家电的华声电器城、综合类商城成宝大厦等。在延边地区各大县市普遍存在集贸市场与大型超市共生的局面，在这些大型超市、专营实体店的冲击下，西市场的销售份额逐年减少。很多摊位闲置，90年代一摊难求的局面早已成为过去。据笔者了解，在西市场经营窗帘的老摊主已经收罗40多个闲置摊位。

6. 延边特色、民族特色不浓厚。延吉西市场坐落在延边朝鲜族自治州州府，这让延吉西市场披上了浓厚的朝鲜族特色盛装。20世纪80年代中期到90年代末，延吉西市场内有很多民族特色浓厚的商品。20世纪80年代延吉西市场内出售的朝鲜商品和90年代盛行的韩国商品深受延边地区各族人民的喜爱。很多游客把西市场当作淘购朝鲜民族商品的最佳场所，也把西市场当作了解朝鲜族文化的一个重要窗口。而如今除了朝鲜族特色食品（米肠、打糕、米酒、辣白菜等）和一部分锅碗瓢盆等生活用品（朝鲜石锅——利用金刚山石头制作）外，西市场内出售的朝鲜族特色浓厚的民族商品已所剩无几。

除了上述的六个方面的问题之外，应该还有更多潜在的问题。本文主要提出这六大问题的原因是，上述问题并非延吉西市场独有，而是延边州内各大集贸市场中普遍存在。主导延吉西市场重建工作的延边州政府及延吉市政府向市民承诺：坚持"市场原有功能不变，百姓市场定位不变，服务大众宗旨不变"的原则，并把西市场建设成设施完备、功能齐全、交通便利、具有民族特色市场。如果这一重建工作圆满完成，那么这将对延边州其他各县市的集贸市场重建提供宝贵的经验和教训。

声音拟态的体验：图瓦宇宙观[①]

(美国) 安迪·保尔　　中央民族大学

【2013年7月2日】

"对不起，我迟到了。在图瓦无法准时做事。"

一个很有素质的中年女士从一辆老旧的汽车中走出来，跟我说话。

我很快感到她这一句话已经表达出图瓦人本质上的不少细节了。我已经预感到和这个人沟通会有不少的新收获。这是一个期待多年的会面。

一、图瓦音乐学专家与声音认识

为了调查研究图瓦音乐中声音的物理性本质，需要"研究人"深层次地体会图瓦当地人的传统宇宙观。当然，这并不像说的那样容易。图瓦著名民族音乐研究家和物理学家瓦莲京娜尤·苏祖克伊女士是这一领域最权威的研究学者。她出生于俄联邦图瓦共和国西部，从小就接受苏联教育。在大学期间接触到了西方音乐学，在当地进行多年的西方音乐教育之后，她意识到自己可能在某种程度上出了问题。最后她下定决心跨学科成为一名图瓦民族音乐研究学者。她继续攻读了文化学博士，读博期间，她从民族学角度深入研究图瓦人的音乐和图瓦人对声音的认识。在这一基础上，她开始跟当地音乐家以及国际民族音乐家合作。她的研究成果和新发现也同样是在与多位民间音乐人合作的过程中得出的。很多图瓦人都认为她的研究是很有代表性的专业知识。因此在本文中，笔者介绍的一些相关观点和瓦莲京娜尤·苏祖克伊所讨论的问题是对图瓦音乐学专家声音拟态认识的共识性探索。

瓦莲京娜尤·苏祖克伊最大的学术贡献是"传统图瓦人的思维方式"，尤其是图瓦人与传统音乐的关系问题。通过访谈得知，这些年来，她一直在寻找图瓦人传统宇宙观的深层含义，但是从20世纪初，图瓦人开始学习西方知识后，这些观念在慢慢消逝。

为了阻止这种趋势继续蔓延，瓦莲京娜尤·苏祖克伊博士经过多年的研究，终于总结出一种"框架理论"并提出了"音色主义音乐概念"，这将有助于相关学习者更快融入并体会到图瓦当地的传统宇宙观。"音色主义音乐概念"是研究当地民间艺术家独特声波素

[①] 本文系2017年度国家社科基金重大项目："一带一路"沿线各国民族志研究及数据库建设（课题编号：17ZDA155）的阶段性研究成果。

描分析的主要参考依据。瓦莲京娜尤·苏祖克伊博士所讲述的相关概念，已成为全球音乐学历史上的新发现。与此同时，笔者在与她做了进一步沟通之后，认为可以将这些发现看作图瓦的"本土性当代科学贡献"，也就是说这一过程本身就是本土思想的相对科学化。

近年来，不少国外学者关于"图瓦传统音乐原则"方面的研究都是在瓦莲京娜尤·苏祖克伊博士帮助下完成的。比如说特德·莱文的著作《河山唱歌的地方》，其第二作者就是瓦莲京娜尤·苏祖克伊博士。笔者在访谈中提到了这本著作，瓦莲京娜尤博士表示著作中所发表的概念是准确的，基本概念没有发生大的变化，但是还需要不断地深入发掘。关于这些概念和更深层次的内涵，她向笔者提供了以下内容。

（一）图瓦人传统宇宙观中的时间概念

图1　时间的传统具身化

图瓦人有一句话说"过去往前，未来往后走"（图瓦文：келир үеҗе хая көрүнмышаан, эрткен үеҗе бурунгаар）。① 从这点我们就能看出，图瓦人传统的时空认知与当代人有巨大的区别。倘若要研究音乐认知，是必须思考这一点的，因为物理原则上，听觉声音是需要时间流逝的。当然，现在很多图瓦人还是在使用当代的时间概念系统。但是，瓦莲京娜尤·苏祖克伊博士提出的要点则更关注传统上图瓦人如何具身化时间流逝。从一般语言性思维上理解他们在传统中的时间看待方式，有助于我们体会他们对时间流逝的一种"隐喻性具身化"（metaphorical embodiment）。这是我对她所发表概念的新的人类学解读。

---

① 也可以理解为"图瓦人向后走是在走向过去，但是其实图瓦人是走向未来"。在理解图瓦人和中国少数民族与卫拉特人（林中百姓）的过程当中，我也访谈了中国蒙古人瀚格尔，他说他传统的思维方式如下："用未来看过去，用过去想未来"。

(二) 图瓦人传统生计方式中的方向性观念

图 2　以图瓦毡房为中心的方向性

在方向性方面，因为太阳的关系，图瓦毡房的门基本上靠向南方。而"北"可以包含着"未知"或者说"未来"的意思。倘若与中国此类不同时期的古代系统比较的话，会发现一些根本性不同。① 按照笔者的生活体验和解读，在美国人和欧洲人的观点中，"西"往往当作"未知"或者"边疆"的意思。② 如此，不同文化认识方向的表征性意义有不同的理解。同时，从宇宙观的角度而言，这些方向性标志有普遍性的含义和全宇宙性的意义。虽然学者的讲述应当与实际有所联系，但是因为很多图瓦地区的形貌和形式，使得各个"图瓦毡房"不可能都朝向南。如果某个卡基拉演唱者在演唱一首讲述过去的歌曲，那么有可能会引起"南方性回忆"（southern nostalgia）。这可能是和当地人的感情有关，但更重要的是，它体现了当地人是如何在声音（音乐）中认识宇宙的。

（三）外界（非图瓦人）的内向性质及图瓦人传统音乐的外向性质

瓦莲京娜尤·苏祖克伊博士在访谈中解释说："这两个音乐系统中的一个根本不同点在于其声音形态的动向。以音高为组织的声音是以'内向'（introverted）为基础的，这正是学院派乐器声音的力度与能量的决定性因素。与此不同，泛音—基音系统则是'外向'（extroverted）的，可以最大化地利用人的内在动力并以基音的形式将其表现出来，这种声音形态的动向深植于民间乐器的生态、形态以及语音学的复杂性当中，仅仅在某些情况下起作用。"同时，笔者认为这是一种偏重音乐本体民族音乐学的理解，但无法达到探求其

---

① 譬如：古代中国人认为东方甲乙木、西方庚辛金、南方丙丁火、北方壬癸水和中方戊己土。
② 参考关于欧美移民历史以及美国西部殖民化历史的内容。

中民族性音乐的哲学范畴。因此，笔者发展出相关解释如下。

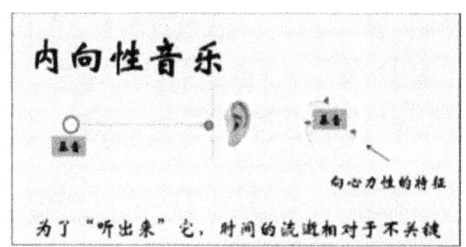

图3 内向性音乐体制和性质

倘若某个音乐文化不充分利用基音内在的自然泛音潜力，那么它具有向心力的特征，也可以把其中声音认识以及操纵方式与"基音的内卷化"之说来结合，因为它集中强调音高，所以自然而然有"内向性"的性质。换言之，本质上泛音和音高被认为一个相对于融化的对象。其中的认识论以音调为核心而以音色①为辅。不同的单独乐音在不断地交换，并形成其中的旋律。哲学上，它并非从不同角度强调一个本质，而是演唱者②在不断的动作和连续中强调单独的乐音（即本质）。瓦莲京娜尤·苏祖克伊指出，她是音乐学世界中提出内向性音乐相关声音认识论讨论的第一人。

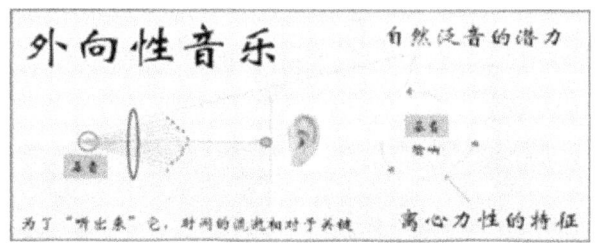

图4 外向性音乐体制和性质

瓦莲京娜尤·苏祖克伊也指出她是第一个提出外向性音乐认识论的学者，对该认识论的解释如下：倘若某个音乐文化充分利用某个基音内在的自然泛音潜力，那么它就有离心性的特征，也可以把其中声音认识以及操纵方式与"基音的外卷化"之说来比较。因为它强调音色，所以自然而然有"外向性"的性质。本质上泛音和音高被认为是两个相对于互动性的对象，即互相下属（mutually subordinate）。其中的认识论以音调和音色为核心，同时以音调和音色（即是泛音频谱）为辅。某个固定的基音中的不同孤立化泛音在不断地交换（环行），并形成其中的旋律。③ 在某一个瞬间，演唱者④可以从许多不同角度去强调

---

① 某个声音的泛音频谱中的性质会决定其音色。
② 因为与这些相关现象的最大区别出现于西方美声，在这里"演唱者"更指西方音乐中的歌唱等。
③ 某个"嗡嗡"的嗡响—泛音的质感（drone - overtone texture）或者说音色的本质的存在无关基音的高低，同时它们本质上是一体化的。详解参见 Сузукей, Валентина (Suzukei, Valentina). Проблема Концептуального Единства Теории И Практики – Problema Kontseptual'nogo Yedinstva Teorii I Praktiki [Problem of Conceptual Unity of Theory and Practice]; Kyzyl, Tuva Philograph. 2001. p. 229.
④ 在这里"演唱者"不限于图瓦美声演唱者，因为图瓦音乐的特征，还包括图瓦民族弦乐器、管乐器等的演奏者等。

一个基音的本质。哲学上，外向性音乐体制和内向性具有相反的本质。

很多中国人说看不懂以上内容。但是，更大的问题可能是以前很少有人以这种方式认识声音。就算熟悉这些之后把表达方式使用得更好时（譬如，发声方式），也要考虑如何将这种思维方式和中国人的传统思想结合起来。

二、图瓦传统声音认识的棱镜性

另外，瓦莲京娜尤·苏祖克伊指出因物理学中的一些原则与自然光谱的颜色的固定性，相同自然泛音的频谱无法被改变——它们也是固定的。同时，不同声音来源的物理设备、如嗓子或乐器，有具有不同自然泛音频谱的原则。更复杂的是，不同的发音对象的频谱范围可以直接联系其中的音色性质。某个物体的野性声音（potential sound）即它被人控制发出的声音，恰恰是其中的感觉性范畴转换。可以将其中这些泛音看作为等待被控制的"野性的能量"，并通过特定的相关操纵能够使它们变得孤立化而逐个明显地突出。如图5所示，虽然颜色是白色，但是其实白色的光就是各种可见颜色的光的合成。某个乐音也是如此，以不同的泛音合并组成。其实，最后第八图及第二图以不同的方式和从不同角度表示同样的光谱性状况——当所有的颜色融为一体时，它们发出白色的光。在访谈当中，瓦莲京娜尤·苏祖克伊也仔细地解释了一个她制作过的相关视频内容，其阐释有所区别，在下面笔者简略地描写她的叙述：

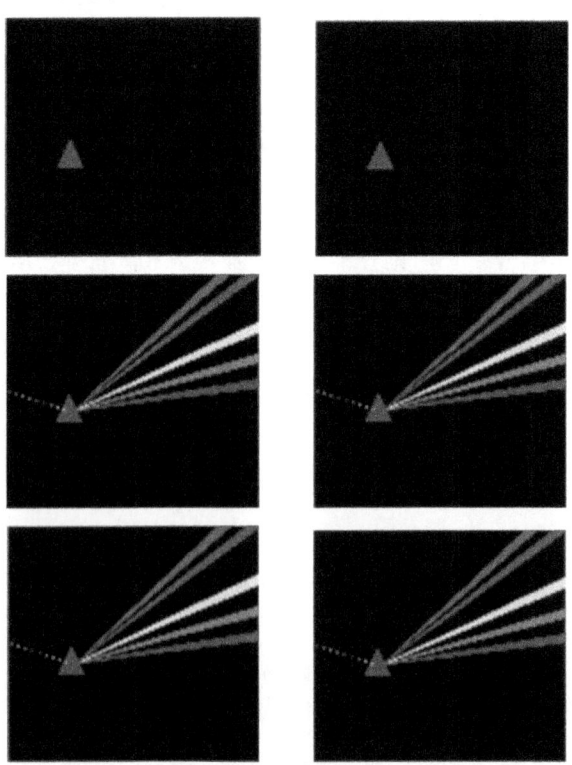

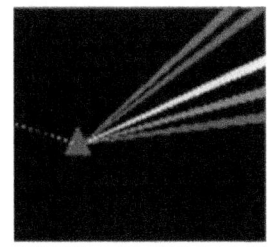 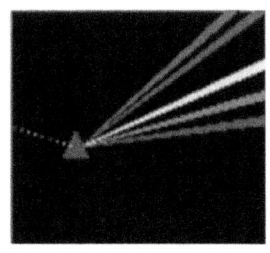

图 5　棱镜性图瓦音乐图式

音乐中最小的一个结构单位是音。众所周知，音符是音乐图像化的表现方式，包括全音、半音、1/4音等。声波跨越空间并传入我们的耳朵，由此我们可以把声音理解为一种空间的范畴。图瓦的器乐与喉音演唱具有同样的声音结构，即以声音的"基音－泛音"为基础，换句话说，是以一个基本的低音轰鸣为背景音，上声部以泛音来形成旋律。图瓦音乐最为重要的特点就是其稳定且清晰的"基音－泛音"为核心的音响组织形式。为了了解图瓦泛音旋律是如何产生的，必须用类比的方法。巴什基尔的学者哈姆扎·伊克提萨姆布（Xamza Ikhtisamov）曾这样说道："在多声部喉音歌唱中泛音的形成，就好像混合色的白光借助棱镜在光谱中的分解图像：当光线穿过棱镜时会被分解成不同的部分，并在白屏上形成光谱。如果在棱镜与光谱之间加上一个过滤器，并选择打开或关闭不同色彩的通路，便可以在屏上有选择地得到不同色彩。"喉音演唱的声音形成机制与此类似。来自肺部的强烈气流在腹部挤压的作用下集中于声带，声带的某一部位会在低音区中加强气流的振动。这种振动形成了最"本质"状态下的基音嗡响。基音与泛音能够发声是由于喉部软组织，如前庭褶皱与假声带的振动所带来的。在这种情况下，基音的分解依赖于喉部与口腔最大限度的收紧，就如同一个滤镜的功能一样。然而，当被分散的气流由喉部发出时，有些高频泛音只能由口腔前庭产生，或是当气流通过鼻腔时而只能由鼻部产生。问题的关键在于，旋律音高的变化与声带的变化没有关系。所以说，基音与泛音的发声源是一致的。

喉音本身也可以看作为一种乐器。其他图瓦乐器，包括口弦的表演也遵循着上述的原则。口弦上的旋律并不需要发声源的变化，即是说，尽管音高会变化，但舌部在演奏时并不会时长时短。基音与泛音的声音源保持一致，是同一个声音源。然而对于弓弦乐器来说，以叶克勒（马头琴）为例，声音产生的原则则很难一致。从"基音－泛音"的音乐演奏视角来看，叶克勒的独特之处在于它的调律方式。学院派乐器调律的原则是以有差别的音高系统为基础的。例如，当为小提琴调音时，尤其是当它作为乐队的一部分时，A音要调至440赫兹。其他弦要根据A音来调音。但是在为叶克勒调弦时，演奏者并不依赖任何一个固定和绝对的音高，图瓦的民间乐器也都没有一个单独的绝对音高标准。相对音高是一个重要的概念，尤其是在五度音程关系（或四度关系、八度关系）当中。相对音高也在基音与泛音关系当中体现出来。这就是为什么当调弦或演奏叶克勒时演奏者会不断地拉响两根弦，因为单独为一条弦调弦是没有意义的。

我们还要把注意力集中到金属弦与马尾弦的物理特性上来。金属弦的横截面呈现出圆周似的同质性,但马尾弦却不是这样。一束马尾能调出一个音高,通过不同的松紧程度,不同的马尾毛是否会达到同样的共振频率取决于马尾毛的直径与其圆周的均匀程度。换句话说,最大强度的单独马尾毛不同频率的振动取决于其松紧程度、直径,和其他物理性的特征。当轻触小提琴弦时会产生一个微妙的声音,在弦长1/2、1/3、1/4等处轻按就会产生泛音。相反,叶克勒演奏者会演奏由泛音组成的特殊旋律,而在弦上的任何一个位置都会产生泛音。演奏叶克勒除了在琴颈附近按弦以外,图瓦的一种叫作 Суйбап ойнаар (suibap oinaar) 的演奏法则是以音的方式来按弦的。叶克勒的另一个特点是它的外弦会演奏持续低音。

当音乐素材以音高的方式被组织起来,每一个声音就有一个独立的来源,并且被独立地表现出来。即使在合唱当中,每个音也有其独立的来源。在基音－泛音系统当中,每一个旋律音,即每一个泛音,则来源于一个整体性的声音单元。因此,基音与泛音无论怎么交替,都有一个共同不变的发声源。

这种解释非常具有补充价值,但是笔者认为这是更符合民族音乐学的研究报告方式,音乐人类学的报告方式则需要更多地考虑以下内容。瓦莲京娜尤·苏祖克伊不认为图瓦喉音演唱者用卡基拉的泛音旋律以象征性范畴的转换是对于山之间的轮廓进行声音上的描写。虽然她认为这不是一种庸俗的理解,但她说图瓦卡基拉人的相关传统思维方式比这种理解还要复杂得多。她的学生西恩·克尔克则认为,以声波素描的方式去描写某个地景就是一种庸俗的图瓦音乐解读,但她很不赞同此类的"知识分子说法"。但是,在学术写作当中她主张"翁响－泛音 (drone－overtone) 音乐制作绝不是与线性思维关联的"[1]。但是,如果遵守瓦莲京娜尤·苏祖克伊的理论和逻辑,这种所谓以音调为中心的声音体验就可以被认为是线性主义的音乐吗?这仍然有问题。音色中心主义的音乐肯定不是以变动为核心的概念。但还存在一些很明显的问题:倘若非线性思维体现于图瓦人音乐上,那么他们从根本上就是以非线性思维来生活和进行音乐作曲和演唱的吗?如果是,那么传统上图瓦人如何关注对不同自然现象如风、水、森林等的方差性声音动态?传统图瓦人对"时间流逝"的存在及其他流逝的现象(如水)可能有何种语言性质的表达呢?

瓦莲京娜尤·苏祖克伊介绍的概念也包含着声音的代表性范畴转换——从音到光的转换。但是,这种解读以及其他上述声波素描阐释根本没有考虑到与数学方面的一些关系。然而,另一个专业卡基拉研究者,美国呼麦网倡导人和卡基拉实践者史蒂夫·斯凯勒 (Steve Skylar) 曾经录过图瓦喉音演唱者以及自己的卡基拉,之后他再把这些录音转换为下面的频谱图:

---

[1] Сузукей, Валентина (Suzukei, Valentina). Проблема Концептуального Единства Теории И Практики － Problema Kontseptual'nogo Yedinstva Teorii I Praktiki [Problem of Conceptual Unity of Theory and Practice]: Kyzyl, Tuva Philograph. 2001. p. 191.

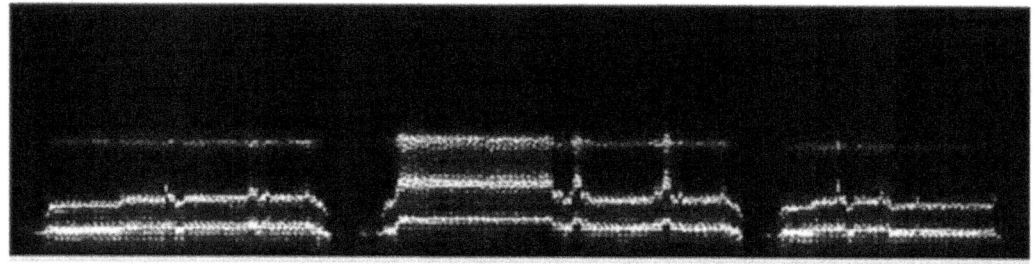

图 6　卡基拉频谱图①（0—5469 赫兹范围）

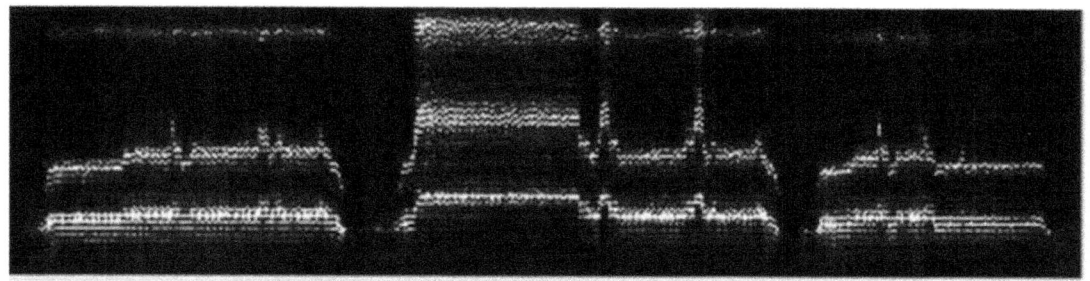

图 7　卡基拉频谱图（0—2735 赫兹范围）

在 X 线（横）有赫兹高低，在 Y 线（纵）有时间的连续。注意到同时又有低音又有高音。其实，这些表达了喉音中的许多声部。这些录音是高山卡基拉，恰恰时间的连续与声波的赫兹范围看起来像群峰的轮廓。但是，这不是一个巧合，而是声波随着时间的推移表达的图形分析而已。而我们看某群峰的轮廓时，也是这种方式。

笔者在思考如何理解卡基拉的音绘方面的过程中，想到了有关这项研究的一些关键问题：卡基拉演奏者表演一段音波素描歌曲的过程是怎样的？与画家绘制图画的方式是否相同？它们之间有哪些关系？在卡基拉音乐中，"声景"与"地景"之间的联系如何？当代的图瓦音卡基拉演奏者应该如何描写这些问题？想到这些问题之后，笔者继续阅读了在图瓦进行的访谈资料和自己的喉音培训，最后得出如下理解。

随着时间体验理解某一地景、声景，换句话说，就是随着时间推移以某种艺术性方式表达其中直觉的动感。这种表达从广义上来说有两类：机器性的与人性的。在机器性表达方面，气候学家等制作了不少地景与季节转变即间隔拍摄（seasonal time – lapse exposures）的作品。以这种方式，可能也可以制作"间隔声景录音"（seasonal sound – lapse recordings）或者表述天气以外其他变化的相关拍摄及录音。不过，这些媒体的主要目的围绕着如何让某个地点的长时间变化看起来更明显。为了看到、听到、认识到其中大概的趋势，也许越生动的对比性印象就可能越接近原来的目标。当然，这种媒体与多景别呈现有什么区别是很明确的，即多景别呈现倾向于以某一种方式来相对快速地呈现不同景象、景色、体验等。但是，如果包含着感情或者说人性的范畴（即某人在体验某种地景和声景的过程

---

① 这些频谱图是以恒哈图乐队主唱制作的，参见 http://Khoomei.com/spec.htm。

当中的感情性体验),那么,可能有很好的办法将间隔拍摄(间隔声景录音)和多景别呈现融为一体。无论如何,任何进行代表性范畴转换的艺术过程都不能缺少时间方面的思考,在这里笔者介绍一下特德·莱文通过许多访谈得出的相关结论。按照他的研究,演唱喉音的图瓦人能够"迸发"的声波素描与声音拟态方式更多包含着"多景别呈现",而更少包含着一种有行动性的"声音图像",也就是说,这些声波素描不一定那么有动感。但在另一方面,他主张在许多情况下,当图瓦音乐人以某种自然泛音来演奏喉音上的旋律时,各个单独泛音就是某种图瓦地方鬼神的个体在声音上的呈现方式。有时声音呈现在一定时间的某个地方,有时声音呈现某些鬼神的本质。

如果这两条知识很准确,下面的问题必须考虑。如果各个泛音代表不同鬼神,而且某一个地方的鬼神数量有限,那么是否有许多自然泛音的喉音旋律不是对一个地方的描写,而是某个演唱者对自己所见过的事物的一种反思和感情性表达?在纯科学理解方面,按照特德·莱文与瓦莲京娜尤·苏祖克伊的研究,当图瓦卡基拉音色要决定某一个地景被呈现或投射之时,如何用卡基拉呈现某一个地景里面的单一事物(如树、石头、动物、天气情况)?在跨学科美术理解方面,与具体绘画不同,声波素描为摸不着、看不见的媒介,声波素描的呈现完全依靠时间过程来完成。这"发声过程"是一种随着时间呈现的静态多景别的素描?抑或这种声波素描会投射出流动的地景与声景?声波素描内容的连续与正常时间经过的关系如何?按照拟态过程变异,怎样操纵其中的非线状要素呢?笔者再次回顾这些问题,结束了与不同卡基拉手的访谈,只能说这个讨论超出范畴,对他们来说,这些卡基拉之术更多涉及他们如何感性地体验与自然的关系。

三、声音拟态的民间传授方式

【2013年6月28日】

在图瓦传统文化发展中心的地下一层

"那些来看我们演奏会的大龄美国人总是问我们:'你们正在唱什么地景呢?'他们都看了最近外国人类学研究者的相关书籍,投入这个图瓦喉音阐释的世界。十多年来我从未听过某人用这种说法去解释我们图瓦人唱的卡基拉及其内涵。我来到图瓦之后唯一提到过任何有关地景与卡基拉的联系就是当我陪21世纪最著名的卡基拉演唱者之一的阿勒拖－罗尔·萨巴克去西南部,在那里的银山泰加跟他一起钓鱼狩猎,我们往偏僻的地方走着,看到了坐落在森林背后的一片山。这时,他对我说:'我们前面那些山的轮廓[①]和山底与卡基拉的旋律和基音真有些相似。'"

新图瓦人西恩·克尔克的这些讲述令笔者神魂颠倒。他解释完这件事就转身去接电话了,用一口流利的图瓦语和一个伙伴忙着讨论明年的国外巡回演出详情。确实,世界上真有一个更理解图瓦语、图瓦音乐、相关学术和图瓦现状的外来人。西恩·克尔克原来是美

---

① 即周线。

国人，来自中北部的威斯康星州，如今他仍然持有美国护照。大学毕业之后，他获得了福布莱特基金，到图瓦共和国去研究图瓦音乐，同时也受到喉音培训。后来他决定在图瓦长期生活，转换了民族认同，和一个图瓦的女士结婚之后在当地生了四个孩子。目前，他是阿拉什乐队①的管理人。这人能够唱各种各样的图瓦喉音，包括有微妙区别的各种卡基拉。不过，他指出阿勒拽－罗尔·萨巴克和他相似的那些能力，又指出卡基拉包含着完全另一层面的声音质感与音色。那些前一代的演唱者不仅仅有了这种才能，而且对于卡基拉的内涵有了相对独特而详密的理解。这件事情使笔者更相信阿勒拽－罗尔·萨巴克等人真正有一些独特的知识，让笔者思考他们对卡基拉理解的深度能否直接体现于他们演唱出的了不起的音色。

倘若某个地方有某种传统，那就需要处于这个社会中的人以某种方式去传承它。于是，无论文化和民族的实际情况如何，分布本身也广泛地牵扯到传播手段。我们可以将卡基拉的存在作为教育人类学的个案，并用其中的文化传承理论等更多发展工具来阐释这种传承方式。② 我们要提出下面一系列的问题：他们的师徒关系究竟如何？他们相互承担的义务如何？为什么建立了这些关系呢？他们以何种"教材"为主导去传承这种非物质文化遗产？2011年当图瓦代表性音乐团体恒哈图③乐队来到中央民族大学办讲座时，他们就解释了图瓦人学习喉音的过程，而这种教学并不是在正统的学校里教授的。他们表示到现在为止，教授喉音技法的学校根本不存在。④

但是，伴随着一些发现，笔者得出一些相反的关于喉音学校的信息。在进行第一次田野调查之后，笔者拿到了一本图瓦民族音乐学考察书籍。它明确地报告早在20世纪，图瓦就至少有九所"喉音学校"，它们中的2/3都位于图瓦西部。⑤ 那时笔者注意到了这九所学校，尤其是其中的"银山泰加喉音学校"和"白泰加喉音学校"。在白泰加学校的教学中甚至明确地提出"声波素描"之说，并包括喉音演唱者的教育。⑥ 那时，从未料想到当地人也会用这种说法，笔者一下子不知所措起来。因此，在进行第二次田野调查时，笔者到图瓦西部去寻找这些相关音乐人组织和"学校"。笔者有幸遇到了白泰加喉音"学校"的学生安德烈·欧贝。在与他交流之后，笔者了解到在图瓦，凡是说民间艺术方面的"学校"，更多指的是"松散的艺术交流网络"，而不是所谓的学校。⑦ 在田野工作中，笔者在问到师徒关系方面时用了"喉音大师"一类的说法，并和安德烈·欧贝等人就喉音的

---

① 英文的拼写是"Alash"。参见乐队的正式网页 http：//www.alashensemble.com。
② "教育本身是人类社会文化传承方式。"雷东霞，从文化传承视角看当代中国普通高校民族音乐鉴赏课——以北京市八所高校音乐鉴赏教学为例 [D]．北京：中国音乐学院，2001：1、18.
③ 恒哈图（Хүн Хүр Тү），其名称在图瓦语意味着"太阳推进器"，指出一种云和阳光的特定姿势。
④ 这个信息来源于恒哈图乐队2011年9月20日在中央民族大学音乐厅进行的讲座内容。
⑤ Kyrgyz, Zoya, Tuvan Throat Singing: Ethno musicological Investigation, Kyzyl: KhöömeiInternational Scientific Center Khöömei Publishing, 2008：Chapter 5.
⑥ 不同学术报告提到声波素描及其图瓦语派生词——"boidus churumaly"，在上书120页可看到此类的运用。
⑦ 事实上目前白泰加就有一个课外艺术校，安德烈·欧贝在这所学校当志愿者。但是，现代化之前，更多的相关人士会在某个地方喉音大师的图瓦毡房即蒙古包里一起学习、交流。

细节进行了交谈。安德烈·欧贝对各种问题保持了比较中立的态度，可以感觉到他对这种师徒说法也有一定的反感。对于师徒关系，他更多强调二者是一种协作关系、一种向上学习[①]的方式，而不是所谓的师徒关系。另外，他说自己教喉音技法时要首先通过模仿动物声音来帮助学生或者说"协作人"进一步理解和把握演唱技法的基础。不知何故，笔者感觉到他在委婉地提倡"以自然声音资源为主导"之类的理念，即实际上体会喉音的最重要的大师就是大自然。其他书籍也指出这种协作关系、以大自然为主学习喉音的传统等。[②]

（一）卡基拉感知的现代传承

按照笔者所研究的，民间拟态知识在阿勒拕－罗尔·萨巴克于声波素描理念的解释中体现得最好。他告诉瓦莲京娜尤·苏祖克伊，高山卡基拉的名称起源于山河的声音。另外，他指出其音色的高低与某一个山的大小有直接联系，即山越高（大）音色范围就越低，反之亦然。[③]但是，除了阿勒拕－罗尔·萨巴克以外，笔者并没发现另一个人像他那样描写卡基拉的内涵。据说他年轻时"听了"一个叫作"年轻骆驼"[④]的银山泰加老人的民间演唱。"年轻骆驼"告诉了阿勒拕－罗尔·萨巴克"你要听，之后你就能学会它"。[⑤]后来，阿勒拕－罗尔·萨巴克成为著名卡基拉手。另外，他也当过银山泰加的小学老师，有时参与亚特卡乐队的录音和出国巡回演出，不过在最后住院之前回到家乡继续当老师。在这期间，许多研究者与他探讨过卡基拉的哲学和含义，留下了一些详细的解释。

因几年前阿勒拕－罗尔·萨巴克过世了，所以只能仔细反复地听一些他的代表性录音来考虑相关问题。但在第二次田野调查中，笔者访谈了他的表弟汗怒·霍勒尔。他来自图瓦西南部，目前一边在图瓦共和国传统文化发展中心的民族乐器车间工作，一边在国家乐团工作。访谈时，笔者提到了阿勒拕－罗尔·萨巴克的卡基拉思维。对汗怒·霍勒尔来说，这是第一次听到这些信息。虽然汗怒·霍勒尔从未听说过相关的说法，但是他赞同阿勒拕－罗尔·萨巴克的那些观点。总的来说，汗怒·霍勒尔对瓦莲京娜尤·苏祖克伊和阿勒拕－罗尔·萨巴克所提出的观点很好奇。这时，我也问了汗怒·霍勒尔："无论该山的大小，如果它很远，那么运用卡基拉去'描写'它的时候，是否声音应该比较安静。反之如果离该山更接近，那么是否声音应该更大。"他同意这个说法。但是，他认为自己并非有能力说得清楚卡基拉究竟是什么或者卡基拉与地景之间的确切联系。访谈中他提出，当自己唱卡基拉时会思考很多事情，包括他老家的风景、家人和周围的自然环境。比较有意思的是，他每年都要回银山泰加到老家帮家人放一次羊。放羊的时候他会唱一唱卡基拉。在他唱卡基拉的时候，他也注意到，动物对他发出的声音比较感兴趣，认真地听他所唱的

[①] 参见：透视质性研究：18 位研究者的反思 [M]. 台北：五南图书出版股份有限公司，2007：113. "人类学家向上看：从向上学习获得的观点。"

[②] Levin, Theodore. *Where Rivers And Mountains Sing* [M]. Bloomington：Indiana University Press, 2006. p. 200.

[③] Levin, Theodore. *Where Rivers And Mountains Sing* [M]. Bloomington, Indiana University Press, 2006. p. 90.

[④] 其名称的图瓦语是"Bodagan"。

[⑤] 我听到过阿勒拕－罗尔·萨巴克最后的深入访谈的翻译版（还没有出版）。

歌。当他讲述那些动物对卡基拉的反应时，笔者从他的表情和语气可以判断出，他对这件事有着神秘的感觉，并为之着迷，他认为卡基拉不是一个简单的东西，却不用过多言说。

这几次的田野调查让笔者确信，各个民间卡基拉演唱者对进行声波素描或者说声音拟态的做法有自己的看法和方法。这些经历，包括汗怒·霍勒尔补充的知识，迫使笔者思考是否有更大的可能性，即卡基拉不是直接描写任何地景或者声景。它也并不是一个"地形声形图测绘技术"，而可能更多以感情的方式来表达某种地景和声景下的生活体验、游牧民和猎人人生的起起落落、痛苦与快乐。凯加－罗尔·霍瓦力克①和安德烈·欧贝等图瓦民间演唱者听我讲阿勒拽－罗尔·萨巴克对群山的山脚和轮廓与卡基拉基音和泛音上的旋律的比较，总的来说，他们认为这些说法有一定的道理。但是，这些方法不至于"应当当作卡基拉的内涵的最佳理解"。②

（二）音声的感情与场景

无论是探索音色、旋律或者"声波素描"的细节，都不能缺少情感的考虑。无论卡基拉演唱者是否演唱某一个地景，但一定会存在相关的情感表达。虽然包括掌握名称在内，声部、声带、嘴唇、舌头、口腔、鼻腔和声门等的相关特定操纵已经是一件并不容易做到的事情，但依然有人主张要"在准确地把握以上的某一种技法的基础上，还得加入适当感情才能唱得有内涵"。可能对当地民间音乐人而言，最有效的教学法和理解方式是以感情为主导，并掌握某一种声音控制的方法。

表 1　当地感情模式和图瓦术语的关系（歌曲情绪词）

Ындынныг（yndynnyg）＝ 令人悲哀

Ыяҥ гылыг（yiangylyg）＝ 哀怨

Сырынныг（syrynnyg）＝ 拖长

МУҢГАРГАЙ（mungargai）＝ 悲哀内心世界③

ЧОРГААРАЛ（chorgaaral）＝ 骄傲和荣誉

ЧОРГААРЛАНГАН（chogaarlanran）＝ 对于某件过去的事有荣誉感

Ээт（eet）＝ "厄特"指的是卡基拉中的"过渡性"短语

在表 1 中有些词语是图瓦人演唱喉音时表达的感情。有些感情包含着许多元素。比

---

① 在 Bay Khaskaya 楼下，进行了第二次恒哈图访谈。访谈中，凯加－罗尔·霍瓦力克在一定程度上赞同阿勒拽－罗尔·萨巴克对于卡基拉与声波素描的理念之后，为了展示一个例子，他开了车门站起来，用手指指向克孜勒市背后的一片山的轮廓，随着唱了一段包含着很清楚旋律的卡基拉。这从另一方面证明了上述图瓦喉音文化的包容性和开放性——各个观点都有道理和参考性，或者说各个想法都有内在的自然来源。
② 注意，我与瓦莲京娜尤·苏祖克伊访谈时，她说卡基拉不可能那么简单地联系地景。
③ 当地国家级音乐人凯加－罗尔·霍瓦力克提出 МУНГАРГАЙ、ЧОРГААРАЛ 和 ЧОРГААРЛАНГАН 与高山型卡基拉的联系。

如，在图瓦语中的一个单词会表达谦虚、疼爱、关爱、痛苦、骄傲和荣誉的结合性情绪。①在隐喻意义上，与理解图瓦喉音的内涵及挖掘的过程具有关联性。比较意外的是，2013年6月到7月笔者留住在克孜勒市时，同屋的一个中年女士曾经这样讲过："如何唱某一个图瓦民间歌曲并不重要，理解它的主题却是十分重要。"有些图瓦喉音业余爱好者在自己所写的文章中提出，当地人在学习图瓦喉音，尤其是卡基拉的过程当中，师傅和徒弟很可能不那么注意声部位置、声带控制、呼吸方式等，而是通过比较"隐喻设备"——景象与相关感情的描写的过程，来指导徒弟准确地演唱某种卡基拉。有时这些"隐喻设备"恰恰是歌曲中的感情或情绪本身。

确实，理解某一个歌曲作为一个通过口述而达到声音范畴转换过程的象征性故事、文学作品、系统性知识传承和当地感情模式本身的表征等，是一个十分重要的人类学探索，尤其是在近一百年才有文字存在的文化中。这些故事无论是虚构的或者非虚构的，其中都包含着图瓦的文化历史、价值观、教训和美德、关键的地方性知识和地方性感知的一些内涵。

笔者也访谈了不同的图瓦民间音乐人，向他们询问了卡基拉的感情和山水鬼神关系的问题。恒哈图乐队的塞颜巴帕指出，有些喉音，尤其是卡基拉，包含着悲伤的感情色彩。如果学习一点图瓦人的历史，你很快就会发现图瓦人在历史上有不少悲伤和痛苦的记忆。这些感情都体现于图瓦的歌曲中。②另一方面，配合歌曲的情感表达也需要调整脸上的表情、姿势和"在场"③的方式。以这种方式，以外表表现内涵也有一定的道理。

总之，理解图瓦喉音中的感情色彩的一个很有实践性的途径，可能不是通过片面的音乐人类学分析和实践，而是通过深入了解地区的、与民族历史有关的知识的学习过程来达到。在前几章，笔者试图深入完整地介绍图瓦人和卡基拉等历史元素。如果研究者无法通过当地人的帮助而完全地学会当地人的情感模式，那么通过相关历史的阅读和探索能否至少接近它而获得一种特别的"跨民族的同感"呢？实践说明，以此为途径，一定会对我们寻找适当的灵感来演唱图瓦人发明的卡基拉有很大帮助。同时，我们也应当反复地思考图瓦强烈而生动的传统音乐和喉咙技术。毕竟，这个文化对象也有可能是历史性感情的传承载体、感情记忆的表征，这是一种口头表述的历史记录。直到现在，笔者个人多年的实践使我相信，喉音的学习并不是一个系统化的过程，而更多是通过个人体验、发现和偶然性习得的。每一个人"发明"了自己的卡基拉，并发现了围绕着它的世界。同时，这么多年的学习经历，了解了那么多师徒关系之后，我仍然很难发现能够与老一代卡基拉人相提并论的年轻人。④笔者只好假定，有关民间教育、学习态度、教材观点和卡基拉实际上的

---

① 我与凯加-罗尔·霍瓦力克所进行过的研究的结果。
② 2013年7月份在克孜勒市与塞颜巴帕及凯加-罗尔·霍瓦力克进行了相关访谈。
③ 阿尔伯特·库伯孜怒等也指出前一代喉音演唱者运用"眼睛之语言"等来达到某种意境上的控制和目的。
④ 前一代的卡基拉演唱者包括霍纳斯塔尔-罗尔·欧尔杰克，阿勒拖-罗尔·萨巴克和瓦斯力·扎孜尔等。参考下面两个专辑：Various Artists, Tuvan Throat Singing Virtuosos: HOREKTEER, Kyzyl, UNESCO: 1977（联合国教科文组织）和 Various Artists, Deep in the Heart of Tuva: Cowboy Music from the Wild East, Kyzyl, Ellipsis Arts: 1996。

"学校"目前正在不断地快速转型。也许,在它可能濒临失传的同时,它也存在着严格的形式主义化倾向。学习喉音、体会卡基拉的人,千万不能忘记卡基拉所体现的感情范畴。

四、卡基拉:通"神景"之术(宗教观点及其科学解释)

【2013 年 7 月 4 日】
在最近的地震之后快崩溃了的克孜勒校区居民楼 8 层房间

在第二次图瓦田野调查中的最后一星期,日落之前的一天下午,笔者在留住的民居楼白卡斯卡亚(Bay Khaakskaya)的 8 层小房子里期待即将到来的访谈会。按照提前的安排,两位中年的图瓦音乐家要再次开车到这里跟笔者进行讨论。当时笔者有幸与图瓦恒哈图乐队的两位成员仔细地探讨这项研究中的卡基拉起源、内涵与技法问题。一般来说,这些出色的音乐家多在国外巡回演出,很少在图瓦家乡过日子。然而,正好那几天他们刚从哈萨克斯坦演出回来。在那么短的假期里他们本应该没有时间陪他们并不熟悉的人,然而,虽然他们回来忙着各种事情,尤其是陪家里人,可是他们还是分两次抽出几个小时的时间找我讨论,笔者倍感幸运。

接着,他们给我打来了电话要我从房间下来接他们。因为我比较热情(兴奋),所以我拿了很多仪器、资料甚至还带了十二线吉他。我把这些东西提在手里就下去了。我看到他们在门口时,就知道了他们真的非常忙。尽管我们原来说好了下次要聚到一起开车到首都外的自然区去聊天,但是我立刻忽视了这件事。于是,我调整了计划,然后就上了他们的车。

在左边坐着的是"司机"萨彦·巴巴,在前右边,凯加-罗尔·霍瓦力克高雅地夹着一个烟头。特德·莱文一看到我就出来帮助我把车的第二列车门打开。接着,我把所有的东西放在里头,之后就进去坐下了。接着,笔者解释了一下硕士论文的内容和其中急迫的几个问题,也提到了几年前他们参加过的一项国际音乐研究项目。从这点出发,笔者开始直接讨论特德·莱文等对卡基拉和声景及地景与"声波素描"进行过的研究以及发展出来的科学理解。他们觉得总体上来说研究者的总结比较脱离现实也就是说脱离民间背景。在下面的几分钟,笔者接受到接近卡基拉本质的关键信息、感情和直观,这些都体现着本章的核心内容。

基音-泛音的声音组织方式不仅在图瓦人中普遍使用,同时也在使用突厥语的人们当中不同程度地存在着。这种普遍性说明,声音结构的某种特定原则能够对音乐文明的塑造起到一定的作用。据说,基音-泛音的声音结构有着延续数个世纪的稳定性,这说明,古代突厥人伟大的游牧帝国创造了以基音-泛音这种声音符号或者说声音密码为代表的特殊的音乐文明。但是,怎样剖析这些声音符号或者说声音密码还是个问题。美国音乐学者和音乐性民族志家特德·莱文提出,这些泛音包含着一种隐喻性内涵。在访谈中他告诉笔者,"有的图瓦人说某些泛音并不是'和声',而是某一个地景和居住于它之内的鸟、动物及鬼神在声波上的声音性比喻体现"。无视这种历史上的内涵,有可能现在年轻的演唱者更倾向于认同西方音乐意义上的"和声"。很多图瓦人,包括国家级音乐家凯加-罗尔·霍瓦力克等告诉过笔者,泛音的使用一定会有演唱旋律的目的。而且,这可以涉及不同的象征性意义。有可能存在以不同形式和变动方式把和声的因素和某种地方因素进行不同种类拟态的传统。按照莱文所说的,当卡基拉被演奏时,"泛音"代表了不同神(包括动物与其他事物的鬼神),所以应该怎样理解这些的意义?图瓦人又是如何看待"神景"之说的呢?它们又有哪些基本的指导原则呢?理解图瓦人如何通过声音控制与声景交织的超自然现象互动也是很重要的问题。泛音的特定操纵能否使得图瓦人与鬼神达到一种接口性作用?也就是说,喉音能否当作一种"通神之术"?

有时,图瓦人会演唱保班纳地与卡基拉的结合性曲子。这一种技法很有意思,它有一个拟声性设备的元素——它的名称本身就有模仿流水声音的成分。① 另外,这一词的动词形式意味着"滚动"。据说以前这种喉音在与河流灵魂主人的互动中用到过。② 但是,作为一种与自然或者说神景联通的工具,怎么去剖析拟声性设备呢?从声音分析的角度而言,这种风格的喉音具有颤动泛音的性质,这些"摇滚"的声音其实也是泛音,它们和流水声音的泛音相似,都活跃而繁华。因此,说河流讲的语言和保班纳地的内在语言有相通点是有道理的。上面的思考只是一个出发点。

除了这些图瓦人控制的泛音以外,也有不少地方的自然泛音可能沟通信仰的不同方面。在访谈中恒哈图的演唱者告诉我说:"传统生活上,如果你的旋律很纯粹,那么鬼神会允许你打猎。"③ 从语言学角度而言,各个泛音也有关系元音。每一个元音本质上就是某个基音上分离而增强的泛音。④ 之前的研究指出,不同地点的流水有着不同的基音,传统上图瓦人有能力去判断它的高低。不过,作为外来的人如何获得这么敏锐的听觉能力呢?这毕竟是喉音精神方面的一个实践性问题。从图瓦的啄木鸟例子也能发现,图瓦人发明的声音控制系统本身和认识声音日历内的野性生物行为与天气变化有关。同时,声音控制也关系着不同人之间的复杂关系或者象征性,即灵魂和感情沟通。⑤ 虽然这条比较性的图瓦思路并不是在全面地挖掘图瓦声音控制特征⑥的关系,而更多是证明图瓦人如何认识声音和音乐与自然界的关系,但是理解图瓦文化的难度就在这里,因为传统上存在多种分类方式,包括动物、植物、声音、语言成分等,有些与外界根本不同的方面。但是,各种喉音都有一个共同点:声音所蕴含的泛音的性质会决定它的风格、内涵和情绪。也许这些

---

① 关于保班纳地(Борбангнадир)的更多细节参见本文第三章。
② Levin, Theodore. *Where Rivers And Mountains Sing* [M]. Indiana University Press, 2006. p. 27.
③ 有一些案例的情况:A)在具体的天气情况下在某一个具体地方的某种动物声音。B)在某个具体时间,在具体某个特定地点如河流弯道、弯曲的小河流、瀑布等就近声景的性质。C)在某个具体地方的回声和混音的音质。D)在某一个具体的地方,在具体的情况下,自然环境元素对某人自己发出的声音的微妙反应。
④ 我在学习的过程当中就提高了这方面的敏感性,而且我坚信任何外来的图瓦喉音学习者也可以如此。
⑤ 在唱片(Shchurov, Vyacheslav. Pesni I Instrumentalie Melodii Tuvi Melodiya. Kyzyl, Pan Records:1969.)说明中提到,对图瓦人日常生活来说,喉音歌曲是在放牧畜群的过程中,牧人一边看着羊群一边唱、一边休息一边唱的。在山区这些歌曲会被离那里几公里远地方的人听到。按照演唱者的说法,他是把自己的问候通过歌曲送到远方牧民的帐篷。
⑥ 主要指的是喉音。

泛音之于自然——非人类对象中的体现就是不同鬼神的本质之于这世界的声音层面中的体现。因此，对泛音的特定操纵就是以泛音的特定操纵为基础，与他们（鬼神）沟通的过程。这些泛音的特定操纵也是旋律的演唱。

除了这些表达方式以外，图瓦人还有其他更简单的相关说法。比如，目前图瓦传统文化发展中心的阿勒达尔·塔木德格曾经告诉过我一些中国人图瓦喉音徒弟按照萨满教对人身体的理解：类似于卡基拉代表地底（地界）、"呼麦"代表中世界（人界）、西奇则代表天上（天界）。同时，阿尔伯特·库伯孜怒告诉过我另一个完全不同的解读，所以并不存在一个普遍而系统的阐释。① 还有，例如图瓦女子乐队的丑德拉·图玛特指出："对图瓦人而言，通过呼麦可以把思想转换到声音范畴之中去。于是，甚至不懂音乐的图瓦人在听图瓦音乐时，往往都会感到与自然声音的认知，对演唱者而言，在唱的过程当中，它往往使他们感到对故乡土地、山、干草原、泰加森林的认知等。"② "各种声音及各种声音变化是对不同动物、环境和风景的创造性解读，并且被当作自然的人为性继续。"③ 在某种意义上，思想、思维和心头反思的事情就是神景在这世界的体现本身。以上还只是一小部分图瓦人的相关解读。

对许多图瓦民间的演唱者的访谈、实践和协作的研究让笔者明白，所谓的比较科学性的声波素描和声音拟态的认识因过分"科学"而远离了当地人的现实总体。当然，也有些相反的发现。比如，在莱文的研究和访谈中，有一个图瓦盲人莫怒格斯，他直接提出自己的哨音技术与描写地景和声景的关系。莱文也提出蒙古国西部的音乐人广布加（Гомбожав/Gombojav）用苏尔来直接描写杭盖山脉的轮廓。④ 另一方面，虽然在中国西北部的图瓦人在当代社会中代表图瓦文化的喉音因素鲜有出现，但是上述探索的声波素描概念在对新疆图瓦人其他当地音乐文化方面的研究中已被提到过。比如，据说"苏尔曲最大的特点就是它模仿大自然，而对大自然的生动模仿来自于对模仿对象的深刻了解，苏尔的每一首模仿大自然的曲子都是在仔细观察、深入了解大自然的基础上创造的；当然，也可以说是图瓦人对大自然的深厚的感情的抒发"。另外，在同一个报告中作者巴图欧其尔指出，假如吹奏的是"杭盖大山的乌雏"，他就是那只杭盖大山唯一幸存的乌雏。也就是说演奏者吹奏乐曲时与大自然融为一体。⑤ 基于此，本报告的作者通过委婉的或者说自然而然的途径展示了图瓦声音文化中的拟态、文化主观象征性代表范畴转换过程与一般声音控制的趋势。这种似乎在每一个图瓦人地区以及周围蒙古人文化中存在的"直感"，是否证

---

① 在我第一次田野调查中，我碰到过一个语言学者阿勒德奈（Aldynai），她比较熟悉图瓦萨满教，她告诉我每个萨满仪式人都有着完全独特的观点，而且图瓦人的萨满教包着一种非系统性的知识。
② 访谈中丑德拉·图玛特提出这些思想，参见 http://www.redefinemag.com/2013/tuvan-throat-singing-musicality-spirituality-cross-cultural-place。
③ 上面文章的原文："The movement of each sound and the strength with which it is delivered is often a creative interpretation of animals, elements, and landscapes, acting as a human continuation of nature."
④ 参见 Levin, Theodore. *Where Rivers And Mountains Sing* [M]. Bloomington: Indiana University Press, 2006. 附件的 DVD 第四段 "Whistling a Landscape" 以及 CD 第二十四歌曲 "Contour of Hangai Mountains"。
⑤ 巴图欧其尔. 苏尔乐器的起源、发展与演变 [J]. 西部蒙古论坛, 2012 (4): 74—90。

明各种图瓦人对声音控制范围知识文化记忆的可能性？这个"认识传统"自然而然使得他们认为声音不可从地景完全地分离，所以所谓声波素描与声音拟态的因素更多是自然地体现于他们声音文化的倾向，而更少是因为他们原来认为有所谓的"声波素描"和"声音拟态"的理念。

莱文与瓦莲京娜尤·苏祖克伊所发现的原则是一个多年协作研究计划的结果。但同时，他们又各自有自己独特的发现以及观点。这些声音物理学以及声音认识论的新思考有一个重要的共同点：一般来说，图瓦人的自然泛音控制通常都运用于表达不同的声音观点。不同研究者坚信，这些自然泛音是有关不同地景或声景成分，或者认为它们（自然泛音控制）是对某些鬼神本质的声音上的表述。这些声音物理学、宗教学和声音认识论之间的思考，有助于人类学家去思考"野性思维"的范畴。如果图瓦人声音上的表述中并没有清楚地区分山水、地景、声景和鬼神本质之间的细节，那么可能这就更多地证明了他们音乐内在的力量是与大自然联结在一起的。

几百年前有一个法国人在亚洲旅游时碰到喉音演唱者，他描写他们发出的"声音"在光与音之间，而是另一个无法解释的事物。① 如此，可能对图瓦人来说，地景和声景之间的事物就是图瓦人的"自然概念"。这种感觉也可能是他们对鬼神发展出的主观性认识。也许这就是动物和山水与人被引起的不同互动性组合：图瓦人通过喉音文化体现了自然对自己内心和调态（hexis）本身的一种刻写和调制，可能对他们的先人而言，这就不是自然，而是不同鬼神在物理世界上的"具身化"。无论如何，从这种讨论我们再次遇到图瓦传统文化的难点，即很多当地人的思维概念在"外界常识之外"。

五、小　结

在刚开始进行这项研究的时候，笔者非常赞成特德·莱文与瓦莲京娜尤·苏祖克伊所倡导的"音色中心主义"图瓦传统音乐概念。不过，这一想法不一定是拟态知识的主要成分，而是一种对当地人与外国学者的专业思考的补充。并且，根据我对许多当代图瓦人的访谈，似乎也没有人会这么看待图瓦传统音乐。这也就是说，当地人对"音色中心主义与其中的声波素描或者说声音拟态"之说并不熟悉。一方面，这使笔者不得不相信这是一种谬论。另一方面，这似乎又是一种过度科学主义的文化阐释。同时，也有可能是因为这种非物质文化知识已失传，虽然目前仍然有人能够唱，但是这些人不能完全理解其中的内涵。如果这一论点成立的话，那么我们所能听到的图瓦喉音很可能仅仅是一种"被动性传承"。另一方面，像阿勒拊－罗尔·萨巴克那样有比较深刻的艺术性声音理解的人也不一定代表前一代对古卡基拉知识最丰富的人，而只是最好的前一代"卡基拉艺术家"而已。

在包括乌梁海人在内的一些蒙古部落里，浩林·潮尔（Kholain Tssuur）之说仍然被运

---

① Vetch, H., Hua Yi Xue Zhi, Charlottesville: University of Virginia, 2009；原文（法语）："Dans Leurs Chansons il y a Beaucoup de Sons de la Gorge et des Lèvres; Elles ne Sont ni Sonores ni Claires."

用在蒙古喉音文献上。① 浩林·潮尔之说包含着许多声部的意思。但是，浩林·潮尔的概念不一定包含着音色中心主义的观念。蒙古、突厥、图瓦人的大多数喉音技法包含着某种旋律的演奏（音调意识）。而且，笔者访谈对象中的许多人指出图瓦音乐人对音色有一定的意识。因此，笔者更倾向于认为图瓦人的传统音乐系统包含着一种"半音色中心主义半音调中心主义"的基础性概念。笔者认为其他学者应当从这一重新认识中受到启发，从而更多去研究专业图瓦声音拟态的知识。

在不同语境中，图瓦人多次对笔者提到了"旋律"②的理念。而且，他们强调了某一段的卡基拉的本质是随着泛音操纵和变动而得以形成。因此，可能更准确的理解方式是图瓦人传统上以"半线性主义"的世界观去知觉（感觉）自然声音，在此基础上，和它互动进行拟态仪式。同时，我们当代人听觉上最在意的是否是变动？图瓦人思维传统的主要启发作用，可能不是体现在以音色为中心的概念中，而更多在强调以音色为主的空间本身。在听歌的泛音变动时，能否更多集中注意到各个泛音之间的范畴（"the space in between."）？也许和当代人看待随着时间的自然对象变化和变动的视觉至上主义相反的是，在传统图瓦人的耳朵里，尤其在做音乐的过程中，所谓的时间更服从于音色，而不是音色变动服从于时间。不过，这么复杂的解释可能不如简单的类比：即也许在一定的程度上，西方音乐尤其是西方古典音乐的乐音动态更多的是在模拟"大量生产"，而图瓦人的古典民族音乐音色动态的气氛更像一个"旋转的陀螺"。

在笔者刚开始这项研究的时候，主要目的是偏科学性的，即意图去"探究"如何更好地阐述图瓦喉音的拟态文化与当地的景象、声景、鬼神等的互动性关系。但后来笔者发现，其中的哲学挖掘过程比较难，并且有不少研究领域的课题会很容易变成一种个性阐释。虽然笔者花费了不少时间去学习图瓦喉音与蒙古喉音（1000多个小时），并进行了六次的田野工作，但是为了彻底地符合初期的研究目标，还需要与考古学家、语言学家和当地游牧民长期合作才能完成这项巨大的任务。这种声音拟态的概念至少部分地是图瓦人与外界交流的一个必然结果。同时，年轻的图瓦专业及民间音乐活动人表明，那些关系更多是艺术性、隐喻性的，并且每一个人都有不同的理解。不同研究者可以继续完善这个模型，也可以想出更多方式去把握各种喉音与那些景象、鬼神对象等的复杂关系。也许通过这一过程，一些分类化的其他层面会被揭示出来。虽然很多相关古代文化都可能已经失传，但是我们至少可以运用这个模型尝试去更好地理解当地人如何看待围绕着喉音文化的各种因素在历史中的关系。甚至可能还有机会以文化记忆和相关适当研究再建构一些项目。毫无疑问，这个程度已对中国国内外的喉音实践者的学习有了很大帮助，并且这种音乐人类学研究有双用的性质，即对音乐人和研究人两者都有助益。

---

① 在第六次田野工作中，甚至有乌梁海音乐人告诉我尽量不要用"呼麦"之说，而要用浩林·潮尔。
② 按西方音乐的旋律概念。

· 生态、文化与社会变迁研究 ·

中国非物质文化遗产（秦腔）何去何从

——基于电影《大丑》的现实困境[①]

张祖群　　首都经济贸易大学

在中国影视与戏曲史上，有几部里程碑式的以戏曲为内容的电影：莫言小说《白狗秋千架》改编的电影《暖》；1997年上映、吴天明导演的《变脸》；2014年上映、青民执导的《大丑》；2016年上映、吴天明导演的托孤之作《百鸟朝凤》。他们都引发传统戏曲（技艺）的生存问题。

一、研究综述

（一）基本概念与对象

中国传统戏曲特征主要体现在以下四个方面：（1）生存数千年，根植于传统的农耕社会土壤。（2）区域差异明显，南戏北曲（南曲戏文、北曲杂剧）。（3）从艺人员是自由的，其职业高度个体化，戏班流动性大。（4）戏班内部以及戏班组织者（团长）、普通演员、戏曲表演场所之间形成了社会化与组织化的雏形，戏班之间、戏班与地方之间呈现出一种别样的江湖人生。

源于西府（陕西省宝鸡市的岐山与凤翔）、起于西周、成熟于唐宋、兴盛于明清的秦腔（Qin - qiang Opera），是中国汉族最古老的戏剧之一。秦腔艺人奉唐明皇李隆基为梨园始祖，以盛唐之音为正宗；2006年5月20日，经国务院批准，秦腔被列入第一批国家级非物质文化遗产名录（传统戏剧，编号160 Ⅳ - 16）。西北人热爱秦腔，用陕西话说就是"八百里秦川尘土飞扬，三千万老陕高吼秦腔"。一个"吼"字传神地展现了在广袤肥沃而又气候干燥的陕西大地上，人们如干旱狂躁的自然地理气候那样耿直气爽、高亢豪迈。

秦腔有生、旦、净、丑四种角色。

1. 生　生有老生（主要扮演帝王及儒雅文弱的中老年人）、小生（主要扮演年轻英俊的男性角色）、武生（主要扮演勇猛战将或绿林英雄）、红生（专指勾红色脸谱的老生）、娃娃生（剧中的儿童角色）等区别。末行扮演中年以上的男子，多数挂须，一般并入

[①] 本文系北京市优秀人才培养资助项目（2013D005019000005）、北京市哲学社会科学规划重大项目（13ZDA07）、国家旅游局"旅游业青年专家培养计划"（TYETP201406）科研成果之一。

"生"中。

2. 旦　旦行是扮演各种不同年龄、不同性格、不同身份的女性角色。有正旦（青衣，端庄娴雅的女子）、花旦（天真活泼的少女或性格泼辣的少妇）、武旦（扮演精通武艺的角色）、老旦（老年妇女）、彩旦（滑稽诙谐的喜剧性角色）、花衫（熔青衣、花旦、武旦、刀马旦于一炉的全才演员）等区别。

3. 净　净行俗称花脸，又叫花面，一般都是扮演男性角色。有铜锤花脸（正净，庄严凝重的忠臣良将）、架子花脸（副净，绿林草莽英雄或权臣奸相等）、武净（彪悍战将或神话中的灵仙妖怪等）、二花脸（扮演一些穷凶极恶之徒）等区别。

4. 丑　丑行又叫小花脸、三花脸。有文丑（伶俐风趣或阴险狡黠的角色）、武丑（精明干练而风趣幽默的豪杰义士）的区别。《大丑》中主角取名为丑，其实是大丑大美。

2014年8月28日，在中国大陆上映的电影《大丑》以社会文化变革时期秦腔草台班子的命运起伏与艺术家们的情感世界为线索，深刻揭示了中国传统艺术秦腔在当代现实逆境中的挣扎与困顿。在《大丑》中，秦腔名戏《三滴血》与绝活"光头点灯"都是真实艺人的真实表演！

（二）学术史回顾

如果缩小历史视野，近十年来，我国学者对桂南采茶戏[1]、内蒙古二人台[2]、河南豫剧[3]、安徽亳州梆剧（又称淮北梆子戏、安徽梆子、土梆子，笔者按：亳州市谷家戏班案例）[4]、山东江苏安徽等地的吕剧（又称化装扬琴、琴戏）[5]、桂林市的桂剧[6]、晋中市的晋剧[7]、河南商丘四平调[8]、山东省菏泽的枣梆[9]、河北省衡水市的哈哈腔[10]、浙江省的姚剧[11]、河南梆子[12]等地方戏曲的困境进行研究，诞生了多篇硕博论文。以河南梆子为例，樊粹庭以毕生的心血和智慧投身于河南梆子的编导和传播之中，全力投入编剧、导演、教育等系统化艺术创造工程，促使河南梆子步入现代艺术发展新进程。但是，即使拥有这样的改革人物，河南梆子如今依然面临生存与传承的困境。如何突破这种由文化土壤（环境）改变所带来的改制困境？原国营剧团在转型时期如何走出"草台班社—国营剧团—衰落—解散"的怪圈？这些问题值得我们深入思考。其中，围绕着戏班研究的历史演化和戏班表演运作体制两种路向，在偏重口耳相传的戏班文献资料缺乏的情况下，黄虎（2011年）以多维反馈互动的实地调查为前提，以多种方式、不同群体、全面整理的口述历史为基础，以"一域四目"（阐释一个戏班的历史演化、表演特征、运作机制与传承规律）为基本框架，展开了综合研究。[13]

（三）研究视点

中国传统戏剧表演在农耕社会是一种自由的、高度个体化的职业，与以家庭为单位的小农经济以及手工业作坊式的自由劳作风格较为相似。众多个体演艺人员构成的戏班，内部结构松散，人员流动性大。戏班在各个相邻或非相邻的村镇之间流动，在广大农村寻找自己的舞台，并且所有优秀演员也都是流动于不同的戏班。戏班内部以及戏班组织（团长)、普通演员、戏剧表演场所之间形成了社会化与组织化的雏形,戏班之间、戏班与地方之间也呈现出一种别样的江湖人生。但是,晚清民国以来,受"西学东渐"浪潮的冲击,这种根植于农耕社会的传统戏剧表演形式难以自持,只能在现代化与民族文化觉醒的激荡中随波逐流。民国期间,群众发起新生活运动,学唱文明戏(crude stage play),学习"白话新剧""话剧""新剧"等,1949 年后传统戏班向现代剧团转变,1950 年波及全国的"戏改","文革"期间走红的样板戏,20 世纪 80 年代以后剧团改革,2012 年以后新的文化体制改革,特别是 2013 年文化部关于印发《地方戏曲剧种保护与扶持计划实施方案》的通知(文艺发〔2013〕35 号)、2015 国务院办公厅印发《关于支持戏曲传承发展的若干政策》、2016 年 7 月 29 日文化部召开基层戏曲院团发展座谈会等,都是基于现代性与本土化的互动,呈现出现代性与本土化交织的倾向。[14] 那么,面对百年社会变迁,如何突破文化环境改变所带来的改制困境,原国营剧团在转型时期如何走出"草台班社—国营剧团—衰落—解散"的怪圈,中国传统戏曲的命运何在,都是值得我们深思的问题。

二、《大丑》呈现的三对三角关系与困境

(一)《大丑》呈现的三对三角关系

从人物角色矛盾出发,《大丑》呈现出三对三角关系,如下:

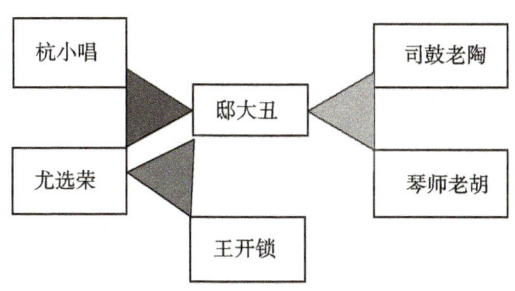

图 1 以邸大丑为主角的三对三角关系

1. 邸大丑—尤选荣—杭小唱。作为陈仓秦腔剧团台柱子的邸大丑在改制后可以保留公职,而尤选荣与杭小唱却只能二者留其一,最后团里决定留下杭小唱,出乎意料的是,杭小唱却甘愿跟着师父邸大丑离开陈仓秦腔剧团,在草台班子中摸爬滚打,并且爱上了自己的师父。当大丑秦腔剧社在西北油田演出大获全胜之时,杭小唱却悄然离开,结束了那场师生不伦之恋。

2. 邸大丑—尤选荣—王开锁。邸大丑没有向团长推荐自己的老婆尤选荣。为了可以留在剧团,尤选荣和王开锁之间有了床笫之欢。被带了绿帽子的邸大丑对自己的妻子尤选荣爱恨交加,最终毅然选择离开了陈仓秦腔剧团。尤选荣在大丑带队离家之际,在安全套上做了手脚,怀上了大丑的孩子。

3. 邸大丑—司鼓老陶—琴师老胡。大丑毅然决定离开"专设团体",并和司鼓老陶、琴师老胡两位师兄操起了股份制的草台班子——大丑秦腔剧社。在剧社成立初期,他们下乡演出,兢兢业业,账目清明。所谓三个臭皮匠赛过一个诸葛亮,邸大丑、司鼓老陶、琴师老胡三人硬是撑起了大丑秦腔剧社的半边天。

(二)《大丑》揭示的地方剧团的困境

在飞速发展的现代社会,传统艺术无疑处于极度边缘化的状态。但是,作为现实与戏中的"草台班子",《大丑》展现出来的是一种不屈于命运的力量。戏中,饰演丑角的樊军,是秦腔舞台的头号男角,他所表演的《三滴血》和"光头点灯"堪称双绝。无论在现实生活中,还是在舞台表演中,他都兢兢业业,始终怀揣着对最底层传承秦腔文化的期冀。今天我们面临着一个全新的时代,电视、电影、网络等丰富多彩的艺术形式冲击着观众的视野,使当代人的审美需求越来越多元化;传统戏曲"先离后合、始困后享"的大团圆结局,以及陈旧的版本创作已经不再符合现代人的审美要求;旧的剧团体制束缚了剧团的发展,使其缺乏市场的活力;新的历史时期,剧团面临着历史包袱重、经济压力大、财政拨款数额不足、市场风险大、观众群体日渐萎缩、演员队伍老龄化等诸多问题,如果没有了广阔的城乡演出市场,剧团如同无源之水,也就失去了富有激情和战斗力的创作团队。如果传统剧团的创作者、演出人员不能深入生活,不能潜心创作,不能与时俱进,传统戏曲就会离今天日新月异的现代生活越来越远。[15]剧团由原"政治"主题时代的政府化身(政府政治宣教的代言人)转化为"市场经济"主题时代政府权力体系的"荒原生存者"(游走在政策边缘,凭着手艺艰难生存)。原文化事业单位社会关系在改革的大背景之下呈现多向度断裂,是地方剧团改革面临问题的症结所在。这使得诸多剧团一方面因无法完全进入市场轨道而不能适应市场化生存,另一方面则因日渐游离于权力体系之外,只能以更多的精力附和和回应政府的相关要求。[16]于是,大量地方剧团的台柱子流失,更多的底层剧团工作人员下岗。这既有个人寻求新的发展、因特殊原因忍痛做出诀别、个人理想和生活目标不一致等个人原因,也有单位对人才的重视程度不够、剧院对人才队伍的建设力度不够、体制不稳定造成人员思想波动、待遇不高人心不稳等体制原因。[17]

(三) 大丑大美

旧时称职业戏曲演员为"戏子",连"九流"都算不上,属于"下九流"(一流戏子,二流推,三流王八,四流龟,五剃头,六擦背,七娼,八盗,九吹灰),戏子地位比娼妓还低,故有"婊子无情,戏子无义"之戏谑,而戏子中的丑角更是地位低下。电影《大丑》中,邸大丑少时为能演"好人""正面人物",不再演"坏人""丑角",拿着母亲给的粮票去给师傅送礼,被师傅大声痛斥,撵出练功房,粮票则像雪花般散落一地。邸大丑胆怯地捡拾着地上的粮票,内心被师傅的刚正不阿、公私分明所震撼,他今后的人生也深深地受此影响。93分钟的影片聚焦于以"丑角"邸大丑为代表的秦腔艺人们的那份艰辛、孤独和坚持,真实还原了中国传统艺人的生存环境,刻画了艺人内心世界的纠葛和挣扎以及他们对艺术的执着守望。这是一幕不折不扣的舞台人生，一笑一怒满满都是戏。在中国人的审美哲学中，美到蝇营狗苟便奇丑无比，丑到落落大方，美便生了出来。这恰如出淤泥的莲花，于污浊之中绽放最纯洁的美。邸大丑何谓丑？所谓大丑至美，邸大丑抵御风雨考验的成熟心理、勇于担当的责任心、宽容积极健康的生活态度，实则展示了底层小人物的"大美"。

三、地方剧团的几种改革模式

（一）关停并转式的精英改革

要实现戏剧的现代化，需要高科技的人才和崭新的观念，需要投入大量的人力、财力、物力。而在当前国家经济发展的转型时期，在两级分税财政、基层财力有限的前提之下，大多数剧团都不能得到普惠式的补助与足额的资金支持。许多地方采取对剧团实行"分类指导、调整布局、优化组合"的改革方式，对于已经不适应戏剧发展的剧团，实行"关、停、并、转"。[18]正如电影《大丑》中，台柱子邸大丑可以毫无疑问地保留，而尤选荣与杭小唱两人只能保留其一，其余人都下岗分流。这种集中"优秀"精品人才，实施精品战略、明星效应、优团优待、政策倾斜的方式无可厚非，并且从某种意义上说甚至带有经济时代"效率优先、兼顾公平"的操作方式，可以避免"撒胡椒面""吃大锅饭"的低效率运行。殊不知，今天面对传统戏曲整体环境的缺失，这种集中精品战略虽挽救了少数人，却造成大量底层演艺人员的流失，导致传统戏曲出现后继无人的局面。并且制度的比较衡量，使得大多数底层文化工作者不能进入政府体制之内，享受不了改革的红利，他们都成了剧团"关、停、并、转"的垫背者与牺牲品。所谓挽救了一小点，丧失了一大片，这种战略加剧了底层文化环境的崩塌。

（二）以回归市场为根本底线的大众化改革

近年来，河北省剧团体制改革采取了三种方式：（1）以集团化的方式整合现有的表演团体，组合成大型的演艺集团（例如唐山市整合市直京剧、评剧、皮影、唐剧和歌舞五个剧团）。（2）通过"文企联姻"模式由股份制民营企业接手（例如邯郸市平调落子剧团与河北九如集团合作组建了新的"洪生艺术团"）。（3）剧团直接转企改制（例如河北梆子剧院组建为河北燕赵演出有限公司）。这种分类改革方式以剧团回归市场为根本底线，有效地调动了绝大多数剧团和优秀艺术家的积极性，避免了"撒胡椒面"的低效率，同时也激活了底层艺术团的一大批新生力量。改制后推出的评剧《家住长城头》、河北梆子《女人九香》等精品戏剧受到观众的一致好评。[19]

（三）以精品意识为导向兼顾公益性、商业性的改革

在我国众多地方省（市）的歌曲团中，吉林市歌舞团一枝独秀：每年演出场次近300

场（公益性、商业性演出各占一半左右），从1999年到2008年连续10年亮相央视春节联欢晚会，并且作为2008北京奥运会开闭幕式演出的候选文艺团体参与演出。[20] 以精品意识为导向兼顾公益性、商业性的改革，挽救了吉林市歌舞团。吉林市歌舞团以上层路线切入的改革，在不同的学者看来，会有部分争议。如果找出不同学者对其改革的差异，或许会有立体视角，更好比照中国多样化地方剧团的改革模式。但是作为中国地方剧团改革的一个典型样本，吉林市歌舞团曾经的辉煌，好的经验或值得吸取的教训，无疑值得深入研究。

总之，中国地方性剧团走向市场、转变创作理念、靠市场演出谋求生存和发展，从长远来说有利于戏曲类非物质文化遗产的传承与保护剧团改制；同时，也要发挥政府的社会保障与协调功能，要敢于担当与兜底，统筹规划，促进底层剧团改革的公平。

四、中国传统戏曲何去何从

（一）戏里人生

中国传统戏曲是一种明确肯定假定性的戏剧，它与20世纪前的西方戏剧制造舞台幻觉的意旨相背离，它通过符号化、象征化、装饰化的表意手段在舞台上创造出带有强烈形式美感的情境，从而传达某种情感体验。以秦腔、京剧等为代表的东方戏剧具有艺术的有机整体观、追求艺术精神的和谐、侧重艺术的求美而非求真的思维特征。今天的西方戏剧舞台上所见到的空舞台、开放性结构、自由而随意的时间和空间调度、象征或写意性的风格化表演、中性和当众添置与撤换的布景、简陋的象征性道具、色彩绚丽而夸张的服饰与化装、面具的普遍使用、诗歌和音乐韵律节奏的追求、叙述手法的介入等表现手段，尽管都被做了移形处理因而显得陌生化，但我们依然能从中感受到东方戏剧的神韵。所以，只要电影、电视与多媒体电脑的冲击波不能最终隔断舞台对于人们的亲和力、感染力和召唤力，东方戏剧在未来世界里就仍有自己的一席之地，并作为人类精神与艺术的一种特殊形式而存在和发展下去。[21]

中国传统戏曲有三种递进式的空间：第一，戏曲舞台空间，主要指实体的布景。第二，戏曲演绎空间。通过对戏曲的演绎，将时空流动式的动态符号系统及过程紧凑地集中起来，舞台上的实际场境和情景随着角色的表演和剧情的流动而发生变化，也就是场境跟随着剧中人物的移动而移动。第三，文化认同空间。中国戏曲作为民族文化的传播媒介，通过创造一个具有文化认同感的地理空间，将民族文化原有的乡土性、宗教性的土壤和传播动力向外辐射，把不同的、零碎的地区社会文化聚集到一起，形成一个民族共有的信仰和文化地理空间。[22] "台上一分钟，台下十年功"，底层戏曲演员是何等的辛苦和不易，表面上的风光，都是靠背地里的泪水和汗水换来的。一个名角的诞生与走红由千百个配角与无名小角在垫背，多少演员的悲喜人生淹没在粉墨重彩之下，成为命运无常的牺牲品。很多名角用尽一生功力，仅仅只是为了台下看客拍掌叫得一声好，只要上台了，这身子便不是自己的，而是属于戏台的。《大丑》中有一个情节：一次，大丑秦腔剧社在乡下基层演出时，遭遇大雨，剧社其他人都问邸大丑："现在没有一个乡党来看戏了，还演不演？"邸大丑说："按照议程，哪怕有一个观众都得给他演，即使没有观众了，咱们给神演。"邸大丑的眼里，有一尊无时不在的神！这就是名角对于艺术人生追求的境界！戏里何尝不是人生，人生何尝不是一场戏？

（二）时代变革中的中国传统戏曲

我们不应该用衡量商业片的视角去衡量电影《大丑》的不精致，即使人物性爱关系的镜头做得不含蓄（笔者按：在课堂里分享《大丑》这个影片时，我只能跳过诸多的性爱敏感镜头），更不应该以票房收入去批判《大丑》"叫好不叫座"。作为一个有文化良知的普通公民，我们更多的是应该从中感受到千万个和邸大丑一样的底层戏曲工作者的悲欢离合及其在当代的挣扎困境，体会这个片子背后的社会语境和文化寓意。《大丑》结尾有两个小细节：（1）杭小唱离开中国到美国帮美籍华人打理秦腔地方剧种理事会，其实这个美籍华人就是40年以前（"文革"期间）抛弃邸大丑父子的母亲。邸大丑的徒弟杭小唱以这种生命轮回的形式在异国他乡传承着自己本国的优秀传统文化。（2）妻子尤选荣不喜爱师兄们给孩子取的小名——邸小丑，因为她不想让下一代继续从事这种艰难的艺术行业。最终，邸大丑在两位师兄的劝说下收下两位来自大洋彼岸的洋徒弟，接受他们的跪师礼。由此看来，中国本土的戏剧文化吸引着他国民众，同时，也在邸大丑这一代人手中艰难地传承着。是的，优秀的文化就是这样，越是民族的，越是世界的。

40年以前，我们经历了"文革"对文化遗产"清算"的破坏，全民陷入一种与传统割裂的"狂欢"之中。这是何等的悲哀！今天，中国传统文化尚未完全抚平历史的伤痕，却又不可避免地被卷入了经济全球化、文化全球化浪潮，从形式到内核都受到文化均质化的挑战和威胁。今天电子媒介内容严重同质化，西方流行的价值观、全球化与城市化的影子笼罩全球，消费主义、拜金主义和物质化主义冲垮了人们坚守传统的最后一道心理防线。在工业化、城市化、信息化和市场化席卷中国的过程中，以秦腔为代表的中国传统戏剧难以为继，进入了一个前所未有的危机时代，许多传统文化的外在形式与内在文化基因都正在迅速改变。[23]新的媒体形式（博客、微博、QQ、微信、邮件、短信、语言视频聊天等）对"非遗"的影响不仅仅在于文化传播价值，更重要的是改变了"非遗"的存在方式、传承途径、管理模式等。在这方面可以延伸的学术空间与纵深很大！社会的巨大变革悄无声息地改变着人们的意识形态，消磨着民族文化基因与民族精神。历史记忆的消亡、传统文化标志物的消失、传统生活方式的流变、传统精神层面上的缺失，最后将汇集成民族文化的裂变。[24]

与笔者讨论的诸位同学都告知我：作为2014级、2015级研究生，我们这一代青年人大多数已经看不懂、听不懂传统戏曲。从小，我们的教育中就缺少这一部分。只有依偎在爷爷奶奶的怀抱里听故事的时候，才零星感受到传统戏曲的某些因子（2015年4月2日笔者课堂实录）。笔者感觉到悲哀与伤痛，我们这一代人伴随着中国改革开放的深入而成长，我们或许要永远和以前的农耕时代说再见了！在向新的未来奋进过程中，我们失去了什么？我们应该捡回什么？我们不希望今天的中国回到被动挨打的过去，更不希望在现代化的大潮中迷失了自我！

（三）几点讨论

笔者不禁掩卷长思，中国传统戏曲将何去何从？如何寻找到一条回家的心灵之路？笔者主要讨论几点，如下：

1. 传统戏曲类非遗的必然宿命

秦腔作为一种彻底的草根艺术，所有表演素材都来源于生活，来源于最普通的老百姓，最后也回馈给最彻底的草根。秦腔具有最为浓厚的西北农耕民族生活气息。笔者感叹：以秦腔为代表的传统戏曲类非遗在剧烈变革时代，如同一曲天鹅挽歌。或许学者对秦腔生命力与困境的判断，与现实困境有一定差异。本人绝非无病呻吟，而是基于传统戏曲类非遗的必然宿命，有感而发。

可能有人要问，相比较秦腔之困境，二人转等草根艺术却在东北大地上仍然具有惊人的生命力。它并没有随着网络时代、城市化时代等变革而削弱。二人转属于中国东北走唱类曲艺曲种，秦腔则是西北大地最典型的戏曲形式之一。因为受众不同、诞生早晚不同、文化土壤的包容性不一等原因，将二人转与秦腔生硬地比较其生命力并没有太大的意义。

2. 传统戏曲"从民众中来，到民众中去"是其最终归宿

发源于农耕时代、盛行于农耕时代的中国传统戏曲来自最底层的民众，它必须回归到民众中间去。特别注意并努力在自己的上演剧目中突出、强化反映本剧种、本地观众的文化心态及审美要求，从而使他们的戏曲有鲜明的地域戏剧文化特色和浓郁的乡土气息。[25]影片中，秦腔在新疆油田职工演出中，找到新的生存土壤，不得不令人感慨。以关中平原、天水盆地、兰州—河西走廊、西宁湟水谷地、新疆据点状移民城市等为核心的西北汉民族集聚区，是秦腔生存的核心土壤环境。14亿中国同胞与5000万海外华人是认同中国传统戏曲的最终归宿。剧团改制，政府要有后续的制度保障（工作与生活场地、正常演出的各类硬件设备、人员行当的整齐配置等）；剧团要改变细微观念，树立"平民意识"，真正地"接地气"，不以降低艺术水准换取中低档市场。在剧目选择、服务方向、演出场所、演出场次等诸多方面，都要有公共文化服务、票房预测、盈利思维，为观众奉送健康有益、好听好看、雅俗共赏、质量上乘的戏剧作品。[26]

3. 传统戏曲改革要培养观众，营造新的文化土壤

在新的历史时期，基层戏曲院团的创新发展是探索农村城市化后，城市反哺农村的新型文化平台。政府改变基层戏曲院团的文化生态，需要最大程度地保持正向作用力。今后一段时期，文化部主要从资金支持、公共文化服务体系、剧目建设、戏曲人才培养、宣传表彰、观众土壤等六个方面着手（参见2016年7月29日文化部召开基层戏曲院团发展座谈会纪要）。在笔者看来，假设这六个方面是按照重要性排序的话，如果能把"观众土壤"排在最前面，就更好了。在如今网络文化充斥的变革时代，网络的开放性、互动性、

多元性、个性化等特征，具有多媒体、多用户、资源共享、成本低、容易互动等优势，使得传统戏曲利用网络可以更便捷、更广泛地进行传播。应该充分预见到网络媒体对传统戏曲传播的正面与负面影响。观众是戏曲的基石，没有观众就根本谈不上传统戏曲的生存和发展。除了运用各种新闻媒体加大宣传力度、扩大传统戏曲影响、增加公益性演出数量之外，更重要的是让传统戏曲进入大、中、小学课堂，从孩子抓起，培养观众，营造新时期传统戏曲生存的文化土壤——学生才是新时期戏曲观众的不尽来源与有机补充力量。[27] 今天，在首都经济贸易大学这个课堂里，我感受到了一种责任：与各位青年朋友分享本次课程，不仅是培养观众和听众，更重要的是激起你们潜意识里对传统文化的热爱，我将和你们一起寻找民族文化的根脉所在。

4. 保护传统，并不是排斥创新

传统技艺类"非遗"有四种必然宿命：（1）新的历史语境下面临必然"被消亡"的命运。虽然个人（传承人）的努力改变不了这一切，但是我们不能否定其艰辛和努力，仍然要在道德的感召之下对艺人表示赞赏。（2）将"非遗"送进博物馆进行"僵尸式"展陈。这使得"非遗"失去活态性和生命力，消解了"非遗"的内在价值。我们需要从遗产的怀旧哲学角度进行伦理学思考。（3）传统再生，旧瓶装新酒。典型的是第三次人口普查时的动漫公益歌曲《寻找与守望》，虽然这种文化创意产业、动漫产业的方式使得"非遗"获得了另外一种再生，但是在形式与内容、符号与意义之间如何取得平衡还值得我们深入探索。（4）"非遗"生产性保护。尺度过大的"非遗"生产性保护容易走入过度商业化与GDP的怪圈，从而受到文化遗产伦理学的批判。

传统戏曲要想适应变革时代获得新的发展，就必须对不适应时代的、陈旧的方面进行改革，要以创新的精神来发展艺术。万变不离其宗，传统戏曲的教化功能与审美价值观等核心精髓不会随着舞台变革、戏曲曲目、灯光舞台美术、演员等发生重大变化。只有这样，保留传统精华的艺术形式，从现实生活当中不断加入新的元素，汲取新的营养，才能发展这门艺术。这样，不景气或者即将失传的艺术才能够重新振兴。当然，秦腔与摇滚的结合，这种改良评析，笔者将专门撰文探讨。

最后，笔者用一句话结束：在非物质文化遗产面前，我们每个人都是小学生。要体现对传统的尊重与对历史的敬畏！

参考文献

[1] 孙宝. 桂南采茶戏戏班的调查与研究——以博白大坝龙旺采茶剧团为个案 [D]. 桂林：广西师范大学，2008.

[2] 高攀. 内蒙古二人台的调查与研究 [D]. 临汾：山西师范大学，2009.

[3] 艾珊歌. 走向经典的现代戏——豫剧现代戏《倒霉大叔的婚事》调查与研究 [D]. 北京：中国艺术研究院，2009.

[4] 李冰洁. 谷家戏班转型研究 [D]. 福州：福建师范大学，2010.

[5] 张永杰. 地域文化视野中的吕剧研究 [D]. 南昌：东华理工大学，2013.

[6] 王婷婷. 桂剧的调查与研究——以桂林市为中心 [D]. 临汾：山西师范大学，2013.
[7] 郭建芬. 晋中市晋剧团调查 [D]. 临汾：山西师范大学，2013.
[8] 王豫立. 文化变迁视野下的商丘四平调研究 [D]. 乌鲁木齐：新疆师范大学，2013.
[9] 李霜. 菏泽枣梆的生存现状调查与保护对策研究 [D]. 曲阜：曲阜师范大学，2013.
[10] 慕瑞. 衡水中路哈哈腔的研究 [D]. 保定：河北大学，2014.
[11] 何喆. 论政府在地方剧种传承与发展中的作用——以浙江姚剧为例 [D]. 杨凌：西北农林科技大学，2014.
[12] 徐芳芳.《樊粹庭文集》整理与研究 [D]. 开封：河南大学，2014.
[13] 黄虎. 戏班研究的路向、方法与意义——以环县道情皮影戏敬家班的研究为例 [J]. 北京：中央音乐学院学报，2011（4）.
[14] 傅谨. 二十世纪中国戏剧的现代性与本土化 [J]. 中国社会科学，2003（4）.
[15] 纪文清. 从地方剧团看戏曲的发展方向 [J]. 神州，2013（13）.
[16] 刘辉. 多向度断裂：文化事业单位改革面临的挑战及成因——以地方剧团的处境为案例 [J]. 社会主义研究，2014（3）.
[17] 张薇. 地方剧团戏曲人才流失现象的理性分析和对策思考 [J]. 东方艺术，2011（S1）.
[18] 刘庆来. 地方剧团生存发展二题 [J]. 中国戏剧，1998（3）.
[19] 郭慧丽. 市场导向下的戏曲类非物质文化遗产的保护策略——以河北省为例 [J]. 河北学刊，2012，32（5）.
[20] 单文苑. 一个地方剧团的生存之道 [N]. 中国文化报，2008-06-23（1）.
[21] 廖奔. 东方戏剧及其文化命运 [J]. 中国社会科学，1996（4）.
[22] 郑虹. 媒介地理学观照下的中国戏曲地理景象 [J]. 今日中国论坛，2007（5）.
[23] 梁广寒. 传播与教育：中国传统艺术传承模式探析 [J]. 文化遗产，2009（3）.
[24] 洪磊. 地域文化传承视阈下的乡土美术教育探究 [J]. 民族艺术研究，2012（5）.
[25] 余思. 为近源头活水多——有感于基层剧团好戏好演员多 [J]. 中国戏剧，1991（5）.
[26] 郭明雷. 剧团改制以后如何跻身市场 [J]. 东方艺术，2014（S1）.
[27] 刘德君. 拯救地方剧团　培育戏曲观众 [J]. 中国演员，2008（3）.

历史文化名村保护现状与对策

——以黄南藏族自治州同仁县郭麻日村为例[①]

格日措　　中央民族大学

随着《中国历史文化名镇名村、传统村落保护和整治导则》等一系列规章制度的出台，学术界对历史文化名村名镇的研究关注度逐渐提高。其中，内地名村名镇如江西省吉安市渼陂村、河北省邢台市英谈村、广西省富川县秀水村等，其学术研究与开发利用的力度得到显著提升。相较而言，有关少数民族和民族地区历史文化名镇名村的研究则显得较为薄弱。为此，笔者选址于青海省黄南藏族自治州同仁县郭麻日村（该村入选"国家级历史文化名村"），通过访谈和参与观察的方式展开研究，以此推进我国藏区历史文化名镇名村的保护与开发利用。

一、郭麻日村的文化遗产资源

郭麻日村位于同仁县县城北部、隆务河西岸，平均海拔约2350米。全村为1个自然村，有12个生产队，417户，2050人。村内尚有安多地区年代较早、保留较完整的古堡。全村主要由3个大部落和20多个小部落组成，部落之间具有血缘关系，有各自祭祀的军神（家神），部落之间和部落内部关系和谐。

"郭麻日"有两种解释，一种意为"红色的门"，是现在比较常用和认可的说法；另一种则指戴红色头巾的人，源于藏王松赞干布的发髻由红色绸缎包裹装饰，该说法认为当地人是松赞干布驻军将士的后裔。[②] 关于郭麻日族源的古籍资料较少，主要有如下几种说法。昂青嘉布所著的《先祖言教》[③] 记载："依照隋坚赞四子时期的历史，加霍尔的诸多部落有可能在聂塘人迁来以前就在此地，由史云'上部的和中部的萨合吉尚未形成之前，下部的郭麻日已经形成'。"又有记载说"红铜镶大门，故名郭麻日。"[④] 此外，在《甘青藏族部落社会文化史研究》一书中，作者认为郭麻日村民是赞布王时期来自卫茹朵岱的屯兵后裔。

郭麻日村的文化遗产资源主要由物质文化遗产和非物质文化遗产两部分组成，现分述

[①] 本文受中国国家留学基金委资助，项目编号：201706390052.
[②] 周毛先. 何去何从：隆务河流域"蔡孜德裕"人之身份认同调查研究[J]. 青海社会科学，2017（4）.
[③] 一本有关河南蒙古的历史书籍，为六世河南亲王时期所著.
[④] 三智多杰. 热贡郭么日夺底的历史[M]. 北京：中国文史出版社，2015：30.

如下。

（一）物质文化遗产

郭麻日村主要由古堡、郭麻日寺院、战神庙和新村四个部分组成，新村是后来为安置古堡内的村民所修建的，故不在本文的研究范围内。郭麻日村落较为复杂，以古堡为例，古堡内部以村庙为中轴线发展，形成世俗和神圣的相辅相成；古堡外部既有郭麻日寺和白塔，二者以郭麻日河河沟为界将神圣与世俗分隔开；又有郭麻日拉康在高处俯视郭麻日古堡给予其神圣性。无论是古堡内的拉康还是外部的寺庙和战神殿，都是村民精神生活的核心。

图1　郭麻日村全景（热贡艺术博物馆模型）

1. 郭麻日古堡

古堡有新址和旧址之说，旧址面积较小，西面是平地，东、北、南三面是断崖，据新旧《唐书》中有关藏族的记载，古堡是由于当时的军事需要而修建的。在战争结束后，人们为了养家糊口就把村址搬到了今天这个位置，所以现在所说的古堡就是建在新址上的。古堡呈长方形，东西长260米，宽96米，建筑面积2496平方米，有东、西、南三个城门，东门为正门，用红铜铸造。每一处城门顶上都设置嘛呢经轮，这是古堡建筑独具特色的地方。古堡内除了相互贯通的巷道外，没有多余的回旋空间。古堡以其防御功能著称，宽厚的土墙围起了整个村落。堡内的每一个院落都是一个军事防御单元，站在屋顶上可以用墙头当掩体。所以，敌人无论进入哪条巷道、往哪里躲藏，都会在村人的射杀范围内，颇有几分一夫当关万夫莫开的气魄。古堡内的巷道星罗棋布，如进入迷宫一般，最宽2米，最窄处仅容一人通过。置身村内，如果无人引导，整个巷道就好像一个未知的迷宫。

图2　郭麻日村古堡航拍图

2. 郭麻日寺

郭麻日寺是五屯地区规模较大的寺院之一①，全称"郭麻日噶丹彭措林"（郭麻日具喜圆满洲），位于隆务寺北部八公里处，建于明万历年间，有经堂、弥勒殿、护法殿各一座，属格鲁派寺院、隆务寺子寺之一。1980年，十世班禅大师视察热贡时，应郭麻日寺和周围村庄的邀请而亲临此地，为僧俗信教群众授予嘛、皈依经等，从此进入再弘法期。1981年，寺院经修缮后重新对外开放，按照以往的律例举行以三事仪轨为主的诵经、法

图3 郭麻日寺

会等仪式。目前，寺院有经堂、弥勒殿、大小2座赞神殿、持地德佛殿、时轮立体坛场殿、印经院、哲邦佛塔、2座囊欠、80间僧舍。寺内僧人主要以郭麻日村村民为主。

3. 郭麻日白塔

遵照十世班禅大师在藏地建造108座佛塔的意愿，1987年，由第七世叶日君活佛加木样更登坚措主持，以拉泽为首的郭麻日村僧俗民众共同修建完成了郭麻日白塔。寺院位于郭麻日古堡南面的空地处，建塔之前首先进行观乞净仪式，中央立碑插箭，众僧诵读《甘珠尔》佛经等。该寺比丘僧洛桑热杰和旦巴曲培两人专程到拉卜楞寺，选用吾鲁巴建法。在郭麻日僧俗群众的努力下，白塔工程历时5年圆满竣工。塔高40余米，占地141平方米，塔内装藏品及圣物不计其数，被称作"安多第一塔"。塔表设计为：突出从13时轮顶部至塔基间梵文白伞心经、长寿咒、弥勒誓咒、文殊师利名号等字体；宝瓶上部为35尊忏悔佛像，宝瓶下部为8尊围绕近佛子像；塔上级为28座小塔；瓶饰为香巴拉25代法王等身像。四方中央的布局为：东面为最初佛，南面为金刚界佛，西面为普明即大日如来，北面为续金刚顶等众多与人身等高的身像，塔的下级是围绕80近佛子像。四方的中央，东面为法界语自在，南面为遍照佛，西面为金刚力，北面为三誓言释迦牟尼身像，约有一个人身的大小。塔座基周围台子上是曼荼罗堆和围绕的12座善逝塔。下层的60间嘛呢室中，安装了金经筒所装饰的近400个嘛呢轮，壁面上为千尊佛像。建造这座佛塔的设计师和技术人员，大部分都是郭麻日村的僧俗艺人。此塔仿造古印度鹿野苑释迦牟尼初转法轮所在地佛塔的造型，塔身基座成门廊形式，层叠而上，可沿塔内的盘旋式阶梯逐层登高。塔的外壁上塑有观世音菩萨和

图4 郭麻日白塔

---

① 祁进玉．"五屯"土族的族群认同［J］．青海民族学院学报，2005（3）．

35座般若像。

（二）非物质文化遗产

非物质文化遗产是人类创造的又一种文化形式，其特点是活态的、无形的（或称以非物质状态存在的）、口传身授的。非物质文化遗产是民族精神文化的重要标识，内含民族特有的思维方式、想象力和文化意识，承载着一个国家一个民族或族群文化生命的密码。① 非遗习俗与村民的生活息息相关，或出于对神佛信仰的自发祈祷，或出于对劳动形式的美学升华，或出于娱乐性的需要，共同丰富着当地人们的日常生活。郭麻日村的丧葬习俗有其自身的特点：有人去世后，当地人会把遗体装在一个架有"十"字形木棒的木"棺材"中，盖上氆氇等衣物。将腰带系在遗体前面，并将叠好的一块红绸缎放在遗体上摆好（摆放红绸缎的习惯来源于赞普时代卫茹朵岱士兵的红色兵旗），再把一条哈达搭在上面。除此之外，郭麻日村还有"灶神"祭祀，即在新年到来之前（安多藏历十一月十五日之后），人们会取出家中的所有器物进行清洁，然后祭祀"灶神"。在祭祀"灶神"时，人们会将原来的图案都清扫干净，然后用面粉画雍仲、诺布②等图案，最后将面粉撒到房梁上做标记，以祈求得到灶神的庇佑，来年衣食无忧。卫藏地区延续了这种习俗，而当地只有郭麻日、吾屯、保安和年都乎这几个村庄尚存。

郭麻日村的妇女有一种发饰，在当地被称作"BOTU"，其实应该称作"巴楚"，"巴"是卫藏话中头发的发音，"楚"是绸缎的卫藏发音，现在拉萨妇女角形的发饰"巴楚"就是在此基础上发展而成的。在郭麻日女性的传统服饰中，有一种圆形的银器，是由赞布时期卫茹朵岱的士兵使用的武器"盾"演变而来的；还有一种长的银器，是由弓箭演变而来的；再次之下有一块由红布包裹的方形木块，是由存放弓箭的盒子演变而来的；除此之外，还有一条由红布制成的长条装饰物，是由马鞭演变而来的。郭麻日女性的传统服饰两侧是从腰部岔开的，除了领子之外，同卫藏贡布地区的服饰差异极小。

"六月会"是具有浓厚的藏族宗教和民俗特点的节日，其历史悠久，文化气息浓厚，是热贡地方特有的民俗性重要节日之一。"六月会"已有1400多年的历史，蕴含着宗教历史、民俗风情等丰富的文化内容。"热贡六月会"一般在每年的六月十六日至二十五日举行。

"六月会"盛行于四寨子中，每个村庄都有其独特特征，郭麻日村的"六月

图5　郭麻日妇女特色服饰

---

① 陈勤建. 当代中国非物质文化遗产保护［J］. 解放日报，2005（10）.
② 雍仲、诺布为藏语，是藏传佛教中比较重要的符号，表示吉祥、昌盛。雍仲的图案表示为"卍"。

会"尤其以军舞和战舞等享有盛誉。郭麻日战神殿位于郭麻日古堡西南部,是该村"六月会"祭祀的重要场所。"六月会"的主要活动有祭神、上口扦、上背扦、跳舞、爬龙杆、打龙鼓,最后是法师开山。"上口扦"称为"锁口",据说此举可防止病从口入。"上背扦"是将10—20根钢扦扎在脊背上,舞者赤裸上身,左手持鼓,右手击鼓,边敲边舞。

郭麻日村村民主要崇拜阿米白哈日郎、阿米格萨尔和阿米嘎日朋三尊神。该村六月会活动具体时间在藏历二十日至二十四日（公历时间）：二十日神像迎至隆务河边进行洗礼；二十一日是格萨尔关郎老爷的大鲁若日,故应在村嘎日朋神庙中跳军舞；二十二日上午参加嘎沙日村六月会活动,下午集体来到郭麻日村跳舞；二十三日是郭麻日的大鲁若日,当日的主要活动是神舞、军舞和各种幽默的节目；二十四日郭麻日村去参加嘎沙日村鲁若活动。郭麻日、尕沙日以军士服饰装扮的"莫合则"（军舞）见长①,此舞表现士兵持兵器交战的情景,是早期历史征战中遗留下来的舞蹈,为了达到娱神的目的,也融入了祭祀舞蹈行列。所有节日演出完毕后,本村鲁若便宣告圆满结束。作为热贡文化的重要名片之一,"六月会"是传承和发展传统文化的重要平台。

二、郭麻日村保护现状及发展的困境

（一）郭麻日村保护现状

1994年同仁县被国务院列入"第三批历史文化名城"；2001年,同仁县以此为基础,委托长安大学城市规划设计研究院进行《青海省同仁历史文化名城保护规划》的编制工作；2004年完成了正式定编工作；2006年,郭麻日村被国家文物局确定为第三批"国家级历史文化名村",是青海省唯一获此称号的行政村；2013年,郭麻日古堡（古村落）被整体批准为国家级文物保护单位；2014年,同仁县委托长安大学城市规划设计研究院编制了《青海省同仁县郭麻日历史文化名村保护规划》；2015年,同仁县委托长安大学城市规划设计研究院对2004年的《名城规划》进行了修编工作。在黄南这样一个具有悠久历史文化积淀的热贡河谷,国家对于郭麻日村的保护举措,对于当地的文物保护工作起到了一定的示范作用。

郭麻日村古建筑遗存保留较多,破损程度相对较小（有后期修缮整理过的痕迹）,规划相对整齐。有部分房屋墙体坍塌现象后重建的现象,但其文化痕迹尚存。古堡内民居的修缮方式分为政府拨款和村民自发两类,村民的修缮大部分是在古堡被评为国家级文物单位之前,对墙面风化、房屋老化的修整；而国家重点是对古堡整体、上下水和电网的线路等进行深度改造,旨在改善居民的生活质量。从走访调查看,古村落的文化传承度良好,绝大多数村民由于家庭内部人口的增长压力,以及政府提供新的住址,而搬离了古堡内的

---

① 马海寿. 黄南同仁"六月会"的巫文化浅释[J]. 青海民族研究（社会科学版）,2003(2).

旧址，缓解了古堡因人口密度过大和现代化生产方式等因素对古堡的冲击。虽然个别村民没有对古建筑进行保护，但聚落形态维持良好。郭麻日位于人才辈出的"热贡艺术之乡"，建造白塔的手工艺人均来自于村内。时光荏苒，村内仍有各类手工艺人在传承父辈传下来的手艺。除此以外，"六月会"也需要年轻人的积极参与，人们在这一活动中形成了属于自己的历史记忆，进而加强了村寨内部的凝聚力。村内定期举行的宗教活动，也是村民加强群体身份的重要契机。

（二）郭麻日村的发展困境

郭麻日村早在2007年就被评为国家级历史文化名村，同时也是四星级的旅游景点，10多年后，古堡本身可供游人参观的旅游资源已非常有限，而丰富的文化旅游资源尚待开发。在实际的开发过程中，村民的保护意识淡薄，而忽视非物质文化遗产和保护资金短缺等问题也是阻碍当地村落发展的重要因素。

1. 缺乏保护意识

人为的破坏现象是古村落保护和发展中比较突出的问题。村民会为改善自身的居住条件而私自改建已经被定为文物保护单位的古堡。在有关郭麻日古堡保护的文献资料中，多位作者提到古堡所面临的各种问题，包括垃圾处理、上下水管道和路面损耗等，当地政府也已采取措施，对古堡内的垃圾处理、排水设施和用电线路等进行了整体翻修。但为村民提供便利的同时，以牺牲古堡的完整性为代价，这种方式是否可取？这些做法是不是对古建筑的变相破坏？村民在自主修缮房屋时，也加速破坏了村落的整体景观。以古堡的外墙为例，除北墙较完整外，东、西、南墙都有不同程度的损坏，其中尤其以南墙的破坏最为严重，大部分的城墙被破坏用以盖新房。东、西墙部分则有村民为进出古堡方便而凿开城墙。对于这种情况，古村落的管理者只能通过宣传方式劝阻村民改建、拆迁，但碰到与管理者玩猫鼠游戏、利用节假日拆除旧房的村民们，管理者往往无可奈何。这种现实难题给古村落文化价值的保护增加了巨大压力，民众对古建筑的个人改建、翻修，均是对古建筑群文化价值的破坏。这使笔者联想到四川文物修复部门对安岳地区古代佛像的修复案例，修复之后，往日佛像的神韵不再，取而代之的是用"现代审美"恣意修复的传统建筑。虽然保护者们意在保护，但是这些修复带给特色民居和古建筑的毁灭是不可逆转的。

从入户访谈中我们了解到，村民对于如何采取有效的保护措施仍缺乏正确的认识。目前还有很多村民居住在古堡中，随着家庭的扩大、人口数的增加，现有的居住环境已经不能容纳如此多的人口。而在古堡外部另建房屋，是古堡内大部分家庭的选择，也是当地政府出于减少人为因素对古堡破坏的考虑，因而在离古堡不远处建立新村供古堡内的居民居住，以期实施"静态保护"。① 但是，工程质量等因素使新村的入住率堪忧。而有些居民认为，像古堡这样的建筑，如果屋内不住人，后期的修缮费用会更高，所以修建新村的做法可能得不偿失。

---

① 索昕煜. 傣族非物质文化遗产剪纸艺术的静态保护和活态传承［J］. 中国民族博览，2017（5）.

2. 忽视非物质文化遗产的价值

近年来，古村落的价值越来越受到国家的重视，其中所蕴含的历史文化底蕴不容小觑。而作为古村落灵魂的，是其内在的非物质文化遗产，即特有的民俗文化。郭麻日村虽有"国家级历史文化名村"之名，不过还是很少出现在公众眼中，究其原因，既有历史文化底蕴未得到重视的一面，也有宣传工作不到位的一面。如何挖掘与开发古村文化底蕴做好"郭麻日"这个品牌，是郭麻日村文化保护工作中亟待解决的一个难题。正如前文中提到的，郭麻日村的部分物质文化遗产保护，在实践中取得了一定的成绩，然而对于非物质文化遗产，却鲜有涉及。殊不知，正是古村落的传统文化或非物质遗产给冰冷的古堡提供了源源不断的新鲜血液，郭麻日的非物质文化遗产远比我们所看到的丰富得多。

3. 缺少专项保护资金

郭麻日村的保护资金大部分来源于国家。村落的开发建设需要大量的资金进行支持，单纯使用有限的政府拨款只是权宜之计，无法做到面面俱到。古村落的保护和开发是一项长期工作，短时间内很难获取较大的经济效益，因而当地村民会缺少参与的主动性与踊跃性，所以古村落的保护工作往往处于被动状态。郭麻日村为同仁县贫困村，全村的收入以农业和务工为主，农作物主要为小麦、土豆和油菜，一年一收，务工以季节性的采挖冬虫夏草和打临工为主。村内的大部分男孩都要学习绘制唐卡等当地的特色艺术，但是没有形成产业，主要是以家庭作坊的形式创作，前些年的经营还不错，但这两年经济整体发展稳缓。且由于周边村庄发展唐卡、泥塑等艺术创作上小有成就，造成了巨大的竞争压力，因此郭麻日村的发展空间较小。当地旅游开发除了遇到旅游资源稀缺的问题外，热贡地区的交通问题也是一大制约因素。因而郭麻日村通过发展当地经济来补贴村落保护的可能性比较小。

三、郭麻日村保护与发展的对策

（一）构建内生动力

村民作为古堡不可或缺的一部分，在实际的古村落保护中，往往被人所忽视。仅靠外界的帮助或支持，没有内部源源不断的内生动力，古村落的保护就无从说起。因而在古村落保护的过程中，需要提高村民的保护意识，才能做到事半功倍。在古村落整体保护中，需要对村民进行自我意识的挖掘，发挥古村落的内生动力，这是古村落整体保护的重中之重。① 在发展古村落的内生动力上，对村民赋权并激发村民的参与与合作，对古村落整体保护而言意义重大。村民赋权是让当地民众参与到开发保护等事关重大利益的事项上来，其目的在于提升村民的责任意识，主动积极地参与古村落保护的各项工作。村民对当地人文历史遗产及民风民俗等耳熟能详，如果离开了村民的支持，任何涉及古村落保护的举措都

---

① 张富利. 传统古村落保护的困境与应对策略［J］. 湖南农业大学学报（社会科学版），2016（2）.

会实施不力。通过赋予村民参与和决策的权利，决定相关项目的具体操作方案，让其在古村落保护和开发中享受应有的权利并承担相应的义务，才能使其主动发挥潜能，对保护古村落怀有更高的热情，真正成为自己村落的保护者和受益者。

古村落村民是古村落开发保护的内在推动者，村民的主动参与和积极创造是古村落保护的内生动力，这种内生动力在相当程度上决定了古村落整体保护与开发的成败。社区营造是基于充分发掘地方社会既有的文化资源，在尊重自然肌理与历史文脉的基础上，以当地人为主体的生活世界的营造和创新。[①] 以此为根基的社区营造不仅实现了地方文化的活态性保护和创新再生产，同时赋予了文化符号的内生活力，成为维系当地居民文化认同和历史认同的重要力量。保护古村落与改善古村落居民的生活、居住条件之间虽然存在矛盾，但这真的是无解的吗？实际上，通过合理规划和当下高度发达的科技手段，这些问题完全可以化解。村民既能够如过去一样生活在古村中，保持原有的生活方式，又提高了自身的生活水平。就民居改造而言，需要考虑两方面：只要是文物建筑，除了修缮绝对不能进行任何改造，这是底线；而非文物建筑且能够继续使用的民居，可以通过技术手段改造以达到现代人的居住要求。

（二）活化非物质文化遗产

非物质文化遗产和物质文化遗产共同构建了古村落的独特魅力。非物质文化遗产具有独特的精神文化内涵，承载着厚重的民族文化。村民们世代生活在古村落中，他们的文化氛围、村落记忆与建筑格局一起构成了村落整体。近些年来，随着人们思想观念和生活方式的改变，郭麻日原有的文化空间和文化氛围都发生了变化。旅游开发对活化古村落的传统文化起到了一定的积极作用。为了丰富旅游内容，加深游客对古村落的了解，一些非物质遗产、精神、历史记忆、故事等被重新拾起。传统文化之于古村落，犹如灵魂之于人类。因此，对古村落的开发，不仅要注重旅游设施的配备和旅游环境的优化，更要重视对传统文化的活化。只有这样，古村落才有血有肉，才能帮助游客更好地了解古村落的前生今世，从而提升旅游体验。应收集整理好相关历史文化底蕴，发掘出中特色文化，通过询问当地人或查询相关资料，整理出当地特色文化提升村落价值。[②]

对待传统文化应予以重视。当前，古村落中的传统文化正在复苏，但是由于缺乏引导，使得复苏的过程十分艰难。因此，传统文化的传承也需要有专门的人员与当地的居民接轨，来指引帮助传统文化的传承。居民也可以自发地成立一些以传统技艺为核心的组织，从而让这些技艺传承下去。另一方面，需要居民共同保护村落的古文物，村落应加强监控设施及保护措施，加强监管，保护好古村落。

现代意义的文物古迹保护不单是免于毁损，更多的是要发挥它的科学、文化、教育价值，不仅能让人们认识和了解历史，也能让人感悟历史，从而得到新的启发。古村落的整

---

① 麻国庆. 民族村寨的保护与活化 [J]. 旅游学刊，2017（2）.
② 刘玢，林杰，张志博. 古村落保护与开发策略探究——以瑞金密溪古村为例 [J]. 老区建设，2018（6）.

体保护，需要对古村落的历史变迁、文化内涵、地域特色、建筑面貌等进行深入的调研考察和宏观的整体把握，充分挖掘古村落的自然和文化资源优势，做好科学合理的综合规划，建立并落实古村落整体保护的合理运作模式，才能平衡国家、集体、社会资本和村民的多方利益。

（三）搞活旅游经济

村落当地的民俗文化特色首先应与当地产业发展相结合，以主导产业及凸显其民俗特性的衍生品为重点，优化组合各种生产要素。其次应从当地的原住民本身出发，依据其所处的村落位置，结合当地特有的非物质文化遗产，开展一系列产业链的结构支撑，譬如可以将当地一些具有经典的、特色的地点开发为旅游场所。但是旅游业并不是传统村落的唯一出路，在多样化的产业支撑下，将民俗文化特色衍生于文创产品、生活用品等也实属一个较为不错的提议。而推广旅游业时，我们应考虑游客数量的控比，对于传统村落的保护发展是利用，并不是一味开发。最后在推动农村经济社会和谐发展同时，我们应立足村落地域民俗文化，不断去创新开拓，通过多样化产业的结构支撑，才能彰显传统文化内在力量及其更新发展的活力。

旅游业的发展将带动民族地区的经济发展，财政收入的增加可使各级政府加大对保护文化遗产的投入，从而使传统村落得到更好的保护。郭麻日村的经济情况较差，但若从发展旅游业的角度来说，单靠贫困村去发展旅游业的情况不切实际。黄南州旅游业发展所存在的问题，也必然牵制着郭麻日村。因此需要政府部门牵头进行招商引资，深入挖掘该地发展物质文化和非物质文化方面的旅游资源的潜力。旅游业的发展会带动当地经济的发展，经济发展又继而为该村的闲置劳动力提供了更多的就业岗位。这样一来，就有了足够的人手去发展和运营当地的旅游行业。为了吸引更多的游客，必然需要更新和维护旅游资源和设施，从而达到了村落保护和村民致富的双重目的。从实际情况看，隆务寺乃至同仁旅游都已经在走向正轨，他们的旅游发展也可带动郭麻日的旅游发展。对传统村落的保护，不能单纯地理解为保存下来不受毁坏就达到了目的，这只能算一种消极意义上的保护概念。合理的开发、非破坏性开发（如旅游等）才可以获得适当的经济效益，将更多的资金投入到保护中去，使更多的古迹得到维护。

结　　语

当前社会上存在的古村落保护，仅仅是将古村落维修好、保护好的思想认识误区，实际上，古村落是民族记忆和传统文化的载体，需要保护的绝不是哪座建筑物的空巢，而是民族文化的记忆、符号和传承，因此应从古村落整体保护的出发点来考虑。只有深入发掘古村落的内生动力[①]，在发挥古村落村民主体作用的同时，平衡社会、政府、村民等各方

---

① 张富利. 传统古村落保护的困境与应对策略 [J]. 湖南农业大学学报（社会科学版），2016（2）.

利益，才能达到整体保护的效果，真正保护好古村落。通过对郭麻日村的调查访谈，我们认识到，历史文化名村需要从根本上树立起对传统文化的保护意识，特别是历史文化名村所含有的无形的文化财产更需要我们的保护。所以对传统村落的保护不仅仅上对物质遗产的保护，更多的是对物质遗产和非物质文化遗产的综合保护。非物质文化遗产的流失将会导致物质文化遗产丧失其灵魂，而非物质文化需要将物质文化遗产作为一个载体来体现。村落作为一个整体，通过无形的文化将村民团结起来，也是村落作为一个社会机构体现其功能的重要表现。现今的传统村落保护过分强调对物质遗产的保护，而忽略了对非物质文化遗产保护的重要性，人口的更替也将直接导致非物质文化的消失。非物质文化遗产的非物质性也决定了对非物质文化遗产的保护工作将会更加有难度。在古村落的保护和开发过程中，需要整理文化遗产、丰富人文因素、深入挖掘古村落背后的厚重的文化底蕴，赋予古村落更加丰厚的文化内涵，才能不断推动文化和旅游产业的发展，解决古村落保护和传承过程中遇到的各种困境。

公共文化服务保障法立法研究评析

——以《公共文化服务保障法（草案）》为视点[①]

石东坡　周西西　浙江工业大学

为全面贯彻落实党的十八大精神，依法构建现代公共文化服务体系，繁荣发展公众共建共享的公共文化，保障和实现公民的基本文化权益，《公共文化服务保障法（草案）》由制定进入了审批阶段，拉开了新时期加强文化立法的序幕，同时也拉开了文化法治理论研究的帷幕。围绕这一重要的文化立法项目，文化学、立法学等相关学科的研究纷纷展开，不断深化，共识日益加深和扩展。遗憾的是，对公共文化服务保障立法中的法律制度、规范的建构或形塑上的研究依然寥若晨星。因此，在草案已经过人大常委会一审修改、提交二审之际，不断总结公共文化服务保障立法研究的理论成果，深入研究草案内容，明确提取其中的科学合理成分，对于完善公共文化服务保障立法的体例与内容，提升制度设计的质量和水准，促进科学、民主、依法地开展公共文化服务保障立法，以及该法通过后的精准解释与顺利实施，都是十分必要和有益的。对于陆续开展的文化产业促进法的立法与实施，以及其他专项文化立法的稳步推进，同样有着积极意义。

一、关于公共文化服务保障立法的对象、目标、原则与体例

（一）关于公共文化服务保障立法对象

1. 公共文化服务

立法是创制作为社会制度体系中最为正式和具有刚性的行为规范，将某种主要社会关系及其领域的利益作为调整对象，依循立法的价值导向对该领域社会主体的行为意愿进行激励和约束，对其行为方式、结果予以调控和引导。立法将所调整的社会关系纳入拟制的法律关系中，使之与法律规范所设定的权利义务与责任等相对接。应当如何理解和界定公共文化服务保障立法的调整对象？归纳学界和该法制定中的思路，一种主要的观点[1]认为，公共文化的服务、保障，即公共的文化领域的服务和保障是并列和加强的关系，因此具体到国家、政府，既是保障主体，又是服务主体。而我们认为，同样不可忽视的一种认

[①] 本文系国家社科基金重大项目（14ZDC008）、教育部人文社会科学研究项目（12YJA820059）、浙江省高校中青年学科带头人学术攀登项目（PD2013033）阶段成果。

识,则是主张公共文化服务"保障"立法,首要的是构建政府统合诸种服务主体的机制,实现对公民、公众的公共文化服务实效的不断提高,即底线型、普惠制——即标准化、均等化——十七届六中全会决定的准确表述是:"基本"公共文化服务。而这不是,至少不仅是针对公共文化服务的直接的立法,而是关系到两个层次,即公共文化服务和公共文化服务保障,后者即对公共文化服务的保障。这种保障的本质是国家作为尊重、维护、保障和实现公众、公民在文化资源共享、文化利益实现、文化涵养增进以及文化选择自主方面的义务担当[1]。或者说国家既是直接的服务主体,又是针对服务主体的服务活动及其成效予以支持、推动、评价、监督和促进等间接的保障主体[2]。

公共文化服务[3],可以归纳为文化权益满足说、公共文化供给说、政府文化职能说和文化治理方式说等观点。有学者从文化权利的角度分析认为,公共文化服务广义上是指"政府为公民诸如生存权、发展权、政治权之外的文化权提供保护和创造实现条件的活动和过程,而公民的文化权则包括平等享受公共文化服务的权利、享受文化科技进步的权利、参与文化生活的权利及文化创意的权利等"。狭义上是指"政府兴办的图书馆、文化馆(站)、博物馆、纪念馆、体育场馆等公共文化设施,公民可以享受其提供的公共文化艺术服务"。[4]有学者认为公共文化服务是由公共部门或准公共部门共同生产或提供的,以满足社会成员的基本文化需求为目的,着眼于提高全体公众的文化素质和文化生活水平。[5]有学者进而更加强调公共文化服务的公共性,认为公共文化服务是基于社会效益,不以营利为目的,为社会提供非竞争性、非排他性的公共文化产品的资源配置活动。[6]而另有学者认为现代公共文化甚至覆盖到传统中的私营性文化领域。[7]

此外,有学者认为公共文化服务是政府公共服务职能在社会文化领域的必然体现与客观要求,即指为社会公众提供公共文化产品与服务,包括公共文化设施建设、发展文化生产力、发布公共文化信息;为社会文化生活和文化活动提供保障、创造条件;为社会文化、民族文化的发展与进步提供坚实基础。[8]还有学者则强调公共文化服务并非简单直接提供公共文化产品和服务,而是要求政府承担好文化建设与发展的管理职能。[9]同样有学者认为,公共文化服务从实质上而言既是文化治理的一种形式,也是文化治理的一项内容,而其核心内容正是培育公民的公共理性或公共精神。[10]最后一种观点实质上属于"公共文化的服务"理解范畴。[11]

《公共文化服务保障法(草案)》[12]在第一章总则第二条中对"公共文化服务"界定为"由政府主导、社会力量参与,以满足公民基本文化需求为主要目的而提供的公共文化设施、文化产品、文化活动以及其他相关服务"。这一表述是比较适宜的,对公共文化服务的主体结构、服务内容、公共属性和目的指向等要素进行了准确揭示和周全概括,为将公共文化服务作为事实存在转换为作为立法调整对象的法律存在确立了基本标准,便于在法律主体的资质与关系、权利与义务、行为与责任、程序与实效等方面进行立法的认知与判断,进而为公共文化服务及其保障活动的法律规范设计奠定基础。而这一方面的立法分析和论证需要加强。

2. 公共文化服务保障

公共文化服务保障与公共文化服务的联系和区别，可能在（国家）公共文化服务体系的意义上更能够得以揭示。公共文化服务体系是指为了满足全社会的公共文化需求，向社会公众免费或优惠提供公共文化产品和服务的行为及其相关的制度和系统的总称。[13]2007年，决策层认为公共文化服务体系基本框架应该包括"公共文化产品生产供给、设施网络、资金人才技术保障、组织支撑和运行评估"。[14]2015年1月14日，中共中央办公厅、国务院办公厅联合出台《关于加快构建现代公共文化服务体系的意见》，对现代公共文化服务体系进行了全面规划和部署。有学者认为，公共文化服务体系主要包括先进文化理论研究服务体系、文艺精品创作体系、文化知识传授服务体系、文化传播服务体系、文化娱乐服务体系、文化传承服务体系、农村文化服务体系等七个方面。[15]另有学者认为，我国文化建设发展由六个体系构成，即文化传承保护体系、文化公共服务体系、文化产业体系、文化精神创造体系、文化市场和传播体系、文化管理和执法体系。[1]按照这种理解，那么公共文化服务保障和公共文化服务之间并没有特别的区分。

而笔者认为，公共文化服务保障是公共文化服务体系中的子体系之一，与过去的文化事业体制不同，是"以需求为中心"[16]的公共文化服务提供和治理体系，是以公共文化为指向，以满足人民群众日益增长的精神文化需求为根本目标，满足公众、公民基本文化权益为直接目的的文化资源配置、运行体系。表现在法律制度的层面，就是以政府为主导，传承创新优秀传统民族文化，吸纳融会人类优秀文化，建设现代公共文化的保障文化供给的活动过程，是政府、社会、公民在文化资源供应与受益中的法律关系与行为过程。该法的创制，应当在这一基点上设定相应的具体文化法律关系，特别是文化行政法律关系中的权利与义务、权力与职责等内容。

（二）关于公共文化服务保障法立法目标

公共文化服务保障立法目标或目的，是这一能动的立法实践中立法决策者的行为目标。对此，学界观点在有较高共识的同时，存在一些细微差异，可以概括为文化繁荣说、供给保证说、治理变革说三种观点。

第一种观点，以《公共文化服务保障法（草案）》表述为依据，即"为加强公共文化服务体系建设，丰富人民群众精神文化生活，传承中华民族优秀传统文化，弘扬社会主义核心价值观，提高全民族文明素质，促进社会主义文化繁荣发展，制定本法"。有学者认为这六项具体内容全面阐述了公共文化服务保障法的立法目的，充分兼顾了国家政治、经济、文化发展战略，公共文化发展规律和广大人民群众基本文化权益，目标明确、内容丰富、逻辑严谨、体系完整，是该"法案"最重要、最核心的内容。这一观点试图将公共文化服务保障的文化内容、性质、目标以及终极的意义均予以规定，制定公共文化服务保障法的根本目的并不在于确定一个可操作性的基本诉求，而在于协调文化服务各领域关系，实现公共文化服务均等化，从而保障人民群众文化权益的价值追求。因此，也可以称之为综合说。[17]

第二种观点,强调公共文化服务保障立法是文化领域的特殊"社会保障法",认为制定公共文化服务保障法,核心主旨是"促进基本公共文化服务标准化、均等化",其亮点聚焦在现代公共文化服务体系的构建上,诸如政府公共文化服务的财政投入、保障项目、保障标准、覆盖范围以及公共文化服务的实现途径和评价机制,尤其是城乡一体化的保基本、促公平、可获得的基本公共文化服务指标的法律设定。[18]学者朱兵认为,"让人民群众平等地享受基本公共文化服务,是制定这部法律的根本目的"。[19]有学者强调对各级政府建设公共文化服务给予更多的约束,尤其是在经费的投入以及资源的配置方面能够更加趋于合理。[20]

第三种观点主张该法的立法目的是以保障人民基本文化权益为终极关怀,以推进政府文化管理体制与财政投入机制改革、形成公共文化服务"多中心治理"模式为根本途径,以健全国家公共文化服务体系、提升公共文化服务能力为直接目标。[21]我们认为,文化权益的社会保障则是该立法的目的所在。而文化治理结构变革是公共文化服务保障的必要条件和立法所衍生的重要效应,但不是其着重追求的立法目的。简言之,该法的立法目的是保障文化基本供给,实现公众、公民的文化受益权、文化社会权,由此需要进行文化治理变革。

(三) 关于公共文化服务保障立法原则

立法原则是在某一立法项目或法律文本中,针对其社会关系对象予以法律调整所设定和适用的基本准则。文化立法的基本原则与公共文化服务保障立法的特有原则之间的联系区别未得到重视,后者尚未得到应有的研究。即便前者,对文化立法的一般或基本原则,也存在着将文化发展的政治原则、文化立法的基础原则、文化法制的工作原则、文化供给与消费的评价原则等相混淆的情形。[22]对公共文化服务保障立法的基本原则,有学者认为,《公共文化服务保障法(草案)》始终牢牢把握党对文化建设的基本方针,坚持贯彻落实新发展理念,坚持公共文化服务均衡协调发展原则,坚持政府主导、社会力量参与的原则,坚持设施建设和服务效能并重的原则,鼓励和支持公共文化服务和国民教育融合,坚持公共文化与科技融合原则,鼓励支持人民群众的文化参与等。[23]另有学者认为可以将其原则归纳为四个:公平正义原则、社会公益性原则、政府主导原则、"多中心治理"原则。[21]这有一定的启发意义,但仍然有着针对性不足的局限。

(四) 关于公共文化服务保障立法体例

立法体例通常针对成文法传统的国家而言,有两种含义,一种是体现和反映调整某一社会关系领域的制度、法律的结构方式与表现形式,一种是指某一规范性法律文件的逻辑结构与表达方式。[24]立法体例由起草者、决策者的立法思维、立法理念与立法能力所决定,受到该规范性法律文件的调整对象中主体行为、利益流转和关系结构等的支配;同时,立法体例对传达该法律的价值、目标和内容,解释和适用该法律,又具有重要的制约作用。选用立法体例,还受到立法时机、立法环境与历史习惯、文化偏好等的影响。公共文化服务保障立法的立法体例,有学者在第一种意义上使用,认为我国现阶段宜采用统一和分散相结合式的立法。[25]有学者在第二种含义即文本结构的意义上拟出《公共文化服务促进法》或《公共文化事业促进法》的基本框架为:第一章总则;第二章公共文化服务提供;第三章公共文化服务设施建设;第四章激励和保障,规定促进措施、制度保障等;第五章附则。[21]这其中注重公共文化服务提供主体的多样化、社会化以及政府和社会自治体的职能职责,注重公共文化服务方式和产品形式与公共文化服务设施之间的差异和区分,注重通过激励约束机制来维系和推动公共文化服务持续有效开展,是有积极意义的。

地方公共文化服务立法体例主要有两种。一种是《广东省公共文化服务促进条例》,从总则到分则分章节主题的立法思路,包括总则、公共文化服务提供、基层公共文化设施建设、激励与保障、法律责任、附则,共6章46条。再比如《江苏省公共文化服务促进条例》包括总则、服务提供、设施建设、社会参与、保障措施、法律责任、附则等共7章,条例专门设置"社会参与"一章。另一种是《上海市社区公共文化服务规定》不分章节,一气呵成,共33条,针对社区公共文化建设与服务,内容较具体、可量化。这种方式适宜具体的专项公共文化服务保障立法的文本表述。[26]

作为我国在公共文化服务领域的基本法,尤其作为初始的框架式立法,《公共文化服务保障法(草案)》(第一审后的面向社会征求意见稿)分总则、公共文化设施建设、公共文化服务提供、保障措施、法律责任、附则等六章,共63条。第一章"总则",共12条,主要界定了公共文化服务的内涵,规定了公共文化服务的立法目的、法律原则、领导体制、财政保障等一般原则等,并对特殊地区和特殊人群的公共文化服务保障进行了专门规定。第二章"公共文化设施建设",共12条,主要规定了公共文化设施的建设及活动开展等内容。第三章"公共文化服务提供",共18条,主要对公共文化设施、公共文化产品和文化活动从提供到具体开展做了原则性规定。第四章"保障措施",共13条,主要规定了各级各地的公共文化服务的事权和支出责任,即经费保障、人才培养等。第五章"法律责任",共8条,规定了法律责任。第六章"附则",共2条,规定了适用范围及生效时间。

二、关于公共文化服务保障法的制度设计内容

以法律规范的形式确立在公共文化服务保障中各方主体的权利义务,建构富有法律效力的公共文化服务提供、公众共享、弱者救助、内容监管、要素集聚、资源供应、绩效评价、政策优化等的法律制度,是《公共文化服务保障法(草案)》制度设计的具体内容。对此,既要有系统性、整体性,又要有规范性、操作性,既要在微观的行为方式和裁判规范上能够保障法律主体可遵循,又要在相互的协调协同上促使各方面的公共文化服务保障制度形成合力,就必须坚持尊重和激发文化权利主体的文化人格能动性和文化共享积极性,坚持文化供给选择性、自主性与文化服务公益性、公序性,坚持国家保障义务和社会协同参与的结合。学界基于现代公共文化服务体系建设的规划描绘、政策指引和规律认

知,提出在公共文化服务保障立法中以下重点制度及其设计方案:

(一) 关于公共文化服务均等化保障措施

公共文化服务均等化问题是公共文化服务保障立法中的首要问题,是关系到公共文化服务的实质平等、底线标准的重要制度设计。对此学界进行了相对广泛的研究,取得一系列共识,并有结合宪法规定的特定人群的权益、国家职能、公共财政以及新型城镇化、城乡统筹发展、社会流动与社会治理创新等进行的富有针对性的论述,不乏见地。

着眼体现我国社会主义制度的本质要求以及中国特色社会主义核心价值观的内在属性,公共文化服务保障立法草案吸收有关见解,面对我国公共文化服务在城乡之间、东西部之间失衡的现象比较严重,农村公共文化服务能力低下的现象比较突出,特殊群体所需的有针对性的服务还比较欠缺等问题,规定对革命老区、民族地区、边疆地区、贫困地区的公共文化服务给予扶持,对未成年人、老年人、残疾人、流动人口等群体的特殊需求提供公共文化服务,国家重点向农村地区提供公共文化产品,以体现坚持公益性、基本性、均等性、便利性的公共文化服务保障基本原则。就此,在草案第八条、第九条、第三十五条和第四十四条均予以明确规定。

有学者就《公共文化服务保障法(草案)》进一步建议在《草案》第三十六条增加:提供与少数民族群众语言文字、文化传统和生产生活方式相应的公共文化服务。在第四十条中增加:国务院根据国民经济和国家公共文化发展需要,建立全国公共文化财政投入"基准比例"等。[17]

(二) 关于公共文化服务财政保障措施

在我国的财政支出中,文化事业所占比例偏低,成为公共文化设施建设滞后、运转经费不足和人员队伍不稳定的重要因素。为此,草案对政府的公共文化服务经费保障责任做了规定,并要求各级人民政府应当合理划分公共文化服务的事权和支出责任。如第四十条规定:"国务院和地方各级人民政府应当合理划分公共文化服务支出责任,建立健全公共文化服务财政保障机制,落实公共文化服务所需资金。各级人民政府应当将公共文化服务所需经费纳入本级财政预算。"第四十一条规定:"国务院和省、自治区、直辖市人民政府应当将公共文化服务作为重要内容纳入一般性转移支付,规范公共文化服务专项转移支付,支持和引导地方各级人民政府加大对公共文化服务的投入。"第四十二条规定:"国家应当拓宽公共文化服务资金来源渠道,统筹政府性基金与一般公共预算。"第四十五条规定:"国家采取政府购买、项目补贴、定向资助、贷款贴息等措施,支持公民、法人和其他组织参与提供公共文化服务。"这些规定相对此前义务教育立法中的规定,在周延性、精准化以及强制性上都有提高,为科学构建以均等化为目标的基本公共文化服务财政保障机制、厘清中央和各级地方政府财政分担责任提供了法律准则。

在域外,法国的《企业参与文化赞助税收法》以及《文化赞助税制》等法律法规规定了针对支持参与公共文化服务的企业予以税收优惠。美国联邦税法对博物馆、美术馆等非营利性文化团体和机构规定了免征所得税政策,对公司、私人等向非营利性文化团体捐款和赞助的,也给予相应减少应纳所得税额的待遇。就此,有学者主张"时机成熟,可考虑借鉴法国的做法,单独出台一部《文化赞助税法》,以进一步明确企事业单位、社会力量捐助公共文化可享受的税收待遇"[27]。确应汲取域外文化治理的善治理论和有益经验。有学者认为应该从我国国情出发,借鉴法国的文化集权战略和公共文化服务以公共财政资助为主的组织模式,选择英国让负责拨款的政府和实际使用所拨经费的文化团体、文化工作者保持"一臂之距"的公共文化服务管理模式。

(三) 关于公共文化服务保障社会化举措

《草案》中第三十条规定:"国家鼓励经营性文化单位提供免费或者优惠的公共文化产品和文化活动。"第二十四条中规定:"国家鼓励和支持公民、法人和其他组织兴建、捐建或者与政府部门合作建设公共文化设施;推动公共文化设施运营和管理的社会化。"可见,政府致力于理顺公共文化服务的供给主体关系,调动社会力量尤其是经营性文化产业,共同参与公共文化服务建设。

再者,公共文化服务保障与文化产业繁荣发展之间,是互为因果的关系。公共文化与文化产业相互支撑、互相促进。有学者指出,在这一方面,公共文化服务与公共产业的关系应予理顺,在立法中应有规定。[29]

我们认为,宜运用文化领域协同治理的理念和机制,焕发政府主导的社会协同的公共文化服务和文化建设的积极性,确立政府采购、委托生产、特许经营等公共文化项目外包的法定方式,采用激励措施引导多方积极参与公共文化服务合作,形成公共文化服务的多元供给模式。要坚持公共文化服务主体、方式上的多样化、开放化,最大限度地在公共文化服务过程中体现其公共性。其中社会化应是一个主要取向。将政府购买服务的权利义务和程序机制、监督机制、责任机制予以规范设计,明确财政投入和政府监管标准,将政府给付义务的法定性及其实现方式的多样化统一起来。比如,北京市、无锡市等地的社会组织、民办非企业组织管理和运营基层公共图书馆或小微图书室,增强了公共文化服务的切近性和针对性,提高了公共文化服务的可及性与有效性。再比如,在新型综合性或专业化的公共文化服务设施建设和运营上,也可以采取政府社会双方面融资并委托或授权社会主体予以运行,政府增强内容监管和绩效评价的方式。还要建立公共文化投资绩效评估、内容评价和绩效考核制度,以及国有公共文化资产管理制度,尊重和体现文化权益实现的主体地位和决定作用,社会公众作为受益者享有和行使其知情权、参与权、选择权和监督权,建立健全基本文化需求反馈机制,公共文化服务机构运营的公众参与、公众评价制度。

(四) 公共文化服务绩效评价与监督机制

《公共文化服务保障法(草案)》已尝试设计一系列鼓励和支持措施,规定了"表彰奖励"等,还对公共文化服务的绩效评价和监督机制进行了设计。第五十五条中规定:

"各级人民政府应当建立反映公众文化需求的征询反馈制度和公众参与的公共文化服务考核评价制度,并将考核评价结果作为确定补贴或者奖励的依据。"在监督机制上,从政府部门监督到社会监督都进行了规定,其中第四十七条规定:"县级以上人民政府应当建立健全公共文化服务资金使用的监督和统计公告制度,确保资金用于公共文化服务,任何单位和个人不得侵占、挪用。审计机关应当依法加强对公共文化服务资金的审计监督。"第五十四条、第五十五条亦有相关监督制度的规定,并在第五章法律责任中详细列出了违反法律规定的情形与问责。还有学者提出,首先建构公共文化服务组织法律制度;其次,建构公共文化服务运行法律制度。要建立公共文化服务建设的规划与决策制定机制;形成公共文化服务的多元供给模式;制定公共文化服务竞争制度,建立政府公共文化服务问责制度。还有学者提出该法宜采用促进型的立法模式,同时要进行事后的公共文化服务评估,以评估促改革。[30]

总体上,学者普遍认为该法的制度设计有待细化,以增强制度刚性和规范效力。部分实务工作者对公共文化设施里是否包括公园、如何确保广大群众的参与度、是否应当对参与公共文化活动的时间也做出相应规定等都提出了具体意见。有学者认为《公共文化服务保障法(草案)》相关规定还比较原则、粗糙,可操作性的规则还需要配套法律法规的制定,在实施细则的制定上富有挑战。[31]

三、关于公共文化服务保障法研究的评价与前瞻

综上所述,笔者认为,《公共文化服务保障法》是新时期文化领域的一部基础性法律,构成各个文化领域的法制"顶层设计",相当于公共文化领域的"社会保障法""人权实现法"和"政府义务法"及其在文化服务的内容、过程和实效上的社会协同法。这部文化领域的主干法,将是公众和公民文化权益实现的含金量、供应链和路线图的法律设计,实现以公共文化服务的滋养和涵养,促进全社会层面的文化脱贫、文化共享和文化再造,增进全社会的民族自豪感、国家认同感、文化归属感,焕发持久的精神文化需求,保障公共文化服务的持续供应,将普惠、公平的公共文化服务的可接近感、可获得感作为实现公民文化权益的行动指标,形成公共文化领域供需对接、健康文明、繁荣活跃的社会空间。而整体上看,有关公共文化服务保障立法的学理研究起步较晚、总量偏少,还不够丰沛、深刻和厚重,在指引功能、建构功能、解释功能以及话语传播功能上均有待提高。我们认为,应在以下方面加强研究:

首先,加强公共文化服务保障立法的理论研究。应重视文化法学的基础理论研究和应用理论研究,在立法或法学的智库建设中自觉地将文化立法理论作为重要的努力方向,重视文化权利的宪法依据及其实现中的国家义务履行机制的研究。还要进一步加强不同类型文化法治比较研究,在法理学、宪法学和立法学的学科领域和视野中引申、提炼和充实文化立法的理论内涵,以更为丰厚的文化法学研究成果为文化立法提供理论论证、智力支撑和决策支持。要牢固树立文化权益为本的立法理念,深刻解析、科学对待文化与人的自

由、社会和谐发展之间[32]、文化与国家、文化与法律、文化自由权与文化社会权[33]、文化权益与文化治理之间的辩证关系，确立正确的文化立法价值导向。

其次，着眼于文化法律制度体系和效力体系的有序推进与整体建设。一方面，要加强公共文化服务保障法律衔接问题研究。《公共图书馆法》《电影产业促进法》《著作权法》修改、《文物保护法》修改、《广播电视传输保障法》等多个文化法律专项都已列入立法规划。互联网领域文化建设与管理、古村落历史文化保护等方面的立法工作也已开展调查研究和起草论证，《公共文化体育设施条例》《乡镇综合文化站管理办法》必将伴随《公共文化服务保障法》进行修改完善，因此，要切实将公共文化服务保障立法中的立、改、废、释诸行为方式予以系统谋划和整合研究。另一方面，加强公共文化服务领域的立法项目、立法规划问题研究，[34]理性判断文化立法需求，尽快消除立法盲点，同时注重恪守立法的谦抑性，审慎立法，加强公共文化服务法律制度设计和实施的全局性、针对性和有效性的研究，探究保障我国文化领域法律法规协调发展与相互促进的方式与路径。

再次，加强地方公共文化服务保障立法问题研究。就公共文化服务保障立法权限是中央事权还是地方事权，抑或共同事权，学界有认识上的分歧。有学者认为，根据《关于加快构建现代公共文化服务体系的意见》，按照十八届三中全会关于建立事权和支出责任相适应制度的改革要求，明确了公共文化服务经费保障的责任主体。公共文化服务作为区域性公共服务的组成部分，属于地方事权，[35]在"公共文化服务经费保障的责任主体是地方政府"的意义上这可能是正确的，但是如此认为地方省级立法方面没有公共文化服务保障立法事权，则未免有些以偏概全。地方财政保障既有一般意义的公共文化服务保障意义，又有对地方文化传承发展的意义和作用。因此，地方公共文化服务的立法应当是整个公共文化服务保障立法中必要的组成部分。再者，地方的公共文化服务标准、内容可以有一定的特色和差异，也同样允许一些地方在基本公共文化服务保障标准上有一定的提高。要妥善处理好文化基础法与专项法以及地方政策法规的关系，以文化法治的统一性、系统性、协调性为准则。

最后，加强公共文化服务保障立法实施问题研究。对公共文化服务保障立法的实施机制、实施途径，关注和研究尚寥若晨星。要加强公众参与公共文化服务保障法的实施机制研究。以日本为例，就文学艺术作品判断上的管理人制度，在一定程度上体现了企业、社会团体等民间力量如何参与公共文化服务中的公共文化产品甄别环节。[36]还要坚强政府文化治理和文化行政执法机制创新研究，以及《公共文化服务保障法》实施中的法治文化与公民教育问题研究。可以研究探索"区别于传统救济方式的适合公共文化服务领域的救济制度，探索建立公共文化公益诉讼"[37]，增进公民依法行使和维护自己文化权利的能力，拓宽公民参与文化法治的渠道。

参考文献

[1] 柳斌杰. 依法保护人民群众的文化权益——关于公共文化服务保障法和文化立法的思考[J]. 中国人大，2016（10）.

[2] 所以，在这种意义上，有地方将公共文化服务保障立法的体制机制架构称为"公共文化服务促进工作分工机制"。见：徐锦堂，林晓霞．湖北省公共文化服务促进条例总则性问题研究［J］．法制博览，2016（25）．

[3] 苗美娟，刘兹恒．近五年我国公共文化服务研究综述［J］．图书馆论坛，2016（2）．吴理财，王前．文化权利导向下的国家基本公共文化服务保障范围研究［J］．湖北大学学报（哲学社会科学版），2015（5）．柯平，宫平，魏艳霞．我国基本公共文化服务研究评述［J］．国家图书馆学刊，2015（2）．

[4] 嵇亚林，李娟莉．公民文化权利与公共文化服务——对构建江苏公共文化服务体系的分析与思考［J］．艺术百家，2006（7）．

[5] 陈威．公共文化服务体系研究［M］．深圳：深圳报业集团出版社，2006．

[6] 周晓丽，毛寿龙．论我国公共文化服务及其模式选择［J］．江苏社会科学，2008（1）．

[7] 和静钧．立法为公共文化法治保驾护航［N］．深圳特区报，2016－04－26（A02）．

[8] 许建业．公共文化服务体系构建中的图书馆发展路向——兼论新公共服务理论对图书馆事业改革的启示［J］．国家图书馆学刊，2006（3）．

[9] 闫平．服务型政府的公共性特征与公共文化服务体系建设［J］．理论学刊，2008（12）．

[10] 吴理财．编码与解码视域中的公共文化服务［J］．江汉论坛，2012（1）．吴理财．把治理引入公共文化服务［J］．探索与争鸣，2012（6）．吴理财．乡村文化的"丛林原则"［J］．文史博览：理论，2011（8）．

[11] 袁锦贵，虞阳．公共文化服务理论研究述评［J］．重庆社会科学，2015（3）．

[12] 《公共文化服务保障法》经全国人大常委会第一审后公布的草案征求意见稿，见：公共文化服务保障法（草案）全文［EB/OL］．中国人大新闻——人民网（2016－05－05）［2016－11－21］．http://npc.people.com.cn/n1/2016/0505/c14576－28326952.html．关于第二审审议草案的变化，见：解读公共文化服务保障法草案二审新规［EB/OL］．文化热点——中国经济新闻网（2016－11－07）［2016－11－21］．http://www.cet.com.cn/whpd/whrd/1843386.html．

[13] 曹爱军，杨平．公共文化服务的理论与实践［M］．北京：科学出版社，2011．

[14] 研究加强公共文化服务体系建设［N］．人民日报，2007－06－17（1）．

[15] 韩雪凤．论公共文化服务体系构建中的政府职责［J］．探索，2009（5）．

[16] 傅才武．国家公共文化服务体系建设的价值评估及政策定位［J］．汉江大学学报（人文科学版），2010（6）．

[17] 段小虎．促进基本公共文化服务标准化、均等化——国家"公共文化服务保障"立法进展与内容解读［J］．科技文献信息管理，2015（3）．

[18] 两项文化领域法律列入全国人大常委会立法规划第一档项目［EB/OL］．法制日报—法制网（2015－08－21）［2016－11－21］．http://www.legaldaily.com.cn/rdlf/content/2015－08－21/content_6232958.htm．

[19] 李小键．公共文化服务保障立法：拉开新时期文化立法大幕［J］．中国人大，2016（10）．

[20] 张言民，苗衷伟，吴鸿雁，徐凤林．公共文化服务法律保障机制研究［J］．市场周刊，2014（6）．

[21] 杨奎臣，谭业庭，李凤兰．公共文化服务立法基本问题定位：社会法范畴与促进型模式［J］．云南行政学院学报，2013（11）．

[22] 石东坡．文化立法基本原则的反思、评价与重构［J］．浙江工业大学学报（社会科学版），2009

（2）：191—197．周叶中、蔡武进．中国特色社会主义文化立法初论［J］．法学论坛，2014（5）．唐明良．论文化立法的基本原则与基本规律［J］．观察与思考，2012（6）．

［23］朱兵．制定公共文化服务保障法——加强文化法治，推动全面建设小康社会的重大举措［N］．中国文化报，2016－05－06（003）．

［24］有学者认为立法体例是指立法者根据某部立法文件的立法理念、立法内容之特点，依照某种理论逻辑而形成的立法文本之结构。参见周志刚．公共文化服务之立法体例刍议［J］．云南大学学报（法学版），2013（5）．

［25］梅昀．论中国的公共文化服务立法：现状、模式与路径［J］．云南大学学报（法学版），2013（5）．

［26］王萍．地方公共文化服务保障立法纵览［J］．中国人大，2016（10）．

［27］苑新丽．发达国家支持公共文化发展的财税政策及借鉴［J］．国际税收，2015（4）．

［28］商思刚．论我国公共文化服务体系立法的改进与完善［D］．北京：中国社会科学院研究生院，2012.

［29］江逐浪．中国公共文化服务事业发展中的几个内在问题［J］．现代传播，2010（5）．

［30］陈云良，胡国梁．公共文化服务立法的基本问题探析［J］．云南大学学报（法学版），2013（5）．有学者就该法的创制，认为"公共文化服务从行政推动迈向法制保障的历史性转型"。阿计．文化立法正崛起［J］人民之友，2016（7）．

［31］李袁婕．2015年文化法治研究综述［N］．中国文物报，2016－03－15（03）．

［32］朱鸿召．论我国公共文化服务体系建设的理论基础［J］．南京邮电大学学报（社会科学版），2009（1）．

［33］石东坡．试析文化权利宪法规范的实施保障问题——以比较法学视域中的"文化宪法"研究为参照［J］．云南师范大学学报（哲学社会科学版），2012（5）．石东坡．论文化立法的宪法规范及其指引下的重点选项［J］．见：中国社会科学院文化研究中心．文化发展研究［M］．北京：经济管理出版社，2015.

［34］石东坡．试论编制文化立法规划的内涵、依据与意义［A］．见：胡惠林，陈昕．中国文化产业评论（第23卷）［C］．上海：上海人民出版社，2016.

［35］李国新．现代公共文化服务体系建设与公共图书馆发展——《关于加快构建现代公共文化服务体系的意见》解析［J］．中国图书馆学报，2015（217）．

［36］魏晓阳．日本文化法治［M］．北京：社会科学文献出版社，2016.

［37］曹剑光．我国公共服务救济制度现状与完善措施［J］．莆田学院学报，2011（1）．崔璨．传统诉讼制度下文化遗产保护的障碍及出路［J］．理论月刊，2016（10）．

［38］罗冠男．试论我国公共文化服务法律体系的完善［J］．天津法学，2015（3）．

人类学视野下的中国冰雪民俗文化类型与特征研究述略

李芳　　清华大学

现代学科意义的中国民俗文化研究，自 1918 年北京大学发起的歌谣征集活动作为中国民俗学运动发端至今，已有整整一百年的历史。中国现代"民俗学"的提出，从一开始就明确是对欧洲 folklore（folk：民众，乡间；lore：学问，传闻）的响应和移植。在这一百年间，中国民俗文化研究取得了很大的成就，突破了最初民俗文学的倾向，有了更多跨学科色彩，如研究方法上运用人类学田野作业，理论探讨上运用结构主义人类学、象征人类学以及解释人类学等。

由于历史断层的原因和学术发展的现实，我国民俗学研究呈现出一方面本土化、地域化特点显著，另一方面缺乏与国外学界对话，以及运用国外的理论和方法与国际交流的现状。目前学界关于中国冰雪民俗文化的研究成果，主要停留在冰雪民俗文化的记录、描述和介绍层面，缺乏人类学文化视角的学术探讨和理论建构；研究成果比例失调，大部分研究集中在东北地区（尤其是黑龙江和吉林两省），西北、华北和西南的冰雪民俗文化研究较少；热点冰雪民俗文化研究较多且有重复之处，冷门冰雪民俗文化因文献资料等原因长期没有被提及；对冰雪民俗文化事项的资料发掘不充分，引用不够，难以建立系统的框架，导致人们对冰雪民俗文化的认识不清楚。这些现象的存在和源远流长的中国冰雪民俗文化的重要价值极不相称。

凝聚着世代生活在冰雪环境中的人们价值观的冰雪民俗文化作为珍贵的文化资源，是中国人民对世界冰雪文化宝库的珍贵贡献，有必要在前人研究的基础上，依靠大量尚未得到充分利用的与冰雪相关的民俗资料和文献，调整研究视角和层次，进行全面地、系统地、学术性地整理和研究。本文将冰雪民俗文化的研究内容概分三个方面：一是冰雪节日；二是冰雪日常生活；三是冰雪文学艺术。

在人类社会发展史中，民俗经历了一个从无到有、由简到繁的发展过程。美国当代文化人类学家鲁思·本尼迪克特（Ruth Benedict）在《文化模式》中曾提出："我们必须看到，风俗习惯对人的经验和信仰起了决定性作用，而它的表现形式又是如此千差万别。没有人会用不受任何影响的眼光看待这个世界，人们总是借助于一套确定的风俗习惯、各种制度和思维方式来观察这个世界的。即使在哲学探索中，人也不可能超越这些俗套，他的真假观念仍然与特定的传统习惯有关。"

文化生态学（cultural ecology）认为，像生物界一样，每种文化都类同于生物的基因，都具有鲜活的生命,不同文化之间构成不同的文化圈、文化链,相互影响、相互渗透、相互联系、相互依赖,构成民族文化体系,显示本民族的文化特质和民族品格。与自然界一样,在冰雪文化生态系统内,每种事象的冰雪民俗文化都有自己的定位和秩序,有自身的价值,这是适应冰雪的自然环境和社会文化环境的结果而产生的。

我国作为中低纬度世界山岳冰川最发达的国家,冰川分布于东经104°(四川雪宝顶)以西至帕米尔、北纬27°(云南玉龙雪山)以北至阿尔泰山之间我国西部广大的高山高原区。据统计过去几十年里,我国仅福建、广东、广西、云南四省南部和台湾大部为无积雪地区。我国复杂多样的地形特征孕育出多元的冰雪民俗文化,不同地域环境的冰雪生产劳作随之也表现出不同的特征。目前,我国年周期性稳定积雪区主要包括:(1)东北和内蒙古东部;(2)新疆北部和天山地区;(3)青藏高原(羌塘高原和柴达木盆地不在内)。此外,秦岭、贺兰山、六盘山、五台山、峨眉山以及台湾中央山脉也有零星分布。在季节分配上,黑龙江省最北部的大兴安岭和长白山、新疆阿尔泰山地区积雪季节长,青藏高原春秋两季积雪日数和积雪深度超过冬季,稳定积雪区是季节积雪水资源的主要蕴藏区。积雪融水形成的春汛,在东北和北疆地区尤为显著。

正是基于多样性的冰雪生态与复杂纷繁的社会环境的不断交融,人们才创造出各地区、各民族缤纷多彩、动态变化的冰雪民俗文化,当民俗文化独特的文化价值经过一代又一代人的传承积淀,一旦形成稳定形态和某种特殊内在需要时,这种冰雪民俗将内化为不同部落、群体或民族的价值意识或原始精神,并同时体现出对自然环境所具有的强大的文化适应性和选择性,进而成为中国冰雪民俗文化的核心文化基因。

一、冰雪节日

节日民俗的形成,往往适应人们生产和生活的需要,一些节日随着季节变化和生产劳作要求而产生,一些节日与宗教活动和信仰祭祀有关,还有一些节日与娱乐集贸有关。冰雪节日凝聚着生活在我国寒温带和其他有冰雪积存区域的人的文化心理、宗教信仰、伦理规范、习惯风俗和价值观,以鲜明的物态形式(节日习俗活动)最为集中地展现、传承和强化了群体精神,它实质上是冰雪民俗文化的积淀场和核心文化的交汇点。

作为生活在冰雪环境中的人们物质财富生产基础的冰雪生产劳作,是人类的各项实践活动的前提。在人类社会之初,生产力发展十分低下,茹毛饮血、巢居穴处是当时原始人类的共同习俗。生活在冰雪环境中的早期先民们,在天寒地冻的恶劣环境中,主要以狩猎和冬季捕鱼为主要的生产方式,并在此基础上派生出冰雪日常生活、娱乐节日民俗和文学艺术等民俗文化。冰雪节日所谓的文化的功能无疑是用来满足生活的需要,而这种需要主要表现在生理上和心理上的需要。

马林诺夫斯基(Malinowski)在《文化论》中就曾用列举的方式说明文化的内容:"文化是指那一群传统的器物、货品、技术、思想、习惯及价值而言。"生活在冰雪环境中的人们创造出的冰雪节日独具特色,冰雪节、滑雪节、泼雪节、雪雕节、滑冰节、滚冰节、冰雕节、冰雪捕鱼节等都是冰雪民俗文化的缩影,它根植于冰雪环境的土壤中,不仅是冰雪环境中庆祝的文娱活动,更重要的是它是先民们在与冰雪相关的生产生活中创造的有关冰雪的族群历史、传说、礼仪、经济、艺术、道德以及祈福、禁忌、纪念等活动充分发展的凝聚。如在鄂伦春族神话、故事、传说、神歌、民歌和祭仪等多方面的文化现象中,体现出人们对自然的畏惧、抗争、敬尚、热爱、感恩回报、愧慰和祈役等自然情感类型,尤其是其传统冰雪节日"伊萨仁"(鄂伦春语,"集会、聚会"之意),是鄂伦春人为进森林围猎、储存冬季食物而进行的"盛会"。通过"穆昆达"(族长)颂唱祭文,举行祭火仪式,这一冰雪节日背后的文化生态学意义及其蕴含的文化逻辑关系,折射出当地人的冰雪文化观。

冰雪节日从其文化本体上来看,处于传统形态与现代形态的杂合期;从背景来看,处于文化变迁的大趋势中,所以从冰雪节日神圣性的祭祀、崇拜信仰,到世俗性的娱神、娱人节庆的选择性演进,是认识冰雪民俗文化的重要理论视角。狩猎作为一种古老的生产方式,是原始社会重要的经济活动之一。随着社会经济的发展,狩猎虽已不是经济活动的主要手段,有时只作为生活资料的补充,或出于某种经济交换价值的需要而被传承下来,并发展为冰雪狩猎节日,但由于自然资源的限制和发展的不均衡,有些地区的狩猎活动依然活跃,并且沿袭和发展了古代的狩猎民俗。捕鱼作为原始人类生活资料的补充,与狩猎具有同等重要的意义。东北地区延续上千年的查干淖尔冬捕节日,就是在得天独厚的环境和生产实践中形成的。每到严冬时节,前郭尔罗斯大草原上的农民们为了生计起早贪黑,在零下三十多度的极寒里出门冬捕,围绕查干湖这一天然渔猎之地展开冰雪渔猎劳作,现如今,查干淖尔冬季捕鱼已经成为吸引各地游人纷纷加入的盛大民俗节日。

在节日庆典这样的群体共聚的场合下,通过祭祀、歌舞及唱诵神话史诗、古歌谣等一系列展演,增强了群体的凝聚力、自尊心、自豪感。又如西藏、青海、甘肃、四川、云南等省、区的藏族人民每年要过的传统宗教节日雪顿节(藏语解释是"吃酸奶子的节日",又叫"酸奶节"),是藏族人民的重要节日,大都在藏历二月初、四月中旬或六月中旬举行,以晒佛仪式、藏戏会演、过林卡、酸奶酒宴、群众游园为主要内容,因为期间有隆重热烈的藏戏演出和规模盛大的晒佛仪式,所以有人也称之为"藏戏节"或"晒佛节",如今的雪顿节同时还有精彩的赛牦牛和马术表演等项目。雪顿节是藏族文化保持民族文化独特性、传承绵延的具体表现形式,是增强民族团结和维护世界文化多样性有积极意义。除了少数民族的冰雪节日外,汉族传统的二十四节气中有"小雪""大雪""小寒""大寒"等节气认识,反映了孕育中国古代文明的华北地区黄河中、下游曾经的生境,也是汉族人对冰雪节日观念的文化实证。

冰雪节日是一个内容丰富、体系完整的系统,包括精神文化层、行为文化层和物质文化层,各层交互作用、彼此依托,构成了中国冰雪民俗文化的独特魅力。另外,冰雪节日还有象征功能、结构和秩序建构功能、情感联系功能、娱乐功能、民族文化传承功能以及加强群体认同和国家认同等方面的功能。这些功能的实现是相互联系、相互依赖的,并通过冰雪节日活动的民俗事象实现,使其成为多元文化鲜活而有力的形式,无疑对于节庆文化、集体记忆和族群认同有着不可替代的意义。

二、冰雪日常生活

随着生产力的发展，各具特色的物质生活和与物质生活密切相关的人类社会生活民俗也日益形成。冰雪日常生活是集体创造的结果，或是由个人创造，经集体的响应、丰富、发展而来的民俗事象，与冰雪渔猎的生产劳作方式是相伴共生的关系。建立在渔猎社会基础上的冰雪日常生活习俗是冰雪文化的典型表现，其包含的冰雪服饰文化、冰雪饮食文化、冰雪居住文化、冰雪交通文化和冰雪娱乐文化等是基于冰雪生境的文化体现。

冰雪日常生活事象是人们赖以生存的最重要的条件。从集体性来讲，冰雪生产劳作和冰雪日常生活都是具有共同性的群体，基于这种共同性创造出来的有关衣食住行的生命表达方式。这种表达方式在群体内部表现出高度的认同，无论社会如何发展，冰雪民俗文化如何变迁，日常生活民俗总是以相对稳定的形式传承下来，并且在表达方式和方法上以类型化或模式化的形态存在。对日常生活的启蒙，也是一种对社会现代化进程的回应，其目标是让民众反思性地看待习以为常的内容。民间知识视野下，基于人、神、自然共生共存的地方性知识而形成的习俗，是对日常生活的自觉。

（一）冰雪相关的服饰

冰雪服饰是在生产生活实践中逐渐发展出来的，包括与冰雪相关的衣服、鞋帽、配饰等的风俗习惯，服饰的功能目的（保暖御寒）与审美观念交织为一体。冰雪服饰民俗的形成和人类居住的自然环境，特别是气候条件有着密不可分的关系。生活在冰雪环境中的人们由于气候寒冷，服饰用料、款式、缝制工艺都十分讲究。如达斡尔族人在冰天雪地中喜欢穿皮大衣、皮裤、皮帽、皮手套及皮靴出门远行或者打猎。其中，"布坤其·德力"的皮大衣是用秋末冬初所猎之狍子皮制作的；"往拉日斯·德力"的皮大衣是用隆冬所捕之狍子皮制作的。之所以选择狍皮制皮衣，在于其毛密且厚，可以有效保暖，而且穿上后不笨重。整件皮大衣长度过膝，两侧开衩，有布条编结的扣或铜扣。一般不挂布面，毛朝内。皮手套也多用狍皮缝制，称为"搏力"。皮靴则用狍腿皮和牛脊皮做成。皮裤常用狼、狗、羊、狍皮制作。同样，皮帽原料的来源也较复杂，用狐、猞猁、水獭、貂、狼、狗皮均可。

（二）冰雪相关的饮食

冰雪饮食在人们的生活中占据着十分重要的地位，不仅是为了满足生理需要，而且在长期的历史发展过程中，饮食民俗不断丰富。在人类学界，以马歇尔·萨林斯（Marshall Sahlins）为代表的人类学家反对简单地将食物与满足人类生存需求同置一畴，试图在不同文明、文化、区域、族群的食物系统中确认一种文化相对论的主张，即不同的食物体系既具有各自的文化特性，又广泛存在着像莫斯（Marcel Mauss）在《礼物》中所说的具有

"社会功能－结构"意义上的"整体呈现"性质。除利用冰雪环境的低温保存食物外，生活在冰雪环境中的人们在烹饪上，是以"炖"为处理食材的主要方式。中国北方以游猎为主要生计手段的民族，还有生食的习惯。比如，鄂伦春族猎人冬季捕猎时，常常天亮就出门，直至黑夜才返回营地。全天在白雪覆盖的山林中奔波，且不带午饭。所以，通常只能生食捕获的动物肉来补充体力。将捕获的狍子的肝从体内取出，洒上一些随身携带的大粒盐就直接入口。赫哲族的渔民在冬捕时会在河边"野炊"，将去皮冻鱼切成薄鱼片，做成"鱼肉刨花"，配上一壶酒，蘸醋、盐水和辣椒油食用。因此，如何选择食物其实是一种认知过程，也是一种再生产模式。代表人物是韦纳（Annette B. Weiner），她试图通过食物的资源与生产过程中的各种关系突出"自我"与"他者"同构为基本条件——不仅是社会关系，也达成与自然资源之间的社会再生产。

（三）冰雪相关的建筑居所

冰雪居住既是一种对物质生存的选择体系，也是一种特殊的认知体系，还是一种与生态环境相辅相成的合作体系。冰雪环境寒冷异常，在建筑居住方面保暖性尤为重要，人们最初以地穴来对抗冬季低温，"以深为贵"。穴中还要生火，周围铺着树枝、柴草和动物皮毛。如《隋书》载，北室韦居住地域"气候最寒，雪深没马。冬则入山，居土穴中，牛畜多冻死"。《大金国志》则记录了女真建国前居住在半地穴式的房屋中的情形："多依山谷联木为栅，或复以板与桦皮如墙壁，亦以木为之。冬极寒，屋才高数尺，独开东南一扉。扉既掩，复以草绸缪塞之。穿土为床，温火其下，而寝食起居其上。厚毛为衣，非入室不撤衣。"除了以穴为居外，人们还利用炕来保持室内温度。从史籍记录来看，在唐代，高丽人已在生活中广泛使用"炕"御寒。据《新唐书》所载，高丽人"冬月皆作长炕，下燃温火"。而鄂温克族、鄂伦春族及赫哲等游猎民族的"撮罗子"是独具特色的少数民族冰雪建筑的代表。

（四）冰雪相关的交通

冰雪交通是和生产劳作、人类出行、运输交易相关的民俗事象，其发展要归功于狩猎而带来的动物驯养。作为交通民俗中最古老的"遗留"，东北地区赫哲族等少数民族用雪橇作为冬季的运载工具，已有很长的历史。一般认为雪橇产生于人类生产和生活的需要，出现的时间应晚于滑雪而早于滑冰。《大元一统志》记载了东北地区使用畜力牵引的雪橇："开元路有狗车……以木为之，其制轻简，形如船。长一丈，阔二尺许，以数狗拽之……只可于冰上雪中行之。"由此而论，雪橇实际用于生活当在宋元以前。明清以后，雪橇在生活中的应用更加广泛。人们除了日常生活中使用雪橇作为生产运输工具外，军事行动中也可以看见雪橇的身影。《清语摘抄》中就有"炮架爬犁，沿脑温江冰层驰往救，一日夜行七百里"的记载。甚至娱乐领域也开始使用雪橇。如19世纪起，鄂伦春、鄂温克及赫哲等族青少年中盛行皮爬犁比赛。

（五）冰雪相关的游艺

此外，冰雪娱乐是基于渔猎社会中的冬季闲暇时空基础而产生的。娱乐形态的出现代表人类文明的一种进步，表明人们在基本的物质要求得到满足之后，又产生了更高层次的需求。按照马斯洛（Abraham H. Maslow）心理学的理论，这是一种人类心理自然发展的过程。对于人类来讲，不断的需求是人类顽强进取、不停地斗争的主要动力。冰雪环境中的娱乐民俗丰富多彩，包括溜冰、打"滑咪溜"、"滑板"（脚滑子）滑行、滑冰车、打"冰猴"、拉网捕（钓）鱼、打滑达、轱辘冰、跑冰鞋、堆雪人、打雪仗、雪球投掷、雪上飞车（单腿驴）、雪地"冰球"、雪爬犁、打"冰爬犁"、攀冰岩、冬泳和踢行头等。其中踢行头是冬季冰地上盛行的一种冰雪娱乐活动，最早兴起时并没有具体的游戏规则，随意性很强。后来到了明末清初时，满族人将这项娱乐活动继承发展，形成满族人过年必办的节庆活动之一。

在踢行头之前，通常要摆好贡品由氏族族长主持祭拜山神、树神，然后开始饮酒欢歌，最后摆阵开踢。踢行头的游戏规则主要是将一个用熊皮或猪皮缝制而成的圆形绵软物，或用猪膀胱灌鼓为囊，形似现在的足球的东西，放在冰地上，划好三条界线，两队队员脚蹬靰鞡，来往攻守，将行头踢入所划线中，得分多者为胜。开赛时，双方列队于线上，一方开球，另一方横立于线上阻挡，仿佛构筑现代足球罚点球的"人墙"一样。开球后，一方则横立对方激冲，对方竭力阻挡，双方来往冲墙，十分激烈，表现出满族人剽悍勇猛、机智灵活的民族风格。比赛时双方场地旁各备有牛、羊、猪等各种美味肉食，以及年糕、豆包等传统满族食品，并点燃篝火助阵。赛后输的一方要把酒席送给获胜的一方，最后双方在篝火旁烤肉饮酒，嬉笑歌舞。可以说，冰雪娱乐是适应人类需求心理的自然发展，适应人的丰富性的不断发展过程的，是冰雪民俗文化绚烂多彩的剪影。

三、我国的冰雪文学艺术

人类文学艺术总是与特定的生活状况、生活经验、生命感受和生存理解直接相关，从而在最大的情境性上呈现出复杂的观念、动机、目的和行为，表达多维的功能和价值意味。文学艺术无疑反映出一个群体的文化价值观念及其所关心的事物，特别是口头艺术（神话、传说和故事），其背后的文化价值观必然承载着人生真理的意蕴。即便是神话，它也"不是人类心灵的幻构之物，也不只是某种不可企及的神秘的隐喻性符号，神话之所以有着巨大的现实效用，那是因为神话本身就是人的生存理解的体化物"。

冰雪文学艺术作为借助语言、表演、绘画、造型等手段塑造象征符号来反映社会民俗生活的意识形式，通过各种冰雪文艺表现手法来创作以冰雪为内容、对原生态冰雪文化样式进行表现的作品的文化，是属于精神层面的内容。如民间叙事传统推动文学"使民众说话，不是替民众说话"的初衷。英国著名社会学家、实证主义哲学家和科学教育的倡导者赫伯特·斯宾塞（Herbert Spencer）于19世纪中叶曾提出一个观点，认为人们当物质生活得到满足时，就会追求更高层次的精神享受，追求更高层次的教育需求。他把"完满生活"分为直接保全自己、间接保全自己、抚养子女、参加社会政治生活和进行休闲娱乐等五种活动，将教育逐渐由个人扩展到整体，由物质上升到精神，慢慢使教育的目的由浅到深，逐渐深化，使人们学会享受人类的高雅文化，诸如艺术、文学等。他认为"完满的生活"除去物质上的需要，剩下的就是精神层面，为了实现这一目的，二者缺一不可。

冰雪文学以语言文字为媒介塑造艺术形象，反映着人们在与冰雪相关的文化中的生活状态，可以将其细分为冰雪神话、冰雪诗歌、冰雪散文和冰雪小说等四个部分。冰雪艺术体现和物化着人的审美观念、审美趣味与审美理想，对冰雪艺术的审美分类是依据主体的审美感受和知觉方式进行的。依据这一原则，冰雪艺术分为冰雪绘画、冰雪雕塑、冰雪音乐和冰雪影视等四个部分。

20世纪80年代，风行一时的文化批评是新历史主义研究方法的哲学来源，法国哲学家米歇尔·福柯（Michel Foucault）的"权力/话语"理论认为通过对文学作品的创作、社会规范及其历史背景的全盘审视，在文化的整体网络中重构作品、作者与读者之间的有机联系。批评家不仅自己意识到文学作品本身是一个"意义系统"，是"建构"的，同时自己的解读也是一种新的建构，而且他们还努力提醒读者意识到这一点，使读者也可能产生自己的意义建构。应该说这种研究方法比弗莱等人的原型批评更为深刻和精细，更为关注文学作品的文化文本意义。

（一）冰雪相关的神话

生活在冰雪环境中的古代先民以冰雪为背景，想象出他们对世界起源、自然现象以及社会生活的原始理解的故事和传说，这些作品被称为冰雪神话。这些冰雪神话有反映传统价值观的作品，如《王祥卧鱼》（又名《卧冰求鲤》，出自《搜神记》）、《叩凌得鱼》（出自《晋书》）、《崔女求鱼》（出自《室政杂录》）、《求冰救母》（出自《元史·汤霖传》）；有宣扬忠君报国思想的，如《酉阳杂俎》载："精诚所至，冰河为开"；有寄托美好愿望的，如《烧瓦驱寒》（出自《稽神录》）、《桃仙送暖》《雪天取酒》（出自《辟寒》）；有演绎历史事件的，如《姜嫄生子》（出自《史记·周本纪》）；有鼓励超凡出仕的，如《韩仙传》；有讲述怪诞故事的，如《素女乘船》（出自《搜神后记》）、《偶遇梅仙》（出自《龙城录》）、《风雪阻猎》（出自《幽怪录》）；还有批判腐朽制度的，如《六月飞霜》（出自《淮南子》）、《六月飞雪》（出自《窦娥冤》）等。

（二）冰雪相关的诗歌

古人写咏雪诗，往往运用视觉、听觉、感觉和嗅觉等多种感官，从冰雪的形状、颜色、体量、声音等不同层面讴歌书写。作诗者不限于文人雅士、帝王将相、地主豪绅，有独自吟咏者，有雪天饮酒赋诗者，也有遇雪忆友寄诗者；有咏秋雪、咏腊雪、咏春雪、咏残雪、咏夜雪，也有咏空中雪、咏地上雪、咏庭院雪、咏阶上雪、咏屋顶雪、咏树上雪、咏松下雪、咏山上雪、咏山村雪、咏江上雪、咏皇宫雪等。有时诗人还会在冰雪诗词中引用冰雪典故来增加思想内涵，凸显文化感染力，如"师门立雪""孙康映雪""苏武牧羊（啮雪吞毡）""袁安卧雪（闭门僵卧）""雪夜访戴""梁园赋雪"等典故。古代冰雪诗词见诸文字很多，可谓浩如烟海。现代人的咏雪诗多以雪写人、借雪言志、托雪抒情为主，如毛泽东的《沁园春·雪》是写景、议论和抒情相结合的典范。

（三）冰雪相关的散文

冰雪散文是以冰雪为描写主体的散文体裁，明代著名文学家张岱曾作《冰雪文序》："鱼肉之物，见风日则易腐，入冰雪则不败，则冰雪之能寿物也。今年冰雪多，来年谷麦必茂，则冰雪之能生物也。盖人生无不藉此冰雪之气以生，而冰雪之气必待冰雪而有，则四时有几冰雪哉！若吾所谓冰雪则异是。凡人遇旦昼则风日，而夜气则冰雪也；遇烦躁则风日，而清净则冰雪也；遇市朝则风日，而山林则冰雪也。冰雪之在人，如鱼之于水，龙之于石，日夜沐浴其中，特鱼与龙不之觉耳。"寥寥数语，便道出了人们在冰雪文化中积淀的生活智慧。鲁迅在《雪》中既写了南方的雪，又写了北方的雪，认为北方的雪失去了江南雪的温柔，"不粘连"且随风"蓬勃地奋飞"。梁秋实的《雪》以独特的视觉观察雪，用清新的文字描写雪，开头就不同凡响："李白句：'燕山雪花大如席。'这话靠不住，诗人夸张，犹'白发三千丈'之类。"作者由此生发开去，引出喜售的话题。接下来话锋又转："赏雪，须先不饿肚皮。"并且用"袁安卧雪"和"雪夜访戴"两个冰雪典故作为自己的正反注释，即像袁安那样饿着肚子的人不会有赏雪的兴致，假如子猷饿着肚子也没雅兴雪夜乘船去访戴逵，并且"造门不前而返"。钟敬文《西湖的雪景》表现了他对雪天穷苦人冷暖的关怀。

（四）冰雪相关的小说

作为世界宝贵的文化遗产、中国古典长篇小说四大名著——《水浒传》《三国演义》《西游记》《红楼梦》中，都有对冰雪的生动描述。施耐庵、罗贯中在《水浒全传》第十回"林教头风雪山神庙，陆虞候火烧草料场"里将风雪当成开展故事情节的重要自然环境，用细腻的笔触进行了大量生动地描写。如林冲在与差拨去草料场的路上下起"纷纷扬扬的大雪"："正是严冬天气，彤云密布，朔风渐起；却早纷纷扬扬，卷下一天大雪来。那雪早下得密了，但见：凛凛严凝雾气昏，空中祥瑞降纷纷。须臾四野难分路，顷刻千山不见痕。银世界，玉乾坤，望中隐隐接昆仑。若还下到三更后，仿佛填平玉帝门。"罗贯中《三国演义》第三十七回"刘玄德三顾茅庐"，作者在刘玄德二顾茅庐中，用极其精辟的文字三次正面写风雪、三次侧面写风雪，并用两首词对风雪进行了烘托，且用张飞欲"避风雪"同刘备"冒风雪"进行对比，更加衬托出刘备请诸葛亮出山的心情之真诚与急切。吴承恩在《西游记》第四十八回"魔弄寒风飘大雪，僧思拜佛履层冰"中用大量篇幅不仅写了雪，而且写了冰。在记述灵感大王为了吃唐僧肉长生不老，采纳了鳜婆建议这个故事的过程中，作者19处写了"雪"，其中有"下雪""大雪""雪洞""雪景"，有20处写了"冰"，其中有"冰上""冰下""冰盘""冰凌"等。曹雪芹在《红楼梦》中多次写雪，在第二十三回，贾宝玉住进大观园后作了几首即事诗。其中《冬夜即事》云："梅魂竹梦已三更，锦罽鹴衾睡未成。松影一庭惟见鹤，梨花满地不闻莺。女奴翠袖诗怀冷，公子金貂酒力轻。却喜侍儿知试茗，扫将新雪及时烹。"除传统古典文学外，鲁迅的《祝福》、曲波的《林海雪原》等作品，都有对冰雪的精辟描述。

（五）冰雪相关的绘画

冰雪绘画是以冰雪为题材创作的绘画作品。雪是中国历代妙手丹青笔下描画的对象，东晋的画家顾恺之被人称为山水画的祖师，他的开中国山水画先声的名作便是画雪的《雪霁望五峰图》。中国水墨画的创始人王维生平喜欢的绘画题材有八种，其中的两种都与雪有关：雪景、雪滩。他的《雪溪图》整幅画以线描勾勒，少皴多染，在平远的雪景衬托下，石坡栏桥、草屋衰柳、江水篷船，溪边的雪最恬静厚重，意趣盎然。他画的《雪里芭蕉图》被《豫章漫抄》称为"奇格"。北宋著名山水画家范宽善画雪景，他画的雪山，"得山之骨""善与山传神"，与关仝、李成形成五代、北宋间北方山水画的三个主流派，被誉为"三家鼎峙，百代标程"。他的存世名作《雪景寒林图》一直被后人所称颂，《过眼烟云录》称他的这幅画和另外四幅雪景画"阔景甚伟"。北宋杰出的文学家书法家和画家苏轼也很喜欢画雪。他因用诗歌讽刺新法而于1080年被贬黄州（今湖北黄冈）之后，于府治东边的山坡上开垦了一块废弃土地，设计建造了"雪堂"，并亲书"东坡雪堂"四字挂上门楣。据《辟寒》载，明代的山东泰安知州王叔明把自己花费三年业余时间精心绘制的泰山图改画成了雪景，在画上题上了名字《岱宗密雪图》（"岱宗"为泰山的古称），夸说此画无一俗笔。

古代还有《江行初雪图》《群峰霁雪图》《雪山萧寺图》《雪树寒禽图》《江天雪棹》《溪山雪竹》《关山雪运》等许许多多雪景画。从黑龙江省走出去的著名画家于志学不仅画雪，而且画冰，其独创的冰雪山水画闻名遐迩。于志学的代表画作《雪漫兴安》《黄山雪韵图》《雪影》等，孙秉臣的代表画作《雪夜无声》等都是当下具有代表性的冰雪绘画。

（六）冰雪相关的雕塑

中国古代称为雪塑。史籍中关于雪塑的记载，最早见于记述北宋东京城市面貌、风俗物产的《东京梦华录》："豪贵之家，遇雪即开筵，塑雪狮，装雪灯雪，以会亲旧。"其实，不仅"豪贵之家"要建雪塑，皇帝宫廷也要立雪塑。追述南宋临安旧事的《武林旧事》提及，南宋皇帝雪后去明远楼赏雪时，后苑会进上"雪狮"。《养吉斋丛录》则记录清宫每年均在养心殿用雪堆砌狮、象，以兆丰年。相较于皇宫、豪贵，普通百姓进行雪塑活动更加广泛。正如明代《帝京景物略》所载："积雪，以塑于庭。"进入当代，雪塑活动更加发展，甚至在部分地区逐渐变得有组织化。

(七）冰雪相关的音乐

冰雪音乐是以冰雪为素材创作的声乐作品。20世纪50年代中期，曹大沧作词、滕圣友作曲的歌颂松花江上滑冰的《冰上圆舞曲》脍炙人口。80年代，由著名词作家王德作词、著名作曲家刘锡津作曲的《我爱你，塞北的雪》更是传遍大江南北。东北地区创作出了《冬天是一个白色的梦》《冰灯》《冰雪里的童话》《跑冰排》等许许多多歌颂冰雪的歌曲，出现了胡小石、志同、杨人翊等许多位著名的冰雪词、曲作家。80年代中期以来，冰雪歌曲及第七届全国冬运会、第三届亚冬会和第十届全国冬运会会歌的征集活动，产生了不少好的作品。由著名词作家乔羽作词、著名作曲家谷建芬作曲的第三届亚冬会会歌《赞美冰雪》就是应征作品中的佼佼者。

还有一些以冰雪为背景或有冰雪元素的著名音乐作品，如《长征组歌》第六部分《过雪山草地》就是其中的代表，歌词是中国人民解放军肖华将军所作，由北京军区战友文工团的作曲家作曲。作品把红旗招展、战士们在雪山草地互相搀扶着艰难地缓缓地行进的场面描写得淋漓尽致。1964年2月9日，中国内蒙古草原上的蒙古族姑娘龙梅、玉荣在草原上替父亲放牧人民公社的羊群遭遇暴风雪，小姐妹奔走了一昼夜终于保住了集体的羊群，她俩却被严重冻伤。1972年，吴祖强、王燕樵、刘德海以这一真实事件为题材创作了《草原英雄小姐妹》琵琶协奏曲，歌颂小姐妹热爱集体的品质和勇敢精神。

（八）冰雪相关的影视

冰雪影视就是取材于冰雪活动的电影和电视剧。冰雪影视种类较多，本文只讨论冰雪故事片、纪录片和动画片三种。冰雪影视片中有些是全部情节都在冰雪环境里展开的，有些影视剧取材于冰雪运动。20世纪50年代末中国的电影《冰上姐妹》取材于哈尔滨的滑冰运动，该片通过冰上姐妹团结友爱、共同进步的动人故事刻画了新中国青年一代运动员的精神面貌。除此之外还有孙增田《最后的山神》，顾桃《敖鲁古雅》《神翳》《神鹿啊我的神鹿》，杨光海《鄂伦春族》，张扬《冈仁波齐》等。

结　语

我国的冰雪民俗资源极为丰富，不仅一些民俗事象有着几千年的历史，而且多民族统一背景下的冰雪民俗文化独具特色。生活在我国寒温带和其他有冰雪积存区域的人们，为了生存和发展在同冰雪斗争中、利用和使用冰雪中、在冰雪生态环境中，逐渐创造和形成了丰富的冰雪民俗文化，它是人类冰雪文化与文明的重要组成部分，体现着中国冰雪文化的灿烂繁荣，是研究生活在冰雪环境中的人们通过语言和行为传承的各种与冰雪相关的民俗事象的学问，同时还直接或间接地影响着周边国家和地区。但现阶段，我国冰雪民俗文化研究仍有许多尚未深入开垦的领域，总的来说有待于精耕细作。

参考文献

[1] 张军等. 中国地方志民俗资料汇编（东北卷、西北卷、华北卷、西南卷）[M]. 北京：书目文献出版社，1989.

[2] 直江广治. 中国民俗文化[M]. 上海：上海古籍出版社，1991.

[3] 周巍峙主编. 中国节日志[M]. 北京：光明日报出版社，2015.

[4] 王清海. 冰雪文化学[M]. 哈尔滨：黑龙江人民出版社，2011.

[5] 王景富. 世界五千年冰雪文化大观[M]. 哈尔滨：黑龙江人民出版社，2007.

[6] 韩雪峰. 辽宁民俗[M]. 兰州：甘肃人民出版社，2004.

[7] 曹保明. 东北民俗[M]. 长春：吉林大学出版社，2014.

[8] 宋德胤. 黑龙江民俗[M]. 兰州：甘肃人民出版社，2004.

[9] 龚强. 冰雪文化与黑龙江少数民族[M]. 哈尔滨：黑龙江人民出版社，2008.

[10] 刘学良、孙景钰等. 黑龙江冰雪文化图志[M]. 哈尔滨：黑龙江人民出版社，2005.

[11] 曹保明. 最后的渔猎部落[M]. 上海：上海文化出版社，2004.

[12] 辽宁省编辑委员会. 满族社会历史调查[M]. 北京：民族出版社，2009.

[13] 朱桂桢、艾长山. 长白山冰雪文化[M]. 长春：吉林科学技术出版社，2015.

[14] 魏声和、高阁元、于泾等. 吉林地志，鸡林旧闻录，吉林乡土志[M]. 长春：吉林文史出版社，1986.

[15] 王景富. 哈尔滨冰雪文化发展史[M]. 哈尔滨：黑龙江人民出版社，2005.

[16] 内蒙古自治区 组. 鄂伦春族社会历史调查（第二集）[M]. 呼和浩特：内蒙古人民出版社，1985.

[17] 《中国少数民族社会历史调查资料丛刊》修订编辑委员会. 黑龙江省满族朝鲜族回族蒙古族柯尔克孜族社会历史调查[M]. 北京：民族出版社，1987.

[18] 李治亭. 关东文化大辞典[M]. 沈阳：辽宁教育出版社，1993.

[19] 本·海默尔. 日常生活与文化理论导论[M]. 北京：商务印书馆，2008.

[20] 杨威. 中国传统日常生活世界的文化透视[M]. 北京：人民出版社，2005.

[21] 戴维·英格利斯. 文化与日常生活[M]. 北京：中央编译出版社，2010.

[22] 张伯英. 黑龙江志稿[M]. 哈尔滨：黑龙江人民出版社，1992.

[23] 黑龙江省编辑组. 赫哲族社会历史调查[M]. 北京：民族出版社，2009.

[24] 内蒙古自治区编辑组. 达斡尔族社会历史调查[M]. 北京：民族出版社，2009.

[25] 内蒙古自治区编辑组. 蒙古族社会历史调查[M]. 北京：民族出版社，2009.

[26] 林继富. 西藏节日文化[M]. 拉萨：西藏人民出版社，1993.

[27] 尕藏才旦. 雪域气息的节日文化[M]. 兰州：甘肃民族出版社，2000.

[28] 郑元者. 艺术之根：艺术起源学[M]. 长沙：湖南教育出版社，1998.

[29] 彼得·贝格尔. 神圣的帷幕[M]. 高师宁译. 上海：上海人民出版社，1991.

[30] 王大庆. "神圣"与"世俗"之间——试论古希腊奥林匹亚赛会的宗教性[C]//中国世界古代史国际学术讨论会，2012.

[31] 查斌. 从神圣走向世俗——雪顿节世俗化与藏戏研究[D]. 武汉：华中师范大学，2011.

[32] 特木尔巴根. 雪山蒙古人文化研究[D]. 北京：中央民族大学，2005.

[33] 张慧平. 鄂伦春族传统生态意识研究[D]. 北京：北京林业大学，2008.

[34] 李松. "节日与狂欢"题解[C]//节日研究. 北京：学苑出版社，2015.

[35] 国梁. 中国冰雪文化的类别与传承 [J]. 学术交流, 2017 (6).
[36] 唐晓明. 地方性知识构造 [J]. 哲学研究, 2000 (12).
[37] 张斌. 地方性知识——鄂伦春族传统民事习惯法探析 [J]. 东北财经大学学报, 2007 (11).
[38] 杨庭硕. 论地方性知识的生态价值 [J]. 吉首大学学报（社会科学版）, 2004 (7).
[39] 还格吉. 藏族山神祭祀仪式的文化分析——以青海热贡多日宁社区为例 [J]. 青海社会科学, 2013 (6).
[40] 常丽霞, 崔明德. 藏族山神崇拜及其象征——基于拉卜楞地区一份山神祭祀煨桑颂词的释读 [J]. 中南民族大学学报（人文社会科学版）, 2012, 32 (4).
[41] 何马玉涓. 少数民族祭祀型节日的源起与流变 [J]. 学术探索, 2015 (2).
[42] 郑元者. 艺术人类学的生成及其基本含义 [J]. 广西民族学院学报（哲学社会科学版）, 2006 (8).
[43] 姚新勇. 少数民族文学——身份话语与主体性生产 [J]. 暨南学报（哲学社会科学版）, 2014 (2).
[44] 李宏复. 东北地区少数民族萨满造型艺术——民族学田野调查案例研究 [J]. 大连大学学报, 2007 (4).
[45] 杨治经. 冰雪艺术美学的对象与功能值 [J]. 学习与探索, 1993 (10).
[46] 户晓辉. 中国传统节日与现代性的时间观 [J]. 安徽大学学报（哲学社会科学版）, 2010 (3).
[47] 王加华. 传统节日的时间节点性与坐标性重建——基于社会时间视角的考察 [J]. 文化遗产, 2016 (1).
[48] 陈爱国. 民间知识视野下的环境问题——以湖泊渔民的"想象力"和"生活经验"为中心 [J]. 文化遗产, 2015 (1).
[49] 李锦. 山神信仰：社会结合的地域性纽带——以四川省宝兴县硗碛藏族乡为例 [J]. 民族研究, 2012 (2).
[50] 高丙中. 中国民俗学的新时代：开创公民日常生活的文化科学 [J]. 民俗研究, 2015 (1).
[51] 王慰. 论日常生活的文化意义 [J]. 教学与研究, 2002, V (11).
[52] 李向振. "通过民俗"：从生活文化到行动意义的摆渡——兼论当代民俗学研究的日常生活转向 [J]. 云南师范大学学报（哲学社会科学版）, 2018 (1).
[53] 孟志东, 瓦仍台布, 尼伦勒克. 鄂伦春族宗教信仰简介 [J]. 内蒙古社会科学（汉文版）, 1981 (5).
[54] 徐洁. 冰雪文化发展策略研究 [J]. 冰雪运动, 2016, 38 (5).
[55] 张慧平. 鄂伦春族传统生态意识研究 [D]. 北京：北京林业大学, 2008.
[56] 张晓光. 我国东北民族民俗中的冰雪文化 [J]. 黑河学刊, 2008 (3).
[57] Max Weber. *Essays in Sociology* [M]. translated and edited by H. H. Gerth and C. Wright Mills. New York：Oxford University Press, 1946.
[58] Rouse, J. *Knowledge and Power：Toward a Political Philosophy of Science* [M]. Cornell Uni. Press, 1987.
[59] Bruce Mitchel. *Resource and Environmental Management* [M]. Harlow：Longman, 1997.
[60] Pascale Casanova. *The World Republic of Letters* [M]. translated by DeBevoise M. B. Harvard University Press, 2004.

蒙古族服饰的市场化对传统文化的影响

白晓梅　　中央民族大学

内蒙古地区作为以蒙古族为主体、汉民族居多数、多民族杂居的少数民族地区，彰显出独特的服饰文化。其服饰在多元且复杂的发展过程中，接受着来自外界的冲击。在这一过程中，蒙古族服饰努力保留了原始的传统风格，同时经历着快速的变革和发展，形成其独特且丰富的民族文化，成为蒙古族民族文化的重要象征。蒙古族人民对本民族服饰文化的传承、认知和发扬行为，体现了对本民族文化的强烈民族认同和民族情感。

随着市场化的深入发展，蒙古族服饰也被赋予了市场属性，由单纯的蒙古族人民日常穿着的民族服饰转变为具有浓厚民族特色的商品。蒙古族服饰的购买需求由最初市场化时期的婚礼仪式用服装，逐步扩展到旅游纪念品、民族学校校服、表演和节目主持人的舞台服装以及日常生活中人们追求时尚的个性服饰等多个场合。内蒙古各地区蒙古族服饰专营店和服装厂的日益增多，成为蒙古族服饰市场化的重要表现，并推动着蒙古族服饰文化向更加广阔和多元的方向发展。

由于人口都市化所带动的蒙古族服饰的市场化，对蒙古族服饰形成了强烈的冲击。在这样的经济背景下，蒙古族民俗文化受到了很大的挑战，在保留传统服饰文化的同时必须接受服饰的简单化、现代化，符合当今服饰潮流的要求和趋势。因此，对民族服饰的市场化进行系统研究分析，对其发展进行有益的引导，对民族文化的保护与传承、民族意识的增强、蒙古族文化的发扬，有着积极的推动作用。同时，从民族服饰的市场化入手对民族文化的演变和社会影响进行研究和探讨，挖掘其根本原因，对整个社会进步有着重要意义。

一、蒙古族服饰的市场化现状

（一）低端市场

主要表现为纪念品市场。内蒙古作为国内外游客草原旅游的首选目的地之一，前来领略草原风光的游客，往往购买一些蒙古族服饰作为旅游纪念品。由于产品的纪念意义大于使用意义，这类服饰一般会直接选择成品，很少定做。往往品质上良莠不齐，粗制滥造的情况较多。以呼和浩特为例，火车站附近的纪念品商店里摆放着以旅游者为主要购买对象的蒙古族服饰。其颜色单一、款式单调、材质低劣，价格却不菲。虽然这类产品满足了商家的求利目的和游客的购买需求，但从理性的角度分析，服饰本身的实用性、使用性和文化的传播作用并没有能够体现出来。反而由于过分求利，让游客反感，进而对旅游业发展形成阻碍，同时又对民族文化发展产生不利影响。

此外，随着旅游业的蓬勃发展，民族地区的饮食文化得到了长足发展。具有民族特色的蒙古族餐馆，以其独特的口味和装修风格，吸引着很多游客。而蒙古族餐馆的整体包装中，民族服饰是一项必不可少的元素。此类服饰，在功能上考虑服务行业的要求，袖口收紧，干净利索，便于为顾客提供端茶倒水等服务。然而，出于成本的考虑，从材质到款式，往往都很难保证完整地展现民族服饰所承载的文化内涵。

（二）中端市场

由于大批农牧区的年轻人进城务工，农牧区的蒙古族服饰需求快速下降，甚至熟悉蒙古族服饰手艺的人们也成为城市务工人员。蒙古族服饰文化随着整个城镇化过程，也被进城的人们带到了城市。从市场的需求和影响来看，蒙古族服饰的市场化促进了人口的都市化及女性劳动力的增加，更成为提高经济收入的途径。这些城市居民，虽然脱离了原来的生活环境，但在很多重大民族节日，或者聚会中，有穿着传统服装的意识和需求。由于社会分工的细分化，城市居民已经没有时间缝制民族服饰或者技能不够纯熟，从而成为商品化民族服饰的消费者。此类消费者一般会选择较为传统的民族服饰，同时注重原居住地所特有的个性化蒙古族服饰的体现。

从新婚的婚礼礼服到过新年时为孩子、老人添置的服饰，城市里的蒙古族人，为满足自身文化生活的需要，成为蒙古族服饰市场的忠实用户，同时也推动着蒙古族服饰的发展。

（三）高端市场

随着蒙古族服饰的市场化，培育出了一批具有较高素质的设计者和缝制匠人。同时，由于市场的需要，一些在地方颇有影响力的蒙古族服饰匠人，被邀请到城市里，以满足市场的个性化需求。一些从事文化活动的演员、歌手、主持人成为高端服饰市场的推动者。他们的服饰引领着服饰市场的潮流，同时引导着服饰款式的创新。

以呼和浩特市为例，著名的蒙古族服饰制作者娜仁图雅、斯日吉玛都有自己的品牌，甚至他们对蒙古族服饰文化和制作工艺深有研究，编写了具有重要参考价值的蒙古族服饰制作类的书籍。一些新闻工作者，出于在不同的场合、不同题材的节目中搭配不同的服装的需要，成为高端蒙古族服饰的消费者。这一类消费群往往倾向于较中性的民族服饰，偏重于传统文化的发扬。此外，随着曲艺类节目和影视作品的大量拍摄和播出，成就了很多蒙古族音乐人和演艺界人士。这一类消费者在大量的舞台表演和各类访谈类节目等场合的着装，具有独特的号召力和影响力，对蒙古族服饰的传播，起到积极的推动作用。这一类消费群体往往兼顾舞台效果的搭配，既注重个性化的元素，又注重文化的发扬。

随着民族服饰的市场化，一些接受现代设计理念的服装设计者在民族服装中融入现代元素，形成个性化的民族服饰，并定期举办服装表演，发表自己的最新设计。此类民族服装跳出了单纯的服饰文化，发挥想象，大胆创新，扩展民族服饰元素，创造出很多别具特色的服饰，为民族服饰创新发展，提供了参考和素材。

二、蒙古族服饰市场化对民俗文化的影响

（一）积极影响

1. 文化的传承

蒙古族服饰由最初的日常避风遮阳的生活用品，发展到现代蒙古族人追求时尚的一个表现，更多体现的是对本民族文化的热爱与传承意识。民族服饰的市场化是社会发展的产物，在促进当地经济发展的同时，又弘扬了多姿多彩的民族文化，激发了民族自豪感，促进了蒙古族人民的民族意识的提高。在成为蒙古族服饰的消费者、经营者的过程中，既传承、保护和弘扬了民族文化，又提高了经济效益，使其成为共享的财富。蒙古族服饰的市场化成为一种新的民族文化的传承形式。而这种互相的影响和促进，更加符合社会发展的趋势和规律。

2. 文化的宣传与传播

蒙古族服饰也是草原旅游中吸引游客的重要旅游产品之一。草原旅游中从迎客到领略草原风光、欣赏歌舞表演、摔跤比赛，都能够看到具有民族特色的蒙古族服饰。除了日常的穿着，蒙古族服饰作为纪念品销售，以及很多旅游区组建蒙古族服饰表演队等做法，使蒙古族服饰真正融入了旅游市场，成为吸引着无数国内外旅游者的旅游元素之一。"只有民族的，才是世界的"，民族的瑰宝只有被外界所关注和认同，才会有更加长足的进步和发展。而蒙古文化中服饰文化的特殊地位，正在成为蒙古文化传播的重要载体和代表。

3. 文化的保护、发展、交流

随着蒙古族服饰的市场化，一些濒临消失的缝制方法、款式，随着市场的需求被挖掘和抢救了出来。而这些古老的蒙古族服饰风格所承载的灿烂文化也随之被保护了下来，并得到传承和发展。

古代赵国有"胡服骑射"的典故，包括近代旗袍的产生，也是一种特殊历史更迭时期的文化产物。在文化大交融的当今，作为文化表现之一的民族服饰，也在经历着互相交流和发展的过程。一些其他民族的小元素，也在影响着蒙古族服饰，成为其灵感来源。服饰文化的潮流在发扬着蒙古族服饰文化的同时，促进着蒙古族服饰文化的发展和进步。

（二）消极影响

1. 服饰文化的简化和突变

在市场化的过程中，蒙古族服饰得到长足的发展，同时也承受着来自现代化进程等外

界的强烈冲击。文化一旦形成，就会在一段时间内以自己的规律稳定地发展。但是，如果不注重保护，盲目开发或过度开发，一旦被破坏，其损失往往是不可逆的。经济的迅速发展，市场化的进一步深入，旅游业发展的逐利本性，从核心来看，并没有保护文化的责任和意识。服饰礼节的简单化、服饰礼节的误用、服饰禁忌触犯、多民族习俗的混合等行为影响着民俗文化的演变，甚至可能使得灿烂的民族文化产生突变。如果不进行适当的规范，则可能使人过多地关注物质利益，因而漠视甚至抛弃优秀的传统文化。

据有关研究人员称，目前已知全世界有6000多种语言，在21世纪，将有半数即3000种语言会消失。过分考虑商业利益而粗制滥造，并不利于蒙古族服饰文化的正确传播。正确的服饰款式，服饰穿着礼仪禁忌，不仅是对民族文化最起码的尊重，也是对市场化经济的尊重。民族文化的正确利用，有利于经济的健康发展，也有利于民族文化的正确传承和发展。

民俗文化资源是人类宝贵的文化遗产，发展经济固然很重要，但如果这种发展是以民俗文化的消亡为代价，那么这种损失将无法弥补。因此，发展民俗旅游，只有建立在科学研究的基础之上，对民俗文化资源进行适度的开发和利用，才能取得良好的效果。所以，需要主管部门与从事民俗文化工作的人员积极合作，分析市场化过程中产生的诸多现象，发现问题所在，及时有效地进行必要的干预和引导。

2. 服饰文化的同化

正如专家指出的，"旅游一旦开发到哪里，哪里的传统面貌便会发生急剧的改变，从衣着、建筑到生活方式都迅速地与外来者趋同"[5]。出于经济利益和迎合顾客心理，脱离传统，商品化意味浓厚。一些其他民俗文化特色的元素被大量移植，使得本民族特点不再明显，给人一种不伦不类的感觉。然而，民族文化的本源性和真实性的发扬才是赖以生存的生命线。脱离了自身的传统，它所具有的吸引力也将弱化。所以，民族服饰应体现本民族特色和习惯，避免出现同质化现象。

优秀的民族传统文化，要珍视其价值，并使之世代相传。民俗文化的魅力在于它所体现的深厚文化内涵，因此开发民俗文化必须遵循文化原则。开发者要有较强的文化意识，全面了解当地民俗文化，为市场化行为创造一种文化氛围，从而更好地保护当地的文化资源。相关管理部门应加强民族服饰从业者的专业技能培训，提高其对文化保护的意识。

结　　语

在市场经济蓬勃发展的今天，关注古老而灿烂的当代民族服饰文化，不仅能够了解文化本身的深层内涵，同时能够对文化发展过程中不同的影响因素进行深入剖析，进而能够对相应时期的文化发展进行以点带面式的梳理和研究。

随着城市化进程的推进，蒙古族服饰在市场化的过程中逐步发生了巨大的变化，然而其最基本的服饰元素和着装习俗被保留了下来，而一些适应当时的生产需要，但在现在的都市生活又不太适合的功能被逐步淘汰。现代化的蒙古族服饰，其功能已经由穿着更多地发展为一种朴实的礼仪文化的承载和民族文化的象征。正如,文字语言的相互融合和简单化一样,蒙古族服饰,作为一种民俗文化现象,正在经历这样一种化繁为简、适应文化潮流的过程。最终,在历史的发展中,保留其民族特色的视觉和内涵的诸多可被参考和借鉴的元素,从而影响整个社会文化。

在蒙古族服饰文化的发展过程中,处理好继承传统和适应现代的关系,保护和创新的关系,保留个性与寻求共性的关系,将是一个艰巨而漫长的探索过程。这些关系处理的好坏,将直接影响蒙古族服饰文化的发展走向,同时也影响市场化进程的运行质量。

参考文献

[1] 白金昌. 从娜仁图雅蒙古民族服饰企业的崛起看民间文化艺术产业的发展［C］//中国民间文化艺术产业建设研讨会论文集, 2005.
[2] 斯日吉玛. 扎鲁特蒙古族服饰刺绣工艺［M］. 通辽:内蒙古少年儿童出版社, 2010.
[3] 吴仕民. 中国的现代化与少数民族文化的保护和发展［R］. 在"少数民族语言的使用与文化发展:政策和法律的国际比较"学术研讨会上的演讲, 2005 – 10 – 19.
[4] 吴利琴. 语言的"空间偏向"和语言生态［N］. 光明日报, 2007 – 04 – 01 (07).
[5] 吴晓萍. 浅析民族地区旅游可持续发展的某些限制性因素［J］. 旅游学刊, 2000 (5).

"一带一路"背景下文化创意旅游产业发展模式研究

——基于辽西走廊的实证研究[①]

吕俊芳　翟孝娜　渤海大学

自 2013 年习近平主席提出"丝绸之路经济带"和"21 世纪海上丝绸之路"的倡议起，"一带一路"倡议便得到国际社会的高度关注和积极响应。辽西走廊是广义"一带一路"的组成部分，秉持"一带一路"倡议的开放、包容、互利共赢的核心理念，传承弘扬"和平合作、开放包容、互学互鉴、互利共赢"的丝路精神，提升辽西走廊的整体经济综合实力是振兴东北老工业基地的关键环节。全球经济已步入知识经济时代，经济发展出现了"再结构的过程"，文化要素和人的创造力成为推动经济增长的主导要素，这种主导要素的变迁带动了文化创意产业的兴起，加之 20 世纪 90 年代以来注意力经济、体验经济等侧重于吸引力和人本感受的经济切入点不断涌现，强调文化底蕴和认同感的各种创意便成为重要的经济资源。经济发展的这种内外驱动，使文化创意产业成为"重要产业"，文化创意已经渗透到制造业、服务业等各个行业。

旅游业本质上是一种具有文化特质的服务产业，经营的主要是经历和感受。它是一种典型的注意力和体验经济，依赖对各类旅游资源的深度开发和巧妙利用，并以此来产生效益。在旅游者需求动态变化的发展背景下，旅游产品更新换代的周期越来越短，新型旅游产品推出的速率和频率逐渐加快，创意的力量日益突出。创意能够将自然和人文、有形和无形的资源有效地转化为旅游产业发展的资本，使旅游产业的发展能够更多地依靠文化资本等软性要素的驱动，实现产业结构优化升级和产业可持续发展。用文化创意激活各类资源的时代价值，充分发挥各类资源之间的"聚合共振"效应，切实推动资源优化整合，是旅游业实现科学发展的重要途径。旅游产业步入软要素驱动阶段，旅游产业也因此成为文化创意产业的生力军。

[①] 本文系辽宁省教育科学"十二五"规划课题（JG15DB025）；渤海大学博士启动项目（0515BS042）；渤海大学卓越项目（15 - YJYCS - 005）。

一、文化创意旅游产业的研究现状述评

（一）国外研究现状

国外文化创意旅游产业的研究刚刚起步，1998年英国文化体育部正式提出了"创意产业"（Creative Industries）的概念，那些与文化产业相关的产业部门成为创意产业的主要内容，随后世界诸多国家都积极发展创意产业，创意产业也逐渐得到学术界关注。Grey Richards等（2000年）提出了创意旅游概念；Mattsson（2000年）对旅游企业创新的组织与管理进行了研究；Halager（2000年）研究了旅游创新的空间组织与旅游产业集群、旅游创新系统与创新环境等问题；Vermeulen（2002年）对创新理论在旅游业中的适用性进行了探索。目前国外对文化创意旅游产业的研究大多从创新角度就文化创意与旅游产业的某一环节进行整合研究，缺少宏观的研究成果。

（二）国内研究现状

在我国，文化创意旅游是2005年兴起的新现象，对文化创意旅游产业的研究也是全新的课题，相关的研究主要集中在三方面。

第一方面，学者们主要对"创意旅游产业"进行研究，此类研究重旅游产业的"经济性"而轻旅游产业的"文化性"。主要在对创意旅游产业的概念（厉无畏、王慧敏、孙洁，2007年），从供需两方面分析创意旅游的形成条件（冯学钢，2008年），分析创意产业的特点、品种形态对旅游业的借鉴（冯学钢等，2006年），旅游产业发展的创意模式（王慧敏，2007年），创意产业与旅游产业营销整合（杨劲松，2006年），以北京为例探悉了都市农业、生态旅游和文化创意产业融合（钱静等，2009年），湘西凤凰县民族文化旅游创意产业的发展和商业模式（王兆峰，2010年）等方面进行了有益的探讨。但是研究的关键词是"创意旅游产业"，强调"创意产业"而非"文化创意产业"，借鉴的是"创意规律"（即更多遵循经济学的理论，强调旅游产业的经济性质）而非"文化理论"（即忽视旅游产业的文化性质），此类研究与本文的研究主题"文化创意旅游产业"有所不同。

第二方面，学者们对"文化旅游创意产业"进行研究，此类研究重"文化旅游产业"而轻文化之外的旅游产业。主要研究有：提出培育和发展成都文化旅游创意产业的对策（袁力等，2007年），从"一站式体验"的角度出发提出了文化旅游创意产业园区开发的对策（郑斌等，2008年），对文化旅游创意产业及其产品认定进行了研究（李平生，2010年），凤凰古城文化旅游创意产业商业模式研究（秦其文等，2010年），曲阜文化旅游创意产业发展的必要性及途径探索（曹雪稚等，2010年），文化旅游创意产业发展的动力机制与对策研究（王兆峰等，2010年）等。此类研究的关键词是"文化旅游"，强调"文化旅游产业"而不是"旅游产业"，借鉴的是"文化旅游理论"，适用于"文化旅游创意产业"而非所有的"旅游创意产业",其与"文化创意旅游产业"也有内涵和外延的不同。

第三方面,学者还针对"旅游文化创意产业"进行研究,此类研究重旅游产业的"文化性",强调通过文化创意做大做强旅游产业。主要研究有,旅游文化创意:载体与产业转型(李秀金,2008年),桂林童话动漫旅游文化创意产业景园开发构想(梁福兴,2010年),桂林旅游文化创意产业发展的现状及其前景研究(梁福兴,2010年)等。此类研究强调在旅游产业的常规发展中突出"文化创意"的作用,尝试从文化创意的视角探究地域文化旅游产业的转型与升级之路。不过,此类研究较少,且多集中于发展成熟的旅游热点地域;此类研究空间较大。本文的研究应该归属于此领域。

二、文化创意旅游产业发展的意义

文化创意与旅游产业的融合、集聚、联动发展,已经成为国内外文化创意产业发展中的一个重大趋势,而且可以带来巨大的社会、经济、文化综合效益。文化创意旅游产业,是提升经济与文化附加值的重要途径,它可以提升休闲经济时代下的传统旅游产业和文化产业,而且可以成为旅游经济发展新的引擎。

(一)可以促进旅游产业创新,推进产业结构优化

文化创意推动旅游文化资源的开发,产生新景点、新文化、新服务,客观上拓展了消费者的需求范畴,扩大了产业市场需求;同时催生出的新的产业价值链,融合了更多的服务部门,改变着传统旅游产业的生产与服务方式,促使旅游景区、产品与服务结构升级,转而带动旅游需求结构升级,从而拉动旅游产业结构升级,推动旅游产业扩展到文化创意产业,实现产业创新和发展。

(二)有助于提升旅游产业竞争力,推进产业发展

文化创意赋予旅游产业更高的文化附加值与更大的利润空间,创造了源源不断的文化潮流和时尚新品,完善了产业功能,旅游产业的竞争力自然也会随着需求趋势向消费主流的转变而提高,产业竞争力的增强使文化创意旅游产业相关企业群获得更多的市场份额,稀缺资源(版权、专利的利用等)、雄厚的资本积累以及较大的发展空间,为旅游产业扩张提供了有利的物质和市场条件,产业扩张为产业融合提供了内在驱动力,转而又积极推动了旅游产业融合的程度,从而增强了旅游产业的竞争力。

(三)可以延伸文化创意产业的范围,拓展文化创意产业的内涵

在文化创意产业领域中,旅游产业不被提及重视。事实上,旅游产业因其文化性、体验性和参与性的特征,使其能够与文化创意产业完美地融合,不仅能促进旅游产业的转型与升级,而且能够繁荣文化产业,使其外延扩大,内涵加深,从而提高文化发展效益,增强文化发展后劲。从文化与旅游的关系来看,文化是旅游资源的魅力所在,是旅游业兴旺

发达的源泉；旅游则有利于挖掘文化、丰富文化、优化文化和保护文化。当今世界旅游业的迅猛发展，突出地体现了第三代生产力的特征——文化的经济化与经济的文化化，文化与经济相互依存和相互渗透，文化提升旅游，旅游传播文化。

三、文化创意旅游产业的特点

（一）文化创意旅游产业

文化创意产业是指依靠创意人的智慧、技能和天赋，借助于高科技对文化资源进行创造与提升，通过知识产权的开发和运用，生产出高附加值产品，具有创造财富和就业潜力的产业。联合国教科文组织认为文化创意产业包含文化产品、文化服务与智能产权三项内容。

文化创意旅游产业是制作和营销文化创意旅游产品，直接满足游客精神消费的旅游产业。其产品有明显的创意点和足够的创意含量，不是直接使用过去时代的文化旅游资源产品，而是以人们的精神文化娱乐需求为基础，以高科技技术手段为支撑，以网络等新传播方式为主导，具有创意的多样性和差异性，更富于精神性、文化性、娱乐性、心理性的产品。

（二）文化创意旅游产业的特点

1. 高度化特征

文化创意旅游产业具有高创新性、高知识性、高科技性、高关联性和高附加值的"五高"特征。文化创意旅游产业是以高创意理念为核心，是人的创意、智慧和灵感在旅游行业的物化表现；文化创意旅游产业与信息技术、传播技术和自动化技术等的广泛应用密切相关，呈现出高知识性、高科技性的特征；文化创意旅游产业还是一个高关联性的产业，受旅游产业综合性的影响，其关联行业包括文化艺术创意行业、数字高科技创意行业和工业技术设计创意行业等，除广播影视、新闻出版和版权贸易、文艺演出、动漫游戏、设计创意、古玩艺术品交易、会议、体育等文化创意产业外，涉及从第一产业到第三产业一切具有文化创意环节的产业；文化创意产业处于技术创新和研发等产业价值链的高端环节，是一种高附加值的产业，科技和文化的附加值比例明显高于其他行业。

2. 强度化特征

文化创意旅游产业具有强渗透力、强辐射力、强融合性的"三强"特征。文化创意旅游产业作为一种新兴的产业，它是经济、文化、技术、旅游等相互融合的产物，具有高度的融合性、较强的渗透性和辐射力，为发展新兴产业及其关联产业提供了良好条件；文化创意旅游产业在带动相关产业的发展、推动区域经济发展的同时，还可以辐射到社会的各个方面，全面提升人民群众的文化素质。

四、基于辽西走廊文化创意旅游产业发展的模式研究

辽西走廊位于辽宁省西南部,包括锦州、朝阳、阜新、葫芦岛、盘锦五个省辖市,是"山海相连,文明之源"之地,辽西走廊处于京津冀经济区和东北经济区的重要接合部,具有双向辐射的优势。

(一) 辽西历史文化走廊发展文化创意旅游产业的 SWOT 分析

1. 辽西历史文化走廊文化创意旅游产业发展的内部优势

(1) 旅游资源、产品优势

辽西山海相连,自然旅游资源与产品品位高:辽西地区拥有世界最大的古生物化石宝库,具有丰富的古生物化石,并且这里还是世界第一只鸟飞起和第一朵花绽放的地方;有天下奇观笔架山天桥;有世界上保存最完好的芦苇沼泽湿地。作为文明之源,人文旅游资源与产品内涵深刻:辽西历史悠久、文化厚重,这里有我国唯一的一段水上长城——九门口水上长城;有被誉为"中华第一村"的查海遗址,有展露原始文明曙光、改写中华文明史的牛河梁红山文化遗址;有东北地区高品位文物出土最多的地方——三燕古都朝阳;有国内保存最为完好的四大明代古城之一的古城和古战场——兴城古城;有"东藏"之誉的阜新海棠山、瑞应寺等;有1500年历史的中国最北部的石窟建筑群——万佛堂石窟;有中国古代寺庙建筑中最大的单体建筑——辽代奉国寺;有占地14.5万平方米,由秦始皇建立的规模宏大的秦汉碣石宫遗址;有建造于1000多年前的东北第一古塔——朝阳北塔;有中国古代五镇山之一——北镇医巫闾山。

旅游产品组合特征优良,辽西地区旅游资源和产品空间组合密度良好,旅游资源和产品密集分布在中心城市锦州的周围,距离都在几十公里之内。葫芦岛是以海滨为主要特征并融合山、岛、泉、城的蓝色旅游板块;锦州是以辽沈战役闻名的红色旅游板块;盘锦是以苇海鹤乡红海滩著称的绿色旅游板块;朝阳是三燕古都和众多文物荟萃的紫色旅游板块;阜新是以藏传佛教闻名的黄色旅游板块和盘活采煤沉陷区的黑色旅游板块。五市六大旅游板块地域空间上聚集、旅游功能上互补、资源类型上多样,可以多样化地满足游人的需求。

(2) 区位优势

辽西走廊据于中国的咽喉之地。这里陆、空、港沟通世界:有锦州机场、朝阳机场等航空港,形成了通往国内各大城市和亚洲主要城市的航空运输网络;锦州港、葫芦岛港等港口缩短了辽西与世界各地的距离;境内铁路密集程度冠居全国,辽西是进东北铁路的必经之地;在公路方面,2002年辽西各市就已全部通高速公路。便利的陆海空立体交通网,为辽西旅游业发展提供了先决的交通条件、旅游资源和产品优势。

(3) 客源优势

辽宁城市人口占总人口比例接近六成,在全国仅次于广东,并且大城市较多(百万以

上人口的特大城市就有5座)。以沈阳为中心、半径150公里内分布着八大城市。辽西还是东北及内蒙古东四盟进京的必经之路,每年的流动客源数以亿计,旅游商品、旅游娱乐节目的消费前景十分广阔。

(4) 文化积淀优势

辽西文化时空的典型集聚性强,这里是沿海狭长的走廊地带,是历代兵家必争之地,积淀了深厚的战争文化;而且这里是中原文化和关东文化的交叉过渡地带,不同时期、不同地域、不同民族的文化在这里交相辉映:碣石遗址是秦汉时期的建筑遗址,万佛堂石窟代表北魏时期的鲜卑族文化,有奉国寺和崇兴寺双塔为代表的契丹族辽文化,瑞应寺和海棠山摩崖造像代表的是蒙古族风情,还有清朝满族的文化与风情,前所古城和兴城古城则记载着明清两个朝代的变迁。

(5) 旅游纪念品优势

辽西可以打造具有很高收藏价值的旅游纪念品:如国家级非物质文化遗产——阜新玛瑙雕刻、形成于侏罗纪白垩纪时期的辽西古生物化石等辽西独有的产品,文化、科学和历史积淀其中。辽西可以挖掘独具特色的旅游纪念品:如阜新的麦饭石、道光廿五百年贡酒等。

2. 辽西历史文化走廊文化创意旅游产业发展的内部劣势

(1) 旅游产业发展落后,面临瓶颈

从旅游产业发展现状来看,各地掀起发展旅游经济的热潮,但辽西旅游资源浪费、破坏和污染,文化资源同化等现象,"靠山吃山,靠水吃水"的产业发展方向成为旅游业发展的瓶颈,各市旅游产业科技含量非常低,制约了辽西旅游业的发展。因此,寻找旅游产业发展的突破成为一个亟须解决的问题。

(2) 旅游产业规模效应差

旅游产业发展呈局部、分散状况。各地应发展旅游和文化产业及城市运营之需,都在竭力挖掘自己所辖空间的文化,各地更多关注地域文化的自足性,尤其是可变现为旅游资源或城市形象亮点的部分,全然不顾文化的一体性,旅游产业陷入"1+1小于2"的发展误区。

(3) 文化资源利用率较低,文化产业化程度不高

辽西文化产业的发展还是单纯依赖数量、规模扩张的粗放型增长方式,文化产业资源相对零散,普遍呈现"小、弱、散、差"的特点,文化产业经营单位众多,规模偏小,产业集中度不高,未形成有特色的文化产业集群,缺少带动性强的文化龙头产业园区。

(4) 人才储备不足

目前辽西旅游从业人员多是"半路出家",而文化创意旅游业发展需要的是创新型、复合型人才。此外,由于没有相应的激励机制和发展规划,人才流失严重。

3. 辽西历史文化走廊发展文化创意旅游产业的外部环境机会

(1) "中华文化游"成为2011年中国旅游主题,辽西旅游业从中获得新机遇

中国旅游从1992年始每年都有一个主题,2011年是我国的"中华文化游"年,通过

这一主题的推出，中国的文化节庆、文化盛会等各类文化主题活动将陆续登上中国旅游的大舞台，"中华文化"将成为中国旅游在世界人们心中的独特形象，中华各地的文化将成为中华旅游大餐中不可替代的原材料，具有深厚历史文化底蕴的辽西旅游业将从中获得新机遇。

（2）文化产业成为辽宁经济发展的新引擎，辽西文化发展迎来新契机

辽宁省把发展文化产业作为振兴东北老工业基地的一大举措，不断优化文化产业结构，增大文化产业总量，为确保"十二五"期间实现文化产业增加值翻两番、年递增30%的发展目标，辽宁省亟须打造一批具有地方特色的品牌文化产品。不同于中部重点发展的新兴文化产业和辽东半岛重点发展的外向型文化产业，辽西历史文化走廊可以利用优势明显的历史文化资源重点发展文化创意旅游产业。

（3）全球文化创意产业的大发展为辽西走廊文化创意旅游产业的发展提供了新动力

随着我国北京、上海、深圳等部分发达城市文化创意产业的日益兴起，各地都在积极探索如何通过文化创意产业促进社会发展的问题。西方的实践与理论研究揭示：文化创意产业与旅游的融合发展将导致创意旅游的出现，创意旅游的成长可通过与当地"文化创意产业"（尤其是艺术和手工艺）的连接、当地政府的支持而得到加强。作为文化创意产业与旅游产业结晶的文化创意旅游将是未来我国兴起的一种新的旅游形式，对文化创意旅游的开发和研究，理所当然会成为今后一段时间关注的热点。

4. 辽西文化创意旅游产业发展面临的威胁

（1）区域内外替代型旅游产品的威胁

辽西历史文化走廊的文化创意旅游产品存在其他替代旅游产品的威胁，如今旅游产品更新换代的周期越来越短，新型旅游产品推出的速率和频率逐渐加快。区域内"浪漫之都"——大连必然会对辽西的"蓝色"文化创意旅游产生冲击，"满韵清风"的沈阳必然会对辽西发展"金色"旅游产生威胁。另外，区域外各地文化创意旅游发展迅速，国内的很多主题公园例如"禅宗少林·音乐大典"、杭州宋城集团、深圳华侨城集团，实际上就是旅游文化创意产业的一种表现，这些都会不同程度地对辽西文化创意旅游产业产生极大的威胁。

（2）目标客源市场需求品位提高的威胁

辽西旅游的目标市场主要是区域内和周边区域外客源群，对到辽西历史文化走廊"探新求异、逃避紧张现实"的客源产生吸引的是国内外更新换代极快的诸多旅游精品，客观上这将会对辽西部分旅游区的游客产生分流。在旅游者需求动态变化的发展背景下，旅游者主观需求品位逐步提升，其必然对辽西的产品质量和服务提出了更高的要求和更大的价格优惠。因此，辽西旅游业应该提供对游客吸引力大、使之无法拒绝的文化创意旅游精品。

(二) 基于辽西走廊的文化创意旅游产业的"三位一体"模式构建

1. 挖掘旅游资源潜力,塑"五颜六色"辽西文化创意旅游品牌,此为"三位一体"模式的前位

"五颜"是指辽西历史文化走廊的葫芦岛、锦州、盘锦、朝阳和阜新五大版块,而"六色"则是指葫芦岛的蓝色文化、锦州的红色文化、盘锦的绿色文化、朝阳的紫色文化、阜新的佛教东藏黄色文化和工业采矿黑色文化。"五颜"地域空间上聚集,"六色"文化功能上互补,"五颜六色"的创意文化大旗紧随"满韵清风、多彩辽宁"徐徐飘扬,用文化创意塑造核心旅游品牌。

2. 用"123"文化创意品牌引领旅游消费,培养辽西旅游产业新的增长点,此为"三位一体"模式的中位

对辽西走廊的人类曙光——红山文化、积淀深厚的战争文化、农牧交错的鲜卑三燕文化、契丹辽文化、蒙古族文化、满韵清风文化、粗犷豪放的二人转等文化进行创新型组合开发,建一个综合性(五颜六色)文化创意旅游产业园,促两大文化创意旅游产业基地(传统手工业旅游商品制造基地、化石古玩文化基地),造三个特色旅游文化产业带(凤凰—海棠—医巫闾宗教文化产业带,山海走廊战争旅游文化产业带,鲜卑、契丹、满蒙游牧民俗旅游文化产业带),以"123"创意旅游项目改变传统旅游产品的静态和单调,引发旅游者的消费欲望,引领旅游消费新时尚,培养旅游产业新增长点。

3. 用文化创意强化旅游营销,以市场拓展促辽西旅游产业结构升级,此为"三位一体"模式的后位

辽西走廊以地域旅游文化核心品牌为主题,设计出多张文化名片,行销于市,并把营销当作系统工程来打造,应在营销主体、营销时机、营销频率、营销方向(主要受众)、营销手段及途径等方面形成完整方案,随取随用。用文化创意强化旅游营销:构筑产品竞争优势,用体验的思维创造旅游产品;选准旅游营销的载体和突破口,用发散的思维进行营销组合;建立目标市场顾客的品牌忠诚,用弹性的思维运用营销策略。通过文化创意营销提升辽西文化创意产业,使其结构优化。

结　语

文化创意旅游产业发展不论是对于旅游产业还是文化创意产业都有着积极而重要的意义。发展文化创意旅游产业不仅能拓宽旅游资源范围,延伸旅游产业链条,提升旅游产品文化内涵,从而为旅游业的可持续发展注入生机和动力;同时也能更好地将区域文化运用创意的手段促进其产业化,而这为诸多欲发展文化创意产业的地区提供了思路。

参考文献

[1] 厉无畏,王慧敏,孙洁.创意旅游:旅游产业发展模式的革新[J].旅游科学,2007(6).
[2] 李太光,张文建.旅游产业转型升级中的业态创新[N].中国旅游报,2008-06-18.
[3] 王起静.转型时期我国旅游产业链的构建[J].山西财经大学学报,2005(5).
[4] 张小可.文化创意是旅游产业科学发展的根基[N].中国旅游报,2007-08-31.
[5] 王慧敏.旅游产业的新发展观:5C模式[J].中国工业经济,2007(6).
[6] 冯学钢,于秋阳.论旅游创意产业的发展前景与对策[J].旅游学刊,2006(12).
[7] 李美云.论旅游景点业和动漫业的产业融合与互动发展[J].旅游学刊,2008(1).
[8] 吴娟子.创意产业对旅游业发展的启示[N].中国旅游报,2007-10-12(007).
[9] 厉无畏,王慧敏.创意产业促进经济增长方式转变——机理·模式·路径[J].中国工业经济,2006(11).
[10] Charles R. Goeldner, J. R. Brent Ritchie. *Tourism: Principles, Practices, Philosophies* [M]. Hoboken: Wiley, 2005.

内蒙古区域农业文化圈的形成
——兼谈清代部分蒙古族生计方式的重构

邢莉　中央民族大学

在我国历史上,由于地域不同,生态环境(即地球母亲所提供给人类的生存资源)不同,而形成不同生计方式的人类群体和相异的生活方式。学术界认为,我国存在两大文化圈即农耕文化圈和草原游牧文化圈。在清代大一统的形势下,由于大规模汉族移民的推动,原住民的草原游牧文化发生了嬗变,即在今天的内蒙古地域形成了农耕文化圈、半农半牧文化圈、城镇文化圈。汉族移民构建了内蒙古地域农耕文化圈的形成,并且推动了部分蒙古牧民向农耕生计方式的转变。当今在内蒙古区域出现并持续发展的农业文化圈是蒙汉两个民族共同建构的。我们探讨的是内蒙古区域农业文化圈形成的历程及部分蒙古族改变生计方式的动因。

一、汉族移民与农耕文化在内蒙古区域的传播

移民是我国草原游牧文化圈与农耕文化圈互动的途径之一。清代及民国时期,以汉族为主体的内地人口,向内蒙古大规模迁徙以至于定居。这次移民与历史上其他时期的移民相比有如下特征:

其一,移民规模的宏大性。对此当代学者闫天灵进行过系统全面的研究。他的分类为绥远的晋陕移民圈、东蒙的鲁冀移民圈、南方的移民群与汉族移民的再移民。其中涉及山西、陕西、河北、河南、山东、甘肃六省,甚至波及广东、江苏等省。山西移民以归化城土默特察哈尔右翼为中心,向东、西两个方向延展,东到哲里木,西到阿拉善,山东的移民以卓索图盟、昭乌达盟、哲里木盟为基地,不断向西扩散,也达阿拉善。[①] 清代初期的移民可能是个体,而到了清中期,山东的贫困地区的农耕民成群成群地向东蒙古涌入。移民的群体性也是其宏大性的表现之一。

其二,移民群体的持续性。在这一特定历史时期,汉族移民不仅规模宏大,而且具有持续性的特征。其持续时间从明代、清代、民国以至于1947年内蒙古自治区成立之后

---

① 闫天灵. 汉族移民与近代内蒙古社会变迁研究[M]. 北京:民族出版社,2004:58. 昔日的卓索图盟,位于今辽宁省西部、河北省的东北部、内蒙古自治区东南部。昭乌达盟,在今内蒙古自治区赤峰市境内。哲里木盟,今通辽市。

（当然，内蒙古自治区成立以后的移民与过去的性质有所不同）。明代土默特一带已经最少有10万汉人定居。清代中期，由于政治、经济、社会等诸方面的原因，移民达到了高潮。虽然移民的背景不同，但是饥寒交迫的农民是主体。在南方已经云集了众多人口的压力下，地广人稀的草原是他们为生活所迫的自然选择。

其三，清代至民国时期汉族移民动因的多元性。学术界一致认为清代移民是以汉族的农耕民为主体的，而且呈现多元的态势。作者曾经把清代的移民分为10种类型，除宏大的农耕民之外，还有从事与农业文化相应的手工业者和旅蒙商人。大同、忻州、代县是旅蒙商人的大本营，同时也是向土默特川和察哈尔右翼移民最多的地区。民国时期，由于铁路修成，汉族涌入呼和浩特的规模和速度都超过了明清两代。学术界认为，"从迁徙范围看，在东起辽东边墙，西至嘉峪关的万里长城一线，呈全线迁移之势，移民横跨鲁、冀、晋、陕、甘五大内地行省，涉地之广，在中国移民史上独一无二"①。

初来草原的农耕民或者选择放弃原有的生计方式，由农民转变为牧民，从事牧养五畜，或者继续原有的生计方式，继续从事农耕。无论从大量的民俗志资料的记载看，还是从当今内蒙古农业发展的事实来看，都与当年移民开辟的内蒙古区域农业文化圈有关。

最早开发的是内蒙古东部地区，即现今内蒙古的通辽、赤峰一带。东部最早形成农业区的是喀喇沁诸旗和土默特贝子旗。喀喇沁三旗在康熙年间就开始招募汉民开垦荒地，据康熙五十一年（1712年）的估计："山东民人往来口外垦地者多至10余万。"② 到乾隆十三年（1748年），喀喇沁中旗已经有汉族4.29万人，106屯，汉农佃种地774顷之多。喀喇沁左旗有400顷80亩。乾隆年间，"清政府将八沟厅改为平泉州，塔子沟厅改为建昌县，标志着这一地区已经接近或者已经转变成农业区"③。雍正、乾隆朝，移民也以较快的速度发展。在喀喇沁左旗地区，乾隆十七年（1752年）的《汉人佃户调查表》证明，移居的汉人中80%为直隶农民。据乾隆十三年（1748年）统计，喀喇沁中旗有103个汉族的屯子，汉族农民达到4.3万人。④ 在热河迤北一带，即喀喇沁右旗、翁牛特左旗及敖汉旗一带，"系蒙古外藩游牧处所，自乾隆四十三年（1778年）改设州县后，山场平原尽行开垦"。道光年间已因"商民日集，占垦地亩日广"，至"蒙古人无地牧放牲畜"。⑤

西部土默特地区也是开发较早的地区之一。归化城土默特地区康熙年间已有大批汉民迁来垦殖。18世纪中叶，该旗土地已大部分开辟为农田。大青山北麓的武川县"昔为蒙民游牧之区，土著者无多，自清末叶垦殖以来，移民渐多，由晋北、陕北移来者约占十分之七八，冀、鲁、豫各省来者占十分之二三"，"境内居民十之七以务农为业"。⑥乾隆八年（1743年），归化城统计两旗土地，原来的7.5万顷牧地，经过开垦，只剩下1.4万顷，

---

① 闫天灵. 汉族移民与近代内蒙古社会变迁研究 [M]. 北京：民族出版社，2004：16.
② 参见：清圣祖实录（康熙五十一年五月壬寅）[M]. 北京：新文丰出版社，1978.
③ 刘景岚著. 西辽河蒙地开发与社会变迁研究 [M]. 刘玉祥主编. 北京：国际华文出版社，2001：146.
④ 曹树基. 中国移民史 [M]. 厦门：福建人民出版社，1997：487.
⑤ 中国第一历史档案馆馆藏文献. 阿勒清阿奏喀喇沁王控商民不给抽分地铺银两 [A].
⑥ 《武川县志略二·社会概况（5）》，民国二十九年（1940年）。

失去了牧地6万余顷，占五分之四。①

清康熙末年至乾隆年间，"山、陕北部贫民由土默特而西，私向蒙人租地垦种，而甘省边民亦复辟殖，于是伊蒙七旗境内，凡近黄河、长城处，所在多有汉人足迹"②。雍正时期（1723—1735年），13年间放垦土地4万顷。随着归化城六厅设立和大量汉人迁入，耕地进一步增加，到清末已几乎变成纯粹的农业区。农耕地中包括庄头地、公主地、户口地、已开垦的官地等。据统计，1743年归化城土默特两旗的牧地已不足五分之一，其他被开垦作农田。③

汉族移民是在蒙古高原农耕文化模式的传播者。清中期形成高潮的汉族移民属于"保守型"移民，他们移民的目的完全是为了能够维持个人和家庭的最低水平的生存权利。问题是具有规模的移民人群为何没有改变原有的生活方式而从事牧业呢？从他们的体质和生活惯习来说，从事农耕的生计方式比转向牧业的生计方式容易得多。由于他们受原有的生存经验、思维模式和生活习俗的惯习的影响。他们保守和固有的惯习很难改变，移民来到了异乡，其生存环境和人文环境都与其原住地存在很大的差异，但是其因袭的生产方式和生活方式很难改变。把草原上的草除掉变为土地，在土地上种植五谷，这是他们祖辈的惯习。世世代代累积的习俗一旦积淀为一种固有的思维方式和惯性的行为，改变绝非容易之事。民国时期，到内蒙古去的美国人对汉人的农业本色感到惊奇："到了蒙古草原这样适宜畜牧的地方依旧锄地播种，一家人划着小小的一方地，种植起来，真像是向土里一钻，看不到其他利用这块土地的方法了。"④ 农耕民在思维方式上缺乏对于草原的认知结构。牧人把草原看成养育他们的牧场，通过利用天然草场养畜的劳动操作维持他们的生活，所以他们称草原为"额吉"（母亲）。而农耕民把草原视为"荒地""荒原""荒草"，认为草原不能为他们的生存提供任何价值，所以要"拔草""除草"。农耕民持有的文化观与游牧人不同，他们不是对自然的适应而是对自然的改造。"他必须积极地使生态环境改观，使生态环境按人的意志只适应特定的由人类驯化的植物生长，凡干扰植物的其他生物不管是动物还是植物都一律从生态系统中被人驱赶之外。"⑤ 当他们看到大片大片未开垦的草原时，认为只有用锄头开垦才能实现土地的价值。特别是移民以群体出现而不是以单独的个体出现，则更易于农业文化的传播。

二、牧民生计方式的抉择与部分牧民向农民的转化

当汉族移民向内蒙古区域迁徙并开辟牧场为农田的时候，在蒙古高原从事传统牧业的蒙古族面临着痛苦的文化思考和文化选择。在大量牧场被开垦的情境下，要维系牧业的生

---

① 参见：清高宗实录（卷168）[M]．北京：华文书局，1964.
② 潘复．调查河套报告书[M]．北京：中华书局，1923：219.
③ 参见：清高宗实录（乾隆八年八月壬子条，卷198）[M]．北京：华文书局，1964.
④ 费孝通．乡土中国·生育制度[M]．北京：北京大学出版社，1998.
⑤ 罗康隆．论民族文化多样性与人类生存环境问题[J]．中央民族大学学报，2000（6）.

计方式，就要离开原住地，向未开发的地域迁徙。另一种可能是接受农耕文化近距离的传播，或主动或无奈地适应农耕。这两种情况都是其迫于生存压力而做出的选择。人的社会行为是理性的，人为实现自身的生存或者利益使得他不断构成新的行为，从而影响社会变迁和文化变迁的发生。

随着"雁行"的汉族农民到草原的定居，内蒙古区域的人口持续增长。据专家估算，在乾隆年间（1736—1795年），内蒙古的蒙古族人口为103万人。① 这与明代万历年间的人数相比增加无几。嘉庆二十五年（1821年），内蒙古区域的人口不会少于270万人。② 30多年间，增加的百万以上的数字与汉族移民存在很大的关系。人口密度的增加，震撼了原住民的生活方式，当土地（草原）的面积没有增加而人口却大幅度地增长时，必然打破内蒙古区域人口的自然构成和社会构成的传统定式，带来了游牧制度的转型与变迁，结果是削弱了蒙古族内部血缘的结合力，而加速了两种不同模式的文化融合。

农耕文化对内蒙古区域的震荡和传播首先体现在内蒙古区域蒙古族人口的流动上，在大片牧场被开垦的情况下，蒙古族内部打破了旗与旗之间的界限，出现了蒙古族群成规模的人口流动。从乾隆年间开始，原居住民喀喇沁人、土默特人日趋贫困破产，被迫向更远的地方迁徙。"据嘉庆十五年（1810年）的统计，喀喇沁左旗迁往哲里木盟法库门等地的共252口，前往秉图王旗（科尔沁左翼前旗）的有71户，277口，陶布斋王旗（科尔沁左翼前旗）的29户，126口，卓里克图王旗的（科尔沁左翼中旗）有10户，44口。"③ 牧人移动的原因是由于传统的游牧经营靠天粗放经营，而牧场逐渐缩小，牧民拥挤在较小的范围内放牧，势必造成草场承载牲畜的承载量过度，又会引起牧场质量的下降，饲草的不足，牲畜的质量和数量都会受到很大的影响，其抵抗疫病和其他自然灾害的力量就会减弱。"如科尔沁右翼三旗的蒙古族的50%以上是喀喇沁、东土默特两旗，巴林等部迁来的移民，现在兴安盟的近60万蒙古族中，50%以上是卓索图和昭乌达盟外旗蒙古移民的后裔。喀喇沁部的方言甚至取代了科尔沁方言，古老的科尔沁方言已经绝迹，只在科尔沁右翼前旗乌兰毛都牧区一隅还尚存。"④ 迁徙的蒙古族民众当时不能接受农耕文化的传播而寻找新牧场。而在移民为了生存而大量开发草原的情境下，有相当一部分牧民转变为农民。牧民转变为农耕民是一个历史过程。其转变的原因是：

其一，主要是移民开垦牧场的挤压，牧民失去了放牧的空间。牧场在游牧生活中占有极为重要的地位。牧场是他们驯养牲畜的资源，也是他们赖以生存的生态空间和文化空间。马克思曾说："在天然牧场上饲养牲畜，几乎不需要任何费用。这里起决定作用的，不是土地的质，而是土地的量。"⑤ 游牧文化的生态环境是地广人稀，大量的农耕民的涌入，改变了其地广人稀的情境。

---

① 宋迺工. 中国人口——内蒙古分册［M］. 北京：中国财政经济出版社，1987：48.
② 路遇，滕泽之. 中国分省区历史人口考［M］. 济南：山东人民出版社，2006：139.
③ 参见：内蒙古档案馆藏左旗扎萨克衙门档案，1814（全宗号503，目录号2，案卷号3231）.
④ 李尔只斤·吉尔格勒. 游牧文明史论［M］. 呼和浩特：内蒙古人民出版社，2002：157.
⑤ 马克思. 资本论（第3卷）［M］. 北京：人民出版社，1975：756.

其二，草原游牧文化本体的脆弱性及其对于农产品的需求是牧民转变为农民的又一动因。因为草原的生态环境不适于农业，而农产品是其生活之需。在牧人的饮食结构中，主要是奶制品和肉类，粮食是少量的，奶制品处于主要的地位，他们急需的是茶，茶可以补充蔬菜的匮缺。应该说明的是，蒙古族在传统上是有农耕的。内蒙古东部地区的传统农业是"漫撒种子"的方式，即没有精细的耕耘和管理，蒙古语称为纳莫格-塔日雅（namu tariy-a），这种粗略的农耕与精细发达的农业有着本质的区别。

历史上，草原文化与农耕文化的互动主要表现在物物交换中。"素来不谙稼穑的蒙古人，据说最初甚至对大量涌入的汉人感到高兴，因为他们可以把自己无收益的荒地出租给他们，并且还可以便利地与他们进行物物交换。"① 农耕文化收获的稳定性与游牧经济的脆弱性相比，对于游牧人有相当的吸引力，因此草原人对初来的汉人非常欢迎。特别是明清以来，喝茶的习惯逐渐普及。在蒙古族涵化的过程中，我们的研究一方面要考虑农耕文化对游牧文化的冲击，另一方面要探讨反思游牧文化本身的脆弱性和其内部对于农产品的需求。"查蒙古人等以牛马羊驼四项牲畜为生，向来不谙耕种，全赖民人种地收成米面、大麦等粮，熬做面茶、炒米以资糊口，至于喇嘛念经需用大麦尤多……又兼连年以来春夏之时雨泽甚少，秋冬之际雪后风狂，各项牲畜无草可食，冻饿倒毙者连山遍野，无法可施。"② 农耕民的生产周期较短，放牧业的生产周期较长，在这种情势下，贫苦的蒙古族迫于生计而转为农耕民。

其三，清代盟旗制度的建立和旗县并举的二元结构制度的实行。在研究部分牧人接受农耕文化的涵化的"小传统"的时候，不能忽视部分蒙古族从牧民转变为农民有"大传统"的导引。清代统治者在蒙古区域实行盟旗制度以前，蒙古草原的所有权归为封建领主，而牧人具有公共草场的使用权，盟旗制度明确草场、土地要由清政府管辖，这在客观上削弱了蒙古游牧文明的习惯势力和游牧社会的力量，宣告大规模的游牧生活方式的结束，标志着草原游牧文化圈在缩小。

清政府的政策从"禁垦"到"放垦"，清代中叶的政策是"借地养民"。这就促进了汉族各类移民的流入和农业文化圈的形成。农垦区的扩大改变了蒙古族单一的游牧经济的结构，和以盟旗制度为核心的社会政治结构。清政府在建制上增设了府、厅、州、县，所谓"旗厅并举"，就是在农业开垦的地区设立厅、县，在蒙古地域设立旗，对不同文化结构的区域采取不同的管理制度，从官方角度认可了汉族移民推动的农业文化圈的生存权，而"旗厅并举"的二重制度在蒙古草原的出现又推动了农业文化的传播。

三、蒙汉杂居的出现与内蒙古区域村落文化的形成

贫困是汉族移民的主要原因之一，他们移民的动机是求得基本的温饱生存。来到蒙古

---

① 阿·马·波兹德涅耶夫. 蒙古及蒙古人（第2卷）[M]. 呼和浩特：内蒙古人民出版社，1983：291.
② 孙喆. 清朝前期蒙古地区的人口迁入及清政府的封禁政策 [J]. 历史研究，1998（2）.

草原的初期，他们往往奔波于原住地与移居地之间，俗语称其为"雁行人"，也称为"花户""跑牛马犋"。从这个角度上说，他们还没有形成真正意义的移民。① 从学术角度上说，定居后他们才可以被称为"移民"。

农耕民族的"雁行人"的生产和生活方式的特点在于其耕作土地的游动性和不固定性。哪些地方易收获就开垦哪些地方，地域没有一定的限定。草原的沙化证明，这样的开垦具有相当的破坏性。其生活方式的特点是居无定所，不带家属。"雁行人"的特征是：其一，他们居住的房屋为临时的窝棚。其二，他们没有任何生产投资。从思想上来说，他们只是想解决天灾人祸给他们带来的暂时困难，并无永久驻足的心理。这种心理来自两个方面，一是担心会被清廷驱逐回原籍；二是担心不被原住民容纳；三是农耕民传统的安土重迁的惯习。除了地域生态环境的生疏、人际的陌生，还有根深蒂固的文化心理的不适应。对于原住民来说，"雁行人"认为自己是"客籍"，而同时原住民也认为"雁行人"是区别于自己族群的"他者"。

随着移民群的日益增加，汉族"雁行人"的游耕方式逐渐转变为定居农耕的生计方式。其定居的标识是：其一，有固定耕种的土地，他们开垦的过程也是公共使用的牧场私有化的过程，由于清政府把牧场化为垦地，他们或者分得土地，或者租借牧人的土地耕种。其二，有了固定的不可移居的住所。他们在耕种的土地上搭盖了固定的长期可居住的房屋，在此成立家庭，繁衍后代。"自康熙年间以来，久已陆续租给民人，以田以宅，二百余年于兹矣。该民人等久已长其子孙，成其村落，各厅民户何止烟火万家。此等寄民即不编籍，亦成土著，历年既久，寄民渐多……夫大青山以南，归化城以东以西，延茂数千里，西汉元朔以来，久为郡县，即定襄、云中、五原之境。况以国家修养生聚二百余年，士农工商数十万户，断无驱还口内之理。"② 这样，移到内蒙古区域的汉族才成为真正意义上的移民。

农耕民需要固定的土地，要把土地进行小块的分割而决定农人耕种的界限。在土地私有化的过程中，人口逐渐密集。村落是人口密集型的生存空间，"借地养民"之后，由于人口的密集而形成大大小小的村落。以内蒙古东部喀喇沁地区的塔子沟为例，塔子沟东境在喀喇沁左翼旗地有村庄 23 个；塔子沟南境在喀喇沁左翼旗地有村庄 17 个；塔子沟西境在喀喇沁左翼旗地有村庄 5 个；塔子沟北境在喀喇沁左翼旗地有村庄 4 个。塔子沟东北境在土默特右翼旗地有村庄 70 个，塔子沟西北境在敖汉旗地有村庄 30 个；塔子沟最北境在奈曼地有村庄 15 个。上述村庄最初分别属于喀喇沁旗、土默特旗、敖汉旗和奈曼旗。③ 村落文化的形成是一个渐进的过程，移民经过了一个从移动到定居的过程，从客居到主居的过程，从"异乡人"到"本地人"的过程。整体的草原被分割成一个又一个的村落，这

---

① 一般认为，移民是具有一定数量、一定距离、在迁入地居住了一定时间的迁移人口。参见葛剑雄. 简明中国移民史 [M]. 福州：福建人民出版社，1983：1.
② 张之洞. 张文襄公全集（卷6《筹议七厅改制事宜折》，卷8《口外编籍无碍游牧折》）[M]. 北京：中国书店，1990.
③ 哈达清格. 塔子沟纪略（卷2）[M]. 乾隆三十八年刻本. 1773.

是一个文化渐变的过程。汉民从事农业从无村落→村落（扩大）→村落群（扩大）→小型的农耕文化区（扩大）→农耕文化圈（扩大），农耕文化圈的形成是一个逐渐扩大、逐渐稳定的过程。村落是以地缘关系组织起来的社会基层单位，它的出现意味着原有的公共牧场使用制度的瓦解、土地私有制的稳定并且扩大。在汉族移民的影响下，蒙汉共同组成的社会关系在重构（见表1）。

表1　蒙古村落名称①

顺序	蒙古地名	汉语译名	地名含义
1	古日本钦达木尼	三合	三个如意宝
2	特日格台	敖包屯	有勒勒车的屯子
3	胡拉毛日台	胡鲁莫台	有黑鬃黄毛马的地方
4	绍等	超等	地形似马尾巴形状
5	道兰格日	七家子	七户人家
6	哈喇乎硕	哈拉胡雪	形状如铁锹的黑土地
7	奈曼格日	八家子	八户人家
8	敖包艾勒	五八屯	有敖包的屯子
9	布和台、博额台	薄荷台	①有摔跤手的地方；②有萨满的屯子
10	查干诺尔	叉古挠	白湖，引申为清澈的湖
11	阿都因高	阿等户	马圈壕
12	喇嘛·因·塔冉格日	喇嘛地房子	喇嘛种地的地方
13	哈布塔该	哈麻套海	地形似烟荷包
14	哈那台	康台	有蒙古包毡壁的地方
15	博尔台	博尔代	紫色岗子，长有紫色植物而得名
16	乌日格斯台	乌伦木台	长有荆棘草的地方（针刺草）
17	茫嘎尔台	马克图	长山葱的地方
18	敖包因召	敖包岗子	有敖包的岗子
19	都日本格日	四家子屯	四户人家
20	呼和格日	呼和格日	青房，引申为瓦房
21	英格窝堡	英格窝堡	有碾子的窝堡
22	哈喇该召	哈拉海岗子	长有蝎子草的岗子
23	吐莫因呼珠	骆驼脖子	意思为骆驼脖子
24	毛西纳、毛顿西纳	茂兴	①土质不好的夹心子地；②地形似三角形之地
25	乌兰诺尔	新站	意为红色泡子，引申为碱水泡子

① 波·少布，何日莫奇. 黑龙江蒙古部落史 [M]. 哈尔滨：哈尔滨出版社，2003：314—317.

续表

顺序	蒙古地名	汉语译名	地名含义
26	苏木因仓	吐木塘	庙地窝堡
27	蒙古勒艾勒	蒙古屯	蒙古屯
28	阿拉格别如	阿勒布勒	二岁花牛之意

该表格中的村落名称可以分为两类，一类是蒙古族游牧文化的记忆，一类记录了其生活方式的转变的过程。从上述情况来看，汉族移民的开垦引起牧场的缩小，这是改变传统游牧方式的重要原因。蒙古牧民接受农耕文化的过程就是在内蒙古地域构建农业文化圈的过程。对于大多数农耕民族来说，他们来到的是异地，而其在异地操练的是自己熟悉的农耕生活；而对于蒙古族来说，他们所处的是本地，他们要在本地接受"异族群"的"异文化"，两相比较，牧人变为农人是一个社会经历和思想经历的过程。笔者认为，至少可以分为几个阶段。

第一阶段：蒙民利用"游牧地""户口地"吃租的阶段。顺治、康熙期间虽有移民，但是采取了封禁政策，后来，封禁政策逐渐瓦解。清中期以后，清政府的政策是"全面放垦"，蒙人分得了"游牧地""户口地"，但是并不会农耕。他们把"游牧地""户口地"租给汉族耕种。游牧民在与农耕民的接触中，饮食上开始变化，享用米面等农产品。

第二阶段：以牧为主、以农为辅的粗放的农业阶段。部分游牧民耳濡目染地近距离地接触了农耕民族，他们把游牧生产和小型的农业生产结合起来。开始用粗耕的农业来弥补畜牧业的不足。"蒙人与汉人杂居久，知自种之利多，出租之利少，遂由牧畜生活改为耕稼生活，操作一如汉人。"① 这一阶段生计方式的特征是亦牧亦农。农牧的比例因不同地域的生态环境和各自的经营条件及主观努力而定夺。

第三阶段：由农牧参半的生计方式完全改为农业的生计方式，完成了从游牧民向农耕民的转变。据学术界研究，在清代初年已经出现了由牧人转变为农人。特别是在昭乌达盟、卓索图盟南部的几个旗里，那些占有牲畜极少的贫苦牧民逐渐走向务农。在这样一个大的历史背景下，赤峰的社会经济发展过程，也可以说是汉族移入和农业领域不断向北扩展的同时"移民—本地居民""汉族—蒙古族""农业—牧业"这三组基本矛盾交织在一起而相互发生作用的过程。②随着农业的拓展，村落纷纷兴起，同时也表明蒙古族的部落文化的社会关系完全打破。

内蒙古区域的村落文化是伴随着汉族移民传播农耕文化而形成的。部分蒙古族由游牧转移到农业，由蒙古包到定居，由牧业的社会组织浩特到接受村落文化，这不只是一个空间居住的变化，还含括着深刻的社会变化和文化变化。定居是一个人口密集的过程，是形成村落的肇始。村落既是自然边界，也是社会边界，同时又是文化边界。依照"小村落，

---

① 吴贞禄. 东西盟蒙古实记 [J]. 地学杂志，1931 (4).
② 潘乃谷，马戎主编. 边区开发论著 [M]. 北京：北京大学出版社，1993：85.

大社会"的学理,这是农耕社会的标示,文化观念、价值观念在向农耕社会发生嬗变。这是一个文化涵化的过程,从这个过程中,我们可以看出自清代中期以来草原游牧文化与农耕文化的互动历程和结果。

参考文献

[1] 闫天灵.汉族移民与近代内蒙古社会变迁研究 [M].北京:民族出版社,2004.
[2] 清圣祖实录(康熙五十一年五月壬寅)[M].北京:新文丰出版社,1978.
[3] 曹树基.中国移民史 [M].厦门:福建人民出版社,1997.
[4] 中国第一历史档案馆馆藏文献.阿勒清阿奏喀喇沁王控商民不给抽分地铺银两 [A].
[5] 清高宗实录(卷168)[M].北京:华文书局,1964.
[6] 清高宗实录(乾隆八年八月壬子条,卷198)[M].北京:华文书局,1964.
[7] 宋迺工.中国人口.内蒙古分册 [M].北京:中国财政经济出版社,1987.
[8] 路遇,滕泽之.中国分省区历史人口考 [M].济南:山东人民出版社,2006.
[9] 内蒙古档案馆藏左旗扎萨克衙门档案 [A].1814(全宗号503,目录号2,案卷号3231).
[10] 哈达清格.塔子沟纪略(卷2)[M].乾隆三十八年刻本.1773.
[11] 潘乃谷,马戎主编.边区开发论著 [M].北京:北京大学出版社,1993.
[12] 波·少布,何日莫奇.黑龙江蒙古部落史 [M].哈尔滨:哈尔滨出版社,2003.

鄂伦春自治旗文化产业发展的路径与对策

方征　　中央民族大学
刘晓春　中国社会科学院

鄂伦春自治旗坐落于大兴安岭南麓，辽阔的林海、丰厚的资源和独具特色的狩猎文化使这块土地充满了无限的魅力和生机。然而由于历史原因，该地区长期存在发展动力不足、群众生活水平较低等情况。因此，通过本文的研究，笔者试图为促进鄂伦春旗自治经济社会的发展提供一些途径。

一、发展与现状

鄂伦春自治旗位于内蒙古呼伦贝尔市东北部，总面积59880平方公里，是鄂伦春族唯一的民族自治地方。该自治旗于1951年4月7日建立，是中华人民共和国成立后的第一个少数民族自治旗。1951年，全旗人口只有778人，775人为鄂伦春族。2015年末，鄂伦春自治旗总人口28万，鄂伦春族人口2754人。在自治旗区域内，有六个国有县级林业局、四个国有农场局，黑龙江省大兴安岭地区首府加格达奇也分布在这里，此外还有北国第一哨和鲜卑源头嘎仙洞。几十年来，其政治、经济、社会、文化、生态变化之大，令人叹为观止。

中华人民共和国成立时，整个鄂伦春族仍生活在大小兴安岭的密林深处，以狩猎为生。自1951年开始，政府在鄂伦春族地区逐步推行建立自治旗和猎民乡镇，定居、转产、禁猎、务农，直至目前的以农为主和多种经营，到20世纪末，整个民族"禁猎转产"（黑龙江省个别民族村除外）。在这六十五年的时间里，鄂伦春族发生了巨大的变化，其生存的自然环境和人文环境日新月异。鄂伦春族定居的六十五年，是发展的六十五年、辉煌的六十五年，同时也是充满挑战、充满矛盾的六十五年。

鄂伦春族在长期的生活实践中，创造了独具特色的游猎文化。20世纪以前，鄂伦春族基本保持着比较完整的传统社会组织和生活方式，较好地保留了历史文化遗存，构筑了爱护自然、敬畏自然和以"万物有灵"为核心的文化体系。纵观鄂伦春地区经济社会的发展和变迁，是以牺牲鄂伦春族传统文化为代价的。当鄂伦春人走出森林、放下猎枪、住进宽敞明亮的砖瓦房时，其生活环境和生产方式发生了巨大变化，传统文化的快速消亡，使很多鄂伦春人茫然和不知所措。尽管党和人民政府对鄂伦春族进行了大力的帮扶，但在信息社会和市场经济的大潮中，很多鄂伦春人仿佛被置之世外，难以适应，相当一部分猎民靠政府的补贴生活，民族自尊心和自信心受到了打击，民族经济的发展遇到了新的危机。

近年来，为了保护生态环境，国家对森林资源的开发和利用出台一系列保护政策，曾经以林业产品为支柱的国有森工企业和鄂伦春地方经济面临巨大的挑战。农业机械化的发展和林业工人的大量转岗，使得这一地区剩余劳动力激增，群众经济收入和生活水平难以提高，就业率下降，自谋生存渠道困难等问题日益突出。林业、农业和地方机构合并以后，使得机构庞大、臃肿，办公效率不高，同时也引发人才大量外流；由于地理、气候和封闭保守等方面的原因，鄂伦春自治旗市场经济发展滞后，2015 年，公共财政预算收入1.78 亿元，长期作为国家级贫困县，依靠政府的财政转移支付维持运转。

面对经济、社会、文化等方面的种种压力，打开一个突破口至关重要，如何探寻一条适宜的发展之路，是摆在政府面前的重要课题。鄂伦春自治旗有着近 6 万平方公里的广袤土地，森林、草场、农田、河流等资源丰厚，素有"天然氧吧"和"避暑胜地"之称，同时还生活着鄂伦春、鄂温克、达斡尔和蒙古等众多少数民族，优越的自然环境和丰富的文化资源是鄂伦春自治旗经济社会发展的基本依托。因此，积极整合人才队伍、吸引投资、挖掘传统文化精髓和扶持文化产业，打造文化品牌，带动地方特色经济的发展，无疑是一条有益的发展之路。

二、问题与困惑

（一）传统文化遗失使鄂伦春族发展动力不足

清朝末期，清朝政府对鄂伦春族实行了"路佐治"的管理体系，为了满足对猎产品的需求，确立了"贡貂制"的经济体制。随着枪支、铁器、布匹等狩猎工具和生活资料的进入，为了满足需要鄂伦春族传统的狩猎经济被改变，"共同消费""万物有灵""自给自足"等狩猎传统被逐渐打破，"乌力楞"逐渐解体。

中华人民共和国成立以后，在"直接过渡"政策的指引下，鄂伦春族经历了"三次飞跃"，传统狩猎文化被评价为"原始的""落后的""愚昧的"，在历次政治运动中，传统文化受到了毁灭性打击。由于鄂伦春族没有文字、人口很少，传统文化一旦受损就很难延续。传统文化的遗失使鄂伦春族失去发展的基础，致使地方经济社会发展很难找到有效的突破口。

（二）产业结构单一使鄂伦春自治旗经济发展受限

林业、狩猎业曾经是鄂伦春自治旗的支柱产业，进入 20 世纪 80 年代，国家出台了一系列政策严格控制林业开采，1996 年鄂伦春旗又颁布了"禁猎令"，从此鄂伦春旗经济社会发展受到了严重影响。大兴安岭被称为中国华北地区的"肺"，生态系统非常脆弱，保护的意义极其重要，该地区不仅不适合工业的发展，就连畜牧业发展也受到严格限制。

兴安岭山地资源主要归林业部门管理，平地资源主要归农场管理，在鄂伦春自治旗下属的6个乡镇中，只有少量的坡地被政府和个人管理。由于地处偏僻地带，经济发展动力不足，鄂伦春旗一直都是国家级贫困县，长期依靠国家财政转移支付度日，单一的产业结构使鄂伦春旗经济社会发展受到了严重的限制。

（三）"林权"之争使鄂伦春自治旗丧失发展契机

鄂伦春自治旗与林业部门长期存在森林管理权的矛盾，从法律角度来看，《民族自治法》与《森林法》之间也存在着无法解决的复杂问题。作为地方政府的鄂伦春自治旗掌握着城镇资源、文化资源和人力资源，而掌握着"林权"和"农权"的林业和农业部门却掌握着土地资源。这种情况的长期存在，导致原本就稀缺的经济资源无法有效整合，致使经济社会发展失去了契机。

三、对策与建议

（一）打造鄂伦春系列文化品牌

经济文化类型的分类主要包括采集渔猎文化、畜牧文化和农耕文化等。鄂伦春族是中国最具特色的森林狩猎民族，直至20世纪50年代末期，还保持着传统的游猎社会组织"乌力楞"。1996年，随着自治旗政府"禁猎政策"的颁布，鄂伦春结束了传统的狩猎生活和生产方式。作为中国采集游猎文化的代表，鄂伦春传统文化具有明显的地方文化特征，是中国较好地完整保存北极文化的民族之一，具有珍稀性和宝贵性，是中华民族"多元一体""和而不同""高寒地带活态文化"的真实写照。目前，自治旗于1951年成立时的大会遗址——"木刻楞"仍然保存在诺敏镇，该遗址是党和人民政府重视民族工作、宣传民族政策的历史丰碑。

在长期的生活实践中，鄂伦春族积累了丰富的森林文化知识，这些文化可以分为狩猎文化、萨满文化、桦树皮文化、兽皮文化、地理文化、剪纸文化、服饰文化、医药文化和饮食文化等九大体系，是人们认识森林生态和了解森林文化的最佳窗口。然而，在以意识形态和经济发展速度为标准来衡量社会发展的年代，鄂伦春族赖以生存的文化遗产被忽略，甚至被遗弃，致使民族精神受到打击，社会发展受到阻碍。因此，在文化多样性发展的今天，树立正确的文化价值观、扫除历史发展过程中遗留下来的阴霾、为鄂伦春族传统狩猎文化正名，成为其社会发展的重要任务。

打造文化品牌，传播鄂伦春传统文化，提高其知名度，是鄂伦春自治旗经济发展过程中需要解决的首要问题。笔者认为应通过政策引导、产业运作、学术研讨和媒体宣传等手段，扩大鄂伦春传统文化的社会影响，吸引社会各界人士的广泛关注。以鄂伦春自治旗为中心，通过文化和资源的整合，打造"鄂伦春旗——兴安岭森林文化"的名片和"鄂伦春旗——北疆避暑天堂"的招牌，发挥"鄂伦春旗——中国北方动植物王国"的优势，创立"鄂伦春旗——中华人民共和国少数民族第一旗"等品牌，通过政策扶持，运用电视、报纸、网络、广告牌等媒体进行宣传，为文化产业的开发和提升奠定基础。

（二）整合与创新鄂伦春族传统文化

在经济全球化的背景下，只有8000余人口的鄂伦春族传统文化正在快速消失，抢救挖掘和整理保护越发显得紧迫。然而，传统文化的保护和弘扬并不意味着原汁原味的保存，而是要整合出精神层面的文化精髓，通过艺术加工和内涵升华，使之更具有应用价值和教育价值，并能够为社会服务，为大众服务，使狩猎文化更具有生命力。

近几年，在鄂伦春自治旗政府的大力支持下，以旗乌兰牧骑和古里乡莫日根民间艺术团为代表的文化团体唱响祖国大地；以鄂伦春民族文化研究会、博物馆、广电局、文化馆和作家协会为代表的文化部门，组织和开展多种形式的文化活动，极大地促进了鄂伦春族传统文化的保护和传播。但是，在财力、物力和人力等方面明显不足的情况下，仅仅依靠鄂伦春自治旗自身的力量去传播和发展传统文化是不够的，必须加强与国内外文化专家、文艺团体、高等院校的合作，通过整合与创新打造出更为优秀的文化和艺术作品。特别强调的是，人才的培养是文化艺术团体走向成功的基本条件，建议通过向自治区和国家民委等上级部门递交申请，建立与中央民族大学、民族歌舞团等高校和艺术团体的联系，请进来、走出去，构建人才交流和培养渠道，不断提升文化艺术产品的质量，为发展文化产业做好铺垫。

（三）建立鄂伦春族传统文化生态保护区

鄂伦春族是典型的森林民族，但鄂伦春人没有林权证，因而在资源开发中的权益得不到充分保障。如鄂伦春自治旗拥有5.9万平方公里土地，但国有林业局林权证管辖下的施业区占92.8%的地域面积，大兴安岭农场局管辖5%的地域面积，自治旗只有2.2%的管辖权。因此，适当给予鄂伦春人对森林资源的使用权，赋予鄂伦春人护林和防范偷猎者的职责，是有可能获得保护鄂伦春传统文化和保护生物多样性双赢的重要举措。创新的基础在于保护，尤其鄂伦春狩猎文化之系列遗存，更是如此。文化产业的发展需要与之相适应的环境，在城镇化快速发展的过程中，鄂伦春族传统文化失去了生存和传承的环境，逐步走向衰落已成为不可避免的现实。面对经济社会发展的困境，鄂伦春自治旗政府、国有林业和农垦等部门应该联合起来，共渡难关，打造富有地方特色的文化产品，通过招商引资、整合资源等手段，不断进行创新和包装，开发文化产业。而建立鄂伦春族森林游猎文化保护区则是促进文化产业发展的有效手段。选取交通便捷、适合开发的一定面积的林区，通过政策支持、规划设计、资源整合和科学管理，不断完善生态保护区的建设，从而使鄂伦春族传统文化在这里延传。

（四）发展生态旅游和养生产业

丰富的森林资源和文化资源是鄂伦春自治旗经济社会发展的依托。积极开发养生、避暑、度假和旅游等产业，利用地方优势条件，打造开发高端文化产品，促进消费，带动经济产业的发展。不断吸收相关少数民族地区文化产业发展的经验，充分利用生态旅游吸引投资，以此促进经济的全面发展。

（五）组建文化教育和森林知识传授基地

近代以来，大兴安岭自然环境受到了很大的破坏，无情的森林火灾曾带来灾难性的后果。大兴安岭是寒温带动植物的摇篮，是人们认识森林和爱护自然的重要场域。作为森林民族，鄂伦春人在生态环境和森林保护方面的作用无法替代。鄂伦春猎民具有丰富的地方性知识和技能，可以在护林防火方面发挥其重要的作用，森林资源管理机构应当充分发挥他们的优势，保护森林和各种野生动物资源。为此，那种认为"狩猎活动是破坏自然环境和滥杀动物的野蛮原始的落后文化"的观点是错误的，必须扭转。鄂伦春族狩猎文化的传承是国家软实力和文化多样性的重要体现，也是各民族共同繁荣和发展的标识。国家和地方政府机构在森林资源管护的现实功用上，可以发挥其在防火护林方面无可替代的作用，在制定其他发展的规划目标和具体实施规划的方式上，也需要尊重他们的主体性、文化认同权利和自由拓展空间。建议通过科学普及工作和民族文化教育工作的开展，建立森林文化保护基地。

（六）研发高端生态产品，提高产品附加值

大兴安岭地域辽阔、物产丰富，不仅有各种各样的野菜野果，同时还有很多珍稀的中草药。通过与科研部门合作，可以开发出高端的农副产品和医药产品，从而带动经济产业的发展，增加就业渠道。丰富的自然资源和文化优势，是鄂伦春旗的经济社会发展的基础，整体设计、人才培养、技术引进和资金投入，是促进鄂伦春旗经济社会发展的根本途径。

2017年湖南省湘西土家族苗族自治州龙山县洗车河镇土家族舍巴日调查报告

李芳　　清华大学

湖南省土家族（毕兹卡）主要分布在湘西土家族苗族自治州酉水河流域的永顺、龙山、保靖、古丈等县市，其中龙山县是土家族舍巴日的重要流布地之一，为土家族核心聚居区。2017年4月8日，笔者从北京乘高铁出发，于当日下午先抵达湖北恩施，随后乘汽车前往湘西龙山。到达龙山县后，次日驱车前往洗车河镇，并在洗车河提前展开对4月11日（农历三月十五）将要举行的舍巴日的田野调查工作。

本调查报告是基于对湘西土家族苗族自治州龙山县洗车河镇大摆手堂（三月堂）举行的舍巴日的全方位参与观察和深入访谈的基础上写成的。根据调查研究需要，提前向十几位受访村民了解这一地域的自然生态、历史沿革、风俗习惯、民间信仰、人文活动等基本内容，并按照进度安排划定重点访谈对象、确定访谈内容。以下文字的记述是基于综合分析本次调查所获取的相关材料的基础上，通过运用文献研究、比较分析、归纳总结等方法，对舍巴日的具体内容、仪式细节、特点特征、文化内涵和价值意义进行的探讨。

一、田野点概况

（一）龙山县历史地理

历史沿革

龙山的历史悠久，文化底蕴深厚，其文化演进脉络历经几个重要的历史阶段。唐虞时代龙山为荆州地域，商周时为濮地，春秋战国时属楚之势力范围。战国时期的龙山地区先属楚地后为秦地，在秦郡县制下为洞庭郡。汉朝时置酉阳县，属黔中郡。三国到隋代，由于封建王朝长期处于动荡不安的状态，因而对此地的控制时强时弱，变动较大。三国时吴置黔阳县，属武陵郡。南朝时梁置大乡县。隋代时先属荆州，后属辰州沅陵郡。唐宋以前，龙山虽有郡县之名，实属"溪峒蛮夷"之地。

到了唐代，龙山为溪州地，属黔中道。五代时期，后梁封马殷为楚王，据武陵各郡，并分灵溪郡为上溪、保靖、誓下三州，龙山属灵溪郡上溪州蛮地。后来江西彭氏进入湘西成为土王，在湘西土家族地区建立起了历经800年的世袭土司王朝，开启了新的历史篇章。宋、元、明至清初时，龙山地区皆为土司统治时期。

在土司制度统治弊端日益显现的情况下，清雍正年间实行大规模改土归流。清雍正五年（1727年），永顺土司彭肇槐被迫纳土归流。清雍正七年（1729年），改永顺司为府，因山势峰峦起伏地形似龙，因山得名，始置龙山县。民国三年（1914年），废除清代的府、州、厅建制，保留道的行政单位，龙山属辰沅道。民国十一年（1922年），废除道制，保存省县两级，龙山县直属湖南省。民国二十六年（1937年），湖南划分九个行政督察区，龙山属湖南省第四行政督察区，民国二十九年（1940年），属湖南省第八行政督察区。1949年，龙山属湖南省湘西行政区永顺专区。中华人民共和国成立后，少数民族地区实行民族区域自治政策。1950年设湘西行政公署永顺专员公署，辖龙山等六县。1952年8月成立湘西苗族自治州，代管龙山县。1957年9月20日设立湖南省湘西土家族苗族自治州，正式管辖龙山县。

地理环境

龙山县在湖南省西北隅，西与重庆市酉阳县、秀山县相连，北与湖北省来凤县、宣恩县接壤，东与省内桑植县、永顺县毗邻，南与保靖县隔酉水河相望，处于湘、鄂、渝三省（市）交界。龙山县的地理位置十分特殊，位于重庆市、贵阳市、长沙市、武汉市四个省会城市以及吉首、张家界、恩施、黔江、铜仁五个地级城市的几何中心，是黔张常铁路、吉恩高速、黔张高速的交汇处，连荆楚而挽巴蜀，历史上被称为"湘鄂川之孔道"。

龙山位于酉水上游，云贵高原东端，地势北高南低、东陡西缓，地处第二阶梯向第三阶梯过渡的武陵山区腹地。县域形如手掌，南北长95.5公里，东西宽44.5公里。境内主要河流有酉水、洗车河、猛洞河等，峰峦叠嶂，群山耸立，山水宜人。属典型的亚热带大陆性湿润季风气候区，气候温和、四季分明，年平均气温15.8℃，年降水量1400毫米。充沛的降雨量和肥沃的土质滋养出茂盛的植被，可谓"奇禽异兽麇集，山珍馐膳俱备"。龙山县矿产资源丰富，煤炭、石英砂、紫砂陶、大理石、页岩气等矿产储量极大。水利、森林、草场、中药材资源丰富，有"黑色金子林之乡""金色油桐之乡"等称号。农林产品有水稻、玉米、烤烟、桐油、生漆、药材等。多山多水、多地多树、多兽多鱼、多蔬多粟，丰富的物产养育着世世代代的土家人，奠定了民族岁时节日的人口和物质基础。

2015年，经过乡镇区划调整，龙山现辖洗洛、石牌、茨岩塘、水田坝、红岩溪、农车、洗车河、苗儿滩、靛房、里耶、召市、桂塘12个镇，大安、茅坪、洛塔、咱果、内溪5个乡，民安、华塘、兴隆、石羔4个街道，总面积3131平方公里，总人口61万人，以土家族、苗族为主的16个少数民族人口占总人口的81%。

洗车河镇基本概况

洗车河是土家语地名，原称"席泽"，意为"芳草河"。沿河两岸树木葱郁，碧波荡漾，蓼红芷白，桂馥兰芳，素有"香溪"之称。它由酉水支流红岩溪河和猛西河交汇而成，流经捞车和苗儿滩地区，于隆头镇再汇入酉水。在陆路交通艰难坎坷的山区，河道是乡镇繁荣发展的先决条件，永龙公路通车以前，洗车河一直是湘鄂渝边区的主要水运通道之一。由于龙山地形南北长、东西窄，当地人在地域划分时习惯以南北中线为界，分成南半县和北半县，洗车河就位于龙山南半县偏中的地区，它成为龙山腹地唯一一处码头，这成为洗车河镇蓬勃兴旺的基石。据清嘉庆《龙山县志》载称："洗车至隆头河段，是龙山进出口物资的唯一内河水道。"水陆交接的独特优势，吸引了许多外地客商纷纷来到洗车河修街辟市、定居经商，逐渐形成了东平街、湾子街、小河街、坡子街纵横交错的洗车河镇格局。每逢场期，北半县的人们不顾山高路远，肩挑背驮、翻山越岭，来这里"赶洗车河"，参加繁盛的集会，有所载而来，有所载而归。

洗车河上有座凉亭桥，是古镇独特的风景线。桥始建于清乾隆四十五年（1780年），长75米，宽4米，高10.5米。桥上有凉亭式木屋，两边有木栏坐凳，白天桥上有热闹的集市，仿佛提醒人们这里曾是湘鄂渝边区人货出入的重要通道。桥下有石墩两座，挺拔浑厚，整个桥看上去如虹卧波，造型玲珑。每次举行舍巴日节庆活动时，水上迎神的船只都会从此桥下穿过，使请神仪式更显庄严隆重，独具特色。洗车河两岸的民居建筑以吊脚楼为主，临河倒影如水中街市，依山傍水似空中楼阁。洗车河水质清纯，富含丰富的矿物质，用洗车河河水磨制的豆腐韧柔嫩白，远近闻名。

洗车河镇地处龙山县东南部洗车河畔，东邻他砂乡，西接咱果乡，南连苗儿滩镇，北临洛塔乡，距龙山县城65公里。镇域面积175平方公里，有稻田391.68公顷，旱土168.11公顷。全镇3689户共14200余人，土家族占总人口的69%。土家族有语言无文字，民族文化凭口耳世代相传，洗车河镇不仅是土家语的主要留存地，也是土家族人主要聚居地之一，这里的土家人至今仍普遍使用土家族语进行日常交流。

洗车河镇闻名遐迩的土家族大摆手堂三月堂，位于洗车河上游西岸的伯那村，村里耕地甚少，村民多以吃山粮为主。据说这里以前没有摆手堂，每年过舍巴日都要赶到马蹄寨去。后来有一年河里涨大水，从上游红岩溪漂下来一棵白桐木，流到伯那寨前的一个深潭边就不动了，一直在潭水中打转。有位老人路过看到后，便伸手推了一下那棵白桐木，让它顺急流而下。谁知这棵树漂了一段后，又从下游倒着漂流到上游，仍停在深潭边打转。寨子里的人知道这个事儿以后都觉得奇怪，便请来土老司（梯玛）施法查看。土老司头戴法冠，身穿八幅罗裙，手执司刀，跨上神马，上天入地，查了许久才查到根源。他回神清醒后对村民们说："这棵树不是普普通通的树，是八部大神（也称"八部大王"）的大哥附体，所以显了圣。八部大神的大哥爱吃狗肉，常年四季到山上找狗肉吃，一去就是三年五载，害得他婆娘在家守活寡。不久他婆娘和二哥私通了，做了二哥的婆娘，从此二哥有两个老婆，大哥孤身一人，也没了落脚的地方。于是只好云游四方，这次附在树上显了灵。漂到这里后，大哥觉得这个地方风水好，又都是土家人世居的地方，所以想要伯那人给他修个庙，使他有个安身落脚的地方。"村民们听土老司这么一说，都很欢喜。八部大神的大哥既然看得上伯那这个小地方，伯那人哪有不照办的道理。于是决定把庙修在这深潭的后面，村民们开始平庙基，找木料，不上几天，小庙就修好了，并用那棵白桐木雕了神像，供奉在庙里。

自从建了这座小庙，伯那人每逢舍巴日就在这里摆手。庙是农历三月十五修建完成的，所以每年的摆手活动也都安排在这一天，这就是三月堂的由来。清嘉庆《龙山县志》记载："土司设摆手堂谓是已故土司阴署，供以牌位，黄昏鸣缸击鼓，男女聚集长歌，名曰摆手，有以正月为期者，有以三月六日为期者。"现在的三月堂是后来复建的大摆手堂，整个庙堂有三层，一层面阔五间，二层面阔三间，三层只有一间。一、二层为歇山式屋顶叠落累加，三层为悬山式屋顶。屋面铺小青瓦，底层有六根立柱支撑起的廊道，配上门口悬挂的大龙灯笼，显出三月堂庄严神圣的特色。

（二）龙山县文化生态

族群宗族

龙山是土家族聚居区，土家族人口约占全乡总人口的89%，其余为汉族、苗族、侗族、白族等民族。土家族人自称"毕兹卡""密基卡"或"贝锦卡"，意为"土生土长的人"，称自己的语言为"毕兹萨"。土家族先民历史上曾被侮称为"蛮""夷"，宋以前，武陵地区的土家族与其他少数民族一起被侮称为"武陵蛮"或"五溪蛮"。宋以后，被单独称为"土丁""土人""土民"或"土蛮"等。改土归流以后，大量汉族移民迁入武陵地区，土家族、汉族、苗族三大族群开始以"土""客""苗"为名予以区分。民国时的《咸丰县志》将土司后裔的"支庶之家"称为"土家"，而将当地汉族移民称为"客家"。龙山地区的土家族大姓主要有向、彭、田、覃、谭、冉等。

土家族有本民族语言土家语，属汉藏语系的藏缅语族，接近彝语支，分南部方言和北部方言两种。除湘西土家族苗族自治州泸溪县潭溪乡的土家族操南部方言外，其余地区的土家族均讲北部方言。目前，绝大多数土家人不仅能说汉语，还有一部分人兼通苗语。土家族没有本民族的文字，长期以来使用汉字，现创制有《土家语拼音方案》。

会讲土家语的土家人大部分分布在酉水河流域永顺、龙山、来凤等县境内，龙山作为土家文化的主要核心区和发祥地之一，承载着最原始的土家族文化。龙山县至今仍使用土家语的乡镇有坡脚、靛房、他砂、农车、洗车河、干溪、猛西、洛塔、凤溪、苗儿滩、隆头、岩冲、里耶、长潭、内溪、贾市等地。在这里传承的非物质文化遗产除土家语外还有土家族摆手舞、土家织锦、打溜子、咚咚喹、梯玛歌、哭嫁歌、土家情歌、土家山歌、汉剧、阳戏、灯戏、木偶戏、龙山花灯、三棒鼓、渔鼓、酉水船歌等，形式多样、种类丰富，其中土家族织锦技艺、土家族摆手舞等多个项目都已被列入国家级非物质文化遗产名录。

婚俗状况

与土家族其他地方不太一样，位于土家语留存区的龙山县至今还保留有土家人独特的婚俗习惯，虽然历经社会发展和文化融合，但反映土家族特征的一些婚礼习俗仍在延续。在改土归流之前，传统男女婚姻的缔结方式是自由选择对象，由自己决定终身。主要过程为适婚男女在每年正月或三月举行盛大的舍巴日时，在祭祀祖先、唱摆手歌、跳摆手舞后，姑娘和小伙在场中、山边，以唱歌、吹木叶或咚咚喹的形式，向心仪的对象表达爱慕之情。从流传至今的山歌中可见一斑："大山砍柴不用刀，大河挑水不用瓢，好姐不用媒来讲，山歌搭起五彩桥""豆腐开浆靠石膏，纸糊灯笼靠篾条，新打木桶靠竹篙，土家成亲靠歌谣"，以歌联姻是当时普遍的习俗。之后经过梯玛证婚，在摆手堂举行"庙见礼"

后，就算结为夫妻。期间女方既不索取彩礼，也不用准备嫁妆，体现出土家人简洁质朴的婚俗观念。

改土归流之后，土家族婚俗逐渐复杂起来。具体过程是：男方请媒人到女方家求婚，要给媒人准备一把"团圆伞"（象征圆满的结果），这是做媒的标志。还要准备一块两斤多重的猪肉（鲜肉或腊肉），作为求婚的礼物，俗称"手行"。通常媒人第一次到女方家，女方父母不收礼物也不表示拒绝。等过十天半个月后，媒人要再次带着猪肉、两瓶酒、两斤糖食果饼到女方家中，如果女方父母收下礼物，表示婚事有可能成；如果不收礼物，表示婚事难成。俗语道"养儿问贫亲，养女攀高门"，待媒人第三次到女方家求婚时，女方及其家人商议后赞同的话，会告知媒人，媒人就将事先带在身上的鞭炮点燃，这叫"放口炮"，以此庆贺求婚成功。许婚之后，男方要准备酒、肉、海带、粉条、豆腐、耳朵粑粑和炒米子，以及为女方缝制的四套衣服，选定良辰吉日送到女方家，并向女方父母索要女方八字庚帖，俗称"取八字"。

经过交换庚帖以后，男女双方就算是定下了亲事，男方改口称女方父母为岳父岳母，并告诉亲朋好友正式订婚的消息。接着，女方要在父母的陪同下前往男方家拜会男方父母，认亲过门。男方父母要给未来的儿媳妇礼钱，以示对晚辈的爱护。此后，男女双方家中若有婚丧嫁娶、起屋上梁、春种秋收、夏耘冬藏的事情，要相互帮忙。逢年过节，男方都要带着酒、肉、粑粑、糖食果饼等到女方家拜望女方父母，女方父母要给男方准备礼钱，以示答谢，女方也要做些布鞋送给男方作为回礼。

男方要求结婚那年的正月初二、初四、初六或初十，男方要择一日到女方家拜年，俗称"拜大年"。拜年时的礼物要送一只有猪尾巴的猪腿，女方家若同意当年结婚，就会收下连尾巴的猪腿；若不同意，则会割下猪尾巴并把它退给男方，表示推迟婚期。如果女方家同意当年结婚，男方要请人算好良辰吉日，把婚娶帖子送到女方家中，俗称"送日子"。婚期确定后，男方准备过礼的酒肉、礼布和新娘的衣物、首饰等。女方准备嫁妆，通常包括箱子、柜子、桌子、椅子等全套家具，以及被褥、帐子、挑花手巾、绣花鞋、碗碟盘筷等用品，还要再做几双单鞋或棉鞋送给男方父母、叔伯婶娘、姑姑姑父、舅舅舅娘等长辈，所以在出嫁这一年，土家人的女子一般不再从事田间劳动，专心在家绣花做鞋。

结婚前三天，男方请人到女方家送礼，俗称"圆礼"。圆礼的第二天男方亲友都要前来贺喜，舅舅、姑父、姐夫等都要送"对匾"，新郎还要请人主持升匾仪式。土家人的女子在出嫁时一定要会哭，按习俗出嫁前一周每天夜晚都要哭，婚期越近哭得越多，全村寨的姑娘姐妹、伯娘婶娘都要前来陪哭。而且哭得内容也十分丰富，有"哭父母""哭戴花""哭吃离娘饭""哭舅父母""哭叔伯婶娘""哭姨夫母""哭姑父母""哭哥嫂""哭姊妹""哭媒人""哭穿露水衣""哭辞祖先""哭上轿"等。

出嫁时新娘哭得越厉害越好，直到声音嘶哑才视为吉祥。接亲时，男方组织迎亲队伍，由司仪头嘎、二嘎、摸米带队到女方家接新娘、抬嫁奁，请土家打溜子艺人奏乐，吹吹打打，沿路放爆，热闹非凡。当娶亲的大花轿抬着新娘停在新郎家的大门槛上后，开始行"堂见礼"，即拜堂礼。改土归流前，土家族的拜堂礼和祖先祭祀都是在摆手堂举行的，然后入洞房、闹新房。改土归流以后逐渐汉化，就没有这个讲究了。新婚第二天，新人要向自家的长辈敬茶，又叫"拜茶礼"。新婚第三日，新郎新娘则要回娘家省亲，俗称"三朝回门"，整个婚礼算是基本完成。

过去龙山土家族的婚俗中还有"姑表婚""收继婚""扁担婚"等，"收继婚"又名"弟继兄室""弟坐兄床"，是指如果哥哥去世，嫂子成了寡妇，弟弟可以与嫂子结为夫妻。这也印证了当地的一句俗语："哥哥的婆娘，兄弟有一半；兄弟的婆娘，哥哥只得一看。"随着社会的发展和文化的相互融合，旧时的婚俗渐渐不再被人们继承，但土家婚俗中很多核心文化现在依在延续。

民间信仰

龙山土家族的民间信仰是在同汉族和其他少数民族人群长期交错杂居中不断演变的。据史料记载，土家族先民从"万物有灵"、图腾信仰和巫术卜卦等原始宗教信仰逐渐发展为现在的多神崇拜，其间渗透着许多汉族信仰的文化特征。但总体而言，土家族人对祖先崇拜、土王崇拜、梯玛通神送鬼等信仰，仍世代相传，延续至今。除了早期的信仰万物有灵和白虎崇拜之外，土家族的民间信仰后来大致分为三个种类：

一是信奉祖先神灵，供奉土王、八部大王。在龙山大大小小的村寨，基本上都建有土王祠或土主庙，有的供奉的是彭公爵主（彭士愁）、向老官人和田好汉三神，有的供奉八部大王，民间传说这八位大神分别为：敖朝河舍、西梯佬、西呵佬、里都、苏都、那乌米、拢此也所也冲、接也会也那飞列也。人们在祭祀时要杀九只羊，跳摆手舞，十分隆重盛大。在龙山农车乡、马蹄寨等地，八部大王相传是指土王的八个大将变成的神。在永顺、保靖、古丈等县的土家族聚居地，兴建有大大小小的舍巴堂，每逢舍巴日，男女老少都会聚集在舍巴堂，以跳摆手舞、唱摆手歌的形式缅怀祖先、祈福庆丰。

土家族神话传说中曾有一对兄妹神，即"傩神公公"和"傩神娘娘"，源自土家人认为其始祖是一对兄妹。每年正月过年，村寨间会有人肩上背着纸扎的船，船上供奉红脸的傩神公公和白脸的傩神娘娘，一边走村窜寨一边吆喝着："旱龙船啰呦呦，拜个年来呀火咳……"为人登门送福送子，走到谁家，谁就要递钱送米，或送糍粑团徽等作为供奉，以求全年平安如意。除此之外，谁家要有人得病有灾或想生育后代，也会向傩神公公和傩神娘娘许愿，如果愿望成真就得请梯玛给傩神还愿，还愿时要宰杀猪、牛、羊等动物作为牺牲来敬献给傩神，这也被称作"还傩愿"。

二是与自然、生产生活相关的万物神灵，如阿米嬷嬷（又称"帕帕嬷嬷"）、土地神、四官神等。民间认为阿米嬷嬷是龙王的原配夫人，被龙王遗弃后专门替人抚养小孩儿，凡被养育者身强体健，所以当地妇女逢年过节都会虔诚供奉，保佑孩子健康成长。龙山县内普遍建有土地堂，土地堂里供奉土地神（又称"土地公公"）。一些地方是同一个宗族供奉一个土地堂，有的则是一个寨子里供奉一个土地堂。在农耕社会，山地民族的人们把土地视为衣食之源，所以对土地神的敬奉尤为虔诚，以此祈求土地神保佑来年风调雨顺、五谷丰登、六畜兴旺。

三是具有道教、佛教色彩的神灵，如白帝天王、牛毛大王等。据史料记载，龙山地区敬奉白帝天王的风俗情况为"其事白帝天王尤虔，有病赴庙祈佑，许以牲醴，愈则酬之"。除此之外，在调查过程中通过访谈得知，土司统治时期，土家人家里不仅供奉土司王，还要供奉家先神（祖先神），土司王供奉在堂屋神龛上，家先神供奉在家中大门左后方（面朝门外时）。通常敬完土司王以后，再敬家先神，敬时上香烧纸，摆放酒、刀头肉（方形猪肉）、米粢等物品，但不点蜡。改土归流后，堂屋神龛上不再敬土司王，而是全部换成了家先神，大门后只敬四官神。

岁时民俗

龙山地区的传统节日主要有过年（正月初一）、二月二（土地爷生日）、舍巴日、清明节、四月八、五月十五（大端午）、六月六、七月半（七月十四日）、八月十五（中秋节）、九月初九（小重阳）、九月十九（大重阳）、腊月廿三（过小年）、腊月廿九（过土家年，遇腊月小时在腊月廿八过土家年）等。土家人以其祖先勤劳英勇、屡建战功为核心文化，因而祭祖颂功的"舍巴日"成为历代沿袭的重大节日。除了舍巴日以外，"过赶年"是土家人最隆重盛大的节日。

"过赶年"有过小年和过大年之分，小年过的是腊月二十三；大年在时间上要比汉族提前一天过，即月大是腊月二十九，月小在腊月二十八。这与土家人纪念明朝抗倭大捷，立下"东南战功第一"的历史事件有关。当时为了赶赴东南沿海抗倭前线协剿倭寇，土家人在年前就要出兵急行，所以提前过年相传成习。

进入腊月以后，过年的气氛越来越浓，土家人开始做团徽、打粑粑、杀年猪、办年货。腊月初八，土家人酿糯米酒，称为"腊八糟"。腊月二十三要祭祀灶神，与汉族的传统一致。过年前一天，家家户户要在神龛上、堂屋中柱、大门上到处插着柏树枝和梅花枝，以示土家人先祖出征时曾在松柏梅林中过年的历史。牛栏、猪栏、鸡笼以及家具、农具、树木上要贴压岁纸钱，以示抗倭立功受嘉奖的钱到处都是，预兆来年财源茂盛。大门口还要贴门神，以前常贴一对"吞口像"，现在大都贴"把门将军"秦叔宝和尉迟恭。

土家人常说"麻雀都有三十夜"，吃年饭时，全家老少要同聚一桌，而且吃团年饭的人越多越好，表示出征的亲人都回来过年，人丁兴旺，阖家欢乐。团年饭要架甑子蒸饭、蒸坨坨肉以及煮合菜，这也与抗倭时期的生活状况有密切关联。据说，当年土家族士兵在兵营提前过年时，各种年饭年菜都来不及做，只好把肉砍成一坨一坨的，然后裹一层小米放在甑子上与米同蒸。没有工夫做菜就把菜放在一起煮，合菜里有猪杂、鸡肉、豆腐、萝卜丝、白菜、粉条等，后人称合菜为"贺菜"，寓意祝贺凯旋而归。

年三十晚上，土家人堂屋内外灯火通明，男女老少通宵不眠，阖家坐在火塘边守岁。守岁到半夜子时，公鸡一叫鞭炮齐鸣，谁家的公鸡先叫谁就先放爆竹，谁家就先抢得"头年"，这寓意来年会大吉大利。正月初一一早，孩子们要给长辈拜年，大人给孩子压岁钱或礼物。直到正月十五，堂屋中撤下祭祀祖先的围帐，摆手锣鼓收场，整个年事活动才算结束。

二、龙山洗车河土家族舍巴日

土家族舍巴日是以祭祖先、庆丰收、求兴旺、祈吉祥为主旨，以摆手歌舞为载体，以再现土家族人开天辟地、繁衍生息、民族迁徙、渔猎农耕、英雄传说、神话故事、生产生活及信仰祭祀等广泛的、丰富的社会生活为内容的民俗活动。舍巴日举行的时间因村落的不同而略有差异，有的在正月、三月或六月举行，有的在春社和秋社时举行，可以一个村寨单独举办，也可以由几个村寨联合举办。作为酉水河流域土家族村寨一个历史悠久、隆重盛大的民间祈福庆丰的传统节日，龙山洗车河舍巴日在每年三月的大摆手堂三月堂举行，活动的主要程序与礼仪基本沿袭旧例。

笔者于2017年4月10日（农历正月十三）上午10点左右到达了清幽如画的洗车河镇，来到洗车河三月堂前。三月堂位于洗车河畔西岸，堂前便是摆手文化广场，广场东侧有一个泊船的小码头，每次水上迎神都从这里出发。纵观洗车河两岸翠山蜿蜒，民居建筑在河道两旁林立，河上两座桥如虹卧波，一派青山夹岸、绿水长流之景致。村子里的人们来来往往，络绎不绝，小院里的村民们正忙着烹炒腊肉、做霉豆腐、打糍粑，准备菜肴招待远道而来的客人。为了加深对舍巴日的了解，笔者首先拜访了当地一些土家族学者和文化人士，并对活动的组织筹办单位及人员进行了深入的田野访谈。

（一）舍巴日的起源和发展历程

在龙山县，人们称舍巴日为"起也"。"舍巴日"是土家语汉字记音，"舍巴"在土家语里指专司祭祀的地方官，"日"意为"做"，因其酬神歌舞的基本动作是甩同侧手臂，意译为汉语后"舍巴日"是指"做祭祀摆手"的意思。舍巴日集歌、舞、乐、剧为一体，既是一种历史悠久的文化现象，又是一首气势磅礴的民族史诗，还是一幅风情浓郁的土家风采画卷，但人们关于舍巴节起源于何时的问题，并没有确切的答案。

据保靖县首八峒的清乾隆二年所立的八部大王庙残碑上记载："首八峒，历汉晋六朝唐五代宋元明，为楚南上游，八峒趾苛，故讳为八部者，盖以威镇八峒，一峒为一部落……"可知八部大王是在汉代以前、春秋战国或更早时期的土家先民八个部落的首领人物。土家人视其为远祖，为其立庙建堂，世代祭祀。从祭祀八部大王时所用的祭品是各种野兽皮以及摆手歌舞中模仿狩猎活动的形态来看，在原始社会渔猎时期，土家先民们从渔猎劳动中获取生活资料，在人与人相互传情达意的形体动作中，孕育了舞蹈的因素，随着时间的推移，舍巴日逐步被提炼完善为祭祖酬神的舞蹈形式摆手舞。舍巴日早期的仪式过程是由从事祭神驱鬼巫术的梯玛（亦称掌堂师、土老司）主持的祭祖仪式，梯玛首先进行请祖先仪式，接着是敬祖先，然后跳摆手舞、唱摆手歌（摆手歌由梯玛领唱），最后送驾扫堂，整个仪式结束。

根据祭祀内容的不同舍巴日摆手歌舞分为大摆手和小摆手两种。舍巴日大摆手祭祀的是土家远祖"八部大王"，其特点是规模大，常以数个村寨或乡镇联合举行；时间长，一般为三天三夜，最多时可达七天七夜，通常是在正月初三至十五或三月十五至十七期间；内容丰富，除了摆手歌舞，还有茅古斯、咚咚喹、打溜子、摆手锣鼓等节庆项目。小摆手祭祀土王或本房祖先，主要是彭公爵主、向老官人和田好汉等英雄人物，其特点是规模小，常以单个村寨为单位举行；时间短，一般为一天一夜，最多三天三夜；内容形式相对大摆手而言更为简单。

对土家族先民舍巴日活动的文献记载，最早可以追溯到商周时期，这是土家先民把祭祀祖先的摆手舞融入军事性色彩的阶段。在论述之前，先探讨一下对土家族族源说法的两种较为普遍的观点：一种是巴人说，另一种是賨人（板楯蛮）说。在湘西老一代地方学者中，大多数人都赞同賨人（板楯蛮）说，他们认为土家人在古代是活动在巴国和楚国接壤边境，即今湘鄂渝黔边境地区，自称为"摯"（见周代初记昭王时事的《宗周钟》铭文"南国摯"）的一个部族，据《世本》《史记》《华阳国志》《后汉书》《太平寰宇记》《舆地纪胜》等文献记载，其人因称赋税为"賨"，故他称为"賨人"；又因其在打仗时以木板作楯，故又他称为"板楯蛮"。据《华阳国志》记载，公元前1066年武王伐纣时，賨人（板楯蛮）参加巴师，在商郊牧野（河南汲县）灭商的战争中"天性劲勇，俗喜歌舞的賨人（板楯蛮），歌舞以凌殷人前徒倒戈，故世称之曰：武王伐纣前歌后舞也。"公元前206年，"汉高祖募賨民灭秦，为汉前锋陷阵，锐气喜舞，帝嘉之曰：此乃武王伐纣之歌也。"这种以歌舞的形式瓦解敌军士气，振奋自己气势的军事歌舞就是摆手舞，直至明代土司制度前期仍旧流传实行。清嘉庆《龙山县志·卷十六·艺文下》载："相传某土司于前明调征广西，某城守坚屡攻不下时，某军营于城南门外，令其士卒扮女妆，连臂喧喝靡靡之音。于是守城者竟集观之，并动于歌，流荡无坚志。某则以精兵潜逼他门，跃而入，遂克城。归后演为舞节，盖亦蹈咏武功之意。"

到了唐末、五代至宋羁縻州时，土家摆手歌舞逐渐成为供当地统治者娱乐消遣的厅堂歌舞。据清嘉庆《龙山县志》记载："相传吴著冲为人额头高耸，上现红光，必多杀戮。家人知其然，以妇女数人裸体戏舞于前，轮回噴作喜……"（注："吴著冲"是土家语"禾撮冲"，意为猎王，是溪州老蛮头的名字）吴著冲常常在吴著厅男女相逐，以歌舞为乐（注："吴著厅"是土家语"禾撮厅"，地名，在龙山县洛塔界上）。到了明清时期，永保土司多次应征出战、拱卫朝廷，特别是在剿灭倭寇的战事中表现出色，被誉为"东南战功第一"，土司统治达到鼎盛时期，土家文化随之繁荣兴盛，此时的土家摆手歌舞演变为向土司祝福和迎送土兵的礼乐歌舞。

清雍正年间改土归流以后，土家舍巴日摆手歌舞从具有军事色彩的歌舞还原为民间的祭祖、庆丰节日活动。清乾隆至光绪二百多年间，是土家族摆手歌舞盛行的时期，其中永顺土司衙署故城（永顺老司城）是土家族舍巴日摆手歌舞跳得最隆重的地方。清同治年间贡生、永顺大井人彭施铎的《竹枝词》描述"福石城中锦作窝，土王宫畔水生波，红灯万盏人千叠，一片缠绵摆手歌"，是对当时老司城舍巴日摆手歌舞盛况的真实记述。

土家村寨中定期举行的舍巴节大、小摆手的歌舞，到清末民国时期还在盛行，到了民国末期，因兵灾匪患，社会动乱，少有人再组织聚众性活动，因此舍巴日祭祀和大摆手的舞蹈均被迫中止，只有部分小摆手的祭祀活动还在进行。中华人民共和国成立后，土家族地区的反封建社会的改革把舍巴日的祭祀活动定为封建迷信活动，主持舍巴日的梯玛也被视为迷信职业者，舍巴堂陆续遭到毁坏。"文革"时期摆手舞又被当作"四旧"扫除，舍巴日从此销声匿迹了一段时间。1978 年以后，土家族传统文化活动逐步复苏。1983 年 1 月，农车马蹄寨复修了一处大摆手堂，并于 2 月 21 日至 23 日（农历正月初九至十一）举行了一场舍巴日大摆手歌舞活动，土家族地区由此恢复了舍巴节活动。

纵观土家舍巴日的整个发展历程，最早只是通过摆手舞的展演形式祭祀祖先、缅怀先祖的一种族群仪式，经过历史演变融汇了军事性色彩，此后又逐渐发展为兼具庆丰祈福、自娱自乐功能的民俗活动，其历史悠久，距今已有 3000 多年了。

（二）舍巴日的组织

洗车河镇举行的"湘西·龙山土家族舍巴日"是土家族大摆手，近几年都是由政府出面组织筹办、民众自发参与的群体性节日。节日活动以祭祀祖先和酬神娱神为主要内容，以摆手歌舞及土家传统音乐、舞蹈、戏剧等形式的文艺表演为载体，彰显土家族文化强大的凝聚力和向心力。2017 年龙山舍巴日活动分为"舍巴祭"和"舍巴乐"两个部分，由龙山县旅游和文广新局、县民族宗教事务局、洗车河镇人民政府等相关职能部门主办，洗车河镇洗车社区、新建社区居民委员会、洗车河镇舍巴日活动理事会负责此次活动的具体实施工作。

"舍巴祭"部分有 5 个队伍参与，包括祭祀队、摆手队、旗手队、鼓乐队和爆竹队。"舍巴乐"部分有 14 个队伍参与，分别来自花垣县、洗车河镇、里耶镇、靛房镇、苗儿滩镇、洛塔乡等六个不同县乡村镇。由于舍巴日规模盛大、参与人数众多，各相关部门在一个月前就召开了关于舍巴日活动的筹备会议，并安排相关部门负责对应环节。活动组织期间，洗车河镇政府负责安排来宾们的住宿和酒水饭菜，采购各种物品装饰场地。4 月 10 日（农历三月十四）洗车河镇三月堂广场台阶上的宣传条幅已经铺装完毕，广场中央是千人大团摆的表演场，场上还有几个队伍正在紧锣密鼓地组织着节目彩排，他们穿戴整齐、节奏一致地练习摆手和变换队形，场地周围有很多村民前来围观。

"舍巴祭"的祭祀队分为八个小组：一组是梯玛组，由八个身穿红法衣、头戴法冠、手握铜铃和司刀的梯玛组成，其中一个梯玛是领头的掌堂师；二组是祭品组，有男女若干人，主要负责用茶盘端着猪头、糍粑、团徽、豆腐和野猪、野鸡、野兔、锦鸡、寒鸡等野兽野禽的头、皮、毛，以及五谷杂粮等祭品；三组是朝简组，有男女共八人，主要职责是在胸前手持一支竹制作朝简，以示对祖先的尊敬；四组是神棍组，有男子八人，他们个个身披盔甲（土家织锦），手握一根红色"齐眉棍"，犹如武士一般。摆手队一般为 4~8 排的队伍组成，按每次表演的规模大小，每排人数不定，少者二三十人，多者上百人，每人都身着节日盛装，神采奕奕。旗手队有旗手若干人，其中大旗手两名，手持龙凤大旗、身披精美土家织锦；小旗手若干人，举着红、黄、蓝、绿四种不同颜色的三角形小龙凤旗。鼓乐队有九名乐手，一人吹牛角号、一人吹野喇叭、一人吹树皮号、二人打摆手锣鼓、四人打溜子。爆竹队有人员若干，主要负责鸣放爆竹，在广场外的安全地带等候命令。

"舍巴乐"共15个节目，有14个单位参演。这些单位及表演项目分别是龙山老年大学队表演的土家摆手舞《欢乐的舍巴堂》、洗车河九年制学校队表演的土家儿歌合唱《乃呦乃》、洗车河老土家文化健身队表演的土家歌舞《土家年》、靛房咚咚喹队表演的《咚咚喹》、洛塔摆手舞队表演的《土家摆手舞》、苗儿滩铜铃舞队表演的《庆丰收》、花垣县舞蹈队《苗乡侗寨请你来》、龙山县166车队表演的《土家摆手舞》、靛房打溜子队表演的打溜子《雄鸡争艳》、洗车河摆手舞队表演的《土家摆手舞》、靛房茅古斯队表演的茅古斯《食揭（狩猎）》、里耶铜铃舞队表演的《土家铜铃舞》、龙山溜子舞队表演的土家溜子舞《锦鸡闹春》、洗车河摆手锣鼓队表演的《摆手锣鼓舞》以及全体土家人共同参与表演的《千人大团摆》。赶舍巴日的人依据各不同村寨、团体或姓氏组成队伍，男女老少脸上都洋溢着喜庆欢乐的笑容。

（三）舍巴日活动的具体过程

三月堂摆手时节正值花红柳绿、万物复苏，伴随枝头鸟儿叽喳鸣叫，可比一些村寨在正月时节做摆手更有味道。4月11日上午9点左右，舍巴日活动正式开始，三月堂广场上早已人头攒动，早上还在下的小雨也停了，天空逐渐放晴。村民们说舍巴日时一定要下一场雨才好，这样发个"绿豆水"就好划船迎神了，而且这回恰巧要开始摆手活动时雨过天晴，被人们认为是个应景的好兆头。

三月堂广场前男女两位主持人登台，节日盛会拉开帷幕。首先，是洗车河镇政法委员、副镇长覃占波代表镇党委、镇政府以及全村1500名村民，向出席活动的各位领导、来宾以及兄弟乡村的父老乡亲们致欢迎辞。接着，他向大家介绍了湘西州土家族舍巴日的活动内容、举办情况和深远意义。然后，舍巴日活动正式拉开帷幕，由洗车河镇党委书记张明栋宣布"2017年湘西龙山土家族舍巴日"活动开幕。

舍巴祭

第一部分"舍巴祭"由土家族梯玛歌国家级非遗传承人彭继龙（掌堂师）先生主祭，包括"水上迎神""接八部大王""安八部大王""祭八部大王"四个环节。首先是"水上迎神"环节，在掌堂师的号令下，广场上依次响起了树皮号、牛角号、野喇叭等鸣奏声，锣鼓喧天、热闹非凡，人们欢送八位梯玛乘船迎神。梯玛们头戴法冠，身穿八幅罗裙，手执司刀和铜铃，从摆手堂广场出发，下阶梯走到码头，乘船到上游1200米处的胡家桥请来了八部大王的八幅画像，画像按长幼依次排序。

"水上迎神"是洗车河舍巴日独有的祭祀仪式，八位梯玛分别站立在八条船船头，每条船上分别悬挂着八部大王画像，船尾插着龙凤彩旗迎风飘扬。八条船顺水而下，船上另有两位划桨的人员和四位敲锣打鼓的乐手，一路上鼓角齐鸣，锣鼓声响彻洗车河两岸，看上去神秘而肃穆。八条船于半个小时后抵达码头，一时间炮竹齐鸣，众人上前"接八部大王"，梯玛带领部分人员将画像抬上岸，安放进摆手堂内，供奉在八仙台上。其后跟着两个人端着祭品的人、三个吹牛角号、树皮号和野喇叭的乐手。"安八部大王"以后，七位梯玛依次走出堂外，站成一排，摇动着铜铃、司刀，踩着八卦步、罡步，边舞边唱。掌堂师在堂内，带领梯玛们准备祭祀。

接着是"祭八部大王"环节，三声炮响，祭祀开始，掌堂师面向八部大王画像，用土家语高唱祭祀歌："嘜毕兹涅（土家祖先），叶夫此巴（八部大王），多古也他（八把椅子）、挫通坡那（摆在堂中）。日汪拍蒙拍（牛车马车接），泽洛那他（水沟边过来），炸没起列（进朝门来），天九那卡（走过院坝），怕且谷鲁（上阶沿了）。我业炸写（踩过银处），可业阿谢（跨过金处），铺多古主（坐上龙椅）！全堂齐声高呼：哦——喂！（请来啊！）"歌词为土家语汉字记音，括号内为汉语译意。

祭词是韵文体，内容大意是缅怀祖德，歌颂土家族先祖勤于稼穑、躬事农桑、孝亲睦邻的美德和"遇征战，辄荷戈为前驱"的爱国精神，在他严肃的演说神情中可以看到土家族人对祖先的崇拜，对弃恶扬善的规劝，仿佛在告诫世人只有善良的灵魂才会得到永生。堂外的梯玛们边演说边挥动刀铃，接着叩首再起身，如此反复，场面十分神圣。吟唱完毕，全体队伍向八部大王下跪行三叩首礼。随后掌堂师走出摆手堂，八位梯玛一字排开，面向众人一边跳摆手舞一边说唱祭词。然后七位梯玛围着掌堂师绕圈走并继续演唱，接着抬手聚中汇合，放手散开，梯玛歌演唱结束。顿时，锣鼓齐鸣、炮声连天、彩旗挥舞，牛角号、野喇叭、树皮号、打溜子齐奏，祭祀环节完毕。

舍巴乐

舍巴乐节目表

序号	节目名称	表演单位
1	土家摆手舞《欢乐的舍巴堂》	龙山老年大学
2	土家儿歌《乃呦乃》	洗车河九年制学校
3	土家歌舞《土家年》	洗车河老土家文化健身队
4	土家竹管乐器《咚咚喹》	靛房镇咚咚喹队
5	土家摆手舞	洛塔乡摆手舞队
6	土家铜铃舞《庆丰收》	苗儿滩镇铜铃舞队
7	苗族歌舞《苗乡侗寨请你来》	花垣县舞蹈队
8	土家摆手舞	龙山县166车队
9	土家溜子舞《雄鸡争艳》	靛房镇打溜子队
10	土家摆手舞	洗车河镇摆手舞队
11	茅古斯《食揭（狩猎）》	靛房镇茅古斯队
12	土家铜铃舞	里耶镇铜铃舞队
13	土家溜子舞《锦鸡闹春》	龙山老年大学
14	摆手锣鼓舞	洗车河镇摆手锣鼓队
15	千人大团摆	全体参演人员

祭八部大王仪式结束以后，土家族儿女用土家歌舞、乐剧以及民间游艺等形式进入了酬神娱神的环节，即第二部分"舍巴乐"。

第一个节目是龙山老年大学表演的土家摆手舞《欢乐的舍巴堂》。牛角号、野喇叭和树皮号等号声一响，雄浑厚重的山野特色音乐奏响了"舍巴乐"独特的旋律。身穿红裙、头戴银饰的土家族女性和穿琵琶襟上衣、缠着青丝头帕的土家族男性个个手舞足蹈，从两侧登台，伴随节奏感十足的锣鼓声，二十个表演者欢快地摆动着手臂。舞蹈的背景音乐是土家族摆手歌，通过"祭祖""劳作""欢庆"三个不同色彩旋律的舞蹈语汇，形象地描绘了土家人生产劳作的热闹场面，表达了土家人对幸福美好生活的向往和憧憬。

第二个节目是洗车河九年制学校表演的土家儿歌合唱《乃呦乃》（意为《快快来》）。50 余名 10 岁左右的孩子分三组站在舞台左中右三面，一名身穿土家族繁丽多彩服装的年轻女教师面带微笑，站在孩子们中间指挥他们分声部歌唱。清脆悦耳的童音响遍全场"乃呦乃，乃呦嗬，乃乃呦，乃呦嗬，咚喹哟哩乃呦乃，乃呦嗬花开哟。乃呦乃，乃呦嗬，咚喹哟哩乃呦嗬，召古迭，此吐多，麦差苦里挫卡剥，噢！噢！阿义此推哟，阿义此推哟，卡蒙嘎哈岔差结，冉布里咋丢卵当各。卡蒙嘎哈岔差结，冉布里咋丢卵当各。嚓嚓嚓嚓嚓，嚓嚓嚓嚓嚓，嚓嚓嚓嚓嚓，嘿！卵呀么卵当各……"朝气蓬勃的小朋友表达了热闹的气氛和幸福快乐的心情，歌声里充满着蓬勃的生机，他们是土家人的未来，显露出土家人简单、朴素、快乐的生活智慧。

第三个节目是洗车河老土家文化健身队表演的土家歌舞《土家年》。12 名土家族女子身着玫红色的衣裙，裙摆有水波皱纹，看上去十分漂亮。在欢快的乐曲伴奏下，她们跳起了摆手舞，展示着土家人过年时的繁忙和劳作的喜悦。随着舞义的变换，舞者也在不断变化动作的快慢，展现着土家族妇女过年时忙着打粑粑、做团馓、推豆腐的景象，使人感到一片欢欢喜喜过大年的热闹氛围。

第四个节目是靛房镇咚咚喹队表演的《咚咚喹》，由州级传承人彭继蓉演奏。咚咚喹是土家族流传非常广泛的竹管乐器，因其吹奏起来的声音有咚咚之声而得名。土家咚咚喹是由小竹子制作而成，保留竹子一端的小节，管身上开三四个音孔，这样就能吹出五个不同的音阶，每个音阶仿佛都在吹不一样的土家话语，表达不同的意思。彭继蓉是土生土长的坡脚人，从 7 岁开始就跟着外祖母和母亲学习演奏、制作咚咚奎，而且坡脚乡人大多都会吹"咚咚喹"。彭继荣不仅能熟练的吹奏单管咚咚奎，也能同时用两支咚咚喹吹奏出美妙动听的乐曲，其演奏的乐曲欢快、清脆，仿佛百鸟齐鸣，带人进入鸟语花香的世界，使人耳目一新。

据访谈调查得知，关于咚咚喹还有一个非常美丽的传说：相传秦始皇修长城时，抓走了土家族青年巴涅，他的妻子冬冬日夜盼望丈夫回家，天天上山张望，但始终不见丈夫身影。冬冬就采来一根竹子做成笛子，日日独奏，寄托悲思，一直吹到哀怨而死。后人为怀念冬冬，也学着她的调子吹起竹笛，并把此笛命名为咚咚奎。不过这只是传说，并没有文献记载。

第五个节目是洛塔摆手舞队表演的《土家摆手舞》。一声明快的野喇叭声的伴奏下，一对青年男女登场，接着锣鼓声渐强渐急，12 名身穿红色土家裙的女性上场，她们分成两组，每组 6 人围成一圈，在欢腾有力的伴奏下跳起了摆手舞。"新春摆手闹年华，尽是当年老土家"，土家族大摆手舞曲以锣鼓点为曲牌，鼓音为"咚"锣音为"扁"，展现着三种不同的曲牌：

一慢：
咚 咚 | 扁 咚 | 扁——咚 ‖
扁 咚 | 扁 咚 | 扁 咚 ‖
扁 扁 | 咚 咚 | 扁 咚 ‖
二快：
咚 咚 | 扁 咚 | 扁 咚 ‖
扁 咚 | 咚 咚 | 扁 咚 ‖
扁 咚 | 扁 咚 | 扁 咚 ‖
三急：
咚咚扁咚扁咚 | 扁扁咚咚扁咚 ‖
扁咚扁咚扁咚 ‖

接着8名土家男子在紧密的铜锣声中登场，摆手动作为"犁地""撒种""收获"。然后男女表演者在隆隆的铜锣声中全部上场，以两层叠落的形式表达欢庆丰收的喜悦结束舞蹈。

第六个节目是苗儿滩镇铜铃舞队表演的土家铜铃舞《庆丰收》。土家族铜铃舞不仅是一种精彩的歌舞表演，也是一种土家族艺术化的民间风俗。据说在远古时代，土家族三位祖先彭公爵主、向老官人和田好汉在一次战乱中被敌军围困，田好汉为了掩护彭公爵主和向老官人突围，战死沙场。田好汉的五个儿子和二个女儿分别从田好汉的战马上取下一颗铜铃作为今后相认的证物，然后分头杀出重围。若干年后田好汉的后人以铜铃为样制作了一颗铜铃，然后同其余七颗铜铃聚到一起，并配上木制马头寓意曾经的战马，制成五彩布条铜铃棍，并取名为"八宝铜铃"，作为土家族后代的镇宅之宝。"生而为英，死而为灵"，土家后人为纪念这段感人的故事，便创作了铜铃舞，且世代相传。按照土家习俗，只有土家人才能参加八宝铜铃的表演，外族人不得参加。

舞台上舞者手持八宝铜铃，以铜铃响声为音乐节奏，时而坐凳，时而立步，并有4名舞者随之手舞足蹈，模仿喂马、洗马、逗马、上马等各种动作，舞姿丰富。还有6名土家妇女，双肩挑着丰收的谷物，边跳边唱。在两个大鼓、两支号子和两面铜锣的混合音调伴奏下，粗犷有力的铜铃舞场面使人既感到欢快愉悦，又觉得肃穆磅礴，十分精彩。

第七个节目是花垣县舞蹈队表演的《苗乡侗寨请你来》。花垣县是古朴神秘的"百里苗乡"，苗族传统文化保存完好，是苗族巴岱艺术之乡、唢呐艺术之乡、苗山歌之乡。歌舞《苗乡侗寨请你来》通过欢快活泼的圈圈舞，表达着湘西苗族的风俗民情，展示着苗家人多姿多彩的绚丽生活。湘西自古以来便是一个多民族、多族群聚居区，土家族、苗族作为世居此地的主体少数民族，在历史上文化互动频繁，交融连续不断。近些年在土家族举行舍巴日的时候，常有苗族同胞参与节庆，与土家人共同欢度这一大型祭祖庆丰盛会，真可谓"三月堂前舍巴乐，苗家侗寨来祝贺。民族团结一家亲，日子越过越红火"。

第八个节目是龙山县166车队表演的《土家摆手舞》。"摆手喽……"一声响亮的土家男子的高喊响彻云霄，16名土家女子齐登场，在锣鼓伴奏下，欢快地摆动手臂。摆手动作有单摆砍火畲、种苞谷、回线摆、插秧、割谷打谷、纺棉花等，古朴优雅、洒脱变换的摆手舞表演，再现了土家族人生活和劳作的忙碌，以及幸福欢乐的日常状态，不仅表现农事劳动的繁忙，而且展现出土家人民勤劳勇敢、乐观豁达的民族性格，使人们体味到原汁原味的土家摆手舞文化。

第九个节目是靛房镇打溜子队表演的《雄鸡争艳》。四位身穿蓝布花边土家族服饰的男子，分别敲打着溜子锣、头钹、二钹和马锣欢快登场。打溜子这一传统民族器乐节奏铿锵多变、律动感强，被称为"土家族的交响乐"。四位表演者有节奏地敲打着乐器，不仅将各类乐器的声响融于一体，而且充分发挥了每件乐器的声色特点，奏出曲调多变、旋律优美的乐章，生动再现了两只雄鸡争强斗艳的场面。打溜子在湘西州酉水流域土家族聚居区的永顺、龙山、保靖、古丈四县可谓历史悠久，曲牌丰富，艺术风格独特，而且与群众生活习俗紧密相联。"打红不打白"是土家族打溜子的基本原则，所以每逢土家族新年玩灯、迎亲嫁娶、祝寿送匾、造屋上梁等民俗仪式活动时，都会请人来表演打溜子，烘托喜庆氛围。在我国少数民族器乐艺术中，打溜子独特的组合、精湛的演奏技艺自成体系，既有艺术观赏价值，又具理论研讨价值，被列入首批国家级非物质文化遗产名录。这种极具喜庆特色的古老铜器打击乐，让观者赏心悦目。

第十个节目是洗车河摆手舞队表演的《土家摆手舞》。"摆摆摆，摆摆摆，摆起你的手来……"随着少数民族歌手野马的《摆手歌》背景音乐响起，20名土家女子从舞台两侧摆手登台。她们身穿黑色和蓝色的宽腿裤，衣服上绣着精美的土家织锦花边，边舞边唱，自然洒脱的舞姿，使人体会到同样的摆手舞却摆出不同的风采和味道。歌舞中表演了土家人砍畲、挖土、开田、种苞谷、洒谷种、栽秧、除草、赶乌兽以及秋收等动作情形，并跟着节奏比画着同边摆手的舞姿，即在舞蹈时，左手左脚或右手右脚分别同时摆出，俗称"同边手"。土家族摆手歌舞的舞姿中基本都突出"同边舞"的特点，这是由于土家族是居住在湘鄂川渝黔边境武陵山区的山区民族，世世代代在山区狩猎或从事农事劳动生产，攀崖上坎时同边的手脚要同时出动而形成的习惯，这一劳作习惯在摆手舞中再现，成为摆手舞的突出特点，展示着土家人勤劳能干的品质，以及欢庆丰收的喜悦心情。

第十一个节目是靛房镇茅古斯队表演的茅古斯《食揭（狩猎）》。茅古斯舞是土家族最古老原始的舞蹈，是舞蹈界和戏剧界公认的中国舞蹈及戏剧的最远源头和活化石。龙山县靛房镇位于洗车河东南方，也是土家人核心聚居区，保留着丰富的土家文化。人们把茅古斯称为"古斯拔普"或"拔普格次"，汉语意为"浑身长毛的打猎人"。茅古斯以戏剧性的写意和夸张的艺术手法，真实地再现了土家人的繁衍、迁徙、渔猎、农耕等生产生活及婚俗状况。

"啊个带！……啊！噢！……"随着国家非物质文化遗产项目（土家族茅古斯）代表

性传承人彭南京一声长啸，表演正式开始。茅古斯们穿着干茅草、蒿草和棕叶等编织的衣裤，手中拄着木棍，弓腰屈膝，摆着同边手登场。老茅古斯："阿个得，食揭夺。（伙伴们，赶肉去啊。）"众人："咦嚯嘞……（哦嗬嗬……）"众人寻着老茅古斯的足迹找到了猎物，并成功狩猎。接着在老茅古斯的带领下，众人一起跪拜敬奉"猎神"（捕捉野兽的王），感谢猎神保佑猎手平安无恙，获取猎物，然后抬着猎物欢欢喜喜地离开。茅古斯们一边哩哩啰啰说着土家语，一边表演分食猎物、打露水、照太阳等戏剧情节，展现着土家族先民茹毛饮血、筚路蓝缕的原始生活状态。"食揭"是土家语汉字记音，意为"狩猎"。龙山地区的"食揭"风气至今犹存，每年春节前后农闲之时，人们常聚集在一起沿山赶肉，赶到肉后，不分男女老少，见者有份，体现着原始社会的分配法则。从茅古斯舞的服饰、道具到表演形式、表演内容，无一不展示着古朴粗犷的特色，凸显出古老而神秘的狩猎气息。

第十二个节目是里耶镇铜铃舞队表演的《土家铜铃舞》。铜铃声叮当，牛角声嘹亮，随着音色高亢激越的牛角号声响，十几名身穿兽皮，头扎花草的男女舞者纷纷登场。铜铃舞是从土家族古老的梯玛法事中演变而来的，是土家族纪念先祖"八部大神"时的祭祀性舞蹈，承载着丰富的历史文化信息。舞台中间站着一位白发白须的老梯玛领舞，他双手挥舞着五色布条铜铃，口中演说着梯玛神歌，高唱着祭祖祈福的曲调，歌颂祖先创业功勋，复现祖先的迁徙艰难，并祈求人畜兴旺，家室平安。舞者们载歌载舞，舞步变化有序，时而从八字步变为四方步，时而从罡步变为八卦步；摇铃动作丰富，有左右摇铃、八字步摇铃、十字步摇铃、踩四方摇铃、马步摇铃、跳马摇铃、转圈摇铃、勒马摇铃、顺拐摇铃等，风格雄健有力，舞姿质朴大方，整个舞蹈给人豪放不羁、气势雄浑的视听感受。

第十三个节目是龙山老年大学表演的《锦鸡闹春》。这是由国家非物质文化遗产项目（土家族打溜子）代表性传承人田隆信创作的土家溜子舞蹈。田隆信被誉为"土家族音乐的活灵魂"和"中国引领原生态土家民乐的人"。节目一开始就有一声嘹亮的咚咚喹模拟锦鸡鸣叫的声音划破天际，两位舞者扮演两只色彩艳丽的锦鸡登场，并召唤另外四只活泼的彩色"锦鸡"上台，然后舞者们用土家族常用的打溜子歌舞形式，以拟人化的艺术手法，生动地再现一群美丽的锦鸡渴望春天、向往春天、歌唱春天的美好情景。整个节目分为鸣春、迎春、戏春、闹春四个乐章，场上打溜子、打铜锣的乐手与扮演锦鸡的舞蹈演员互动表演，形式新颖，舞台感染力强，诠释着土家人与自然和谐相处的美好情景。

第十四个节目是洗车河镇摆手锣鼓队表演的《摆手锣鼓舞》。"咣锵、咣锵、咣锵、咣锵……"的鼓点一响起，气势磅礴的土家音乐扑面而来，在强劲的锣鼓韵律中，一群群身强力壮的土家男儿从四面八方敲锣打鼓汇聚在三月堂广场中央，他们队形整齐，步调一致，铿锵有力的锣鼓声震耳欲聋，展现着土家人节庆时狂欢奔放的风格，奏响了土家族舍巴日的盛大旋律。

相传摆手锣鼓最早起源于明朝末年，当时东南沿海倭寇横行，湘西八千男儿勇上前线，在明朝大将戚继光的带领下大败倭寇，取得了辉煌的战绩。摆手鼓点就是戚家军的战鼓点子，并分为两种：一种是出操时的鼓点，打法是扁咚、扁咚、扁咚扁咚扁咚；另一种是战时的鼓点，打法是扁扁扁咚咚、扁咚、咚扁咚咚。为纪念土家先辈的壮烈功绩，鼓点节奏被融入土家族摆手歌舞中，于是产生了土家族摆手锣鼓舞。摆手锣鼓舞主要流传在湘西酉水河流域，以龙山县流传最为广泛，几乎每个乡镇都有自己的摆手锣鼓队。每逢大型庆典活动或迎宾表演，都会演奏摆手锣鼓舞。土家锣鼓由鼓、大锣、钹、逗锣组成，是民间文化与音乐响器完美结合的产物，一曲摆手锣鼓舞跳出了土家人的喜悦心情，敲出了土家人的丰收场景，呈现出土家山寨蓬勃的生命力。

第十五个节目是全体土家人共同参与表演的《千人大团摆》节目，它是紧接着上一个节目摆手锣鼓舞的尾声而延续，全场所有土家人共同手拉手向三月堂广场中心汇聚，围出了千人大团摆的队形。内内外外有十几圈，最外圈的人们挥舞着红、黄、蓝、绿四色龙凤彩旗，一派"彩旗飞舞人千叠，一片缠绵摆手歌"的景象。土家族是个能歌善舞的民族，据清嘉庆《龙山县志》载："土民赛故土司神，旧有摆手堂。至期既夕，群男女并入，酬毕，披五花被锦，帕首，击鼓鸣钲，跳舞唱歌，竟数夕乃止。""凡百户之乡，有市之邑，歌谣舞蹈，触处成群。""其期或正月或三月或五月不等。""男女相携，翩跹进退，故谓之摆手。"所有人都汇进了歌舞的海洋，单摆、双摆、回旋摆摆起来，摆出土家人踏踏实实的幸福生活，舍巴日就在浩大的千人大团摆中圆满结束。

节庆活动结束后，人们有序撤场，村民们清理了广场上的道具，收起了横幅。广场周围还有部分青年男女手牵手在跳摆手舞，不时传来阵阵欢笑。

结　　语

舍巴日在人们的欢声笑语中结束，在调查过程中，由于时间仓促，加之语言交流的障碍，难免使此次调查内容不能十分全面。但这次田野考察也收获颇丰，除了感受到土家人热情的招待和欢快的节庆氛围，还深刻体悟到土家族"山同脉，水同源，地同性，人同根"的民族文脉。土家族是一个勇敢的民族，其先民以崇武善战著称；土家族也是一个富有智慧、能歌善舞的民族，在与大自然的斗争中，创造和积淀了丰富的物质财富和绚烂的民族文化。舍巴日以集歌、舞、乐、剧于一体的庞大艺术载体，以史诗般的结构和炽热的色彩，作为土家族精神的集中表现，对土家族的历史文化与社会发展产生了深远影响，成为识别土家族文化的主要标志。

这次调查同样引出需要继续探讨的问题。虽然舍巴日中的摆手舞、茅古斯、打溜子、咚咚喹虽早已分别列入国家级非物质文化遗产项目名录，但目前舍巴日仍面临着加速消亡的危险。因为在大部分土家族地区，土家语和风俗习惯在文化融合中已经丧失了原生的文化地位，民间自发的舍巴日活动越来越少，逐渐变成了政府组织的庆典活动。而且越来越多的年轻人不会唱摆手歌和跳同边舞，继承下来的摆手舞已变为只舞不歌的无声舞蹈。在保存着土家语言、土家风俗和摆手歌舞等传统土家文化的地区，如龙山县靛房镇等，因大部分都是特贫地区，许多中青年男女背井离乡，外出打工，摆手歌舞后继乏人，这都势必影响舍巴日的传承和保护，值得重新审视和思考。

参考文献

[1] 王文章. 非物质文化遗产概论[M]. 北京：教育科学出版社，2008.

[2] 吴永章. 土家族简史[M]. 北京：民族出版社，1983.

[3] 彭荣德，王承尧. 梯玛歌[M]. 长沙：岳麓书社，1989.

[4] 刘孝瑜. 民族知识丛书·土家族[M]. 北京：民族出版社，1989.

[5] 段超. 土家族文化史[M]. 北京：民族出版社，2000.

[6] 彭继宽. 土家族摆手活动史料辑[M]. 长沙：岳麓书社，2000.

[7] 杨昌鑫. 土家族风俗志[M]. 北京：中央民族学院出版社，1989.

[8] 王承尧，罗午. 土家族土司简史[M]. 北京：中央民族学院出版社，1991.

[9] 彭英子. 土家源[M]. 北京：光明日报出版社，2007.

[10] 田荆贵. 土家族纵横谈[M]. 西安：未来出版社，1995.

[11] 陈廷亮. 土家族摆手舞的祭祀功能初探[J]. 三峡大学学报（人文社会科学版），2009（6）.

[12] 陈廷亮，彭南均. 土家族婚俗与婚礼歌[M]. 北京：民族出版社，2005.

[13] 赵翔宇. 从娱神到娱人：土家族摆手舞的功能变迁研究[J]. 民族艺术研究，2012（4）.

[14] 国家民委全国少数民族古籍整理研究室. 中国少数民族古籍总目提要·土家族卷[M]. 北京：中国大百科图书出版社，2010.

[15] 谭志满. 文化变迁与语言传承——土家族的语言人类学研究[M]. 北京：中国社会科学出版社，2010.

[16]《中国少数民族社会历史调查丛刊》修订编辑委员会. 土家族社会历史调查[M]. 北京：民族出版社，2009.

空间体验在图书馆建设中的作用

——以韩国道奉奇迹图书馆为例

李墨文　　延边大学

法国社会学家列斐伏尔在《空间的生产》中强调：身体是空间的原点，是空间生产的开端，同时也是空间生产的终点和目的，所以说，要想改变身体，首先改变空间。[①] 随着社会文明的进步和人们生活水平的提高，越来越多的人开始注重精神追求，将自己更多的闲暇时间与精力投入于精神生活。读书不仅是获取精神食粮最为有效的方式，也是不断完善自己、提高文明素质的有效途径。尤其在今天，人们更加注重生活和学习空间，尤其是对成长中的孩子们来讲，空间氛围对其影响较大，而作为提供知识食量的图书馆，是培养孩子们求知欲的最好场所。随着人们对图书馆期待值的日益提高，馆藏数量已无法满足公众的阅读需求，人们更加看重阅读给人带来的感受，这种需求致使空间体验逐渐成为图书馆建设的核心价值之一。与此同时，图书馆的建设为了迎合公众的这种需求，在阅读空间环境的建构上越来越趋于人性化，其目的在于给公众带来更好的空间体验，提高公众的阅读兴趣。本文以2016年笔者赴韩国考察奇迹图书馆的田野资料，阐释空间体验在图书馆建设中的作用。

一、空间体验与图书馆建设

（一）空间体验的含义

空间，是物质存在的一种客观形式，具有生存性。美国著名存在主义哲学家保罗·蒂里希认为："存在，就意味着拥有空间。每一个存在物都努力要为自己提供并保持空间。这首先意味着一种物理位置——躯体、一片土地、一个家、一座城市、一个国家、一个世界。它还意味着一种社会空间———一种职业、一个影响范围、一个集团、一段历史时间、回忆中或预期中的一种地位，在一种价值和意义结构中的位置。不拥有空间，就是不存在。"[②] 空间的生存性特征决定着空间的体验性。

空间体验，即人在生存空间中感受、经验、体悟到的具有意义与价值的内在生命体

[①] H. Lefebvre: *the Production of Space* [M]. Oxford: Blackwell Press, 1991, p.173.
[②] 何光沪主编. 蒂里希选集 [M]. 上海：上海三联书店，1999：1119—1120.

验。"体验"一词，英文为"experience"，德文为"erlebenis"，一般指人的经验感受，但德文词根"leben"却含有"生命""生活"的意思，因此，体验除却一般性的感受、经验、认识之外，还包括体验和生命体验，即所谓"以身体之，以心验之"，体验总是一种内在的生命体验。① 空间体验决定着人的生存体验方式。

图书馆空间体验是通过对空间物质环境和精神环境的营造，增强读者对图书馆空间的美好感知，享受情感愉悦的信息服务。② 经济的高速发展，人们的生活观念也逐渐升级，体验经济时代到来，很多人早已经厌倦了传统图书馆的空间模式，对精神上的享受与情感上的交流需求渐渐提升，希望在舒适、优雅、轻松的氛围中读书，不仅能够获得知识的储备，也能够在精神与情感上得到释放，在图书馆的空间中得到一种非凡的体验。

（二）空间体验是图书馆建设的核心价值之一

近几年来，空间体验日趋成为图书馆建设的核心价值之一，其原因主要有以下两个方面：一方面，图书馆的发展历史是空间体验不断强化的过程。③ 从古代的藏书阁到近代的图书馆，直至富有现代化气息的图书馆，其存在的空间形态随着社会的进步发生了巨大改变，空间布局也越来越开放、灵活，给读者带来丰富生动的空间体验。另一方面，良好的空间体验提高了图书馆的社会价值。图书馆作为公共空间，除了向人们提供大量的知识，还为公众提供可以自由出入的、开放的公共知识空间，承载了作为公共空间的社会意义与社会价值。良好的空间体验，使公众更加亲近图书馆并且乐在其中，增强自身的道德文化修养，大大提高了图书馆的社会价值。

（三）图书馆阅读环境的构建影响读者的空间体验

空间体验在图书馆建设中凸显价值的同时，图书馆的建设也同样影响着读者空间体验。其一，图书馆的宗旨是"以人为本"，服务原则是"以读者为中心，关注读者的需求"，随着时代的进步，图书馆在建设的过程中渐渐趋向于情感化与人性化，这恰恰符合公众对阅读环境的需求，与公众的空间体验具有天然的一致性。其二，图书馆舒适的阅读环境能够提升空间体验，强化人们心中美好的读书想象。冰冷的书架、僵硬的桌椅、狭窄的空间、昏暗的灯光，让人身入其中便不由自主地压抑。近几年来，图书馆融入了更多能够缓解公众压力的元素，如简约的书架、舒适的桌椅、投放绿色植物、播放舒缓的音乐等，这些元素使读书成为一种高雅的方式，给读者一片清新优雅、无拘无束的精神乐园，满足了读者心中美好的读书意象。

由此可见，空间体验与图书馆建设关系紧密，相辅相成。正如美国学者爱德华·索亚所说："我们的行为和思想塑造着我们周边的空间，但与此同时，我们生活于其中的集体

---

① 何光沪主编．蒂里希选集［M］．上海：上海三联书店，1999：1119—1120．
② 郎杰斌．空间体验——图书馆的核心价值之一［J］．大学图书馆学报，2013（02）：31．
③ 郎杰斌．空间体验——图书馆的核心价值之一［J］．大学图书馆学报，2013（02）：31．

性或社会性产出的更大空间与场所,也在塑造着我们的行为和思想。"① 即人在生产塑造社会空间环境的同时,也被社会空间环境生产塑造着。

二、道奉奇迹图书馆空间体验环境的构建

"奇迹图书馆"工程始建于2003年,第一个奇迹图书馆是顺天1号馆(全罗道),由非政府组织阅读文化基金会连同公共广播公司、地方政府和私人企业共同建立。截至2012年,韩国已经建立了12家"奇迹图书馆"。2012年,道奉区厅和读书社会文化财团共同策划建设第12个奇迹图书馆,即道奉奇迹图书馆,该馆于2015年7月开馆。道奉区人口33万,图书馆位于道奉区东北方向,面积1489.27平方米(韩国标准),图书1.3万册左右,每天接待读者200—250人,周末服务近400人。所有职员公开招聘,管理人员4名,一般职员5名,全区市民参与,还有20多名志愿者。运营经费1亿8千万(韩元),主要用于项目开发6000多万韩元,3000万韩元购书,其他费用用于取暖设施、水电费等②。目前,道丰奇迹图书馆已经发展成为以教育文化为首、创造道奉区域品牌、儿童阅读的天堂,使更多的孩子养成良好的读书习惯,并且为他们创造优良的读书环境。

由于空间体验与图书馆的建设有着不可分离的联系,所以图书馆空间体验环境的建构在图书馆的建设中便显得尤为重要了。通常情况下,图书馆的空间可以分为外部空间、内部空间和虚拟的文化空间三部分,构成图书馆空间的元素主要包括书架与桌椅、图书以及可用于研讨的交流空间。随着公众对图书馆需求的提升,图书馆除了要注重应有的功能之外,还应该让读者在其所构建的环境空间中获得愉悦的心情,能够引发读者的阅读兴趣,并且使读者引发更多的思考。本文从外部建筑空间、内部阅览空间、组织活动空间三个方面对道奉奇迹图书馆所建构的空间体验环境进行描述。

(一) 外部建筑空间的和谐性

现代意义上的图书馆早已跨越了单纯藏书的阶段,也超越了仅仅为读者提供读书资源的场所,一个让人流连忘返的图书馆应该是一件艺术品,而且是经过艺术家用心雕琢的作品。图书馆的第一印象体现在外部建筑上,道奉奇迹图书馆的外部建筑看似很朴素,虽没有特别的造型,却能够与图书馆周围的环境相协调,给人深刻的印象。

首先,奇迹图书馆以红砖色为主色调,简约大方(图1所示)。天窗部分有少许灰色,给人在视觉上形成古朴、静谧的情景,能使浮躁的心得到适当

图1 奇迹图书馆外景

---

① 爱德华·索亚. 后大都市:城市和区域的批判性研究 [M]. 上海:上海教育出版社,2006:7.
② 数据来源于笔者考察道奉奇迹图书馆时所搜集的资料。

的调整。

其次,整体建筑与周围植物融为一体,浑然天成。图书馆的周围有很多绿色植物,社区花园内种植着各种各样的花花草草,与图书馆正门的那几颗参天大树形成对比,在蓝天白云的笼罩下,宛若一幅勾勒欧洲上百年的古老建筑的图画,看似简单却具有更多的深邃内涵,令人浮想联翩。

再次,室内落地窗与室外凉亭相结合(图2所示),优雅舒适。落地窗设计主要是为了室内能够有充足的采光,起到保护读者视力的作用。室外设置了多处凉亭,形状各异,凉亭下配有全套的桌椅与靠背,方便读者在阅读的同时能够亲近自然,呼吸新鲜的空气。

图2　室内落地窗与室外凉亭

最后,选址接近社区,方便公众前来读书。奇迹图书馆除了在建筑风格与建筑结构上注重人性化,在选址方面同样体现了以人为本的思想。奇迹图书馆处于首尔市道奉区内多个社区的连接处,选址方便多个社区的公众前来阅读,从而提高社区用户的整体阅读素质。

(二) 内部阅览空间的温馨性

空间生活必须适合于感知它的并在其中活动着的人,这种空间应当依靠以人体为基础的方向结构来考察它的上和下、前和后、左和右。道奉奇迹图书馆内部的阅览室既是图书馆的主体部分,也是空间体验环境建构最为重要的一部分。打造一个舒适、温馨、赋有亲和力的内部阅览室至关重要,因为它可以影响读者的阅读心情,增加读者的心理归属感,同时加深公众的空间体验。

首先,室内装修以传统暖炕为主(图3所示),保暖且舒适。道奉奇迹图书馆的建筑风格在世界上是独一无二的,与其他图书馆使用水泥、砖瓦等材料有所不同,该馆采用了韩国传统文化中的大炕,如诗歌中所说的那样,"九曲银蛇火炕盘,托运截福脚生烟,游龙翻江玉帝治,乖巧温顺自升天"。在韩国,暖炕技术是传统住宅建设中唯一流传至今的技术。当人们在暖和的地面躺下时,不仅温暖,而且让身体得到放松。暖炕为图书馆提供了温暖舒适的环境,尤其是在冬天,室内温度能够有所保障。"暖炕"图书馆,如家至归一样亲切,迎合了少年儿童和许多成年人的需要。因此该图书馆的室内装修设计对缓解人体紧张很有效果,让孩子们感觉到像在自己家读书一样,没有压力。

图 3　室内暖炕装修风格

其次，该图书馆重视卫生环保。环境保护是国际社会高度重视的一项内容，人们生活质量提高的同时，也对图书馆的环境质量提出了更高的要求。道奉奇迹图书馆内装备了一种小型图书消毒机（图 4 所示），供读者自行消毒所借图书。消毒机外形就像微波炉一样，工作原理也和微波炉相似，但发射的不是微波而是消毒液。机内设有架子，图书在机内竖立着，随着转盘转动，机内吹出微风，混合着已经雾化的消毒液，将转动着的图书书页轻轻吹开，让书页与消毒液充分接触，达到消毒清洁的目的。据了解，这种消毒液对人体无害，也不会损害图书。出于环保考虑，馆内不使用一次性餐具，为小朋友们提供了消毒碗柜和不锈钢小杯子，小孩子们渴了，可以直接从消毒碗柜中拿出杯子倒水喝，喝完放在指定位置。除此之外，馆内还设有供小朋友专用的小坐厕，非常干净。

再次，该图书馆为儿童提供了良好的阅读氛围（图 5 所示）。阅读环境风格多样、主题鲜明、色彩别致、设计独特，切合少年儿童的感观、审美以及兴趣爱好等心理需求。笔者对道奉奇迹图书馆参观考察后，感受颇深。无论是设计风格还是书架陈列，该馆都充分考虑了少年儿童特有的心理需求和生活元素。室内采光采用了立体天窗，再加上周围布景的花样图案、琳琅满目的玩具，孩子们看书学习之余，还可以拿玩具嬉戏，缓解看书学习的压力，调节气氛。馆内布满绿色植物，孩子们可以把自己的心愿写成小卡片挂在枝叶，或者贴在许愿墙上。配合立体天窗带来的阳光，与室内色调一起，形成强烈的视觉冲击。这样一来，就为少儿读者和家长提供舒适、优雅和温馨的阅读空间。每当家长和少年儿童来学习和看书后，都会对该图书馆留下深刻的印象。

图 4　图书消毒机

图 5 室内阅读环境

最后,该图书馆为公众提供人性化服务。韩国政府提倡的"读书的社会"理念和"以人为核心"的情怀在道奉奇迹图书馆得到了落实。该图书馆为婴幼儿服务的各类设施相当完备并且非常人性化,设有专门的婴儿阅读室,并为年轻妈妈提供哺乳、换尿片的场所,为婴幼儿提供了小床,以方便婴幼儿阅读疲累时休息之用。为了满足亲子阅读或讲故事的需要,图书馆还专门设立了几间具有隔音功能的 story-room,每间一次可以容纳 8—10 人。在室内的一些角落,装饰了丰富且有意义的 3D 立体图书,方便儿童的阅读。

(三) 组织活动空间的交流性

图书馆学家吴建中认为,随着"无纸化"社会进程的加剧,图书馆提供纸质阅读的功能正逐步削弱,而提供知识共享、交流空间的能力日益明显,图书馆正成为人与信息、人与人之间交流的知识共享空间。可见,图书馆已不再是单纯读书的场所,而且是为公众提供交流信息的平台。道奉奇迹图书馆在少儿读书教育和学习方面举办了很多新颖和多彩的活动,这些活动不仅拓展了孩子们的视野,还丰富了少儿的知识积累,而且在参与社会实践上培养了少儿的动手动脑能力。具体活动有以下几方面:

首先,开展多样性主题活动(图 6 所示)。该图书馆成立了专门策划和组织读书活动的小组,小组经常举办读书故事的活动,以丰富儿童的学习生活。图书馆既可以与家长进行有效的沟通,也可以让儿童参与其中积极锻炼自己的实践能力。据调查了解,道奉奇迹图书馆不定期举办书画展、讲座等活动,让孩子们可以与作家在一起交流、参加区域性传统文化遗产活动、参观各大博物馆等,通过亲身体验让孩子们意识到书籍是他们的好朋友。此外,图书馆内还专门设有老年人读书组,开展老年读画册活动。此项活动不仅可以使老年读者进行自我完善,完善自我职业生涯,而且可以让老年人通过自身的再社会化学习,给孩子们讲故事,加强对儿童启蒙的教育。

图6　组织活动展览

其次，主张多文化家庭共享读书。随着经济和社会的发展，世界范围内的人口流动愈来愈频繁，跨国婚姻、留学、外来务工、商务人士等流动形式，使韩国社会形态发生了巨大的变化，由单一同质社会逐渐向文化多元化社会转变，从而出现了越来越多的多元文化家庭。多元文化家庭中的父母可能会几种语言，这样也造成了孩子语言能力相对复杂，学习母语的能力相对较弱。针对这种家庭，道奉奇迹图书馆创作了以叙述故事情节为主要内容的图书和DVD，并把它们翻译成英语和韩国语，以帮助和促进这些孩子的阅读和学习，让他们能够享受平等的学习待遇，从而增强公民的整体阅读素养。

最后，注重青少年参与读书活动（图7所示）。青少年是人类发育过程中的一个重要阶段，介于童年与成年之间，在此期间，智力水平发展迅猛，对问题的认识程度与概括能力也逐渐提高。青少年的兴趣爱好日益广泛，求知欲与好奇心强烈，富有理想，热爱生活，积极向上，乐于参加各种创造性活动。特别是对于竞争性、冒险性、趣味性和开创性的活动更是乐此不疲，探索心理一直伴随青少年的成长。但是青春期也是一个充满挑战和懵懂的年纪，青少年充满了矛盾心理。道奉奇迹图书馆综合考量了青少年的生理和心理特点以及他们学习的要求，举办和组织媒体或者通过其他传播媒介来开展读书活动，免费为青少年提供由青少年自己创作、宣传、发表的影像教育。这种影像教育的传播和宣传，促使青少年整体树立正确的人生观、价值观和世界观。

图7　青少年活动场所

三、空间体验在图书馆建设中的重要作用

道奉奇迹图书馆在空间体验环境建构上做出了很多努力，同样也获得了很多成效，深受广大市民的喜爱，尤其受到少年儿童的欢迎。孩子们在图书馆中享受快乐的读书时光，乐不思蜀。道奉奇迹图书馆在空间体验环境建设上所取得的成功经验，在韩国社会得到了大力推广，为韩国儿童图书馆的发展提供了平台，使韩国社会更加注重儿童图书馆教育，在空间体验上加大了投资力度，如在原先的图书馆中增设儿童室、改造儿童图书馆，并且国立中央图书馆也策划运营儿童青少年图书馆。由此可知空间体验在图书馆建设中的重要作用。

（一）空间体验符合图书馆人性化的管理理念

道奉奇迹图书馆在给儿童提供舒适阅读空间的同时还充分考虑到了家长们的读书需求，体现了该图书馆在建设管理中所秉承的人性化服务理念。首先，针对3周岁以下的儿童设置了专门的阅览室，且室内空间较大，以免幼小的儿童发生意外。其次，专门成立老年人阅读中心，目的是提升家长的阅读素养，使儿童们能在家庭的熏陶下健康成长。除此之外，为身患残疾的读者"开绿灯"，无论是楼梯还是卫生间都设有残障人士通道，保障他们的安全（图8所示）。中国一直以来倡导"以人为本"的理念，儿童图书馆作为公共图书馆的一种模式更应该率先发扬这种人文关怀的传统，在管理服务上注重人性化，发挥少儿图书馆的职能和作用，更好的服务读者。

图8 残障人士专用卫生间

（二）激发公民阅读兴趣

良好的图书馆空间体验环境是快乐阅读的安全屏障。创建舒适的阅读环境，对家长和儿童都是有益的。道奉奇迹图书馆旨在为全部的儿童提供具有吸引力和创造力的环境，既能提高儿童感知事物的兴趣和能力，也能帮助儿童在这样的环境中学会相处、增进友谊。最为重要的是，在有创造力的环境中，通过平等、活泼地阅读书籍孕育他们的梦想。该图书馆在室内设计、馆内装饰、书架陈列、环境卫生等方面都很重视，无论是家长还是儿童，都喜欢该图书馆所营造出来的读书氛围。在这种浓厚的读书气氛中，儿童们"深陷"其中，无法自拔，他们在玩耍、游戏和欢乐中读书，家长们也伴随着儿童的步伐，从而培养了公民的阅读兴趣。我们应当学习韩国政府所提倡的"读书社会化"理念，考虑少儿学习和成长需求，了解少儿心理愿望。特别是从阅读环境上，积极引进空间体验环境建设的

理念,并且采购具有趣味性的图书资源与深受儿童和家长欢迎的新网络媒体等现代技术设备,为公众提供优质舒适的图书馆阅览环境。

(三) 促进儿童启蒙教育的发展

奇迹图书馆的创建得益于"阅读起跑线"(Book start)计划①,韩国政府深受该计划的启发,借鉴英国阅读推广模式,引入了"阅读起跑线"计划。"start"一词意为大家一起起跑,没有贫富差距,具有社会主义理念,共同养育孩子。据调查显示,韩国每年有45万新生儿,最关键的时期是6~18个月,但是目前很多家长长期使用电子产品,忽视这一关键时期内对孩子身心健康的影响。因此韩国政府鼓励和建议父母在新生儿成长关键期去图书馆进行学习,以引导孩子对读书产生兴趣,防止读书文化面临危机。由此可见,"奇迹图书馆"不仅是社区的文化中心,还是儿童受教育并能被托管的基础环境,更是一个有梦幻的阅读空间。该图书馆所构建的空间体验环境促进了儿童启蒙教育的发展。对于中国的少儿图书馆建设,我们应当向韩国学习和借鉴可取之处,应当充分考虑到当前婴幼儿教育的关键阶段所需,利用好广泛的图书馆资源,为婴幼儿时期的家长提供有效便捷的服务和婴儿教育的学习资料,以便父母能够及时学习并掌握启蒙教育的方式和方法,从婴幼儿阶段就开始培养孩子的感知事物、认知事物以及语言表达能力。

人是空间实践的主体,同样也是空间体验的主体。德·舒尔茨说过,"星巴克出售的不是咖啡,而是对于咖啡的体验",可知体验在今天的重要地位。的确,随着社会的进步,物质文明的高度发展,人们的消费观念由"量"的消费到"质"的消费,进而转为"体验"消费。通过对韩国道奉奇迹图书馆的考察,我们可以了解到空间体验在图书馆建设中具有重要性。二者具有相辅相成的关系,空间体验不仅符合图书馆人性化的管理理念、激发公民阅读兴趣的培养、还可以促进儿童启蒙教育的发展。他山之石,可以攻玉,笔者以民族学的视角对韩国道奉奇迹图书馆空间体验环境构建进行了描述,阐释了空间体验在图书馆建设中的重要性。希望我国少儿图书馆能够借鉴韩国的成功经验,在我国图书馆的发展建设中融入空间体验的理念,探索并创新中国儿童图书馆的发展道路,更好的服务读者。

参考文献

[1] 何光沪主编. 蒂里希选集 [M]. 上海:上海三联书店,1999.
[2] 谢纳. 空间生产与文化表征:空间转向视阈中的文学研究 [M]. 北京:中国人民大学出版社,2010.
[3] 爱德华·索亚. 后大都市:城市和区域的批判性研究 [M]. 上海:上海教育出版社,2006.

---

① Book start 计划起源于英国,它是世界上第一个专为学龄前儿童提供阅读指导服务的全球性计划,该计划以让每一个英国儿童都能够在早期阅读中受益,并享受阅读的乐趣为基本原则,培养他们对阅读的终身爱好。目前,参加该计划的国家包括:英国(发起国)、日本、韩国、泰国、澳大利亚、美国、智利、意大利、墨西哥、波兰、南非和印度。

[4] 鲍勒诺夫. 生活空间 [G] // 经典美学文选：现代性的审美精神. 刘小枫主编. 上海：学林出版社，1997.
[5] H. Lefebvre. *The Production of Space* [M]. Oxford：Blackwell Press，1991.
[6] 郎杰斌. 空间体验——图书馆的核心价值之一 [J]. 大学图书馆学报，2013（31）.
[7] 潘拥军. 韩国公共图书馆见闻 [J]. 河南图书馆学刊，2012（2）.
[8] 李蕊，赵俊玲. 韩国社会阅读推广的主要政策和模式 [J]. 襄阳职业技术学院学报，2014（4）.

少数民族地区古村寨保护研究

——以青海省互助县张家村为例

叶妙春　　中央民族大学

一、田野点概况

张家村位于青海省互助县红崖子沟乡,西靠唐乎丹山、东临红崖子沟河,地理位置优越。村庄依山而建,整体地势南高北低、西高东低,呈南北向组团分布,且南北部边缘地区多为农田。张家村东邻老幼村,西为西山村,南为蔡家村,南距白马寺 13 公里,北距佑宁寺 20 公里①。

张家村位于红崖子沟乡乡政府北 3 公里处,居住农户约 143 户,人口 636 人,张姓村民占全村人口的 99%。村中建筑形制分为传统土木结构和现代砖木结构,并以前者居多。南北向的平大公路紧邻红崖子沟河东侧,经过约 3.5 米宽的张经大桥与 4 米宽的张家村主道,便可进入张家村。②主道尽头分为两个岔路,向北通往张家村四社,向西通往红崖子沟乡西山村至哈拉直沟乡,向南通往张家村一社,最远至红崖子沟乡蔡家村,这条道路成为连接张家村与外部的唯一通道。该村农户主要从事种植业和养殖业,农业生产种植小麦、油菜、马铃薯等,养殖猪、鸡、骡、羊等。该地区主要植物为杨树、柳树、沙棘、赖草等,野生动物有野鸡、野兔、山鸡、鼠等。

张家村共有四个社区组织,从南至北依次排列。北部的三、四社为村子的中心地段,张经寺、龙王庙、奔康等传统建筑都位于该地区。据当地村民介绍,2002 年正月初七,村子西部的唐乎丹山发生了山体滑坡事件,2003 年,受灾群众集体迁往村子以南一公里,形成了现在的张家村新村,也就是现在一、二社所在地。山体滑坡事件虽导致了巨大损失,但庆幸的是,整个山体在向东移动近 50 米后,山土最终被一座红色山丘挡住,没有使整个村庄被吞没,也就保护了张家村原有的土族建筑风貌,这为后期的古村寨保护和改造奠定了基础。

为了改造山体滑坡后的村民生产环境,也为了防止此类情况的再次发生,2002 年张家村编制了村庄建设规划,包括对传统民居聚集区进行大面积的拆除新建、于村庄南侧进行

---

① 青海省红崖子沟村乡政府.青海省互助县红崖子沟乡张家村传统村落保护发展规划［R］.2016:27.
② 摘自《青海省互助县红崖子沟乡张家村村委会文件》。

成片居住区的集中建设等举措，但这种蛮干式的做法使原有的传统村落肌理遭到严重破坏。而从2012年开始，依照《国家古村寨保护计划》和《一三五促进民族地区人口较少少数民族发展规划的通知》，互助县政府及红崖子乡政府对张家村这一具有少数民族特色的土族村庄进行了二次规划，从而将保护传统村落格局与肌理作为规划的主要内容。

二、村庄空间布局的基本构成

依山而建、临水而居是张家村空间格局的主要特征。张家村西靠巍峨的山麓，东面红崖子沟河，村庄内有宽阔的农田，形成依山、临水、抱田的传统村落布局形式和"水、田、村、山"的自然空间格局，其空间主要由院落、寺庙、开敞空间及巷道四种要素所构成。

（一）院落

庄廓是张家村院落的基本单元，民居建筑之间彼此贴临，形成连续有机的村落肌理。庄廓延续了土族村庄原有的建筑风格，张家村三社、四社即老村，几乎每家每户都连在一起，通过房屋的顶部几乎可以走遍整个老村。土族传统民居庄廓，是青海特有最古老、最典型的民居建筑，它承载着丰富的地域文化与营建智慧。庄廓是当地汉、回、土、藏等民族共有的建筑形式，但受民族文化及宗教传统的影响，不同少数民族的庄廓都有本民族的特色。土族庄廓的一个显著特点是居所为合院式布局，每户都有一所独立的庄廓院，一般占地半亩左右。庭院四周为四五米高的土墙，四个墙角的顶部各置一颗白石头，表示安神和避邪。土族善于筑墙，庭院围墙都比较高，而且墙面光滑整齐，围墙筑成后，再用白土草糠和泥抹光。泥和土墙是土族民居的一大特色。土族传统民居的墙壁用土夯成，黄土夹杂麦草泥抹墙。土族以墙壁光滑程度来判断家境的好坏，因而有"汉人有钱盖房，土人有钱抹墙"的俗谚。

院落平面布局分为为一合院、二合院、三合院不等，有条件的家庭也有四合院，但是现在一般都是一合院，多合院也会由于分家等问题而分成几户，户与户之间的通道也被阻隔了。土族庄廓院的选址原则是优先选择依山傍水、坐北朝南的有利地形，院落布局一般坐北向南，也有坐东向西。庭院中央一般都立一根嘛呢旗杆并带有经幡，门顶上也立一根较低的嘛呢旗杆，反映出浓厚的宗教色彩。每户庭院中央设"中宫"，形状为一座四方宝瓶台，其地下埋有宝瓶，上面靠主房的方向设一尊煨桑炉，每逢初一、初八、十五的清晨都要煨桑敬佛，烟雾缭绕，满院飘香。受宗教信仰的影响，大门一般朝向神山或寺庙的方向。张家村的村民大多信仰藏传佛教，因而庄廓的内部结构和外部环境较多受到宗教信仰的影响。

土族庄廓为泥筑院墙，外观质朴，但大门及房屋檐口却装饰精美丰富。正房安装四扇格子门、摘窗、窗下砌砖槛墙。前檐木雕装修精美，内容有牡丹富贵、寿山福海、八仙等；偏房窗户也有多种图案，如步步锦、八卦套等，很有地域特色。在正房内，经堂是不可缺少的空间，正方进门都是一个经堂。卧室以土炕取暖，土炕面积取决于家里人口的多少。青海气候干燥，木材不易腐蚀，一般装饰木料不刷彩色油漆，而是以木材本色为主，在其表面涂以清漆，体现出土族质朴大方的建筑装饰特点。

传统土族庄廓民居是土木建筑，采用土坯、土夯等材料作为建筑的基本结构，屋顶采用木料和草泥组成，墙体厚实且上窄下宽，民居整体外观古朴敦厚。土木建材具有保温、隔热、冬暖夏凉的生态特性，同时就地取材、经济实用，因而成为青海东部旱作农业地区居民广泛采用的建筑材料。经过长期的发展演变，加上当地匠人的娴熟技艺，最大程度地发挥了泥土材料生态特性，并与木材、石材等进行了有机结合，产生了诸如土木结构、土石结构的营造技艺，其中也蕴含着有效利用地区建筑资源、节能、减少污染等方面的建筑智慧。建筑工人大多都来自本地，其中不乏有一个村的人相互帮助建造房屋的情况。虽然泥土材料的抗弯、抗折强度较低，致使泥土建筑在抗震能力方面存在着先天性不足，但有一些泥土建筑经历了几百年的风雨侵蚀和地震摇撼，依然完好无损。这种情况说明，只要设计合理、构造措施得当，泥土结构一样能够满足抗震要求。

古村寨的保护政策方针在传统民居的保护中起着非常重要的作用。为了保留土族传统文化和传统建筑艺术，发掘和整理优秀的泥土建筑和符合生态环境良性循环的土族村落，改造与更新传统的土族村落，发展地域文化精华，古村寨保护政策方针应承担相应的责任，并在少数民族村庄的发展与保护方面扮演着相当重要的角色。

（二）寺庙

龙王庙和张经寺是张家村的宗教中心，也是整个区域的核心。张经寺、龙王庙真实记录了在社会经济发展影响下宗教场所承载的社会责任，进而表达出宗教建筑对民族建筑艺术、传统宗教信仰和少数民族文化的影响，具有很高的保护、研究和利用价值，这些宗教建筑也是张家村可持续发展的精神基础。

1. 张经寺：清代，省级文物保护单位，位于张家村二社中心。东为龙王庙，西为农田，南为村民张长命宝家的宅院，北为张世连家的宅院。寺庙由大殿、山门、围墙组成，大殿坐西朝东，面阔三间，正脊砖雕花卉，筒板瓦顶，五架梁，回廊式建筑，四周有18根檐柱，檐柱为藏式装饰风格，在柱顶雕狮、象、花卉、八卦等吉祥图案。外檐斗拱，回廊有斗拱14朵，角科斗拱4朵，雀替雕龙、凤、花卉图案，柱高1.95米，山门进深三间，大门为双扇板门。

2. 龙王庙：清代，位于张家村二社的庙台上。东为断崖，崖下为农田，西为村中道路，南为村民张仁欠家的宅院，北为村巷。始建于清道光七年（1827年），清同治年间被焚毁后重建。院落式布局，由照壁、山门、龙王殿、北偏房组成。院落东西长24.5米，南北宽21米。山门为硬山顶，五架梁，两坡灰色布瓦覆盖，进深三间，于2007年进行维修。龙王殿为硬山顶，正脊无吻兽，有戗脊兽，七架梁，进深三间，山墙处有壁画，由于"文化大革命"受到了严重的破坏，现只保留了东面墙上的悬空雕刻式壁画。

3. 章嘉活佛遗址及确士典（佛塔）：民国，位于张家村东三社和四社中间，为纪念藏传佛教格鲁派（黄教）转世活佛——一世章嘉活佛，在其出生地修建佛塔以示纪念，其后修建了章嘉活佛遗址建大殿一间。

（三）开敞空间

即打麦场等公共空间，既是收获季节的劳动场所，也是村民相聚、聊天及进行各种娱乐活动的场所。主要的开敞空间环绕寺院而建：因佛教在张家村村民生活中具有举足轻重的地位，故民居以寺庙为中心分布，村庄主路以寺庙为中心延伸至两个居住区块，广场打麦场等建筑依次而建。由于寺庙的神圣地位，民居大都与其保持一定的距离，南北两侧的民居与寺庙组团形成"聚集——开敞——聚集"的完整格局和"山体——民居——寺庙——民居——水系"的"依山环水"的空间格局。在新农村建设中建成的两个民俗文化广场，既是村民娱乐活动和日常大型集会的重要场所，也是村民日常的休憩之地。

（四）巷道

不同于现代城市的宽阔道路，张家村的街巷蜿蜒曲折，所形成的空间处处给人以亲切、舒适的感觉，大到街巷的宽度、沿街建筑的高度，小到建筑里面构件的细节，都体现着人是街巷的主要使用者，映射出了人们的生活方式。

张家村街巷多为东西大道，纵横交错，形成六大巷道的格局。巷道的空间一般都比较小，甚至无法容纳一辆小轿车通过。街巷原样保持旧时土族巷道的形象，形成了四通八达的陆路体系以及蜿蜒曲折的水路体系。两条体系连接着农田林地，使得不同的空间形态与生活场景相结合，形成了丰富的传统村落生活形态画面。

在张家村的空间格局中，狭窄的街巷与蜿蜒曲折的水系，以及穿插在其中的古树，组成了张家村独具特色的街巷环境。结合传统生活方式所形成的街巷空间节点，如古树、历史古宅等，构成了街巷空间中组织公共活动的空间，它们也是街巷和住宅进行空间转换的重要标志。在这里，人们可以休憩交往、进行信息的传达，生活的事件就在这些空间中发生，这些事件也丰富了空间的文化内涵，巷道因此成为传统村落社会网络和生活网络得以留存的凝结点。

由以上四种要素构成的张家村内部空间格局，勾勒出了一幅将宗教场所、民居、巷道和公共场所完美结合的画面，坡下小河流水，坡上鸡鸭成群，一幅美丽的农村生活画卷就这样展现在世人面前。

三、保护措施

根据建筑环境现状和文化发展路径，笔者认为，对建设控制地带内的建筑保护与更新的主要措施有保护、改善、保留、整治和拆除五种方式。

(一) 保护

保护对象主要是针对张经寺、龙王庙和章嘉活佛遗址等宗教建筑。保护方式包括日常保养、防护加固、现状修整、重点修复等。由于祭祀、烧香等宗教活动的进行可能对建筑的防火安全存在一定的隐患，因而对宗教建筑的更新需进行重点防火保护，包括配备防火设施、维护修缮时换用防火材料等。对于宗教场所的承重梁、屋顶等年久失修的部分，应进行大面积的更换，寺院内专门的防火设施也需配有专人看管。

(二) 改善

对于有一定保存价值、传统风貌较好，但建筑质量较差、平面使用不合理的传统建筑，允许其内部进行修缮改造，以提高居住条件、保障外部修缮复原。针对张世文、张宗宝、张召音等八户民居，采用保护原有建筑结构不变、局部修缮改造的保护方式，这也是古村寨保护计划中的重头戏。对于这类建筑，必须按照其原有特征、使用相同材料进行修复，做到修旧如旧，做好详尽的修缮纪录，最大限度地保持建筑原有的风貌；对于原有构件存在的不安全因素，允许其调整结构，包括增添、更换少量构件，改善受力状况等。凡是有利于古建筑保护的技术和材料均可采用，但具有特殊价值的传统工艺和材料必须保留。修缮加建、改建、构件更换部分都可以去掉，最大限度地保留原有建筑本体。建筑内部可加以改造，以改善生活环境，提高居民的生活质量。但任何改造措施都必须通过有关部门的审批，并不得改变建筑外观和院落格局。

具体的修缮方式有：对张世文、张宗宝、张召音等八户传统民居进行保护性修缮，对房屋内已损坏或年久失修的房梁、檩条、柱子等进行更换，地基下沉的要进行拆除，加高地基垫层后重新恢复原有的房屋。同时平整院落，用石条铺设台阶，庭院中心修建煨藏台，院内采用石板或石子铺设。

目前，八户民居已改造完成，改造后的院落较好地保持了土族建筑原有的风貌，古村寨保护的推广措施在村民中产生了良好的反响。

(三) 保留

对质量较好、风貌与街巷整体环境协调的现代建筑，予以合理保留。这类建筑一般在体量上与传统建筑区别不大，但是由于其建筑材料、色彩、形式等与街巷整体风貌不协调（如建筑立面采用现代瓷砖、构件过于现代等），需要通过如更换建筑构件、采用仿古建筑材料等方法，使这些建筑符合整个保护区的风貌要求。具体措施是通过采用仿古或者做旧的建筑材料去替换原有建筑材料，在已经建成的砖墙、水泥墙上进行二次改造，再用白土草糠和泥抹光，使之与传统建筑风貌相一致。

(四) 整治

对于一些建筑质量尚好、但与历史风貌不相协调、又难以马上拆除的建筑暂时保留，将其外观加以整修改造。这部分建筑大多是居民近年自行翻建或历史文化元素较少的民居，其尺度符合传统建筑的要求，但由于在建筑的材料、色彩、形式等方面与传统建筑不协调，需要加以修整。具体措施如更换建筑构件、整饰立面等，采用传统的建筑材料和技艺，力求原汁原味地恢复其传统风貌。

（五）拆除

对传统风貌影响较大、建筑质量极差或临时搭建的建筑，采取拆除后建绿地和公共空间的措施。

从乡政府和村委会提供的数据可以看出，政府的改造计划也是按照上述五个方向进行的，例如对一些公共场所的改造，其目的就是为了保护原有的村落面貌和文化。而这四种方式正好对村落保护起了决定性的作用。

四、后期发展规划

（一）改良土壤，种植业与养殖业相互扶持

由于耕地比较贫瘠，种植作物收成较低，张家村绝大多数年轻人选择出门打工赚钱。面对这类情况，村委会应该对耕地进行土壤施肥改良，发展养殖业、加工业，将传统的种植业和养殖业相结合，坚持多种产业共同发展，从而既可以提高村民收入，又可以保护周边环境不受污染。

（二）发展旅游产业

张家村旅游资源丰富，村内不但保留了完整的传统村落格局、历史建筑和宗教建筑等，还具有浓郁的民族风情和宗教气息。村委会为发展旅游业制定了一系列规划，包括加强传统村落格局以及传统古建筑的保护力度，修建农家乐、商业中心以及停车场等旅游基础设施，规划旅游线路，开发旅游产品，旨在将旅游产业打造成为张家村的新兴产业。

据笔者调查，近年来张家村无新增宅院，未来新增宅院概率较低；村内有部分闲置宅院，可以被未来旅游建设利用。为便于旅游集散和宣传传统文化，在村委会附近修建停车场和健身文化广场，广场形式按照古村寨保护相关要求修建，使其风貌与传统村落总体风貌格局相一致。同时拟在文化广场建立土族传统文化相关的雕塑景观，以突出张家村的传统村落主题。

结　　语

古村寨的保护和改造使张家村的人居环境得到明显改善，村落的水、电、路等基础设施基本完善，村委会积极引导村民开展传统建筑节能改造和功能提升，改善居住条件，提

高人居环境品质。同时，张家村积极发展旅游业等第三产业，形成村落的特色产业；村民人均收入稳步增长，生活质量不断提高，民生状况进一步改善，自我发展能力进一步增强，形成保护与发展的良性循环。

张家村古村寨保护的相关举措也促进了少数民族物质文化遗产和非物质文化遗产的保护。古村寨保护政策着眼整个土族文化区，准确把握张家村与周边村镇及自然环境的关系，以与周边环境和谐为原则制定发展策略，有效地保护了张家村的传统村落资源。又立足张家村聚落空间，结合周边环境，准确把握村落空间肌理，明确平面布局特色，梳理街巷网络系统，完整地保护和延续了土族的生活氛围。对极具历史文化价值的特色建筑、历史景点进行重点保护和修缮，并对周边建筑空间及景观环境进行控制。

在古村寨保护计划中，张家村的基础建设和传资资源得到了有效保护与传承。这一计划最大限度地保障了村落自然环境和整体格局风貌，使传统建筑、历史环境等要素得到可持续发展，传统文化得到有效保护与传承，村落的地域、民族、文化特色得到彰显。在这一计划中，当地政府大力扶持的少数民族村寨旅游被涵盖在内，这一举措也能进一步保护众多的历史文化遗存。张家村历史悠久，自元代就开始建设村落并逐渐形成聚居模式，经过几百年的发展，张家村仍旧保持着传统土族村落的格局。其保留的明清时期古民居，体现了土族传统院落风貌格局，成为少数民族建筑艺术中土族庭院建筑体系独具特色的组成部分，体现出一个传统村落独特的艺术魅力以及艺术价值。而少数民族古村寨保护计划在很大意义上支持了张家村旅游业的发展，这一计划将土族文化推向社会，从而彰显了少数民族文化的价值和意义。

通过此次张家村之行，笔者有很深的感悟：少数民族文化的保护和传承需要我们的共同努力，国家的相关政策和法规在很大程度上保护了少数民族的传统文化。张家村由于特殊的历史事件保留了原有的建筑文化，也让我们能够在经济和环境高速发展的今天感受到传统所带来的心灵冲击。当你置身于泥墙土瓦，看到土族人民用汗水雕琢出来的房屋，你会想要了解这个民族的文化和历史。建筑并不仅仅是用来居住的，也是文化聚集和继承发扬的地方，是一代代文化和历史在民居中的积淀。曾几何时，许多地区已经被高楼大厦所覆盖，许多人已经说不上自己的家乡在哪里。只有大力促进古村寨的保护，我们才能始终铭记自己的家在哪里，自己的根在哪里……

参考文献

[1] 青海省红崖子沟村乡镇府. 青海省互助县红崖子沟乡张家村传统村落保护发展规划 [R]. 2016.

[2] 国务院文件. 国务院关于印发"一三五"促进民族地区人口较少少数民族发展规划的通知 [R]. 2013.

[3] 季诚迁. 古村落非物质文化遗产保护研究 [D]. 北京：中央民族大学，2011.

[4] 何梅青，胡凡. 民族村寨传统文化利用与保护预警系统研究——以青海省互助县小庄村为例 [J]. 西华大学学报（哲学社会科学版），2018（37）.

[5] 刘娟. 湘西地区少数民族特色村寨传统体育的传承与保护研究——以矮寨镇为例 [J]. 戏剧之家，

2015（17）．

［6］潘昭宇．云南省澜沧县景迈古村寨景观形态研究［D］．重庆：西南大学，2013．

［7］刘志宏，李钟国．新型城镇化中的广西民族古村寨保护与发展对策研究［J］．中外建筑，2015（12）．

［8］吴缘缘，欧阳丽．贵州民族古村寨的保护与发展探索［J］．山西建筑，2016（42）．

［9］张凯．安顺屯堡文化区城镇体系发展策略研究［D］．武汉：华中科技大学，2010．

［10］姚伟钧，霍晓丽．文化产业视阈下民族旅游文化产业的发展——以湘西捞车古村寨为例［J］．中国海洋大学学报（社会科学版），2015（1）．

重庆民族地区民间戏剧及其艺术价值探析

袁娅琴　中央民族大学
徐伟广　长江师范学院

因重庆少数民族的发展历史和重庆民族地区特殊的地理区位，民间戏剧受少数民族文化与多元文化汇融的影响，多与繁复神秘的"傩祭"活动紧密结合，历经萌芽、发展、鼎盛、衰退四个阶段。表演实践和传承状况表明，重庆民族地区的民间戏剧在角色分工上较为细致，生、旦、净、丑等逐渐出现，基本具备中国传统戏剧的特征。

一、民族地区民间戏剧的文化生态独特

文化生态是指人类文化行为与其所处的自然环境相互作用的关系，也包括生命圈中不同文化相互作用的关系[1]。通过考察和研究，重庆民族地区的民间戏剧与当地复杂的自然环境和人文环境有关，根植于不同民族的原始宗教信仰，来源于质朴多样的民俗活动，是多元文化汇融的产物。

（一）独特的自然环境

自然环境是人类生活及社会发展的物质基础，是不同民族社会经济文化发展及民风民俗形成发展的重要前提，重庆民族地区民间戏剧的形成与发展离不开其特定的自然环境。

重庆民族地区地处四川盆地东南部大娄山系和武陵山系交汇的盆缘山地，多溶洞与暗流，具有较为典型的喀斯特地貌。长江支流乌江和酉水等水系流经该地区，山势陡峭，江河溪流湍急。该地区生态环境脆弱，人们可耕作的土地资源有限，传统的农业生产并不发达，致使生存艰难。大自然的险恶及人们的曲折命运和生计艰难使得世代人民敬畏自然、崇信巫鬼，通过傩祭傩仪来祈求神灵庇佑，祈求大自然的风调雨顺和人民的平安富贵。

（二）复杂的人文环境

重庆民族地区地处渝鄂湘黔诸省市交界连接之地，是武陵民族走廊的重要组成部分，不同民族汇聚演变带来的多元文化借采现象突出，构成了该地区民间戏剧的复杂人文环境。

重庆民族地区的民族发展历史悠久复杂

重庆人文底蕴深厚，考古发现的"巫山人"证明了200多万年前在巫巴山地有人类活

动,"巫山十巫"或为巴人的先民。源出武落钟离山的巴人沿着长江、清江和乌江上下流徙,以廪君为首的白虎巴人利用巫溪大宁和彭水郁山等地的盐业资源而发展壮大。秦汉至唐宋,巴楚遗裔向武陵山区退守,文献所载"武陵蛮""五溪蛮""涪陵蛮""酉阳蛮"的历史遗迹表明,重庆民族地区成为濮、獠、蛮、越等民族迁居汇聚之地。自宋元至民国,重庆民族地区成为汉族、土家族和苗族等民族的生息繁衍之地,被整合到中华民族"多元一体"的结构之中,不同民族文化因国家权力渗延和民族交流深入而相互借采,形成独特的地域文化。随着文化的不断演变,民间戏剧从酬神还愿为主逐步转向娱人纳吉为主。

重庆民族地区的多元文化汇融,借采悠久深入

重庆民族地区日渐成为汉族、土家族与苗族等不同民族聚居之地,巴、蜀及楚等文化及中原文化等不断在此汇聚、交流。受民族历史传统、社会条件、自然环境的影响,人们逐渐形成有自己特色的民族文化。重庆土家族、苗族等民族多崇拜天地神灵,"自然崇拜""图腾崇拜""鬼灵崇拜"等对人们的生活极具影响,巫傩文化气息浓烈。人们的宇宙观念、思维方式、道德伦理和宗教信仰等,构成了影响民间戏剧形成、发展的人文环境。

重庆民族地区的社会环境持久动荡

由于地势险要,重庆民族地区成为势弱民众退守和国家权力不断渗延及强势民族争夺之域。早在春秋战国时期,巴人就有尚武的民族传统,为生存而不断战斗。秦汉至唐宋,重庆民族地区的"武陵蛮""五溪蛮"不断被国家权力整合为统一的政治共同体,土家族、苗族及其先民因"赶苗拓业"等事件而不时与封建官府、地方势力发生冲突。近代以来,重庆民族地区被卷入革命的洪流,贺龙等老一辈革命家率领各族儿女为华夏民族的独立解放而流血战斗。社会的持续动荡使得重庆民族地区的生计更加艰难,生命更加脆弱,财产更易流失。重庆民族地区民间戏剧就是独特民俗的表征形式,具有传承生产知识、生活经验,进行道德教化和娱乐享受等多重功能。

二、民间戏剧分布地域广泛而剧种多样

重庆民族地区具有深厚的人文历史底蕴,民族文化积淀深厚,地域文化独特,民间歌舞类型多样,成为民间戏剧的艺术源泉。该地区的民间戏剧主要有石柱的土戏,彭水、秀山、黔江的傩戏,黔江的后河戏,酉阳、秀山的阳戏以及秀山的花灯戏。

(一) 土戏

土戏是重庆石柱具有地方性特色的民间小戏。明清时期,"土巴族"因"赶蛮夺业"而被迫进入重庆石柱的沙子、中益一带封闭狭小的地区,民众将民族历史、神话传说、民间故事等与当地的锣鼓伴奏、民歌唱腔及民间舞蹈相融合,形成独在石柱一地流传的土戏。

石柱土戏的名称来源有两种说法:一是谭姓演出者认为自己系土巴族人,亦将其表演

的戏剧称为土戏；二是付姓演出者认为石柱沙子以外的戏都为"洋戏"，自己演出的是"土生土长"的戏剧，所以称其为土戏。

石柱土戏因用意不同而分为阴戏和阳戏两部分。前台有歌无表演，或配以木偶表演称之为阴戏，主要意旨是表达酬神还愿；前台有演员歌唱，并伴以舞蹈动作称之为阳戏，主要是意旨纳吉娱乐。[2]根据表演目的，石柱土戏分为还愿戏与喜庆戏等类别。用于还愿的石柱土戏表演有固定的程序，如引牲、请神、发帖等十八折，逐一演出而较为完整。石柱土戏敬奉的神灵为川主、土主、药王，表演时设有供桌，舞台上方挂有"三圣"画像。用于志庆的石柱土戏没有固定的程序与供桌，演出气氛轻松随意。

（二）傩戏

傩戏是重庆民族地区分布最为广泛的民间戏剧之一，主要分布在黔江、彭水、秀山等地区。傩起源于原始社会的图腾崇拜，显示了我国先民最早的宗教意识，与巫觋活动有着密切联系。《周礼》载："方相氏掌蒙熊皮，黄金四目，玄衣朱裳，执戈扬盾，帅百隶而时难①，以索室驱疫。"[3]《事物纪原》载："周官岁终，命方相氏率百隶，索室驱疫以逐之，则驱傩之始也。"[4]中国傩祭历史悠久，巫傩之俗与民间戏曲歌舞相融合形成了原始古朴的傩戏，因其主要在堂屋表演而被称为傩堂戏，因其设坛酬神还愿，故又称傩坛戏和傩愿戏，因而有中国戏剧"活化石"之称。

中国傩戏分布较广，土家族、苗族、汉族、仡佬族和侗族等民族及其先民保留了表演傩戏酬神还愿的传统。渝、湘、黔、鄂交界武陵山区地区是我国巫卜活动最为活跃的地方之一，重庆土家族和苗族等主要聚居的秀山、黔江、彭水等地深处其间，保留着较为浓厚的巫觋文化，繁复多样的傩祭傩仪与各地方言和民间歌舞日渐融合，形成各具特色的傩戏。

黔江傩戏

黔江傩戏又叫"傩堂戏""傩愿戏""阳戏"等，敬奉的神灵主要是傩公、傩母。在黔江傩戏中，戏班掌坛者被称为"老师"或"老司"，因民族差别而有土家族称"土老师"、苗族称"苗老师"的区别，是集编剧、导演、主演、剧务等为一身的民间艺人。随着黔江不同民族世代相处、和谐共生，民族文化互相交流融合，傩戏表演的民族差别日渐淡化。黔江傩戏的表演具有"泥土气息"，艺人皆为来自乡村的农民。每遇农闲，人们便聚集起来，表演傩戏以酬神还愿、纳吉娱人。在表演过程中，艺人经常根据场景加词、添词，艺人表演忘词，耳濡目染的观众还会提醒一段。黔江傩戏一方面表达出"重在参与"的豁达精神，另一方面体现了极强的随意性。

秀山傩戏

秀山傩戏又叫"傩舞""鬼戏""傩愿戏"，由于艺人表演时用稻草包头、茅草护脸等，而被人视为"鬼脸戏"。秀山傩戏的角色分工较为明显，为首者是正直善良的正神，

---

① 难：通"傩"，驱除疫鬼。

其后跟随的是神态可亲的引兵土地、端庄美丽的先锋小姐、纯朴忠厚的消灾和尚和凶恶威严的祭祀人群。演出时，秀山傩戏有开坛、开洞、闭坛等程序，表达请神还愿的目的及对众多神灵的敬畏。秀山傩戏具有强烈的表演性，"上刀山""下火海"等表演惊险万分，动人心魄。

彭水傩戏

重庆彭水是傩戏流传的重要地区之一，彭水木腊庄的傩戏也是颇具原始质朴特色的戏曲样式。据调查，彭水木腊庄傩戏源于原始的巫教活动，发展于汉代，兴盛于明清时期，是独特自然人文环境的产物。彭水大垭木蜡庄位于重庆彭水、武隆和贵州务川、道真四县交界处，因地处偏远而环境闭塞，与世隔绝的人文时空使人们敬畏鬼神先祖，结合当地民族民间歌舞，逐渐形成敬奉始祖李老根（老君）的原始傩戏。

彭水木腊庄傩戏的主体部分是为活人（主要为老人和小孩）和亡人（凶死之人）做道场法事，表演有严格的程序，从起锣开火到祭兵仪式，顺序不可更改。彭水木腊庄傩戏还根据主家要求，表演"上刀山""破狱""下油锅"等傩仪傩技，借以达到驱鬼逐疫的目的。完整表演一般需要三天时间：首先是"正坛"，包括摆坛、请神、开洞、洗尘等环节；其次是人物角色出场；最后是正式演戏。傩戏表演需要11—12人，演出规模较大。为传承续递，彭水木腊庄傩戏每代的掌坛师都有一个学习的过程，学业期满坐桥时，掌坛师由师父赐法名，现有法号字派"妙、法、玄、真、宝、应、道、普、贤、通"十辈。

（三）后河戏

黔江后河戏是对重庆黔江以濯水古镇为中心，辐射至两河镇、冯家镇、马喇镇、蓬东乡、金洞乡等地戏剧的专称，既有南戏"三箱一桶七场面"的基本特征，又有别于南戏具有"半台锣鼓半台戏"的特征。[5]

黔江濯水后河戏的名称也有两种说法：一种说法是当地人认为阿蓬江系乌江支流，是乌江的后河，所以将这种地方戏剧称为"后河戏"；另一说法是因为流经濯水的河流名叫"蒲花后河"，众多"降神师傅"是后河人，所以将其表演的戏剧称为"后河戏"。清朝同治年间，一个名叫"玉字班"的湖北南戏剧团来到黔江濯水镇，南戏经长达一年的演出而在民间传唱开来。南戏深受当地玩友的喜爱，当地玩友经过南戏师傅的传授进行随性演绎，并融合当地的民族文化，独特的黔江后河戏开始孕育。在玩友学习其他戏剧及完善自身戏剧的过程中，不同于湖北南剧和汉剧的濯水后河戏得以发展成熟。

（四）阳戏

阳戏是我国一种流传较广的民间戏剧，在重庆民族地区主要分布于酉阳和秀山，以敬奉川主、土主及药王"三圣"为标志，以明显区别于酬神纳吉的傩戏。

关于阳戏来源有三种说法：第一种认为是种阳春的人（种田人）演的戏，艺人大多是农民，并且演出场地主要为农村，所以称之为"阳戏"；第二种说法是因为傩戏与阳戏同班演出，傩戏主要是为祭祀而演，故称"阴戏"，阳戏虽有还傩愿的酬神演出，但主要是在庭前扎台唱戏，主要是娱人而演，故称之为"阳戏"；第三种说法是民间将傩戏分为阴戏和阳戏，表演以酬神和驱邪为主的称为"阴戏"，以纳吉和娱人为主的称为"阳戏"。[6]阳戏分为内坛和外坛：内坛主法事，有二十四戏，主要进行请神、酬神及送神仪式；外坛主唱戏，亦有二十四戏，主要演出赐福、贺寿、婚娶、送子及逗乐等内容。早先阳戏表演需要佩戴面具。现代以来，除个别地方仍戴面具演出外，大部分阳戏为涂面化装表演，即为开脸阳戏。在重庆民族地区，酉阳阳戏是前者的代表，秀山阳戏属后者的代表。

酉阳阳戏

酉阳阳戏是当地民众为酬神娱己而扮演的地方戏剧，源于驱鬼逐疫的傩愿戏。《酉阳县志》记载："阳戏：又名脸壳戏，因演出时，演员依不同身份而戴上各种形式的木质脸壳，故名。这是酉阳地区土生土长的剧种，源于傩愿戏派生而来"。[7]相对其他地区脸面化妆演出，酉阳阳戏仍然坚持以面具来明确演出者所饰身份，保留有较齐全的面具，具有更为古朴的韵味。

《酉阳直隶州总志·风俗志》"祈禳"云："案州属多男巫，其女巫则谓之师娘子。凡咒舞求佑，只用男巫一二人或三四人。病愈还愿谓之阳戏，则多至十余人，生旦净丑、袍帽冠服无所不具，伪饰女旦亦居然梨园弟子，以色媚人者，盖巫风转为淫风"[8]，表明酉阳阳戏的服饰配置齐全、角色行当分工细致，演出具有较高的艺术水平。

秀山阳戏

秀山阳戏是重庆秀山除花灯戏、傩戏的另一特色地方戏剧，其形成发展与秀山是渝东南对外的直接门户、文化交流频繁深入有关。

秀山阳戏是集民间歌舞说唱于一体的表演艺术，初时在清嘉庆年间传入秀山溜沙，受荆河戏、汉戏、辰河戏及花灯戏的影响，逐渐形成有简单剧情的"采茶戏"。至道光年间，秀山阳戏逐渐发展为"二小阳戏"，成为有小丑、小旦角色的地方小戏。在咸丰、同治年间，"二小阳戏"进一步演化为"三小阳戏"，具有小旦、小生、小丑三种角色行当，表演水平大大提高，艺术程式逐渐复杂化，故事性和戏剧性进一步加强，剧目也不断丰富。至光绪年间，部分剧目已具有三生、三旦、一丑、一净八种角色，秀山阳戏逐渐成熟。

秀山阳戏表演一般是化妆演出，面具的神化作用不强，具有"隐仪显戏"的特点，娱人审美的艺术取向更加明显。到目前为止，秀山洪安阳戏也成为相对独立的、具有地域和民族色彩的民间戏剧。

（五）花灯戏

《隋书·音乐志》载："每岁正月，万国来朝。留至十五日于端门、外建国门内，绵亘八里，列戏为戏场。参加歌舞者足达万人，从昏达旦，至晦至罢。"[9]《旧唐书·中宗本纪》亦云："（景龙四年）丙寅上元夜，帝与皇后微服观灯。"[10]花灯戏是由民间歌舞、茶灯、地花鼓和"调子"等发展而成，主要包括湘西花灯戏、湘北花灯戏和湘南花灯戏。花灯演出形式大体为两种：一是有角色及故事情节的"丑、旦剧唱"，称为地花鼓、竹马灯、打对子或对子花灯等，吸收了戏曲的程式规律，逐步形成花鼓戏；二是"联臂踏歌"

的集体歌舞，称为"摆灯"或"跳灯"，逐步搬演戏曲故事，形成"灯戏"（花灯戏），保持了花灯的歌舞特点。不同地区的花灯戏各有特色，发展的历史过程也不尽相同，其原因主要有三：一是由于各地的环境差异；二是由于各地的政治、历史、经济、文化发展不平衡；三是由于流传地域的语言、音乐素材和风俗及邻近姊妹艺术并不相同。

秀山花灯戏是由秀山花灯表演派生而来的一种地方戏剧。清末民初，花灯艺人受到秀山梅江、洪安等边沿地区传入的辰河戏、汉戏等剧种的影响，融合花灯歌舞表演、地方语言及民俗活动等因素，创编了花灯戏剧。早期花灯戏的角色仅限于生、旦、丑，情节单一，故称"单边戏"。后随表演规模的不断变大，角色及情节都不断复杂，艺术性强化，形成了如今集宗教、民俗、歌舞、杂技、纸扎艺术于一体的说唱艺术。

三、人文底蕴深厚，艺术价值多重突出

作为地域文化的独特表征，重庆民族地区民间戏剧很大程度源于民间酬神还愿、娱人纳吉的民俗生活，搬演历史题材、民间故事和日常生活，是传承生产知识、传递生活经验、表达人生理想、进行道德伦理教化的有效直接的方式，具有民族伦理功能、社会教化功能、生态文明功能[11]，并以唱词形式和舞台表演表现出来。

（一）道德教化

黑格尔认为"中国纯粹建筑在这一种道德的结合上，国家的特性便是客观的家庭孝敬"[12]。重庆民族地区的民间戏剧源于人们的日常生活，体现出人们在农业宗法社会环境下形成的乐安天命、孝亲敬祖等的社会心理，折射出人们的精神信仰，表达对忠孝传统文化的敬畏，起到"寓教于乐"的作用。

"处世品格"题材

重庆民族地区的民间戏剧出于道德伦理教化的目的，通过舞台戏剧表演的方式来实现。《打罐结亲》讲的是汉末王莽篡位，刘秀流亡在外，在与阴丽华相遇之后，相互帮扶，同甘共苦，最后做了结发夫妻。通过对王莽篡位非正义行为的批判与对刘秀和阴丽华相互扶持共渡难关精神的推崇，重庆民族地区民间戏剧宣扬与继承中国传统的"忠""义"文化。《安安送米》是重庆民族地区流传的又一出相对完整的大戏，通过代表中国传统女性的庞氏遭遇代表封建势力秋姑婆的欺压与作弄，及与她丈夫姜司离合悲欢，无情批判、揭露了封建礼教对女性的迫害，赞颂了不畏压迫、敢于追求的勇敢、自由的精神，体现了我国劳动人民自古所具有的抗争精神。《秦香莲》告诉人们不可嫌贫爱富，是教导人们不贪图富贵、不"拜金"的艺术体现。《忠孝记》有唱词为"父亲治病要肝子，孩儿有肝应奉父。忠孝为本人在世，父难不救枉为儿"，饱含"孝悌"之情。

"家庭邻里"题材

重庆民族地区的民间戏剧《分家》意在呈现农村家庭结构的新面貌，为人们树立起农村新型家庭结构的学习典范。《杀狗惊妻》讲的是尊老爱幼、睦邻爱亲的伦常，通过对善

恶观的宣传与褒赞，可推动当地民风与邻里关系的改善。

剧目《小姑贤》中一幕：

> 娘：（高兴地）啊，要这么过好嘞，有道说：家里不和邻里欺，邻里不和外人欺，夫妻不和儿女稀。妈活了五六十岁，盼儿取媳，图的就是一个团团圆圆，笑笑和和的家庭，早日帮妈生两个胖墩墩的孙孙。这正是：婆婆媳妇两重天。
>
> 周：敬夫孝老礼当先
>
> 姑：和和气气过日子
>
> 丁：家庭和睦靠……
>
> 众：小姑贤！

讲的是人们对爱情美满与家庭和睦的理想追求，在婆媳和解后的一段唱词体现了家和万事兴的思想。

重庆民族地区民间戏剧是人们日常生活、社会理想的生动呈现，涵盖生活的多个领域，通过对是非美丑的批判，反映了人民内心的期望与价值观，成功塑造出了他们心中向往与崇拜的人物形象。用戏曲表演的形式，通过剧中人物语言与动作的表达，戏曲音乐的气氛与场景渲染，使不同民族及其先民能习得生产生活经验知识，还能生动具体感受维系社会发展、家庭和睦和亲情融洽所需要的道德伦理观念，通过寓教于乐的方式起到了教化作用，而这或可成为解释重庆民族地区民风淳朴的重要原因之一。

（二）艺术审美

重庆民族地区的民间戏剧表演形式丰富多样，贴近不同民族及先民的生产劳动、日常生活，于舞台表演的方寸空间实现了广阔时空、戏剧矛盾的集中凝练呈现，融诗、舞、乐等多种艺术形式于一体，极大程度地满足了不同民族在独特自然人文时空、曲折多变的社会生产生活的审美需求。

诗、乐化的唱词与声腔

重庆民族地区民间戏剧源于不同民族在这个特定自然社会环境的生产生活，其题材内容来源于历史题材、民间故事和日常生活，是集诗乐舞于一体的综合艺术。在表演中，重庆民族地区民间戏剧的唱词与声腔高度结合，词意表达富有音韵和诗韵。为便于记忆并配合表演时的韵律美感，唱词多为押韵，是富于节奏感的诗化语言，就连对白也都是半唱半说，如剧目《辕门斩子》的一段唱词皆压"ao"韵：

> 叫一声杨元帅细听根苗：御外甥把什么军令犯了（liao）？即为何绑辕门定斩不饶？杨延昭：（接唱）臣命他领人马巡查边界，他不该穆柯寨私把亲招，因此上御辕门定斩不饶。

重庆民族地区民间戏剧唱词、声腔与舞蹈动作紧密结合，实现了不同艺术形式的有效整合。唱词还富有方言特色，上例剧目中有"哒啦"等方言词汇，在通俗易懂的同时，也拉近了民间戏剧与日常生活的关系，是"老百姓表演自己"的艺术形式。

舞台表演

在重庆民族地区的戏剧表演中，唱词与音乐实现了有效整合，具有诗乐舞一体的特征。重庆民族地区民间戏剧在服装、道具等方面也能给观众艺术的美感。从面具角度看，重庆民族地区的部分民间戏剧如彭水木腊庄傩戏和酉阳阳戏等还在使用面具，是人神转换和标示角色的重要凭借，是民间艺人凭借自身对神灵的想象和理解而创作出来的手工艺品，部分精品十分珍贵，具有原始古朴的艺术美感，是其艺术想象力和创造力的直接呈现。从服装角度看，重庆民族地区民间戏剧的服装与民间巫师傩祭和艺人演唱紧密结合，巫师法衣、艺人服装多大红黄黑等极端颜色，虽不失单调，却透出粗狂，淳朴的美感。例如秀山花灯戏在舞台上以短小简单的戏剧结构搬演生活故事，设灯堂、"启灯""跳灯""辞灯"等表演程序，旦角着大襟衣，下身穿花裙，丑角穿对襟衣，反穿着皮棉袄，服饰对比中显人物品格。今天的秀山花灯表演中所用的扇子大而且颜色鲜艳，配以秀山花灯中多达300个的舞蹈动作，观赏起来给人以很强的视觉冲击力。

（三）文化娱乐

在漫长的历史进程中，重庆民族地区各民族受自然环境、物产资源、交通状况、生产力发展及经济开发的影响，民族历史曲折而生计较为艰难，娱乐方式单一。在这个境况下，民间戏剧很大程度成为满足人们不断增长的文化消费需求，满足了人们娱乐心情的意愿，"三天三夜"的空前表演成为今日艺人感叹盛况难再的话题。

重庆民族地区民间戏剧是集合了诗歌、音乐、舞蹈的综合艺术，其歌舞表演对各民族先民起到"娱人养心"的作用，与平时人们于歌山舞海中娱乐心情的原理异曲同工。另外，民间戏剧很多剧目来自人们的日常生活，其情节较为离奇荒诞或令人忍俊不禁，艺人用方言来表演，以夸张大胆的服饰和动作来展示，往往能把人们带入到别样的艺术境界，释放了于常态生活无法宣泄的情绪，满足了人们文化娱乐的要求。另外，由于重庆民族地区的民间戏剧多与人们崇信巫鬼、酬神还愿密切相关，神秘惊险的傩技与繁复神异的傩祭令观众于紧张刺激中宣泄自我，使其以更加勇敢的姿态面对当下与未来的生活，是人们重要的精神栖息地。

结　语

重庆民族地区地处鄂渝黔交界相连的武陵山区，在今酉阳、秀山、黔江和石柱等地仍流传着傩戏、阳戏、后河戏、花灯戏、土戏等民间戏剧，具有鲜明的地域、时代特色，对生产知识的传承、生活经验的传递、人生理想的传达、道德伦理的教化、文化审美的需求等具有重要的作用，成为维系乡村社会可持续发展的重要手段。

参考文献

[1] 彭福荣. 酉阳阳戏的文化生态与戏剧特征［J］. 长江师范学院学报，2010（2）.

[2] 刘建平. 石柱土戏：为快乐而生的古老戏剧［J］. 环球人文地理：重庆旅游，2011（9）.

[3] 吕友仁. 周礼译注［Z］. 郑州：中州古籍出版社，2004.

[4] 高承. 事物纪原·驱傩［Z］.（卷八）. 北京：中华书局出版社，1989.

[5] 杨如安. 黔江后河戏的文化人类学考察［J］. 四川戏剧，2013.

[6] 彭福荣. 乌江流域阳戏的若干问题［J］. 三峡论坛，2012（4）.

[7]《酉阳县志》编撰委员会. 酉阳县志［Z］. 重庆：重庆出版社，2002.

[8] 王鳞飞. 酉阳直隶州总志·风俗志［Z］. 刻本：清同治三年（1864年）.

[9] 上海书店. 二十五史·隋书［Z］. 上海：上海古籍出版社，1986.

[10] 上海书店. 二十五史·旧唐书［Z］. 上海：上海古籍出版社，1986.

[11] 符伟，符韵. 地方戏曲的神祇观照［J］. 湖南. 乐府新声（沈阳音乐学院报），2010（4）.

[12] 黑格尔. 历史哲学［M］. 上海：三联书店，1956.

金上京会宁府遗址调查报告

忻琳　　北京市古代建筑研究所

金上京会宁府是 12 世纪女真族所建金朝政权的早期都城，位于黑龙江省哈尔滨市阿城区城南 2 公里，是中国都城分布上的最北方都城，是辽宋金时期东北和内蒙古地区的四大古都之一，1982 年 2 月由国务院公布为全国重点文物保护单位。

以会宁府城址为中心，加之周围分布的刘秀屯金代建筑遗址、金太祖完颜阿骨打陵址、半拉城子遗址、郊祭坛遗址、小城子遗址、孙家屯金代建筑基址、东环五队团山子遗址、宝胜寺遗址等八处相关的历史遗存，是与会宁府遗址同时期的金上京地域内的上京文化的构成要素。这些要素从都城历史传承演化、礼制、祭祀、陵墓、宗教、民俗等多个方面反映了金代北方女真文化，对金初都城建制提供了有力补充例证，也是金上京遗址的有机组成部分。现场遗存由会宁府城址和周边八处地面存有遗迹的相关遗址以及各处遗址地下的丰富埋藏构成。

遗址的大部分地上遗存物自然破坏进程相对缓慢，总体而言处于相对稳定的状态，部分存在较严重的隐患或危险。阿城区城镇发展相对迟缓，当前，城市化因素尚未对遗存产生巨大的压力，遗存区域内有较好的选择宽容度。地上遗存主体均为土体，对于环境影响的抵御能力较差，相对有较突出的脆弱性。已发掘后覆土保护的遗存，保存效果另行评估。其他地下埋藏的遗存处于相对稳定的状态，自然环境的负面影响作用较弱。

遗存组群中反映、记录金代都城政治、军事、文化、宗教、国家祭祀、社会生活的各类功能场所均有存留。作为大型的古代王朝都城遗址，其构成要素基本完备。所有存留物能够有效地支持遗址总体的价值构成，能够较完整地从一个侧面反映出金上京的社会形态。金上京会宁府遗址构成要素的完整性和环境特征的基本完整，能够较全面地体现文化遗产的价值、特色。金太祖完颜阿骨打陵址、半拉城子遗址、郊祭坛遗址、小城子遗址、孙家屯金代建筑遗址、东环五队团山子遗址、宝胜寺遗址等七处遗存构成要素，尚未正式纳入全国重点文物保护单位的范围，因而造成了总体完整性的明显缺陷。此次对该遗址群组的详细调查如下：

一、金上京会宁府城遗址

金上京会宁府城遗址（俗称"白城"）位于黑龙江省哈尔滨市阿城区市区南 2 公里

处，东经126°58′—127°39′，北纬45°29′—46°00′的松花江支流阿什河西岸台地上，海拔150米。遗址现属哈尔滨市阿城区阿什河街道办事处辖地，该街道的南城村、白城村和东环村等均坐落在城址内。1982年2月被公布为全国重点文物保护单位，称为"金上京会宁府遗址"。

12世纪前后，东北女真族所建立的金朝政权与创造的女真文化，是中华多民族统一国家历史与文化的重要组成部分，为中原汉文化与东北女真文化相融汇的、具有特定时代性、地域性和民族性的历史文化。金上京城是这种文化融合的典型代表。上京城遗址是此类已逝去文明的最具代表性的物化载体。

金上京会宁府遗址体现了金朝当时的经济、科学技术、营造工艺等方面的发展水平，是宋金时期城市规划艺术与建筑艺术的实例之一，其原始真实性、完整性和唯一性是无可替代的。

自金太祖完颜阿骨打称帝建国，至1153年海陵王完颜亮迁都燕京，金朝政权在此历经四帝，统治38年，该遗址曾是金朝初期的政治、经济、军事、文化中心，因而是研究女真族发展、壮大、立国、称帝等金朝早期历史极其宝贵的实物史料。

南、北两城的城池平面格局，或为金人继承契丹人政治制度和统治思想的反映，是东北地方史学与北方古代民族史学研究领域中弥足珍贵的实物史料，具有较高的学术研究价值。

金朝迁都后，作为女真族的发祥地和上京路、会宁府的治所，该遗址仍然是金朝在东北部的政治、经济、军事、文化中心。故该城是研究宋金时期东北地区社会进程的重要遗迹。同时，上京会宁府是金朝东北部疆域的重要地理坐标，对东北疆域史研究具有重要价值。

在遗址内外，曾发现大量具有宋金时代特征的各类文物，尤以铜镜最具特色。这是研究金初社会发展及金中晚期东北地区社会发展与区域技术史的实物史料。

金上京会宁府废弃后始终无大的人为扰动与破坏，较好地保留了原有城市规划格局的遗迹以及大量的各类建筑基址，尤其是城垣城壕、瓮门马面和宫城内的主要建筑遗迹堆积，至今仍高于现地表。其他各种遗迹多完整保存在地表之下。这是我国金代考古研究的重要对象，具有无可替代的考古学价值。在性质上具有完整的金代遗址要素，有遗址时代明确（作为都城约1115—1153年；作为路、府治直至金亡），遗存内容明确（存有城池、建筑遗址，并出土有上京的官印、腰牌，打有"上京翟家记"戳子的银镯、银锭，凿有"上京警巡院"等验记的铜镜，以及窖藏的铜钱、银器等），记录及研究资料明确（有史籍记载，遗址经过考古发掘，有部分记录和研究档案），遗址现存面积明确（经田野调查与发掘，有清楚的边界）。

遗址由南横、北竖相接的两个长方形城池组成，平面呈曲尺形，呈现"两城制"格局。外城垣周长11.08千米，总占地面积近6.5平方千米。城垣全部为夯土版筑，今仍高于地表3~5米，基阔7~10米。城垣外侧有突出墙体的马面，折角处设有角楼。可确认的城门6座，其中外城垣5座，南北城之间1座，全部为瓮城门形制。南北二城的外垣周围和腰垣南侧，均有护城壕遗迹，至今大部分地段仍深如沟壑。

南城内西北部设有皇城，平面呈长方形。南北长645米，东西宽500米。总占地32.25公顷。南墙正中为午门，现存夯土遗迹高约7米，有3条门道。午门以北中轴线上有5座宫殿台基址，仍高于现地表1～2米。其中第2座殿址面积最大，殿基平面呈"工"字形。在1～4殿址两侧有东西廊庑基址，各长约380米，宽10米。经考古发掘部分已进行回填保护，所有遗存未加人为的不当修复，有较好的真实性。

在会宁府城区域内，共9个村屯，北城区4个自然屯，1100户，3650人；南城区5个自然屯，610户，1800人。农村住房砖瓦化率达到99%，人均居住面积20平方米，自来水入户达60%，有线电视入户率达30%，固定电话普及率达80%。2005年全村农民人均纯收入实现4629元，主要以农业、畜牧业和旅游业为主，农业主产大蒜、白菜、毛葱等，畜牧业主要是牛、羊。遗址西城垣外3～5米为哈拉公路，北城垣外100米为301国道，遗址内有8条村路，除主路为水泥路面外，均为沙石路面，宽6～9米，总长8400米。

二、刘秀屯金代建筑遗址

该遗址位于会宁府城遗址东3.6公里处，是2002年新发现的一处金朝前期皇家宫殿建筑遗址，部分学者认为系金代"朝日殿"址。该建筑遗址为金上京遗存完整性的重要构成元素，系迄今考古发掘所见不多的金代规模最大、等级最高的一处宫殿建筑基址。

据初步研究，该遗址是我国金朝礼制建筑的罕见实例，为研究宋金时期政治体制、宗教信仰、风俗习惯以及建筑风格等，提供了不可多得的第一手资料，在中国建筑史上亦占有十分重要的地位，是金源文化研究极为重要的实物史料。

该遗址在性质上具有完整的金代遗址要素，遗址时代较明确（约1115—1153年），遗存内容明确（经正式考古发掘，建筑格局清楚，宫殿群组主从关系明确），记录及研究资料明确（遗址经过考古发掘，有较详细的记录和研究档案），遗址现存面积明确（经考古发掘，边界基本清楚）。

遗址由主殿（前殿）、过廊、后殿、正门及回廊组成，占地5公顷，正东南朝向。经考古发掘部分已进行回填保护，所有遗存未加人为的不当修复，有较好的真实性。现遗址无人居住。

三、金太祖完颜阿骨打陵址

该陵址位于会宁府城遗址西城垣西侧约300米处，北纬45°12′，东经126°42′。东面与南城村九组及国营苗圃家属区为邻。据考，系金太祖完颜阿骨打的初葬陵墓，封土上曾建有宁神殿。1981年公布为黑龙江省文物保护单位。该陵址是金上京遗存完整性的重要构成元素，是金朝第一代皇帝的初葬陵寝，对于研究金代皇家丧葬习俗及制度具有重要意义。

该陵址在性质上具有完整的金代遗址各要素，遗址时代明确〔据金史记载，阿骨打是1115年称帝，在位九年，天辅七年（1123年）八月戊申（二十八日），在征辽途中病死于布堵泺西行宫，九月癸丑（初三），梓宫至上京。乙卯（初五），葬宫城西南，建宁神殿，即现存陵址〕，遗存内容明确（封土上建筑已毁，仅存陵丘，陵丘保存基本完整。陵墙有地下遗迹），记录及研究资料明确（黑龙江省文物保护单位记录档案），遗址现存面积明确（陵址为一高土台，由陵墙遗迹可推知陵寝范围）。

陵址原为龟背状，现改为覆斗形土丘。底部南北长60米、东西长67米，周长约250米，高出地面约11.5米，土丘顶部长宽均为27米。四周原有陵寝围墙等。现已不存。

该陵址1999年始作为旅游景点开发，依托遗址建设了金太祖完颜阿骨打陵址公园。公园占地面积5.1公顷，建筑面积1000多平方米。以现存陵台遗址为中心，在长300米、宽135米的范围内，由南向北建设了前导空间、神道空间、陵墓和宁神殿四个部分，四周修建了围墙和大门等建筑。陵墓主体原为龟背状，现已被改为覆斗状，原有陵园环境已完全改观，真实性受到很大的损伤。现遗址无人居住。

四、半拉城子遗址

金上京城位于会宁府城遗址东偏北约6千米的半拉城子村，北纬45°29′，东经126°58′，西濒阿什河，东倚张广才岭余脉，现为黑龙江省原种场三分场管辖，1995年公布为哈尔滨市文物保护单位。该遗址是金上京遗存完整性的重要构成元素。

该遗址在性质上不完全具有完整的金代遗址要素，即遗址时代不确切，遗存内容不十分明确，记录及研究资料较明确（哈尔滨市文物保护单位记录档案），遗址现存面积基本明确（有记述为东西宽600米，南北长800米，未经考古实证）。同时，城池几经兴废，真实地记录了女真族完颜部的发展壮大及建立金国的历程，是金朝历史及女真族历史研究的珍贵实物史料。

现古城破坏较严重，东、南、北三面城墙遗迹略高于现地表，城西部多年被阿什河水冲蚀仅有部分墙垣相对较为明显，高约1米。遗址周围地势平坦，均为耕地。地表可见遗址范围基本清晰，未发现人工挖掘迹象。现遗址居住人口227户，约637人。

五、郊祭坛遗址

该遗址位于会宁府城遗址南3.5千米的双丰街道新民屯，其东1千米为阿什河。遗存系人工夯筑的圆形土台，周围地势平坦，均为农用耕地、水田。2007年公布为哈尔滨市文物保护单位。该遗址是金上京遗存完整性的重要构成元素。金上京城会宁府位北，方形，郊祭坛位南，圆形，正合天南地北、天圆地方的都城布局古制。

该遗址在性质上基本具备金代遗址的各要素，遗址时代基本明确（据文献记载和遗迹位置与形态等信息，目前学术界基本认同此遗迹为金代祭祀坛台遗址），遗存内容较明确，记录及研究资料基本明确（哈尔滨市文物保护单位记录档案），遗址现存面积基本明确（由门址推定，遗址南北长 2000 米、东西宽 1500 米，坛丘位于正中），保护等级明确（2007 年，哈尔滨市人民政府颁布小城子遗址为哈尔滨市级文物保护单位）。

遗址呈圆丘形，周长 266 米，高 7.6 米，顶部半径 8 米，从其南侧裸露的部分看，为 0.1 米厚的层层夯土筑成。现遗址长满荒草，其周围均为水田，祭坛外围门、墙等地上遗存近年基本消失。除历史上自然和人为的破坏外，未加人为的不当修整，有较好的真实性。现遗址无人居住。

六、小城子遗址

该遗址位于会宁府城遗址以东 350 米，阿什河街道东环村牛家屯西侧的平坦耕地中，东经 127°0′18″，北纬 45°29′51″。1995 年公布为哈尔滨市文物保护单位。该遗址是金上京遗存完整性的重要构成元素。城池几经兴废，真实地记录了女真族完颜部的发展壮大及建立金国的历程，是金朝历史及女真族历史研究的珍贵实物史料。

该遗址在性质上具有完整的金代遗址要素，遗址时代明确〔据金史记载，这座古城在金建国后的第一次大规模兴建是在熙宗天眷二年（1139 年），皇统七年（1147 年）可能又有改建。海陵王正隆二年（1157 年），完颜亮下诏平毁其中建筑，金世宗大定五年（1165 年）复建〕，遗存内容明确（在城四周约 10 平方千米的范围内，高出地面的建筑台级址接连不断，分布广泛。其上，金代砖、瓦、琉璃构件和莲花础石等时有发现，可见当年小城区域的繁华），记录及研究资料明确（参见哈尔滨市文物保护单位记录档案），遗址现存面积明确（经文物工作者对遗址调查，小城子遗址为长方形城址，东西长，南北短），保护等级明确（1995 年，哈尔滨市人民政府公布小城子遗址为哈尔滨市级文物保护单位）。

城址平面为长方形，略偏东南向，南北长 352 米，东西宽 232 米，城墙周长 1166 米。现存四面墙垣基本连贯，夯土板筑的墙垣底宽 5~6 米，顶宽 1 米左右，高于现地表 2~3 米。城门一座，开在东城墙偏北处，并留有 5 米高的阙门遗迹，筑有瓮城。城墙四角筑有角楼，城墙外侧设有马面，遗迹已不清晰。环城外可见护城沟壕痕迹。城内原有将城划分为两个部分的界墙，现可略见起伏。前部原有两处前后依次而立的建筑台基，相距约 20 米；后部并列两座建筑台基址：东基座长 62 米，宽 46 米，西基座长 68 米，宽 42 米。在基址上曾发现有大型柱础石及大量金代青砖、灰瓦和绿色的琉璃瓦、黄釉鸱吻等残片。

城四周约 10 平方公里的范围内，高出地面的建筑台基址接连不断，分布广泛。其上，金代砖、瓦、琉璃构件和莲花础石等时有发现。除历史上自然和人为的破坏外，未加人为的不当修整，有较好的真实性。现遗址有大棚 37 座，村民 10 户。

七、孙家屯金代建筑遗址

该遗址位于会宁府城遗址以西约 2 千米的双丰街道胜祥村管家屯东北 75 米处的岗地上。遗迹中心位置（祭坛）的地理坐标为：东经 126°56′28″，北纬 45°29′34″。部分学者认为该遗址系金代社稷坛。目前，该遗址尚未列入文物保护单位。

该遗址在性质上不完全具有完整的金代遗址要素，遗存时代基本明确（有文献佐证），遗存内容明确（墙内中部是一高大的土台基，四周有建、构筑物遗迹，遗址上散布有大量的金代砖瓦残片），记录和研究资料不完全明确，遗址现存面积基本明确（遗址主要由平面呈长方形的两重墙垣、建筑基址和土丘祭坛等遗迹组成，仅在南侧有一处门址。内墙垣四面各有一处门址，尚可辩识）。

遗址主要由平面呈长方形的两重墙垣、建筑基址和土丘祭坛等遗迹组成，现地表可见遗址范围基本清晰。外墙南北长 200 米，东西宽 180 米，南侧有一处门址。内墙垣四面各有一处门址，今尚可辩识。墙内中央是一高大的土台基，四周有建筑、构筑物遗迹。地表可见遗址范围基本清晰，未发现人工挖掘迹象。现遗址无人居住。

八、东环五队团山子遗址

该遗址位于会宁府城遗址北 1.2 千米的阿什河街东环村 5 组民宅之间，地理坐标为：东经 126°58′44″，北纬 45°31′30″。部分学者认为该遗址系金代地坛。该遗址尚未列入文物保护单位。

该遗址在性质上不具有完整的金代遗址要素，遗址时代明确（约 1115—1153 年），遗存内容不明确（遗存曾遭较大破坏，未经考古勘察），记录及研究资料不明确（无研究档案），遗址现存面积不明确（未经田野调查与发掘）。

该遗址原为四边各长 60 余米的方形土丘，为版筑夯土而成。现已被民宅与蔬菜大棚覆盖，但探查仍可见夯土基层。地表可见遗址范围基本清晰，未发现人工挖掘迹象。现遗址有居住人口 150 户，570 人。

九、宝胜寺遗址

该遗址位于会宁府城遗址北城西北角以西约 300 米、哈尔滨市阿城区南 2 千米的新城村姜家磨坊屯，地理坐标为东经 126°56′47″，北纬 45°30′17″。该遗址尚未列入文物保护单位，现为耕作用地，中心部位存大量瓦砾。该遗址是金上京遗存完整性的重要构成元素，是金上京重要的佛教寺院，与皇族宗教活动有着密切的和特殊意义的关系。该处曾出土塔铭志一方。

在性质上不完全具有完整的金代遗址要素，遗址时代明确（约 1115—1153 年），遗存内容不确切（未经考古勘察），记录及研究资料不明确（有史籍记载，后人根据地望研究和出土的《上京宝胜寺前管内都僧录宝严大师塔铭志》推断，未经考古实证），遗址现存面积不明确（未经田野调查与发掘，边界不清）。地表可见遗址范围基本清晰，未发现人工挖掘迹象。现遗址无人居住。

结　　语

金上京会宁府遗址，是我国境内迄今已知建立在最北方高纬度地区的都城址，也是年代最早的金王朝都城遗址，是社会公众了解认识金王朝早期经济、文化与社会发展的最佳实物证据。

金上京会宁府遗址在国内外金史、女真史学界享有极高的知名度，每年均有许多国内外人士慕名而至。将遗址保护与展示"金源文化"相结合，对于认识和了解我国北方宋金时期民族关系，弘扬民族文化，具有重要的作用和无可替代的教育意义。

对金上京会宁府遗址及其文物的保护和展示，将丰富哈尔滨的旅游资源，有利于吸引公众对我国北部城市哈尔滨及其阿城区的关注和了解，对带动黑龙江的区域经济发展有一定积极作用。

参考文献

[1] 脱脱等. 金史 [M]. 北京：中华书局，1975.
[2] 张博泉等. 金史论稿 [M]. 长春：吉林文史出版社，1986.
[3] 景爱. 金上京 [M]. 北京：生活·读书·新知三联书店，1991.
[4] 孙进己等主编. 中国考古集成 [M]. 北京：北京出版社，1997.
[5] 赵永军. 金上京城址发现与研究 [J]. 北方文物，2011 (1).
[6] 王禹浪，王天姿，寇博文. 金上京考古发现与文物研究综述 [J]. 黑龙江民族丛刊，2015 (6).
[7] 伊葆力. 金上京周边部分建筑址及陵墓址概述 [J]. 哈尔滨学院学报，2006 (3).
[8] 于鑫. 金会宁府筑城研究 [D]. 哈尔滨：黑龙江大学，2015.
[9] 刘浦江. 辽金史论 [M]. 沈阳：辽宁大学出版社，1999.
[10] 干志耿，王可宾主编. 辽金史论集 [M]. 长春：吉林文史出版社，1994.

2017年湖南省湘西土家族苗族自治州永顺县芙蓉镇土家族舍巴日调查报告

周鼎　　学苑出版社

本调查报告是基于对湘西土家族苗族自治州永顺县芙蓉镇举行的"2017年中国湘西永顺芙蓉镇舍巴节"的参与观察的基础上完成的。根据调查研究需要，2017年12月8日上午，笔者提前到达了本次田野调查点芙蓉镇，通过深入访谈事先了解了当地的自然生态、历史沿革、风俗习惯、民间信仰、人文活动等一系列内容。按照舍巴节活动的庆典过程的先后顺序，记述了整个活动的流程。目的是对芙蓉镇舍巴节现今的留存内容、形式和特征进行客观的记录，以期深入了解土家族非物质文化遗产的存在样态，进而为日后深入探讨土家族文化遗产的传承问题打下基础。

一、永顺芙蓉镇土家族舍巴节

2017年12月9日天气晴朗，阳光明媚，人们聚集在古镇中央的大摆手堂广场上，参加一年一度的土家族"舍巴节"活动。此次舍巴节以"欢庆土家舍巴·畅游土司王城"为主题，除了举行祭祀、民俗文化表演等文化展示外，还别出心裁地举行了"土司御宴厨艺大赛"，目的是交流土家饮食文化，传承民族文化特色。据了解，厨艺大赛的增设响应了政府的号召，助推精准扶贫，促销永顺县的一些农副产品，促进文化旅游融合，加快生态文化旅游产业健康快速发展。同时，盛大热闹的歌舞展示和如火如荼的厨艺比拼给传统祭祖庆丰节日增添了别样的色彩。

土家族是一个能歌善舞、拥有厚重文化底蕴和多彩文化特色的民族，舍巴节这一天展演的节目，都是土家族民族文化的精髓，如土家族摆手舞、毛古斯舞、打溜子等项目，都已被列入国家级非物质文化遗产代表性项目。舍巴节整个活动包括请神仪式、迎神仪式、安神仪式、敬神仪式、娱神仪式、送神仪式六个部分，按照每个仪式的项目内容依次进行。

（一）八部大神镇内巡游：保佑芙蓉镇风调雨顺

今年，舍巴节祭祀环节的祭祀主体也从2012年的彭公爵主、何老官人和田好汉三位，变成了祭祀土家族远祖八部大神。早上9点，伴着喧天的锣鼓声，几十位土家汉子抬着八部大神的神像，跟在梯玛身后，威武地走在古镇五里石板街上。众梯玛沿途施法现巫，祈求远祖八部大神在新的一年里保佑风调雨顺、五谷丰登。千余人排成长队浩浩荡荡的游走，舍巴节由此拉开序幕。

摆手堂前鸣响起了沉郁雄浑的牛角土号声，永顺县委常委、副县长赵鲁致辞说："文化是旅游的灵魂，旅游是文化的载体。我们要牢固树立创新，协调，绿色，开放，共享发展理念，坚定不移走文化旅游深度融合发展路子。加快构建现代公共文化服务体系，推进文化强县建设。以世界文化遗产老司城遗址为龙头，以精品景区，特色村寨服务设施建设为重点，从'高起点规划，高水平整合，高标准建设'破题，坚决打赢旅游转型升级破题战，全力把永顺打造成世界旅游目的地和世界级生态文化旅游度假区。"永顺县委常委、常务副县长彭涛宣布芙蓉镇土家族舍巴节正式开始。

游行结束后，八位先祖的雕像被土家族的汉子们抬进了摆手堂。八部大神是开拓湘西蛮荒之地的英雄人物，是土家族共同祭祀的远祖，武陵山区的土家族将他们奉作神灵。这八部大神的名字分别是破西卵蒙、刀太卵蒙、泽丰卵蒙、拜尔卵蒙、罗陀卵蒙、那祖卵蒙、比耶卵蒙、巢祖卵蒙。请神、迎神仪式结束后，接着举行的是安神仪式，只见土家汉子敲打锣鼓，鸣炮行礼，恭迎远祖八部大神。

（二）升旗祭祖：唱响土家精神

摆手堂前，一位老嘎墨（土家语，"官"或"官爷"，指德高望重的人）健步来到祭坛，带领众人虔诚地烧纸焚香，行三拜九叩之礼，接着在大气磅礴的背景音乐中，他缓缓地升起龙凤旗。

龙凤旗是土家族彪悍精神的象征，战争时代的旗帜高高地飘扬在土家人历史的星空，成为这个领地最神圣的膜拜。如今，每逢土家族举行重大节庆盛事，必先升龙凤旗。另外，摆手堂前还飘扬着几十面黄色的龙凤旗，激昂雄浑的背景音乐下，老嘎墨手拉旗绳，升起了红边黄底中间绣有龙凤团纹的龙凤旗，招展的旗帜点燃了土家族儿女的节庆激情。

接着是敬神仪式，祭祀们手中端着猪、牛、羊、五谷杂粮、水果贡品，一一摆放在供桌上。来自三州六峒的土家人汇聚一起，虔诚地叩拜八部大神。五十八旗众旗手列队而入，各寨首领两旁分列伫立。在梯玛的带领下，众人焚香、奠酒，然后是整个舍巴节最隆重的娱神仪式。

两位身穿八幅罗裙的梯玛从舞台两侧登上台来，一位手拿牛角号吹奏、一位摇动八宝铜铃和司刀，他们一边走着罡步，一边念诵梯玛歌。接着杂耍表演者上台，走到舞台中央时，抬起手中的棍棒，仰面朝天，从口中喷吐出火，火苗长达一米多高，形如一条火龙，如此反复三四次后，走下台去。两位梯玛则在舞台中央继续吟唱梯玛歌，众人随之唱喝问天，牛角号声烘托出浑厚神秘的气氛。

庄严肃穆的升旗环节和神秘的祭祖仪式，淋漓尽致地展示了土家族传统文化的独特魅力。在场的观众和游客纷纷拿出手机，记录下这难得一见的场面，还有一些人通过手机网络直播平台，与他人实时分享芙蓉镇舍巴节的盛况。随后，主持人登台宣布"祭祀礼毕"，舍巴节娱神环节在热闹的氛围中正式拉开。

接着，八位男舞者和八位女舞者身着华丽鲜亮的服饰欢快地登上舞台，小伙子们穿着明黄色缎子裤赤膊上台，手中挥舞着红黄色的绸带。八位美丽的土家姑娘身穿红色族传统服饰，手持齐眉棍不停挥动，并迅速变换舞姿。锣鼓声欢快悦耳，舞蹈动作现代感十足，传统服饰与现代舞动作融合得恰到好处，感受到土家族人的爽朗奔放。小伙子和姑娘们先是一起亮相，然后是由男舞者在中央跳，接着由女舞者在中央跳，最后两方汇聚一团，曼妙的舞姿展现出土家族人的热情好客。

（三）毛古斯舞

娱神环节的第一个正式歌舞表演是国家级非物质文化遗产代表项目、被誉为中国戏剧舞蹈"活化石"的毛古斯舞。它是土家族古老原生态的传统舞蹈，真实地再现了从父系社会至五代时期，土家族祖先渔猎农耕的生产生活场景。该舞蹈曾在2008年北京奥运会开幕式的文艺表演中展演，并先后在韩国、中国台湾、中国澳门等地区进行表演。

音乐一响，一位赤身裸体扎满茅草的毛古斯走上台，他身披两股茅草（每股五块），腹前还捆着一条一尺余长的用红布包头的草把。结草为衣的装束，象征着土家族先民的原始生存状态；腹前所捆的红头草把，是对生殖崇拜的表征，也是人类繁衍不息的象征。不一会儿，一群身穿茅草、头戴茅草帽的毛古斯们纷纷登上台，在流水声、鸟鸣声、鼓点声和牛角号声的伴奏下，毛古斯们生动的表演着各种动作。时而相聚、时而分散，时而三叩首跪拜祖先，再现着先祖们的生活状况。尤其是在捕获猎物时的高兴表演，由现代舞蹈语汇融入的毛古斯舞格外生动。最后，毛古斯们抬着猎物兴高采烈地走下舞台。

（四）女生独唱《走进永顺》

据主持人介绍，永顺土司佛园不仅是国家级森林公园、全国文物保护单位，还是历史上土司王求神拜佛的场所，也是土王和妃子们的休闲避暑的胜地，被誉为"土司御苑"。温泉水温常年在48摄氏度，因此当地人常说"泡澡泡澡，百岁不老"。不二门以奇石、温泉、石刻、庙宇、洞穴为其主要特色而享誉海内外，故有"东看蓬莱岛，南游不二门"之说。因此为了更好地了解永顺，第二个表演节目就是女生独唱《走进永顺》。一位头戴华丽银饰的土家族女歌唱者，迈着轻快的步伐走上舞台，随着音乐的旋律唱起了柔美的歌曲："芙蓉古镇飘满香车鱼，猛洞河水流淌欢声笑语……摆手……摆出风调雨顺的幸福天地……走进永顺就留在梦里。"仿佛带人们看到风景秀美的永顺自然风光，让人回味无穷。

（四）酉水号子

酉水河是土家族的母亲河，在其流域范围内是我国土家族最大的聚集地区。酉水流经湘、鄂、渝、黔四省市的边界，这里的土家族很大一部分都是亦农亦船，并在行船过程中，逐渐创造了酉水船工号子的特殊歌唱形式。酉水船工号子历史悠久，内容丰富，曲调高亢婉转，领唱伴唱配合默契，带有浓重的土家族音乐特色。

其演唱形式主要包括行船的桨号子、橹号子、岸边号子及晚间休闲民歌坐唱等几种。

桨号子、橹号子采用一人领唱、众人伴唱的表现形式，桨号子一般在风平浪静的河面上演唱，给人以悠闲、轻松的感觉。橹号子多由船工即兴编唱，往往采用讽刺、夸张、比喻等手法，旋律性不强。岸边号子包括船工齐唱的纤号子和装卸号子等，纤号子系行船遇上险滩，上岸拉纤时所唱；装卸号子系船靠码头，船工上货、下货时所唱。船工在晚间船靠码头、居于船头休闲或上岸上茶馆时会唱一些土家族山歌及民间小调，代表性的曲目有《老司歌》《篙号子》《桨号子》《橹号子》《纤号子》《装卸号子》《大河涨水小河满》《龙船调》等。酉水船工号子与土家族船工的生产劳动紧密联系，用号子来协调船工动作，统一节奏，调节劳动情绪，在当地民间传沿不绝，现已被列入第二批国家级非物质文化遗产。

随着一声嘹亮的号子声"开船了"，十名光着膀子，手拿撑杆的年轻力壮的土家族小伙子登场，他们站成一列，边撑起撑杆，边喊"嗨吼！嗨吼！嗨吼！"。领唱人头包黑色人字巾，身穿黑色上衣和阔腿裤。撑杆依次从左滑到右，队形不断变幻，气势磅礴。酉水号子是酉水上曾流行的民歌，歌词为船工即兴编唱，用夸张、讽刺、比喻等手法，描述酉水河两岸的风光、民俗以及人们的辛苦生活。

（五）舞蹈《摆手女儿家》

主持人登台讲到："习总书记提出的精准扶贫，让这里的父老乡亲都得到了很多实实在在的益处。一座座拔地而起的楼房，让芙蓉镇的人们过上了幸福生活。接下来请欣赏新城社区王者之村表演的舞蹈《摆手女儿家》"。话音刚落，一群身穿土家族服饰的青年女子，分列前后两排，边跳摆手舞边登场。随着欢快律动的乐曲，她们的动作时而顺拐、时而屈膝、时而颤动、时而下沉，表现风格雄健有力、自由豪迈，展现着农耕播种繁忙的场景。在舒缓悠扬的音乐伴奏下，舞者伸展着优美的舞姿，表达着土家族人热爱生活、勤劳肯干的生活态度。

（六）花灯戏《四季花儿开》

花灯戏源于民间花灯歌舞，是清末民初形成的一种地方戏曲形式，题材多取日常生活和故事，是民间自娱自乐、载歌载舞、有说有唱，并带有戏剧、杂耍等综合性质的表演艺术形式。花灯戏进入湘西后，吸收了湘西本土的语言、音乐曲调等，形成了风格独特的湘西花灯特色。花灯小戏表演风趣诙谐，起了承上启下、烘托气氛的作用。其突出特征是手不离扇、帕，生动诙谐，唱与做紧密结合，人物身段、动作生活化，随意性强。唱腔多为一个到两个调子贯穿始终，旋律与敲灯相似，打击乐器和鼓做乐器，与跳花灯基本相同。

芙蓉景区艺术表演团表演的《四季花儿开》由手拿花扇的五名男子和八名女子登台跳唱，女子右手拿着扇子，左手拿着红帕子，并配合"崴步"摇摆。他们的动作语汇时而揪耳朵，时而背靠背，时而面对面。花灯戏表演很注重舞蹈动作，跳时的基本特征是"崴"，故民间有"无崴不成灯"的说法。跳"崴步"时还有手部动作的配合，手中的帕子和扇子的"手中花"及"扇花"的种种变化令人眼花缭乱，塑造出丰富的人物性格特色，烘托着令人前仰后合的喜剧情节。

（七）歌舞《上梁》

《上梁》是土家族传统节目，表现的是土家族人在修建吊脚楼时非常重要的一个环节——安装建筑物屋顶最高一根中梁的过程。梁除了建筑结构实用上的重要意义外，同时更有其无形的宗教层面的含义。在上梁典礼中，梁的作用是来连接庙宇建构本身、天地、神灵与宗教人之间的关系，"上梁犹如人之加冠"。因此，每到建屋上梁，土家族人都会邀请亲朋好友到家里说一些祝贺的话，称为"上梁辞"。

歌舞一开始，便有八名手拿簸箕的土家女子围成一团，表演着晒粮食的动作。接着一声大喝："哇哇嘿呦。"一名领唱者登台，随后八名土家汉子抬着一根道具房梁，与土家女子一同跳舞。最后，领唱者手端装满了糍粑的簸箕，边跳边向台的观众下分撒糍粑，共庆丰收的喜悦。

（八）舞蹈《直嘎思德》

土家族语言如今在绝大部分土家族地区已经消失，据了解现今日常生活还能用土家话交流的村寨少之又少。男女主持人介绍："土家话噢嚯噢嚯，是欢迎欢迎的意思；土家话惹一壶，是干杯的意思；接下来的节目舞蹈《直嘎思德》，意思是要得要得。"商河社区文艺队表演《直嘎思德》分为三个小组，每组五个人。十五名土家女子手拿绿色花伞，边舞边用花伞变换出不同的队形，粗犷自然的摆手舞，是土家族区别于其他民族的显著文化标志之一，这种舞蹈主要流传在湖南、重庆、湖北、贵州交界的武陵山区，是最具土家族民族特色、最能反映土家族古老风俗的民间舞蹈。湘西的摆手舞以其原生性、祭祀性、民族性和群众性，以及质朴厚重之美，赢得了"东方迪斯科"的美誉，并被列入第一批国家级非物质文化遗产名录。

（九）歌舞《猛洞河恋歌》

主持人介绍：俗语说道"张家界看山，湘西玩水"，关于猛洞河的故事不胜枚举。猛洞河是当年土司王运送湘西大楠木至京城修建紫禁城的重要水上通道，现今已是国家级重点风景名胜区。费孝通先生于1991年漂流猛洞河后，曾欣然题词："天下第一漂"。猛洞河漂流全程17公里，景区奇山异水，天下独绝。两岸多为原始次森林，葱葱郁郁，水流湍急，碧绿清亮，有"十里绝壁，十里瀑泉，十里画卷，十里洞天"的美誉。其中有急流险滩108处，大小瀑布20处。漂流其间，穿急流、越险滩、闯狭谷、捕激浪，有惊无险，回味无穷，2005年猛洞河漂流还被评为"中国最佳漂流胜地"。由土家族艺术团和山水芙蓉镇演艺部带来的《猛洞河恋歌》，生动地展现了一群猛洞河边洗衣服、洗头发土家姑娘，和撑船的小伙子们相互对歌的场景。"我家住在猛洞河……哥妹对歌……。"带人回味土家族青年在猛洞河上的嬉笑玩耍之乐趣。

(十) 舞蹈《叭一口》

对山歌是土家族姑娘向自己心仪的小伙子表达喜好的方式之一。土家族女性性格开朗外向,往往未婚女子会在集市上穿着华丽的服饰,唱着山歌来表达对心仪男性的追求之意。舞蹈《叭一口》的表演者们登上台来,身穿绿色服饰的姑娘外穿红色肚兜,看上去俏皮可爱;身穿红色服饰的小伙子们个个精神抖擞,男女一边相互追逐嬉戏,一边唱诵着"糯米颗颗小,釉儿(那个)园又园,九月重阳酿黄酒呢,醉人的黄酒抿(呀)抿(个儿)甜,去年八月叭一口,今年八月还在甜。抿(呀)抿(个儿)甜呢,甜了一整年,(那个)抿呀抿(个儿)甜。幺妹的身材圆又圆,幺妹的小嘴甜又甜,去年八月叭一口,今年八月还在甜啦。幺妹,叭一口哇,叭一口哇,叭一口哇,幺妹,叭一口,叭一口,叭一口哇,去年八月叭一口,今年八月还在甜。"姑娘们下场拿起酒坛子道具,边唱边动作豪迈地做着饮酒的动作,小伙子抢走了姑娘的手帕,姑娘又急忙追了上去,生动再现了土家儿女相恋的生活场景。

(十一) 山歌《黄四姐》

山歌是土家族人在田野劳动时抒发情感的即兴演唱歌曲,题材丰富,曲调爽朗,情感质朴,流传广泛。山歌《黄四姐》是土家族具有代表性的经典民歌之一,是土家族人在长期的生产生活中所创造出来的。据了解《黄四姐》最初源自一个名为《货郎歌》的美丽的爱情故事。相传在200多年前的清朝,东龙河畔的三里村老村寨住着数百户黄氏家族,人口繁衍密集。村子里有一名农户叫黄聪明,膝下有四个女儿,三个姐姐都已出嫁,最小的四姐儿年方二八,长得花容月貌,聪明伶俐会唱歌。由于当时社会重男轻女,女孩一般没有正式的名字,所以她就叫"黄四姐"。一天,一个叫贺二郎的客商摇着货郎鼓,担着货郎担,走进了黄四姐家的院子里叫卖。黄四姐听到就出来买东西,贺二郎看见黄四姐眼睛一亮,顿生爱慕之心。为了讨四姐的欢心,他就以低于成本的价钱卖给她许多货物,四姐也因为贺二郎的老实坦诚对他产生好感,留他在家吃饭。此后贺二郎便三天两头的去四姐家卖东西,两人彼此熟悉后,他还送了许多绸缎、金簪子之类的物品给黄四姐,渐渐地黄四姐对这位货郎哥心生爱慕之情,相恋了一年多便结婚了。音调高亢的女声和男声自由地对答对唱:"你初一来不来嚯,初一我不来嚯,你初二来不来……才到幺妹家中来,嗨"唱白夹杂,生动活泼,歌舞并举间,勾勒出土家族人对生活的热爱、对爱情的向往,体现出美好与朴素的生活状态,真实地表达了土家人热情积极、淳朴真挚的感情。

(十二) 舞蹈《土家织锦情》

"五色衣服灿似霞,武陵山下是人家。土家女子多灵巧,锦绣挑出七彩花。"湘西酉水流域土家族织锦技艺主要分布于永顺、龙山、保靖、古丈四县的土家族聚居区。土家锦用棉线织成,俗称"打花",分为打花铺盖(土家语"西兰卡普")和花带两大品种。其中西兰卡普最具代表性和典型性,是使用古老的纯木质腰式斜织机织造。

舞蹈《土家织锦情》通过舞者们的肢体动作，展示了土家族妇女从拿针线开始跟娘、婶、嫂、姐姐们学习挑花绣朵，做花鞋垫、花围裙、花兜兜、打花铺盖等的场景。在织布机咔咔咔的鸣响音乐背景下，十几位舞者通过捻线、牵线、滚线、翻篙、捡花、织布、挑织等经典的舞蹈动作，展示了土家人的创造力和土家女性的心灵手巧。

湘西土家族织锦技艺历史悠久，自成形以来已有1500多年的历史。四百多种传统图案花纹体现着我国少数民族织锦技艺体系的独特魅力。其技艺流程主要由纺织以"反织法"挑织成图案花纹，采用"通经断纬"的挖花技术，分为"对斜"平纹素色系列和"上下斜"斜纹彩色系列两大流派。西兰卡普花带则是土家锦中普及面更广的品种，它采用"通经通纬"的古老"经花"手法，几乎不需专用工具即可在织造者两膝间完成。舞蹈最后，九名舞者分三组拿着三面宽两米、高一米的西兰卡普站到舞台中央，向观众展示土家织锦的美丽。

（十三）歌舞《挂在瀑布上的千年古镇》

芙蓉镇原名王村，因电影《芙蓉镇》的拍摄使其家喻户晓而改名。芙蓉镇三面环水，五里石板街街水沿山蜿蜒而上，土家吊脚楼悬崖临水鳞次栉比而建，大瀑布穿镇而过，让镇子显得别有洞天，也正因此被称为是"挂在瀑布上的千年古镇"。这个大瀑布是湘西最壮观的一道瀑布，分两级从悬崖上倾泻而下，声势浩大。水大的时候，方圆十里都能听见瀑布的轰鸣，一条酉水河、一个酉水河瀑布将芙蓉镇养育的人杰地灵。

随着叮咚似水的音乐响起，十六名手持粉红色芙蓉花伞、身穿白色和翠绿色舞蹈服饰的舞者，在舞台上摆出了三排队形。她们犹如芙蓉花开般美幻，挥动手中的芙蓉花伞，排列出优美的动作。歌唱者身穿天蓝色土家族服饰，缓步从摆手堂前的台阶上走下来，并唱到"千年的古镇呐，竟挂在瀑布上，多情的阿妹，在那吊脚楼上梳妆……"。

（十四）舞蹈《土家女儿会》

被誉为"东方情人节"的土家"女儿会"，最早起源于恩施市红土乡石灰窑、大山顶一带，如今已发展成土家族的特色节日。土家女儿会保存着古代巴人原始婚俗的遗风，是偏僻的土家山寨中与封建包办婚姻抗衡的一种恋爱方式，也是恩施土家族青年在追求自由婚姻的过程中，自发形成的以集体择偶为主要目的的节日盛会。其主要特征是以歌为媒，自主择偶。女儿会以年轻姑娘为主，也有已婚妇女前往参加，通过对歌的形式，寻找意中人或与旧情人约会，畅诉衷情。

河畔社区金秋红梅艺术队表演的舞蹈《土家女儿会》，在鸟语花香的音乐中，表演者出场。土家族女儿会的舞者们身穿红色的土家族服饰，手拿一把撑开了的蓝色的伞，头上和脖颈上都戴着漂亮的银饰，边舞边唱："天上有个鹊桥会呃，土家有个女儿会嘞；天上牛郎会织女哟，地上阿哥会阿妹啰。木叶轻轻吹，情歌声声醉，篝火堆连堆，情侣对挨对，哟吼嘚。女儿会哟，女儿会呃，土家女儿哟，好高贵啊，任你掏心那个又掏肺，那个有谁跟你哟背靠背呀。女儿会哟，女儿会嘞，有情人今天配成对啰，厅堂宾客杯碰杯，洞房新人嘴对嘴啦，心似烧红的炭，情似清江的水，星星瞪大了眼，月亮笑弯了眉，哟吼嘞。女儿会哟，女儿会呃，土家风俗好优美呀。摆手摆到那个朝霞红呀，你看那家家扶着醉人归呀，哟吼嘞，哟吼嘞，嗨！"

（十五）打溜子

土家族打溜子是土家族地区流传最广的一种古老的民间器乐合奏，主要分布在湘西州酉水流域土家族聚居的永顺、龙山、保靖、古丈 4 县 68 个乡镇。它是土家族的交响乐，历史悠久，曲牌繁多，表现力丰富。通常由溜子锣、头钹、二钹、马锣组成的打溜子乐队，能将各类乐器的技巧融于一体，并充分发挥每件乐器的演奏技艺。打溜子是土家族独有的艺术形式，与土家族人民的生活密切相关。土家人的年节喜庆、婚嫁寿诞都离不开打溜子，特别是在传统的舍巴日上，更是少不了打溜子这一项目。中华人民共和国成立后，打溜子先后被国家艺术团体介绍到美国、德国、波兰、俄罗斯等国家，产生了强烈反响。

现存的土家族溜子曲牌约有 100 个，其内容可分为绘声、绘神、绘意三大类。绘声类如《鲤鱼漂滩》《雁儿拍翅》等，绘神类如《小纺车》《闹年关》等，绘意类如《四季发财》《观音坐莲》等曲牌，此外还有《安庆》《迎风》《八哥洗澡》《画眉跳杆》《双龙出洞》《燕排翅》《古树盘根》《扭插秧》等数十首代表性传统曲目。

土家族艺术团青年演员表演的《打溜子》由十一个乐手组成，其中大锣两人，头钹两人、二钹两人，马锣两人，唢呐三人，他们演奏投入，表演技艺精湛，绘声绘色地描绘出土家族人的喜气洋洋的节庆面貌。在我国少数民族器乐艺术中，打溜子独特的组合、精湛的演奏技艺自成系统，具有极大的代表性。它不仅是民族学、社会学研究不可忽略的重要材料，也是音乐学中音色旋律学研究的极其珍贵的原生性文化标本之一。

（十六）摆手团圆

"福石城中锦作窝，土王宫畔水生波。红灯万盏人千叠，一片缠绵摆手歌。"歌声响起，参加演出的人员以及部分观众，分两圈围着巨大的摆手堂广场，跳起了土家族传统舞蹈摆手舞。男女老幼纷纷上场，摆手动作粗犷有力，全场氛围自由豪迈。清代诗人彭施铎在《溪洲竹枝词》中曾描写的当时湘西土家族摆手舞盛况，今天又在芙蓉镇重现。

摆手舞作为最具民族特色，最能反映土家族风俗的民间舞蹈，集歌、舞、乐、剧为一体，展现土家族人开天辟地、繁衍迁徙、捕猎农耕的广泛而丰富的历史内容，其中挖玉米、撒渔网等舞蹈语汇重现了土家人农耕渔猎的生活状态。小伙子们唱着跳着，姑娘们有节奏地呼喊"哟吼嘞……哟吼嘞……"。主持人解说："开心的锣鼓敲起来，欢乐的摆手跳起来，人们围成内外两圈跳摆手舞，共同祈求国泰民安，祝愿国家繁荣昌盛，祈愿中国梦早日实现！"芙蓉镇舍巴节在一片祥和喜庆的氛围中落下帷幕。

（十七）土司御宴厨艺大赛：牛头宴

参加厨艺大赛的队伍有永顺邦建辣子鸡、芙蓉镇土家部落参赛队、鱼大哥美食、天下第一螺土家十大碗参赛队、卢姨早餐店参赛队等来自全国各地十余支队伍参赛。厨师们大展身手,每支队伍现场制作了九道菜,其中三道素菜,五道荤菜,一道创意菜,切菜、挥勺、颠锅,大厨们忙得热火朝天,一道道寓意深刻的菜被端上了方桌,如土王出征、土司一团香、土司条条脆等。

娱神节目结束后,厨艺大赛也基本结束了。游客们既收获了精神上的享受,又免费品味到美味佳肴。经过激烈角逐,山水牛郎寨获一等奖,湘土苗寨获二等奖,土司兵营获三等奖,其他参赛队伍获优胜奖,最后进行了颁奖仪式。

(十八) 尾声

舍巴节活动表演环节结束后,很多人到游人如织的土王桥上赶集。桥上有售卖柑桔、柚子、猕猴桃、茶油、茶叶、葛粉、蜂蜜、猕猴桃酒等各种土家特色农产品的商贩,供游客品尝购买。其中有几位从周边省市开车来旅游的游客,被这些新鲜优质的土特产吸引,品尝了柑桔和猕猴桃后,称赞味道甜美,并买了很多水果,满载而归。舍巴节随着时代的发展不断扩展其文化功能,已经外延为当地人商贸交流的平台。

结　语

芙蓉镇舍巴节十余个节目陆续登台,令观众目不暇接,人们不仅享受了视觉文化的盛宴,也在味觉上体味了各色美食。舍巴节虽圆满结束,但湘西土家族的民族文化传承却让笔者产生一丝担忧。土家族所分布的乌江、酉水、澧水、清江流域,现今只有酉水流域还有人会说土家语。1982年的调查显示约20万人能够日常使用土家语,但到了90年代,能使用土家语的人数一度减少到不足6万人,据了解,现今能讲土家语的人口可能还不足5万,其消失的速度被语言多样性联盟认定为最为濒危的"极度濒危语言"(其下一级便是"死语")。不过庆幸的是,随着民族意识的觉醒和民族文化的复兴,龙山县、来凤县、酉阳县等地区开展了汉语土家语双语教学,使得讲土家语的人口减速放缓。

舍巴节上的歌舞《酉水号子》最初是用土家族语言演唱,内容涵盖了土家族的人文历史、地理风貌、宗教信仰、生产生活等多个方面,在土家族的民族文化研究中具有不可替代的意义。但目前,酉水流域已没有固定的船工,酉水船工号子的传唱范围也相应缩小,逐渐从当地社会生活中退去。如不及时保护抢救,这一富有民族特色的民间音乐形式将不复存在。同样,近些年来湘西花灯戏的艺术形式与现代舞蹈相比文化反差巨大,精通传统演艺的艺人也在逐渐减少,青年一代学习传统花灯戏的热情也在丧失,花灯艺术已处于濒危状态,其保护和传承问题需要我们深入反思。

除此之外,土家锦手工技艺的传承和延续也面临严峻的考验,社会的变革、经济结构和文化意识的变化,正使土家族织锦技艺逐步失去赖以生存的土壤和环境,陷入全面濒危的境地。土家族的这些非物质文化遗产项目在其原生地和最后一块热土中艰难维持着,亟待人们深刻认识到文化遗产保护的核心所在,并尽早采取有力的措施予以保护。

参考文献

[1] 季轩民，喻文德. 武陵山地区少数民族生态伦理研究——以湘西永顺地区为例［J］. 中南林业科技大学学报（社会科学版），2016（1）.

[2] 胡炳章. 土家族文化精神［M］. 北京：民族出版社，1999.

[3] 陈廷亮，陈奥琳. 土家族摆手舞的祭祀功能初探［J］. 三峡大学学报（人文社会科学版），2009（6）.

[4] 彭振声等. 土家族文化资源保护与利用［M］. 北京：社会科学文献出版社，2007.

[5] 柏贵喜. 土家族传统文化的当代变迁［J］. 中南民族学院学报（人文社会科学版），1992（6）.

[6] 范正勇. 土家族文化变迁的人类学思考［J］. 广西民族大学学报（哲学社会科学版），2007（6）.

[7] 王承尧，罗午. 土家族土司简史［M］. 北京：中央民族学院出版社，1991.

[8] 彭勃. 我是土家族——记田心桃女士［J］. 民族大家庭，1997（6）.

[9] 田荆贵. 土家族纵横谈［M］. 西安：未来出版社，1995.

[10] 彭荣德，王承尧. 梯玛歌［M］. 长沙：岳麓书社，1989.

[11]《中国少数民族社会历史调查资料丛刊》修订编辑委员会. 土家族社会历史调查［M］. 北京：民族出版社，2009.

[12] 赵翔宇. 从娱神到娱人：土家族摆手舞的功能变迁研究［J］. 民族艺术研究，2012（4）.

[13]（乾隆）永顺府志·风土志［Z］.

[14]（同治）永顺县志·风俗卷［Z］.

· 文化专题论坛 ·

论坛讲座

明清时期的中西文化交流

高婉婷　中央民族大学

2017年5月26日晚，加拿大拉瓦尔大学人文学院教授、南开大学历史学院特聘教授李晟文先生应邀到中央民族大学民族学与社会学学院，举行了题为《明清时期的中西文化交流》的专题讲座，该讲座是中国民族学学会东北亚民族文化研究会主办的"东北亚民族文化研究"系列讲座活动之一。

本次讲座由中央民族大学民族学与社会学学院民族学系主任、东北亚民族文化研究所所长祁进玉教授主持。中央民族大学民族学与社会学学院、历史文化学院的教师，历史学、民族学、人类学、社会学等专业的研究生参与了本次讲座活动。

讲座伊始，李晟文教授从本次讲座的导言部分点题，系统地介绍了中西方文化的相遇，即明代西方传教士利玛窦来华，与明朝科学家徐光启相识和结交的佳话，讲述了中西方文化之间的第一次较大规模的直接交锋，由此证明科学是沟通中西方之间最有利的桥梁和纽带。在中西方的一系列交锋与交流活动中，一些西方传教士起到了举足轻重的沟通作用。这一系列的中西方相遇与交锋，包括马可·波罗来华以及葡萄牙人（耶稣会士）定居澳门的历史事实以及西班牙人到访广州等大量的传教与经贸活动。其中耶稣会士的利玛窦在西方与中国文化交流与沟通过程中起了很大的作用，李晟文教授较为细致地讲解了利玛窦在中国的一系列活动，从他最初到广州然后到北京等地建造教堂、传教和科学普及等活动。随后，李晟文教授重点介绍了汤若望来华，并如何在清朝政府中获得了信任并占据了一定的社会地位，以及各地传教士来华传教且规模上产生了很大的变化。从刚开始的南怀仁等传教士以个人的身份在各地传教，到后期出现比利时较大规模的传教团的进入，都代表着中西文化的交流和融合。

其次，李晟文教授详细地讲解了中西方文化的碰撞和中国社会的反响。在中国的社会背景下西方传教士选择了适应中国社会的策略，比如学汉语、穿汉服、起汉名等活动，将自己外化为一个中国人。面对中西方的文化差异与冲突也是选择了一些比较适应中国社会的活动，如在礼仪冲突和习俗差异等方面的改善。

再次，李晟文教授从几个大的方面指出了在中西方文化交流中，西方文化在中国的传播，主要是从西方的地理学知识的传播，《西洋新法历书》在清初由汤若望主持，以及数学知识的传入，铸炮技术的出现，还有郎世宁为代表的西洋绘画的出现等方面展开，继而引出了中国文化西传的问题。

本次讲座中的李晟文教授以诙谐幽默却又不失严谨的学者风范，给参与讲座的师生们留下了很深的印象。他通过细致入微的讲解和阐述，较为深入地介绍了如何从历史文献、文本和史料入手做学术研究的治学研究方法。听众从李晟文教授详细的历史资料和生动的讲解中同时了解到了明清时期的中西方文化交流的史实。

图 1　李晟文教授

图 2　讲座现场

图3　讲座现场的提问互动

图4　李晟文教授对提问的回应

会议简讯

第七届"东北亚民族文化论坛"国际学术研讨会成功举办

郭跃　中央民族大学

　　2016年12月15—17日，第七届"东北亚民族文化论坛"学术研讨会在中央民族大学举办。12月15日上午8点30分，本届论坛在中央民族大学中慧楼第一会议室拉开帷幕。本次学术研讨会由中央民族大学民族学与社会学学院和中央民族大学东北亚民族文化研究所联合主办，由中国民族学学会东北亚民族文化研究会协办。

　　本次会议的主题是："一带一路"建设与民族文化多样性研究、非物质文化遗产保护与传承、中国少数民族遗产保护体系理论与实践研究、文化产业化与国际化的比较研究、文化多样性与多元文化教育等。

　　论坛开幕式由中国民族学学会常务副秘书长、中央民族大学民族学与社会学学院民族学系主任祁进玉教授主持，中国民族学学会会长、中央民族大学少数民族事业发展协同创新中心主任杨圣敏教授，常务副主任丁宏教授，中国民族学学会东北亚民族文化研究会副会长色音研究员出席开幕式并致辞。来自俄罗斯科学院、蒙古国立大学、蒙古国科学院的三位学者，来自北京大学、中国人民大学、中国社会科学院、清华大学、北京师范大学、天津财经大学、中央民族大学、渤海大学、延边大学等20余所高校与科研机构50多位学者，参加了本届论坛。

　　中国社会科学院色音研究员、鄂尔多斯学研究会常务副会长兼秘书长杨勇先生等五位学者就"人类学视野中的文化多样性""中俄蒙经济走廊建设中的国际区域旅游合作"等话题对专题"'一带一路'建设与民族文化多样性研究"进行发言；内蒙古鄂伦春民族研究会秘书长关红英教授、天津财经大学谢芳教授等四位学者就"论鄂伦春民族文化遗产的保护与传承""基于行动者网络的非物质文化遗产传承与创新研究"等话题对专题"非物质文化遗产保护与传承"进行发言；内蒙古自治区非物质文化遗产保护中心张军延副研究员、首都经济贸易大学张祖群副教授等八位学者就"承续同源文化，共享文明成果：以跨境民族蒙古族自治区级非物质文化遗产代表性项目名录为个案""中国非物质文化遗产（秦腔）何去何从"等话题对专题"中国少数民族遗产保护体系理论与实践研究"进行发言等。中央民族大学丁宏教授，中国社会科学院色音研究员、刘晓春研究员等学者从各自角度进行了评议。

　　本次论坛属于民间学术与文化、艺术交流的一种尝试，搭建东北亚国际交流的一流平台。论坛积极响应"一带一路"倡议和 2014 年北京 APEC 会议的精神,配合亚太经济一体化建设的大好局面,通过进一步推进和促进亚太地区各国之间的跨文化交流与学术界的合作,加强该区域各国间经济、文化与学术的多向交流。本次国际学术会议对于增进区域内各国间相互了解与达成共识,有着重要的意义。

我们希望从事人文学研究的学者能够共同努力,让东北亚的地方性知识、我们的特殊经验,譬如文学艺术的、音乐的、哲学的、历史的知识能够不仅有我们自己传统中的本土意义,而且也具有全球意义。今天,我们来自东北亚的一些学者们在"东北亚民族文化论坛"这个国际学术交流与对话的平台上对相关重大议题进行深度探讨,致力于共同探讨东北亚区域民族文化的共同性和差异性,也致力于找寻如何从学术共同体达成一个真正意义上的地域共同体,并找到共同体内部共享的价值观和道德伦理,从而将这种来自东北亚的区域性本土性知识推及全人类共享的全球伦理和普世的价值观,这才是东北亚"学术共同体"以及全体"公共知识分子"的共同使命。

参会学者合影

祁进玉教授主持开幕式

会议现场

2016年第七届"东北亚民族文化论坛"述评[①]

张祖群　首都经济贸易大学

2016年12月15—17日,第七届"东北亚民族文化论坛"学术研讨会在中央民族大学成功举办。12月15日上午8点30分,本届论坛在中央民族大学中慧楼第一会议室拉开帷幕。本次学术研讨会由中央民族大学民族学与社会学学院和中央民族大学东北亚民族文化研究所联合主办,由中国民族学学会东北亚民族文化研究会协办。本次会议的主题是:"一带一路"建设与民族文化多样性研究、非物质文化遗产保护与传承、中国少数民族遗产保护体系理论与实践研究、文化产业化与国际化的比较研究、文化多样性与多元文化教育等。

一、学者观点

中央民族大学民族学与社会学学院祁进玉教授分享《文化自觉、文化自信与文化自强——兼论中国文化的发展方向》。(1)对于"何为文化"这个宏达命题,不同学者的定义显著不同,全球化、科技革命、自媒体等导致文化变迁不可逆转。文化能否影响社会进步?文化何以影响社会?祁进玉教授认为:人类社会在其发展中,不可避免地会面临各种各样的复杂社会问题,而人类对这些纷繁复杂的社会问题的应对举措和对策,充分显示出当人类面对种种困难时的生存智慧。(2)中西文化的冲突以及中华文化面临的危机,是中国近代史叙事的焦点议题。现代中国人究竟能不能继续保持原有的文化认同,还是必须向西方文化认同?他以费孝通先生阐述小城镇建设为案例,分享了其"学术反思"与"文化自觉"理论。(3)在全球化越演越烈的今天,"认同"四处蔓延,从个人认同向集体认同,然后向国家认同和公民身份认同的不断演变。费孝通"文化自觉"理论,实质上提出当代中国发展的长远战略问题,即在经济全球化背景下,中国坚持什么道路、构建什么文明,如何处理中华文明与世界文明的关系,中华文明在世界文明中居于什么地位,中华民族如何屹立于世界民族之林?(4)基于细致入微的理论梳理与冷峻有力的现实判断,祁进玉教授高屋建瓴地呼吁:我们必须了解中国文化的优秀传统,才能发扬民族自信心,才能保持民族自尊心。我们进行文化创新,既需了解近代西方文化也需了解中国传统文化。要

---

① 张祖群根据第七届"东北亚民族文化论坛"会议笔记整理初稿。

区别文化的优秀传统与传统文化的关系,传统文化之中既有优秀传统,也有陈腐传统,对于其中的陈腐传统需加以批判,对于优秀传统则要加以弘扬发展。

内蒙古自治区非物质文化遗产保护中心的张军延分享《承续同源文化,共享文明成果——以跨境民族蒙古族自治区级非物质文化遗产代表性项目名录为个案》。内蒙古拥有自治区级非遗代表作399项,其中,蒙古族非遗代表性项目名录近270项,约占399项的68%;在民间文学、传统音乐、传统舞蹈、传统戏剧、曲艺、传统体育、游艺与杂技、传统美术、传统技艺、传统医药、民俗等十个类别中均有入选。比较蒙古、俄罗斯的卡尔梅克人、布里亚特人和中国的蒙古族是源于一脉,拥有相同根源的跨境民族,曾是统一共同体,并无国别疆界之分。他们拥有共同文化记忆与相似的非物质文化遗产。几个主要蒙古支系以大漠为中心(喀尔喀蒙古位于北侧,厄鲁特蒙古位于西侧,漠南蒙古位于南侧)形成复杂地缘政治博弈。张军延特别阐述了非遗的传承与异地保护。地跨三国国境的蒙古民族,以非物质文化遗产为印记与标识,可架起一座联结心灵、重续亲情的桥梁,求同存异,携手并肩,共同守护好民族的精神家园。

渤海大学张喜中分享《"申遗"背后的故事——以锦州非物质文化遗产工艺彩绘鸭蛋为例》。工艺彩绘鸭蛋,是一种在蛋壳上施艺绘画的民间工艺。19世纪50年代苏州艺人周公在鸭蛋壳上绘制名胜风景,设色鲜艳,曾在江苏、北京等地流行。现年60岁的辽宁省锦州艺人高永会是锦州市非物质文化遗产项目"工艺彩绘鸭蛋"代表性传承人。工艺彩绘鸭蛋制作工序包括选蛋打磨、除蛋液(生态问题)、绘图创作、封"釉"、装裱五个步骤。"申遗"前——工艺彩绘鸭蛋成为高永会谋生的希望,"申遗"中——工艺彩绘鸭蛋成为高永会的负担,"申遗"后——工艺彩绘鸭蛋成为高永会的精神支柱。根植于艺人的生命史,民间艺人的创作更多是源于生活现实的需要;"申遗"进程中的"功"与"过"仍需进一步探讨、改变;真正的民间艺术创作在没有经济回报时也有可能存续,因为民间艺术能够涵养人(对于某些民间艺人而言,可以治病);民间艺术应回归生活,回归本真;人类有意识的艺术创作,使艺术在当下社会的发展更加繁荣;当前艺术的发展,也改变着人们的生活。

喀左东蒙艺术馆、朝阳北陶实业有限公司董事长乌春雷分享《东蒙民族文化传承、保护和研发的实践研究》。东蒙艺术馆是辽宁省第一家集收集展示、挖掘保护、研究开发东蒙民族文化的机构。艺术馆分为民族文化展馆、蒙古族传统手工艺保护研发中心、东蒙民族文化研究中心三大板块。他列举的蒙古族文学、128道蒙汉喜石宴等博得在场听众阵阵喝彩。最后他表示,东蒙艺术馆还将会牢牢把握各民族"共同团结奋斗、共同繁荣发展"的主题,不断巩固和发展平等、团结、互助、和谐的社会主义民族关系。以保护、传承、创新、发展民族传统文化,促进社会和谐、民族团结进步为宗旨,建设中华民族共有精神家园。立足于少数民族传统文化特色和优势,打造出以蒙古族民俗、民风为主线、融挖掘、整理、研究、教育、设计、生产、展示、销售于一体的综合性民族文化旅游目的地和民族团结教育基地。

鄂尔多斯学研究会杨勇先生分享《中俄蒙经济走廊建设中的国际区域旅游合作》。中俄蒙经济走廊是"一带一路"倡议的重要组成部分，建设中俄蒙经济走廊的重要任务和目标，旅游合作是中俄蒙经济走廊建设的重要领域，他分析了国际区域旅游合作在中俄蒙经济走廊建设中主要优势：自然与文化条件构成了旅游合作的最大亮点，民俗风情的差异性形成了最值得期待的旅游愿望，布局与线路的统筹形成了最合理的旅游目的地。只要各方携手努力，精诚合作，中俄蒙国际区域旅游合作必将会形成更具实力、更具影响力的世界级旅游目的地，必将会纳入全球化旅游平台。

渤海大学王海教授分享《论匈奴"左臂"与相关问题——燕秦汉时期东北亚走廊系列研究之二》。他首先考证了匈奴"右臂"（河西走廊）与"左臂"（辽东走廊）。匈奴"左臂""右臂"存在时间约略相当，两者在其掌控东、西方民族的宏观战略中均发挥重要作用。但在正史记载中，"左臂"仅一见，"右臂"多次出现并在后世留下深刻历史记忆。此种强烈反差的成因值得思考。王海教授以厚实的历史文献学与历史地理学功底分析了匈奴"东袭击东胡"对于"左臂"形成，汉朝"徙乌桓""五郡塞外"与"断匈奴之左臂"等，这些构成汉代重要地缘政治基础。

天津财经大学商学院旅游系谢芳教授分享《基于行动者网络的非物质文化遗产的传承与创新》。该文以行动者网络理论（ANT）行动者（Actor）、异质性网络（Hete - rogeneous Network）和转译（Translation）三个概念为核心，阐述了政府、传承人、学校、企业、媒体、非政府组织等各行动者（不同利益主体）应进一步发挥的作用。该文充分肯定和强调传承人的重要性，传承人在其中应该起到核心支柱作用，将自觉地传承作为担当，提高非遗拥有者的文化认知与自信。

天津财经大学商学院旅游系李刚教授分享《同城化背景下的京津冀区域旅游协同发展研究》。该文预测了同城化对京津冀区域旅游客源市场及旅游产业的影响，综述了国外首都圈发展对京津冀区域旅游发展的启示与借鉴，阐述了同城化背景下京津冀区域旅游合作的对策，认为以交通、产业转移为主要表征的同城化趋势将促进京津冀地区加深旅游合作，加快旅游一体化进程。在同城化背景下的京津冀区域旅游协同发展应采取：（1）地方政府联合，消除行政藩篱；（2）制定总体规划，合作持续发展；（3）以资本为纽带，实现利益共享；（4）兴建特大项目，带动旅游合作；（5）加强区域市场合作，建立无障碍旅游区；（6）全力保护区域生态环境，促进旅游的可持续发展。上述结论与建议对于京津冀旅游协同发展具有一定启示。

西北民族大学王晓珍分享《对"手工艺"传承方式多样化的思考》。"传统手工艺"是非物质文化遗产核心关键词的第五项内容，其传承方式在传统的家族相传与师徒相传之外，目前还出现了其他的传承方式。她梳理了三种传承类型：（1）传统型（家族或师徒传承）：这是认定各级传承人的条件之一。关学田做建筑木雕与彩画，朱邦虎做仿古建筑的木雕花，都属于传统意义上职业化的工匠，以自己的专业技能为生，并且在不断创作过程中提高技艺技能。（2）精英型：刘元帆的《玉帛之路》就是典型，他从小跟着奶奶学习陇绣，后来在全国各地游学。（3）自创型：李桂霖的"手工金属绣雕"是在传统木雕基础上嫁接新的工艺美术（绣雕）。她最后强调在"非物质文化遗产"的保护传承过程中，要警惕两种不良倾向：（1）以坚持原生态为由，不许做任何改变；（2）以生产性保护为由，大量商业性文化元素介入，快速、大资产廉价低质量旅游商品。整体上"手工艺"传承思考深入，立论高远：保护传统文化与创新发展之间存在矛盾，本身无法避免，甚至是文化引擎、动力，令人耳目一新。不同类型的手工艺在新时代中随着传承方式的多样化而出现了新的创造、复活与转化。只有在传统纵向延续性的传承的同时，才能实现多维度的、非延续性的传承；只有多样性传承才能有助于实现真正的活态传承。

沈阳师范大学中国北方少数民族研究中心的曹萌、张剑钊分享《邻国文化对东北的影响与东北跨境民族文化研究》。作者单刀直入，剖析了朝鲜半岛的韩国文化以"韩流"的态势流入东北甚至全国；而在东北边境的北部，俄罗斯文化正跨过黑龙江向南传播，在东北边境的西北部，中国内蒙古与蒙古国之间的民族文化影响也引人注目。该文以东北跨境民族文化研究为视角，研究邻国文化与我国东北地区民族文化的相互影响，这对于维护国家文化稳定和边疆安全，实现睦邻友好和各民族共同发展均具重要理论、现实意义。

中央民族大学蒙古语言文学系白晓梅分享的是《蒙古族服饰的市场化对传统文化的影响》。蒙古族服饰以纪念品市场、蒙餐馆民族服饰等构成低端市场，婚礼礼服、节庆假日服装构成中端市场，蒙古族音乐人和演艺界人士的蒙古族服饰则构成高端市场。作为一位具有蒙古血统的女性学者，她尖锐指出蒙古族服饰纪念品市场，在火车站以旅游者为主要售卖对象等所谓的"蒙古族服饰"，颜色单一，样式单调、材质低劣，绝非传统的真正意义上的蒙古族服饰。我们应该区分传统的蒙古族服饰三个基本判别特征：右衽，长袍，腰带（不是绳子而是宽布）。文化的冲击，使得蒙古族服饰的元素、款式发生变化。蒙古族服饰市场化对传统文化既有积极影响，也有消极影响。她最后例举电影《绝地逃亡》中蔡佳涵的蒙古歌手的角色。这位蒙古歌手戏份虽不多，服饰却十分抢镜，引起了人们的热搜。蔡佳涵并不是蒙古人，而是一位留英归来的编剧。她的服饰并非传统的蒙古族服饰，而是他者的文化想象。

俄罗斯学者马克思分享了《东北亚的中心与跨境民族》。从多维视角来看，东北亚的中心到底在哪里？是首尔，东京，北京，沈阳，还是海拉尔？以海拉尔区政广场为例，四面楼（分别是蒙古式、中式、俄式、日式），其实寓意着四种文化对东北亚的影响，象征着东北亚的多样性。他例举图瓦人、阿尔泰蒙古人、布里亚特蒙古人，其实是三个跨境民族（今天分属于中蒙俄三个国家）。布里亚特人总人口约43.6万，现主要分布在俄罗斯、蒙古国和中国的一些地方。其中，俄罗斯有42万多人，蒙古国有4万多人，中国有近8000人。阿尔泰蒙古人是从蒙古高原迁移到俄罗斯的，鄂伦春人和鄂温克人是从俄罗斯跨境到中国的，图瓦人的白教实际上是受东正教、萨满教、藏传佛教的影响而自创的一种宗教体系。边界决定民族，边长决定文化，传统文化保存得最好的地方往往都是边疆地区、偏远地区，或者没有开发的地区。

首都经济贸易大学工商管理学院旅游管理系的张祖群副教授分享《中国非物质文化遗产（秦腔）何去何从——基于电影〈大丑〉的现实困境》。根植于中国传统戏曲特征：生存土壤——农耕社会、游牧社会；南曲戏文、北曲杂剧，南戏北曲；自由的、高度个体化的职业，戏班流动性大；戏班内部以及戏班组织（团长）、普通演员、戏曲表演场所之间形成了社会化与组织化的雏形，戏班之间、戏班与地方之间呈现出一种别样的江湖人生。如何突破这种文化土壤（环境）改变所带来的改制困境？原国营剧团在转型时期如何走出"草台班社—国营剧团—衰落—解散"的怪圈？张祖群副教授鞭辟入里，得出传统戏曲类非遗的必然宿命。他认为：(1) 新的历史语境下面临必然被消亡的命运，个人（传承人）的努力改变不了这一切，但是我们不能否定其艰辛的努力。(2) 博物馆式的"僵尸展陈"，使得非遗失去活态性，消解了非遗的内在价值。我们需要从遗产的怀旧哲学进行伦理学思考。(3) 传统再生，旧瓶装新酒，进行文化创意产业、动漫产业的再生。(4) 尺度过大的非遗生产性保护，容易走入完全以盈利为目的、摒弃公益文化服务的误区，也受到遗产伦理学、遗产保守学派批判。整个分享充满着学术激情，饱含对于传统流失的文化忧郁。

二、学者点评

（一）刘晓春研究员的点评

中国社会科学院民族学与人类学研究所刘晓春研究员对上述几位学者进行学术点评。不论是个人还是民族，没有自己的文化，即使他们解决了温饱，其生命力也是有限的。我属于什么地方，我将来去哪里，我最终将何去何从？非物质文化遗产是可以回答与解决民族（地域）价值存在的终极命题的。这场关于"文化的重要性"点评中，观点鲜明。刘晓春研究员温文尔雅，同时充满激情，她谈到有专家研究满语的消失问题，牵扯到文化的自杀或他杀，文化的他杀是很困难的，文化的自杀则非常残忍和凄凉。有些文化是几个区域（民族）所共有的，有些文化是排他的，关系到文化安全或文化主权。总之，文化要有新的视角，新的意识，要有全球意识、当代意识，并多方（横向、纵向）联系其他民族的历史。

点评张祖群：聚焦于传统文化戏曲类创造的定位与困境，戏曲非遗处于一种无序状态，有的很受重视，有的不受重视，最根本的是国家管理体制与发展阶段上的问题，国家政策对非遗戏曲没有提高到战略层面。

点评王晓珍：对传统手工艺思考及传承困境的思考，很多手工艺是唯一或稀缺的，有些手工艺是不能产业化的，如果产业化则失去其本真性。

点评曹萌：涉及"东北如何振兴""东北跨境民族问题""东北人向南方流失"这些宏大命题。坊间戏称"黑龙江省三亚市"，因为三亚常年居住相当一部分东北人。中国东北实际上的满－通古斯文化分布地，北极寒带文化生态展示地，东北今天的衰落其实也是文化的衰落。

点评白晓珍：关于蒙古族服饰研究，早已超越服饰本身，变成一个民族的文化符号。穿上本民族服饰，能够在今天语境中，找回失落的文化自信。

点评马克思：他回应了一个重要的民族地理学命题：东北亚到底在哪里？哪里是中心？于中国人而言，要护卫边疆，守护边境安全。

（二）张祖群副教授的点评

首都经济贸易大学工商管理学院旅游管理系的张祖群副教授对上述发言学者观点进行回顾与点评："因为习惯了认真，受会议组委托对专题发言进行评议。于我而言，更多的是学习与解读。下面我将浅显的学习体会汇报给大家。大家看看，这几页纸是我现场书写的体会，虽是略显书呆子气，但是足以体现我对各位专家和来宾的敬意。"

第一位发言者是延边大学高承龙教授。他基于第一手调查资料，重点分析了延边集贸市场历史，从清晚期到民国"齐放时期"，再到"伪满"的"黑暗时期"，从光复建国前夕的"崛起与重建时期"，再到"文革"期间的"低迷时期"，以及党的十一届三中全会以来的"再次复兴时期"。拉开历史纵深，延吉西市场的近三百年的变迁展现了现实与历史的张力。延吉西市场搬迁，导致长白山天然芝麻香油、三胜辣白菜、彩虹打糕等在拆迁之后找不到合适的店面所在。大量收购的朝鲜古旧商品也如同昙花一现。高教授向我们展示了延吉西市场的消防安全隐患、食品卫生问题、无证经营、市场萎靡等市场百态与生动画面。如何维持延边民族特色，如何让游人感受地区、民族文化的魅力，展现地区特色文化、民族文化的场所。"延吉西市场应该成为继续发扬。改造后的西市场与原西市场周围的各大商城会有什么样的区别？"高承龙教授发言掷地有声，振聋发聩，也为边疆集贸市场重建提出哲学思考。

三峡大学陈琼教授则从音乐人类学角度给我们讲述了一个优美的长阳南曲故事。剽悍的土家族人在中国西南武陵山区孕育了雅致的长阳南阳，阳春白雪与下里巴人在长阳土家族自治县得到一种悖论式结合。1600年以前中国西南边疆尚没有纳入中原王朝版图范围，汉文化自1358年随着明朝军队征伐，开始在西南边陲地区确立土司制度。上层儒学与汉家政治制度给西南边疆带来文明曙光，中国西南边疆开始大规模的文化整合。清朝历经几代土司更迭，汉人士大夫文人，商人云集西南，商家大贾，金戈铁马，士子文人等在长阳书写了汉人开疆文化的精彩篇章。再到雍正年间改土归流翻天覆地的影响，以及蕴藏在民间的反清复明运动。

陈教授认为宫美土司的宫廷音乐文化是汉宫廷文化的西南地方版本，这也为中华大一统政治文明提供了可靠的整合西南地方版本佐证。最后陈教授以高昂的美声（西式）唱法，献歌一曲，阐释了一个长阳土家族美男子的国际化对接。随着现场大家爆发的经久不息的掌声。无疑，会议达到了一个高潮，让我们感谢陈教授的分享（掌声）。

浙江工业大学的石东坡教授的女高足姚瑶女士给我们分享了《公共文化服务保障法立法研究评析》。她尤其是对乡共文化服务保障法的原则、结构、内容与体制进行详细梳理，进而提出《乡共文化服务保障法》的主干法与顶层设计地位。当前中国正处于文化体制改革的关键时期，自上而下的文化立法显得尤为重要，这对推进文化与法治有效结合、促进乡共文化的国际对接、保障文化权益等具有重要意义。姚女士乃是1990年人士，不紧不慢,向我们分享法律与文化的理性,将西子湖畔的柔情似水发挥得淋漓尽致。

渤海大学的吕俊芳教授,给我们分享的是《一带一路背景下的文化创意产业研发——基于辽西走廊的实证研究》。辽西走廊扼控东北白山黑水平原、蒙古高原与华北大平原,地处东北亚的咽喉要道与黄金区位点。辽西走廊的文化创意研究乃是东北亚多元文化板块的题眼。为此,吕教授积十年之功,精心设计了辽西走廊的"人民币之旅+无景点之旅",一条走廊,走遍全中国的人民币图案风景,这种大胆的旅游创意令人叹为观止。吕俊芳教授实乃女中豪杰,高亢激昂,其博士论文研究的是旅游资源的时空错位问题,很好地回答了旅游资源的"诅咒悖论"。基于这种背景,吕俊芳教授分析了辽西走廊的发展文创产业的SWOT博弈,并提出了"五颜六色+文化引领+市场营销拓展"三者结合的三位一体模式。她的飞跃式旅游思维值得学术界重点关注与点赞。

最后一位发言者是渤海大学的硕士生刘琦同学,分享的是《义县奉国寺文化遗产资源的社会价值转变》。小小刘琦直面文化遗产研究的资源再生产这个宏大的核心问题,以义县奉国寺为微观察例,对该寺的社会功能与组织等进行了一手调查。70多年前,梁思成先生在中国大地上进行第一次大规模古建普查,辽代建筑在梁先生的建筑史脉络中地位极高——处于唐代遒劲与宋代羁直过渡的关键时期。义县奉国寺在中国古代建筑文化遗产中占有重要地位,无论怎么评价都不为过。在今天时代巨变的语境下,奉国寺面临着政治功能、文化风俗、身份地位的转变,因而具有极其重要的文化影响力与再生经济价值。今天辽王朝也被正统史家书写为与唐宋并列的主流王朝,辽代奉国寺铭刻的王朝意义与时代痕迹也为大一统的中华文化提供了重要的历史物证。尤其需要指出的是,作业独立完成paper的刘琦同学,年方二八,站在了讲台,举止优雅,镇定自若,敢于表达自己的学术观点,书写大大的四个字:后生可畏!

稿　　约

从 2010 年以来，由中央民族大学、延边大学、韩国学中央研究院、韩国仁荷大学等高校和研究机构联合举办"东北亚民族文化系列论坛"，截至 2017 年初，本论坛已经在中韩等地成功举办了八届国际学术研讨会。中韩相关学术研究机构联合举办"东北亚民族文化论坛"有着重要的现实意义，也符合本次论坛的主旨与长远发展目标：加强与东北亚地区各国的睦邻友好关系，发展平等互利的经济合作，维护地区的和平与稳定，促进地区的经济发展与繁荣，为实现东北亚共同体的发展战略创造良好的地缘政治环境和人文社会环境。

东北亚民族文化论坛之后编辑出版会议论文集，该会议论文集名称为《东北亚民族文化评论》(*Northeast Asia National Culture Review*)，第 1 至 6 辑已由学苑出版社（北京）出版刊行，为长效出版物，致力于打造有关东北亚研究领域的一流出版物。

本丛书编辑委员

由中国、韩国、日本学术界、研究基金会从事东北亚相关问题研究的中坚力量组成编辑委员会。遴选中、韩、日三国学术界巨擘 2~4 名为丛书编委会国际顾问；丛书编委会常设丛书总主编 1 名和专职执行主编 2~3 名，负责组稿、通稿、校对文稿以及出版等具体事宜。

丛书栏目

主打栏目为东北亚共同体研究；公民社会与族群关系研究；全球化、地方性与跨文化交流；中韩日文化比较研究；东北亚区域关系研究；东北亚与跨国移民；东北亚宗教文化研究；历史与现实中的东北亚民族文化交往与发展；基于个案的深度研究与延伸研究。

丛书的突出特色

本丛书的突出特色如下：

1. 全球化与地方性视野中的东北亚民族文化研究。丛书编选相关研究论文，针对东北亚民族文化交流与传统文化、与非物质文化遗产保护等议题进行强力推介，并举办相关议题的国际研讨会。

2. 地缘政治与区域国际关系是本丛书重点关注的议题，东北亚地区的民族文化交流与文化认同、和谐共生等思想是丛书推介和宣传的核心理念。

3. 对东北亚地区各国政府的决策提供重要的政策信息和智库支撑。

长期发展策略

本丛书编委会将会充分酝酿和商讨《东北亚民族文化评论》的长远发展目标，在基金会的经费资助下召开高级别的国际学术研讨会作为丛书发展的重要举措，集中编选一批高质量的国际学术研讨会的会议论文和专业投稿，认真办好丛书，使之成为国际学术界东北亚研究领域的核心出版物。

投稿电子邮箱：secretariat@neasiaculture.org
欢迎赐稿和学术交流！

编　者
2018 年 3 月 10 日